Dieter Wyss
Mitteilung und Antwort

Dieter Wyss

Mitteilung und Antwort

Untersuchungen zur Biologie, Psychologie
und Psychopathologie von Kommunikation

Vandenhoeck & Ruprecht in Göttingen

CIP-Kurztitelaufnahme der Deutschen Bibliothek
Wyss , Dieter
Mitteilung und Antwort : Unters. zur Biologie, Psychologie u. Psychopathologie von Kommunikation. — Göttingen : Vandenhoeck und Ruprecht, 1976.

ISBN 3-525-45642-5 kart.
ISBN 3-525-45643-3 Lw.

© Vandenhoeck & Ruprecht 1976. — Printed in Germany.
Ohne ausdrückliche Genehmigung des Verlages ist es nicht gestattet, das Buch oder Teile daraus auf foto- oder akustomechanischem Wege zu vervielfältigen.
Satz: Carla Frohberg, Freigericht; Druck- und Bindearbeiten:
Hubert & Co., Göttingen

**Victor-Emil von Gebsattel
in Freundschaft zugeeignet**

Uns überfüllts. Wir ordnens. Es zerfällt.
Wir ordnen wieder und zerfallen selbst.
R. M. Rilke, VIII. Duineser Elegie

Inhalt

Zur methodischen Grundlegung (anstelle eines Vorwortes) 6

Einleitung: Informationsaustausch ist keine Kommunikation 13

*Teil I: Kommunikation in der Lebenswelt (zur Biologie und
Physiologie der Kommunikation)* 21

1. Erste Umschreibung von Kommunikation 23
2. Exkurs über den Begriff des Themas 26
3. Mangel und Bedürfen als Grund von Kommunikation 35

   a) Warum Kommunikation? (Die Grundkonzeption von Mangel und
      Stillung). 35
   b) Die Aufnahme (Die Definition des Verhaltens) 45
   c) Die Antwort (Das Gegenthema) 46

4. Die Strukturen von Kommunikation in der Lebenswelt 49

   a) Die Struktur des Räumlichen 50
   b) Die zeitlichen Verfassungen als Strukturen der Lebewesen 59
   c) Die Struktur der Leistung 61
   d) Die Struktur des Leibes. 61
   e) Vorläufige Beschreibung des Verhältnisses der Gundstrukturen zur
      Kommunikation 64
   f) Thema, Kommunikation und Struktur (Sprachlicher Exkurs) 67

5. Die Abhängigkeiten der Kommunikation in der Lebenswelt . . 70

   Gattungs- und Artabhängigkeiten 70 — Konstitutionell-leibhafte Abhängigkeiten 72 — Die individuelle Lebenserfahrung und Selbstdarstellung der Lebewesen 73 — Die Situation 74

6. Weitere Spezifizierung von Mitteilung, Aufnahme, Antwort
   in der Lebenswelt. 75

   a) Das Erkunden 75
   b) Das Sich-Auseinander-Setzen 78
   c) Das Bewältigen 83
   d) Modi der Kompensation 85
   e) Kompensation und Dekompensation 92

Teil II: Zur Anthropologie und Psychologie der humanen Kommunikation 95

1. Die sogenannten anthropologischen Mißverhältnisse und das Problem der Transzendenz 97
2. Vorgegebene menschliche Kommunikationsmodi und die Fragwürdigkeit psychologischer Trieb- und Verhaltenstheorien 102
3. Zur allgemeinen Ontogenese existentialer Kommunikationsmodi 105
   - a) Das Erkunden 105
   - b) Das Entdecken 107
   - c) Das Erschließen 109
   - d) Das Sich-Auseinandersetzen 111
   - e) Das Binden und Lösen 113
   - f) Das Aufzeigen und Aufweisen 116
   - g) Das Bewältigen 118
   - h) Abhängigkeiten der Kommunikationsmodi 121
4. Existenz und Emotionalität (Die anteilnehmenden Kommunikationsmodi) 122
   - a) Grundcharakter (Modus) der Emotionalität 122
   - b) Trieb und Existenz 124
   - c) Befindlichkeiten, Fühlen und Existenz 129
   - d) Zusammenfassung 137
5. Denken und Existieren (Die teilnehmende Kommunikation) .. 137
   - a) Die Verschränkung von Denken und Handeln in der Ontogenese. Erkunden, Entdecken und Erschließen 137
   - b) Entdecken 143
   - c) Erschließen 145
   - d) Sich-Auseinandersetzen 148
   - e) Binden und Lösen 152
   - f) Aufzeigen und Aufweisen 155
   - g) Die Bewältigung 157
   - h) Die existentiale Konstituierung des Subjektes in Thema und Gegenthema 165
   - i) Exkurs über das Handeln 167
6. Zur Phänomenologie der Kommunikation, Identität und Differenzierung. Das Selbst 169
   - a) Die Frage nach Identität und Differenzierung der Kommunikationsmodi 169
   - b) Existenz und Kommunikationsmodi 173
   - c) Vorgegebene Einheit der Existenz und Existenz als Aufgabe ... 175
   - d) Die Immanenz von Nichtung und Sich-Ereignen in jeder Kommunikation (Vorläufige Zusammenfassung der Ergebnisse) 177

7. Selbstvergessen und Selbstverstehen.................... 182
   a) Die alltägliche Kommunikation........................ 182
   b) Alltäglichkeit und Gleichheit 184
   c) Alltäglichkeit und Erschöpfung........................ 186
   d) Selbstvergessen und Erinnerung....................... 187
   e) Selbstverstehen und Sich-Entwerfen................... 193
   f) Kommunikation mit sich selbst (Als Einführung der Kontinuierlichen Bewegtheit des Innern) 196
   g) Zusammenfassung.................................... 197

8. Die personale Kommunikation........................... 197
   a) Die Definition der Person............................ 197
   b) Die Entfaltung der Kommunikationsmodi in der personalen Begegnung (Erkunden und Entdecken)................... 205
   c) Erschließen und Sich-Auseinandersetzen in der personalen Kommunikation 207
   d) Binden/Lösen und Bewältigen........................ 211
   e) Die wechselseitige Provozierung von Selbstverstehen ... 214
   f) Zuneigung und personale Beziehung................... 216
   g) Bindung und Abhängigkeit........................... 217

9. Die institutionalisierte Anteilnahme (Gesellschaft und Kommunikation) 218
   a) Die Fundierung von Geben und Nehmen in der gegenseitigen Abhängigkeit und im Mangel 218
   b) Allgemeine Bedeutung des Tauschprinzips in humanen Sozietäten... 221
   c) Die existential-ontologische Fundierung des Tauschprinzips 223
   d) Der Begriff der „institutionalisierten Anteilnahme" 225
   e) Spezifizierung der institutionalisierten Anteilnahme 226

Teil III: Die Grundstrukturen der Kommunikation 229

1. Deskription und Definition von Struktur.................. 231
2. Die Entwicklung der Grundstrukturen von Raum, Zeit, Leib und Leistung aus den spezifischen Kommunikationsmodi 234
3. Außer- und innerräumliche Strukturierungen (Lebensraum, Orientierung, Ordnung) 241
4. Zeitliche Strukturierungen (Verfassungen)................ 252
5. Schuld, Kommunikation und Zeit 264
6. Die Struktur der Leistung 270
7. Die Strukturierung durch den Leib 274
8. Strukturierung durch den Beobachter (Die Struktur der Intersubjektivität) 275

Teil IV: Die nicht-kommunikative Welt und die Kompensation des Mangels (Zur Psychopathologie der Kommunikation) 281

1. Der Mangel und die totale Kommunikation 283
2. Der Mangel und Kompensation 288
3. Einschränkung, Kompensation und mögliches Kommunikationsende. Erster Hinweis auf die Genese der Angst 289
4. Die Kompensationen des Trennungserlebens 293
5. Der „Schematismus" der nicht kommunikativen Welt 296
6. Kommunikationseinschränkung durch den aperspektivischen Hintergrund 318
7. Einschränken, Kompensieren, Bewältigen, Erweitern 324
8. Weitere Kompensationsmodi 336
    a) Grundsätzliche Vorbemerkungen. 336
    b) Die Abwendung 337
    c) Die Abwehr 343
    d) Die Absorption 347
    e) Die Neutralisierung 349
    f) Der aperspektivische Hintergrund und die Kompensation sogenannter „unbewußter Tendenzen" 354
    g) Die leibhaften und sogenannten typologisch bedingten Kommunikationseinschränkungen und ihre Kompensationen 357
    h) Die sogenannten gesellschaftlich bedingten Kommunikationseinschränkungen und ihre Kompensationen. 360
        aa) Die Alltäglichkeit 360
        bb) Kommunikationseinschränkungen und Kompensation durch sogenannte Rollen 362
        cc) Die institutionalisierte Anteilnahme 365
    i) Subjekt und Situation. Die zwischenmenschliche Kommunikation und ihre Kompensationen 366
        aa) Das In-Einander von Subjekt und Welt 366
        bb) Zwischenmenschliche Beziehungen und ihre Strukturierungen durch den Beobachter 369
        cc) Beispiele zwischenmenschlicher Kommunikation 371
        dd) Gruppen, Verbände und ihre Kompensationen 376
9. Sprache, Kommunikation und sprachliches Mißverstehen 379
10. Faktische, mögliche und ideale Kommunikation (Einführung in die therapeutische Exploration) 386
11. Die Dekompensation 388
    a) Retrospektive auf „Beziehung und Gestalt". 388
    b) Weitere Differenzierung von Dekompensation 390
    c) Dekompensation als intersubjektives Geschehen 392
    d) Der Konflikt (Widerstreit) 392
    e) Dekompensation und Krankheitsgestalt 393
    f) Dekompensation und Belastung 395

Teil V: Zur Klinik und Poliklinik von Dekompensationen (Poliklinische Falldarstellungen) 399

Anmerkungen 446

Stichwortverzeichnis 467

Namenverzeichnis 476

Zur methodischen Grundlegung
(anstelle eines Vorwortes)

„Allein die Beziehung der Wissenschaft zum Denken ist nur dann eine echte und fruchtbare, wenn die Kluft, die zwischen den Wissenschaften und dem Denken besteht, sichtbar geworden ist und zwar als eine unüberbrückbare. Es gibt von den Wissenschaften her zum Denken keine Brücke, sondern nur den Sprung. Wohin er uns bringt, dort ist nicht nur die andere Seite, sondern eine völlig andere Ortschaft. Was mit ihr offen wird, läßt sich niemals beweisen, wenn beweisen heißt: Sätze über einen Sachverhalt aus geeigneten Voraussetzungen durch Schlußketten herleiten. Wer das, was nur offenkundig wird, insofern es von sich her erscheint, indem es sich zugleich verbirgt, wer solches noch beweisen und bewiesen haben will, urteilt keineswegs nach einem höheren und strengeren Maßstab des Wissens. Er *rechnet* lediglich mit einem Maßstab und zwar mit einem ungemäßen. Denn was sich nur so kundgibt, daß es im Sichverbergen erscheint, dem entsprechen wir auch nur dadurch, daß wir darauf hinweisen und hierbei uns selber anweisen, das, was sich zeigt, in die ihm eigene Unverborgenheit erscheinen zu lassen. Dieses einfache Weisen ist ein Grundzug des Denkens, der Weg zu dem, was dem Menschen einsther und einsthin zu denken *gibt*. Beweisen, d. h. aus geeigneten Voraussetzungen ableiten, läßt sich alles. Aber Weisen, durch ein Hinweisen zur Ankunft freigeben, läßt sich nur Weniges und dieses Wenige überdies noch selten."*

---

* Aus: Heidegger, M.: Was heißt denken? In: Vorträge und Aufsätze, Pfullingen 1954.

> Wenn die Wissenschaft sich zur totalen Technokratie steigert und damit die „Weltnacht" der „Seinsvergessenheit", den von Nietzsche vorausgesagten Nihilismus heraufführt, darf man dann dem letzten Nachleuchten der untergegangenen Sonne am Abendhimmel nachblicken — statt sich umzukehren und nach dem ersten Schimmer ihrer Wiederkehr auszuschauen?
>
> H. G. Gadamer

Einleitung
Informationsaustausch ist keine Kommunikation

Wenn in den vorangestellten Sätzen M. Heidegger den Unterschied zwischen dem kausal-verknüpfenden, linear von Schlußfolgerung zu Schlußfolgerung schreitenden, logischen „Denken" der Wissenschaft, insbesondere der Naturwissenschaft, und der phänomenologischen, durch die Existenzialontologie wesentlich vertieften Denkweise hervorhebt („Sprung"), dann wird der Unterschied dieser beiden Denkweisen insbesondere an dem zwischen Kommunikation unter Lebewesen und Menschen und dem heute gängigen Begriff der Information und des Informationsaustausches als Nachrichtenvermittlung sichtbar.

Die zivilisatorisch erstaunenswerten Errungenschaften der Naturwissenschaften und Technik sollen nicht in Abrede gestellt werden. In ihrer scheinbar wertfreien (positivistischen) Konzeption verstehen sie es, die Nahrungsmittelproduktion durch Einsatz der Chemie so zu erhöhen, daß seit den bahnbrechenden Entdeckungen J. Liebigs Millionen von Menschen vor dem Hungertode bewahrt wurden, ebenso wertfrei jedoch stellen sie Vernichtungsmittel her, um die Anzahl von Menschen, die sie hier retten, dort zu töten. So kann ihnen nicht der Vorwurf erspart bleiben, daß sie die in sie gesetzten Hoffnungen des Menschen seit der Aufklärung zutiefst enttäuscht haben. Diese Hoffnungen zielten auf die Einheit von Erkennen und Handeln in dem Sinne, daß die zunehmende Erkenntnis der Naturgesetze die Beherrschung der Natur ebenso ermöglicht, wie auch ein „vernünftiges" Zusammenleben der Menschheit. Während die Naturwissenschaften im Begriff sind, die erste Hoffnung zu erfüllen, hat sich die zweite nicht verwirklicht, da anscheinend die Erkenntnisse, die die Naturwissenschaft über die Natur vermittelte, dem menschlichen Handeln und dem sozialen Zusammenleben keine wesentlichen neuen Impulse gegeben hat. Darüber hinaus hat die Naturwissenschaft es nicht vermocht, dem Menschen eine Antwort auf seine zentralen Fragen: nach dem Wozu des Lebens, seinem Woher und Wohin zu geben, wie dies *E. Husserl, M. Scheler, H. Kunz, P. Ricoeur, G. Brand* und viele andere belegt haben.[1]

Das Ausbleiben der Antwort nach den zentralen, den Menschen bewegenden Fragen, führte die einen Naturwissenschaftler zum Agnostizismus, die anderen zu einer merkwürdigen Rückwendung zur Offenbarungsreligion (*M. Plank*), andere wieder (*P. Jordan, v. Weizsäcker*) wandten sich dem Okkultismus und ähnlichen Strömungen zu. Dies zeigt nur an, daß die nicht aufhebbare Zersplitterung der Naturwissenschaften in nicht mehr zu übersehende Einzeldisziplinen das Fragen des Menschen nach seiner möglichen Bestimmung nicht zu beantworten vermochte, daß Ersatzlösungen für diese Fragen durch Anleihen an Religionen, Ideologien oder Weltanschauungen, die nicht unmittelbar aus der naturwissenschaftlichen Erkenntnis kamen, immer wieder vollzogen wurden. In die entscheidenden Lücken, die die Naturwissenschaft in ihrer „Konzeption" der Welt offenließ, sprangen vor allem jene Ideologien, die sich pseudowissenschaftlich („dialektisch") ausgeben, die in ihrer Schwarz-Weiß-Zeichnung der Welt- und Menschheitsentwicklung primär Anhänger von Gegnern unterscheiden und die in ihrer pseudoreligiösen Tendenz in unmittelbarer Nähe des Manichäismus zu suchen sind. In diesen Ideologien wird der „Umschlag" von Aufklärung in irrationale Pseudoreligiosität sichtbar, wie ihn bereits *Th. W. Adorno*[2] in seiner Kritik der Aufklärung (Dialektik der Aufklärung) kritisch untersucht hat.

Die ungewollte aber unausbleibliche Kooperation einer letztlich agnostizistischen Naturwissenschaft mit pseudoreligiösen Ideologien, trägt den Charakter einer Konspiration — gegen den Menschen und dessen Entwurf auf mögliche Freiheit. Beide, Naturwissenschaft und Ideologie, haben über diese Konspiration hinaus nicht den Sprung in das Denken (s. Vorwort) gewagt, das allein den Menschen in seiner Widersprüchlichkeit wie auch in seinem Vermögen, über diese und über sich selbst hinauszuwachsen, erfassen kann. Diesen verhängnisvollen Zusammenhang hat für die Entwicklung der Medizin insbesondere *K. P. Kisker* aufgezeigt.[3]

Auch die Psychoanalyse in ihrer Prägung durch *S. Freud* ist in der Denkweise der Naturwissenschaft befangen geblieben, daher ihr mißverständlicher Anspruch, überhaupt Wissenschaft zu sein, ihre durch und durch mechanistisch-epiphänomenalistische Konzeption des Menschen. *Freud* hat in seinen weltanschaulichen Elaboraten nicht nur den Agnostizismus der Naturwissenschaft bestätigt, sondern er hat letztlich einem Trieb-Nihilismus das Wort geredet, für den das Leben ein Umweg zum Tode ist und menschliches Dasein, soweit es sich nach seinem Woher,

Wohin und Warum befragt, — illusorisch ist. Treffend charakterisiert *E. Straus* diese Konzeption:[4]

> In der mit Freud aufwachsenden Generation wehrten sich viele gegen sein Verfahren der Demaskierung und Desillusionierung. Die gegenwärtige Generation empfindet anders. Sie betrachtet gelassen die Rückstände, die in der riesigen Verdampfschale der Psychoanalyse von der menschlichen Welt übrig geblieben sind. Sie ist gewahr, daß diese Rückstände nicht ansehnlich sind, aber sie beklagt keinen Verlust. Ja, es scheint, daß ihr die mit der psychoanalytischen Reduktion unvermeidliche Banalisierung aller menschlichen Verhältnisse überaus willkommen ist.

In dieser Situation haben es die anthropologische Medizin und die Existenzialontologie immer wieder unternommen, den Menschen in seinen Möglichkeiten auf die Zukunft hin, wie auch in seiner Abhängigkeit (der pathischen nicht weniger wie der gesellschaftlichen) neu zu entdecken. Sie haben, wenn auch von verschiedenen Ansätzen ausgehend und mit zweifellos geteiltem Erfolg, den Sprung in das Denken gewagt, das ein Aufzeigendes und Aufweisendes ist, das über die phänomenologische Methode der Wesenserfassung (Reduktion) immer schon den Menschen im ständigen Kontakt mit seiner jeweilig historisch-soziologisch gewordenen Welt sah, und der dennoch sich dem wissenschaftlichen „Feststellen" entzieht, zutiefst antilogisch, „unbehaust" ist.

Der fundamentale Widerspruch des Menschen ist bereits der, daß er als Einzelner ist, aber nur zu sein vermag in bezug auf den anderen. Diese an der Wurzel des Menschseins aufbrechende, unauflösliche Diskrepanz, zwar ein „Selbst" und Einzelner zu sein, dies jedoch und gleichzeitig nur im bezug auf den Menschen, kann weder von der Wissenschaft noch von der dialektischen Ideologie aufgelöst werden. Er kann nicht aufgelöst, sondern nur ausgestanden werden — und hier wird menschliche Existenz, wird der Blick auf die Existenzialontologie sichtbar.

Es ist dieser Widerspruch selbst, der den Menschen zu einem kommunikativen Wesen macht und der Leser wird im Gang der folgenden Untersuchung erfahren, daß nicht nur der Mensch, sondern bereits das Tier — die Ergebnisse der Verhaltensforschung aufnehmend — in widersprüchlicher (antagonistischer) Weise mit seiner Umwelt lebt, es aber über zahlreiche Regulationsvorgänge verfügt, sein durch Antagonismen gefährdetes Verhältnis zur Umwelt wiederherzustellen. (Konflikt, sog. „Übersprunghandlungen" etc. s. Teil I, Kap. 4/6.) Vorgänge dieser Art lassen sich auch für innerorganismische Prozesse aufweisen (biologisch-biochemische) und damit Wege zu einem neuen, erheblich vertieften Verständnis besonders von psychosomatischen Zusammenhängen.

Wenn deshalb im folgenden Kommunikation zum Anlaß eines erkundenden und sich auseinandersetzenden Denkens gemacht wird, Kommunikation in der Vielseitigkeit ihrer Aspekte biologischer oder physiologischer

Provenienz, bis hinein in die Psychopathologie verfolgt werden soll, dann ist diese Kommunikation ebenso lebendig im Widerspruch (Konflikt) begründet, wie auch eine den Menschen existenziell angehende. Kommunikation ist deshalb kein „Informationsaustausch" zu dem ihn die heutige Informationstheorie im Gewand der Kybernetik machen möchte. Zur Charakterisierung der Informationstheorie und der Kybernetik, ihre Gleichsetzung von (logischen) Denk- und Erlebnisvorgängen des lebendigen Subjektes, mit in „Bits" zu messenden Prozessen, seien zwei maßgebliche Informationstheoretiker, *K. Steinbuch* und *H. Rohracher* zitiert:

Es wird angenommen, daß das Lebensgeschehen und die psychischen Vorgänge aus der Anordnung und physikalischen Wechselwirkung der Teile des Organismus im Prinzip vollständig geklärt werden können.[5]

Es ist klar, daß sich eine Gehirntheorie des psychischen Geschehens in erster Linie mit den „Erregungen" beschäftigen muß, weil man als Grundlage der bewußten Erlebnisse nichts anderes zur Verfügung hat als Erregungsprozesse im Gehirn.[6]

M. Boss zitiert *H. Rohracher* wie folgt:[7]

Ferner gründet *Rohrachers* Theorie des Denkens in der Hypothese, „daß die Gesetze der Logik in Wahrheit Gesetze des zerebralen Erregungsgeschehens sind. Die Lösung (eines Denkproblems) liegt in der Vereinigung der aufgetretenen Konstellationen (von Erregungen) zu einer neuen Gesamtkonstellation; und das psychische Symptom dafür, daß sich eine solche Konstellation gebildet hat, ist die Überzeugung, daß die Lösung richtig sei; es bestehe kein Widerspruch mehr zwischen den Einzelerregungen".[8]

Die auf *Descartes* zurückgehende verhängnisvolle Spaltung zwischen primären (raum/zeitlichen/messbaren) und sekundären (Farbe, Ton, Empfinden) Qualitäten findet in der Informationstheorie ihre ebenso einseitige wie konsequente Weiterentwicklung. Für diese Naturwissenschaft ist der Mensch eliminiert — er ist bestenfalls eine „Nachrichte" (*Wiener*). Es ist bezeichnend, daß sowohl die sog. kapitalistischen wie die sog. sozialistischen Staaten auf diese Form einer naturwissenschaftlichen Ideologie zurückgreifen, die zu einer „Wissenschaft ohne Menschlichkeit"[9] führen muß. Wenn auch andere Natuwissenschaftler nicht die Schlüsse ziehen wie *H. Rohracher* und *K. Steinbuch*, sondern vorsichtiger formulieren (die Physiologen *Hensel*[10] und *Keidel*[11] z. B.), so steht doch für die kybernetische Wissenschaft das „Messen um seiner selbst willen" im Vordergrund, — um damit ihre ganze Fragwürdigkeit zu dokumentieren (s. hier besonders *M. Boss*: „Grundriß der Medizin", der sich eingehend und kritisch mit der Kybernetik der Informationstheorie auseinandergesetzt hat).

Wird in diesem Zusammenhang an *M. Heidegger*s Satz erinnert: „Wissenschaft denkt nicht", so besteht dieser Satz nicht nur zu vollem Recht, was die Behauptungen der Identität von Denken und molekularen Prozessen (Informationsaustausch) anbetrifft, selbst wenn der Informationsbegriff weder energetischer noch materieller Natur sein soll (*Wiener*). Seit *Cabanis* und *DuBois-Reymond* vor über 100 Jahren behaupteten, das Gehirn sondere Gedanken ab wie die Speicheldrüse den Speichel, hat sich hier die naturwissenschaftliche Theorie grundlegend nicht verändert, sondern nur verfeinert. Die kybernetische Informationstheorie, die, epiphänomenalistisch, Gedankenprozesse und materielle Vorgänge als identische behauptet, kam der behavioristisch-pawlowistischen Psychologie wie gerufen. *E. Straus*[12] glossiert diese Art von Psychologie, zu deren Hauptvertretern heute <u>Skinner</u> u. a. zählen, wie folgt:

Ein psychologischer Autor im Selbstgespräch mit dem schreibenden Psychologen. *Hebb*, der Autor, und *Hebb*, der mechanistische Psychologe, leben in zwei verschiedenen Welten. Der Schriftsteller verfaßt ein Buch, in dem er seine Gedanken und seine Ansichten niederlegt. Er äußert sich zu einem Thema, wie es der Titel des Buches anzeigt. Monatelang ist er mit der Abfassung des Manuskripts beschäftigt; er plant, entwirft, ändert, bis nach vielen Mühen das Ganze druckfertig vorliegt. Was er zu sagen hat, entstammt seinem Wissen, erworben in den Lehrjahren, erweitert in eigenen Beobachtungen, geschärft durch die Lektüre der Schriften anderer Forscher. Das fertige Manuskript übergibt der Verfasser einem Verleger zum Druck, d. h. zur Vervielfältigung und Veröffentlichung. Mit dem Buch wendet er sich an eine Gemeinde von Lesern, deren Verständnis – Zustimmung und Kritik – er erwartet.

Nein, sagt der Psychologe zu dem Schriftsteller, wie kannst du nur so naiv daherreden. Du weißt es doch wahrhaftig besser. Von alledem, was du sagtest, trifft auch nicht ein Wort zu. Deine Gedanken, das sind Transmissionen von Erregungen in deinem Gehirn. Wie solltest du die darlegen können? Solche Erregungen kontrollieren dein motorisches Verhalten, zusammen mit den Spuren früherer Reize, als welche du, wie du nur zu genau weißt, dein Lernen, dein Beobachten, deine Lektüre aufzufassen hast. Diese ganze Reizkonstellation bedingt eine Reaktion, populär „schreiben" genannt, wissenschaftlich jedoch als molare Muskeltätigkeit erkannt. Die von der schreibenden Hand auf dem Papier gezeichneten krausen Linien wirken sogleich wieder als aktuelle Reize, die weiterhin auf die sog. Schreibbewegung einwirken. Im Laufe von Monaten, der Zeit, in der du, wie du sagtest an dem Manuskript arbeitetest – sind Reize und Reaktion in riesiger Zahl aufeinander gefolgt. Du wirst doch nicht im Ernst behaupten wollen, daß eine solche stetig sich fortschiebende Kette von Reizen und Reaktionen um einen einzigen Gegenstand – das Manuskript – oder um ein Thema kreisen kann. In der Kette von Reizen und Reaktionen hat jeder Vorgang seine singuläre Zeitstelle. Da gibt es nichts als ein Nacheinander, in dem jeder Augenblick den anderen ausschließt. Die Muskelbewegungen, die den Buchstaben „*H*" auf das Papier bringen, sind längst vorüber, wenn das „*E*" folgt und so fort durch die ganze Länge des Manuskripts. Du wendest ein, daß du doch tatsächlich das Manuskript verfaßt, es immer wieder überarbeitet hast, bis du einigermaßen damit zufrieden warst. Aber du wirst doch nicht behaupten wollen, daß du imstande seiest, an einem Gegenstand zu arbeiten, zu planen, Fehler zu verbessern, Irrtümer zu berichtigen. Die sog. Irrtümer stehen nicht anders im mechanischen Prozeß von Ursache und Wirkung wie die sog. Wahrheiten. Du solltest der Letzte sein, der sich solch ausschweifenden Gedanken hingibt.

Der Leser der folgenden Untersuchung jedoch wird sich (hoffentlich!) davon überzeugen lassen, daß Kommunikation kein Informationsaustausch im Sinne der Kybernetik und ihrer neuen Apostel ist, die auf eine nicht kritisch bedachte Identität von Begriff und Materie zurückgreifen müssen. Informationsaustausch findet unter Computern statt, wenn einer den anderen „füttert" oder programmiert. Daß „Informationsaustausch" ein Slogan geworden ist, daß der Student heute von „Informationsrückstand" oder „Informationspegel seines Wissens" spricht, zeigt, wie abgrundtief das mechanistische Denken, von der Naturwissenschaft verantwortungslos inszeniert, von den Menschen Besitz ergriffen hat. Dabei werden Begriffe wie „Informationsaustausch" oder „Informationsspeicherung" ganz und gar wertfrei-unverbindlich gesehen: Information ist ebenso die Nachricht von der Vergasung der Juden, der Vernichtung von Kulaken, der Erschießung von Geiseln, sie ist aber auch Nachricht über die Beschreibung eines Geschlechtsverkehrs, eines chemischen Vorgangs, die Aussprachen zwischen Eheleuten, eine Eheberatung oder selbst eine psychotherapeutische Behandlung ... es sind unterschiedslos Informationsvermittlungen oder „Informationsaustausch". In dieser Unverbindlichkeit der Information wird das antihumane Prinzip des wissenschaftlichen Positivismus, Folge ihres „Nicht-Denkens" ebenso sichtbar, wie sie sich von der wirklichen Kommunikation unter Lebewesen als stets verbindliches Engagement unterscheidet. „Information" ist von der lebendigen Kommunikation durch den Abgrund getrennt, der im Sinne des *Heidegger*schen Vorwortes nur übersprungen werden kann.

Deshalb wendet sich die vorliegende Untersuchung an die Leser aller Berufsgattungen und Schichten, die vom „Informationsgetriebe" (*Heidegger*) nicht weniger angeödet sind, wie vom Dreschen ausgelaugten ideologischen Strohs. In Fortsetzung der anthropologisch-existenzialontologischen Psychologie und Krankheitslehre des Verfassers wird der Leser im folgenden in das Wesen der Kommunikation eingeführt werden. Es wird u. a. die zentrale Frage aufgeworfen, warum überhaupt kommuniziert wird – die Beantwortung dieser Frage z. B. setzt den „Sprung" in das Denken voraus, das die abstrahierend-messende Rationalität der derzeitigen Naturwissenschaft nicht zu leisten vermag. Der Leser wird ferner mit der durchgehenden Thematisierung und sinnvollen Gestalthaftigkeit lebendigen und erlebenden Geschehns vertraut gemacht. Darüber hinaus wird der Schritt vom Erleben und Denken in das Existieren des Menschen getan und werden Grundweisen der intersubjektiven Kommunikation aufgezeigt, die vor aller spezifisch-emotionalen oder noetischen Kommunikation liegen: die das „Apriori" von Kummunikation sind. Die umfassende Bedeutung von Kommunikation, ihre apriorihafte Struktur wird für die Tier- und Pflanzenwelt (Lebenswelt) für innerorganismische nicht weniger wie für intersubjektivhumane Vorgänge dargelegt, ihre Störbarkeit in der entsprechenden Psychopathologie aufgewiesen. Nicht zuletzt wird der Leser erfahren, daß der „Kommunikation" kein harmonistisches Modell zu Grunde liegt, sondern Kommunikation von Anfang an auch In-Frage-Stellen, Nichtung, Negation (Widerstreit, Konflikt) beinhaltet.

Wurde in „Beziehung und Gestalt"* eine anthropologisch-fundierte, umfassende „Krankheitslehre" vom Verfasser entwickelt, so bringt die hier vorgelegte Untersuchung die „Lehre von der Kompensation", d. h. von den Möglichkeiten der Gleichgewichtsfindung in kommunikativen, widersprüchlichen Prozessen der Lebewesen und des Menschen. „Mitteilung und Antwort" ist als Fortsetzung von „Beziehung und Gestalt", als zweiter Band hierzu anzusehen, die Lektüre jedoch in wesentlichen Teilen davon unabhängig, wenn auch die Kenntnis dieses Werkes für das Verständnis der Gesamtkonzeption des Verfassers von Bedeutung ist. „Beziehung und Gestalt" enthält darüberhinaus ein detailliertes, annähernd 1000 Titel erfassendes Quellenverzeichnis der relevanten, in- und ausländischen Publikationen zu den Themen der Psychologie, Psychoanalyse, Verhaltensforschung, Ethnologie, Soziologie, anthropologischer und philosophischer Phänomenologie usf., auf das in der vorliegenden Untersuchung Bezug genommen wird. Die neuesten einschlägigen Publikationen zu dem Thema der Kommunikation, wie es vom Verfasser behandelt wird, wurden jedoch weitgehend zusätzlich berücksichtigt.

Mit dem Werk „Mitteilung und Antwort" ist ein weiterer entscheidender Schritt in die Erweiterung auch der psychotherapeutischen Praktiken getan, die den Gegenstand des nächsten Buches des Verfassers, „Der Mensch im therapeutischen Gespräch. Einführung in die integrative Psychotherapie" bilden werden.

Der Verfasser möchte an dieser Stelle nicht nur seinem Verleger für dessen Einsatz bei der Drucklegung des Werkes danken, sondern auch seinen Mitarbeitern: Frau Dr. B. Laue, insbesondere für ihre kritische Durcharbeitung der Ausführungen des Verfassers, ferner Herrn Dr. G. Huppmann für die Abfassung des Literaturverzeichnisses und Herrn cand. med. A. Zacher für die Anlegung des Stichwortverzeichnisses, und nicht zuletzt Fräulein M. Hoffmann für ihre treusorgende Hilfe in der praktischen Manuskriptgestaltung.

Würzburg, im Frühjahr 1975   Dieter Wyss

---

*   D. Wyss: Beziehung und Gestalt, Entwurf einer anthropologischen Psychologie und Psychopathologie, Göttingen 1973.

Teil I

Kommunikation in der Lebenswelt (zur Biologie und Physiologie der Kommunikation)

1. Erste Umschreibung von Kommunikation

Die lateinische Sprachwurzel des Begriffs Kommunikation[1] deutet auf Gemeinschaft, Gemeinsamkeit, Gemeinsames hin, wie diese dem Begriff der Kommunikation, dem gemeinsamen Mahl nicht weniger zugrunde liegen als der Kommune oder dem Kommunismus. Die deutsche Verbalform „Kommunizieren" — communiquer oder comunicar im romanisch-lateinischen Sprachgebrauch — bezeichnet dagegen das „Mitteilen", das jedoch insofern ein gemeinsames ist, als es die Mitteilung an den anderen meint, d. h. den anderen im vorhinein mit einbezieht. Das „Communiqué" ist eine an die Öffentlichkeit gerichtete Mitteilung. Das „Kommunizieren" im religiösen Sprachgebrauch verweist auf die „Teilnahme an" wie z. B. die Teilnahme am Abendmahl, an der Kommunion, in der sich Gott dem Menschen gibt, bzw. sich mit diesem „teilt".

Die Gemeinschaft[2] ist ein Verband, der, wie z. B. die Familiengemeinschaft gemeinsame Blutsbande aufweist, oder gemeinsam — wie der ideologische Bund — bestimmte Regeln befolgt oder umschriebene Zielsetzungen vertritt. „Man hat darüber hinaus etwas gemeinsam": Gedanken, Gefühle, aber auch ein Haus oder ein Kind; und drückt damit gemeinsames Erleben nicht weniger wie gemeinsame Besitzrechte an „etwas" aus. Man „tut" etwas gemeinsam, bezieht sich auf ein bestimmte Ziele anvisierendes Handeln in Gemeinschaft mit anderen.

Die „Gemeinsamkeit" einer Aufgabe, von Gefühlen, aber auch von Ansichten oder im Ausüben eines Besitzrechtes, weist gegenüber der „Gemeinschaft" auf ein innigeres, intimeres Verhältnis derjenigen hin, die wie in der „Zweisamkeit": ein Kind z. B. „gemeinsam aufzuziehen", die ein gemeinsames Erlebnis hatten, gemeinsame Spaziergänge ausführen oder gemeinsam an einem ideologischen Ziel zu arbeiten.

In der Gemeinschaft klingt dagegen die Anonymität der größeren Gruppen an, obwohl gemeinsames Tun wiederum, — wie gemeinsames Essen, Schlafen, Wohnen, Lesen, Arbeiten, Malen, Musizieren, Sich-Waschen, Diskutieren, — sowohl die intimere „Gemeinsamkeit" der Zwei- oder Dreisamkeit impliziert wie auch die größere der Gemeinschaft.

In der Gemeinschaft, in der Gemeinsamkeit oder gemeinsam wird mit dem oder den anderen in oder an etwas teilgenommen; das heißt, *das Kommunizieren setzt stets und immer ein Thema voraus*, über das oder an dem gemeinsam kommuniziert wird: Sichtbar Zu-Handenes[3] wie Haus,

Obdach, Nahrung, Arbeit oder unsichtbar Vor-Handenes (Der *Heideggersche* Begriff des Vor-Handenen und Zu-Handenen wird hier in einem von *Heidegger* abweichenden Sinne gebraucht, auf Greifbar-Sichtbares oder Ungreifbar-Unsichtbares deskriptiv bezogen.) wie Erleben, Gefühle, Gedanken, Aufgaben, Umgang mit Bildungs- und Kulturgütern, eine gemeinsame Arbeit. Das gemeinsame Kommunizieren verlangt aber keineswegs immer die Gemeinschaft derjenigen, die über oder an einem Thema kommunizieren. Sondern *die Kommunikation findet schon in der Zweisamkeit von Thema und dem statt, der mit diesem Thema umgeht. Das Thema sei in diesem Zusammenhang als Oberbegriff für Vor- und Zu-Handenes eingeführt.*

An einem Thema „An-Teil-Nehmen" oder „Teil-Nehmen" weist auf das *„Teilen"* nicht weniger als auf das *„Nehmen"* hin. Es wird die Arbeit, der Besitz oder das Essen geteilt; an den Überzeugungen oder Erlebnissen der anderen wird „Anteil-genommen". Man nimmt sich an jenen „seinen Teil". Der Gebende, der oder das in der Anteilnahme Geteilte oder Verteilte ist das zu-handene nicht weniger als das vor-handene Thema.

In der Arbeitsteilung – bei der Errichtung z. B. einer einfachen Mauer aus Felssteinen – wird die Tätigkeit des Steinauflesens, Zurechtschlagens, Aufeinanderlegens derselben unter zwei oder mehreren Arbeitern geteilt (aufgeteilt, verteilt, zugeteilt), obwohl die Mauer noch nicht zu-handen, sondern nur als durchzuführende Aufgabe vor-handen ist. Das Vor-Handene der zu erstellenden Mauer wird vorher erörtert, besprochen: Dieser wird die Steine herausbrechen, jener sie behauen, ein Dritter sie zur Mauer aufeinanderschichten. Vor-Handenes der Aufgabe, Zu-Handenes der durchgeführten Arbeit werden geteilt, sie sind die „Gebenden", deren Anteile von den einzelnen Arbeitern jeweils „genommen" werden.

Das gilt nicht weniger von einem gemeinsam oder einzeln erfolgten Theaterbesuch, der Diskussion eines Themas, einer gemeinsamen oder einzelnen Lektüre, der Verwaltung eines Besitzes, der Erziehung von Kindern, der Essenszubereitung oder einer erotischen Begegnung. *Das Gebende ist das Thema, das in seinem Vor- oder Zu-Handen-Sein sich mitteilt* und an dem über Anteilnahme teilgenommen wird: Es gibt sich in seiner Mitteilung demjenigen, der an ihm teilnimmt.

Kommunikation wäre jetzt erstmalig als Austausch zwischen einem Gebenden (sich-mitteilenden Thema) und einem Nehmenden zu definieren, die Gemeinsamkeit des Austausches wird durch das gemeinsam geteilte Thema begründet.

In der Kommunikation wird durch den Austausch mit dem „Sich-Gebenden" (Thema) der Kommunikation Zu-Handenes oder Vor-Handenes geteilt, wie in der Kommune der „Besitz", in der Kommunion der Leib (und Blut) des Erlöser-Gottes geteilt, d. h. genommen, bzw. eingenommen werden. *Kommunikation und Kommunizieren weisen auf (Mit-)*

Teilen (Geben) und Teil-Nehmen (Nehmen) als ein Grundereignis menschlichen In-der-Welt-Seins, menschlicher Existenz hin.

Wo auch immer der Welt begegnet wird, sei es im Zu-Handenen, von Arbeit, Wohnung, im Vor-Handenen von Institutionen, Verwaltungen oder im Gedankenaustausch, sei es in einer Sorge um etwas, in einer Zuneigung zu, in der Auseinandersetzung mit einem System oder Glauben, teilt Welt sich in der Mitteilung ihres Daseins zu allererst über die Wahrnehmung[4] mit.

Wahrnehmung sei hier vorerst im Sinne jeder Art von Sinneswahrnehmung verstanden, gleichgültig ob es sich um eine Lageveränderung, eine Temperaturschwankung, einen Laut, einen gesprochenen Satz oder einen wahrgenommenen Vogel handelt. In jeder Wahrnehmung findet eine Richtungnahme auf das Wahrzunehmende statt, die entweder aus der z. B. suchenden Zuwendung auf das Wahrzunehmende sich entwickelt oder von der sich mitteilenden Welt im Suchenden oder auch Teilnahmslos-Ruhigen provoziert wird.

In der suchenden Zuwendung sucht der Frierende einen warmen Ort, zieht der, der sich verbrennt, die Hand zurück, um Kühlung zu suchen, sucht der Durstige die Umgebung nach Wasser ab, sucht (tastet) die Hand im Dunkel nach dem Türgriff, sucht das hungrige Tier seine Nahrung. *In der sich zuwendenden Wahrnehmung wird der Gegenstand der Wahrnehmung bereits vorentworfen konstelliert:* das Wasser, der Türgriff, die Kühlung, der feste Boden beim Ausrutschen auf Geröll, die Nahrung bei Hunger — der Partner in der Partnersuche. Die Richtung des wahrnehmenden Lebewesens geht intentional in der Wahrnehmung auf das, was wahrgenommen werden kann oder soll.

In anderen Fällen kommt jedoch die sich mit-teilende Umwelt auf das Lebewesen intentional[5] zu und provoziert Wahrnehmungen und Handlungen: Wer einer Lektüre sich hingibt, wird unvermutet von einer Mücke geplagt, die ihn zu einer entsprechenden Handlung bewegt; das von unbestimmter Antriebsunruhe bewegte Tier (Säugetier, höher entwickelte Vertebraten) wird durch das Auftauchen eines möglichen Beuteobjektes in seiner gesamten Wahrnehmung und Motorik auf das mögliche Objekt hin „intentionalisiert", die unspezifische Antriebsunruhe wird auf etwas Spezifisches hin provoziert. *In der Provokation werden mögliche Antworten des Lebewesens auf Umweltmitteilungen hin erweckt, evoziert, ohne daß im vorhinein zu sagen ist, was für eine Antwort stattfinden wird.*

Das Provozieren durch Umwelt ist stets ein Befragen der „Reaktionsmöglichkeiten" des Lebewesens, das jedoch in der Lebenswelt wie auch bei Kindern vorsprachlich-physiognomisch sich ereignet. In der Provokation der Umwelt dagegen durch das Subjekt werden zuwendend-wahrnehmende Intentionalitäten, d. h. Richtungen auf etwas (Thema: Welt, Zeug, Natur, Personen) in die Umwelt entworfen, dieses Etwas wird im Zuge des

Entwerfens wahrgenommen. Teilnehmend an oder mit „etwas" zu kommunizieren, konstelliert in der zuwendenden Wahrnehmung das Lebewesen dieses „Etwas", an dem Anteil genommen wird. Wobei in der Konstellation des Wahrgenommenen durch das wahrnehmend-intentionalisierende Subjekt, wie z. B. in der social perception[6], der wahrgenommene Gegenstand zum Thema der Kommunikation wird, das sich als Gebendes dem wahrnehmend-konstellierenden Subjekt mitteilt oder gibt: die wahrgenommene Person teilt sich dem Wahrnehmenden in einer bestimmten Weise mit, wie sie redet, wie sie sich bewegt, was sie für ein Kleid anhat. Je nach der Konstellation eines Themas spezifiziert die Wahrnehmung sich auf Gestik, Hut oder Regenschirm der wahrgenommenen Person.

Das spezifisch Wahrgenommene ist das sich mitteilende Thema, das durch seine Konstellation zum Gebenden wird. Der zum Essen einladende Apfel teilt sich im Augenblick und im Akt des Aufessens „mit" dem, der ihn zu sich nimmt. Arbeit als wahrgenommener Zusammenhang (Thema) wird durch diejenigen konstituiert, d. h. konstelliert, für die die Arbeit Notwendigkeit oder/und Bedürfnis ist. Ist sie zuhanden, nehmen die an einer Arbeit gemeinsam Beteiligten von dieser den „Teil", den sie je nach Art ihrer Einstellung auf die Arbeit konstelliert haben. Der eine hebt die Steine zur Mauer, jener beschlägt sie, ein anderer entwirft das Ganze am Reißbrett. Das gilt analog für die oben als Beispiel angeführten Bereiche (Themata) des In-der-Welt-Seins: ob Zu-Handenes oder Vor-Handenes sich mitteilen.

Über Kommunikation wird Welt zu einer sich-mitteilenden. In-der-Welt-Sein ist das intentional-weltbegründende Kommunizieren, wie andererseits Welt das Kommunizieren begründet.

2. Exkurs über den Begriff des Themas[7]

Das Thema wurde im vorausgegangenen Abschnitt ohne spezifische Definition, im Sinne des eine einzelne oder gemeinsame Beziehung zu oder an etwas konstellierenden Vorganges angewandt, im Sinne einer Kommunikationsbegründung überhaupt zwischen der sich mitteilenden und wahrgenommenen Welt. *Themen sind demnach Geschehensabläufe, in denen sich die Beziehung zwischen Subjekt und Welt, zwischen Welt und Subjekt, oder auch ausschließlich innersubjektive Prozesse, darstellen*, die von Augenblick zu Augenblick wechseln und größter Fluktuation ausgesetzt sind: Das von Hunger getriebene Tier findet seine Beute; im Konstellieren des anderen Lebewesens als einer möglichen Beute verändert sich bereits die Beziehung, damit das Thema „Hunger", „Nahrungssuche" zwischen dem Hungrigen und dem zu erbeutenden Tier. Die Beziehung — das

Thema — zwischen beiden Lebewesen unterliegt weiterhin, von Augenblick zu Augenblick, laufenden Veränderungen: vom Zupacken oder Zubeißen, vom Kampf, Abwehr und endlicher Überwältigung, vom Fressen bis zur Verdauung, bis zur Wiederausscheidung der unverdaulichen Substanzen.

„Themen" begegnen in der Natur nicht weniger als in der Welt des menschlichen Zeugs, in der menschlichen Umwelt mit ihren Institutionen, Traditionen, ihrer „Geschichte". *Themen sind ferner die Bedeutungskonstanten*[8], die sich in der Kommunikation zwischen Lebewesen mit der Umwelt, dem menschlichem Subjekt mit der Welt und sich selbst — aus der jeweiligen Beziehung der Lebewesen oder der Subjekte zu dem „etwas für sie bedeutenden" entwickeln[9].

Das Thema der „Brust" wird für das gestillte Kind zu einer Bedeutungskonstanten, die sich aus seiner jeweiligen Beziehung zur Brust, seinen Befindlichkeiten und denen der Mutter — als einer weiteren Bedeutungskonstanten — ergeben. Das Thema Pkw hat für den Vertreter eine spezifische, an zahlreichen Bedingungen sich darstellende Bedeutung; er wird für ihn zu einer *Bedeutungskonstante*, wie für den Ehemann die Frau eine Bedeutungskonstante, ein Thema ist, das bei Spezifizierung und Differenzierung in zahlreiche Unter- und Nebenkonstanten sich aufgliedern ließe. *Bedeutungskonstanten — Themen — entstehen, vergehen, sie sind von relativer Dauer.* Sie sind erste Strukturbildungen (s. u.) in der Beziehung zwischen Lebewesen und Umwelt (Mensch/Welt). (Im Folgenden wird jedoch anstatt des Begriffs der Bedeutungskonstante der des Themas angewandt werden.)

Die Themen stellen in der Natur das übergeordnete, in sich zusammenhängende Ganze beobachtbarer Geschehensabläufe dar: von der Karyokinese bis zu der Koordination der Augenmuskelbewegungen oder den Rivalitätskämpfen der Hirsche.

Die Lebenswelt ist in der Beobachtung der Verhaltensforscher grundsätzlich thematisch, d. h. immer wieder sinnvoll bezogen, was jedoch Dysregulationen und „Fehler" nicht ausschließt — wie an folgenden Beispielen erinnert werden soll:

Bei der Paarbildung (von Graugänsen) kommt dem „Triumphgeschrei" eine besondere Rolle zu. Das Männchen führt zunächst Scheinangriffe auf Objekte aus, die es normalerweise meidet. Es kehrt danach „triumphierend" zu seiner Erwählten zurück und droht an ihr vorbei (...). Stimmt sie in sein Triumphgeschrei ein, dann ist eine Verteidigungsgemeinschaft gegründet — die Voraussetzung für eine erfolgreiche Aufzucht der Brut (*K. Lorenz 1943*). (*Thema: Verteidigungsgemeinschaft*)

Bei der Erdkröte (Bufo bufo L.) wandern Männchen und Weibchen im Frühjahr zu den Laichplätzen, die sie bemerkenswerterweise mit Hilfe ihres Ortsgedächtnisses finden. Schon während der Wanderung reagieren die Männchen auf alles Bewegte, sie springen es an und versuchen es zu umklammern. Ist es ein Krötenmännchen, so protestiert es gegen die Umklammerung mit einer schnellen Folge von Rufen, worauf der Umklammernde losläßt. Weibchen dagegen verhalten sich ruhig und werden umklammert gehalten, ebenso aber auch ruhige Attrappen, wie etwa die Finger des Experimentators (...). (*Thema: Umklammerung, Geschlechtsakt*)

Im Jahre 1929 ließ sich ein großer Schwarm ziehender Krähen und Dohlen ganz in der Nähe einer Kolonie zahmer Dohlen nieder. Die Jungdohlen jenes und des vorhergehenden Jahres dieser Kolonie hatten sich unter die Fremdlinge gemengt, und es war zu befürchten, daß sie in dieser Wanderschar aufgehen würden, mitgerissen vom starken auslösenden Reiz der vielen auffliegenden Vögel. Dies wäre wohl auch geschehen, wenn nicht zwei alte, erfahrene Männchen der Kolonie die Jungvögel einzeln zurückgeholt hätten. Sie flogen vom Haus zur Wiese, spürten dort in dem Schwarm die Jungtiere der eigenen Kolonie auf und lockten sie vom fremden Schwarm weg, indem sie mit gefächertem Schwanz von hinten knapp über die Jungen hinwegflogen und den Fluglockruf äußerten. So haben sie in vielen Stunden alle bis auf zwei Jungtiere zurückgebracht.* (*Thema: Erhaltung der Gruppe*)

Die in der Lebenswelt beobachteten thematischen Zusammenhänge zwischen Lebewesen und deren Umweltbeziehung erscheinen sinnvoll, weil unter den Themen „Verteidigungsgemeinschaft", „Geschlechtsakt", „Erhaltung der Gruppe" eine Fülle von Einzelhandlungen (-themen) in der Beobachtung festgehalten werden, die in sich schlüssig auf das jeweils übergeordnete Thema „Verteidigungsgemeinschaft", „Geschlechtsakt" etc. bezogen sind. *Sinnvoll hieße demnach: Einzelne Vorgänge sind im Zusammenhang des übergeordneten Themas – vergleichbar einer Ganzheit – beziehungsreich aufeinander angewiesen.* Dabei ist das „beziehungsreiche Aufeinander-Angewiesen-Sein" durch die Kontinuität von sich mitteilender Umwelt und antwortendem Lebewesen oder sich mitteilendem Lebewesen und antwortender Umwelt gekennzeichnet.

Der Konstellation von Themen in der Umwelt, oder der Provokation von Themen durch die Umwelt im Lebewesen ist die *feststellende Thematisierung durch Begriffe*[10] gegenüber zu setzen: Werden z. B. im Tierreich Nahrungssuche, Werbung, Paarung, Nestbau, Aufzucht als Themen durch den Beobachter beschrieben, so wird damit einerseits der sich stets sinnvoll darstellende Inhalt eines Themas als Thema begrifflich festgehalten. Andererseits geht in der Feststellung derselben durch den Begriff der faktisch fluktuierende Vorgang des Themas als Geschehensablauf durch die Lebewesen verloren.

Der Schüler äußert sich in der Schule zu einem Thema in einem schriftlichen Aufsatz. Der Themen gibt es beliebig viele, von „dem Verhältnis

---

* Alle drei Zitate aus *I. Eibl-Eibesfeldt*: Vergleichende Verhaltensforschung, München 1969, S. 143, 170, 358.

zwischen Mephisto und Faust" bis zu der Schilderung der Gewissenskonflikte von Josef K. in Kafkas „Prozeß", von geschichtlichen, geographischen, sozialkundlichen Themenstellungen ganz zu schweigen. Aber auch die höhere Mathematik, die Physik oder Chemie vermitteln Themen zur Bearbeitung.

Ist nicht darüber hinaus jedes Hauptwort als Thema zu verwenden? „Schreiben Sie etwas über das Thema: Tür, Schrank, Pferd, Salat, Kirche, Soldat, Mauer, Kalbsbraten, Afrikaner", wobei Aufgabe des Schülers wäre, sich zu diesen Themen etwas „einfallen zu lassen", den Stoff (das substantivische Thema) zu gliedern, aufzuteilen, mit der Einleitung zu beginnen und abschließend eine Zusammenfassung seiner Gedanken zu geben.

Weisen die logischen Aufschlüsselungen (Auslegungen) eines Themas in Aufsatz oder in Rede und die Aufgliederung der Natur in Themen, die in beiden Fällen sinnvoll in zahlreiche Unterthemen sich aufteilen lassen, bzw. die Unterthemen stets auf ein übergeordnetes *Leitthema* bezogen sind, auf eine *Identität des „subjektiven Geistes" oder der „objektiven Natur"* hin?

Diese Schlußfolgerungen der idealistischen nicht weniger als der materialistischen Philosophie können nicht gezogen werden, da die Beobachtung von Themen (Geschehensabläufen) in der Natur durch den Beobachter diese erst aus dem kontinuierlich-kommunikativen, stets themenbezogenen Zusammenhang des Ganzen herauslöst. So ist z. B. der faktische Vorgang „Nestbau", wird er in die zahlreichen, auf ihn bezogenen Unterthemen sinnvoller Einzelhandlungen aufgegliedert, nicht mit dem Vorgang identisch, mit dem der Naturforscher z. B. in einer Veröffentlichung über das Thema „Nestbau" seine verschiedenen Beobachtungen zusammenfaßt. (Vgl. Aufsatz/Thema/Aufgliederung).

Gemeinsam ist beiden Geschehnissen (Nestbau in der Natur, Veröffentlichung über Nestbau) die Entfaltung, Entwicklung, Aufgliederung von Unterthemen aus einem Hauptthema, der Ganzheit: „Nestbau"; hier durch den Vorgang des Nestbaus selbst, dort durch das zusammenfassende Berichten des Naturforschers. Dessen Begriff „Nestbau", das Substantiv, ist in der Natur nicht auffindbar, sondern nur eine außerordentliche Fülle von Einzelvorgängen -(themen). Diese sind einerseits von seiten des Lebewesens mit Bedürfnissen, Erlebnissen, Empfindungen verbunden, andererseits mit Bildabläufen, die, an der untersten Ebene instinkthafter Regulationen, von der experimentellen Naturwissenschaft unter das Schema des Reiz/Auslöserverhaltens subsumiert wurden.

Aber das Reiz/Auslöserverhalten[11] besagt nichts anderes, als daß das Lebewesen bestimmte Themen in der Umwelt konstelliert, oder die Umwelt das Lebewesen zu bestimmten thematisierten Handlungen provoziert („auslöst"), die hier wie dort bildhaften Charakter haben. Der sog. „Reiz" ist nicht weniger ein Bild — zum Signal abstrahiert — für das wahrnehmende Sinnesorgan, wie die Wirkung auf Umwelt — auf andere Lebewesen — als Bildgeschehen wahrgenommen wird.

In dieser Kontinuität empfindungsbegleiteter Konstellationen durch das Lebewesen von Themen an der Umwelt, der Provokation wiederum von Themen durch die Umwelt, stellt der Begriff „Nestbau" ein komplexes, bildhaft-erlebnisbedingtes Geschehen „fest", um dann das Urteil[12] zu bilden: „der Vogel ist beim Nestbau". *In der Urteilsbildung wird der Begriff „Nestbau"* zu dem Teil des Denk- bzw. Erkenntnisprozessen, der sich gegenüber der Fülle bildhaft-erlebnisbezogener Kommunikation des Lebewesens *durch hochgradige scheinbar „subsumierende" Entfremdung auszeichnet.*

Der Begriff „Nestbau" hat mit dem Vorgang „Nestbau" nichts mehr gemeinsam, er hat gewissermaßen die Einzelheiten des lebendigen Vorganges „vernichtet", um aus dieser Vernichtung der Einzelheiten die begriffliche Chiffre zu gewinnen, die als verfügbare, in sich durchsichtige, verständliche ein für allemal den „Nestbau" als solchen in der Kommunikation unter Menschen — wird von „Nestbau" gesprochen, wird an „Nestbau" gedacht — als allgemein verbindlichen vermittelt.

In der Vernichtung jedoch des konkreten Vorganges „Nestbau" erscheint über der die Vernichtung vollziehenden, damit die Konkretheit der lebendigen Vorgänge hochgradig entfremdenden Weise des begrifflichen Denkens, der Begriff „Nestbau" nicht etwa als „Subsumierung" oder „Abstrahierung" sinnlich-konkreter Geschehnisse, sondern als das im Denken nicht weniger als in der Sprache Laut- oder Vernehmbar-Werden (s. u. S. ...) des im Begriff festgehaltenen Themas: „Nestbau". *Das heißt, daß die gedankliche Feststellung eines spezifischen Themas „Nestbau" aus einer grossen Anzahl von Einzelvorgängen in der Natur so wie in anderen beobachteten, lebendigen Vorgägen* — etwa auch des Innenlebens — *einerseits Entfremdung und Vernichtung des Konkreten, andererseits Erzeugen, Begründen, Konstituieren eines Begriffes ist.* Dieser hat in seiner allen sinnlichen Eigenschaften entblößten, reduzierten Weise (Reduktion) das Thema „Nestbau" als ubiquitär und universell verfügbares, gewußtes, zur Grundlage der Erfassung des „Wesens" von „Nestbau" erhoben.

Was aber heißt „Wesen"? [13] Der Begriff „Nestbau", als substantivisches Leitthema genommen, würde jetzt in der Feder eines Schülers oder eines Studenten — nicht zuletzt auch aus der Sicht der phänomenologischen Reduktion[14] — auf all das hinweisen, was zum Nestbau gehört, was Nestbau vermittelt: Geborgenheit, Schutz, Möglichkeit der Aufzucht, Fragen der Herstellung, des Materials, der Anbringung desselben; die Tatsache, daß Nester im allgemeinen nur einmal benutzt werden oder die gemeinsame Kooperation von männlichen und weiblichem Vogel bei zahlreichen Vogelarten. Er würde — in dieser Weise befragt — das „Wesen" des Nestbaus als einen der ersten Entwürfe des Lebens, über die Höhle z. B. hinausgehen, ansehen, in dem der Lebensprozeß Nestwärme, „Geborgenheit", Schutz für die Brut einerseits, für die Eltern die Notwendigkeit der Fürsorge, der Nahrungssuche, der Bemühung um das Leben der Jungen andererseits verwirklicht. Das heißt, daß die „Wesenserfassung" des Vorgangs „Nestbau" in der bildhaften Anreicherung (von z. B. Einfällen zu dem „Thema", vgl. Aufsatz über das Thema „Nestbau") der begrifflich erfaßten Vorgänge besteht, die als Unterthemen sinnvoll auf das Haupt- oder Leitthema „Nestbau" bezogen sind, dieses aber die Intentionalität des Denkens, seine immanente Richtung bestimmt.

Demnach wären vorläufig in der Thematisierung zwischen Lebewesen (Subjekt) und Umwelt vier Grundvorgänge aufzuzeigen:

1. Die erlebnis- und bildbezogene, stets thematisierte Einheit, in der das außermenschliche Lebewesen mit seiner Umwelt lebt.
2. Der Erkenntnisakt des Beobachters (des Subjektes), der nach der Seite der sinnlichen Wahrnehmung hin das Konkrete entfremdet, vernichtet, aufhebt, nach der Seite der noetischen Begriffsbildung den Begriff konstituiert, wobei die Konstitution dem „Vernehmen eines Themas" vergleichbar ist.
3. Das „vernommene", dann begrifflich festgestellte, festgehaltene Thema, das die Grundlage der Erfassung beobachteter oder erlebter Vorgänge bildet.
4. Die „Wesenserfassung" erfolgt wiederum über bildhafte Anreicherung, in der sich das Hauptthema in zahlreiche Unterthemen aufschlüsselt oder aufgliedert.

Themen sind in der Lebenswelt erlebnisbezogene Bildvorgänge, die ständig in der Beziehung (Kommunikation) zwischen Lebewesen und Umwelt konstelliert oder provoziert werden, Geschehnisfolgen, die durch den Denkakt zu begrifflich faßbaren Themen geprägt, die dann wiederum durch das erkennende Subjekt in Unter- und Nebenthemen differenziert werden. Dabei wird in der Differenzierung das „ganze Wesen", d. h. der sinnbezogene Komplex vielfältiger, kommunikativer Beziehungen transparent, innerlich durchschaubar und verfügbar.

Die Beziehung zwischen Bild („Auslöser", „Signal") und Thema wäre — zusammengefaßt — folgende:

Beide sind in unterschiedlicher Art auf sinnvolle Vorgänge bezogen. *Im Bild ist das Thema zur Fluktuation geworden.* Es ist dabei sinnlich wahrnehmbar und Anteil der fließenden, lebendigen, ständig sich verändernden Kontinuität der Lebenswelt. *Es umschließt darüber hinaus die Möglichkeit und die Fülle anderer Bilder,* d. h. immer wieder neu sich ereignender, wechselnder Vorgänge und Geschehensabläufe, wie diese die Lebenswelt in ihrer Reziprozität von Umwelt und Lebewesen darstellt.

Das Bild ist deshalb Fülle möglicher Anschauungen oder des — vom

Subjekt – Angeschauten. Von Augenblick zu Augenblick sich wandelnd läßt sich ein eindeutiges Thema nicht erfassen: der Nestbau kommt aus der Paarung, die Paarung geht aus der Werbung hervor, die Werbung wiederum kommt aus der Aufzucht usf.

Im bildhaften, anschaulich-sinnlichen Geschehen ist das Thema als Bild nur ganz allgemein „sinnvoll", weil die Ganzheits-Bezogenheit aller lebendigen Vorgänge aus ihrer Ganzheit heraus das Sinnvolle impliziert.

Wird z. B. ein lebendiger Vorgang – das Verhalten eines balzenden Enterichs – gefilmt, dann wird der Film, soweit er die Gesamtheit des „Balzens" als kontinuierlichen Bildablauf darstellt, sinnvoll erscheinen. Wird aber nur ein einziges Bild aus dem Film herausgegriffen, so erscheint dieses Bild sinnlos, weil ihm der Bezug auf die Ganzheit fehlt. Das aus dem übergeordneten Bildzusammenhang (Thema) herausgerissene Einzelbild impliziert auch kein Thema mehr, wenn z. B. ein vorgestreckter Kopf und ein gehobener Flügel in einer Momentaufnahme festgehalten werden.

D. h., Bildgeschehen – und die Natur ist kontinuierliches Bildgeschehen – ist allgemein nur in seiner Gesamtheit oder Ganzheit sinnvoll. Werden einzelne Bilder herausgerissen, so bedürfen diese erst wieder der Zusammenfügung zu dem Ganzen eines Vorgangs, um sinnvoll zu erscheinen. *Die spezifisch begriffliche Thematisierung im Ganzen eines Bildablaufs –* Nestbau, Aufzucht, Paarung *– erfolgt durch den Erkenntnisakt des beobachtenden Subjektes*, der das im Bildablauf enthaltene, fluktuierende, Thema herausgreift, wobei dieses „Herausgreifen" mit der Vernichtung, Entfremdung der sinnlichen konkreten Bildhaftigkeit verbunden ist. Dem „Herausgreifen" eines Themas aus der Fülle der Bildabfolgen entspricht innersubjektiv dann das feststellende Vernehmen des Themas im oben dargestellten Sinne.

Vorstufen dieses „herausgreifenden Begreifens" werden durch die Beobachtung von Naturvorgängen oder innerseelischen Abläufen gegeben: Beobachten ist Aufmerksamkeit[15] die in dem Aufmerken bereits den sich der Wahrnehmung darstellenden Bildablauf in Einzelbilder, bzw. Einzelvorgänge gliedert, die dann durch die Aufmerksamkeit selbst aus dem Gesamt des Bilderflusses „herausgestanzt", endlich durch den Begriff „herausgegriffen" und verfremdet werden; sie dienen damit aber der noetischen Thematisierung[16].

Der Zusammenhang zwischen thematischem Bildvorgang und begrifflich erfaßtem Thema wird ferner deutlich, wenn die zahlreichen Selbstzeugnisse von Künstlern (Malern, Schriftstellern, Komponisten), aber auch von Erfindern erinnert werden, die immer wieder auf den anfänglichen Bildcharakter ihrer „Ideen" oder ihrer Einfälle verweisen: daß das begrifflich zu erfassende Thema derselben sich primär als inneres Bild mitteilt.

Schreiben Schüler einen Aufsatz über ein beliebiges Thema, gliedert sich im Verlauf der Niederschrift das Thema zunehmend aus, dann gehen zumindest Begriff und Bildvorstellung anfänglich eng ineinander über. Es wird hier wie dort von dem Ganzen einer bildhaften, noch undifferenziert-undeutlichen Konzeption/Gestalt[17]/Ganzheit ausgegangen, der „Idee", in der sich jedoch thematisch bereits der zu bearbeitende Stoff anbietet. Analog erfolgt die Entwicklung des Begreifens und seiner Entfremdung bei Kindern wie auch bei Naturvölkern aus den übergeordneten, bildhaft sich ergebenden Themen, dem sog. vorlogischen Denken.

M. a. W., ob es sich um das vorlogische Denken des Kindes oder um den schöpferischen Einfall des bildenden Künstlers handelt, um die Erfindung des Genialen, die Entwicklung selbst banalster Themen zu einer Abhandlung, das Thema stellt sich in seiner auf das Ganze bezogenen Struktur primär als Bild dar, das dann im Vorgang der Ausdifferenzierung und seiner begrifflichen Faßbarkeit zunehmend seinen Bildcharakter verliert, zugunsten des transparenten, das Wesen der Vorgänge anvisierenden Begriffs. Selbst hochgradig abstrakte Gebilde wie „Institution", „Standesamt", „Partei", werden sie thematisch in einer Darstellung behandelt, bedürfen — abhängig vom individuellen Bild und Begriffsvermögen — der konkreten, bildhaft-plastischen Vermittlung. *In dieser bildhaft-plastischen Vermittlung stellen Sinn (Thema) und Bildvorgang eine unauflösbare Einheit dar, die dann in der gedanklichen Zergliederung gespalten wird, mit der Spaltung jedoch die noetisch-begriffliche, im Denkakt möglicherweise zu vollziehende Wesenserfassung eines Vorgangs wie „Nestbau", „Aufzucht", oder „Paarung" ermöglicht.*

Dem Bild oder Bildvorgang kommt die Eigenschaft (der Modus) des Möglichen und Undeutlichen im Vergleich zum Begriff zu[18]. Dem kontinuierlichen Bildvorgang „Nestbau", den der Begriff dann zum übergeordneten Leitthema „Nestbau" prägt, sind zahlreiche Möglichkeiten immanent; nicht nur wie sich im einzelnen der Nestbau darstellt — der wiederum von Art zu Art außerordentliche Verschiedenheiten aufzuweisen vermag —, sondern der Vorgang des Nestbaus selbst impliziert dem thematisierenden Begriff gegenüber die Möglichkeit, jederzeit einen Einzelvorgang aus dem Gesamtkomplex „Nestbau" herausgreifen zu lassen. Mit dem Feststellen des Einzelvorgangs — z. B. der Deskription des Aufpickens eines Grashalmes — aus der Fülle der Möglichkeiten des „Wie" eines Nestbaues, erfolgt die spezifische Thematisierung eines begrifflich erfaßten Unterthemas.

Die begriffliche Thematisierung und Differenzierung bildhafter Geschehensabläufe aus der Natur — nicht weniger als bildhafter Geschehensabläufe im Inneren des Menschen — stellt gegenüber den Möglichkeiten des Wie eines Vorganges stets Begrenzung, Eingrenzung und Einschränkung und *damit eine wichtige Voraussetzung für die entfremdende Verarbeitung des Konkret-Anschaulichen durch den Begriff dar.* Die Fluktuation des Bildvorganges ist im Vergleich zu dem im Denkakt und im Urteil erfaßten, transparenten Begriff undeutlich. Sie hat Hintergrundcharakter im Unterschied zu der begrifflichen Verdeutlichung eines Themas, indem sich dieses zum Vordergrund konfiguriert (Hintergrundcharakter im Sinne der Gestaltpsychologie).

Wurde im vorausgegangenen Teil dargestellt, daß Kommunikation stets Anteilnahme an einem (thematisch) vorgegebenen oder vom Subjekt konstellierten, von der Umwelt provozierten Thema ist, so kann dieses Ergebnis nach dem vorausgegangenen Abschnitt dahingehend präzisiert werden, daß Welt für alle Lebewesen thematisch vorgegeben ist. Diese Vorgegebenheit erscheint zumindest für die erlebnis- und empfindungsfähige Tierwelt erlebnis- und bildbezogen, wobei diese Erlebnis- und Bildbezogenheit größte Unterschiede und Differenzierungen von der vermutlichen Erlebnisfähigkeit der Einzeller bis zu den höheren Vertebraten aufweist.

Beim Menschen dagegen tritt die begriffliche Thematisierung im Verlaufe seiner Phylo- nicht weniger wie Ontogenese in den Vordergrund seines Weltbezuges.

Thematische Vorgegebenheit, Konstellation oder Provokation von Themen bedeutet für die Lebenswelt über Bedürfnisse Geschehensabläufe in der Umwelt zu konstellieren oder durch Umwelt Geschehensabläufe provozieren zu lassen. Die Thematik der Lebenswelt weist stets den oben aufgezeigten Ganzheits- und bildbezogenen Charakter auf.

Dieser Modus von Kommunikation — der im Verlauf der weiteren Untersuchung als der anteilnehmende bezeichnet wird — trifft jedoch auch für den Menschen zu, soweit er phylogenetisch oder ontogenetisch noch überwiegend in einer bild- und erlebnisbezogenen Welt lebt, aus der sich graduell die begriffliche Thematisierung mit Zunahme des Denkvermögens differenziert.

Im weiteren Verlauf der Untersuchung werden der Begriff des „Themas" und der des „Gegenthemas" zunehmend in den Mittelpunkt der Darlegungen treten. Dabei handelt es sich stets um das begrifflich erfaßbare Thema, das zwar auf dem Hintergrund der lebendigen Bildbezogenheit der Naturvorgänge, ihrer bildbezogenen Bedeutungskonstanten und innerorganismischen Abläufe zu sehen ist, aber als thematisierter Begriff fraglos nicht in diesen Abläufen aufzufinden ist. Das Thema eines Kommentkampfes unter Hirschen, das Thema einer Fluchtbewegung oder das Thema innerorganismischer Regulationsvorgänge[19] (fermentative Aufspaltungen von Nahrungsmitteln, Transport des Blutes durch die Herztätigkeit) sind durchweg begriffliche Thematisierungen, die einerseits den Blick auf das „Wesen" dieser Zusammenhänge durch den Begriff selbst eröffnen, andererseits aber mit der entfremdenden Vernichtung der bildhaften Lebensprozesse durch den Denkakt verbunden sind. *Themen sind in diesem Sinne „Konstrukte" des menschlichen Denkvermögens,* in diesen Konstrukten wird jedoch der Weltinhalt in seinem möglichen „An-

und Für-Sich-Sein", in seinem Wesen, anvisiert, bei gleichzeitiger Auflösung des konkret-anschaulichen Weltgehaltes selbst.

Das Problem der Thematisierung ist nicht von der Transzendierung des menschlichen Subjektes, seinem Überstieg zur Welt hin zu trennen; es ist nicht von der erkenntnistheoretischen Frage nach dem „Was" des Erkannten noch von der ontologischen Frage nach dem Sein des Erkannten zu trennen.

Diese Fragen jedoch sollen in der vorliegenden Untersuchung nicht erörtert werden, sie beschränkt sich vielmehr auf das Aufzeigen der kommunikativen und stets thematisierten Verschränkungen zwischen Welt und Subjekt.

3. Mangel und Bedürfen als Grund von Kommunikation

a) Warum Kommunikation?
(Die Grundkonzeption von Mangel und Stillung)

Wurde im Vorausgegangenen die erste Bestimmung von Kommunikation dahingehend gefaßt, daß diese immer Anteilnahme an einem Thema ist, das Thema entweder aktiv von dem Lebewesen oder der Person in der der Welt sich zuwendenden Wahrnehmung konstelliert wird – oder Welt sich dem Kommunizierenden zuwendet, Kommunikation erweckend (provozierend, evozierend) –, so stellt sich bereits hier die Frage nach dem Grund, dem Warum von Kommunikation überhaupt. Warum ist Kommunikation?

Die Verschränkung des Anteil-Nehmens an einem thematisch Sich-Gebenden (Mit-Teilenden) im lebendigen Dasein schließt nicht aus, *daß weder genommen noch gegeben würde, wenn nicht der Mangel hier, das Haben dort, durch Anteilnehmen und Mit-Teilen (Geben) sichtbar würden, beide möglicherweise einem Ausgleich (Gleichgewicht) zustrebten.* Der Nahrungsmangel, der Luftmangel, die mangelnde Möglichkeit zur Fortpflanzung oder Bewegung sind der Grund dafür, daß die vorgefundenen Themen der Nahrung, der Fortpflanzung, der Luft, der Bewegung sich mit den diese an- und vorfindenden Lebewesen selbst „teilen". Der Mangel an Sauerstoff, seine Notwendigkeit zur Lebenserhaltung, sind Grund der Sauerstoffatmung bei höhren Lebewesen, der Kohlendioxydabgabe in der Ausatmung – um nur ein weiteres Beispiel für den Mangel als Grund zur Aufnahme von Stoffen in organischen Prozessen anzuführen, das durch zahlreiche weitere Beispiele ergänzt werden könnte.

Der ruhende, im (Fließ-)Gleichgewicht von Auf- und Abbauvorgängen sich befindende Organismus eines beliebigen Lebewesens – im Gegensatz zum aktiv sich bewegenden — teilt sich als ruhender Organismus der Umwelt mit, der im Augenblick keinen Mangel zeigt. Aber es liegt im Lebensprozeß selbst, in seiner in der Aufnahme von Substanzen von der Umwelt abhängigen Existenzweise, daß er zu dieser Umwelt immer wieder zurückkehren muß, sich ihr zuwenden, mit ihr kommunizieren wird, um zu leben. Das heißt, *daß der Lebensprozeß als umweltabhängiger Kommunikationsprozeß . . . das Ermangeln der Umwelt, das Fehlen der aufzunehmenden Substanzen verkörpert.*

Der Organismus muß darüber hinaus kommunizieren, weil er nur dann den Mangel wieder — kurzfristig — aufhebt, der sich im „Umkippen" des Fließgleichgewichtes zugunsten von Abbauvorgängen und damit verbundener Unruhe, z. B. spezifizierten Hungerbedürfnissen kundgibt. *Mangelerleben zeigt sich dementsprechend in der Verschränkung zwischen innerorganismischen Veränderungen zugunsten des Abbaus und (psychisch) zunehmender diffus-unbestimmter Antriebsunruhe, die sich noch zahlreiche Möglichkeiten der Befriedigung offen hält.*

Das innerorganismische Fließgleichgewicht ist die Kompensation (der Ausgleich) von Auf- und Abbauvorgängen, der bis in die innerzellulären Vorgänge nachweisbar ist. *L. v. Bertalanffy* definiert das Fließgleichgewicht wie folgt:

Ein geschlossenes System im Gleichgewicht braucht weder Energie für seine Erhaltung noch kann aus ihm Energie bezogen werden. Deshalb ist das chemische Gleichgewicht arbeitsunfähig. Damit ein System Arbeit leisten kann, darf es nicht im Gleichgewicht sein, sondern muß auf ein solches hinstreben. Damit es das dauernd tun kann, muß das System im Zustand des Fließgleichgewichtes erhalten werden.*

Das Fließgleichgewicht stellt immer nur einen vorübergehenden Zustand dar, der sich aus dem Ungleichgewicht des Lebensprozesses entwickelt, der an der Wurzel selbst als „Mangel", d. h. ungleichgewichtig erscheint. (Vergl. auch den Begriff „Homoiotasis', von *Bilz*.)** (S. auch *F. J. J. Buytendijks* Definition des psycho-physiologischen Gleichgewichts***.)

Der Mangel erscheint nicht nur ungleichgewichtig, er ist es insofern, der Organismus oder die Lebewesen sich nur durch den Mangel, das Bedürfen, am Leben zu erhalten vermögen, *der Gleichgewichtszustand lediglich den Übergang zu einem erneuten Mangelbefinden darstellt.* Nichtsdestoweniger liegt dem Lebensprozeß in seinem Ungleichgewicht das Bedürfen nach Gleichgewicht durch die Absättigung des Mangels selbst zugrunde. D. h.,

---

* *L. v. Bertalanffy*, nach *P. Karlson*: Kurzgefaßtes Lehrbuch der Physiologie, Stuttgart 1973, S. 63.
** *R. Bilz*: Trinker, Stuttgart 1959, S. 174.
*** *F. J. J. Buytendijk*: Prolegomena einer anthropologischen Physiologie. Salzburg 1967, S. 153.

dem Ungleichgewicht ist die Richtung auf Gleichgewicht immanent. Dies wird z. B. durch alle sog. Regel- und Steuerungsvorgänge innerorganismischer Natur veranschaulicht, die weiter unten zur Darstellung gelangen und die als übergeordnete Regel- und Steuervorgänge Fließgleichgewicht vermitteln, jedoch unter ständiger Antizipation möglichen Ungleichgewichts, möglicher „Dekompensation".

Das im Organismus entstehende Ungleichgewicht z. B. zwischen Ab- und Aufbauvorgängen zugunsten des Abbaus wird als Unruhe oder Hunger erlebt, der zur Veränderung einer Ruhelage des Lebewesens führt, zur Kommunikationsaufnahme mit der Umwelt, zur thematisierten, themenkonstellierenden Kommunikation, um das Gleichgewicht wiederherzustellen.

Das hungrige Lebewesen teilt sich als dieses der Umwelt in der Vielfalt seiner Gesten, physiognomischen Veränderungen, seiner Motorik und Wahrnehmung mit, um seinen Hunger zu stillen. Die primär innerorganismisch sich darstellende Veränderung durch Überwiegen der Abbauvorgänge — Mitteilung der Befindlichkeit „Hunger" durch den Organismus im Erleben des Lebewesens, die Antwort desselben durch Nahrungssuche — ist nur ein Beispiel unter vielen, wie aus Mangelerleben Kommunikation entsteht.

Ein nicht in Paarungsstimmung befindliches Lebewesen kann durch ein anderes in Paarungsbereitschaft versetzt werden; d. h., eine das Paarungsbedürfnis stimulierende Gleichgewichtsveränderung wird durch Umwelteinwirkung manifest, die durch bildhafte Prozesse (Signale) provoziert, evoziert oder „ausgelöst" werden. In diesem Fall wäre das Mangelerleben — Bedürfnis nach Paarung — als Antwort auf eine Umweltvermittlung anzusehen, es wäre provoziert worden, wohingegen das in Paarungsstimmung befindliche Tier diese konstelliert. Das Gleichgewicht würde sich (vorübergehend) nach Stillung des Paarungsbedürfnisses herstellen. Im ersten Fall (des in Paarungsstimmung befindlichen Lebewesens) würde das Mangelerleben sich als innerorganismische Gleichgewichtsveränderung durch entsprechende Kommunikation der Umwelt mitteilen. Im zweiten Fall würde die Kommunikation durch Umwelteinwirkung erweckt, auf die Umwelt als Antwort zurückwirken.

Wie sich das innerorganismische Fließgleichgewicht als Regulation über und durch das Ungleichgewicht erhält und darstellt, *so wird im „Organismus der Lebenswelt" als Ganzem das Gleichgewicht durch Erzeugung von Ungleichgewicht — Tötung und Nahrungssuche — erhalten.* Wobei wiederum das Bedürfen nach Kommunikation, der Mangel, sich z. B. hier für das eine Lebewesen als Nahrungssuche kundgibt, für das andere, Gejagte oder Zu„Fressende", die Angst vor dem Kommunikationsende es zur Flucht antreibt. So flieht z. B. der von Hunden gejagte Hirsch vor dem „totalen Mangel" des Kommunikationsendes, seiner Vernichtung; der Hund dagegen wird von dem Mangel gedrängt, sich im „Haben" des Hirsches zu sättigen.

Die Aufrechterhaltung des Gleichgewichtszustandes durch Kommunikation ist mit dem Setzen von Ungleichgewicht – z. B. Vernichtung anderer Lebewesen hier, Versuch, dort Gleichgewicht durch Kommunikationserhaltung zu retten – durch die gegenseitige Abhängigkeit aller Lebewesen voneinander im sog. „Gesamthaushalt der Natur" bedingt.

Die Abhängigkeit des Hundes von der Nahrung – es sei angenommen, daß der Hund aus Hunger jagt und nicht auf Hetzjagd dressiert ist – läßt ihn von dem Hirsch, bzw. vom Schlagen des Hirsches abhängig sein. Der Hirsch ist zwar für seine Kommunikation nicht von dem Hund abhängig, wohl aber davon, daß er ihm entkommt: von dem Gelände nicht weniger wie von seiner eigenen Schnelligkeit, Ausdauer, seinem Geschick, das abhängig wiederum von Disposition und Übung ist usf. Die gegenseitige Abhängigkeit der Lebewesen von Ernährung, Paarung, Verteidigung Gruppenbildung usf. bei Art und Gattungsverwandtschaft ist evident, ihre Abhängigkeit wiederum vom Gesamthaushalt der Natur, von der Wasserversorgung bis zu dem Vorhandensein von O_2 in der Luft nicht weniger. Aber ihre gegenseitige Abhängigkeit wird auch in artungleicher (Hund/Hirsch, Raubvogel/Ente, Löwe/Antilope usf.) Auseinandersetzung sichtbar, in der entstehendes Ungleichgewicht durch Kommunikationsende und Tod (Dekompensation) hier, gefährdete Kommunikation z. B. als ungleichgewichtiger Hungerzustand dort, wieder zu einem Gleichgewichtszustand im Gesamthaushalt der Natur zurückgeführt werden.

Inwieweit lassen sich die an der Lebewelt und am Organismus gewonnenen Einsichten auf die menschliche Kommunikation übertragen? Ohne diesen Grundfragen, die im IV. Teil detailliert aufgezeigt werden, vorzugreifen, besteht die fundamentale Übereinstimmung zwischen Lebenswelt und menschlichem Subjekt darin, daß für beide der Grund zur Kommunikation der Mangel derselben ist.

Dabei sei das Bedürfen (der Mangel) jetzt als unspezifisch-allgemeiner Begriff gefaßt, das jedoch dem Mangel gleichzusetzen ist: Das Bedürfen nach „etwas" – einer Zigarette, einem Gespräch, einem Buch, einer Abwechslung – impliziert lediglich die bereits aktive Zuwendung auf etwas (ein Thema). Der Mangel dagegen ist das unspezifisch-diffuse Erleben des „Nicht-Habens" dessen, was das Bedürfen bereits spezifischer anvisiert, intentionalisiert. Das heißt, *der Mangel ist das Hintergrundserlebnis des Bedürfens „nach etwas". Wäre kein Mangel an ..., gäbe es nicht das Bedürfen nach ...*

Es ist der Mangel an Kommunikation, der in mir das Bedürfnis weckt, mich dem anderen mitzuteilen, ihm darzustellen, was ich denke, was mich bewegt, wie ich mich verhalten soll oder werde – bis zum schwer zu bremsenden Redefluß einer Kranken. *In der Mitteilung*, stelle ich mich in dieser dar, *gebe ich mich als ein durch diese Mitteilung bestimmter*, als der ich bin: im Aufzählen und Berichten von Ereignissen, von Fakten, im Schildern meiner Stimmung, im Erzählen einer Anekdote über M. N., im Beginn einer Diskussion um ein Thema. In diesen Vorgängen gebe ich mich in der Mitteilung.

Mangelerleben oder Bedürfen nach Kommunikation umschließt beim Menschen nicht eo ipso — wie in der Lebenswelt — das, Nehmen dessen, was ich in meinem Bedürfnis als Erfüllung desselben vorwegnehmend entwerfe, sondern es ist als Mitteilung vorerst ein Geben, ein Sich- oder Mich-Geben, das mich nichtsdestoweniger gleichzeitig als Kommunikation Entbehrenden, ihrer Ermangelnden zeigt. Nur weil mir die Kommunikation über ein Thema mangelt, kommuniziere ich über dieses, allein oder gemeinschaftlich. In dem Augenblick, in dem der Mangel nach — oder das Bedürfen — gestillt ist, muß ich nicht mehr anteilnehmend an jenem Thema kommunizieren; das schließt aber nicht aus, daß ich mich zur Kommunikation auch zwingen kann.

Es ist jedoch wesentlich, schon hier die Paradoxie oder Antilogik[20] des Vorgangs wahrzunehmen: *daß Mangel als Erfahren oder Erleben von etwas, was nicht ist, was aber sein könnte, — das Erleben des Noch-Nicht — zur Mitteilung, zur Kommunikation an die Umwelt, damit zum Geben führt.* Eine bedeutsame Interpretation des „Mangels" gibt *G. Brand* in seinem Werk „Die Lebenswelt":

> Wir haben gesehen, wie der Mangel als Grundphänomen sich selbst zumeist verdeckt in seinem sekundären Modus des Fehlens. Darum erscheint er uns als etwas Negatives, das überwunden und zur Positivität gewandelt werden kann. Der Mangel ist jedoch nichts Negatives, er ist, wie wir gesehen haben, mein Sein als Vermittelt-Sein. Und darin ist er Positives. Nur weil ich im Mangel bin, bin ich Wünschen, Wollen und Tun. Der Mangel ist mein Gerichtet-Sein in ursprünglicher Affektion und Affektivität. Der Mangel ist nicht mein Motiv oder meine tiefste Triebfeder, sondern er ist überhaupt das, was macht, daß ich motiviert bin, daß ich dieses Gerichtet-Sein bewußt aufnehmen kann. Er ist es, in dem mein Tun gründet, mein Tun, das ich nun, indem ich den Mangel als mir Mangelndes unterscheide, zur Aktion, zum Handeln machen kann. Bewußtes Gerichtet-Sein, bewußt sich richten auf etwas ist Handeln, wobei wir „bewußt" hier wie immer in Gradualität verstehen müssen.
>
> Der Mangel ist es, in dem mein Sein als Sein-Wollen gründet, in dem mein Wollen gründet, mein Wollen als ich selbst, der ich über den, über meinen Mangel hinaus bin — beim Mangelnden —, um mich dann im Handeln selbst dahin nachzuholen.*

Wurde oben die Kommunikation über ein Thema als Geben des Themas dargestellt, so scheint der Widerspruch, der sich hier auftut, der zu sein:

---

* *G. Brand*: Die Lebenswelt. Eine Philosophie des konkreten Apriori. Berlin 1971, S. 381.

Wie soll der Mangel, der sich artikuliert, ein Geben sein? Wenn ich mich in der Erzählung einer Anekdote einem Bekannten mitteile, die Themen der Anekdote gebend, diese mit ihm „teile", befriedige ich ja mein Bedürfnis nach Kommunikation, indem dieses sich den anderen, als Gegenüber meiner Mitteilung, als „Objekt meines Kommunikationsbedürfnisses", nimmt — oder konstelliert. Der sich darstellende Schauspieler gibt seine Darstellungen zum Besten des Publikums; damit aber befriedigt er sein Bedürfnis nach Kommunikation über das Schauspielen und nimmt sich das Publikum, macht dieses zu seiner Hörerschaft. Wer in einer erotischen Kommunikation „einen Kuß gibt", nimmt damit dem anderen u. U. das Einvernehmen zum Küssen, wie er ihn eo ipso mit dem Kuß für sich einzunehmen versucht. Wer hungrig sich das Brot nimmt, gibt sich gleichzeitig dem Brot als Hungriger, indem er seinen Hunger dem Brot, damit der Umwelt mitteilt. Wer eine Arbeit ausführt, gibt sich in dieser, wie er gleichzeitig das Material, die Planung, die Entlohnung derselben nimmt, weil er über das Bedürfen nach Arbeit mit der Umwelt kommuniziert. Wer Sport treibt, gibt sich in einer bestimmten, disziplinierten, dem Sport entsprechenden Weise und nimmt gleichzeitig, was der Sport ihm an Befriedigung von Kommunikationsbedürfnissen vermittelt.

Das heißt, *der Mangel, in seiner Spezifizierung durch das Bedürfen — dieses wiederum in weiterer Spezifizierung zu besonderen Kommunikationsmodi — ist,* analog zu dem Verhältnis des Organismus zu seiner Umwelt, *das Erleben der unauflöslichen Abhängigkeit des einen Subjektes von dem anderen, der stets nur relativen Aufhebung dieser Abhängigkeit durch die Kommunikation selbst, da diese immer eine Gleichzeitigkeit von Geben und Nehmen ist.*

In dieser Gleichzeitigkeit erscheint lediglich das Nehmen etwa in der Nahrungsaufnahme oder im sog. Broterwerb auffälliger hier, dort das Geben im scheinbaren Spenden, Stiften, Verschenken betonter; das Geben ist aber auch stets ein Einnehmen derer, denen gegeben oder geschenkt wird.

Wurde oben Kommunikation als Anteilnahme an einem sich gebenden Thema aufgezeigt, so wird nicht nur kein Widerspruch zu dem jetzt Ausgeführten sichtbar, sondern die Gleichzeitigkeit von Geben und Nehmen trifft für die Anteilnahme an einem Thema nicht weniger zu, als das Sich-Zeigen des Themas in der Umwelt, das provoziert-Werden der Subjekte durch Umweltvorgänge ein mitteilendes Geben und gleichzeitig ein einvernehmendes Nehmen ist.

Wie aber verhalten sich Mangel, Bedürfen und Kommunikation zu den die Lebenswelt regulierenden Vorgängen von Gleichgewicht und Ungleichgewicht? Der Mangel als undeutlich-unspezifisches Erleben eines Noch-Nicht ist Erleben von Ungleichgewicht, ist Unruhe, Leere, die sich auszufüllen sucht, Mangel ist Drang zu etwas, dumpf-blindes Bedürfen nach Aktivität, ist Unbehagen, Umhergetrieben-Werden, ist ganz allgemein

„Sich-unglücklich-, unruhig-, oder -gespannt-Fühlen". Dieses Mangelerleben erfährt in seiner ersten, unmittelbaren Mitteilung an die Umwelt einen vorläufigen Ausgleich: gleichgültig ob das Lebewesen, unruhig und „dumpf" getrieben, hin- und herschweift, oder ob der der Kommunikation entbehrende Mensch seinen Mangel mit einer Zigarette befriedigt, mit einem Schluck Alkohol oder zum Fenster hinausblickt. *In der Mitteilung der Befindlichkeit des Mangels an die Umwelt erfährt der Mangel bereits eine erste Kompensation,* eine erste Absättigung, die dann durch die weitere Spezifizierung der Bedürfnisse nach ..., seiner Artikulation, zunehmend ausgeglichen (kompensiert) zu werden vermag.

Wie steht es ferner mit der Antwort der Umwelt auf das sich mitteilende Subjekt, wie steht es umgekehrt mit der Mitteilung der Umwelt an das antwortende Subjekt zum Zwecke der Provozierung des letzteren? Was, wenn die Mitteilung des Subjektes auf Abweisung stößt, wenn das Bedürfnis „frustriert",[21] wenn Kommunikation in der Antwort auf ihre Mitteilung zurückgewiesen, eingeschränkt wird?

Einschränkungen des noch unspezifischen Bedürfnisses nach Kommunikation entstehen in der Artikulation selbst oder durch eine infragestellende Antwort der Umwelt, durch Abweisung, Widerstand oder Gegenkommunikation.

Jedoch auch die abweisende Einschränkung, die Zurückweisung und das Infrage-Stellen des Bedürfnisses — dies sei vorausgreifend gesagt — *sind in jedem Fall ein erster Ausgleich des allgemeinen Kommunikationsbedürfnisses*. Über diesen Ausgleich erfolgt die zunehmende Differenzierung von Kommunikation überhaupt (s. Teil IV).

Das kann bei der Entwicklung der Motorik des Kindes, seiner Wahrnehmung nicht weniger als an seiner Sprache beobachtet werden, die im Lernprozeß[22] aus undeutlich-diffusen, ganzheitlich bezogenen, noch relativ unartikulierten Mitteilungen durch den Widerstand der Umwelt, aus global-unkoordinierten Bewegungen, Wahrnehmungen oder analogen Sprechlauten zunehmend eben durch „frustrierende" Einschränkung sich ausdifferenzieren. Über den Widerstand der Umgebung, der in „frustrierender" Weise das unspezifisch-allgemeine Kommunikationsbedürfen begrenzt einschränkt, findet die Differenzierung von Kommunikation aus global-diffusen-undeutlichen Bedürfnissen zu spezifisch artikulierten, differenzierten statt. Dieser Vorgang, der für Sprache, Motorik und Wahrnehmung mit der analogen Ausdifferenzierung auch der Strukturen des Zentralnervensystems verbunden ist, stellt sich in der Entwicklung des Kindes anschaulich von den diffus-undeutlich-unkoordinierten Strampelbewegungen, den ersten Greif- und Gehversuchen bis zu der Ausführung komplizierten Bastelarbeiten dar.

Analog differenziert sich die Sprache[23] *durch das Nicht-Verstehen* oder nur begrenzte Verstehen der lallenden, plappernden, global-undeutlichen, ausdrucksbestimmten Sprachversuche des Kleinkindes von seiten der Umgebung. Das Kind erlebt das Miß-, Nicht- oder nur Beschränkt-Verstehen der Umgebung als einschränkenden Widerstand seinem Sprachbedürfen gegenüber, die es jedoch zur Differenzierung und Spezifizierung zwingen.

Diese Vorgänge sind als ständige Wechselbeziehungen zwischen Erleben von Ungleichgewicht bei Widerstand, Scheitern des Kommunikationsbedürfnisses hier, oder Erleben von Gleichgewicht bei erfolgreicher Kommunikation dort (z. B. beim Gelingen eines motorischen oder sprachlichen Entwurfes), zu verstehen. Es muß von Anbeginn an zwischen a) einem primären unspezifischen Ungleichgewicht-Empfinden, b) einem damit verbundenen diffusen Mangelerleben und c) entsprechendem Kommunikationsbedürfnis unterschieden werden, außerdem zwischen d) den ersten Versuchen, dieses Erleben durch spezifische Befriedigungen auszugleichen, und e) den zu weiteren Differenzierungen führenden spezifischen Gleichgewichts/Ungleichgewichtserlebnissen in der Ontogenese des Kindes, der Entwicklung seiner speziellen Fähigkeiten (Widerstand und Erfolg im Lernprozeß).

Wesentlich für den weiteren Gang der Untersuchung bleibt die grundlegende Beobachtung, daß das unspezifisch-diffuse Mangelerleben im ersten Befriedigen desselben z. B. durch ein Bild, eine Phantasie, durch ein spezifisch-deutlicheres Bedürfen nach „etwas" (Wunschvorstellung), der faktischen Stillung endlich des Bedürfens durch die Handlung,[24] jeweils Stufen von Einschränkungen gegenüber dem global-unspezifischen Mangelerleben darstellen. Diese Einschränkungen führen das primär-unspezifische Mangelerleben kompensatorisch zu einem Gleichgewichtszustand, der aber stets nur vorübergehender Natur ist, da es letztlich für den diffus-globalen Mangel keine konkrete Erfüllung gibt. *Der Mangel selbst übersteigt immer wieder die spezifische Befriedigung als letztlich nicht zu befriedigende Erfüllung.*

Für das an der „Wurzel" der Kommunikation liegende Mangelerleben – das Mangelleiden an der Wurzel des Lebens selbst – gibt es keine Erfüllung oder Befriedigung, da das Unspezifisch-Undifferenzierte desselben nicht durch die konkrete Einzelheit einer spezifischen Erfüllung „befriedigt" zu werden vermag, das Unspezifische dem Spezifischen stets „voraus" ist. Das schließt jedoch nicht ausgleichende, vorübergehende Stillung des Mangels aus. *Das heißt, daß in der Kommunikation selbst die Unruhe des Mangels, seine Bewegung als Welt-Zuwendung nur vorübergehend aufhebbar ist, es für diese undifferenzierte Weltzuwendung nur temporäres Gleichgewicht gibt.* Die Erreichung von Gleichgewicht wird immer wieder von der „Unruhe" des unspezifischen Mangels überwältigt, um damit die Voraussetzung für die Lebensbewegung zu schaffen.

Der Hunger als unspezifisch-globales Mangelerleben wird zwar durch das Butterbrot gestillt, aber diese Befriedigung ist nur eine unter vielen möglichen, den Hunger als bereits spezifiziertes Erleben „oraler" Kommunikation zu stillen. Das gilt z. B. analog für das erotisch-sinnliche Erleben und seine Möglichkeiten der Befriedigung gegenüber dem Konkret-Faktischen. Das sinnliche Kommunikationsbedürfnis ist erst unspezifisch. Es spezifiziert, differenziert sich graduell über verschiedene Wunschbilder, Phantasien, reale Personen. In seiner konkreten Erfüllung an einer Person müssen alle anderen konkreten Möglichkeiten der sinnlichen Kommunikation in den Hintergrund treten. Sie nehmen den Hintergrundscharakter des Möglichen-Diffusen an, sie werden unspezifisch zum allgemeinen erotischen Kommunikationsbedürfnis und Mangelleiden, das nach der konkreten Erfüllung diese wiederum überwältigt und neues Bedürfen erzeugt.

Das gilt darüber hinaus nicht weniger für alle in der Welt sich hineinbegebenden Formen kommunikativer Zuwendung, die in der realen Erfüllung kommunikativen Bedürfens immer nur eine Kommunikationsweise gegenüber zahlreichen möglichen erfahren. *Deshalb ist jede Befriedigung von Bedürfnissen auch deren Einschränkung*, mit der jedoch ein erster Ausgleich — Kompensation — des Mangelerlebens überhaupt erzielt wird. Nicht weniger ist die sog. „Frustrierung" konkreter Bedürfnisse, die Versagung, auf den primären Mangel und auf das Ungleichgewicht/Gleichgewicht-Erleben bezogen, sowohl als Begrenzung (im Sinne der einschränkenden Zurückweisung) des primären Mangels, wie auch als dessen Ausgleich, d. h. als Kompensation des primären Bedürfens nach Kommunikation zu sehen; selbst wenn dieses in der Abweisung als Verstärkung des Ungleichgewicht-Erlebens empfunden wird, als Schmerz, Verzweiflung oder Leid. Denn in jedem Fall wird das Unspezifisch-Diffuse durch das Spezifisch-Konkrete eingeschränkt und damit vorübergehend ausgeglichen. Schmerz oder Leiderleben werden dann zum Anlaß verstärkten Kommunikationsbedürfens, das in erneuter Abweisung die Kommunikation zunehmend einschränkt (s. u. Teil IV „negative Spirale").

Es würde sich also — im abstrakten Modell und entsprechend schematischer Verfälschung — der Zusammenhang wie folgt ergeben: Unspezifisches Mangelerleben (Ungleichgewicht) → spezifiziertes Bedürfen in Bild, Phantasie, Wunschvorstellung (Ungleichgewicht, beginnendes Gleichgewicht) → faktische Befriedigung → Einschränkung des Mangels = Kompensation (Gleichgewicht), die als Einschränkung zu erneutem Bedürfen (Ungleichgewicht) nach erneuter Befriedigung (Gleichgewicht) führt → und dadurch die Differenzierung der Lebewesen in der Onto- und Phylogenese aus global-undifferenziert zu spezialisiert-differenzierten bedingen.

Der analoge Ablauf stellt sich dar, wenn das Mangelerleben und Bedürfnis nicht befriedigt werden, auf Widerstand stoßen und über die Widerstandserfahrung und den sog. Lernprozeß zunehmende Differenzierung der Organismen nicht weniger wie des heranwachsenden Kindes sich ergeben können.

Im entscheidenden Unterschied zu den gängigen Frustrationsmodellen der Psychologie und Psychoanalyse sind *Befriedigungen von Bedürfnissen nicht weniger als Widerstandserfahrungen („Frustrationen") in jedem Fall Einschränkung des primären unspezifischen Mangelerlebens.* Im ersten Modell findet kompensatorische Einschränkung durch Befriedigung im Verhältnis zum unspezifisch-globalen Mangelerleben überhaupt statt. Befriedigung in der Phantasie ist in jedem Fall Einschränkung möglicher Bedürfnisse im Verhältnis zu dem Faktisch-Konkreten der Befriedigung.

Im zweiten Modell — der konkreten „Frustrierung" — erfolgt Einschränkung des Mangelerlebens ebenso wie des bereits artikulierten Bedürfnisses, sofern dieses sich in der „Frustrierung" gesteigert als Mangelerleben erfährt. Beide Arten von Einschränkungen haben kompensatorisch-ausgleichenden Charakter in Bezug auf das global-diffuse Mangelerleben, beide — nur verschieden „motiviert" — können zur Steigerung des Bedürfens nach Kommunikation führen. Im ersteren Fall — bei Befriedigung des Bedürfens — erfolgt die, *fortgesetzte Kommunikation durch die Einschränkung selbst,* die die Befriedigung des Bedürfnisses gegenüber dem global-unspezifischen Mangelerleben darstellt. Im zweiten Fall erfolgt die Fortsetzung der Kommunikation — aber auch mögliches Kommunikationsende oder sog. „Kommunikationsersatz" — *in der Intensivierung des erlebten Kommunikationsbedürfens* nach der schmerzvoll erlittenen Abweisung durch die widerständige Umwelt.

Erleben von Ungleichgewicht, damit Mangel im sog. Sinne tritt (s. o.) deshalb auch bei Befriedigung auf, da die Befriedigung stets im Hinblick auf andere Möglichkeiten der Befriedigung erlebt wird und von dort aus zu erneuten Kommunikationsbemühungen drängt. Ungleichgewichterleben wird darüber hinaus im zweiten Fall beobachtet, der entweder zu intensivierten, erneuten Kommunikationsversuchen führt, oder zu Kommunikationsende und den erwähnten „Ersatzkompensationen" (s. u.). In jedem Fall ist es das Mangelerleben, das zu erneuter Kommunikation drängt; hier aus dem Verhältnis zu den Möglichkeiten von Befriedigung überhaupt, dort aus dem Erleben der Einschränkung, die ein Infrage-Stellen, d. h. ein Nichten, ein „Nicht-so-Können-wie-man-Möchte", damit ein Mangelerleben darstellt.

Bei den pflanzlichen und tierischen Lebewesen nicht weniger als in den innerorganismischen Vorgängen bewegt sich das Mangelerleben, Bedürfnis nach Kommunikation — in den organismischen Prozessen das Bedürfnis nach ständigem, notwendigem Substanzaustausch mit der Umwelt —, Kompensation des Bedürfnisses, Einsetzen erneuten Ungleichgewichts (Dekompensation) und erneute Kompensation in den von der Phylogenese weitgehend festgelegten, vorgegebenen Bahnen; etwa durch die instinktiv[25] bedingte Regulation des Verhaltens,[26] die auf der relativen Einheit von Lebewesen und Umwelt beruht. Diese Einheit mit der Umwelt ist in der Entwicklung der Hominiden durch den (ebenfalls relativen) Instinktverlust des Menschen, seine Artung als Kulturwesen gestört worden.*

Die sog. anthropologischen Mißverhältnisse (vgl. „Beziehung und Gestalt") der humanen Entwicklung im Vergleich zu dem der Tierwelt lassen die Vorgegebenheit einer instinkthaft-organismischen Regulierung von Mangel und Kommunikation bei den Menschen vermissen. An ihre Stelle tritt die zunehmende Möglichkeit von Dekompensationen und der Tierwelt wiederum unbekannte Kompensationsmöglichkeiten: Das heißt, *die Differenzierung und Anamorphose des Menschen zum potentiellen Kulturträger erfolgt generell über zunehmend sich differenzierende, einschränkende Kompensationsweisen auf dem Hintergrund des diffusen Mangelerlebens.*

Das tierische oder pflanzliche Lebewesen ist in seinem primären Bedürfen (Mangel) nach Kommunikation von Anfang an auf Umwelt bezogen. Umwelt ist als mögliche Befriedigung des Mangelerlebens in diesem „enthalten", sie wird in art- und gattungsspezifischer Weise stets im Bedürfen nach Kommunikation antizipiert.

Der Schimpanse wird nicht mit einem Vogel „kommunizieren", der Elefant nicht mit einem Steppenhasen: Die Möglichkeiten der Kommunikation, damit des Bedürfnisses nach Kommunikation überhaupt, sind in der Lebenswelt der Tierarten im entscheidenden Unterschied zum Menschen — der mit Heuschrecken oder Galaktien zu kommunizieren vermag — art- und gattungsspezifisch reduziert; sie sind Bestandteil der Lebewesen/Umwelt/Relation.

b) Die Aufnahme
(Die Definition des Verhaltens)

Wie immer sich die Umwelt zu dem kommunikationsbedürftigen Lebewesen stellt, sie ist Antwort auf die Mitteilung der Kommunikation derselben, wobei auch *das Ausbleiben von Antwort eine Antwort* ist. Die Antwort der Umwelt kann dem Kommunikationsbedürfen entgegenkommen, sie kann es zurückweisen, d. h. es ergibt sich die Möglichkeit, daß jede Mitteilung an die Umwelt prinzipiell — in der Realität vielfach differenziert und abgestuft — Erfüllung des Kommunikationsbedürfens oder dessen Negierung erfährt.

Das Lebewesen bemächtigt sich einer Beute überraschend, verzehrt sie kampflos; es kommt aber auch zu Kampf, Widerstand, Auseinanderset-

---

* Siehe *D. Wyss*: Strukturen der Moral. Zur Anthropologie und Genealogie moralischer Verhaltensweisen. 2. Aufl., Göttingen 1970, Kap. I u. II.

zung, wenn die Antwort des einen Lebewesen sich dem Kommunikationsbedürfen (Nahrungssuche) entgegenstellt, wenn diese kein Ja, sondern ein Nein („Gegenthema") enthält. Wie das Lebewesen in der spezifischen Art seiner Mitteilung der Umwelt sein Verhalten zeigt, zeigt es dieses nicht weniger in seiner Antwort auf Umweltprovokation. D. h., *Sich-Mitteilen und Antworten sind Grundmodi des Verhaltens, die durch die Aufnahme von Mitteilung vermittels der Sinnesorgane ein ergänzendes Zwischenglied aufweisen. Verhalten wäre zu definieren: als Vermögen sich mitzuteilen, zu antworten und Mitteilung oder Antwort aufzunehmen.*

Wurde oben in einer ersten Definition Kommunikation als Austausch zwischen einem sich gebenden Thema und einem Lebewesen oder zwischen dem einen konstellierten Thema und dem Lebewesen selbst in jedem Fall als „Anteilnahme an ..." definiert, so wäre jetzt diese erste Aufzeigung von Kommunikation zu erweitern: *In der Kommunikation findet ein thematisiert bedingter Austausch zwischen Mitteilung und Antwort durch die aufnehmenden, sich mitteilenden und antwortenden Subjekte statt,* die jeweils unspezifisches Mangelerleben spezifizieren. In Mitteilung, Aufnehmen, Antworten zeigt sich das Lebewesen als ein sich in bestimmter Weise verhaltendes. Verhalten ist spezifische Kommunikation über Mitteilung, Aufnahme, Antwort auf dem Hintergrund des unspezifischen Mangel-Bedürfens.

c) Die Antwort
(Das Gegenthema)

Wie oben dargelegt wurde, umschließt jede Mitteilung ein Sich-in-dieser-Geben, aber auch ein Nehmen dessen, an den die Mitteilung erfolgt – so ist auch jede Antwort ein Antwort-Geben, aber in diesem Geben auch ein Nehmen dessen, der Antwort erheischt. Es wird ihm Antwort er-teilt oder zu-geteilt. Dem Kind, das die Mutter fragt: „Kann ich jetzt schwimmen gehen?" und dem geantwortet wird: „Ja" (eindeutig positiv) wird in dieser Antwort die Erlaubnis zum Schwimmen erteilt. Im Fragen selbst liefert das Kind sich zwar nicht nur der Möglichkeit einer verneinenden Abweisung aus, sondern in der sich ihm gebenden eine Erlaubnis, damit eine bestimmte Richtung vermittelnden Antwort, wird es im „Ja" derselben, die Antwort hörend und aufnehmend, von der Antwort „*eingenommen", eingeschränkt, festgelegt*. Würde es nicht von der Antwort richtungsweisend bestimmt, vermöchte es gar nicht auf die Antwort wiederum ... zu antworten. Mit der Frage selbst gibt sich das Kind darüber hinaus dem anheim, der, es in seiner Mitteilung (auf-)nehmend, ihm (dem Kinde) Antwort gibt.

46

Diese *grundsätzliche Verschränkung von Geben und Nehmen in jedem sich Mitteilen und Antworten* trifft ebenfalls für die Lebenswelt zu: die Antilope rauft das Steppengras aus, dieses gibt sich ihm als Nahrung, es antwortet mit seinem Dasein auf das Hungerbedürfen des Tieres. Das Tier nimmt sich das Gras, gibt sich aber gleichzeitig diesem im Nehmen hin, indem es seine Kau- und Nahrungswerkzeuge dem Gras anpassen muß. Nur über diese Anpassung (als ein „Sich-Geben") vermag das Tier das Gras zu raufen. Der in Balzstimmung sich befindende Vogel teilt sich als solcher der Umwelt mit, damit möglichen Partnern; er gibt sich in seinem spezifischen Verhalten, nimmt aber mit seinem Verhalten Umwelt in bestimmter, durch das Balzen festgelegter Weise, für sich ein.

Darüber hinaus wird in jeder Mitteilung an die Umwelt diese durch die Art der Mitteilung zu einer möglichen Antwort provoziert. Die Antwort ist unter Lebewesen nie exakt wie in einem naturwissenschaftlichen Experiment vorauszusagen, sondern impliziert stets eine Fülle möglicher Antworten, die erst in der zunehmenden Entdifferenzierung komplizierterer Lebewesen zu einfacheren, im Überwiegen des sog. Reiz-/Auslöserverhaltens und seiner Varianten, auf wenige Antworten reduziert werden.

Aber auch das sog. Reiz/Auslöserverhalten beinhaltet als Antwort die Stellungnahme des Lebewesens auf Provokation durch die Umwelt (das „Signal"). Das Auslösen der Kampfstimmung des Stichlings durch den roten Bauch eines möglichen Gegners, das Sperren der Jungvögel bei Attrappen, das Hören der Gluckenrufe durch die Küken und entsprechende Nachfolgereaktion, sind jeweils Antworten des Lebewesens auf Umweltmitteilungen. Auch in dieser Antwort, selbst wenn sie z. B. nicht Kampfstimmung (Nichtung, Konflikt) auslöst, sondern eine Nachfolgereaktion die Schutzsuche und Führung impliziert, wird das die Antwort auslösende Lebewesen durch die antwortenden potentiell in Frage gestellt. Die Glucke muß sich gegen die andrängenden Küken wehren – die Eltern gegen die Übermacht sperrender Junger.

Selbst im Falle der Zustimmung und Bejahung auf eine Aufforderung (anziehende „Signale") stellt oder setzt sich das antwortende Lebewesen auch gegen das sich mitteilende. Denn jede Antwort richtet erst einmal den „Strahl von Intentionalitäten", die in der Mitteilung von dem einen Lebewesen auf das andere gelenkt werden, wieder zurück auf das erste sich-mitteilende. Ob der balzende Vogel bei seinem möglichen Partner Bereitschaft zur Paarung oder Abweisung findet: *In der Antwort „wirft" sich das antwortende Lebewesen vergleichsweise) auf das sich ihm mitteilende wiederum mit seiner eigenen Intentionalität „zurück". Es bewirkt damit, gleichgültig ob positive oder negative Antwort, ob Abweisung oder Bereitschaft, eine Veränderung der ersten Mitteilung,* die Bereitschaft zum Balzen anzeigte. Die abweisende Antwort kann die Balzintention verstärken, sie kann sie abschwächen, sie kann bei dem balzenden Vogel zu

Ersatzhandlungen führen — nicht weniger als die positive Antwort Veränderungen ebenfalls des Balzverhaltens des sich mitteilenden Tieres erweckt.

Mitteilung und Antwort sind stets und vorgegeben antithetisch aufeinanderbezogen, sie wirken gegensätzlich, unabhängig von dem jeweils vermittelten Inhalt. *In der Gegensätzlichkeit von Mitteilung und Antwort wird Veränderung sichtbar.* Veränderung in dem Sinne: daß sich das Balzverhalten des männlichen Vogels nach der einen oder anderen Richtung hin intensiviert oder abschwächt, diese Veränderung wiederum auf den angesprochenen, die Mitteilung aufnehmenden, weiblichen Vogel zurückwirkt, dessen erneute Antwort wiederum auf die Mitteilung des balzbegehrenden Vogels zurückgeworfen wird. In einer graphischen Abstraktion würde sich das Verhalten wie folgt darstellen:

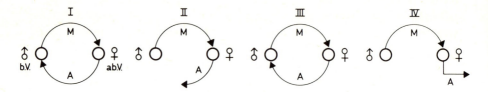

b.V.: balzender Vogel, männlich ♂ M = Mitteilung
ab.V.: angebalzter Vogel, weiblich ♀ A = Antwort

I: Paarungstimmung wird bei Weibchen erweckt
II: Paarungstimmung läßt bei Weibchen nach
III: Paarungsstimmung erneut bei Weibchen verstärkt
IV: Unvorhergesehene Abwendung des Weibchens durch Versiegen der Paarungsstimmung

Bei der Mitteilung: „Finden Sie das Wetter heute gut?" und der Antwort: „Ja, ich finde es gut" bestätigt der positiv Antwortende zwar den Fragenden, aber erweist mit der Bestätigung zumindest potentiell seine Überlegenheit über den Fragenden, der als Fragender sich (potentiell) unterlegen fühlt.

Die Bejahung ist ferner stets Stellungnahme auf die Provokation der Mitteilung, damit latente Abwehr derselben, die als Mitteilung immer auch ein Herausfordern von nichtenden, in Frage stellenden Möglichkeiten der Antwort impliziert. *Antwort, ob bejahend oder verneinend, ist Stellungnahme im Sinne des Sich-Stellens, des Sich-auf-Provokation-Beziehens, sich als Antwortender — beim Menschen auch in einer möglichen Vorstellung —, zu zeigen.* Antwort ist „Farbe bekennen", umschließt die Möglichkeit, auf das Thema der Mitteilung mit einem Gegenthema zu antworten, sie ist — auch in der Bejahung — Gegenthema.

Mitteilung, Aufnahme, Antwort stellen die zyklische Verbindung, den tragenden Grund von Kommunikation dar; das gilt auch — so muß gefolgert werden — für die Lebenswelt, die innerorganismischen Vorgängen und die spezifisch menschliche Welt.

Das Ergebnis dieses Abschnittes darf wie folgt zusammengefaßt werden: Lebendiges Geschehen, Lebensvorgänge in der Lebenswelt nicht weniger als Kommunikation in der spezifisch menschlichen Welt — die letztere auf dem Hintergrund der ersteren gesehen — das Leben als Prozeß, der sich erhält, indem er sich aufzehrt, sind als diese Ausdruck eines Bedürfnisses nach Kommunikation, da sie nur über Kommunikation sich zu erhalten vermögen.

Der Mangel als „letzten" Grund von Kommunikation zeigt in den Lebensvorgängen nicht weniger als in den Geschehensabläufen der menschlichen Welt ein fundamentales Ungleichgewicht auf, das zum Anlaß von Kommunikation wird, indem dieses Ungleichgewicht durch die Kommunikation selbst ausgeglichen, kompensiert wird. *Ausgleich bedeutet Einschränkung des undeutlich-diffusen Mangelerlebens durch die Artikulation des Kommunikationsbedürfnisses,* die als spezifische das unspezifische Mangelerleben reduziert, einschränkt. Die Einschränkung findet sowohl in der Widerstandserfahrung (Umweltantwort) der sich mitteilenden Lebewesen statt, wie auch in der Befriedigung von Kommunikation, in deren Erfüllung.

Jede konkretisierte Kommunikation ist nur eine Möglichkeit unter mehreren von Kommunikation überhaupt; sie ist deshalb auch Einschränkung gegenüber dem global-undifferenzierten Bedürfnis nach Kommunikation. In beiden Fällen kann die kompensatorische Einschränkung zu weiteren Kompensationen und damit zu Differenzierungen in der Entwicklung der Lebewesen nicht weniger wie der des Menschen (im Lernprozeß z. B.) führen. Die Differenzierung stellt sich als ständiger Wechsel von Gleichgewicht zu Ungleichgewicht dar.

An diesem nicht weiter auflösbaren Urphänomen („Grundmodell") der Beziehung zwischen Kommunikation, Mangel und Bedürfnis wurden Mitteilung, Aufnahme und Antwort als erste Modi von Kommunikation und elementare Weisen des Verhaltens aufgezeigt. Sie beziehen sich stets reziprok aufeinander und zeichnen sich ferner durch die Gleichzeitigkeit von Geben und Nehmen sowohl in der Mitteilung wie auch in der Antwort aus.

4. Die Strukturen von Kommunikation in der Lebewelt

Kommunikation in ihrer Dynamik als Bedürfen, — Mitteilung desselben und Antwort darauf — kann sich nur über die Kommunikation ermöglichenden Grundstrukturen von Raum[27], Zeit[28], Leistung[29] (im Sinne der

Selbstdarstellung des Lebewesens) und leibhaftem[30] Dasein darstellen. Dies ist zuerst und im folgendem an der organismischen Lebenswelt aufzuzeigen.

a) Die Struktur des Räumlichen

<u>Lebendiges Dasein ist leibhaft-räumliches.</u> Selbst in der infinitesimalen Wirkung noch von Vererbungsträgern ist Wirkung derselben nur, weil sie auch räumliche ist. Als Struktur von Kommunikation wird der Raum sowohl in der Lebenswelt wie in der menschlichen Umwelt in dreifacher Weise sichtbar, die auf ein und dasselbe Prinzip des räumlichen Auseinanderseins, der Orientierung als innerlich erlebte Bezugnahme auf das räumliche Auseinander-Sein und die Bezogenheit beider wiederum auf Ordnung[31] überhaupt zurückgeht — *diese drei Momente stehen* nicht zuletzt in ständiger Wechselwirkung miteinander.

Im *Lebensraum* jedes individuellen Lebewesens — wie auch der Art, zu der es gehört — dokumentiert sich die spezifische mit diesem Lebewesen verbundene, je-einmalige und je-weilige Umwelt, deren Verbindung zu dem Lebewesen *von Uexküll* in der Metapher von Schlüssel und Schloß beschrieb. So bewohnen Zecke oder Ameise, Molch oder Viper, Habicht oder Ente, Hasen, Vögel und endlich die höheren Säugetiere (z. B. Rudel) einen diesen ausschließlich zukommenden, spezifischen Lebensraum, der ihre Kommunikation weitgehend auf ein *Territorium* (Revier) einschränkt. Dieses Territorium ist anderen Lebewesen meist verschlossen, es wird von anderen Lebensräumen (Territorien) abgegrenzt. Lebensraum sei hier im Sinne der Verhaltensforschung mit Territorium oder Revier gleichgesetzt.

Der Lebensraum ist ferner der Bewegungs- und Wahrnehmungsraum jeder Tierart, die diesen Raum, ihren morphologischen Bewegungs- und Wahrnehmungsmöglichkeiten entsprechend, erkundet, entdeckt, erschließt. Die Erkundung des Lebensraumes durch die jeweils ihn bewohnende Tierart erfolgt ontogenetisch meist über vorgegebene, sog. Verhaltensmuster, den Instinktabläufen, die von Tierart zu Tierart sich ändern und in der Phylogenese bei den höheren Säugetieren und Primaten zunehmend auch lernbaren Verhaltensweisen weichen. Das *Erkunden* und *Entdecken* z. B. von noch ungewohnter Bodenformationen, unbekannter Nahrung, anderen Tierarten macht diese zu dem immer schon Erschlossenen, wird unter erschließen das vorgegeben „gewußte" Verhalten (Instinkt) in der spezifischen Umwelt gesehen, das sich im Erschließen von Unbekanntem manifestiert, insofern Lebewesen und Unbekanntes schon im vorhinein durch genetisch festgelegte Koordination „zueinander erschlossen" sind. D. h., *Unbekanntes kann nur zu Bekanntem (zum Lebensraum) erschlossen werden, sofern das Lebewesen über die angeborenen Verhaltens-*

weisen — die Möglichkeiten der Mitteilung, Aufnahme, Antwort — *verfügt, die den Umgang mit „Unbekanntem" mit einbeziehen.* Erkunden und Entdecken sind im Zusammenhang der sog. „Schlüsselreize" und Auslösung derselben zu sehen: was nicht innerhalb dieser (begrenzten) Kommunikationsweise (der sog. *Orientierungstaxien*) liegt, wird nicht erkundet, nicht entdeckt. Erkunden und Entdecken sind demnach lediglich Vorstufen des durch diese Schlüsselreize Erschlossenen. *Im Erschlossenen wird der Handlungszusammenhang sichtbar, vermittels dessen das Lebewesen seinen Lebensraum erkundet, entdeckt und erschließt.*

Es sei jetzt ein Beispiel aus der Verhaltensforschung gegeben, das die Starre und Einengung der Instinktabläufe, die Orientierung vermitteln, darstellt. — Gleichzeitig aber zeigt das gleiche Insekt erhebliche, nicht starr festgelegte Lernmöglichkeiten zu erkunden und zu erschliessen:*

Die Grabwespe (Ammophila) öffnet und inspiziert die von ihr gegrabene Höhle, bevor sie die zur Ernährung der Larven dienende Raupe in die Höhle schleppt. Sie kommt mit der Raupe an, legt diese am Eingang ab, schlüpft in die Höhle ein, erscheint dann Kopf voran im Baueingang und zieht die Raupe herein. Nimmt man nun, während sie inspiziert, die Raupe und legt sie etwas weiter vom Baueingang weg, dann sucht die Wespe, bis sie die Raupe findet, schleppt sie wieder zum Baueingang, und es wiederholt sich der ganze Ablauf mit Ablegen, Inspizieren etc. noch einmal. Dies wiederholt sich, bis nach 30 bis 40 Versuchen die Grabwespe die Raupe doch direkt, ohne sie wegzulegen, in den Bau trägt (*G. P. Baerends* 1941). Das Tier kann sich nur schwer an die neue Situation anpassen, sein Verhalten läuft nach einem strengen Programm ab. Da normalerweise keine Störungen eintreten, kommt die Grabwespe damit gut zum Ziele. Jedoch gilt diese Starrheit eines Tieres nicht notwendigerweise für alle Funktionskreise. So wie das Eichhörnchen beim Futterverstecken wenig und beim Nüsseöffnen viel lernt (...), so gibt es auch Bereiche des Verhaltens, in denen die Grabwespe geradezu erstaunliche Lernleistungen vollbringt. Sie lernt z. B. im Fluge den Weg, den sie mit ihrer Beute nach Hause läuft! Diese Grabwespen betreuen in der Phase der Brutpflege (...) oft auch mehrere Nester gleichzeitig und in der jeweils dem Entwicklungsstadium der Larve gemäßen Weise. Was die Grabwespe den Tag über an einem bestimmten Nest tut, entscheidet sie bei einem einmaligen Inspektionsbesuch am Morgen. Ehe sie zur Jagd fliegt, besucht sie alle noch nicht endgültig verschlossenen Nester und kontrolliert ihren Inhalt. *Baerends* (1941) konnte durch Wegnahme von Raupen aus einem Nest die Wespe veranlassen, mehr Raupen einzutragen als im Normalfall. Sie trug weniger ein, wenn er Raupen hinzufügte. Solche Eingriffe beeinflußten jedoch das Verhalten der Wespe nur, wenn sie vor dem morgendlichen Inspektionsbesuch stattfanden. Spätere Eingriffe blieben wirkungslos. Das bedeutet, daß die Wespe bei ihrer morgendlichen Kontrolle das Verhalten für den ganzen Tag festgelegt und sich den Zustand der verschiedenen Nester bis zu 15 Stunden merkt.

* *I. Eibl-Eibesfeldt*: op. cit., S. 227 ff.

a) Orientierung wird an diesem Beispiel sichtbar als vorgegebenes Verhalten (Instinkt), das schon immer sich orientierend in und bei der Umwelt ist.

Orientierung hat schon stattgefunden — bevor sie stattfand. Sonst könnte die Wespe die für sie typischen Höhlen nicht an einem bestimmten Ort, in einem bestimmten Handlungsablauf aus bestimmtem Material bauen.

b) Orientierung ist jedoch auch Erkunden, das einen — für das Insekt — relativen Spielraum möglicher Veränderung des Verhaltens impliziert. Dies bedeutet die Inspektion der Larven, das „Sich-Merken" der verschiedenen Bedürfnisse derselben — und die Möglichkeit, den Weg zu den Höhlen „zu Fuß" zu kennen, nachdem er vorher nur im Flug erkundet war.

c) Orientierung zeigt sich in zwei Komponenten des Umgangs zwischen Lebewesen und Umwelt: die instinkthaft festgelegte, die immer schon in der äußeren Räumlichkeit der Umwelt ist und der Umwelt „innerlich" präsent sein muß. Orientierung vollzieht sich hier über Mitteilung und Antwort im sog. Reiz/Auslöser Schema, was als eigentlich neues Erkunden und Entdecken vor Jahrmillionen sich ereignete. Ferner ist Orientierung Erkunden (und Entdecken) im Sinne der flexiblen, sich verändernden Standortbestimmung im Zusammenhang eines darzustellenden „Themas" (Telos, Ziel, Bild): sich über den Zustand der Larven orientieren, ihr So-Sein bestimmen, erkunden und ein entsprechendes Verhalten (Antworten auf die Mitteilung) entwickeln.

(Im Zusammenhang des Orientierungsverhaltens sei jedoch ausdrücklich festgehalten, daß der Begriff der Schlüsselreize oder das sog. Auslöser/Reizverhalten in der vorliegenden Untersuchung nicht kausal-mechanisch aufgefaßt wird. Sondern daß es sich immer um komplexe Zusammenhänge handelt, die sich hier bildhaft, als „Signal" darstellen, dort Anlaß zu einem ebenso differenzierten Bewegungs- (Handlungs-) und Wahrnehmungsablauf geben. Das sog. Reiz/Auslöserverhalten ist ein von den Bio-Mechanikern geprägter Hilfsbegriff, um die durchaus noch rätselvollen Zusammenhänge der Kommunikationsübermittlung — die in keiner Weise analog dem Zusammenprall von zwei Kugeln auf einem Billardtisch zu setzen sind — praktikabel zu machen.)

Der Lebensraum stellt sich dem Lebewesen stets als ein spezifisch strukturierter, gestalteter dar, auf den es den Möglichkeiten seiner Gestalt entsprechend antwortet. Die Gestalt der Lebewesen ist das „Positiv" zum „Negativ" des Lebensraumes. Je unspezifischer, weniger „spezialisiert" die Gestalt ist, umso umfassender die Möglichkeiten des Lebewesens, einen Raum zu bewohnen, wie das für die relativ nicht spezialisierte Gestalt des Menschen zutrifft — aber auch für den Einzeller.

Der Gestalt — etwa der morphologisch festgelegten, begrenzten Wahrnehmung und Bewegungsmöglichkeit einer Krabbe — entspricht ihr Lebensraum, wie dieser die spezifische Gestalt der Krabbe fordert, die wiederum nur in der durch ihre Morphologie bedingten Einschränkung in ihm als in ihrem Territorium zu leben vermag. Was für die Gestalt der Krabbe zutrifft, trifft nicht weniger für die anderen Tierarten, die Reptilien, Vögel oder höheren Vertebraten und ihre morphologischen Einschränkungen, die Korrespondenz derselben mit dem jeweiligen Lebensraum, zu.

Wie der Lebensraum zu seiner Konstituierung und seiner jeweiligen Entwicklung der Orientierung innerhalb desselben bedarf, Orientierung andererseits nur sinnvoll ist, wenn ein Raum für Orientierung vorhanden ist, sind beide, *Lebensraum und Orientierung, voneinander abhängig, aufeinander angewiesen, miteinander verschränkt.* Im Erkunden über Lage, Gleichgewichts- und Bewegungssinne, über Wahrnehmungsorgane und aktive Bewegung selbst, findet die Orientierung (Ortung, Standortbestimmung) des Lebewesens vermittels der immer spezifisch auf eine bestimmte Umwelt gerichtete Sinne statt.

Die leibhaft vorgegebenen Sinnes- und Bewegungsorgane vermitteln — bei zunehmender Differenzierung und Veränderung ihrer morphologischen Gestalt in der Phylogenese ebenso wie in der Ontogenese — die Anteilnahme an der thematisch im Prozeß der Evolution sich graduell erschließenden, durch die Lebewesen schrittweise erkundeten, sich mit-teilenden Umwelt; *da die Lebewesen im Bedürfen (Mangel) nach Kommunikation sich phylogenetisch zunehmend — neue Lebensräume erkundend — differenzieren und orientieren.*

Die Ausdifferenzierung, gekennzeichnet durch Sprünge in der Entwicklung nicht weniger als durch Entwicklung spezifischer Strukturen aus keimhaften Anlagen (z. B. spezifische Sinnesorgane aus diffusen Wahrnehmungsmöglichkeiten von Hell und Dunkel, Bewegungsorgane aus undifferenzierten Anlagen zu Bewegung überhaupt), *erfolgt in der oben aufgezeigten Reziprozität von Kommunikationsmangel (Bedürfen nach . . .), Kompensation desselben durch erste Möglichkeiten der Befriedigung und erneute Kompensation des in der Befriedigung „Unbefriedigten" durch zunehmende Einschränkung = Differenzierung.* Differenzierung, Strukturierung und Einschränkung sind im Vergleich zu dem Undifferenzierten, Global-Diffusen phylogenetisch und ontogenetisch zu sehen. Sie bestimmen die Phylogenese ebenso wie die Ontogenese.

Differenzierung, Anamorphose der Lebenswelt erfolgt nicht, weil ein sog. „Kampf ums Dasein" die Lebewesen dazu zwingt — nie hat die darwinistische Biologie es fertig gebracht, zu erklären, wie aus Einzellern höhere Tiere durch den „Kampf ums Dasein" zu werden vermögen —, wenn nicht in der Lebensentwicklung als zunehmende Differenzierung der Lebewesen selbst ein Impuls (d. h. der Mangel) zu dieser Entwicklung von Anfang an vorhanden gewesen wäre.

Dieser Impuls — der Mangel — wird zwar von der Biologie mit Mutationsvorgängen umschrieben, um damit aber zuzugeben, daß der „Kampf ums Dasein" als Prinzip der Differenzierung und Anamorphose nicht ausreicht, die Phylogenese verstehbar erscheinen zu lassen, wenn nicht dem Leben selbst, der Zelle (dem Kern) die Möglichkeit zu Differenzierung und Gestaltveränderung von Anfang an immanent gewesen wäre. „Kampf ums Dasein" und „Mutation" werden hier nicht in ihrer selektiven (d. h. das Bedürfen nach Kommunikation stets einschränkenden) Weise geleugnet; sie sollen jedoch auf den ihnen zukommenden Ort verwiesen werden; nämlich sekundäre kompensatorische Einschränkung dem Kommunikationsbedürfen, dem Mangel gegenüber darzustellen: Das Bedürfen nach Kommunikation stößt auf Widerstand oder findet Erfüllung, in jedem Fall wird es sich erneuern, damit neue Einschränkung erfahren – über diese sich dann zunehmend differenzieren und spezifizieren. Die Erfahrung von Einschränkung wird möglicherweise mit Mutation, mit Änderung von Erbanlage beantwortet, die wiederum neue Bedingungen für den „Kampf" bilden, damit neue Einschränkungen und Strukturierungen provozieren.

Die Konstellation von Themen in der Umwelt durch zuwendende, d. h. bereits auf Orientierung und dann spezifische Richtung zielende Anteilnahme an der Umwelt, die Provokation (Evozierung) wiederum von Antworten und Themen durch die Umwelt ist ein *Erkundungsprozeß*, der die unvertraute Umwelt der Lebewesen ontogenetisch und phylogenetisch zur vertrauten von Orientierung macht. Dieser Erkundungsprozeß gliedert den allgemeinen Lebensraum aller Lebewesen zum spezifischen Territorium der jeweiligen Tierart aus: räumliches Auseinander desselben wird zum erlebten, in der Erkundung erfahrenen In-Einander des belebten Lebensraumes. Im Zusammenhang der erkundenden Orientierung gliedern sich die spezifischen Sinnes- und Bewegungsorgane der Tierarten dann phylo- und ontogenetisch aus.

Die Vorgänge, die als Themen bei den Orientierungsprozessen und Standortbestimmung im Raum mitzuwirken, hat die Verhaltensforschung wie folgt zusammengefaßt:

A. Orientierung in raumfesten Bezugssystemen: Reizursachen liefern Koordinaten und/oder dienen der Lagestabilisierung, sind nicht Ziel der Orientierung.
  1. (Vertikal-) Orientierung mit Schweresinnesorganen
    a) Erhaltung des physikalischen Gleichgewichtszustandes gegen den Schwerezug und kompensatorische Augenbewegungen (Halte- und Stellreflex)
    b) Kontrolle der Lage und Aktionsrichtung im Raum
     b1) des eigenen Körpers (Richtungskontrolle freischwimmender Fische, Kraken, Krebse etc)
     b2) von Körperanhängen über propriozeptive Kontrolle und von anderen Objekten über Wahrnehmung auf optischem, taktilem Weg (Erkennen und Unterscheiden horizontaler und vertikaler Strukturen)

2. Orientierung mit Augen
   a) Lichtorientierung: Vertikalorientierung am Licht (Oben-Unten-Orientierung vieler Wasserformen; nicht ganz korrekt „Lichtrückenorientierung" genannt)
   b) Horizontalorientierung: Kompaß-, Sonnenkompaßorientierung, Landmarkenorientierung
3. taktile, kinästhetische (=Registrieren und Repetieren des eigenen Bewegungsablaufs) Orientierung
4. elektrische und magnetische Orientierung (elektr. Fische)
5. Orientierung in strömendem Medium (Luft, Wasser)

B. Stabilisierung des Lage- und Bewegungszustandes, ortsunabhängig
   1. mit mechanischen Drehsinnesorganen (Bodengangsapparaten)
   2. mit Augen (optomotorische Kontrolle)

C. Objektorientierung: Reizursachen sind Zielobjekte der Orientierung; vielfach Ortungsvorgänge (Richtung und Entfernung werden berücksichtigt)
   1. optische Zieleinstellung (Mantis, Chamäleon)
   2. akustische Ortung (Echoortung der Fledermäuse, Delphine)
   3. taktile Ortung (Libellenlarven, Krallenfrosch)
   4. chemische Ausrichtung
   5. thermische Orientierung (Infrarotorgane der Grubenottern, Wärmepräferenzen)*

Die Standortbestimmung, die Orientierung des räumlichen „Wo" in den Dimensionen ist für den Vogel von gleicher Bedeutung wie für den Fisch. *Sie – die Standortbestimmung – vermittelt den Lebewesen den Lebensraum zum Territorium spezifischer Wahrnehmungen, Bewegungen, d. h. von Handlungsabläufen, in dem Maße, in dem das Lebewesen sich erkundend in diesen entwirft, sich in ihn „hineinbegibt".*

In der erfolgten Orientierung wird dann vermittels der auf bestimmte Territorien vorgegeben eingestellten Sinnesorgane die je-einmalige, im Lebensstrom von Augenblick zu Augenblick sich verändernde *Situation*[32] (Definition s. u.) wahrgenommen. Sie kommt als Mitteilung der Umwelt auf das Lebewesen zu, und/oder das Lebewesen, seiner jeweiligen Befindlichkeit entsprechend, entwirft sich in dieser auf die Umwelt und schafft so eine Situation. *Jede Mitteilung erzeugt eine neue Situation, nicht weniger wie die Antwort Situation konstelliert und der Lebensstrom sich durch den kontinuierlichen Situationswechsel von Mitteilung und Antwort auszeichnet* – oder, wie oben dargelegt wurde, als kontinuierlich wechselnde Bild- und Erlebnisbezogenheit.

Im erfolgten Akt der Orientierung „verankert" sich das Lebewesen, die Situation aufnehmend und beantwortend in seinem Territorium, um sich dann in diesem, seinen Gegebenheiten ensprechend, zu verhalten. In dem vorausgegangenen orientierend-wahrnehmenden Sich-Entwerfen jedoch tastet das Lebewesen – bereits auf Umweltthematik antwortend – noch

---

* *I. Eibl-Eibelfeldt:* op. cit., S. 379/380.

die Möglichkeiten des Umraumes ab: ob es sich hineinbegeben wird, dort das Beutetier packt, ob es Gefahr wittert, ob es flieht oder seine Ruhe fortsetzt. (Letztere Verhaltensweisen gelten jedoch spezifisch für die höheren Säugetiere – sich festlegende Orientierung nach entwerfender Orientierung. Für die niederen Lebewesen, insbesondere die Arthropoden, sind die Schritte der Orientierung im vorhinein weitgehend vorbestimmt). D. h., Erkunden, Entdecken, Erschließen und Orientierung sind (vgl. o.) im Vorhinein aufeinander bezogen, in diesem Bezug nur relativ variabel zueinander festgelegt.

Das orientierende Erkunden geht der aus ihm folgenden, faktischen Orientierung im Sinne des Feststellens und der Standortbestimmung innerhalb einer Situation und dem aus der Orientierung erfolgenden Handeln (Verhalten) *voraus.* Selbst die Flucht der Katze vor mehreren Hunden auf einen Baum, die des Makrelenschwarmes vor dem Thunfisch, der Ente vor dem Raubvogel, setzt, mag sie vielfach noch von Instinktabläufen determiniert sein, stattgehabte Orientierung voraus, soll sie nicht blindlings verlaufen. Erst in der Panik versagt die Orientierung, wird das Territorium zur tödlichen Umklammerung. *Lebensraum (Territorium) und Orientierung in ihrer wechselseitigen Verschränkung wären nicht, wenn sie nicht beide auf Ordnung sich bezögen. Ordnung entsteht aus Zu-Ordnung von Lebensraum und jeweiliger Orientierung durch die Lebewesen,* wie sie darüber hinaus als vorgegebene Möglichkeit von Ordnung überhaupt die faktische Zu-Ordnung ermöglicht. Ordnung entsteht, indem sie erkundet und vorgefunden wird. Aber sie könnte nicht gefunden werden, wenn sie nicht schon immer als Möglichkeit des geordneten Lebensraumes, in seiner Bezogenheit auf das Lebewesen, „da wäre", wenn das Lebewesen nicht in der Lage wäre, durch sein Verhalten Ordnung zu entwerfen, indem es sich in bestimmten Gegebenheiten orientierend, diesen anpaßt.

Die z. B. das Meer bewohnenden Lebewesen finden in der chemischen Zusammensetzung des Wassers, in seiner ganz spezifischen Qualität des „Nassen", „Feuchten", „ständig Bewegten", „Durchsichtigen" oder „Trüben", in den Unterschieden der Meeresart in Küstennähe, Brandungszonen, oder in Tiefen bis zu 5 m, 10 m oder 50 m, dann bis zu 1000 m oder 3000 m, ferner in den Differenzen der Temperatur, des Planktongehaltes usf. eine vorgegebene Ordnung vor. Diese verändert sich wiederum in großen Zeiträumen im Verhältnis zu einer anderen Ordnung, z. B. der kosmischen. Die vorgegebene Ordnung teilt sich kontinuierlich den Lebewesen als eine ganz bestimmte – Küstenzone, Tiefenzone – mit. Sie wird aber erst zu einer „Ordnung", wenn die Lebewesen über ihr Orientierungsverhalten sich in ihren spezifischen, vielfach differenzierten Möglichkeiten etwa der Fortbewegung oder Nahrungsaufnahme – von Planktonbewohnern und Strudelwürmern bis zu Hohltieren, Fischen und meeresbewohnenden Säugetieren – diese Ordnung konstellierend, sich einordnen.

Dieses „Ein-Ordnen" könnte sich nicht ereignen, wenn nicht ein „Innen" der Lebewesen („ein Subjekt"), ein dem Beobachter verschlossenes, nur relativ erschließbares Erleben, auf äußere Ordnung, auf die Mitteilung z. B. der Bewegtheit eines Gewässers und seines Temperaturgefälles zwischen Brandungszone und größerer Tiefe, antwortet und es sich den morphologisch-physiologischen Gegebenheiten seiner spezifischen, art- und gattungsbedingten Ordnung entsprechend, einordnet. *Damit läßt das Lebewesen, auf äußere Ordnung von Innen antwortend, seine jeweilige Ordnung entstehen.*

Für diese Bezogenheit und Vorgegebenheit des Innen auf ein Außen, im Entstehen von Ordnung, dürfte die Thematisierung durch Bilder (Signale) maßgeblich sein (s. o.). Das heißt in der außerhumanen Lebenswelt ermöglicht das Bild als innerlich erlebter und äußerlich wahrgenommener Geschehenszusammenhang (Thema) in ständiger Korrespondenz mit den faktischen (morphologischen) Wahrnehmungsmöglichkeiten der jeweiligen Tierarten, die (thematisierte) Kommunikation der Lebewesen mit ihrer Umwelt, der Umwelt mit den Lebewesen. *Das Bild ist der eigentliche Vermittler von Ordnung – über den das Lebewesen Ordnung konstituiert.* Den Begriff der Ordnung fassen die Verhaltensforscher unter dem Begriff des „hierarchischen Aufbaus des Verhaltens" wie folgt:

Die Ordnung im Verhalten besteht aber nicht nur in einem zeitlichen Nacheinander, sondern auch in einem zeitlichen Nebeneinander. Verhaltensweisen können einander mehr oder weniger streng zugeordnet sein und gleichzeitig auftreten oder auch sich gegenseitig ausschließen. Wir beobachten ferner, *daß Verhaltensweisen nach Sätzen geordnet sind*, wobei jeder Satz sich durch ein gemeinsames Fluktuieren der Reizschwelle für auslösende Reize auszeichnet. Bei einem kampfgestimmten Tier beobachten wir z. B., daß die Verhaltensweisen des Drohens, Angreifens, Beißens etc. insgesamt leichter auszulösen sind als zu anderen Zeiten, etwa wenn das Tier freßgestimmt ist. Andere Verhaltensweisen wiederum, etwa jene des Fressens oder des Nestbauens, erscheinen zur gleichen Zeit gehemmt. *Das weist darauf hin, daß die Verhaltensweisen nach Gruppen von übergeordneten koordinierenden Instanzen abhängen*, die sich ihrerseits in bestimmter Weise gegenseitig beeinflussen.

So ist das männliche Eichhörnchen zur Fortpflanzungszeit nicht allein gesteigert balzbereit, sondern auch deutlich aggressiver, und welche Verhaltensweisen im einzelnen aktiviert werden, ob jene des Balzens oder jene des Kämpfens, hängt von der auslösenden Reizsituation ab. Aber für beides erweist sich das Männchen gleicherweise schwellenerniedrigt. Wir wissen, daß dies u. a. dem Einfluß des männlichen Geschlechtshormons zuzuschreiben ist. Bei vielen Vögeln sind zur Fortpflanzungszeit die Verhaltensweisen des Nestbauens, Balzens und Kämpfens in ganz ähnlicher Weise einander zugeordnet.

Diese Ordnung nach Folge und Gleichzeitigkeit spiegelt zugleich *eine hierarchische Ordnung des Verhaltens wider*, die verschiedene Integrationsstufen erkennen läßt. Das mag ein Beispiel erläutern: Die im Frühsommer schlüpfende Grabwespen (Ammophila compestris) kommen in Fortpflanzungsstimmung und sind dann bereit, sich zu paaren und ihre Brut zu pflegen. Der Brutpflegestimmung sind nun eine Reihe von Triebhandlungen untergeordnet: Nestplatzsuche, Nestbau, Raupenjagd, Eiablage, Füttern der Larven und Öffnen und Schließen der Nester. Und jeder dieser Triebe wiederum besteht aus Ketten von Einzelhandlungen, die von auslösenden Reizsituationen kontrolliert werden. So sucht die Grabwespe zunächst nur einen Nestplatz, und erst wenn sie einen geeigneten gefunden hat, beginnt sie scharrend und beißend das Nest zu graben, wobei sie den losgegrabenen Sand wegträgt. Ist die Nestkammer fertig, verschließt sie den Eingang mit einem passenden Klümpchen. Nun kommt die Wespe in eine neue Stimmung: Sie sucht eine Raupe, ergreift und tötet sie. Ist dies geschehen, dann löst der Eintragetrieb den Jagdtrieb ab, und es folgen die Instinkthandlungen Transportieren, Ablegen der Raupe vor dem Nest, Nestöffnen, Hineinkriechen, Sichumdrehen, Ergreifen und Hineinziehen der Raupe. Schließlich legt die Graswespe ein Ei ab und verschließt das Nest. Sie besucht das Nest in der Folge wiederholt, und ist die Larve geschlüpft, wird sie zunächst mit kleinen und später mit größeren Raupen gefüttert; hat sie sich schließlich verpuppt, verschließt die Graswespe das Nest endgültig. Sie richtet ihr Verhalten dabei situationsgemäß ein, bringt etwa wenige Raupen, wenn schon viele im Nest sind, oder kleine, wenn die Larve noch klein ist. (*G. P. Baerends* 1941) (Die unmittelbar auf diese Untersuchung bezogenen Ausführungen wurden vom Verfasser hervorgehoben. Es sei ausdrücklich darauf verwiesen, daß hier von *Sätzen* (Themen!) und *übergeordneten Instanzen* die Rede ist.)*

Über die Orientierung wird das jeweilige Territorium zu einer gelebten Ordnung, in der das Aus-Einander derselben, die räumliche Dimension durch das Verhalten der Lebewesen zu einem In-Einander (Erlebnisbereich) von Mitteilung und Antwort wird; dieses In-Einander stellt sich sowohl als Mit-Einander wie auch als Gegen-Einander der Lebewesen dar, es ist stets <u>Auf-Einander bezogen</u>.

Von einem Mit-Einander sei die Rede, wenn Schwarm oder Rudel in gleiche Richtung den Lebensraum durchstreifen, wenn Tiere sich miteinander paaren, umeinander werben, balzen, im Mit-Einander artliches Zusammenhalten sich darstellt. Das Gegen-Einander wird beobachtet, wenn Schwärmen, Herden, Einzeltieren feindlich gesonnene Einzeltiere oder Schwärme begegnen, wenn unter Artgenossen rivalisierende Kämpfe stattfinden oder wenn ein Lebewesen zur Beute des anderen wird. *Die Bezogenheit des einen Lebewesens auf das andere, gleichgültig, ob im Mit- oder Gegen-Einander, bleibt als übergeordnetes Prinzip (Ordnung) aufrechterhalten.* Erst in der Panik, in kopfloser Flucht, in der sog. Notfallreaktion[33] verfällt der Bezug weitgehend zwischen orientierendem In-Einander und räumlichem Aus-Einander (Umwelt), verfällt die Ordnung.

---

* Eibl-Eibesfeldt, op. cit. S. 174.

*b) Die zeitlichen Verfassungen als Strukturen
der Lebewesen*

Lebendiges Dasein als Korrespondenz (Kommunikation) innerlich sich thematisch auf Außenwelt wie umgekehrt sich beziehender Lebewesen, damit räumlich sich darstellender Tier- und Pflanzenarten, *ist nicht ohne das zeitliche Nacheinander der Darstellung selbst denkbar, die hier die Kontinuität jeder von Augenblick zu Augenblick sich ergebenden Veränderung ist. Nichtsdestoweniger erscheint lebendiges Dasein als unauflösbare Raum-Zeit-Einheit, deren Trennung erst durch den Beobachter erfolgt.* Ob sich die Umwelt dem Lebewesen mitteilt, das Lebewesen der Umwelt, ob dieses auf jenes und umgekehrt antwortet: Mitteilung und Antwort sind wiederum Veränderungen der jeweils räumlichen Strukturen durch die Zeit.

Die Feststellung selbst trennt bereits die räumliche von der zeitlichen Struktur unter Zugrundelegung der Beobachtung, daß jede Mitteilung an die Außenwelt und umgekehrt — bis in die physiologischen Einzelheiten der Wahrnehmung oder Bewegungsabläufe — mit Veränderungen innerhalb des räumlichen Gefüges, mit Gestaltumstrukturierungen, verbunden ist: Die Gestaltsveränderung der sich erweiternden oder verengenden Pupille, der verlangsamten oder beschleunigten Atmung, der Anspannung oder Erschlaffung des Bewegungsapparates als Nacheinander von Veränderung, d. h. von zeitlichen Abläufen, dokumentieren die raum-zeitliche Einheit der Lebensvorgänge.

Daß das außerhumane Lebewesen allerdings Veränderungen — die es als Grundlage der Kommunikation fraglos wahrnimmt — als „Zeit" jedoch, d. h. im Nacheinander registriert, ist unwahrscheinlich. Zeit dürfte erst für den das Noch-Nicht der Zukunft, das Jetzt des Augenblicks, das Nicht-Mehr des Vergangenen wahrnehmenden Menschen erfahrbar sein. D. h., es ist zu unterscheiden zwischen

1. der faktischen Raum-Zeit-Einheit des lebendigen Daseins,
2. der Trennung von Raum/Zeit durch den Beobachter bei Wahrnehmung von Veränderung räumlicher Gefüge im zeitlichen Nacheinander,
3. Wahrnehmung von Veränderung durch die Lebewesen selbst, die erfolgt, aber wahrscheinlich nicht als Veränderung im Sinne des zeitlichen Nacheinanders vermerkt wird.

Das Nacheinander von Veränderungen ist die in Mitteilung und Antwort sich darstellende Kommunikation selbst. Oder Kommunikation ist die zeitliche Kontinuität von Mitteilung und Antwort, die selbst bei Kommunikationsende — Tod — noch Antwort auf vorausgegangene Mitteilung außerweltlicher oder auch innerorganismischer Art ist. Aufnahme (Wahrnehmung) von Mitteilung, Mitteilung selbst (als Antwort z. B. auf die innere Bewegung etwa eines aufsteigenden Bedürfnisses in Ausdruck desselben), und Antwort auf außerweltliche Mitteilung sind in ihrem Nacheinander stets Anteilnahme an einem durch die Kommunikation sich selbst verändernden Thema. Dieses Thema wird durch die Kommunikation — jedoch nur beim Menschen — als sich veränderndes Nacheinander erlebt und entsprechend vermerkt.

Die Kontinuität von Mitteilung, Aufnahme, Antwort hatte in der Phylogenese der Tier- und Pflanzenarten den Charakter einer außerordentlichen Werdensbewegung, die sich in der zunehmenden Differenzierung der Artenfülle niederschlug, die im Zusammenhang der in Abschnitt 3 erfolgten Darlegungen die Grundthese bestätigt, daß das Bedürfen (der Mangel) nach Kommunikation über die Widerstandserfahrung zu immer differenzierteren Kompensationen führt; das heißt, zu den „Kompensationen", die die Lebewesen als „Resultante" von Mangelerleben und Widerstand in der Phylogenese aufweisen. Wobei der Begriff der „Resultante" nur als lebensfremdes Modell dient.

Kommunikation als zeitliches Nacheinander von Mitteilung, Aufnahme derselben und Antwort auf diese, erneute Mitteilung (Antwort) usf. ließe sich wie folgt graphisch veranschaulichen. Aus dem Zyklus Mitteilung/Aufnahme/Antwort entsteht der von Antwort auf Antwort. Dieser wird im Ablauf auch der innerpsychischen Vorgänge der Mitteilung z. B. einer Stimmung[34], eines Triebes „an" das Lebewesen, Aufnahme desselben (innerpsychische Wahrnehmung), seiner Darstellung dann in der Mitteilung an die Umwelt mit einbezogen. Es entsteht ein kontinuierlich-kommunikatives Nacheinander intra/extrapsychischer Wechselwirkungen, das sich dann wie folgt (entsprechend schematisiert) darstellen ließe:

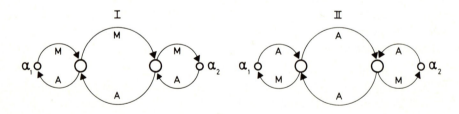

Antwort wird zu Antwort

$\alpha 1$ — Lebewesen $\alpha 2$ — Lebewesen   M = Mitteilung
A = Antwort

Kleiner Zyklus von M und A bei $\alpha 1$ und $\alpha 2$: innerpsychische Wahrnehmung von sich z. B. mitteilender Stimmungen und motorisches Ausleben derselben: M und A

Zeit, so darf zusammengefaßt werden, *stellt sich in der Lebenswelt als Kontinuität inner-außerweltlich bezogener, zyklischer Veränderungen von Mitteilung, Aufnahme und Antwort dar.* Das Nacheinander derselben wird vom Beobachter, jedoch nicht von dem zyklisch in dieser Veränderung lebenden, auf sie bildhaft bezogenen, Lebewesen vermerkt. *Das Lebewesen,* so darf – im Vergleich zum Menschen – gefolgert werden, *lebt in der zeitlichen Verfassung der Dauer,* da es das Nacheinander des Ablaufes nicht vermerkt, wohl aber seine Veränderungen. Hier dürfte ein fundamentaler Unterschied zwischen den Lebewesen, deren Zeiterleben und dem Menschen sichtbar werden. Daß darüber hinaus das „wie" des Erlebens von Veränderungen in der Spanne zwischen dem eines Einzellers oder jenem eines Primaten größte Differenzierungen aufweisen dürfte, liegt auf der Hand – ohne daß jedoch die Möglichkeit besteht, dieses Erleben für den Menschen erkennbar zu machen.

c) Die Struktur der Leistung

Der Lebensraum der Lebewesen, der durch die im zeitlichen Nacheinander sich darstellende Rezeptivität und Aktivität der Lebewesen ständiger Veränderung unterworfen ist, wird durch die Leistung der individuellen Lebewesen wie auch der Arten oder Gattungen zum spezifischen Territorium (Revier) konstelliert. Leistung darf allerdings hier nicht im Sinne eines durch Arbeit ausgeführten, bewußten Planes verstanden werden, wie es die menschliche Umwelt und die menschliche Leistung kennzeichnet, sondern die „Leistung" der Tierarten z. B. bei Futtersuche, Nestbau, Abgrenzung der Territorien, durch Bezeichnung vermittels Harn oder Kot, relativ geschlossenen „Marschformationen" bei Durchquerung gefährlicher Gebiete usf., ist Bestandteil einer überwiegend durch vorgegebene Instinktabläufe regulierten Beziehung zur Umwelt, bei aller den Lebewesen zuzubilligenden „Freiheit" im erkundenden Orientieren (z. B. Grabwespe). Der „Instinkt" ist die eigentliche Leistung von Arthropoden und niederen Tierarten. *In der Leistung der Lebewesen* wird – im Unterschied auch zu der menschlichen Leistung – (s. u.) <u>*die Einheit zwischen dem seinen Lebensraum vermittels der Orientierung aktiv entwerfenden Organismus*</u> (das trifft auch für die Pflanzenwelt zu) *mit diesem Lebensraum selbst sichtbar.*

Der Vorgang, wie das Lebewesen über seine Sinnesorgane und seine Motorik sich nicht nur in seinem jeweiligen Lebensraum zurechtfindet, sondern <u>wie es diesen zum Bestandteil seiner individuellen Existenz erhebt, ihn erkundet, entdeckt, erschließt, sich mit ihm auseinandersetzt, um ihn endlich zu bewältigen</u> (s. u.), ist die *Leistung* im hier gemeinten Sinne. *Sie ist der Akt, in dem das Subjket sich und den Lebensraum zu der*

Einheit zusammenschließt, die für die Umwelt/Tier-Beziehung charakteristisch ist, aber auch für die Leistung der Pflanzenwelt z. B. in ihrer außerordentlichen Anpassung an geographische und atmosphärische Verhältnisse. *Leistung wird damit zur Selbstdarstellung des Lebewesens in der Einheit von Lebensraum (Territorium) und der „Subjektivität" des individuellen Tieres, bzw. der Tierart.*

In der Struktur der Leistung vollzieht sich in der Kontinuität von Mitteilung, Aufnahme und Antwort Kommunikation als von Augenblick zu Augenblick sich verändernder Entwurf einerseits der Lebewesen in ihre Umwelt hinein, Darstellung andererseits der Umwelt in dieser Leistung als jeweiligem Lebensraum des Lebewesens. Im Unterschied zu der humanen „Leistung" durch Arbeit, die insbesondere Willensaktivität, Plan und Ziel impliziert, sei ferner unter ausdrücklich „anthropomorphen" Übertragungen des menschlichen Leistungsbegriffs an folgenden „Leistungen" der Tierarten erinnert*:

Auch die kleinen Kugelspinnen (Theridiiden) bauen kein eigentliches Netz, sondern nur ein lockeres „Gerüst" aus Fäden, die aber zum Teil mit Klebtröpfchen besetzt sind. Bleibt ein Tier darin hängen, so geschieht etwas recht Merkwürdiges: Die Spinne wirft, so unglaublich das klingt, aus einiger Entfernung eine Art Lasso auf ihr Beutetier, durch dessen Klebrigkeit es gefesselt wird. Dann erst versetzt sie ihm den giftigen Biß. Auf diese Weise gelingt es ihr, sogar große und wehrhafte Tiere, wie die Honigbiene und die Rote Waldameise, zu überwältigen.

Nimmt man eine Ancylis-Raupe aus ihrer rings geschlossenen Blattasche (deren Innenfläche sie abweidet) und setzt sie auf ein neues Blatt, so geht sie unverdrossen daran, wieder eine Tasche herzustellen. Aber der Anfang ihrer Arbeit sieht ganz anders aus, als man erwarten sollte. Sie begibt sich nämlich nicht etwa an den Rand, sondern an die Basis des Blattes, nahe dem Blattstiel. Dort errichtet sie zunächst eine Hilfskonstruktion, vergleichbar dem Baugerüst eines Hauses oder der Holzverschalung, die aufgestellt wird, um einen Tunnel aus Beton darüber zu wölben.

Die solidesten Insektenbauten werden nicht von Hautflüglern aufgeführt, sondern von den in den Tropen lebenden Termiten. Sie heißen zwar vielfach „Weiße Ameisen", bilden indes eine eigene, am nächsten wohl den Schaben verwandte Kerbtier-Ordnung. Viele von ihnen bauen unterirdisch, viele in Holz. Am auffälligsten aber sind die über der Erdoberfläche aufgetürmten Burgen, die mehrere Mehter hoch werden können und in manchen Gegenden, z. B. Nordaustraliens, wo sie so dicht beieinanderstehen wie hierzulande die Heuhaufen auf einer Wiese, das Landschaftsbild bestimmen. Sie sind ungemein fest, so daß Witterungseinflüsse und selbst Buschbrände ihnen nichts anhaben und man sie oft nur mittels eines Meißels oder einer Axt öffnen kann. Dabei bestehen sie aus Erde und zerkauten Holzteilchen, die von den fleißigen „Arbeitern" mit Speichel und Exkrementen zu einem Brei vermengt wurden und zu einer harten, zementartigen Kruste erstarrten.

* Alle Zitate aus: *G. v. Frankenberg*: Zauberreich des Lebens. Berlin 1965.

Eine eigenartige Bauweise haben die gesellig lebenden Faltenwespen (also Wespe, Hornisse und ihre nächsten Verwandten) angenommen. Sie gingen dazu über, Holz zu zerkauen und zu einer Art von grauem oder gelbbräunlichem Papier zu verarbeiten (...). Man behauptet sogar, der Mensch habe die Kunst der Holzpapierbereitung buchstäblich den Wespen abgesehen. Dieser Baustoff ist freilich nicht besonders haltbar, aber für die kurzlebigen Staaten der Wespen reicht die Qualität des Materials aus.

Über einen noch geeigneteren Baustoff verfügen die Honigbienen. Es ist das Wachs, das die Arbeitsbienen durch besondere Drüsen an der Bauchseite ihres Hinterleibs ausschwitzen (...). Etwa binnen 38 Stunden werden dort auf den „Wachsspiegeln" acht weiße Blättchen oder Schüppchen ausgeschieden, sie müssen aber erst noch von den wie Modellierhölzer gebauten Oberkiefern (...) durchgeknetet werden. Viereinhalb Millionen solcher Blättchen sollen nur ein Kilogramm Wachs ergeben.

d) Die Struktur des Leibes

Räumliche, zeitliche und durch Leistung sich darstellende Lebensvorgänge werden in ihrem faktischen Aufeinander-Bezogen-Sein (Ordnung!) erst durch das leibhafte Dasein der Lebewesen ermöglicht. Erst die leibhafte Existenz der Lebewesen ermöglicht Orientierung im Lebensraum und läßt dabei Ordnung als Aufeinander-Bezogensein von Lebewesen und Umwelt erscheinen.

Leibhaftes Dasein ist Voraussetzung der Leistung als der Einheit von Lebensraum und dessen Thematisierung durch den Organismus, der Einheit, die sich bis in die Morphologie der Tier- und Pflanzengestalten leibhaft dokumentiert; *in dieser Bezogenheit auf den Lebensraum wird die Tiergestalt als jeweils „hochspezialisierte" zu einer durch den Leib bereits auf Leistung bezogenen.* Der Leib des Tieres ist auch sein „Werkzeug"; und es sei in diesem Zusammenhang an die hochspezialisierten Verbindungen von Leib, Leistung und Werkzeug erinnert, die die Morphologie der Tiere bestimmen (s. o. Gestalt und Umwelt).

Ermöglicht leibhafte Lebendigkeit die sichtbare Darstellung der Grundstrukturen von Räumlichkeit, Zeitlichkeit und Leistung, so entsteht der Leib wiederum phylo- und ontogenetisch in kommunikativer Weise aus diesen Strukturen selbst, die er wiederum bedingt. Der innerorganismische und außerorganismische Stoffaustausch von Abbau und Aufbauprozessen ist lebendige Strukturierung räumlicher (z. B. Molekularstrukturen) zeitlicher (Veränderung) und leistungsbezogener Prozesse. Sie verdanken allerdings ihre entsprechende Klassifizierung als Leistung dem mechanischen, von der humanen Zeugwelt übertragenen Sinn; wenn etwa vom „Transportsystem" des Blutes oder der „Stützfunktion" des Bewegungs- und

Skelett-„Apparates" gesprochen wird. In diesen Prozessen erscheint leibhaftes Dasein als sich verändernde Gestalt selbst prozeßhaft, d. h. dynamisch, das in seiner (räumlichen) Gestalt sich selbst verändernd, gleichzeitig gegen Veränderung (Zeitlichkeit) sich zu behaupten versucht.

Räumlich entwirft der Leib vermittels der durch die Erbkoordinaten vorstrukturierten Gestalt seinen ersten Lebensraum: den Keim in der Keimhülle. Er wird durch eine vorgegebene, aber sehr variable und beeinflußbare, d. h. labile Präfiguration bereits in eine Ordnung, die den werdenden Keim umgibt, eingeordnet, die er aber erst durch sein Wachstum in Erscheinung treten läßt. Die mit diesen Prozessen verbundenen Stoffwechselvorgänge der Ausdifferenzierung wie auch ihre Regulation ist bereits als erste Leistung des sich entwickelnden Leib-Keimes anzusehen.*

Der Leib zeigt sich damit schon in seinen allerersten (embryonalen) Anfängen als die Konfiguration, die sowohl räumliche (Lebensraum, Orientierung, Ordnung) als auch Strukturierung durch die Dynamik des Stoffwechsels, d. h. zeitliche Veränderung umfaßt und die, über beide hinausgehend, in der Leistung sich (leibhaft) darstellt. Der Leib verkörpert die Einheit raum-zeitlicher und leistungsbezogener, lebendiger Vorgänge; er ist diese Einheit selbst, wie er durch die Kommunikation über Wahr- und Aufgenommenes, über Mitteilung und Antwort das Erscheinen dieser Grundstrukturen in ihrer Sichtbarkeit ermöglicht.

e) Vorläufige Beschreibung des Verhältnisses der Grundstrukturen zur Kommunikation

Die im Leib sich manifestierende raum-zeitliche, leistungsbezogene Einheit der Lebensprozesse wird durch den Beobachter in die Grundstrukturen auseinandergelegt, wenn er lebendiges Dasein nach seinem Woher, Warum und Wozu befragt — Fragen, die der im mythischen Anschauen lebende Mensch nicht weniger stellte wie der Naturwissenschaftler; für den letzteren allerdings wurde dann das Kausalitätsprinzip zum ausschließlichen Instrument der Erklärung. *In der zerlegenden Strukturierung der lebendigen Vorgänge durch den beobachtenden Forscher*, die eben mit der Vernichtung der konkreten Anschaulichkeit durch den Begriff verbunden ist — wie oben dargestellt wurde —, *wird die noetische Struktur des lebendigen Daseins sichtbar*, die den Weg zu dessen Wesenserfassung ebnet.

---

* Die Vorwegnahme des Todes im Aufbau des Keimes, seine Einplanung s. *Saunders, J. W.* et. al. Cell death in Morphogenesis, Symp. Soc. Develop. Biol. 25, 1966.

Die Strukturierung jedoch der Welt in bestimmte Grundstrukturen zum Zwecke ihrer Erhellung ist nicht nur Anliegen theoretischer Erkundung und Erforschung; sie ist vielmehr in der menschlichen Leistungswelt ständig anwesend. Die menschliche Leistungswelt ist — selbst in den einfachsten, altsteinzeitlichen Geräten — auf Leistung, Beherrschung und Transformierung der Umwelt angelegt. Sie setzt als diese die Leistungsbezogenheit bereits des Tieres als Selbstdarstellung des Menschen fort: Die Hand, wird sie als Grabinstrument gebraucht, wird zum Spaten, sie dient zum Werfen des Speeres wie zum Anfassen von Riemen, zum Töpfern; und endlich kann sie, als Becher geformt, das Trinken erleichtern. Mit den Füßen wird der Lehm zum Fußboden gestampft, der Baum erstiegen, die Frucht gepflückt, wird geschoben, getreten, gestoßen.

Die Beziehung des Denkens zum pragmatischen Handeln wurde wiederholt aufgezeigt, sie ist ein bekanntes Anliegen anthropologischer Bemühungen, und soll hier im Weiteren nicht noch einmal diskutiert werden. In seiner leistungsbezogenen Umwelt, der *Heidegger* den Namen „Zeug", dann in spezifischer Anwendung auf die Technik, den des „Gestells" verlieh, ist der Mensch von den Endresultaten seiner denkerischen-erkenntnisvermittelnden Akte umgeben. D. h., die Zergliederung der Welt in die genannten Grundstrukturen ist nicht nur ein Anliegen des Erkennens, um damit wesenhafte Bezüge sichtbar zu machen — immer auf Kosten des Konkret-Anschaulichen —, sondern es wird in diesem Bedürfen der Bezug zum Handeln, zur Leistung sichtbar, der in der Leistungsbezogenheit des Menschen als Kulturwesen sich ausdrückt. Der leistungsbezogene Charakter der Strukturierung wird für die vorliegende Untersuchung besonders in seiner Bedeutung für das ärztliche Handeln zur Darstellung gelangen. Denn ärztliches Erkennen ist nur sinnvoll, wenn es der Genesung dient, die ohne auch technische Leistung nicht denkbar ist. So wird in der ärztlichen Erkenntnis ein unmittelbares „Um-Zu" sichtbar, das der pragmatischen Vermittlung des Erkennens an die geforderte Leistung darstellt.

In der Stellung z. B. einer ärztlichen Diagnose formieren sich komplexe Erkenntnisakte (noetische Kommunikation, s. u.) über Wahrnehmungen, die dann in der ärztlichen Handlung:[35] dem Anordnen einer Kur, dem Verschreiben einer Medizin, sich zu Leistungen strukturieren. Aus dem Ablauf von Gedanken, aus Denkakten, wird Leistung im Sinne des Handelns. Entsteht in diesem Fall eine Struktur — die Leistung aus der Kommunikation des diagnostizierenden Arztes mit seiner Umwelt — so läßt sich analog das Entstehen der Grundstrukturen aus Kommunikation aufweisen; das Entstehen aber auch von Kommunikation aus den Strukturen.

Werden ferner die Grundstrukturen auf ihr Entstehen befragt, so setzt diese Frage bereits Trennung der raum-zeitlichen, leib- und leistungsbezogenen Einheit der Lebensvorgänge in Unterschiedliches voraus. Nach erfolgter Trennung durch das erkennende Subjekt läßt sich beobachten, daß der Lebensraum aus der Dynamik geoklimatischer, kosmischer Bewegungen, aus Massenverschiebungen und dem Freisetzen elementarer Kräfte (z. B. bei vulkanischen Verbrennungsvorgängen) sich entwickelt, diese Entwicklung als nicht zum Stillstand kommender Prozeß verschiedene, noch immer relevante Umwandlungen darstellt, bis der Lebensraum dann als gelebter einzelner Tiergattungen (oder von Pflanzenarten) in ständigem Austausch mit diesen Lebewesen sich weiter differenziert. Differenzierung des Lebensraumes bedeutet, daß er in ständiger thematischer Wechselwirkung von Mitteilung, Aufnahme, Antwort mit dem Lebewesen steht und sich ebenso wie Orientierung und Ordnung als dynamischer (bewegter) Vorgang kommunikativer Prozesse erweist.

Zeit selbst ist die in der Lebenswelt sich perpetuierende Veränderung im Nacheinander von Mitteilung, Aufnahme, Antwort.

Leistung ist in ihrem Entwurf auf das zu Leistende aktiv der Welt sich zuwendende Kommunikation, die in der Lebenswelt, von sehr unterschiedlichen erlebnisbezogenen Bildern thematisiert ist: von Antrieben, Instinktabläufen, Stimmungen; beim Menschen ist sie darüber hinaus begrifflich-noetischer Art.

Der Leib wiederum ist die sichtbare Gestalt-Werdung von Kommunikation überhaupt (s. o.), so daß seine Konfiguration aus der Dynamik derselben nicht noch einmal expliziert werden soll.

Die Trennung stets ganzheitlich sich darstellender Prozesse — gleichsam eine unauflösbare Einheit von räumlichen, zeitlichen, leistungs- und leibbezogenen Vorgängen — durch den Beobachter in Strukturen muß den Zusammenhang des Ganzen als Hintergrund der beobachteten Einzelfakten im Auge behalten. Dabei ergibt sich, daß *die aus der Trennung entstandenen Strukturen in ihrer Kommunikation miteinander auf die ursprüngliche Ganzheit verweisen*, daß das Aufzeigen des Entstehens der Strukturen aus der Kommunikation den ganzheitlichen Bezug anvisiert. *Ebenso jedoch wie Strukturen aus Kommunikation entstehen, entsteht aus Strukturen Kommunikation* — lediglich durch einen Standortwechsel des Beobachters, der hier — z. B. in der Leistung — die Wirkung derselben wiederum auf die Kommunikation untersucht, oder dort die Wirkung räumlich, zeitlicher Strukturierungen auf Mitteilung, Aufnahme, Antwort, auf Kommunikation. Es bedarf prinzipiell der leibhaft-lebendigen Gestaltungen, damit sich Themen mitteilen, damit kommunikativ über Themen, an diesen anteilnehmend, kommuniziert wird.

Daß sich das Lebewesen in seinem Lebensraum (Territorium) orientiert, erkundend kommuniziert, wird aufgrund der räumlichen Struktur desselben für den Beobachter verstehbar, wie auch die Orientierung des Lebewesens als innerräumliche, erlebnisbezogene Strukturierung auf bestimmte Richtungen hin. Diese verwirklicht wiederum in ständig kommunikativem Austausch mit der Umwelt sich selbst und macht dabei Zu-Ordnungen sichtbar. Die Beobachtung und Erforschung lebendigen Daseins verlangt einerseits Trennung desselben in Strukturen, andererseits muß sie jedoch, um der ursprünglichen Einheit gerecht zu werden, den dynamischen Zusammenhang der Strukturierung immer wieder berücksichtigen. Daraus ergeben sich zusammengefaßt folgende fünf Möglichkeiten:

1. Struktur entsteht aus Kommunikation.
2. Strukturen ermöglichen Kommunikation.
3. Kommunikation stellt sich durch Strukturen dar.
4. Strukturen und Kommunikation werden durch den Beobachter getrennt.
5. Die Erforschung lebendiger Zusammenhänge erfordert die ständige Rückbeziehung der Strukturen auf Kommunikation und umgekehrt.

f) Thema, Kommunikation und Struktur (Sprachlicher Exkurs)

Die leibhafte Einheit lebendiger/organismischer Vorgänge ist – es sei noch einmal betont – die Einheit räumlicher, zeitlicher und leistungsbezogener Faktoren. Jedes Thema in dem sich Welt dem Subjekt oder das Subjekt sich der Welt mitteilt, ist, sei es als Bildgeschehen oder als begrifflich zu fixierendes, auf die Strukturen bezogen, die als Grundkonfigurationen die Leitthemen des In-der-Welt-Seins bestimmen. Die Grund-Strukturen mögen innerhalb eines Themas unterschiedlich verteilt oder akzentuiert sein, sie können sich gegen einander (Gegenthemen) stellen, sich in über- oder untergeordnete differenzieren – immer werden jedoch räumliche, zeitliche oder leistungs/leibbezogene Anteile nachweisbar sein.

Dies läßt sich im Vorgang der Sprache an einigen einfachen Beispielen aufzeigen: der Satz „Das Wetter ist heute schön" als Äußerung und Urteil legt thematisch das Schwergewicht auf die zeitliche Struktur des „Heute", dem eine auf räumliches Erscheinen (Wetter/schön) bezogene Beschreibung folgt. Dem Schwergewicht des „Heute" gerecht werdend, wäre dieses Adverb als Leitthema zeitlicher Strukturierung anzusehen, dem die Deskription „das Wetter ist schön" als Unterthema sich anschließt. Ein anderes Beispiel aus dem sprachlichen Bereich wäre folgendes:

„Nachdem der Naturforscher N. N. eine große, baumlose Steppe durchquert hatte, erblickte er am leicht gewellten Horizont eine Rauchwolke, die ihn auf ein bewohntes Dorf oder einen Weiler schließen ließ." In dieser Schilderung liegt das Schwergewicht des Leitthemas auf der Perzeption räumlicher Strukturen (Landschaft) und Orientierung innerhalb derselben, wobei die zeitliche Veränderung als Nebenthema durch den Handlungsablauf zu verfolgen ist. Beispiele dieser Art ließen sich beliebig aneinanderreihen, komplizierte Schachtelsätze mit einer Fülle unterschiedlicher Aussagen erlauben — im Hinblick auf die jeweiligen Grundstrukturen — eine entsprechende Aufgliederung in Leit- und Nebenthemen.

„Als er nach stundenlager Flucht die bezeichnete Hütte erreicht hatte, sich erschöpft hinwarf, hörte er wenig später Hundegebell. Die Verfolger waren bereits auf seiner Spur. Was blieb ihm übrig, als sich auf einen vielleicht letzten Kampf vorzubereiten?"

An diesem Satz werden das Leitthema zeitlicher Veränderung und das Nebenthema (Flucht) der Leistungsbezogenheit durch ein Gegenthema — die Verfolgung — in Frage gestellt, das ebenfalls zeitliche Struktur und Leistung impliziert. Die Substantive (Flucht, Bewegung, zeitliche Veränderung), die Adjektive „stundenlang" (zeitliches Nacheinander), die Adverbien (erschöpft, Leiblichkeit, Befindlichkeit) und das Substantiv Hütte (Räumlichkeit, Lebensraum), *werden in dem Wie ihres kommunikativen Bezogenseins durch die Verben zueinander vermittelt.* „Erreichen", „hinwerfen", „hören" vermitteln die Grundstrukturen zueinander und stellen dabei selbst die Einheit raum-zeitlicher, leistungs- und leibbezogener Strukturen dar. Erreichen, Hinwerfen oder Hören sind durchweg räumlich, zeitlich, leistungs- und leibbezogen.

Die Verben — Tätigkeitsworte — *sind die eigentlichen „Kommunikativa" in der Sprachform, die die Bewegung zwischen Substantiven, Adjektiven, Adverbien und Präpositionen vermitteln.* Die letzteren, für sich genommen, weisen lediglich auf Strukturen hin: „Hütte", „Verfolgung", „Hundegebell", „Kampf" nicht weniger als „erschöpft", „bezeichnet" oder „wenig später". Einzeln genommen würden diese Substantiva, Adjektiva oder Adverbien sich im Hinweis auf eine Grundstruktur begnügen, *erst durch das Verb wird aus dem Hinweis der Strukturzusammenhang offensichtlich.* D. h., die Verben entwickeln die in den anderen Worten liegenden Themen — dem von dem Schüler zu schreibenden Aufsatz vergleichbar — über die Tätigkeit, die sie beschreiben. Die den drei aufgeführten Sätzen immanente Unterteilung in Leitthemen und Unterthemen ist ebenfalls offenkundig: Im letzten Satz ist das Leitthema die Verfolgung (das Tätigkeitswort verfolgen bzw. verfolgt werden), im vorletzten Satz das Gewahren der Rauchwolke (die Tätigkeit des Wahrnehmens der Rauchwolke), im ersten Satz wird die Zustandsbeschreibung des Wetters (Leitthema) durch das Hilfsverb „ist" gegeben. D. h., die Leitthematik der sonst gleichermaßen „im Raum stehenden" Substantiva, Adverbien und Adjektiva wird durch die Tätigkeitsworte, die „Kommunikativa" vermittelt und dargestellt. Diese vermitteln: Mitteilung, Aufnahme, Antwort, *ihre auf Zeit hin geordnete Verfassung spiegelt der deutsche Begriff des „Zeitwortes" wieder.*

Vom sprachlichen Bereich in die Lebenswelt zurückkehrend lassen sich hier analoge Vorgänge beobachten. Der vor dem Thunfisch fliehende Makrelenschwarm kommuniziert über das Leitthema „Flucht", „fliehen", einem Tätigkeitswort, das durch ein entsprechendes Bild (Signal) „ausgelöst" und in zahlreiche Unter-(Neben-)Themen aufgegliedert werden könnte, die bis in die organismischen Vorgänge der inneren Sekretion, der Bewegung und Wahrnehmungskoordination zu beobachten sind. Die Kommunikation der strukturierten Unterthemen untereinander wäre ebenfalls durch weitere Tätigkeitsworte zu bezeichnen: die Muskelfibrillen kontrahieren sich mit beschleunigter Intensität, die Depots werfen zusätzliche Blutmengen in den Kreislauf, die Nebennieren schütten Adrenalin aus, die Kiemen nehmen vermehrt Sauerstoff auf usf.

Das Beispiel könnte noch durch zahlreiche analoge aus der Verhaltensforschung ergänzt werden, deren namhafteste Vertreter eine Hierarchie der Instinktabläufe feststellen (s. o.), die nicht ohne die Grundvorstellung von Leit-, Unter/Nebenthemen auch des Verhaltens denkbar sind. Diese werden sämtlich durch Tätigkeitswörter bezeichnet und hierarchisch gestaffelt.

Tinbergen gibt folgende Übersicht über die Hierarchie der Instinktabläufe im Fortpflanzungsinstinkt des (dreistachligen) Stichlingsmännchen, die alle Tätigkeiten implizieren und durch Verben sprachlich ermittelt sind.

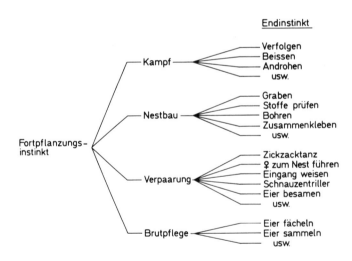

Nach *N. Tinbergen*: Instinktlehre, Berlin 1942, S. 96

Aus diesen Zusammenhängen läßt sich erschließen, *daß Kommunikation äußere oder innere Tätigkeit ist*, d. h. Bewegung, *Veränderung, die entweder als Werdensbewegung in zunehmende Differenzierung drängt oder als Verfall zu Gestaltauflösung und Kommunikationsende führt.*

Das jeder Kommunikation zugrunde liegende Mangelerleben (s. o.) besagt letztlich, daß Welt nie als fertige, sondern nur als werdende vorgefunden wird, weil Mangel nie befriedigt, sondern nur vorübergehend kompensiert zu werden vermag.

5. Die Abhängigkeiten der Kommunikation in der Lebenswelt

Die sichtbare Darstellung des Bedürfens nach Kommunikation erfolgt über die aus und in der Kommunikation selbst (s. o.) entstehenden Grundstrukturen von Raum, Zeit, Leistung, Leib. Die sich kundgebende Kommunikation ist damit in ihrer Äußerung von diesen Strukturen abhängig, die auch die gegenseitige Abhängigkeit der Lebewesen voneinander, untereinander, und gegeneinander bestimmen, aber auch die Abhängigkeit der Lebewesen von dem Gesamtorganismus der Natur, den kosmischen, bioklimatischen, geophysikalischen Bedingungen. D. h., in den aus Kommunikation entstandenen Grundstrukturen werden die Bedingungen des lebendig-kommunikativen Daseins selbst und damit der dieses Dasein prägenden gegenseitigen Abhängigkeiten sichtbar. Werden diese Abhängigkeiten der Lebewesen innerhalb der Grundstrukturen weiter präzisiert, ergibt sich folgende Skala faktischer Abhängigkeiten, die die Darstellung von Kommunikation notwendigerweise bedingen.

Die Modi (Arten und Weisen) von Mitteilung, Aufnahme und Antwort werden — auf die Grundstrukturen rückbezogen — von folgenden Faktoren bestimmt:

a) von der jeweiligen Gattung und Art der Lebewesen ⎫
b) von der jeweiligen Konstitution[36] derselben ⎬ Leib

c) von der individuellen Lebenserfahrung, der Selbstdarstellung der Lebewesen über ihre Leistung, ⎫ Leistung

d) von der jeweiligen Situation.   Raum/Zeit

In Art, Gattung und Konstitution der Lebewesen wird die Struktur des Leibes sichtbar, in der individuellen Lebenserfahrung und Selbstdarstellung die Leistung. In der Situation zeigen sich die raum-zeitlichen Gestaltungen des Aus-Einanders und In-Einanders (Erleben) der Situation, des Nach-Einanders (Zeit) ihres Ablaufs oder ihrer Veränderung.

Zu a: Gattungs- und Artabhängigkeiten

Die durch Gattung und Art festgelegten Baupläne der Lebewesen, vom Einzeller bis zum „weltoffenen" Menschen bestimmen die Möglichkeiten derselben, sich mitzuteilen, aufzunehmen und auf Mitteilung zu antworten. Das Problem der Gattung und Art weitgehend festlegenden Erbkoordinaten sieht die Verhaltensforschung heute wie folgt:

Im Verhaltensrepertoire eines Tieres trifft man auf wiedererkennbare, mithin „formkonstante" Bewegungen, die vom Tier nicht erst gelernt werden müssen und die, so wie körperliche Merkmale, Kennzeichen der Art sind. Es handelt sich gewissermaßen um ein angeborenes Können. Man nennt solche angeborenen Bewegungsweisen Erbkoordinationen oder Instinktbewegungen (*K. Lorenz* 1953, *K. Lorenz* und *N. Tinbergen* 1938), wobei der Name Erbkoordination bereits ausdrückt, daß das Angeborensein das entscheidende Kriterium dieser Bewegungsabläufe ist.

Man hat zunächst die zentrale Koordination und Automatie zum Kennzeichen der Erbkoordination erhoben. Demnach wären Verhaltensweisen, die auch mit Hilfe von Afferenzen koordiniert werden, wie etwa das Gurren einer Taube oder reine Reflexbewegungen, keine Erbkoordinationen. Da aber auch die Koordination über eine Afferenz (Propriozeptoren) als stammesgeschichtliche Anpassung vorliegen kann, erscheint es zweckmäßig, auch solche Verhaltensweisen als Erbkoordinationen zu bezeichnen (I. Eibl-Eibesfeld 1963, 1966a). Unbedingter Reflex und automatische Bewegungsform sind Extreme, die durch zahlreiche Übergänge verbunden sind.*

Es ist hier die leibhafte *Struktur der Räumlichkeit*, die als übergeordneter, idealtypischer Bauplan und Gattungen die Arten innerhalb derselben, die Unterarten, Rassen und Familien in ihrem Verhalten weitgehend vorgegeben bestimmt und die ferner *die artlichen u. a. Unterschiede den Lebewesen leibhaft-räumlich vorstrukturiert hat.* Es sei daran erinnert, daß diese Erbkoordinaten aus intrazellulären Prozessen, d. h. aus kommunikativen Stoffwechselvorgängen entstehen, so wie sie wiederum als Strukturen Kommunikation veranlassen.

Die Verschiedenheit der Gattungen und Arten in der Lebenswelt schränkt die Kommunikation der Lebewesen untereinander erheblich ein. So wird von einer Winkerkrabbe nicht zu erwarten sein, daß sie auf die Farbänderung eines Fisches „antwortet", der Elefant wird das „Händegeben" der Schimpansen nicht „verstehen", der werbende Enterich ist dem Habicht als „Werbender" gleichgültig. *Bei aller Differenzierung und Erweiterung des Verhaltens der einzelnen Lebewesen, ihrer Arten — von den Gattungen ganz zu schweigen —, ist die Kommunikation unter verschiedenen Arten weitgehend durch „Indifferenz" gekennzeichnet*, von einigen begrenzten Ausnahmen abgesehen, die die Verhaltensforscher als „zwischenartliche Kommunikation" bezeichnen:

Tiere verschiedener Arten verbinden sich sehr oft zum beiderseitigen Vorteil. Einige Pistolenkrebse (Alpheus) leben mit Grundeln zusammen

---

* *I. Eibl-Eibesfeldt*: op. cit., S. 29 u. S. 55.

auf deckungsfreiem Meeresboden. Die Krebse schaufeln eine Wohnhöhle, von der die schlecht grabende Grundel profitiert. Diese warnt ihrerseits die Krebschen bei Gefahr (... W. *Luther* 1958, W. *Klausewitz*, 1961). Anemonenfische (Amphiprion) leben in bestimmten Anemonen, ohne daß deren nesselnde Tentakel ihnen etwas zuleide tun (*I. Eibl-Eibesfeldt*, 1960a, *E. Abel*, 1960a). Bei solchen Symbiosen besteht das Problem der zwischenartlichen Verständigung. Es ist bei den Putzsymbiosen (*I. Eibl-Eibesfeld*, 1955 u. 1959) genauer untersucht worden.

Eine Reihe von Meeresfischen hat sich darauf spezialisiert, andere Fische von Parasiten zu befreien (*I. Eibl-Eibesfeldt*, 1955 a, 1959; *J. E. Randall*, 1958; *C. Limbaugh*, 1961), unter anderen der Putzerlippfisch (Labroides dimidiatus; (...). Dieser Fisch lädt seine Wirte durch ein besonderes Wippschwimmen (Putzertanz) dazu ein, sich putzen zu lassen. Er fordert sie ferner durch Anstoßen mit der Schnauze auf, zusammengefaltete Flossen aufzurichten, den Kiemendecken abzuheben oder auch das Maul zu öffnen, so daß er hineinschlüpfen kann. Während der Putzerfisch seinen Wirt absucht, betrillert er ihn mit den Bauchflossen, so daß der Wirt stets weiß, wo er gerade geputzt wird. Man sieht deutlich, daß er darauf reagiert, indem er die Flossen stillhält, an die der Putzer stößt.

Umgekehrt laden die Wirte ihre Putzer durch Maulöffnen zum Putzen ein, und sie teilen ihnen auch mit, wann sie genug haben, indem sie das Maul ruckartig halb schließen und gleich wieder öffnen. Auf dieses Signal hin verlassen jene Putzer, die gerade die Mundhöhle säubern, das Maul. Durch Schütteln seines Körpers gibt der Wirt schließlich auch jenen Putzern, die gerade seine Körperoberfläche säubern, kund, daß er weiterschwimmen will. Putzer und Geputzte verständigen sich also durch einige wenige Ausdrucksbewegungen. Der Säbelzahnschleimfisch (Aspidontus taeniatus), der den Putzer nachahmt und sich so an seine Opfer heranpirscht (...), sieht nicht nur wie ein Putzer aus, sondern macht den Putzertanz bis in alle Einzelheiten nach, obgleich diese Bewegungsweise sonst für Schleimfische nicht typisch ist.*

Mitteilungen und Antworten beziehen sich jedoch in der Lebenswelt ganz überwiegend auf artverwandte Lebewesen. *Sie sind in ihrer Richtungsnahme auf andere Lebewesen bezüglich und rückbezüglich (in der Antwort) auf die eigene Art überwiegend und spezifisch gerichtet.* Von den Angriffs-, Angst- und Drohgebärden abgesehen, die generell auch anderen, nicht der Art und Gattung zugehörigen Lebewesen gelten — ohne daß diese Gebärden „garantieren", daß sie durch das artfremde Lebewesen adäquat aufgenommen werden.

Zu b: Konstitutionell-leibhafte Abhängigkeiten

Die Möglichkeit sich mitzuteilen, Mitteilungen aufzunehmen und auf diese zu antworten wird nicht nur durch die übergeordneten Baupläne von Art und Gattung der Lebewesen bestimmt, sondern darüber hinaus von der leibhaften Vorgegebenheit (Konstitution) der *unterschiedlichen Indi-*

---

* *I. Eibl-Eibesfeldt*: op. cit., S. 159 ff.

viduen bei gleichen Arten. Diese Konstitution bedingt jedoch schon innerhalb der jeweiligen Art Varianten: Beim Menschen wird der sog. Konstitution* von jeher eine spezielle Bedeutung für Krankheit und Gesundheit zugemessen. Im Rahmen der vorliegenden Untersuchung soll dieser Begriff nicht noch einmal aufgerollt und diskutiert werden[37]; er sei *im Sinne einer durch die Variationen der Generationsabläufe bedingten, unterschiedlichen Mitteilungs- und Antwortmöglichkeit der Individuen angewandt*, die insbesondere im Instinktverhalten als leibhaft vorgegebene Thematisierung von Mitteilung und Antwort zum Ausdruck kommt.

Dabei besagt der Begriff der „Vorgegebenheit" nichts anderes, als daß *die Einheit thematisierter umweltbezogener Bildabläufe, die in der Instinkthandlung zum Vorschein kommt, schon immer da war*, ohne daß zu wissen ist, wie sie zustande kam. Daß sich art-, ja gattungsfremde Lebewesen über den Instinkt zueinander in bestimmter Weise verhalten können, dieses Verhalten ein höchst spezialisiertes ist, läßt nur den Vergleich mit innerorganismischen Regulationsprozessen zu, in denen sich auch Organe verschiedenster Funktion zueinander in spezifischer Weise verhalten. Das heißt, eine begrenzte Anzahl von Organismen der Lebenswelt verhält sich wie die Organe eines Leibes zueinander, ohne eine *zentralnervöse oder hormonelle Steuerung aufzuweisen*. Wie es jedoch zu dieser Einheit von „Wissen und Leben" im Instinktablauf gekommen ist, ist nach wie vor rätselhaft, wobei berücksichtigt werden muß – in Erinnerung an das oben Ausgeführte –, daß das thematisierte „Wissen" in der Instinkthandlung dem einzelnen Lebewesen nicht in Form von Begriffen zur Verfügung steht, sondern bestenfalls als erlebnisbezogener Bildablauf.

Zu c: Die individuelle Lebenserfahrung und Selbstdarstellung der Lebewesen

Die Variabilität limitierter Instinktabläufe, die Art, wie diese im einzelnen ausgeführt werden, läßt, bei aller „Zwanghaftigkeit" und „Starre" derselben, immer wieder, oft nur minimale (situationsbedingte! s. u.), *Variablen* sichtbar werden, in denen sich die individuelle Lebenserfahrung der Einzelwesen niederschlägt, besonders bei höheren Lebewesen, bei Vertebraten, bei Vögeln und Säugetieren. *Das jeweilige Ganze der gemachten Lebenserfahrungen bestimmt bei dem durch Art und Gattung festgelegten Lebewesen die individuelle Variante seiner Lebenserfahrung*, die das Lebewesen anders als das andere eine Handlung ausführen läßt. In dieser individuellen Variante beruht die Möglichkeit des Tieres zu lernen, und es wurden von den Verhaltensforschern nicht unerhebliche Variationen im individuellen Lernvermögen der Tiere aufgezeigt.

---

* Zum Begriff der Konstitution s. *D. Wyss*: Beziehung und Gestalt. Op. cit., Teil II/1 ff.

In jeder Mitteilung und Antwort ist die individuelle, die art- und gattungsbestimmte „ganze" Erfahrung des Lebewesens enthalten, die die Selbstdarstellung als Leistung des Lebewesens erscheinen läßt. Diese Erfahrungen bestimmen z. B. im Jagdverhalten die Geschicklichkeit des Anpirschens, die Aufnahme der Witterung, das Lauern, die Art des Angriffs, des Sprungs, des Zupackens usf. nicht weniger die Variation des Nestbaus bei Vögeln, den verschiedene Individuen gleicher Art höchst unterschiedlich ausführen: die einen akkurat, fast genau, die anderen „schlampig".

Zu d: Die Situation

Die jeweilige Situation, in der sich ein Lebewesen befindet, wird durch die auf das Lebewesen einwirkende fortlaufende sich verändernde Umweltthematik ebenso bestimmt, wie die Thematik des Lebewesens die Umwelt provoziert. Umweltveränderungen können durch geologische, klimatische, atmosphärische Faktoren ausgelöst werden und ganze Arten situativ vernichten oder zu tiefgreifenden, in großen Zeiträumen sich entwickelnden, morphologischen Umgestaltungen führen, die die aktive Antwort des Lebewesens auf die verwandelte Situation als eine Antwort unter Mögliche provozieren. Andere Situationsveränderungen werden durch Lebewesen untereinander hervorgerufen: Bedrohung einer Affenherde durch eine Raubkatze, Würmer suchende Vögel, Termiten angelnde Schimpansen usf. Die thematische Situationsveränderung durch die Umwelt, – im Sinne des Lebensraumes –, dem diesem zugehörenden Lebewesen, sieht die situative Veränderung aus der Perspektive des betroffenen Tieres, das in die neue Situation gerät.

Nicht weniger aber wird die Umwelt durch das Verhalten (Sich-Mitteilen) der Lebewesen ständig situativ verändert. D. h., wird die Perspektive vertauscht, bringt das Lebewesen sich als mitteilendes und eine bestimmte Thematik provozierendes selbst fortlaufend in veränderte Situationen. *Situation ist faktisch die Umwelt und Subjekt umschließende, beide verschränkende, raumzeitliche, übergeordnete Thematik*, aus der sich bestimmte Verhaltensweisen und Handlungsabläufe als Unterthemen entwickeln, die aber als wahrgenommene und erkannte Situation nur durch den Beobachter strukturiert wird.

In der lebendigen Wirklichkeit von Mitteilung, Aufnahme, Antwort findet ein kontinuierlicher Situationswechsel und Übergang der einen Situation in die andere statt (s. o.). Die „Situation" jedoch wird durch den Beobachter aus der Kette nicht abreißender situativer Veränderungen begrifflich festgestellt und als diese – z. B. in einer Beschreibung – herausgenommen. Als festgestellte Situation umschließt ihr Leitthema Bedingungen der Kommunikation, deren Mit-Einander-Verwoben-Sein diese fortlaufende Veränderung illustriert. Nahrungssuche des Vogels, Mitteilung des Themas „Hunger", Veränderung des Territoriums durch Scharren, Picken,

Auflesen, Auftauchen einer Katze (Gegenthema), Belauern des Vogels, Ansprung der Katze, der Vogel entkommt usf.: *In jeder einzelnen Phase des Vorgangs wird die situative Thematik und Gegenthematik beobachtet, begrifflich festgehalten und in die sie bedingenden Faktoren innerpsychischer bis physiologischer Art, in ihre Unterthemen, aufgegliedert.*

Das Verhältnis des instinktbedingten Handlungsablaufes zu der jeweilig registrierten Situation ist generell folgendes: *Situation löst instinktiv vorgegebene Antworten aus, oder ein instinktiv sich darstellender Handlungsimpuls verändert eine vorhandene Situation*, bzw. konstelliert ein Thema innerhalb derselben. *Situation und Instinkt verhalten sich nach Art der Wechseleinwirkung zueinander*; bei aller Variablilität beider und Beeinflussung wiederum beider durch die individuelle Erfahrung des Lebewesens, seine leibhafte Disposition und seine artliche Festlegung.

6. Weitere Spezifizierung von Mitteilung, Aufnahme, Antwort in der Lebenswelt

a) Das Erkunden

In der wahrnehmenden Aufnahme von Umwelt ist diese — gleichgültig durch welche Sinnesorgane — nie ein ausschließlich passives „Schlucken" von „Reizen", sondern der Organismus ist stets aktiv und autonom an der Auswahl und Gestaltung der Sinneseindrücke mit beteiligt.* Über diese Beobachtungen herrscht heute unter den maßgeblichen Verhaltensforschern und Sinnesphysiologen weitgehende Übereinstimmung.

Bei den einzelligen Lebewesen erfolgt die Aufnahme der sich mitteilenden Umwelt zum Zweck der Nahrung über aktive Bewegungen der ganzen Zelle vermittels Pseudopodien, durch „Herbeistrudeln" von Fremdkörpern oder Bestandteilen solcher, aber auch durch Bewegung von Cilien (Wimpern). Der ganze Vorgang spielt sich im Medium des Flüssig-Feuchten ab.

Die bei diesen Lebewesen noch nicht getrennte Einheit von aktiver Nahrungsaufnahme, aktiver Selektion derselben durch Wahrnehmung der in der Flüssigkeit gelösten, verschiedenen Substanzen („schmecken") wird durch die Wahrnehmung z. B. der Unterschiede von Hell und Dunkel und die Antwort auf diese ergänzt. Einzellige Lebewesen zeigen ferner Autonomie und Aktivität in der Selbstbewegung, in der Antwort („Reaktion") auf Umwelteinwirkung und in der selektiven Stoffauslese (Aufbau/Abbau) durch die Zellmembran. *Die spezifische Aktivität der Wahrnehmung bei einfachsten Lebewesen gibt diesen bereits den Charakter der Selektion durch Erkunden, das stets Orientierung umschließt (s. o.).*

---

* Siehe hierzu *D. Wyss*: Beziehung und Gestalt. Op. cit., Teil I/VI–VII.

Das wahrnehmend-erkundende Aufnehmen von Umwelt sei durch folgende Beispiele noch präzisiert:

Bewegung des gesamten Körpers im Zusammenhang von wahrnehmend-aufnehmender Beutesuche, z. B. bei Hohltieren, so weit diese wie die Quallen (Siphonophoren) nicht festgewachsen sind, oder sind sie mit dem Boden verwachsen, z. B. durch aktive Bewegungen von Tentakeln (Seeanemonen) sich wahrnehmend-erkundend Beute verschaffen. Bei den Tintenfischen (Weichtieren) ermöglicht der Bau des Auges, dessen Bauplan als Vorläufer des menschlichen Auges angesehen wird, aktiv-wahrnehmende Tätigkeit dieser Tiere im Sinne eines erkundenden Orientierens. Den Sprung zu Reptilien, Vögeln und Säugetieren vollziehend, sei an das aktive Sich-Verhalten (Provozieren) der Arten erinnert, die sich durch das Suchverhalten selbst die „Schlüsselreize" verschaffen, um damit ein spezifisches Beute-, Werbe-, Brunst- oder Paarungsverhalten zur Darstellung zu bringen. Das trifft für die Arthropoden in besonderem Maße zu.

Bei den aufgeführten Formen der aktiv erkundenden Wahrnehmungen wirken olfaktorische, optische, akustische und haptische Sinneseindrücke zusammen — wie der einschlägigen Literatur entnommen werden kann.

Erkunden sei in diesem Sinne als übergeordneter Begriff (Thema) aufgefaßt, der Wahrnehmen, Selektion der verschiedenen Sinneseindrücke und aktives Auf-die-Welt-Zukommen und Suchen zusammenfaßt. Im Erkunden selbst (s. u.) begibt sich das Lebewesen in seinen Lebensraum und macht diesen durch den Erkundungsprozeß zu seinem Territorium (s. o.). In der Erkundung findet ferner eine Auswahl unter „möglichen" Wahrnehmungsdingen („Reizen") statt, die sich z. B. im Unterschied zwischen „Schlüsselreizen" und den „Reizen" zeigt, die keine angeborene Antwort auslösen, dennoch Erkundungsvorgänge sind.

Das Erkunden ist darüber hinaus, insbesondere bei höheren Vertebraten, mit relativ differenzierten umweltbezogenen Erlebnissen, „Erwartungen", sehr unterschiedlicher Art verbunden: Lauern, Spähen, Wittern, Schnüffeln, Schnuppern, Wühlen, Scharren, Picken, Vortasten, Abtasten, Ertasten, Lecken, Belecken, Anspeicheln, Einspeicheln, Anrühren, Berühren, Umfassen, Anfassen, Umschließen, Umgreifen, Umkrallen, Anbeißen, Anknabbern, Anpacken usf. sind Modi des Erkundens in der Tierwelt. Die Sprache verfügt über eine große Anzahl von Worten — von der Verhaltensforschung gern als „anthropomorph" disqualifiziert —, die tierische Weisen der Zuwendung beschreiben und auf Beobachter zurückgehen, die Jahrhunderte von der Verhaltensforschung die Verschiedenheiten des Erkundens von Tieren höchst anschaulich beschrieben.

Das Erkunden umfaßt darüber hinaus motorisch-expressive Vorgänge, über die das suchende Lebewesen sich in seinem Lebensraum orientiert, ehe es sich auf eine spezifische Handlung festlegt. (Im Suchen — vgl. diffuse Antriebsunruhe, aus der sich die spezifischen Handlungen ent-

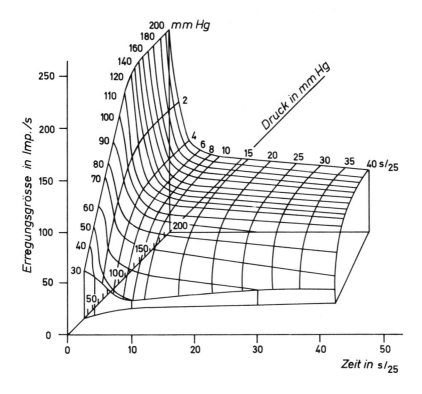

Prinzipien biologischer Regelung

Eigenschaften eines physiologischen Steuerkörpers. Es handelt sich in diesem Fall um einen Fühler, der im Rahmen der Regelung des Blutkreislaufes eine besondere Rolle spielt (Karotissinus). Nach *Landgren*. Man erkennt, daß die Beziehung zwischen der Erregungsgröße und dem Druck (wirksam über die Dehnung der Arterienwand) in der Arterie nichtlinear ist. Weiter kann man sehen, daß die Erregung, gemessen an der Impulszahl pro Sekunde, mit der Zeitdauer der Druckstufe abfällt (PD-Verhalten; „Adaptation" des Enteroceptors und „Akkommodation" des Karotissinusnerven).

wickeln — sind noch Möglichkeiten im Rahmen der Lebewesen/Umweltbeziehung offen, das latente Gesuchte zu finden; es besteht jedoch bereits eine undeutliche Richtungnahme auf „Möglichkeiten des Findens". Im Finden hat das Lebewesen sich auf das An- oder Vorgefundene (z. B. durch die sog. „Schlüsselreize") eingestellt, was im Allgemeinen ein weiteres suchendes Erkunden überflüssig macht.)

Dem außerorganismischen, die Kommunikation zwischen einzelnen Lebewesen, zwischen Lebewesen und Umwelt bestimmenden Erkunden entspricht *innerorganismisches Erkunden als Bestandteil aller Regulationsvorgänge*. Zu dem innerorganismischen Erkunden zählt nicht nur das wahrnehmende Aufnehmen über Geschmack und Geruchsstoffe, das Einleiten bei den Geschmacksvorgängen bereits der Abbauprozesse der Kohlehydrate, sondern jeder Regelvorgang als Verhalten zwischen zentralnervös-afferenten, und efferenten, humoralen u. a. Prozesse setzt erkundende Wahrnehmung der Substanzen durch entsprechende „Fühler" voraus, die auf die zu regulierenden Faktoren „ansprechen", die die Dichte, Löslichkeit, chemische Zusammensetzung der Faktoren wahrnehmen, deren Auswahl und Vorhandensein dann reguliert wird.

Innerorganismisches Erkunden wird besonders durch die für die Blutdruckregulierung notwendigen Fühler (Pressorezeptoren) verdeutlicht, aber auch durch die die Atmung regulierenden Faktoren und nicht weniger als die Stoffwechselabbau-Prozesse im Gastrointestinalakt. Die Physiologie liefert dafür folgende Beispiele: (s. a. umstehend)

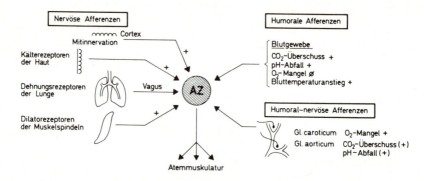

Nervöse, humorale und humoral-nervöse Afferenzen sowie Efferenzen des Atemzentrums

Aus W. *Keidel*, Kurzgefaßtes Lehrbuch der Physiologie, Stuttgart 1973, S. 15 und S. 66

Dem innerorganismischen Erkunden kommt die Eigenschaft der aktiven Wahrnehmung („Fühler") der sich darbietenden Substanzen und deren Selektion durch ein erkundendes Suchen zu. Dieses impliziert ebenfalls Orientierung, Aktivität und relative Autonomie, wie sie bereits den einzelligen Lebewesen zuzusprechen ist.

b) *Das Sich-Auseinander-Setzen*

Schon im aufnehmend-wahrnehmenden Erkunden teilt sich das Lebewesen seiner Umwelt als auf ein Etwas (Beute, Partner, Unterschlupf) Zukommendes mit und beantwortet damit auch innerlich sich mitteilende

Antriebe, Impulse oder Dränge. In seiner Mitteilung an die Umwelt konstelliert – entwirft – es ein Leitthema: „Paarung", „Hunger", *provoziert es in der Auseinandersetzung mit Umwelt mögliche Mitteilungen derselben*, evoziert es z. B. das sog. Auslöserverhalten. *Aber erst in der Auseinandersetzung mit der Umwelt teilt sich das Lebewesen in der Vielfältigkeit seiner ein „Ziel" (Bild) anvisierenden Handlungen mit*, wobei Mitteilungen einer Befindlichkeit (d. h. Stimmung z. B. durch Farbwechsel der Schuppenbekleidung), eines Antriebes (Aggression bei Drohgebärden) zu Leitthemen eines möglichen Handlungsablaufes werden. Diese sind dabei auf die Provokation von möglichen Gegenhandlungen (Gegenthemen) angelegt – z. B. Werbeverhalten, Balzen; sie nehmen damit die Auseinandersetzung mit dem Partner vorweg, ohne daß die Lebewesen unbedingt in den Handlungsablauf der Auseinandersetzung eintreten: Das ist z. B. bei sog. frustranen oder „leer"laufenden Verhaltensweisen zu beobachten, die auf Auseinandersetzung angelegt sind, aber nicht in diese eintreten. Entsteht jedoch eine Auseinandersetzung, wird Umwelt (Partner) als möglicherweise gemeinsames Thema (Werbung/Paarung) oder als Gegenthema (Beute, Nahrungssuche) konstelliert, *impliziert jede Auseinandersetzung die Möglichkeit einer Gegenthematik*. Das trifft für Werbung und Paarung nicht weniger zu als für das Verhalten einzelner Individuen in Herden oder in Rudeln in Bezug auf andere Individuen desselben Verbandes. Auseinandersetzung bezieht Umwelt als sich wehrende, abwehrende, sich verschließende, sich entziehende, fliehende, sich verbergende, aber auch als möglicherweise aggressiv die Auseinandersetzung zum eigenen Vorteil beendende mit ein.

Auseinandersetzung in diesem Sinne ist Konflikt[38] *oder antizipiert möglichen Konflikt*. Für das Konfliktverhalten, das durch das Setzen von Thema und Gegenthema zwischen Lebewesen wie auch im einzelnen Lebewesen als Konflikt zwischen verschiedenen Stimmungen oder Trieben, die sich u. U. ausschließen, charakterisiert ist, hat die Verhaltensforschung zahlreiche Beispiele erbracht, die jedoch als weitgehend bekannte nicht noch einmal aufgeführt werden sollen. Grundsätzlich sei unterschieden zwischen primär durch Umwelteinwirkung provozierten Konflikten (Rivalität, Beuteverhalten, Kommentkämpfe) und sekundären Konflikten, zwischen Stimmungen (Angst, Agression) oder Trieben (Hunger/Paarung); die letzten sind jedoch auch stets umweltbezogen – durch diese Umwelt provoziert – von den ersten dagegen, wird das Lebewesen durch die Umwelt provoziert.

Zu diesen zählen z. B. in Konflikt miteinander stehende Triebe (Hunger gegen Durst, Paarungsdrang gegen Flucht) und Stimmungen, wie eine Balzstimmung gegen eine Jagdstimmung oder eine Kampfstimmung gegen eine Angststimmung (Flucht). Diese können zu den sog. „Übersprungshandlungen" aus unterschiedlichen Stimmungen und Trieben führen: bei äsenden

Rehen (äsen oder fliehen) zu der Übersprungshandlung (s. u. S. 88) des Scheinäsens, bei kämpfenden Hähnen: (Angriff oder Flucht) zu Scharren oder Putzen. Aus Drängen oder Stimmungen mögen in Konflikt stehende Handlungen sich entwickeln, mit Paralysierung des Tuns überhaupt. Dazu zählen die sog. experimentellen Neurosen bei Affen, denen z. B. anstatt einer an gewohnter Stelle vorgefundenen Banane eine Schlange gezeigt wird. Zwischen Hunger und Angst umhergetrieben werden die Tiere apathisch und handlungsunfähig.

Im Konfliktverhalten findet außerdem Auseinandersetzung zwischen einerseits „starken", „schwachen" oder „gleichstarken" Erlebnisinhalten, Antrieben und Befindlichkeiten statt.

In der Auseinandersetzung ist das „Andere" der Auseinandersetzung – sei es ein spröder Ast, der dem Schnabel des Spechtes Widerstand leistet, ein Grasteil, das zu groß für die Ameise ist, sei es der abweisende Partner in der Balz – *stets das Gegenthema*, auch wenn es Individuen ein und derselben Art betrifft. Das Gegenthema, mit dem das Andere antwortet, beinhaltet die Möglichkeit, sich anders zu verhalten (zu antworten), als es dem Auseinandersetzung Suchenden oder zu Auseinandersetzung bereiten Lebewesen entspricht.

In der Auseinandersetzung teilt sich das Lebewesen als von einem Trieberleben (Hunger, Paarungsbedürfnis) oder einer Befindlichkeit überwiegend thematisch beherrscht, der Umwelt mit. Die Antwort der Umwelt auf diese Mitteilung vermag zu Gegenthematik (Abwehr, Kampf), damit zur Gegenhandlung oder zur Einstellung der Umwelt (Anpassung) auf das Thema der Mitteilung (Balzen, Paarung) und zum (vorläufigen) Ende der Auseinandersetzung führen.

Im Unterschied zu der primär umweltbezogenen Auseinandersetzung findet innerorganismische Auseinandersetzung generell im Aufeinander-Zukommen außerorganismischer Substanzen oder Lebewesen auf innerorganismische Vorgänge statt, wie sie z. B. das Eindringen der sog. Licht- und Schallwelle auf die Sinnesorgane veranschaulicht. Aber auch jede Form von durch Stoffwechsel und Atmung bedingter Aufnahme von außerorganismischen Substanzen impliziert Auseinandersetzung mit denselben, zu der vor allem die Auseinandersetzung mit Infektionserregern und Allergenen gehört.

Die Entstehung der Sinnesorgane in der Phylogenese ist im Gefolge der Auseinandersetzung, insbesondere der aktiven Antwort des Organismus auf Licht, Schall und andere Sinneseindrücke zu sehen, als selektiver Schutz den Umweltmitteilungen gegenüber. Die Differenzierung der Sinnesorgane ist letztlich vom Bedürfen (Mangel) nach Sinneswahrnehmung, und dessen Einschränkung durch den Widerstand der Außenwelt, durch die Auseinandersetzung mit dieser, bestimmt.

Zur Auseinandersetzung mit Sinneseindrücken im Sinne des Konfliktes zwischen außerorganismischen Mitteilungen und innerorganismischen Antworten wird der Wahrnehmungsvorgang, wenn die Rezeptivität (Schwelle) der Organe durch die Eindrücke über- oder unterbeansprucht wird. Beispiel: Zu starke Lichtquellen zerstören die Netzhaut, zu schwache (oder längere Zeit einer solchen ausgesetzt zu sein) verändern das Sehvermögen ebenfalls zu dessen Nachteil.

Das durch die Atmung aufgenommene Luftgemisch von Kohlendioxyd, Sauerstoff und Stickstoff bedarf der sofortigen Bindung an körpereigene Substanzen, um nicht im vornherein schädigend zu wirken. Das gilt für jede durch den Verdauungstrakt aufgenommene Substanz, die ihrer artfremden Spezifität durch Abbau in ihre Grundbestandteile und Wiederaufbau derselben zu körpereigenen Stoffen entkleidet werden muß; ein Vorgang, der durch die relative Eigenaktivität z. B. der Verdauungsorgane und ihre Selektivität Auseinandersetzung ist. Auseinandersetzung wird darüber hinaus jedes aktive Eindringen von körperfremden Erregern (Infektion) oder Allergenen in den Organismus, wenn der Organismus sich gegen das Eindringen wehrt (s. o.). Die Kenntnis dieser Prozesse ist, jedoch so geläufig — bis zur Phagozytose der Bakterien —, daß sie nicht noch einmal detailliert aufgezeigt werden sollen. Innerorganismische Auseinandersetzung ist ferner Grundbestandteil des Lebensvorganges selbst: Abbau (Dissimilation) und Aufbau (Assimilation), in deren „Dienst" die verschiedenen Organsysteme z. B. der Aussscheidung oder des Transportes stehen. Gleiches gilt für die Integration beider Vorgänge durch die vegetativen und hormonellen Regulation. Darüber hinaus befindet sich im Organismus eine kaum zu übersehende Vielzahl antagonistischer in Auseinandersetzung begriffener Substanzen; es sei nur an die Bedeutung antagonistischer Hormone erinnert, an die gegensätzliche Wirkung etwa glandotroper und effektorischer Hormone.

Es gibt glandotrope und effektorische Hormone. Die glandotropen Hormone regeln Größe und Hormonproduktion peripherer endokriner Organe. Die effektorischen Hormone wirken nur über den Stoffwechsel auf die Funktionen peripherer Gewebe. Ob ein Organ eine endokrine Drüse, ob eine Substanz ein Hormon ist, wird durch Ausschaltungs- und Substitutionsversuche bewiesen. Auf Exstirpation einer endokrinen Drüse reagiert der Organismus mit typischen Ausfallserscheinungen, die durch Substitution mit einem Organextrakt, einer daraus isolierten, chemisch definierten, einer synthetisierten gleichwirkenden Substanz oder durch Reimplantation des exstirpierten Organs rückgängig gemacht werden. Überdosierung erzeugt Funktionsstörungen, aus denen sich bestimmte Eigenschaften der Hormone ableiten lassen. Diesen Versuchsanordnungen entsprechen klinisch hormonale Insuffizienzen mit typischen Ausfallserscheinungen bzw. Überfunktionen mit charakteristischen Symptomen.*

---

* *W. Keidel*: op. cit., S. 197.

Zu antagonistischen Prozessen zählt – unter zahlreichen anderen – ferner die hemmende und fördernde Wirkung von Adrenalin und Noradrenalin auf die Alpha- und Betarezeptoren der glatten Muskulatur.

Die Regulierung des Blutzuckers durch antagonistische Substanzen, deren Wirkung auf das Zwischenhirn, die Rückwirkung wiederum auf den Blutzucker hält die folgende Tabelle – stark vereinfacht – fest:*

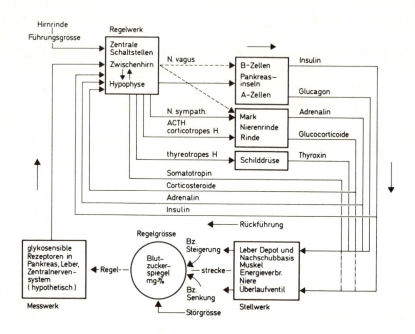

Der depressorische (blutdrucksenkende) Effekt als Bestandteil der Regulierung des Blutdruckes wird z. B. durch Abnahme der Ausschüttung von Katecholaminen aus dem Nebennierenmark unterstützt, die bei Blutdrucksenkung dagegen zunimmt. Das Wachstum ist durch die wachstumfördernde Wirkung von Somatotropin gekennzeichnet, dem Wachstumshemmer gegenüber stehen. Organismische Vorgänge werden andererseits z. B. durch die Glukokorikoide gehemmt. Insulin zeigt ebenfalls Stoffwechselprozesse hemmende und fördernde Wirkung; das heißt, es greift antagonistisch in den Stoffwechsel ein, steigert oder unterdrückt Auseinandersetzung.[39]

Hemmend oder fördernd in Stoffwechselvorgänge einzugreifen, bedeutet im Zusammenhang der Klärung des Begriffs von Auseinandersetzung *wie* eine innerorganismisch sich abspielende Auseinandersetzung zwischen verschieden und gegensätzlich wirkenden Substanzen gesteuert wird. Die

---

* W. *Keidel*: op. cit., S. 218.

geschilderten Auseinandersetzungs-Prozesse zwischen fördernden oder hemmenden Substanzen sind einerseits Teil bereits organismischer Regel- („Gleichgewicht"-)Vorgänge, die in der Selbstdarstellung (Leitthema) des Lebensprozesses durch Aufbauvorgänge gipfeln. Sie sind andererseits über die Regelung von Lebensvorgängen hinausgehend insofern Auseinandersetzung, als sie auch unterdrückend oder steigernd, mindernd oder mehrend, fördernd oder bremsend in die innerorganismischen Auseinandersetzungen eingreifen, d. h. selbst Anteile von Auseinandersetzung sind.

Die Beziehung zwischen innerorganismischer Auseinandersetzung und der Erhaltung des Fließgleichgewichtes durch Regel- und Steuervorgänge — die in sich bereits so kompliziert sind, daß die Physiologie und Biochemie von den gängigen Modellen des Regelkreises zu der Vorstellung der „vermaschten" Regelkreise gelangten — wäre dahingehend zu verstehen, *daß jede Auseinandersetzung die Möglichkeit des Ungleichgewichtes und der Dekompensation impliziert (s. o.).* Das Gleichgewicht als das aus Auseinandersetzung zu erreichende Telos (Ziel) ist bestenfalls als Möglichkeit dem Ungleichgewicht immanent und nur Vorstufe zu erneutem Ungleichgewicht. *Das Fließgleichgewicht ist die eigentliche Gleichzeitigkeit von Gleichgewicht und Ungleichgewicht.*

Wie unter individuellen Lebewesen Auseinandersetzung nicht ohne mit dieser verbundenen oder ihr vorausgegangenen Erkundung möglich *ist, so sind auch innerorganismische Prozesse mit einem ständigen erkundenden Wahrnehmen verschränkt.* Als Beispiel sei an die Regulierung der Hormonausschüttung z. B. des Wachstumshormons STH — die selbst wieder der Regulierung dient — erinnert, *die von der Physiologie als ebenso wahrnehmende wie „Informationen" (Mitteilungen) vermittelnde Vorgänge dargestellt werden.*

c) Das Bewältigen

Der Auseinandersetzung folgt in der Regel die *Bewältigung* derselben. *In dieser wird* für die Lebenswelt (und die innerorganismischen Prozesse) *die in der Auseinandersetzung entstandene Gegenthematik zu einem die sich auseinandersetzenden Faktoren oder Partner wieder vereinigenden, sie zu einer Synthese zusammenführendem Vorgang.* (Dieser wird nichtsdestoweniger wieder Anlaß zu erneuten Auseinandersetzungen.) *In der Bewältigung gelangt Auseinandersetzung zu einem vorläufigen Abschluß.*

In der Lebenswelt wird Bewältigung beobachtet, wenn im Umgang der individuellen Lebewesen mit ihrer Umwelt eine Leistung vollendet (abgeschlossen) wird. Das trifft z. B. für den Abschluß eines überwiegend instinktregulierten Leistungsablaufs zu (s. o.), wie auch für erlernte Leistungen. Unter die letzten Vorgänge fallen Nahrungs- und Beutesuche mit Verzehren der Nahrung als Bewältigen des Beutetieres — nach stattgefundener Auseinandersetzung —, wie die Abgrenzung von Territorien anderen Artgenossen gegenüber oder das Bauen von Nestern, Höhlen und Schlupfwinkeln. Aber auch der Umgang mit Partnern: wenn aus Werbung Paarung wird, der Partner (bzw. dessen möglicher Widerstand) „bewältigt" wurden oder wie überhaupt durch Umgang in sozialen Verhaltensweisen wie der bekannten „Demutshaltung" oder mit dem Vorzeigen von „Rangabzeichen" Auseinandersetzungen gemieden werden, damit im vornhinein bewältigt sind.

In der Bewältigung kommt der durch ein Leitthema schon vorbestimmte Handlungsablauf, der sich z. B. im Thema: Werbung, im Gegenthema: Abweisung ausdrückt, *zur Darstellung*. Mit der Realisierung des Leitthemas — gleichgültig ob Thema oder Gegenthema — entwickelt sich aus dem Lebenszyklus des jeweiligen individuellen Tieres ein anderes Leitthema: der Paarung folgt die Ei-Ablage, der Ei-Ablage das Bebrüten derselben, dem Bebrüten folgt das Ausschlüpfen und die Aufzucht der Jungen; diese wiederum ist (bei Vögeln) mit dem Herbeischaffen von Nahrung verbunden usf.

Die genannten Leitthemen können durchweg in widerständiger Auseinandersetzung mit den jeweiligen Gegebenheiten treten: Der Brutvorgang vermag ebenso gestört zu werden, wie das Ausschlüpfen der Jungen oder deren Aufzucht. Das Dominieren eines Leitthemas schließt nicht ständige Auseinandersetzung mit Gegenthemen aus, auch wenn das Dominieren des Leitthemas die Bewältigung eines Vorgangs darstellt. Das heißt, *Auseinandersetzen und Bewältigen sind voneinander abhängige Prozesse. Das Bewältigen hat immer nur temporären Charakter*, sowohl in Richtung der Umweltbeziehung wie auch aus dem Lebenszyklus des einzelnen Lebewesens.

Bei Mißlingen von Bewältigungen, wenn das jeweilige Leitthema sich nicht behaupten kann, werden kompensatorische Ersatzhandlungen beobachtet, jedoch kann es auch zu Kommunikationsabbruch und Kommunikationsende führen. Kompensatorische Ersatzhandlungen sind z. B. die sog. Übersprungshandlungen (s. o.).

Für die innerorganismischen Vorgänge gilt analog, wie für die der Lebenswelt, daß Bewältigung eintrifft, wenn die aus dem Lebensprozeß sich ergebenden Leitthemen und ihre vielfältigen Unterthemen das diesen immanente Telos (Bild) verwirklichen. Dieses zielt letztlich auf Erhaltung des Fließgleichgewichtes, dem obersten Leitthema organismischer Prozesse: wenn z. B. Atmung, Verdauung, Wasserhaushalt, Wasserregulierung, Transport (Kreislauf), Wahrnehmung oder Bewegung sich über die Auseinandersetzung mit den außer- oder innerorganismischen Faktoren ihrer Thematik entsprechend behaupten, die wiederum der Leitthematik des Fließgleichgewichtes untergeordnet ist. Ihrer Thematik entsprechend: die Atmung auch als Abatmung von CO_2 sich darstellt, der Wasserhaushalt die Ausscheidung mit einbezieht, der Kreislauf nicht nur die Organe, sondern auch die Peripherie versorgt. Die Bewältigung im Verhalten der Lebewesen und bei innerorganismischen Vorgängen ist jedoch in den Lebens- und Instinktabläufen weitgehend vorgegebenes Geschehen, das immer nur vorübergehenden Charakter hat. Bis die Bedürfnisse (Triebe, Stimmungen) oder die Umwelt neue Auseinandersetzungen provozieren, die innerorganismischen Auf- und Abbauvorgänge im Ablauf des Lebensprozesses selbst Veränderungen schaffen, d. h. neues Mangelerleben erzeugen, das erneuter Bewältigung bedarf. *Die Bewältigung in der Lebenswelt und in innerorganismischen Vorgängen hat deshalb stets den Charakter der vorübergehenden Kompensation* (s. o.), des Ausgleiches eines als Mangel erlebten Kommunikationsbedürfnisses hier, der Kompensation von zu Ungleichgewicht (Dekompensation) drängenden Prozessen dort.

Innerorganismische und Vorgänge in der Lebenswelt erscheinen deshalb im Prinzip im Fließgleichgewicht, das auf Bewältigung, Abschluß einer Auseinandersetzung, auf Kompensation derselben deutet. Oder sie bewegen sich am Rande der Dekompensation des Fließgleichgewichtes selbst, in Veränderungen desselben bei Auseinandersetzungen jeder Art, wie sie bereits das Erkunden impliziert. Beide, *Ruhe und Bewegung (Veränderung), sind relative und aufeinander bezogene Vorgänge.*

Der Zeitpunkt, an dem ein gleichgewichtiger Prozeß in einen ungleichgewichtigen, nicht bewältigten umschlägt, ist außerordentlich variabel, auch in der pathologischen Physiologie ist er nur in Grenzen voraussag- und -bestimmbar. D. h., die Kenntnis der Krankheitsabläufe kann nur unter gewissen Voraussetzungen bestimmen, wann die Atmung und unter welchen Bedingungen sie zum Erliegen kommt, wann der Blutkreislauf — bei entsprechendem Hämoglobinmangel z. B. — nicht mehr genügend O_2 transportiert, wann das Herz versagen wird usf.

d) Modi der Kompensation

Bewältigung in der Lebenswelt nicht weniger wie im Organismus ist stets Folge von Auseinandersetzung (Konflikt) — wie dargelegt wurde. Den Lebewesen und den innerorganismischen Prozessen, aber auch dem innerpsychischen Erleben (s. u. Teil IV) stehen verschiedene Arten (Modi oder Weisen) der Bewältigung zu. Die Bewältigung in diesem Zusammenhang ist jedoch keinesfalls der im moralischen Sinne, der Bewältigung z. B. eines Trauerfalles gleichzusetzen. Deshalb sind Abwendung (Flucht) für Lebewesen ebenso Modi der Bewältigung wie Abwehr oder Neutralisierung antagonistischer Prozesse und Vorgänge, bzw. von Auseinandersetzung.

Als Modi (Möglichkeiten) der kompensatorischen Bewältigung bieten sich im außer- und innerorganismischen Geschehen folgende an:

1. Abwendung,
2. Absorption (Dominanz eines Themas über die anderen, insbesondere z. B. Abwehr),
3. Neutralisierung von Gegensätzen, Ergänzung derselben zu einem gemeinsamen Thema, (Kompromißbildungen),
4. Integrierung von Gegensätzen bei gleichzeitiger Kommunikationserweiterung.

Zu 1:

Abwendung wird in der Lebenswelt im Aufeinanderstoßen/Prallen/Aufeinanderzukommen von jeweils durch die spezifischen Lebewesen vermittelten Themen und Gegenthemen beobachtet, wenn die Auseinandersetzung durch Abwendung abgebrochen bzw. beendigt wird.

Der Modus einer Bewältigung durch Abwendung ist z. B. durch Flucht, Rückzug, Ausweichen, Scheingefechte, Scheuen (Schreckreaktion mit evtl. Panik) gekennzeichnet, ferner durch Abweisung, durch Indifferenz und scheinbare Reaktionslosigkeit ("Totstellreflex") des einen Lebewesens dem anderen gegenüber. Aber auch durch Sich-Abkapseln, Sich-Verbergen, Sich-Verstecken, durch sog. Mimikry oder durch Täuschung, sich einer Auseinandersetzung zu entziehen, sind Modi der Bewältigung durch Abwendung. (Ablenkung eines Raubvogels von der Brut, z. B. durch Vortäuschung einer Laufbehinderung bei dem flüchtenden Vogelweibchen, Ablehnung oder Verweigerung der Kommentkämpfe bei Hirschen).

Abwendung in dem Sinne der Flucht, ist nicht in innerorganismischen Prozessen zu beobachten, deren substantielles In-Einander im Milieu des Flüssigen, der Löslichkeit aller Substanzen keine räumliche Trennung erlaubt, wie diese sich in Flucht oder Sich-Verstecken darstellt. Abkapselung, Isolierung (z. B. von Tbc-Herden), Ausscheidung sind jedoch Folgen von aktiver innerorganismischer Auseinandersetzung, in denen Abwehr erfolgte; Abwehr im spezifischen Milieu des Organismus, z. B. in der Phagozytose, ist dann Bestandteil von Auseinandersetzung.

Zu 2:

Als *Absorption, Dominanz eines Themas* oder — wie noch zu erörtern sein wird — *einer Struktur, räumlicher, zeitlicher leistungs- oder leibbezogener Art über die andere, seien in der Lebenswelt die Instinktabläufe bezeichnet.* Bei diesen „subsumiert" das vielfältig hierarchisch in Unterthemen gegliederte Geschehen etwa der bekannten Eiablage (Leitthema) der Schlupfwespe in einer Raupe relativ „starr" alle damit verbundenen inner- und außerorganismischen Einzelprozesse. Der Instinktablauf absorbiert damit die Einzelvorgänge, er dominiert. Andere Beispiele wären z. B. die gemeinsame Verteidigung, Abwehr (dominierendes Thema) von Paaren gegen Angreifer. Das individuelle Abwehrverhalten durch Drohgebärden, Einnehmen einer Kampfstellung, überwiegendes Abwehrverhalten im Kampf selbst, stellt ebenfalls eine Dominante des Verhaltens dar, die auch innerorganismisch (s. u.) zahlreiche Analogien aufweist. Sie ist für die vorliegende Untersuchung von Interesse, wenn mehrere Lebewesen ein gemeinsames Abwehrverhalten (übergeordnetes Thema) zeigen, z. B. Insekten bei Bedrohung ihres „Staates", eine Sippe/Großfamilie von Affen (z. B. Paviane) bei Angriff durch eine größere Raubkatze.

Aber auch die gemeinsame Nahrungssuche verschiedener Tierarten in einem Lebensraum (z. B. Steppe) stellt die Dominanz eines Themas über heterogen sich verhaltende individuelle Lebewesen dar. Das panikartige Verhalten von einzelnen Tieren, dessen Nachahmung (?) von einer ganzen Gruppe dient als weiteres Beispiel der Dominanz eines Themas.

Abwehr als absorbierende Dominanz eines Themas ist in den innerorganismischen Vorgängen zu beobachten, in denen z. B. Infektionserreger durch Phagozytose abgewehrt, abgekapselt und dann ausgeschwemmt werden oder einer fermentativen Aufspaltung unterliegen. Die Bildung infektiöser Herde durch Abkapselungsprozesse (s. o. Tbc) darf als Modus angesehen werden, durch den der sich wehrende Organismus seinerseits Fremdkörper zur Abwendung (Abschließung) innerhalb des eigenen Systems zwingt. Die Zystenbildung von Taenien — obwohl Teil des eigenen Zyklus — ist ebenfalls sich abkapselnde Abwehr gegen abwehrend-lytische Aktivität des Organismus. Ausscheidungsprozesse als Endstufe des Stoffwechsels über Atmung (CO_2), Niere (sog. harnpflichtige Substanzen) und Enddarm sind Folgen der im Stoffwechsel erzielten aktiven Abwehr von nicht der Lebenserhaltung dienenden Substanzen.

In Abbau- und Ausscheidungsprozessen bewältigt der Organismus durch Abwehr von nicht lebensnotwendigen oder schädlichen Substanzen den Angriff lebensbedrohlicher Stoffe, zu denen im Prinzip alle körperfremden Substanzen zählen, bis sie zu körpereigenen transformiert oder ausgeschieden werden. Die Parallelen zwischen Abwehr und Auflösung von Fremdkörpern in Entzündungsprozessen (Erregern) und den Verdauungsvorgängen wurden wiederholt von der pathologischen Physiologie aufgezeigt.

Innerorganismisch ist ferner die Dominanz eines Themas (Absorption) von Unterthemen und Einzelprozessen unter dasselbe z. B. bei der Regulation des Wasser- und Wärmehaushaltes festzustellen. Im Wasserhaushalt, als eines in der vitalen Versorgung des Organismus elementaren Vorganges, werden unter der Dominanz des Themas: über genügend Flüssigkeit für alle lebensnotwendigen Prozesse zu verfügen, die der Durchführung dieses Themas dienenden Einzelprozesse subsumiert (absorbiert). Zu diesen Einzelprozessen gehören Wasseraufnahme, Ausscheidung, Verdunstung (Körperoberfläche), Einbehaltung von Wasser (Retention, Reservebildung), die unterschiedliche Verteilung des Wassers in intra- und extrazellulären Räumen, die hormonelle und durch die Nieren naturbedingten Regulationen der Verteilung des Wassers. Das folgende Schema verdeutlicht den Zusammenhang:*

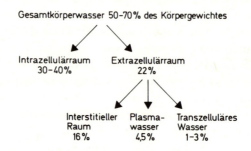

Zu 3:

Neutralisierung von Gegensätzen im Sinne der Entschärfung und „Abpufferung" derselben bei Auseinandersetzungen und mögliche Kompromißbildung der Gegensätze wird in der Lebenswelt im Zusammenhang von Komment- und auch Scheinkämpfen unter Säugetieren (Hirsche, Wölfe, Seehunde) beobachtet. Die Neutralisierung der in den Tieren aggressiv sich zur Geltung bringenden Thematik z. B. von Rivalität und Selbstbehauptung erfolgt nach der Auseinandersetzung durch Einnahme rangniederer Stufen für den unterliegenden Gegner (s. auch o.). Neutralisierung wird ferner bei Konflikten zwischen artungleichen Tieren beobachtet, wenn diese nicht ausgetragen werden, sondern es bei Droh- und Angriffsgebärden bleibt, die möglichen Gegner sich jedoch abwenden. Die sog. Übersprungshandlung neutralisiert kämpferische Impulse durch eine „Ersatzhandlung" (vgl. auch „Zeremonielle"**).

Integrierung als Neutralisierung gegensätzlich in ihrer Leistung orientierter Lebewesen ist in den sog. Insektenstaaten zu beobachten: Wenn bei der Durchführung einer Aufgabe „Soldaten" und „Arbeiter" innerhalb des Themas (gemeinsame Aufgabe z. B. eines Nestbaus) verschiedene Funktionen ausüben, die aber durch das übergeordnete Thema derart „*neutralisiert*" werden, daß die „Soldaten" die „Arbeiter" nicht attackieren. Dies trifft auch für das folgende Beispiel zu: (Neutralisierendes Thema „Blattschneiden", heterogene Funktionen der beteiligten Ameisen):

Bei den Blattschneiderameisen (Atta cephalotes) schützen die kleinen Minima-Arbeiterinnen die großen Arbeiterinnen vor den Angriffen parasi-

* Aus *W. Keidel*: op. cit., S. 266.
** Siehe dazu *W. Wickler*: Stammesgeschichte und Ritualisierung. München 1970.

tischer Fliegen aus der Gruppe der Phoridae. Während die großen Arbeiterinnen die Blätter schneiden und dann wehrlos sind, stellen sich die Minima-Arbeiterinnen mit offenen Mandibeln um sie auf und schnappen nach den sich nähernden Fliegen. Sie reiten auch als Wächter auf den abgeschnittenen Blattstücken mit nach Hause.*

Im innerorganismischen Bereich wird Neutralisierung von antagonistischen Substanzen — als einem Beispiel unter zahlreichen — bei der Bildung und Neutralisierung der freien Salzsäure z. B. im Magen festgestellt.

Der komplexe Vorgang der *Blutgerinnung* verdeutlicht ebenfalls die Neutralisierung von antagonistischen Substanzen wie des Thrombins durch spezifische Schutzmechanismen:

Die Blutgerinnung ist ein Teil des Blutstillungsvorgangs. Im folgenden wird die in vitro analysierte Reaktionskinetik der plasmatischen Gerinnungsfaktoren geschildert.

Das Plasma enthält die inaktive Vorstufe des spezifischen Gerinnungsenzyms, das Prothrombin, sowie die inaktive Vorstufe des spezifischen Fibrinolyseenzyms, das Plasminogen, während die Zellen die entsprechenden Kinasen enthalten, die durch strukturelle Trennung sowie schlechte Wasserlöslichkeit (Lipoproteide) im Plasma an einer unbegrenzten Aktivierung des Proenzyms gehindert werden. Ein weiterer Sicherungsmechanismus ist das Gleichgewicht eines oder mehreren Inhibitoren — also z. B. von Antithrombinen und Antiplasminen mit dem Proenzym und damit mit dem maximal zu erzeugenden Enzym. Diese mehrfachen Schutzvorrichtungen sind wegen der hohen Gerinnungsaktivität von Thrombin notwendig, da sonst durch eine geringfügige Gefäßschädigung eine schrankenlose Gerinnung des Blutes ausgelöst werden könnte, die mit dem Leben nicht mehr vereinbar wäre. Die aus 10 ml Blut aktivierbare Thrombinmenge eines Erwachsenen ist in der Lage, dessen gesamtes Blutvolumen in kaum mehr als 10 s zur Gerinnung zu bringen. Man kann daraus ableiten, welche Wirksamkeit gerinnungshemmende Faktoren im Blut haben müssen.**

Die für die Bewegung fundamentale Bedeutung der Kontraktion und Erschlaffung der Muskelfibrillen stellt ein weiteres Beispiel der Neutralisierung antagonistischer Vorgänge (Kontraktion, Erschlaffung) zu einem Funktionsganzen, der Bewegung, dar.

Das für die Organismen entwickelte *Modell des Regelkreises*[40] arbeitet ebenfalls nach dem Prinzip der Neutralisierung antagonistischer Wirkungen unter ein Leitthema: Aufrechterhaltung des Sollwertes zwischen heterogenen Funktionen, mit diesen verbundener antagonistischer Substanzen, insofern einem „Zu-Viel" hier durch ein „Mehr" dort entgegengewirkt wird, d. h., das eine „Zu-Viel" wird durch das „Mehr" neutralisiert. Die heterogenen Vorgänge erfahren Integrierung zu einem Funktionsganzen durch

---
* *I. Eibl-Eibesfeldt*: op. cit., a.a.O.
** *W. Keidel*: op. cit., S. 36 (H. Bartels, Blutgerinnung).

den Regelkreis selbst. Die Voraussetzung der Regelkreise ist die nervöse oder chemophysikalische Wahrnehmung (Erkundung, s. o.) der das Gleichgewicht erhaltenden, auch bedrohenden (antagonistischen) Faktoren und die Möglichkeit, das Wahrgenommene durch „Handeln" zu verändern. Dies sei bei der Regulation von Kreislauf- und Herztätigkeit anhand der folgenden Schemata in Erinnerung gebracht. Durch die Regulierung erfolgt eine neutralisierende (Kompromiß-)Bildung zwischen antagonistischen Substanzen (z. B. O_2 und CO_2) und Kräften (z. B. Vasodilatation gegen Vasokontraktion, Diastole gegen Systole, peripherer Widerstand gegen Schlag und Minutenvolumen).

Beispiel für Neutralisierung antagonistischer Kräfte im Kreislauf:*

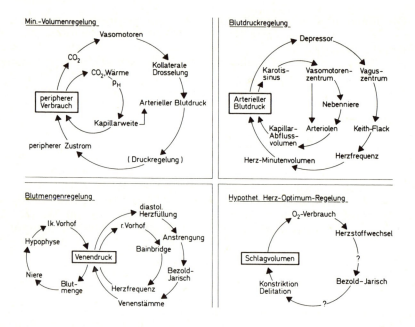

Zu 4:

Erweiterung von Kommunikationsmöglichkeiten über z. B. umwelt- und instinktvorgegebene Themen hinaus, an und über nicht vorgegebene Themen zu kommunizieren, *wird generell an den Lernprozessen der Lebewesen beobachtet.* Das Lernen impliziert Lernen und Verfügen über eine neue Erfahrung, wie sie — aus zahlreichen Beispielen — die folgenden veranschaulichen:

Richtiges Einsichtverhalten im Sinne eines Erfassens von Zusammenhängen beobachtet man oft beim Werkzeuggebrauch. Hier sind *W. Köhlers*

* Aus *W. Keidel*: op. cit., S. 19.

(1921) Versuche an Menschenaffen richtungsweisend gewesen. Seine Schimpansen benützten Stöcke zum Herbeiangeln von Bananen, die außerhalb des Käfigs lagen. Sie konnten zwei kurze Stöcke ineinanderstecken und verlängern oder Kisten aufeinandertürmen, um eine sonst unerreichbar hoch am Käfigdach angebrachte Banane zu erlangen (...). Aus den Beschreibungen geht hervor, daß sie diese Handlungsfolge nicht durch Herumprobieren erlernten. Vielmehr konnte ein Schimpanse ruhig dasitzen und bloß umherschauen — zur Kiste, zum Platz unter der Banane, zur Banane usf. — bis ihm die Lösung einfiel. Die Handlungsfolge ist in solchen Fällen erdacht, das Probieren nach innen verlegt. Ein Schimpanse, der gelernt hatte, mit einem Magneten ein Eisenstück durch ein Labyrinth zu führen, das mit einer Glasplatte abgedeckt war, konnte neue Labyrinthe überblicken und führte dann den Magnet auf dem kürzesten Weg sicher zum Ziel. Selbst bei komplizierten Labyrinthen kam er ohne Probieren allein durch zentrales Abwägen zurecht (*B. Rensch* und *J. Döhl* 1968).*

Innerorganismische Lernprozesse sind z. B. Gegenstand der Leistungsphysiologie — Leistung wird erlernt —, die aufweist, wie z. B. Bewegungs-„apparat", Kreislauf- und nervöse Koordination (Wahrnehmung) durch „interzellulare" Kommunikation sich verstärkender oder nachlassender Leistung jeweils anpassen, in ihrer Kommunikation entsprechend erweitert oder eingeschränkt zu werden vermögen.

Eine *Kommunikationserweiterung* im Lernprozeß als Modus der Bewältigung ist insofern berechtigt anzunehmen, da *eine noch nicht verfügbar gewesene Ebene möglicher Erfahrung — wie bei lernenden Schimpansen — hinzu gewonnen wird*. Mit dieser Erfahrung erschließen sich neue Horizonte von Auseinandersetzung, die vorher unbekannt waren, es findet eine Steigerung der Lebens- und Selbstdarstellungsmöglichkeiten, besonders in der Leistung, statt. Im Gewinnen dieser Ebene dekompensiert das Lebewesen nicht, obwohl der *Lernprozeß* über „Versuch" und „Irrtum" (Scheitern) *vorübergehende Dekompensation und Ungleichgewicht* impliziert. Es wird vielmehr ein erweitertes Gleichgewicht im Umgang mit der Umwelt gewonnen.

Im Lernprozeß erfolgt Bewältigung des neu zu Erlernenden durch Sich-Einlassen auf dieses selbst, wobei Abwendung, Absorption, Neutralisierung Bestandteile des Lernens sind, bis Bewältigung und Erhaltung des Fließgleichgewichtes auf der vom Lebewesen neu eingenommenen Ebene sich einstellen. Im Lernen „springen" das Lebewesen — und der Organismus — über ihr konstitutionell vorgegebene Möglichkeiten, übersteigen diese sich selbst und erweitern jetzt ihre Kommunikation. *Das Lebewesen überwindet damit den Widerstand, der sich im Umgang mit dem neu zu Erlernenden ergibt, indem er sich widerständiger, widerstandsfähiger als das zu Erlernende erweist, die Gegenthematik des Zu-Lernenden der eige-*

---

*   *I. Eibl-Eibesfeldt*, op. cit., S. 227/278.

nen *Thematik, diese durch die Gegenthematik erweiternd, einverleibt.* Das Prinzip der differenzierenden Kommunikationserweiterung über die Überwindung von Widerständen, d. h. von Kommunikationseinschränkungen, wurde oben (s. S. 41 ff.) auseinandergesetzt.

Die Kommunikationserweiterung ist jedoch immer nur eine relative, die wieder aufgegeben werden kann, etwa wenn Erlerntes vergessen wird. In der Kommunikationserweiterung wird die gegenseitige Abhängigkeit und Verschränkung von Lebensraum und Lebewesen als wechselseitiger Prozeß möglicher Entwicklung sichtbar – wenn z. B. Lebewesen sich in neuen Lebensräumen einrichten müssen oder dekompensierend zu Grunde gehen.

e) Kompensation und Dekompensation

Im 3. Kapitel wurden die Zusammenhänge zwischen Kommunikation, dem Bedürfen (Mangel) nach dieser, Dekompensation und Kompensation erstmalig diskutiert. Die Mitteilung eines Lebewesens an die Umwelt – daß es z. B. Hunger zu spüren beginnt – kann sich anfänglich in einer generellen Antriebsunruhe zeigen. Diese vermag im Zusammenhang der Veränderung des innerorganismischen Fließgleichgewichtes (verstärkter Abbau der Kohlehydrate, dann des Eiweißes) sich in Richtung möglicher Dekompensation zu entwickeln; z. B. durch mangelnde Eiweißzufuhr bis zum Auftreten des sog. Hungerödems, damit manifester Dekompensation von Kreislauf und Nierenfunktion.

Dekompensation* sei hier erstmalig und vorgreifend als das Unvermögen des Organismus bezeichnet, antagonistische Wirkungen im Fließgleichgewicht zu bewältigen; daß also weder über Abwendung, Absorption, Neutralisierung oder Kommunikationserweiterung Auseinandersetzung abgeschlossen zu werden vermag. Die antagonistische Wirkung einzelner Substanzen oder Organsysteme wird sichtbar, es tritt *Dysregulation* und möglicher *Gestaltverfall* ein. Als Beispiel für die Dekompensation sei an die chronische und akute Niereninsuffizienz erinnert, bei der das Versagen der Nierenfunktion multifaktoriell determiniert ist und multifaktorielle Folgen für den Organismus hat:

Das Krankheitsbild der zur Nierenschrumpfung führenden Nephropathien wird neben der spezifischen renalen und allgemeinen Symptomatik des Grundleidens, die je nach Krankheit stark wechselt, durch das gesetzmäßige Auftreten der chronischen Niereninsuffizienz bestimmt. Ihre funktionelle Grundlage besteht in der progressiven Verminderung des Glome-

---

* Über „Dekompensation" ausführlich *D. Wyss*: Beziehung u. Gestalt. Op. cit., II/1; siehe dort auch „Dysregulation" und „Gestalt und Verfall".

rulusfiltrats in der Schrumpfniere, die — unabhängig von der Natur des ursprünglich verantwortlichen Nierenleidens — in der Form des globalen Nierenversagens zwangsläufig zu Veränderungen sämtlicher Nierenfunktionen und damit zu Auswirkungen auf die Zusammensetzung des Harns und der Körpersäfte Anlaß gibt. An sich werden pathologische Einschränkungen des Glomerulusfiltrats im Einzelfall keineswegs nur in der Schrumpfniere beobachtet. Sie stellen sich, bei intaktem Nierenparenchym und meist eher akut, auch nach prärenal bedingten Störungen der Nierendurchblutung und, postrenal bedingt, nach der Verlegung der abführenden Harnwege ein (...). Sinkt aus diesen extrarenalen Ursachen das Glomerulusfiltrat genügend lange und stark ab, so entwickelt sich auch hier — wie im Endstadium der renal bedingten chronischen Niereninsuffizienz — das Syndrom der Urämie.

Als Urämie bezeichnet man das klinische Syndrom, welches sämtliche Symptome und Zeichen umfaßt, die durch eine fortgeschrittene globale Niereninsuffizienz verursacht werden (...). Die Azotämie, d. h. die Retention von stickstoffhaltigen Schlackenstoffen im Blut, ist nur eine Teilerscheinung der Urämie.*

In Anknüpfung an die oben geschilderte beginnende Dekompensation des Fließgleichgewichtes im Hunger, entsprechen die Stufen, die das Lebewesen bis zum Auffinden der Nahrung durchläuft, der Mitteilung seiner Befindlichkeit und seiner Triebe an die Umwelt im Erkunden und Sich-Auseinandersetzen mit derselben. Das Stadium der Stillung des Hungers entspricht seiner Bewältigung durch absorbierende Befriedigung, in der die Befriedigung des Hungers mögliche andere Triebe dominiert. Der Hunger ist kompensiert.

Das „kompensierte" und jetzt ruhende Tier kann durch entsprechende „Mitteilung" aus der Umwelt — Schakale oder Hyänen versuchen sich über den Rest der geschlagenen Beute herzumachen — erneut zu Auseinandersetzung und Bewältigung derselben, z. B. zum Vertreiben der Schakale, veranlaßt werden, die den Hunger wieder provoziert.

Der Zyklus, der hier vom innerorganismischen Fließgleichgewicht zum Überwiegen der Abbauvorgänge im Hunger und diesem entspringender Aktivität des Tieres (Erkunden, Auseinandersetzen) bis zum Abklingen derselben in der Bewältigung (Kompensation) verläuft, kann jederzeit aus der Verflechtung des Lebewesens mit seiner Umwelt gestört und an den Rand möglicher Dekompensation gebracht werden. Es bedarf in Erinnerung an das oben (S. ...) Gezeigte, keineswegs der innerorganismisch-physiologischen Veränderungen des Fließgleichgewichtes durch Abbauvorgänge wie etwa im Hunger. Diese Veränderungen können jederzeit durch unvorhergesehen auftauchende „Signale", Bilder — Bedrohung, Lockung, Werbung usf. — provoziert und zu möglichen Dekompensationen oder Bewältigung führen. *In der beginnenden Dekompensation tritt das Lebe-*

---

* *W. Siegenthaler:* Klinische Pathophysiologie. Stuttgart 1973.

wesen in Auseinandersetzung ein, gleichgültig ob „innerorganismisch" oder „Umwelt" provoziert. Auseinandersetzung ist temporäre Dekompensation, Bewältigung ist Kompensation.

Diese Prozesse gelten analog für alle innerorganismischen Vorgänge, die über vorübergehende Dekompensation im Stoffwechselabbau — sog. Freisetzung (Lösung) von Energie — zu Kompensation im Aufbau (Bindung von Energien) zur Bewältigung von antagonistischen Substanzen führen, die entweder zum Bestandteil des Organismus oder dort ausgeschieden werden: *Der Organismus darf als System angesehen werden, das sich durch kompensierte Dekompensation am Leben erhält.*

Teil II

Zur Anthropologie und Psychologie der humanen Kommunikation

1. Die sogenannten vorgegebenen anthropologischen Mißverhältnisse und das Problem der Transzendenz

Von zahlreichen Forschern, wie auch vom Verfasser, wurden die morphologischen und die aus diesem Zusammenhang sich ergebenden innerweltlichen Grundunterschiede zwischen dem Menschen und der übrigen Lebenswelt herausgearbeitet. An diese sei hier nur eingangs erinnert, um damit die Thematik lebensweltlicher und innerorganismischer Kommunikation abzuschließen.

Aufrechter Gang, Entwicklung von Großhirn und Entspezialisierung der Hand, verlängertes Nesthocker-Dasein mit verzögerter Pubertät, Entwicklung eines spezifischen Hohlraumes über dem Kehlkopf und damit Ermöglichung der menschlichen Sprache, sind die biologischen Voraussetzungen für die Transformationen des Antrieblebens, der Befindlichkeit, des Fühlens, der Entwicklung der spezifisch humanen Reflexion (der noetischen Denkprozesse). Sie sind ferner Voraussetzung der Entbindung des Antrieblebens aus seiner engen Verschlüsselung mit der Umwelt.

Die weitgehende Freisetzung der menschlichen Antriebe aus dem sog. Reiz/Auslöser-Verhalten, die Reduzierung ihrer leibhaften Periodizität ist eine der wichtigsten Voraussetzungen für die Errichtung der spezifisch humanen Kultur-(Leistungs-)Welt, die einerseits in Verschränkung mit der Entwicklung des Willens[1] entstand, andererseits gegenüber der vorausgegangenen Umweltbindung der Antriebe diesen den Raum vermittelt, spezifisch humane Bedürfnisse zu entwerfen, die der Tierwelt fremd sind.[2]

Die graduelle Verwandlung des Menschen zu einem Kulturwesen wird ferner durch das ubiquitäre Vorkommen des *Inzestverbotes*[3] und des *Tauschprinzips*[4] gekennzeichnet, mit beiden übersteigt er fundamental die Lebewesen und deren Frühformen sozialen Miteinander-Seins. Für die Tierarten gibt es weder ein Inzestverbot im Sinne eines Gebotes oder Gesetzes, noch das Tauschprinzip. Die Folgen der Differenzierung des Menschen aus einem Natur- zu einem Kulturwesen[5] zeigen sich nicht nur in zahlreichen, daraus sich ergebenden, spezifisch für den Menschen nachweisbaren Konfliktsituationen (s. u.), sondern in der *möglichen Diskrepanz und Dekompensation* der den Menschen (anthropologisch) konstituierenden, innersubjektiven „Anteile" oder „Vermögen": so der Befindlichkeiten, des Fühlens oder der Antriebe gegen die willensbestimmte Leistung, des logisch in sich zusammenhängenden Denkens wiederum gegen die Fluktuation, des Emotionalen, des Fühlens gegen den Willen, des Vorstellungs- und Bildvermögens (Eidetik) wiederum gegen die Abstraktionstendenz des Denkens usf. In der vorausgegangenen Untersuchung „Beziehung und Gestalt" wurden diese möglichen Mißverhältnisse in den innersubjektiven Darstellungsweisen des Menschen in ihrer Voraussetzung für sog. gesundes und krankes Verhalten aufgezeigt.

Die morphologisch-biologischen Grundlagen der Entwicklung des Menschen sind die leibhaften Voraussetzungen für seine gleichzeitige Strukturierung — analog anderen Lebewesen — in äußere und innere Räumlichkeit (Lebensraum, [innere] Orientierung darin, sein Verhältnis zu Ordnungsprinzipien etc. [s. u.]), in die Verfassung der Zeit, in sein Leistungs- und Selbstdarstellungsvermögen, in die Beziehung wiederum zu seinem Leib und dem leibhaften Dasein überhaupt.

Den Strukturierungen und den aus diesen sich ergebenden Abhängigkeiten jedoch nicht vorgreifend, sei auf *das existentiale Grundvermögen des Menschen verwiesen, daß er sich zu der sich ihm mitteilenden Welt verhalten (antworten) kann, da er über Begriffe oder ein Bild von der Welt im Sinne eines obersten Leitthemas verfügt.* Das Tier „hat" Umwelt — so ließe sich der Sachverhalt kurz zusammenfassen —, der Mensch jedoch ist in der Welt. Außenwelt ist ihm innerlich präsent, in der Zuwendung auf Welt hin (Intentionalität) ist Welt schon — sei sie noch so undifferenziert wahrgenommen — als Welt bereits vorhanden. In seiner Zuwendung auf Welt überhaupt, stellt sie sich ihm undeutlichst-undifferenziert dar, hat auch das Neugeborene bereits eine Intentionalität auf Welt, ist ihm Welt global bereits innersubjektiv präsent, ist es auf Welt ausgerichtet.

Welt-Haben bedeutet in diesem Sinne nicht nur erkenntnis-theoretisch über die Bedingungen möglicher Erfahrung von Welt im Sinne Kants zu verfügen, sondern unabhängig von der individuellen Erfahrung von Welt, die ein Pueblo-Indianer, ein chinesischer Fabrikarbeiter, ein sowjetischer Funktionär, ein mitteleuropäischer Kaufmann, ein amerikanischer, hochspezialisierter Ingenieur haben: *Die vielfach konstitutionell, soziologisch und historisch relativierte Welt setzt immer ein Wissen um Welt als allgemeines Wissen voraus, damit die Möglichkeit des Überstiegs zu dieser, der Transzendenz.*[6] (Der Begriff der Transzendierung sei hier, um existentialontologischen Problemen nicht vorzugreifen, auf Überstieg des Daseienden (des Menschen) zum Seienden (zum Vor- oder Zu-Handenen) der Welt, jedoch nicht zum „Sein" im ontologischen Sinne, angewandt.)

Der naturwissenschaftliche Positivismus[7] (nicht weniger die positivistische oder behavioristische[8] Psychologie) meint sich der Grundvoraussetzungen: wie ist Wissen überhaupt möglich, wie kommt es zu einem Begriff von Welt, zu entschlagen, die aber über die anthropologischen Differenzen zwischen den Lebewesen und den Menschen hinausgehend das Mensch-Sein ausmachen. *Überstieg, Transzendenz zur Welt bedeutet, daß innerweltlich, in Begriffen, Gefühlen, Stimmungen, in Antrieben und im Erlebnisbereich die Beziehung auf Welt hin vorgegeben ist, obwohl die äußerlich in Raum und Zeit sich darbietende Welt und ihre innere Erfahrung, das Inne-Sein derselben, nicht identisch sind.* (Der Positivismus hat sich über der profunden Ignorierung der Tatsache, daß es ein von der Außenwelt grundsätzlich verschiedenes Innen gibt, das das Außen erst zu einem verstehbaren Zusammenhang macht, etabliert. Der Behaviourismus läßt Subjektivität bestenfalls als „Variante" des Verhaltens zu.)

Zuwendung des Menschen auf Welt hin — wie sie bereits die ersten Regungen des Neugeborenen bestimmen — ist nur möglich, weil Welt und Mensch von Anfang an einander zugeordnet sind. Das In-der-Welt-Sein *Heideggers* präzisiert diesen Sachverhalt, indem es die Subjekt (Mensch) Objekt (Welt) Trennung der herkömmlichen Philosophie und Erkenntnistheorie aufhebt und aufzeigt, daß mit der Annahme eines Subjektes die Entscheidung der Möglichkeit zur Transzendierung „über das Subjekt hinaus zur Welt hin" bereits gefallen ist, das diese *Transzendierung die Voraussetzung überhaupt von Subjekt und Subjektivität* ist.

Wählt man für das Seiende, das wir je selbst sind und als „Dasein" verstehen, den Titel „Subjekt", dann gilt: die Transzendenz bezeichnet das Wesen des Subjekts, ist Grundstruktur der Subjektivität. Das Subjekt existiert nie zuvor als „Subjekt", um dann, falls gar Objekte vorhanden sind, auch zu transzendieren, sondern Subjektsein heißt: in und als Transzendenz Seiendes sein. Das Transzendenzproblem läßt sich nie so erörtern, daß eine Entscheidung gesucht wird, ob die Transzendenz dem Subjekt zukommen könne oder nicht, vielmehr ist das Verständnis von Transzendenz schon die Entscheidung darüber, ob wir überhaupt so etwas wie „Subjektivität" im Begriff haben oder nur gleichsam ein Rumpfsubjekt in den Ansatz bringen.*

Es ist nicht das Ziel der vorliegenden Untersuchung, den Weltbegriff der Phänomenologie, speziell den *Heideggers* auseinander zu legen. Nichtsdestoweniger sei auf die Abstufungen verwiesen, die das „Welt-Haben" implizieren.

Ein „Bild" oder eine Vorstellung von Welt hat bereits — nachweislich — das Kleinkind, das vor der logischen Begriffsbildung noch auf ganzheitliche Gestaltbeziehungen rekurriert. *Husserl* wies in „Erfahrung und Urteil"** den Aufbau der logischen Welt — oder der Möglichkeit des begrifflichen Überstiegs zur Welt — aus vor der logischen Urteilsbildung liegenden Grunderfahrungen auf. *G. Brand**** zeigte, wie insbesondere die naturwissenschaftlich-positivistische Begriffsbildung in diesen Primärerfahrun-

---

* Vgl. *M. Heidegger*: Vom Wesen des Grundes. In: Wegmarken. Frankfurt 1965, S. 34 ff.
** *E. Husserl*: Erfahrung und Urteil. Heidelberg 1948.
*** *G. Brand*: Die Lebenswelt. Berlin 1971.

gen des Umgangs mit der eigentlichen „Lebenswelt" wurzelt – die sie aber ignoriert. Der Verfasser legte dar, daß Welt sich nur darstellt, wenn ich zu dieser eine Beziehung über ihre Bedeutung für mich gewinne, oder meine Bedeutung für die Welt ihrer Beziehung zu mir entspricht. Diesen Sachverhalt faßt *Heidegger* wie folgt zusammen:

Das menschliche Dasein – Seiendes inmitten von Seiendem befindlich, zu Seiendem sich verhaltend – existiert dabei so, daß das Seiende immer im Ganzen offenbar ist. Die Ganzheit muß dabei nicht eigens begriffen, ihre Zugehörigkeit zum Dasein kann verhüllt sein, die Weite dieses Ganzen ist veränderlich. Die Ganzheit ist verstanden, ohne auch das Ganze des offenbaren Seienden in seinen spezifischen Zusammenhängen, Bezirken und Schichten eigens erfaßt oder gar „vollständig" durchforscht wäre. Das je vorgreifend-umgreifende Verstehen dieser Ganzheit aber ist Überstieg zur Welt. Es gilt nun, eine konkretere Auslegung des Weltphänomens zu versuchen. Sie gibt sich durch die Beantwortung der beiden Fragen: 1. Welches ist der Grundcharakter der gekennzeichneten Ganzheit? 2. Inwiefern ermöglicht diese Charakteristik der Welt eine Aufhellung des Wesens des Daseinsbezugs zur Welt, d. h. eine Erhellung der inneren Möglichkeit des In-der-Welt-seins (Transzendenz)?

Welt als Ganzheit „ist" kein Seiendes, sondern das, aus dem her das Dasein sich zu bedeuten gibt, zu welchem Seienden und wie es sich dazu verhalten kann. Dasein gibt „sich" aus „seiner" Welt her zu bedeuten, heißt dann: in diesem Auf-es-zukommen aus der Welt zeitigt sich das Dasein als ein Selbst, d. h. als ein Seiendes, das zu sein ihm anheimgegeben ist. Im Sein dieses Seienden geht es um dessen Seinkönnen. Das Dasein ist so, daß es umwillen seiner existiert. Wenn aber die Welt es ist, im Überstieg zu der sich allererst Selbstheit zeitigt, dann erweist sie sich als das, worumwillen Dasein existiert. Die Welt hat den Grundcharakter des Umwillen von ... und das in dem ursprünglichen Sinne, daß sie allererst die innere Möglichkeit für jedes faktisch sich bestimmende deinetwegen, seinetwegen, deswegen usf. vorgibt. Worumwillen aber Dasein existiert, ist es selbst. Zur Selbstheit gehört Welt; diese ist wesenhaft daseinsbezogen.*

Der Überstieg, die Transzendierung zur Welt (von Heidegger dialektisch als „Nichten" aufgezeigt) vollzieht sich dann, wenn Welt schrittweise in ihren Zusammenhängen verstanden wird, wobei das Weltverstehen ebenfalls nicht auf das logische Begreifen limitiert ist, sondern *Weltverstehen und damit Transzendierung ereignet sich bereits im leibhaften und vorlogischen Bereich.*

Existieren heißt, sich als Da-Seiender zur Welt (und zu sich selbst) verhalten zu können, mit der Möglichkeit, über die Welt als Seiender sich zum „Sein" derselben zu verhalten. Im Verhalten zur Welt, im Verstehen derselben, entsteht Welt als Verstandene, wird Welt gewonnen, wie das Subjekt durch das Verstehen von Welt zunehmend sich selbst versteht. Oder: Weltverständnis führt zu Selbst-Verstehen, wie Selbst-Verstehen zu

---

*   M. *Heidegger*: op. cit., S. 52 ff.

Weltverständnis führt, da beide „von Anfang an" einander zugeordnet sind.

Wird Verhalten im oben aufgezeigten Sinne definiert, dann ist der Mensch befähigt, auf die ihm sich mitteilende Welt zu antworten, oder der Welt sich mitteilend zu begegnen.

Das „Tier" antwortet nur auf seine spezifische Umwelt oder teilt sich dieser entsprechend mit. Die Möglichkeit des Menschen, auf Welt und sich selbst zu antworten, sich der Welt mitzuteilen, stellt die Urbeziehung dieses existentialen Sich-verhalten-Könnens als immer sich schon ereignet-habenden und sich ereignenden Überstieg zur Welt dar. Oder: In-der-Welt-Sein ist immer schon Aufnehmen, Mitteilen, Antworten. Weil Aufnehmen, Mitteilen, Antworten sind, ist Beziehung möglich.

Im Verstehen von Zusammenhängen — z. B. eines Naturvorganges, eines historischen Ereignisses — antwortet der Mensch auf die sich ihm jeweils in besonderer Weise mitteilende Welt durch Transzendierung derselben in seiner Antwort. In der Antwort hat er die Zusammenhänge, die ihm erst durch Überlegen, Nachdenken und Urteilen sich klärten — verstanden, er vermag das Verstandene jetzt wieder erklärend der Welt durch Sprache mitzuteilen: dieser Vorgang bedeutet den Zusammenhang von A mit B mit C usf.

Die Möglichkeit, sich als Existierender zur Welt und zu sich selbst verhalten zu können, d. h. mitteilend, aufnehmend und antwortend sich darzustellen, in der Antwort auf Mitgeteiltes Stellung zu beziehen, ist kommunikatives In-der-Welt-Sein, das Transzendierung zur Welt hin von Anfang an umschließt. Es ist die Voraussetzung dafür, nicht nur andere Lebewesen als sich verhaltende (aber nicht im menschlichen Sinne existierende) zu „verstehen", sondern auch die innerorganismischen Vorgänge des Lebens, Naturvorgänge überhaupt verstehend zu erschließen.

Vorgänge, Vor- und Zu-Handenes aus der Kontinuität von Mitteilung, Aufnahme, Antwort zu explizieren, diese in Erkunden, Erschließen, Auseinandersetzen, Bewältigen usf. aufzuschlüsseln, ist möglich, weil der Mensch sich aufnehmend, mitteilend und antwortend zur Welt verhält. Kommunikation als Aufnahme, Mitteilung und Antwort ist für den Menschen in seiner Möglichkeit zur Welt zu transzendieren letztlich begründet. Er existiert — ist — soweit er sich zur Welt oder sich selbst verhaltend kommuniziert.

2. Vorgegebene menschliche Kommunikationsmodi und die Fragwürdigkeit psychologischer Trieb- und Verhaltenstheorien

Das Vermögen zu Mitteilung, Aufnahme, Antwort in der Lebenswelt und bei innerorganismischen Vorgängen wurde in Erkunden, Sich-Auseinander-Setzen und Bewältigen aufgeteilt und präzisiert. Für den Menschen gibt sich (s. u.) eine noch differenziertere Aufgliederung in *Erkunden, Entdecken, Erschließen, Auseinandersetzen, Binden und Lösen, Aufzeigen, Aufweisen und Bewältigen.*

Das Subjekt existiert immer schon in bestimmter, vorgegebener Weise in diesen Kommunikationsmodi, wie sogleich aufgezeigt wird. Das In-der-Welt-Sein des Subjektes ist stets ein thematisches und thematisiertes, es ist — in der Sprache der Vor-*Heidegger*schen Philosophie — „Bewußtseinsinhalt". Da aber in der Konzeption des „In-der-Welt-Seins" die Unterscheidung zwischen „Subjekt" und „Objekt" aufgehoben ist, wird und wurde das „In-der-Welt-Sein" in der vorliegenden Untersuchung durch die verschiedenen Modi zu kommunizieren aufgeschlüsselt und präzisiert.

Diese Kommunikationsmodi sind den Weisen der Kommunikation, die von der Psychologie und Psychoanalyse, als spezifische angesehen werden und die — je nach psychologischer Schule — in triebhafte, gefühls- oder stimmungsbestimmte, in volitiv-pragmatische, noetisch-intellektuelle Kommunikationsmodi unterteilt werden können, vorgegeben. (s. o. „Akzidenz" und „Existenz") Ob der Mensch ein intellektuelles Problem zu lösen sich bemüht, ob er in einer erotischen Beziehung aufgeht, ob er ehrgeizig bestimmte Ziele verfolgt, ob er einfühlend einen warmen Sommerabend genießt: Der ganzen Skala der Möglichkeiten, sich denkend, stimmungsvoll, triebhaft, wollend oder fühlend zur Welt oder zu sich selbst zu verhalten, ist immer ein Erkunden, Erschließen, Auseinander-Setzen oder Bewältigen immanent. Denn diese ermöglichen als elementare Kommunikationsmodi in Mitteilung, Aufnahme, Antwort erst die Weisen denkenden, trieb- oder gefühlsbestimmten Verhaltens.

Wer z. B. denkend ein technisches oder naturwissenschaftliches Problem zu lösen sucht, steht denkend in der Auseinandersetzung mit diesem. In dieser Auseinandersetzung selbst oder im Abschluß derselben hat er die Mitteilung der Welt aufgenommen, antwortet er wiederum auf diese und teilt — als Antwort — das Ergebnis seines Denkens der Welt mit. Wer in einer erotischen Beziehung Lebensinhalt und Glück findet, bewältigt mit diesem Erleben an das Leben gestellte Erwartungen. Wer ehrgeizig Rang, Wissen oder Stellung erstrebt, steht in Auseinandersetzung mit seiner Umwelt, die ihm Titel oder Rang vermittelt. Im Ehrgeiz findet Erkundung und Erschließen der Welt aus einer Grundeinstellung des Ehrgeizes, unter diesem Modus statt, jedoch *Erkunden und Erschließen sind die übergeordneten Leitthemen des spezifischen Weltbezugs.*

Für die Person, die im Leben sich von der Neugier als einer Grundeinstellung treiben läßt, die im Haben-Wollen, möglicherweise auch im Ansammeln, aber auch im Erforschen und in Wißbegier sich darstellt, wird der Kommunikationsmodus des *Entdeckens* z. B. zur dominierenden Einstellung. Das Entdecken ist diesen verschiedenen Kommunikationsmodi als Leitthema übergeordnet, es ist ihnen vorgegeben.

Für das neugierige Entdecken oder das ehrgeinzige Erkunden und Erschließen sind nicht die sog. Triebe oder Antriebe etwa des Ehrgeizes oder der Neugier (sog. Ich-Trieb) als die primären Weisen der Zuwendung anzusehen, sondern in jedem Fall sind Erkunden, Erschließen oder Entdecken vorgegeben, die als formales nicht weniger wie als inhaltliches Apriori anzusehen sind, in das sich die individuell, soziologisch, historisch und gesellschaftlich variablen Trieb-, Gefühls- oder Stimmungs-, volitive oder noetische Akte ergießen.

Darüber hinaus sei erinnert, daß eine Grundeinstellung zwar des Ehrgeizes, der Neugier, der erotischen Bezogenheit, des leistungsbezogenen planenden Eingreifens in der Welt bei Individuen zu beobachten ist, aber jeder Handlungsablauf umfaßt als ganzheitlicher und einheitlicher stets eine Fülle möglicher Triebe, Stimmungen oder Gefühlsbezogenheiten, deren Festlegung auf eine bestimmte stets eine Strukturierung durch den Beobachter ist.

Im Erkunden, Entdecken, Erschließen, im Auseinandersetzen oder Bewältigen wird — da diese Kommunikationsmodi das Apriori von Kommunikation sind — der Vielzahl möglicher in einer Handlung oder in einer Einstellung, in einem Ausdrucksverhalten oder in einer Aussage immanenten spezifizierten Kommunikationsweisen etwa des erotischen, ehrgeizigen, aggressiv-destruktiven, geltungssüchtigen u. a. Verhaltens Rechnung getragen. Es gibt keinen ausschließlich „sexuellen" Akt, keine ausschließlich „aggressives" oder „ehrgeiziges" oder „geltungsbedürftiges" Verhalten, denn die Fluktuation des Innerpsychischen läßt Ausschließlichkeiten dieser Art nicht zu. „Sexuelles" oder „aggressives" Verhalten kann in den Vordergrund einer Handlung, eines Aktes oder einer Aussage treten, behält aber als Hintergrund stets die Fülle möglicher anderer Bezugsweisen.

Schon aus diesem Grund ist die Rede von der Verdrängung der Sexualität oder eines anderen Antriebs höchst problematisch, denn es gibt keinen sexuellen Impuls, der nicht mit zahlreichen anderen Bezügen in Verbindung steht, der mit Orientierung und Erkunden und damit auf Ordnung nicht weniger wie auf Leistung oder Leibhaftes bezogen ist. „Verdrängte Sexualität" würde die verschiedenen Modi, wie Sexualität sich erkundend oder bewältigend darstellt, umschließen, darüber hinaus die Grundstrukturen, die aus „sexueller" Kommunikation entstehen, die Orientierung innerhalb dieser – z. B. in einem erotischen Sich-Begegnen – wie auch des Bezugs zu einer spezifisch „sexuellen" Ordnung, d. h. einer Ordnung des sexuellen Ablaufs in seiner naturhaften *und* kulturbedingten Weise. Sexualität entbehrt ferner weder des Leistungscharakters noch einer Beziehung zum Leib, *so daß es überhaupt fragwürdig ist, ob es „Sexualität" als spezifischen Trieb gibt*, oder nicht vielmehr verschiedene Modi der Kommunikation, die über diese Grundstrukturen Sinnlichkeit erleben lassen und sinnlich erlebt werden.[9]

Das gilt nicht weniger für den sog. Ehrgeiz, die Neugier, die Geltungssucht und die Fülle möglicher, von der klassifikatorischen Psychologie und Psychoanalyse ausgearbeiteter Triebe oder Antriebe, wie für die Gefühle oder Stimmungen – von denen bestenfalls gesagt zu werden vermag, daß sie ein Erschließen, ein Auseinandersetzen oder ein Bewältigen akzentuieren, nie aber ausschließlich das Subjekt bestimmen und ausfüllen, vielmehr „im Dienst" von Erkunden, Entdecken, Erschließen etc. stehen.

Wer überwiegend praktisch-technisch mit der Welt verbunden ist, als Techniker, Kraftfahrzeug-Meister oder Schreiner, muß in seinem Tun das zu bearbeitende Material erkunden, das Erkunden führt zum Erschließen des Materials, zur Auseinandersetzung mit diesem. Die Auseinandersetzung wird – etwa nach einem ausgeführten Auftrag – abgeschlossen und damit bewältigt. Das Leben und Tun eines praktischen Arztes oder eines Kranführers, die Umtriebe „aufsässiger" Jugendlicher, die Verwöhnung eines Kindes, das Liebkosen der Katze durch ein junges Mädchen sind erst und a priori Modi wie Umwelt aufgenommen, erkundet, erschlossen wird, in der Auseinandersetzungen verschiedenster Art stattfinden und Bewältigung möglicherweise sich abzeichnet.

Diese grundsätzliche Feststellung wird im Verlauf der weiteren Untersuchung von Abschnitt zu Abschnitt zunehmende Erhärtung erfahren. Die Begriffe des Erkundens, Erschließens, Entdeckens usf. werden in ihren verschiedensten Aspekten und Bezugsmöglichkeiten aufgegliedert und, der phänomenologischen Methode folgend, über die ständige Konfrontierung mit der Realität sich als umfassende Leitthemen menschlichen Verhaltens, als Leitthemen von Mitteilung, Aufnahme, Antwort aufweisen. Mit dieser Aufweisung werden die Theorien verschiedenster Provenienz in Frage gestellt, die menschliches Verhalten entweder ausschließlich aus einem (Sexualität) oder zwei (Sexualität und Aggression) oder auch mehreren Triebarten und deren jeweiliger „Unterdrückung" ableiten wollen, wie auch die Konzeptionen, die von verschiedenen Vermögen (Schichten)[10] des Menschen ausgehen, oder die bestimmte Instanzen annehmen, die dann gewissermaßen als verselbständigte Intelligenzen sich einer spezifischen Deskription ihrer Kommunikation entziehen: Wie sollen ein „Über-Ich" oder ein „Ich" oder gar ein „Es" kommunizieren? *Es gibt keine Instanzen, kein Denken, keinen isolierten Antrieb und keine Stimmung, die nicht von vornherein in ihrer Bezogenheit grundsätzlich auf Welt im Prozeß von Mitteilung, Aufnahme, Antwort, dann von Erkunden, Entdecken, Erschließen, Auseinandersetzen usf. stünden.*

Der Charakter von Trieben, Fühlen, Stimmungen, noetisch-volitiven Prozessen ist akzidentiell (im Sinne von Akzidenz) im Verhältnis zum existenziellen Erkunden, Entdecken, Auseinandersetzen usf., das lediglich in der organismischen Lebenswelt als Vorgegebenes begegnete. Wird im weiteren Verlauf nichtsdestoweniger von ,,Trieben" oder ,,Wollen" gesprochen, dann im Sinne von Akzidenzien, über die sich die Existenz unterschiedlich als Eine darstellt.

Dies voraussetzend, daß der existierende Mensch primär existiert und in dieser Existenz erkundend, sich auseinandersetzend oder bewältigend ist, dann erst über Antriebe, Wollen, Denken und sog. seelische Vermögen sich der Welt spezifiziert zu- oder von ihr abwendet, seien die genannten Modi weiter aufgeschlüsselt.

3. Zur allgemeinen Ontogenese existentialer Kommunikationsmodi

Die jetzt folgenden Abschnitte des II. Teils werden in die Deskription und Differenzierung der Kommunikationsmodi eintreten. Dabei werden im vorliegenden Kapitel die allgemein-unspezifische Ontogenese der Kommunikation in der Kindheit und eine erste — auch kulturhistorische — Vorschau auf die Kommunikationsmodi entwickelt, die dann in den weiteren Kapiteln schrittweise spezifiziert werden.

a) Das Erkunden

Dem Erkunden eignet als Unterthema von Aufnehmen Wahrnehmungscharakter (s. o.) wie er im Beobachten, Aufmerken, Feststellen, Fixieren (den Blick auf etwas) im *Hinhören* und *Horchen* bei den visuellen und auditiven Sinnesorganen sich zeigt. Aber erkundet wird auch durch *Tasten, Abtasten und Ertasten*, durch *Schmecken, durch Lage- und Bewegungssinne*, wenn z. B. die Tragfähigkeit eines Balken erprobt, eine Wippe oder eine Schaukel zum ersten *Mal* ,,erkundet" werden. Diese Vorgänge, mit dem aufmerkenden Wahrnehmen des Kleinkindes beginnend, erstrecken sich bis zu dem Zeitpunkt des dritten oder vierten Lebensjahres, in dem bereits Gegenstände wie Schaukeln, Wippen, Rutschbahnen handelnd erprobt werden. Erkundet wird darüber hinaus in der Schulzeit der zu erlernende Stoff — wie das Erkunden lebenslängliche Voraussetzung des sog. Lernens bleibt. *Es kommt dem Erkunden außer dem Wahrnehmungs-*[11] *auch ein spezifischer Handlungsbezug (Bewegung) zu:* durch Wahrnehmen und Hin- und Herbewegen wird die Puppe, durch Anblicken das Gesicht oder der Arm des Erwachsenen erkundet, durch Ablutschen und In-den-Mund-Stecken die verschiedensten Gegenstände.

Das Erkunden hat über den Wahrnehmungs- und Handlungsbezug hinausgehend, die sich zu den Kreisprozessen (Gestaltkreis)[11] ergänzen, über die das Kind den Umgang mit dem eigenen Leib wie auch mit Gegenständen erlernt, bereits prüfenden, abwägenden, Möglichkeiten, die die Gegenstände, Personen, den eigenen Leib beinhalten, *entwerfenden Charakter.* Im handelnden Erkunden des eigenen Leibes wird ferner die Erfahrung von dessen Verfügbarkeit gemacht, die auch Vorraussetzung dafür ist, Gegenstände als möglicherweise verfügbare zu erfassen, mit diesen manipulieren zu können, oder sich die Manipulation aus Unvermögen zu versagen.

Das Erkunden wird im handelnden Umgang mit der Umwelt gleichzeitig zur Mitteilung an diese. Im Kreispozeß von Wahrnehmung und Bewegung ist das Erkunden stets Antwort auf das Wahrgenommene, sich dem Erkundenden Mitteilende.

Das erkundende Kind nicht weniger als der erkundende Erwachsene teilen sich im Erkunden der Umwelt als Erkundende mit: durch die Art ihrer Bewegungen, nicht weniger durch das Was des Erkundeten als seines Wie, durch ihr Ausdrucksverhalten, mit dem sie sich als Erkundende darstellen.

Erkundend beginnt die Welt sich als zu bewertende zu zeigen, die hier angsterzeugende, bedrohliche, vernichtende, dort bergende, beglückende, verlockende Züge aufweist, über die wiederum das Kind sich als selbst angsterzeugendes oder bergendes erfährt. Es vermag ein anderes Geschwister, ein Tier oder auch eine Erziehungsperson derart zu erkunden — durch direktes Anfassen, Erschrecken, intensives Tasten, Befragen —, daß die in dieser Weise Erkundeten auf das erkundende Kind mit Angst, Abwehr oder Abweisung (Kommunikationsverweigerung) antworten.

Im Erkunden der Umwelt, über die das Kind sich selbst reziprok als ein Erkundendes erfährt, sind bereits vorgegeben, aber noch undifferenziert: Entdecken, Frage nach dem Zweck, nach dem größeren Zusammenhang (Erschließen) in den das Erkundete gehört und nach der Bewertung des Erkundeten, nach dessen persönlichem Stellenwert für das Kind. (Auseinandersetzen)

Das Erkunden bleibt darüber hinaus lebenslänglich ein Modus des Sich-Kennenlernens von Menschen, die in Physiognomie, Gestik und Sprache sich, einander erkundend, darstellen. Aber auch durch direkten leibhaften Kontakt wie Händegeben, Sich-Streicheln, Sich-Umarmen wird der andere erkundet. In der Forschung wird das Erkunden systematisiert durch Differenzierung von Beobachtung, kritische Prüfung und abschließend urteilendes Verfügen über das Erforschte. Nichtsdestoweniger bleibt das Erkunden an der Peripherie, an der Oberfläche des Zu-Erkundenden. Es ist die Domäne der Oberfläche, der Erscheinung, des Augenblickshaften.

b) *Das Entdecken*

Dem Entdecken kommt der Modus der Aufnahme des Neuen durch ein spezifisch auf „Neues" ausgehendes Erkunden zu. Im Bedürfen zum Entdecken teilt sich das Subjekt der Umwelt als ein zur Entdeckung bereites mit, die Umwelt antwortet durch Bereitschaft, sich entdecken zu lassen (sich zu öffnen) oder durch Abweisung des Entdeckers, durch Sich-Verschließen.

Die Kindheit[12] ist das „Zeitalter" der kontinuierlichen Entdeckungen, in denen das Öffnen eines unbekannten Zimmers, eines Schrankes, ein Weg durch den Wald von einer Entdeckung zur andern führt. Neugier — die „Gier nach dem Neuen" — und Entdecken bedingen sich insofern gegenseitig, *als Neugier zur Entdeckung führt, umgekehrt das Entdecken die Neugier nach dem „Noch-Mehr" oder „Was-dahinter-Steckt" weckt.*

Dieser Vorgang setzt das Erkunden und seine Verschränkung mit Wahrnehmen, Bewegen, Beobachten und Abwägen voraus. Kommt aber dem Erkunden ein Sich-vorwärts-Tasten und abwartendes Beobachten zu, so hat das Entdecken bereits den *gewaltsameren Zug* des „Auf-Deckens", „Ab-Deckens", des Enthüllens, des Auf-Reißens, Auf-Grabens, auch des „An-sich-Raffens" und der „Sensation". Diese Momente sind in der kindlichen Entdeckerfreude aufweisbar, wenn das Kind z. B. in ein unbekanntes Zimmer sich auf unbekannte Gegenstände stürzt, diese an sich drückt, preßt, abtastet, dann herumdreht, wieder wegwirft, usf.

Das Neue als das Hauptmerkmal von Entdecktem — z. B. einen Schaukelstuhl, im Unterschied zu einem schon vertrauten, regulären Stuhl zu entdecken — *ist dadurch bestimmt, daß es vorhandene Erfahrungen in Frage stellt, diese aufhebt*, was sich in Stutzen, Staunen, Sich-Wundern, ja u. U. in Ängstlichkeit und Bestürzung äußert. Bis dann über das — je nach Art des Kindes — vorsichtig-abtastende oder lebhaft-zupackende Erkunden der Schaukelstuhl in Bewegung gesetzt, er versuchsweise bestiegen, seine Bewegung abgebremst wird und das Kind jetzt versucht, *mit bereits verfügbaren Erfahrungen* das Neue des „Schaukelstuhls" aufzunehmen. Jetzt wird vorhandene Erfahrung durch den schaukelnden Stuhl selbst in Frage gestellt, das Kind erlebt zweifelnd Augenblicke wie: „Es ist nicht der Stuhl von nebenan, es ist vielleicht gar kein Stuhl? Ein bewegliches Bett? Ein wackliger Tisch?", — um, interpretierend die Möglichkeiten aufzuzeigen, die das Kind, das Neue erkundend und entdeckend, entwirft.

Es entwirft die Möglichkeiten des Gegenstandes, seiner Benutzung, seines „Um-Zu" und „Wo-Zu" sowohl in der Phantasie wie auch durch praktisch-pragmatisches Experimentieren mit diesem. Bis sich das Neue des erkundeten Dinges als durch dieses gewecktes, inneres Erlebnis über Entwurf und Praxis zu einem Bekannten wird: „Das schaukelnde Ding" ist eine Sitzmöglichkeit, die bewegt werden kann und damit bestimmte Empfindungen auslöst.

In diesem spezifischen sowohl in der Außenwelt wie gleichzeitig innerlich sich darstellendem Vorgang (Erleben) wird eine bis zu der „Begegnung" mit dem Schaukelstuhl unbekannte Antwortmöglichkeit des Innen erweckt, provoziert und „bewußt" gemacht. D. h., eine Antwort wird erweckt, die bereits vorhandene Erfahrungen („fester Stuhl") und die des Neuen umfaßt, das Neue des „Schaukelstuhles" die bestehenden Erfahrungen als „alte" in Frage stellt, damit „Platz für das Neue schafft". Das Neue wiederum wird durch die alten, vorhandenen Erfahrungen als „das kann doch nicht sein", „so etwas gibt es nicht", bezweifelt. In diesem Zweifel, der das Neue nicht sein läßt, das Alte jedoch gleichzeitig in Frage stellt, formt sich, vergleichbar einem im „Niemandsland" sich abspielenden Vorgang die Antwort auf das Erlebnis des „Neuen" aus.

Entdecken von Neuem in der Außenwelt ist stets Entdecken neuer innerer Erlebnismöglichkeiten, die bis zu dem Zeitpunkt des Entdeckens noch nicht dem Wachen, dem Bewußtsein, zugänglich waren. Im Entdecken als dem Modus von Kommunikation, mit dem neue Erfahrung im Umgang mit Dingen nicht weniger wie mit Menschen gemacht wird, kommt der Transzendenzcharakter der Erfahrung, der Überstieg von der Innenwelt zur Außenwelt als ein Sich-Erlebendes-Entwerfen deutlich zur Darstellung. Wie umgekehrt der „Überwurf" der Außenwelt zu der Innersubjektivität sichtbar wird.

Im Entdecken — analog zum Erfinden, das über die Erweckung durch Außenwelt hinausgehend, Außenwelt pragmatisch konstituiert und verändert — wird das Entwerfen von Möglichkeiten inneren Erlebens sichtbar, das sich im Erkunden abtastend vollzieht, im Entdecken darüber hinaus häufig mit Überraschung, auch Überwältigung einhergeht.

Für das neu Erlebte und Erfahrene des Schaukelstuhls wird das Kind sehr bald das Bedürfnis zeigen, bei Wiedervorfinden desselben, ihn zu bezeichnen — falls ihm der Begriff nicht bereits von den Erwachsenen vermittelt wurde. Mit der Fähigkeit, den einmal erfahrenen und erlebten Gegenstand als ein und denselben wiederzuerkennen, ihn zu bezeichnen, über ihn damit innerlich als Wort (Begriff) zu verfügen, öffnet sich eine weitere Dimension menschlichen Verhaltens; *das zum Abschluß gekommene Erlebnis ist in der Begriffsfindung vorläufig als verfügbares* — über das z. B. gesprochen werden kann — *gebunden*.

c) Das Erschließen

Die Ontogenese des Erschließens kann wie das Erkunden nicht früh genug angesetzt werden, obwohl die Bezogenheit des Erschließens sich bei zunehmender Differenzierung des Erlebens, besonders über das Fühlen und die Stimmung darstellt. Im Erkunden bleibt – auch bei Systematisierung desselben in der Forschung – die Welt peripher, sie zeigt ihre Oberfläche (s. o.), sie ist und bleibt Erscheinung, die eine Vielzahl von Annahmen, was das Erkundete sein möchte, noch erlaubt. Im Erschließen dagegen wird Welt (und Umwelt des Kindes), zunehmend thematisiert, ergeben sich vorlogisch-bildhafte oder logisch aufeinander verweisende Sinn-Zusammenhänge.

Erschließen und „es erschließt sich" deuten auf den aktiv der Welt zugeordneten Charakter einerseits des Erschließens, andererseits zeigt im Erschließen das Subjekt sich der Welt als zur Erschließung bereites oder Erschlossenes an.

Dem handelnden, tätigen, spielenden oder beobachtenden Kind erschließt sich die Physiognomie eines Erwachsenen in ihren verschiedenen emotiven Zuständen, vom liebevollen Anteilnehmen bis zur wütenden Zurechtweisung. Sie wird als diese sinnbezogen (Thema) erschlossen, weil sie – sich öffnend – dem Kind sich erschließt. Es erschließt sich ihm das Tun eines Spielgefährten, der im Sand einen Tunnel buddelt, es erschließt sich ihm – in einem früheren Stadium der Entwicklung – die Bedeutung der Treppe als Möglichkeit, sich in ein tieferes oder höheres Stockwerk zu begeben. Es erschließt sich ihm der Vater in seinen verschiedenen Befindlichkeiten (Stimmungen), wenn er morgens zur Arbeit geht oder abends nach Hause kommt. Es erschließt sich ihm der Vogel als ein fliegendes Lebewesen, der Baum als ein von Winden bewegter.

Nicht weniger erschließt sich das Kind der Welt als ein bestimmtes: ein zärtliches, liebevolles, ein das Tier streichelndes, ein wütendes, ein aufmerksames, als unruhiges, umkonzentriertes, als glückliches, erfülltes, produktives, als arbeitsames oder verträumtes. *Im Erschließen zeigt sich die Fülle der Befindlichkeiten des Fühlens, aber auch der Antriebe der Umwelt an. In dem Maße, in dem das Kind sich der Umwelt in dieser Weise erschließt, erschließt es sich selbst – wird es für sich selbst ein Sich-Erschließendes.* Es erfährt sich als von Emotionen hin und herbewegtes oder hin und hergerissenes, als ängstliches, als bedrücktes, als freudigjauchzendes, als hüpfendes oder niedergeschlagen auf einem Stuhl sitzendes.

Im Erschließen von Umwelt und Welt, im Sich-Erschließen der Umwelt gegenüber und im Sich-Selbst-Erschließen *werden primär vorlogische, ganzheitsbezogene Bildzusammenhänge erfaßt*, die durch ihr bloßes Sich-

Zeigen (Physiognomie, Treppe, Stimmung, Vogel) unmittelbar als Mitteilung wahrgenommen und die im Verstehen adäquat, in dem was sie meinen, beantwortet werden. Wie reziprok das Kind — oder das Subjekt — ebenfalls vorlogisch der Welt durch Geste, Gebärde, Vorsprache, Motorik und nicht zuletzt durch sein vegetatives Nervensystem sich erschließen.

Dem Sich-Erschließen fehlt das prüfend-abwägende Erkunden, das Überraschende und auch Peinsame einer Entdeckung, ihm kommt der Modus der *Husserl*schen *Ur-Doxa* zu, über die sich Welt als zusammenhängendes Ganzes mitteilt und die in der Mitteilung vom Subjekt innerlich bereits vorlogisch in verschiedenen Bedeutungszusammenhängen beantwortet wird.

In der weiteren Entwicklung und Differenzierung besonders des Fühlens, in der Möglichkeit nicht nur eigenen Stimmungen ausgesetzt zu sein, sondern sie auch in der Welt (in Landschaft nicht weniger als bei Personen) zu erfühlen, erschließt sich z. B. das Gesicht einer Person in ihrer jeweiligen Befindlichkeit, bevor sie etwas über sich berichtet haben muß. Es erschließt sich die Atmosphäre einer Landschaft, eines sakralen oder profanen Raumes, einer Hotelhalle oder eines Tanzlokales, als das, was sie vor aller logischen Klassifizierung in ihrer Selbstdarstellung sich mitteilen.

Erschließen setzt außerdem das Bedürfen und die Bereitschaft voraus über Erkunden und Entdecken in den Kern eines Problems, einer Sache, einer Beziehung einzudringen, diesen, mit dem durch das entsprechend geschulte Fachwissen dazugehörigem „Schlüssel" zu öffnen (zu erschließen, aufzuschließen). Nur der Botaniker XY hat den Schlüssel zum Problem der Karyokinese bei niederen Pflanzen. Nur der Reisende Z hat den Schlüssel mit den Y-Stämmen in X umzugehen; das heißt, diese Fachkenner vermögen aufzuschließen, was sich über Erkunden und Entdecken hinausgehend verbirgt, abschließt, abkapselt, was sich dem Zugreifen und Zupacken entzieht.

Dieses Erschließen zielt über die vom Erkunden und Entdecken wahrgenommenen Hüllen auf die Dimensionen der Tiefe, es setzt ein besonderes Vertraut-Sein mit den zu erschließenden Dingen, nicht weniger als mit unerschlossenen Menschen voraus. Hier zeichnet sich die noetisch-teilnehmende (s. u.) Dimension des Erschließens ab, wie im Erschließen, Aufschließen, Eröffnen *das Wesen des Überstiegs zu der Welt als ein in ihre Tiefe zielender, nicht zu beendender Prozeß sichtbar wird*, als „unendlicher Dialog" wie *Heisenberg* die Beziehung zwischen Forscher und Natur kennzeichnete.

d) Das Sich-Auseinandersetzen

Die Auseinandersetzung kann in ihren Grundformen ebenfalls bereits bei dem Kleinkind und Kind beobachtet werden, das handgreiflich — nicht weniger wie beim Erkunden über Wahrnehmen und Sich-Bewegen — sich mit den Gegenständen aus-einander-setzt, indem sie (die Auseinandersetzung) diese buchstäblich aus-einander-legt und aus-einander-nimmt. Für den Modus von Auseinandersetzung ist der Widerstand maßgeblich, der hier von Dingen, dort von Personen ausgeht. *Ohne Widerstand (s. o.) findet Auseinandersetzung nicht statt. Widerstand ist stets die Gegenthematik zu einer Thematik, beide bestimmen Auseinandersetzung.*

Im Unterschied zum Erkunden, Entdecken und Erschließen ist ferner die Auseinandersetzung durch die Akzentuierung der Konflikte in Thematik und Gegenthematik geprägt. D. h., die in der Auseinandersetzung gemachte Widerstandserfahrung wird mit Beendigung derselben (Bewältigung) zur Grundlage des Lernens, — mit Dingen so umzugehen, daß ihr Widerstand vermieden wird — das auch zum Bestandteil eines manipulativen Umgangs mit Personen zu werden vermag.

Einen Gegenstand, der in der Auseinandersetzung auseinander-genommen wird, wieder zusammenzusetzen, setzt voraus, daß die Thematik und Gegenthematik überwunden wurde, um antagonistische Teile (z. B. eines Motors) zu einem übergeordneten Ganzen, zu ihrem „Wozu" wieder zusammen zu fügen, sie entsprechend erfaßt zu haben. D. h., *der oder das, mit dem Auseinandersetzung stattfindet, wird in diese durch besondere Provozierung seiner Eigenthematik — z. B. der Selbstbehauptung — im Unterschied zu der Thematik des Sich-mit-ihm-Auseinandersetzenden in die Auseinandersetzung hineingezogen.*

Die „Eigenthematik" z. B. eines Hundes, den sich das Kind zum Spielgefährten, aber auch Gegenstand der Auseinandersetzung gewählt hat, liegt über das Mit-Spielen in Abwehr, auch in Aggression, mit der der Hund sich selbst als „eigenständiges" Lebewesen dem Kind gegenüber zum Ausdruck bringt. Dieser Gegenthematik des Hundes wird durch das Thema des Kindes, das mit ihm Spielen, d. h. ihn erkundend-erschließend zum Partner eigener, spielerisch entfalteter Bedürfnisse, (z. B. auch von motorischem Ausdruck, zum Erwerb von Geschicklichkeit, Entfaltung von Zärtlichkeit) machen möchte, provoziert und konstelliert. Aus der gemeinsamen Kommunikation über das Thema „Spiel" entsteht plötzlich Gegenthematik, wird „Ernst" und Auseinandersetzung.

Die Gegenthematik der Dinge als deren „Eigenthematik", die bei diesen allerdings auf den Zweck beschränkt ist, wird sichtbar, wenn die Dinge falsch oder unsachgemäß behandelt werden: wenn die Schubkarre z. B. nicht über die Vorderräder geschoben, sondern umgekehrt, liegend, mit aufwärts gerichtetem Rad, gezogen wird und dabei „Widerstand" leistet. Die Auseinandersetzung mit ihr mißlingt, wenn es dem Kind nicht möglich ist, sie ihrer Thematik entsprechend (d. h. zweckmäßig) zu benutzen.

Diese Gegenthematik der Gegenstände ist allerdings insofern keine „echte", als der Widerstand zwar durch unzweckmäßigen Umgang provoziert wird, aber in diesem Widerstand sich lediglich das Unvermögen zur sachkundigen Behandlung der Dinge spiegelt, jedoch keine „Eigenthematik", die etwa der Eigenthematik von Lebewesen oder Personen vergleichbar wäre.

Kommt der Auseinandersetzung der besondere Modus von Thematik und Gegenthematik zu, so beherrscht Auseinandersetzung die Beziehung des aufwachsenden Kindes zu den Personen seiner Umwelt, manifestiert sich hier ständig Thematik und Gegenthematik. Der Umgang mit Erziehungspersonen wie der mit seinesgleichen wird für das Kind schon in den ersten Wochen seines Lebens zur Auseinandersetzung, die hier im Schreien sich artikuliert, dort mit Besorgnis oder Indifferenz beantwortet wird.

Wie Kinderpsychologen und Kinderpsychiater aufgezeigt haben, geht es in diesen frühen und Erstformen von Auseinandersetzung bereits um Machtkämpfe, d. h. elementare Ansprüche der Selbstbehauptung und Gegenbehauptung. Meldet sich bei dem Säugling das Thema „Hunger" vordringlich an, den es spontan der Umgebung mitteilt, läßt diese sich auf das angemeldete Thema „Hunger" nicht ein, sondern wählt das Gegenthema „Abwarten, Du hast grade erst die Flasche bekommen", so zeichnet sich hier eine von zahllosen Formen der Auseinandersetzung in der Kinderstube ab. Zu dieser zählen die Auseinandersetzung auch der sogenannten ödipalen Phase wie auch die zwischen dem „Omnipotenzgefühl" des Kindes und den Einschränkungen desselben durch die Wirklichkeit. *In der Auseinandersetzung wird die Welt als Kommunikation über ein konstelliertes Thema verneinende, als gegen- und nicht-kommunikative greif- und sichtbar, als Konflikt und dessen Möglichkeit der „Bewältigung".*

Das Problem der Transzendenz zur Welt wird in der Auseinandersetzung mit der Welt nicht weniger als mit sich selbst — jede außerweltlich bezogene Auseinandersetzung ist gleichzeitig eine innerweltliche — zu einer Erfahrung des In-frage-Gestellt-Werdens durch die Welt und der Welt durch das eigene Selbst; sie wird zum Erleben von Nichtung und Vernichtung (s. u.).

Diese spezifisch humane Erfahrung schließt nicht aus, daß Lebewesen und innerorganismische Vorgänge durch Auseinandersetzung leben (s. o. S. ...), daß Leben Kompensation (Bewältigung) von Auseinandersetzung ist. *Über die Meinung der herkömmlichen Konfliktpsychologie* — insbesondere der Psychoanalyse und ihre verschiedenen Schulen — hinausgehend, *ist Auseinandersetzung jedem spezifischen Konflikt als ein existentialer Modus von Kommunikation vorgegeben. Konflikte, Auseinandersetzung über diese mit der „Um-Welt", der Welt und sich selbst sind nur, weil im Überstieg zur Welt Auseinandersetzung mit dieser ein Modus der Kommunikation ist.*

Auseinandersetzung ist darüberhinaus eine Grunderfahrung des Umgangs mit den Gegenständen des Alltags – in gleicher Weise mit der Natur wie mit Personen – bei der sich über Erkunden, Entdecken, Erschließen die Erfahrung der bedrohlichen Evozierung eines Gegenthemas mit möglicher Vernichtung der eigenen Thematik abzeichnet. Welt wird in ihrer Möglichkeit, Gegenthemen zu entwerfen, das Selbst (das Subjekt) damit zu „überwerfen", zur möglicherweise überwältigenden, nichtenden, die eigene Thematik auslöschenden; *nur weil der Mensch zum Sein von Seiendem sich existential verhalten kann, wird die existentielle Vernichtung des Subjektes in der Auseinandersetzung vor aller psychologischer Konkretion der Konflikte ermöglicht.*

e) Das Binden und Lösen

Binden und Lösen als Anteile von Auseinandersetzung und Bewältigung (Kompensation) begegnen auch in der Biochemie und Physiologie innerorganismischer Vorgänge, die ein kontinuierliches Binden und Lösen von Substanzen sind, die in Binden – Bindungen (!) – aufeinander-zukommen, sich durchdringen (Binden, Aufbau, Assimilation) und im Lösen sich wieder trennen (Ausscheiden). Sie sind in der Lebenswelt Modi des Bewältigens: eine toxische Substanz wird gebunden oder ausgeschieden (gelöst), ein Vogelpaar bindet sich zur Aufzucht und löst sich nach abgeschlossener Thematik wieder, so daß Binden und Lösen aus diesem Grund nicht gesondert zur Darstellung gelangten.

Im Binden und Lösen existiert der Mensch, d. h. verhält er sich zur Welt (transzendieren), als sich in seiner Beziehung zu dieser lösend (Abwenden) oder bindend (Zuwenden), um damit den fundamentalen Charakter von Binden und Lösen durch seine sich primär zu- oder abwendende Existenz zu erweisen. Fundamental-existentiale Weisen von Ab- und Zuwendung (s. „Beziehung und Gestalt") werden in Schlafen und Wachen, in Sterben und Leben, in Sympathie und Antipathie, in Freude und Trauer, in Erschöpfung und Regeneration – aber auch in der Psychopathologie der Zyklothymien und schizophrenen Psychosen beobachtet.

Wer morgens zu der Welt erwacht, bindet sich in diesem Vorgang vielfältig an die ihn im Erwachen aufnehmende Welt: vom Blick zu dem vertrauten Bild oder dem Büchergestell, vom Geruch des kochenden Kaffees bis zu den ersten Plänen in die Welt sich hinein zu begeben, ereignet sich Bindung. Umgekehrt erfolgt im Schlaf Lösung, Abwendung von der Welt, die im Tod endgültig sich vollzieht.

Das Neugeborene bindet sich in seiner elementaren Zuwendung zur Welt im ersten Erblicken derselben, wie es sich im Schlaf von ihr abwendet, löst. Darüber hinaus sind Kindheit[12] und Jugend die Epochen eingreifender Bindungen und Lösungen: von den ersten Erfahrungen schmerzhafter Trennung (Lösung) in der Beziehung zu den engsten Pflegepersonen (Mutter) — mit der häufig lebensprägenden Bindung an diese — bis zu der Bindung an Lebensräume, Orientierungsprinzipien, Vorbilder, an Tiere nicht weniger wie an Dinge (Spielzeug), an Landschaften oder Stadtviertel. *In der Bindung ist der Mensch — besonders das Kind — von dem, an das die Bindung erfolgt, eingefangen, von ihm umschlossen, eingehüllt, auch ergriffen und geboren.* In der Bindung wird das Vertraute dessen sichtbar, an das die Bindung erfolgte; die Bindung „assimiliert", dem Stoffwechsel vergleichbar, das Andere, Fremde, er macht es zum eigenen, erst des Leibes (wie die Mutterbrust wahrscheinlich als Teil des eigenen Körpers vom Säugling erlebt wird), dann der emotional-anteilnehmenden Kommunikation, später der noetischen Prozesse.

In der Bindung verbreitet sich der Sich-Bindende über das Ein-zu-Bindende, wie das Ein-Gebundene ihn bindet. Bindung folgt natürlicherweise aus der Zuwendung zur Welt, insbesondere in ihrer sinnlichen Erscheinung — wie Lösung Abwendung von Welt impliziert, bzw. Abweisung zu Abwendung und Lösung führen kann. Bindung umschließt den Schutz (Geborgenheit) des Sich-Bindenden durch das Gebundene, Lösung jedoch führt — vorübergehend — zu Schutzlosigkeit, Isolierung, Abkapselung, zum Erleben des Verlassen-Seins, der Verstoßung und bedrohenden Nichtung. Lösung wird als Kommunikationsverweigerung (s. u.), Einschränkung, Nichtung erlebt.

Durch Bindung an — nicht nur Personen, sondern an Lebensräume nicht weniger als Dinge — wird die Möglichkeit zunehmende Differenzierung, Bereicherung, Entfaltung (Kommunikationserweiterung) der Persönlichkeit gegeben, der die Person gegenüber steht, die durch Mangel an Bindungsmöglichkeiten verarmt und reduziert ist. Das Kind, das keine Bindungen zu erstellen vermag, ist durch den sogenannten „Identitätsmangel"[13] gefährdet, nicht weniger jenes, das auf erfolgte Bindungen sich immer wieder lösen muß, z. B. durch häufigen Wechsel der Lebensräume. Aber das vielfach gebundene Kind ist wiederum durch mangelnde Plastizität und Flexibilität gekennzeichnet, durch frühzeitiges Erstarren, durch die Unmöglichkeit sich zu lösen — was zu erheblichen Schwierigkeiten im späteren Umgang mit dem Partner führen kann (z. B. bei der sogenannten Bindung an die Eltern, wenn das soziale Milieu Lösung fordert).

In der menschlichen Welt sind das Eingehen von Bindungen oder das Lösen derselben seit die Menschheit sich historisch dokumentiert Gegenstand kollektiver Satzungen[14], Regeln, Vorschriften, Riten und Zeremonien. Sie wurden als Ausdruck einer magisch-religiösen oder einfach übersinnlich konzipierten Welt erlebt, die für die Früh- und Vormenschheit das Binden oder Lösen überhaupt ermöglicht (Inzestverbot, Ehevorschriften,

Regulierung der Beziehung zu Verwandten usf.). *Binden und Lösen kommt ferner im Zusammenhang emotional-affektiver Zuwendungen* (Zuneigung, Abneigung, Sympathie, Antipathie) *und Abwendungen erhebliche soziale Bedeutung zu,* wie schon allein die durch sogenannte „Prägung" entstandenen Bindungen an bestimmte Personen beweisen.

Über kollektive Regeln, über emotionale-affektive Bindungen oder Lösungen herausgehend, stellt sich in Binden und Lösen die Möglichkeit des Menschen dar, verbindlich-vertrauensvolle Zusicherungen zu geben — wie auch solche zu lösen. In diesem Verhalten wird ein spezifisches Humanum sichtbar, mit dem der Mensch sich verbindlich zu etwas stellt (antwortet), damit zu seinem Wort steht. Das heißt, er verbürgt mit einer bindenden Zusage sich selbst als Je-Einmaliger, er macht seine Existenz zum Pfand eines Versprechens — um doch geschichtlich und gesellschaftlich immer wieder als Eidbrecher, Verräter und unverbindlich sich Lösender „Geschichte zu machen".

Für das aufwachsende Kind wird diese Problematik erst mit zunehmender Sozialisierung, nach Zurücktreten des sogenannten kindlichen Egozentrismus (*Piaget*) vom 3./4. Lebensjahr an deutlich. Die Verbindlichkeit von Zusagen und Versprechen durch Erwachsene, das Einhalten oder Nicht-Einhalten derselben kann das zukünftige Vermögen des Kindes, sich zu binden und zu lösen maßgeblich beeinflussen. Aber es sind auch zahlreiche Individuen bekannt, die im Gegensatz zur Herkunft aus einem sogenannten asozialen Lebensraum sich zwangshaft-zuverlässig (bindend) entwickelt haben.

Diese Hinweise auf die ontogenetisch-existentialen Zusammenhänge von Binden und Lösen müssen genügen, um jetzt Binden und Lösen als Grundvorgänge auch der logischen Begriffsbildung aufzuzeigen. Die Ontogenese des Denkens und der Begriffsbildung haben *Piaget* und andere Entwicklungspsychologen, die Entstehung der Reflexion u. a. auch der Autor in ihren Zusammenhängen aufgewiesen. In Erinnerung an die Untersuchungen des Verfassers sei die Entstehung der der Bedingungen von Reflexion, d. h. des Vermögens denkend zu binden und zu lösen noch einmal zusammengefaßt:

1. Erfolgreich oder erfolglos eine Handlung zu verursachen, dies zu erleben (Verantwortung), bedingt Reflexion (s. o. . . . .).
2. Im auf das Handeln und die Zukunft bezogenen Erkennen wird die Aktivität des Denkens über den Willen selbstbezogen und damit reflektiv erfahren.
3. In der Abhängigkeit des Erkennens wiederum vom Wollen und der Möglichkeit, das Wollen im Erkennen zu transzendieren, bricht Reflexion auf.
4. An der Diskrepanz zwischen der selbstentfremdeten Welt menschlicher Zwecke und Artefakte einerseits, dem Antriebserleben andererseits entsteht Reflexion.

5. Der psychophysiologische Zustand des „Mit-sich-uneins-Seins" (z. B. Schmerz) und die mit ihm verbundenen Erfahrungen von Erfolg oder Mißerfolg, diesen Zustand aufzuheben, bedingen Reflexion.
6. Die Diskrepanz zwischen einkörpernden Strebungen (...) und gesellschaftlichen Verboten wirft das in Frage gestellte Kind auf sich zurück und trägt zur Reflexion bei.
7. Die Verschränkung zwischen Einfühlung und Erfassen des Fremden — im Unterschied zu sich selbst — in der Umwelterfahrung (...) führt ebenso zur Reflexion wie
8. das Hören der eigenen Stimme, die Kreisprozesse des Tastens und Wahrnehmens.*

In der Urteilsbildung, daß A gleich A, aber A nicht gleich B sei, findet eine verbindliche, d. h. gültige Aussage statt, die nur bei widersprüchlichen Erklärungen wieder gelöst zu werden vermag (Satz vom Widerspruch, Satz des ausgeschlossenen Dritten). <u>Die Dialektik ist die Methode des Denkens, verbindliche Urteile durch erneutes Infrage-Stellen derselben aufzulösen und zu einer weiteren Bindung — Synthese — zu gelangen.</u> *In Binden und Lösen wird ein fundamentaler Modus des Denkens, damit der Möglichkeit des Übersteigs (Transzendenz) zur Welt sichtbar, die der Verbindlichkeit von institutionalisierten Bindungen und Lösungen im sozialen und zwischenmenschlichen Bereich vorgegeben ist;* oder: Weil der Mensch in seiner noetischen Kommunikation mit der Welt sich ihr zuwendend zu ihr transzendiert, ist er zu Bindungen und Lösungen in anderen „Bereichen" erst in der Lage.

[Marginalie: Dialektik]

Die historische und ontogenetische Entwicklung des Denkvermögens, wie auch die Beobachtung ethnischer Gruppen, haben die engste Korrespondenz zwischen der Entwicklung der Denkvorgänge, sozialen Regeln und dem Entstehen von Institutionen erwiesen. Die Entfremdungsprozesse der Denkvorgänge sind Voraussetzung dafür, daß „entfremdete" soziale Regeln oder Institutionen eingerichtet werden.

In Binden und Lösen findet ferner endlich — im alltäglichen Urteil wie „Heute ist das Wetter schlecht" — *Entscheidung statt.* Entscheidung ist aber jede Negation oder Position, d. h. jede Auflösung oder jede Bestätigung durch ein Urteil. Hier wird bereits die Dimension der Bewältigung durch Binden und Lösen sichtbar.

f) Das Aufzeigen und Aufweisen

Im Aufzeigen und Aufweisen wird das Erkundete, Entdeckte und Erschlossene durch Binden und Lösen dem oder den anderen sichtbar ge-

---
* Entnommen aus *D. Wyss*: Strukturen der Moral. 2. Aufl. Göttingen 1972.

macht. *Damit wird ein Gemeinsamkeit umschließendes Thema gestiftet,* das über das subjektiv erschlossene oder in der Auseinandersetzung auch entdeckte Themen hinauszielt, da die Entdeckung der Allgemeinheit zugänglich gemacht wird, vorgezeigt wird, wie das Entdecken zu bewerkstelligen sei.

Es bedarf zu diesem Zweck jedoch nicht der Entdeckung Amerikas oder des Seewegs nach Indien mit allen sich daraus ergebenden Folgen für die Geschichte und Wirtschaftsgeschichte eines Landes oder Kontinentes. Das Kind zeigt seinen Spielgefährten, wie es den Weg zu dem verfallenen Gehöft gefunden hat und wo dieser zu begehen ist. Im Alter zwischen drei oder fünf Jahren erzählt es seinen realen oder imaginären Gefährten, (z. B. einem Stofftier), wie es in der Küche ein bestimmtes Fach erkundet oder im Arbeitszimmer des Vaters einen neuen, unbekannten Gegenstand wahr- und auseinandergenommen hat. Was es damit für eine Bewandtnis habe, haben könnte, wird Gegenstand des entwerfenden Phantasierens, das das Entdeckte über die Phantasie dann dem Allgemein-Öffentlichen dem anderen miterschließt.

Beim Spiel im Sandkasten oder auf Spielplätzen fallen die Kinder auf, die spontan ein Erkundetes oder Entdecktes aufweisen, indem sie es den anderen zeigen oder darauf hinweisen. Diese an Kleinkindern und Kindern zu machenden Beobachtungen lassen auf ein Bedürfen des Menschen schließen, das im Umgang mit der Welt — immer andere Subjekte mit einbegriffen — das Aufgefundene den anderen mitteilen möchte, in der Mitteilung es aufweist oder aufzeigt. Die im Überstieg gewonnene Erkenntnis gehört — so scheint es — „allen", obwohl das „allen" historisch evolutiv ursprünglich eine sehr kleine Gruppe war.

Über das ein Erkundetes oder ein Erschlossenes anderen zugänglich zu machen — das gilt auch für die Erfindungen — kommt dem Aufweisen oder Aufzeigen der Modus zu, daß über die Einzelentdeckung hinausgehend ein Zusammenhang sichtbar gemacht wird: wie diese Substanz aus bestimmten anderen hergestellt und gewonnen wird, diese Apparatur entwickelt werden muß usf. *Im Aufweisen und Aufzeigen wird die Welt in Aspekten (Bereichen, Abschnitten) vermittelt,* die das Erkunden, Entdecken und Erschließen, ja auch die Auseinandersetzung mit dem Entdeckten bereits abgeschlossen — bewältigt — haben, um es dann als aufzeigbares Ganzes verfügbar, d. h. nachvollzieh- und manipulierbar zu machen.

Aufzeigen und Aufweisen wären jedoch nicht möglich, wenn Welt nicht selbst aufzeigbar und aufweisbar wäre. Wenn nicht die Physiognomie der Welt über Erkunden und Entdecken, über die Auseinandersetzung hinausgehend zu einem gemeinsamen Anteilnehmen an den im Aufweisen sich zeigenden Themen einlüde. In der aufgewiesenen Thematik z. B., wie ein Berg bestiegen oder ein Werkzeug hergestellt zu werden vermg, wird die

Thematik zu einer vorerst Gemeinschaft stiftenden, von der Sache (der Welt) her zur Anteilnahme fordernden, die dann allerdings in einem weiteren Schritt, über die Konstellierung von individuell bedingten Unterthemen durch die teilnehmenden Subjekte, sich als Leitthema wieder aufzulösen vermag. Der Berg wird über einen anderen, besseren Weg erklommen, das Werkzeug in einer neuen Variante hergestellt, das Thema des Religionsstifters wird in den nach seinem Tode entstehenden Sekten in das Gegenteil der ursprünglichen Lehre verkehrt.

g) Das Bewältigen

Das Bewältigen wurde bereits in der Analyse der Lebenswelt und der innerorganismischen Prozesse als Auseinandersetzung abschließende Kompensation beschrieben. *Erkunden, Erschließen, Entdecken, Binden und Lösen sind in der Bewältigung — nach Abschluß der diesen Vorgängen immanenten Auseinandersetzung — vorläufig zu Ende gekommen. Ihre Thematik hat sich als immanentes Telos durchgesetzt und verwirklicht.* (Bis zur erneuten Veränderung des Gleichgewichtes, sich anbahnender Dekompensation und deren erneuter Bewältigung.)

Wurden in der Lebenswelt ferner Abwendung, Absorption (Abwehr), Neutralisierung und Kommunikationserweiterung als Modi von Bewältigung beschrieben — die in der menschlichen Kommunikation unten weitere Spezifizierung erfahren — so lassen sich diese Modi auch in der Entwicklung des Kindes durchgehend beobachten. Das Nicht-zu-Bewältigende des Hungers wird durch Schreien (dominantes Thema) — als Ausdruck einsetzender Dekompensation — absorbiert und durch anschließende Erschöpfung in schlafender Abwendung vorübergehend bewältigt (kompensiert).

Die Abweisung oder Zurecht-Weisung durch einen Erwachsenen kann vielfältig (s. u. Teil IV) bewältigt werden: Durch Absorption unter Leistung, verstärkten handelnd-spielenden Umgang mit der Umwelt, durch Neutralisierung des erlebten Widerfahrnisses in der entwerfenden Phantasie — über die „Rache" genommen oder die erlittene Unbill in Bilder erneuter Annäherung und Versöhnung umgewandelt wird; durch affektives Sich-Mitteilen (Absorption) im Trotz — oder endlich durch Überwindung der aus der Abweisung u. U. erfolgten Angst (s. u.) und daraus sich ergebende Kommunikationserweiterung (Einzelheiten: s. u. Teil IV).

Spiel

Die Gegensätze entschärfende Funktion des Spieles — Neutralisierung — ist in der Ontogenese des Kindes ebenso wichtig wie die Abwehr von äußerem und innerem Widerstand, der Nichtung von Kommunikation z. B. in der das Kind einvernehmenden Bindung — oder in der das Kind sich weitgehend selbst überlassenden Los-Lösung. (Daß die Abwehr wiederum von z. B. aus der Auseinandersetzung sich ergebenden Ängsten in verschiedene Formen zu differenzieren ist, wird Gegenstand nächster Abschnitte (IV) sein.)

Für das aufwachsende Kind stellt sich Bewältigung ferner dar, wenn es im Umgang mit seinem Leib und den Dingen über Erkunden, Erschließen und Entdecken die anderen Kommunikationsmodi ihrer Bestimmung (Thematik) entsprechend auslebt: die Füße zum Gehen benutzt, die Hände zum Greifen, die Sprachwerkzeuge zum Reden (Lernen, Kommunikationserweiterung). Wenn es darüber hinaus im Umgang mit Personen Entbehrungen und Versagungen (Hunger, Nässe, Feuchtigkeit, Ab- und Zurückweisungen) dahingehend „bewältigt", daß es nicht psychisch oder physisch dekompensiert. *Das Kind beginnt im Bewältigen von Leiden und möglicher Diskrepanzen zwischen Erwartungshaltungen* (Bedürfen nach „totaler Kommunikation" (s. o. Teil I/3 und u. Teil IV) *und der jeweiligen Wirklichkeit den Modus des Ertragens und Verzichtens zu entwickeln*, mit dem es später Erlittenes zu bewältigen vermag, es „so" widerstandsfähig und widerständig wird, wie die erlebte Widerständigkeit der Umwelt es verlangt. Das Kind wird weiterhin Welt als „nicht kommunikative", als sich verschließende, abweisende, verbietende (s. o.) in Trennung, Einsamkeit aber auch in der Angst erfahren und Möglichkeiten entwickeln, mit diesen Erfahrungen zu „leben", sie zu bewältigen (s. u. Teil IV).

Um z. B. das Grunderlebnis des „Verlassen-Werdens" (Trennung/Lösung) zu „bewältigen", vermag das Kind durch Absorption oder Neutralisierung kompensatorisch Gegenthemen entwickeln, sich durch Spiel ablenken oder sich in Phantasiewelten verlieren. Das Erlebnis der Einsamkeit kann durch Ersatzfiguren: Stofftiere, Geschwister, neutralisiert, im Ausleben der mit Verlassenheit verbundenen Unsicherheit durch verstärkte Motorik, Herumrennen, Herumspringen, aber auch Schreien absorbiert werden. In jedem Fall ist der Versuch nichtend (Trennung!) erlebte Umwelt zu bewältigen, wesentlicher Anteil des Lernprozesses, der sich aus der Möglichkeit Umwelt und sich selbst zu meistern ergibt.

Innere Bewältigung von nichtend oder widerständig erlebten Umwelteinflüssen ist jedoch nur ein Teil des lernenden Bewältigens. Die unauflösbare Verschränkung von Welt und Subjekt gibt letzterem die Möglichkeit, durch den Wandel von Stimmungen oder des Fühlens, durch das Auftauchen und Verschwinden von Trieben, durch gedankliche Impulse (Entwürfe) zu bestimmten Handlungen, die verstärkte (z. B. sinnliche) Zuwendung zu der Umwelt, aber auch In-Frage-Stellen, Nichtung und Widerstand derselben provozieren zu können (z. B. Austoben von „Aggression"). Diese provokatorisch die Umwelt dekompensierende Zuwendung kann wiederum durch sich abwendendes, absorbierendes oder neutralisierendes Verhalten der Umwelt gegenüber kompensiert werden: Ein nichtender innerer Impuls einer Person gegenüber wird erlebt, das Kind läuft — wie von einem äußeren Feind — in das Freie, es vollzieht im Laufen motorische Abwendung von seiner Destruktion, diese wird durch Veränderung der Umwelt (Laufen) kompensiert. Ein Bedürfnis nach Zärtlichkeit kann sich nicht darstellen — das Kind streichelt das Spieltier oder beginnt auf einem Bein lachend zu hüpfen. Die Dekompensation in der Einschränkung eines Bedürfens wird durch Eingriff in die Umwelt kompensiert. (Neutralisierung, vgl. auch „Übersprungshandlung"). Ein antipathisches Fühlen einer das Zimmer betretenden, gefürchteten Person gegenüber wird durch intensives Sich-in-ein-Spiel-Verstecken (u. U. Leistung) absorbiert. In den oben geschilderten Vorkommnissen — Umwelt als widerständige Nichtung in der Trennung — vermag das Kind diese durch entsprechende innere Antworten und Handlungen zu bewältigen, die auf Umwelt sich jedoch beziehen: Stofftiere als Ersatz für Trennungsängste. In den letzteren Beispielen wird Umwelt provoziert und in Frage gestellt, mögliche Dekompensation derselben wird jedoch durch kompensatorische Modi verhindert, in denen jedoch wiederum verändernd in die Umwelt eingegriffen wird (Weglaufen vor dem eigenen destruktiven Impuls). Hier wird über Eingriff in die Umwelt (Beispiel Stofftier) ein durch die Umwelt bewirktes Leiderleben kompensiert, dort eine mögliche Dekompensation der Umwelt als Ausdruck der Veränderung innerer Befindlichkeit („Aggressionsstimmung") durch wiederum Veränderung der Umwelt — kompensiert. Einmal verhält sich Umwelt (Trennungserleben) dekompensierend, das andere Mal das Individuum in Bezug auf die Umwelt. Kompensation findet in jedem Fall vermittels der Umwelt statt, die hier Ersatzfiguren liefert (Stofftiere), dort zur Entlastung dient.

Das „Äußere" dient im letzteren Falle der Bewältigung des Innen, durch das Innen wird in den ersten Beispielen das Außen bewältigt.

Wird dem Bewältigen der Gestus des Abgeschlossenen zugesprochen, das die innewohnende Thematik endgültig darstellt, so zeigt sich dieser Gestus im Abschluß einer Arbeit, eines gebauten Hauses nicht weniger wie in den eines abgeschlossenen konstruierten Maschinenteiles, eines abgeschlossenen Aufsatzes, Kunstwerkes, oder eines abgeschlossen-genähten Kleides. Dem Abgeschlossen-Bewältigten ist selten noch etwas hinzuzufügen, es interessiert lediglich das Wie seines Entstehens, es droht als stereotyp sich Wiederholendes in der menschlichen Leistungswelt zu erstarren, im Erstarren sich zu verschließen, im Verschlossenen wiederum Kommunikation abzuweisen.

Wenn der Modus des Bewältigens im Verlauf der Untersuchung in seinem emotional-anteilnehmenden und noetischen Bezug weitere Aufschlüsselung erfährt, so sei, diese vorwegnehmend, schon hier auf das Bewältigen einer Aufgabe, eines Problems im intellektuell-noetischen Bereich verwiesen. Auf das von Urteilsfällungen (Binden, Lösen) zu Erkenntnisakten systematischen Inhaltes fortschreitende Bewältigen, das z. B. in einem weltanschaulichen System abgeschlossen wird, in diesem sich die durch das System Probleme „bewältigenden" Individuen aber auch verschließen, im Verschließen erstarren.

Die emotionale Bewältigung eines Trauerfalles hier, eines Mordimpulses oder einer sinnlichen Leidenschaft dort, umschließt ebenfalls die Möglichkeit des abgeschlossenen Sich-Verschließens des Individuums dem Schmerz, dem Destruktionsverlangen, der Leidenschaft gegenüber, die sich in Verbitterung, in Resignation oder in Abwendung von oder Abweisung der Umwelt allgemein kundgibt. Dem Bewältigen als Folge von subjektiv-humaner Auseinandersetzung — Konflikten — droht die Erstarrung, damit früher oder später die Dekompensation (im Unterschied zu den Prozessen der Lebenswelt, in der jede Bewältigung temporär-kompensatorischer Charakter im Kampf um die fluktuierende Erhaltung des Fließgleichgewichtes aufweist).

h) *Abhängigkeiten der Kommunikationsmodi*

Auf die Abhängigkeiten der aufgeführten Kommunikationsmodi von den erwähnten Grundbedingungen von Kommunikation, räumlicher, zeitlicher, leistungs- und leibbezogener Art, deren Materialisierung in konstitutive, situative und individuelle Faktoren sei ausdrücklich noch einmal verwiesen. Sie bestimmen das „Wie" der Kommunikation: ob ein Kind auffallend träge und langsam, oder lebhaft und rasch ist, oder verträumt erkundet und entdeckt, ob es zu gewaltsamen oder zu gar keinen Auseinandersetzungen neigt, ob es eine auffallende Beziehung zu formalem Binden und Lösen hat, ob es möglicherweise Bewältigung grundsätzlich aus dem Wege geht, — wird durch die Konstitution des Kindes, den Lebensraum, die jeweiligen zeitlichen und situativen Veränderungen nicht weniger determiniert, wie durch die in frühester Kindheit sich schon entwickelnde, je-einmalige Lebensgestalt[15], die die jeweils individuelle Antwort des Kindes auf Umwelt mitbestimmt. Die individuelle Fähigkeit zu antworten, die jedem Kind im Prinzip zuzuschreiben ist — es sei, daß es durch organische Veränderungen schwer gestört und beeinträchtigt ist — beeinflußt wiederum die Personen seines Lebensraumes, die zeitlichen Veränderungen innerhalb desselben, dessen Beziehung zur Leistung und zum Leib nicht weniger, wie die durch das Kind beeinflußte Umgebung wieder auf dieses zurück wirkt. In dem Geflecht werden gegenseitige Abhängigkeiten sichtbar, bei denen nicht zu ermitteln ist, was „primär" und „sekundär" ist.

4. Existenz und Emotionalität
(Die anteilnehmenden Kommunikationsmodi)

a) Grundcharakter (Modus) der Emotionalität[16]

In der Emotionalität von Antrieben, Trieben[17]*, Stimmungen und Gefühlen erfährt der Mensch sich primär diesen ausgeliefert.* Es überkommt ihn ein Bedürfnis nach „der Zigarette", es zieht ihn „nach Hause", es treibt ihn „in die Ferne", eine Stimmung schlechter Laune „fliegt" ihn grundlos an, er fühlt sich gut, heiter gestimmt — obwohl ihm gekündigt wurde, obwohl er eine traurige Nachricht bekam — und umgekehrt. *Die Bewegungen seines Innen, von denen vermutlich nur ein Bruchteil ihm zu Bewußtsein gelangen, entziehen sich weitgehend seiner willkürlichen Verfügbarkeit,* sie sind nur begrenzt kontrollier-, unterdrück- und manipulierbar, wenn er auch darüberhinaus durch sie in ständigem kommunikativen Austausch mit sich selbst und mit seiner Welt steht.

Die Bezogenheit der Triebe, Stimmungen und Gefühle auf Außer- und Innerweltliches, hat Aufnahme-, Mitteilungs- und Antwortcharakter: Wie der Durstige das Wasser „wittert" (aufnimmt, wahrnimmt) und er im Notfall sogar die Erde aufscharrt, so findet der von einem Geltungsbedürfen Bewegte die Möglichkeit, sich entsprechend darzustellen, nimmt der Freudig-Gestimmte freudig den Sommermorgen auf, fühlt sich der Mitleidige in den Kranken ein, nimmt er dessen Leiden wahr. In der emotionalen Auf- und Wahrnahme von Umwelt vermag der Mensch entsprechend emotionale Mitteilung (Antwort) derselben zu erfahren, sei es in der leibhaften Ausdrucksveränderung durch eine Emotion, in Ausruf, Gestik oder „vegetativen Symptomen", sei es in einem Handlungsablauf, (Ausdrucksverhalten) der von Beginn bis zum Ende von der Emotion getragen wird.*

Aber auch die sprachliche von Gefühlen oder sogenannten Trieben getragene Handlung, die sich in der Mitteilung „Ich liebe Dich" darstellt oder „Ich kann Dich nicht mehr ausstehen", sind Spontankundgebungen des Innen an die Außenwelt, die dem Grundprinzip der Kommunikation von Aufnahme, Mitteilung und Antwort folgen.

D. h., die „Sphäre" der Selbstdarstellung des Menschen über sogenannte Triebe, Stimmungen (Befindlichkeiten) und Gefühle untersteht dem Modus des nicht oder nur begrenzt Verfügbaren, dem der Auslieferung an..., wobei diese „Sphäre" des Gezogen- oder Abgestoßen-Werdens von ... der

---

* S. hierzu *H. Kunz*: Die anthropologische Bedeutung der Phantasie. Basel 1946 und *J. Zutt*: Über den ästhetischen Erlebnisbereich, in: Auf dem Wege zu einer anthropologischen Psychiatrie. Berlin/Heidelberg 1963.

Vorgegebenheit von Aufnahme, Mitteilung und Antwort, damit der von Kommunikation überhaupt folgt.

Ferner stellt sich die *emotional bedingte Kommunikation grundsätzlich thematisch* dar. In der Thematik — etwa des sogenannten Geltungsbedürfnisses (dessen isolierte Betrachtung, losgelöst von dem Ganzen des Subjektes, bereits irreführend ist) konstelliert sich das Subjekt sein „Publikum" vor dem sich der „Geltungsbedürftige" als Schauspieler, Politiker oder Dozent kreiert. Die Gemeinsamkeit der Thematik „Gelten" etnwickelt sich aus dem Entgegenkommen, der Bewunderung der Zuschauer und dem Sich-Spreizen, Sich-Zeigen, Sich-Entblößen, aber auch aus dem Sich-Gestalten, Sich-Entzünden, Sich-Begeistern der sich zur Schau stellenden Person:

„Ehrgeiz", „Mitleid", „Fürsorge", „Selbstbehauptung", „Habsucht", im Bereich der Antriebe/Triebe (Definition s. u.), der „Freude", „Niedergeschlagenheit", „Verzweiflung", „Glückseligkeit", in den Stimmungen, „mitleidig", „freundlich", „umdüstert", „warm", „flau", in den Gefühlen sind stets prinzipiell thematisch auf Welt (Umwelt/Person) bezogen. Sei es, daß diese spezifische Stimmungen, Gefühle, Triebe intersubjektiv (durch kommunikative Bezugnahme auf antwortende Subjekte) Möglichkeiten der Darstellung von „Ehrgeiz", der „Fürsorge", bei den anderen konstellieren, sei es, daß das Individuum durch „Ehrgeiz", „Mitleid", durch „Freude", „Antipathie", „Zuneigung", angesprochen, diese Emotionen auf/wahrnehmend, zu thematischer Anteilnahme bewegt wird. D. h. die Konstellation von Themen — die eine klassifikatorische Psychologie in mühevoller Arbeit bestimmten Trieben, Stimmungen, Gefühlen zuwies — ist nur durch die auf die Welt bezogene, intersubjektive Kommunikation möglich, aus der sich dann auch historisch-soziologisch neue Bedürfnisse, Triebe, Gefühle und Stimmungen entwickeln können. *Es gibt kein „Geltungsbedürfen", keinen „Ehrgeiz", keine „Fürsorglichkeit" an und für sich; sie sind nur, weil sie im Umgang zwischen den je-einmaligen Subjekten und der Welt über Mitteilung, Aufnahme und Antwort als Themen konstelliert werden.* Diese Themen können im Wandel der Welt ebenso entschwinden, wie sie entstanden sind.

Über die drei elementaren Arten der Anteilnahme: der Auslieferung an diese, ihrer Mitteilungs- und Antwortcharakter, ihre Thematisierung hinausgehend, sei als vierter Punkt die Anteilnahme an der Welt durch sogenannte Triebe, Stimmungen, Gefühle als vorlogisch thematisierte bezeichnet. Diese verfügt nicht „irrational" über den Menschen, sondern verbindet in primär bildbezogener Thematik Welt und Subjekt. Außer dem Modus der weitgehenden Auslieferung an ..., grundsätzliche Kommunikationsbezogenheit der Emotionalität und intersubjektive Thematisierung derselben, sei die vorlogische Bildbezogenheit der Emotionalität als anteilnehmende aufgewiesen — im Sinne der vorlogischen Partizipierung intersubjektiv konstellierter Themen im Unterschied zu weiter unten zu explizierenden Kommunikationsweisen (der teilnehmend-noetischen).

Anteilnehmende Kommunikation sei hier als primär emotiv-emotionale der Triebe, Befindlichkeiten und des Fühlens bezeichnet.

b) *Trieb und Existenz*

Die modernistische These von der ausschließlichen oder überwiegenden Triebbestimmtheit des Menschen, sei es durch Sexualität und Aggression, durch Machtstreben, motorisches Expansionsbedürfen oder orales „Vereinnahmen" usf., dürfte sich in Anbetracht a) der kommunikativen Vorgegebenheit der Lebensvorgänge und des Psychischen überhaupt; b) der Vorgegebenheit des Menschen transzendierend zu existieren, c) daß Existenz sich in verschiedenen Modi darstellt, weitgehend auflösen.

<u>Weil Leben ist, ist Kommunikation.</u> Aber Lebensvorgänge ereignen sich nur, weil Kommunikation zwischen diesen ist. Vor jeder phylogenetischen Triebdifferenzierung in verschiedene Arten von Trieben und spezifische, von diesen bestimmte Verhaltensweisen, findet Kommunikation bereits als Stoffaustausch statt. Ontogenetisch ist das Lebewesen — ebenfalls vor aller Triebauf- und -ausgliederung — <u>auf Kommunikation hingeordnet</u>, bevor es dann zuerst über Wahrnehmen und Bewegen mit der Welt zu kommunizieren beginnt.

Als Lebewesen ist der Mensch wie jedes Lebewesen primär auf Kommunikation bezogen. Aber darüber hinaus existiert er in jedem kommunikativen Akt von Aufnahme, Mitteilung und Antwort als Je-Einmaliger und als Ganzer, der sich über leibhafte Vorgänge des Stoffaustausches oder der emotional-anteilnehmenden Kommunikation seiner Umwelt nicht weniger mitteilt, wie er in einem Affektausbruch, in einer erotischen Regung, einer Überwältigung durch ein Gefühl, in einer Gestimmtheit oder in einem Erkenntnisakt als der „Je-Einmalige", der er ist, als „Person"[18] oder „Persönlichkeit" ganz „enthalten" ist. Letztere Zusammenhänge waren einer an „Persönlichkeit" orientierten Psychologie immer bekannt. Für die vorliegende Untersuchung bedeutet sie, daß, — wie schon in Teil II, Kap. 2, ausgeführt — jedem sogenannten *Trieb, Fühlen, Erschließen, Binden-Lösen oder Bewältigen vorgegeben sind, ersteren immanent sind.* Das Verhältnis der Immanenz eines Erkundens durch erotische Neugiert z. B. jedoch akzidentiell zu der Vorgegebenheit des Erkundens ist, Existenz und Akzidenzt jetzt sich dahingehend zueinander verhalten, daß das existenzielle Erkunden der Akzidenz des jeweiligen „Wie" bedarf, um sich als faktisch sich vollziehendes Erkunden z. B. in der Neugier darzustellen.

Die „sexuelle Erregung"[19], die „erotische Beziehung", als beliebig verschiebbare Erlebnisinhalte benutzt, gibt es nicht (s. o. II/2). Es gibt nur eine unübersehbare Zahl von Individuen, die aufgrund verschiedenster Herkunft, Disposition, individueller Lebenserfahrung in der Beziehung mit ebenso verschiedenen Individuen anderen oder gleichen Geschlechtes höchst unterschiedliche Beziehungen zueinander haben, die wiederum von jedem anders erlebt, wahrgenommen in der Lebensgeschichte geortet, verarbeitet werden.

Das z. B. unendlich variiert, zu differenzierende sinnlich-erotische Erleben — kein Geschlechtsakt seit Erscheinen der Menschheit in der Phylogenese ist der gleiche nach Erleben, Umwelt (Situation), Ausführung oder Disposition gewesen, wenn es auch fraglos ähnliche seit der ersten humanen Kohabitation gegeben hat — erkundet zuerst den Partner in seinen erotischen Möglichkeiten, was in den meisten Fällen zu einem gegenseitigen Erkunden wird. Dazu zählt das Sich-Anblicken, das Erspähen von Zeichen, die eine Bereitschaft zu einer möglicherweise erotischen Annäherung verraten, das geheime Sich-Messen bei Betrachtung der Körperformen, über vielleicht einen sprachlich durchaus unerotischen, sich sachlichen gebärdenden Kontakt, der — als Verbergung der erotischen Spannung — diese erhöht, indem er sie verdeckt. Zu dem Erkunden zählt ferner eine rational nicht aufzulösende Anziehung, die die naive Sprache als „Funken" oder „Blitz" bezeichnet. Im Vorgang des Erkundens sind die dispositionellen (hereditären) Komponenten, die Umwelt-(Erziehung-)Einflüsse, die situative Konstellation (z. B. Alkoholgenuß), die individuelle Lebenserfahrung des Subjektes, im Sinne der oben genannten Abhängigkeiten, präsent. Diese bedingen in ihrer Verschiedenheit das Thema „erotisches Erkunden", das aber den einzelnen Vorgängen des Erkundens als Leitthema übergeordnet ist.

Das erotische Erkunden ist überwiegend ein Erkunden durch den Leib, durch dessen Wahrnehmungsvermögen aller Sinne, aber auch durch seine situativ und hormonell mitbedingte Bewegungsmöglichkeiten (Motorik)[20], es ist Aufnahme und gleichzeitig Antwort auf das Aufgenommene. *Sich-Erschließend und Sich-Entdeckend nähern sich die Partner*, während das Erkunden in den Hintergrund tritt, — z. B. im beginnenden Liebesspiel. Dabei werden Sich-Erschließen und Sich-Entdecken, über die Leibhaftigkeit hinausgehend zum Erschließen und Entdeken des anderen: dessen Kommunikationsmodi zu eröffnen, sein Verlangen zu gewahren, seine Zurückhaltung, seine Empfindsamkeit, Verletzlichkeit oder Differenziert/Undifferenziertheit in Geben und Nehmen. Erschließen und Entdecken werden über das erotisch/sexuelle Erkunden hinausgehend zu einem gegenseitigen Sich-Wahrnehmen und Antworten, die das Fühlen — Einfühlen — und die Stimmungen des anderen in Wechselbeziehung perzipieren, die Individuen sich u. U. gegenseitig erschließen, sich eröffnen — bis in die physiologischen Einzelfunktionen des sexuellen Aktes — oder sich wieder verschließen.

Die erotisch-sexuelle Beziehung ist darüber hinaus immer auch Auseinandersetzung, insofern in ihr Selbstbehauptung gegen Selbstbehauptung, Machtstreben[21] gegen Machtstreben, Bedürfnis nach Unterordnung gegen Herrschen, Sich-Gefallen- und Gelten-Wollen gegen die jeweils ähnlichen Bedürfnisse des anderen prallen können. Der Sexualakt vermag ferner als ein Akt des Sich-Bemächtigens, des Sich-Bindens und Wiederloslassens (Lösen) interpretiert werden.

Am Thema der „Auseinandersetzung", der Beziehung desselben zur Erotik, wird die Vorgegebenheit der kommunikativen Weisen zu existieren besonders deutlich: Keine erotische Beziehung, die nicht für die beteiligten Partner auch Auseinandersetzung ist: mit dem Partner, mit der Erotik und mit sich selbst.

In dem erotischen Erleben vermitteln sich die Partner in der dem Eros spezifischen Weise, die hier anziehend, erregend, einfühlend, sich kundgibt, dort als Bemächtigung, als Forderung oder Manipulation erscheint; immer jedoch wird die Fülle möglichen Erlebens anvisiert, die im „Dienst" vom Erkunden bis zum Bewältigen steht, über die der Mensch — in den Weisen der anteilnehmend-emotionalen Kommunikation sich verhaltend — existiert.

In Binden und Lösen wird ferner die Trennungsproblematik sichtbar, die zunehmend einsetzt, wenn die Partner sich aneinander gewöhnt haben, „Prägung" (im Sinne gegenseitiger Beeinflussung) stattgefunden hat, die oft sich dahin auswirkt, daß die Aufnahme gleichzeitiger erotischer Beziehungen zu anderen unmöglich wird. *Sich-Binden im Bereich des Erotisch-Sexuellen bedeutet, sich an den anderen derart zu binden, daß die Möglichkeit zur Lösung verfällt.*

Das Unvermögen zu einer Bindung wiederum, der Zustand „chronischer Losgelöstheit", ist ein anderes, die erotische Kommunikation bestimmendes Verhalten, das die Unmöglichkeit erweist, Binden und Lösen ausschließlich nach dem Modell einer abstrakten Sexualität (wie z. B. bei *Masters* und *Johnsons*[22]) zu verstehen.

Während für die tierischen Kongregationen das „Es wird gebunden" oder „Es löst sich" maßgeblich ist, wie ja die Verhaltensforschung die verschiedensten Bindungen und Lösungsformen in der Tierwelt beschrieben hat — von der „Monogamie" der Falken bis zum „Harem" des Seelöwen —, *so wird menschliche Existenz dadurch gekennzeichnet, daß der Mensch einerseits sich binden oder lösen möchte,* z. B. in einem Entscheidungsakt, *andererseits „es" ihn bindet oder „es" ihn aus der Bindung löst.* D. h., in Binden und Lösen wird die Diskrepanz zwischen den Modi der anteilnehmenden, der erotisch-sexuellen Kommunikation und ihrem Verfügen über den Menschen sichtbar; es wird aber auch der Mensch sichtbar, der sich — aus was für Gründen auch immer, sei hier sekundär — binden oder lösen möchte.

Im Aufzeigen und Aufweisen, das ebenfalls ausschließlich im Modus des sexuell/erotischen Sich-Zeigens bzw. sich als der oder diejenige aufzuweisen, erscheint, explizieren die Partner sich als je-Diese, ganz bestimmte — im Gespräch nicht weniger als in der Befragung nach Ihrer Herkunft und Entwicklung, der Befragung nach Gemeinsamkeiten oder Differenzen der Auffassung, der Kommunikationsmodi ihrer Persönlichkeiten — und weisen sich in dieser Befragung als bestimmte Individuen aus und auf.

Die Bewältigung in einem überwiegend sinnlich/erotischen Kommunikationsmodus ist etwa das Vollbringen der aus der erotischen Thematik sich ergebenden Möglichkeit eines gemeinsamen Orgasmus. Zur Möglichkeit von Bewältigung wird über die erotisch unbewältigte Beziehung hinausgehend die Beziehung überhaupt, wenn sie in der jeweiligen Lebensgeschichte der zusammentreffenden Individuen eine Ortung (noetische Sinnbestimmung, übergeordnete Thematisierung) erfährt, die die Verbindung als nur einmal stattgehabt oder sich wieder ereignende im Rahmen der vorhandenen situativen Bedingungen ohne Dekompensation (s. u., Nicht-Bewältigung) ermöglicht.

Die Entscheidung für oder gegen die Beziehung, das Auftauchen der verschiedenen Arten und Möglichkeiten, etwas zu bewältigen (s. u.) muß hier in die Waagschale geworfen werden, um einen komplexen Vorgang wie das „Bewältigen" zu differenzieren, der aus dem Terminus heraus bereits die personale Beziehung anvisiert (s. u.).

In der Bewältigung eines scheinbar überwiegend triebhaft-akzentuierten Erlebens — *einer triebhaft getönten, von einem Trieb untermalten Handlung* — *kommt generell die in dem Antrieb (Trieb) liegende Thematik, deren Variationen zum Abschluß (z. B. im Orgasmus).* In den Themen anderer Antriebe/Triebe wird bewältigt, wenn sich das dem Trieb immanente Bild (Thema) verwirklicht: wenn in der Wut zerstört, im Mitleid geholfen, im Geltungsbedürnis sich zur Schau gestellt, im Hunger gegessen wird.

Überwältigung durch einen Trieb — *nicht weniger als durch eine Befindlichkeit oder ein Gefühl* — *kommt der nicht-verfügbaren Weise der Emotionalität zu,* die in der Überwältigung des Individuums dieses, ihrer jeweiligen Weise entsprechend, in ihre Gewalt bringt. Am Beispiel der sexuell-erotischen Beziehung dürfte sichtbar geworden sein, daß der Mensch nicht „primär" oder „ausschließlich" Trieb- und Drang gesteuert — oder diese unterdrückend — handelt, sondern *daß er in jeder sogenannten „Triebhandlung", deren Isolierung ein Artefakt ist, sich als Erschließender, Binden-Lösender, Bewältigender, als Erkundender und Entdeckender darstellt.* Was für die erotisch-sexuelle Beziehung paradigmatisch ausgeführt wurde, gilt für jedes sich in die Welt entwerfende und hineinbegebende, sich mitteilende, Darstellen, das auf bestimmte Triebkonstellationen schließen läßt.

In diesem Zusammenhang können jedoch hier die verschiedenen Triebtheorien nicht erneut diskutiert werden. Der Verfasser entwickelte in vorausgegangenen Darlegungen[23] die Konzeption der *einkörpernden Antriebe* (Leitthemen), die von der sogenannten Selbstbehauptung bis zur Aggression sich erstrecken, der *entkörpernden Antriebe*, von der einfühlenden Hingabe bis zum „masochistischen" Verlöschen und der *sozialen Antriebe*, wie z. B. der caritativen Fürsorge, des Helfens oder Beschützens, die „Mischformen" der ein- und entkörpernden Antriebe sind.

Ob ein Individuum aus Selbstbehauptung seiner Umwelt gegenüber in einer entsprechenden Sozietät Ehrgeiz entwickelt, dieser ihm in Verbindung mit Intelligenz und Durchsetzungsvermögen einen sozialen Aufstieg ermöglicht, ob ein Individuum aus anteilnehmender Fürsorge ein caritatives Unternehmen ins Leben ruft und kriegsgeschädigten Kindern hilft: in diesen triebhaft angetönten, von Trieben untermalten Prozessen erkundet, entdeckt erschließt, setzt sich auseinander, bindet-löst oder bewältigt es Umwelt und sich selbst nicht weniger als in den oben aufgezeigten erotischen Beziehungen.

Über Antriebe/Triebe wiederum kann das Subjekt in seinen Möglichkeiten zu Aggression oder Destruktion, zu Zuneigung oder Hingabe, zu Macht oder Einfühlung sich selbst erkunden, vermag es, sich mit diesen Modi nur begrenzt verfügbarer Kommunikation auseinanderzusetzen. *Es wird bestimmten Trieben* — z. B. der Aggression — *gegenüber sich binden, indem es diesen nicht nachgibt, anderen dagegen sich überläßt, d. h. diesen gegenüber sich löst.*

Damit wird das phylogenetische Ereignis der Kommunikation mit sich selbst — nur bei dem Menschen nachweisbar — zur Auseinandersetzung mit der nichtverfügbaren, anteilnehmend-emotionalen Dimension der menschlichen Existenz. Darüber hinausgehend zeigt sich die Möglichkeit, Triebe oder Antriebe als Mitteilungen der eigenen Existenz, als deren Botschaft aufzufassen, und sich selbst erkundend-erschließend mit diesen auseinanderzusetzen, sie u. U. zu „bewältigen" — wie analog Außenwelt aufgenommen und sich mit ihr auseinandergesetzt, sie bewältigen wird (S. II/3.g).

In den auf Welt bezogenen „Botschaften" seiner emotionalen Kommunikation erfährt sich das Subjekt weiterhin als anteilnehmend-emotional nur begrenzt Verfügbares, aber immer auf Welt oder sich selbst bezogenes. Welthafter Inhalt (Thema) hieße z. B.: die Nichtung oder der Widerstand der Welt teilt dem sie erkundenden, sich mit ihr auseinandersetzenden Subjekt auch sein eigenes Verhalten zur Welt über die sich ihm mitteilende Welt selbst mit. Über sein Verhalten: daß es Nichtung provoziert; über die Welt: als möglicherweise nichtende (aggressive). Wer Enttäuschung, Widerfahrnisse abweisender Natur, schmerzliche Niederlagen erlitten hat, erfährt Welt als abweisend-aggressive, weil er in seiner Kommunikation mit ihr auch entsprechendes weckt. In der „Rache" an ihr (an der Umwelt, an der „Gesellschaft"!) verhält sich das Subjekt selbst so destruktiv, wie es die Welt erlebte, die es u. U. zu der Destruktion provozierte. Übt es Rache, erweckt es in der Welt die Antwort auf seine eigene, provozierende Mitteilung, schlägt es letztlich sich selbst. Das Talionprinzip: „Wie Du mir, so ich Dir", erweist sich aus dieser Perspektive absurd — denn in dem Maße, in dem die „Welt" genichtet wird, nichtet man sich selbst.

Im Ausüben von Aggression (Nichtung) nicht weniger als von sogenannten Ehrgeiz oder Geltungsstreben erkundet, erschließt, entdeckt das Subjekt, an diese Antriebe spezifisch ausgeliefert, nicht nur die Möglichkeiten, sie zu verwirklichen, sondern gleichzeitig teilt es in Aggression, Ehrgeiz oder Geltungsstreben sich als ein solches der Umwelt mit. D. h., im antrieb/triebgetönten Kommunizieren über Erkunden oder Sich-Auseinandersetzen zeigt sich das Subjekt als ein von diesen Trieben überwiegend gebundenes der Welt, antwortet wiederum die Welt entsprechend auf seine Mitteilung.

Mit diesen Ausführungen würde auch eine Schichtung der Antriebe (Leitthemen) und Triebe (Unterthemen) in solche, die mehr der noetisch-kognitiven Sphäre des Subjektes zugezählt werden — wie z. B. die Neugier — und solche, die für die „animalischen Funktionen" relevant sind, entfallen, da in jedem sogenannten Triebgeschehen der Mensch als je-einmalig Existierender erkundet, sich auseinandersetzt, bindet, löst oder bewältigt. Die oben skizzierten Triebtheorien — die andernorts ausführlich dargestellt wurden —, die den Menschen ausschließlich aus Trieb oder Repression (Hemmung) zu „erklären" suchen, dürfen aus dieser Perspektive als nicht mehr relevant angesehen werden. „Triebe" in diesem Sinne sind „Akzidenzien", die der Deskription dienen, denen jedoch die „Antezedenzien" der existenzialen Modi vorausgehen.

c) Befindlichkeiten, Fühlen und Existenz

Daß der Mensch in seinen Stimmungen Aufschlüsse über sich selbst und über seine jeweilige Umwelt (Atmosphäre in einem Lokal, Arbeitszimmer, Fabrikhalle usf.) erhält, ist Gegenstand zahlreicher fundamentaler Untersuchungen gewesen, auf die hier verwiesen sei, die aber nicht mehr detailliert aufgeführt werden sollen.[24]

Keine subjektive Regung teilt dem wachen Bei-sich-Sein des Menschen sein In-der-Welt-Sein in so bestimmter Weise mit, wie die *Stimmung, die im vorhinein* Stunde, Tag, Woche oder Monate des Erlebens *weitgehend unbeeinflußbar* in ihrem Ablauf prägt.

Wie das Subjekt in seinen Stimmungen Aufschluß über sich selbst be-

kommt – sich in seiner Stimmung erkundet, entdeckt und erschließt – und das aus der Stimmung bestimmte, vorgegebene Verhältnis zur Welt gewinnt, so vermittelt die Gestimmtheit ihm darüber hinaus Welt, wenn etwa Befindlichkeit als Antwort auf Welt sich einstellt: An einem schönen Frühlingstag, bei Betreten der Dienststelle, beim Aufenthalt in einem sakralen Raum oder in einem Fabriksaal. Das *Subjekt* teilt sich hierbei nicht in seiner Stimmung primär der Welt mit, vielmehr erschließt sich die Welt dem Subjekt in ihrer Gestimmtheit.

Stimmungen werden durch Außenvorgänge evoziert, wobei sich die Möglichkeit ergibt, *Außenwelt durch die Gestimmtheit zu erkunden, zu erschließen und zu entdecken.* – So ist die „freischwebende Aufmerksamkeit" das Wahrnehmungsinstrument par excellence zur Erkunden und Erschließen von Stimmungen, das sich von Außerweltlichem „angehen", „anstecken", „anwehen", „affizieren" läßt.

Dem Erschließen seiner selbst und der Welt über die Stimmung kann die Auseinandersetzung folgen. In dieser befragt der Mensch sich: was ist mit mir heute, diese Woche, das ganze Jahr gewesen, daß ich immer in dieser bestimmten Art gestimmt war oder so unbestimmt gestimmt mich fühlte, daß ich mit mir z. B. „gar nichts anzufangen" wußte?

Über das Befragen der Stimmung erkundet das Subjekt ferner das Wie und Was der Stimmung, ihre Aussage: Trauer, unbestimmte Sehnsucht, Heiterkeit, Mattigkeit, schlechte Laune, Mutlosigkeit. *Die Aussage nach ihrem Inhalt erkundend, erschließt sich in der Stimmung das Verhältnis des Subjektes zur Welt, d. h. die Auseinandersetzung über die Stimmung führt wiederum zu einem Erschließen des Subjektes in der Welt und der Welt im Subjekt.*

Die Anwesenheit der Welt im Innern des Subjektes kann z. B. in der Trauer sinn- und ziellos erscheinen, beglückend in der Freude, als zu erarbeitende in der Stetigkeit eines Leistungsbezuges. *In der Entdeckung einer Stimmung* – z. B. einer noch nie erfahrenen Ausgelassenheit und Beschwingtheit im Zusammenhang einer Verliebtheit – *gewahrt sich das Subjekt als Neues, sich selbst Unbekanntes*, um damit Anlaß zu weiterem Erschließen und Sich-Auseinandersetzen zu geben.

Im Versuch der „Erklärung" einer Befindlichkeit ist das Subjekt in die Auseinandersetzung mit der Stimmung eingetreten, die aber auch zu einer Auseinandersetzung mit der Welt werden kann, wenn z. B. der Depressive nicht nach den Gründen seiner Stimmung fragt, sondern danach, „warum" die Welt so sinnlos ist, oder wenn der Heitere es für selbstverständlich nimmt, daß die Welt schön und harmonisch erscheint. Auseinandersetzung mit sich selbst in der Stimmung wird zu einer Auseinandersetzung mit der Welt, da ich auch in der Befindlichkeit ja nicht nur auf mich selbst, sondern über das „Auf-mich-Selbst" hinaus auf die Welt bezogen bin.

Nichtsdestoweniger ereignet es sich, daß die Erklärung einer Stimmung

— insbesondere mit der entsprechenden Beeinflussung in einer psychotherapeutischen Behandlung — zu einem Umschlag der Stimmung führen kann, der aber letzlich ebenso unergründbar ist, wie das Auftreten der Stimmung selbst.

Aus einer Stimmung vermag der Mensch — in seinem Vermögen, sich zu binden oder zu lösen — an einen Partner sich binden, an eine Umgebung, an einen Arbeitsplatz; er vermag sich auch — aus der entsprechenden Stimmung —, von diesen wieder zu lösen. In Binden und Lösen von noetischen Akten, in alltäglichen oder wissenschaftlichen Urteilen und Erkenntnisprozessen, sind diese selbst stimmungsabhängig; wie sich dem Trauernden das Denken entzieht, erschwert oder der Heitere Gefahr läuft, oberflächliche Schlüsse zu ziehen.

Bindende und lösende Prozesse werden auch durch diffus-unbestimmte Anteilnahme an Binden und Lösen selbst provoziert. Dazu zählt z. B. das Wahrnehmen bevorstehender Trennung bei Kindern, das Vorwegnehmen von Widerfahrnissen in Ahnungen, das Erleben von Gruppenzusammenballungen (Bindungen) oder -sprengungen, schließlich das Wahrnehmen überhaupt von bindenden oder lösenden Prozessen bei anderen. Binden und Lösen selbst sind in diesem Zusammenhang Aussagen der Befindlichkeit: der sich gebunden Fühlende (Gestimmte) fühlt dies in Trauer und Bedrückung; in „gelöster Stimmung" sind Freude, Heiterkeit und Leichtigkeit, Euphorie, das „Was" und „Wie" der Gelöstheit selbst.

Was aber bewältigt die Stimmung? Bewältigt die Freude über eine gute Nachricht — die gute Nachricht? — der Schmerz, die Trauer über den Verlust eines Freundes? Wird der Verlust durch den Schmerz bewältigt? Oder sind Trauer und Freude, schlechte und gute Nachricht bewältigt, wenn sie einfach „abgeklungen" sind?

Wurde in den innerorganismischen und in den Vorgängen der Lebenswelt und der Antriebe Bewältigung als Ende von Auseinandersetzung angesehen — bis die Notwendigkeit zu einer erneuten Auseinandersetzung sich möglicherweise wieder einstellt — so dürfte jetzt deutlich werden, daß mit dem Abklingen einer Stimmung, eines Triebes oder auch eines Fühlens, ein Bewältigen im Sinne einer zum Abschluß kommenden Thematik *nicht* sichtbar wird, da die Stimmung in durchaus analoger Weise zu jeder Tageszeit wieder auftauchen und wieder verschwinden mag. Ich kann mich jederzeit aus der Stimmung an die gute oder schlechte Nachricht erinnern, ohne daß es aus der Stimmung heraus etwa zu einer außer- oder innerweltlichen Bewältigung der Nachricht kam. Ob der Zimmermann morgens bedrückt oder heiter an die Arbeit geht, ob er nachmittags bedrückt oder heiter ist, hat mit seinem äußeren So-Sein in seiner Arbeitswelt nur bedingt etwas zu tun. Seine Stimmung ist von seiner Arbeitswelt weitgehend unabhängig. Der eine Künstler wird nach Abschluß — Bewältigung — seines Werkes schwermütig, er empfindet es unbewältigt und wird nach der

Beendigung auch weiterer Werke bedrückt sein – der andere reagiert dagegen euphorisch, obwohl auch er das Werk als „unbewältigt" im Sinne einer Diskrepanz zwischen Vorhaben und Verwirklichung ansieht. Diese Beispiele deuten das Nicht-Voraussagbare der Stimmung an und weisen auf ihre nur geringe Verschränkung mit der Möglichkeit des Zu-Bewältigenden.

Der manisch Gestimmte erlebt Welt als spielend-einfach bewältigte, der Melancholische als unbewältigt, nur dem außenstehenden Beobachter erscheint sie weder hier noch dort „bewältigt". Dieser wird sich u. U. die Frage vorlegen, was denn „wirkliche" Bewältigung sei, und ob nicht vielleicht die einzige Möglichkeit, Welt zu bewältigen, die Manie ist, die Melancholie dagegen die einzige Art, auf das Nicht-Zu-Bewältigende von Welt zu antworten? [25]

Oder muß nicht an die *obigen* Ausführungen angeknüpft werden, daß durch Stimmungen – so wie durch Antriebe/Triebe – überhaupt nicht bewältigt zu werden vermag? Trägt vielmehr *das Subjekt* – individuell mehr oder weniger periodisch – für eine Zeitspanne das den Stimmungen immanente Weltverhalten aus, indem es sich diesem Austrag, in der Auslieferung an eine Triebthematik nicht weniger als in der Überwältigung durch eine Stimmung, überläßt? Der Kommunikationsmodus der Bewältigung, der auf das Personale zielt, wäre dann in der anteilnehmend-emotionalen Kommunikation Austrag der jeweiligen Kommunikationsmodi oder „pathische Existenz" – mit allen daraus sich ergebenden auch sozialen Widersprüchen (im Verhältnis zum Mitmenschen).

Wird das Bewältigte oder Unbewältigte der Stimmung an der „Wirklichkeit" gemessen, zeigt sich, daß weder das eine noch das andere zutrifft, wohl aber das Verhalten des Individuums sich so gibt, als ob bewältigt oder nicht bewältigt wurde. In diesem Verhalten aber – wie ausgeführt – beweist sich der letztlich nicht abzuschließende Prozeß der Beziehung zwischen Individuum und Welt als faktisch nicht zu bewältigender, letztlich nicht abzuschließender. Die „unbewältigte" Welt und das unbewältigte Selbst in der Niedergeschlagenheit, in der Melancholie, die „bewältigte" Welt und das „bewältigte" Selbst in der Euphorie oder Manie stellen sich in dieser Bewegung und Gegenbewegung nur dar, weil ihnen das nicht zu „bewältigende" Verhältnis zwischen Welt und Subjekt zugrunde liegt. (Bewältigung wird hier in einem weiter unten aufzuzeigenden Sinne definiert.)

In der Stimmung teilen wir a) unser jeweils von der Stimmung abhängendes Weltverhältnis der Umwelt mit, wobei wir uns und unser Verhalten zu der Welt über die Stimmung erkunden, entdecken, erschließen, uns mit ihr auseinandersetzen, uns in Stimmungen binden oder lösen, wie Stimmung selbst Gebundenheit oder Gelöstheit umschließt; b) in der Stimmung nehmen wir Welt wahr, diese in ihren Stimmungen (Atmosphäre) erkundend, erschließend, entdeckend, uns in Stimmungen bindend oder lösend. Im ersten Vorgang liegt das Schwergewicht auf unserer Mitteilung an die Welt, im zweiten in unserer Aufnahme und Antwort auf die sich mitteilende Welt. Die beiden Gesichtspunkte noch einmal zusammenfassend, sei erinnert, daß wir in jeder Gestimmtheit uns als diese, so und so Gestimmten der Welt mitteilen, uns von der Umwelt als in bestimmter Weise Gestimmte erschließen lassen, wie wir diese durch unsere Stimmung erschließen; das Sich-in-einer-Stimmung-Befinden, von einer Stimmung Be- und Ge-fangen-Sein beinhaltet nicht nur die Wahrnehmung und das Erschließen dieser Stimmung, die Auseinandersetzung mit ihr, sondern das gleichzeitige in „bestimmter" Stimmung der Umwelt Darstellen.

Das Fühlen — von der Gestimmtheit durch zeitlich kürzere Intervalle getrennt — ohne die Grundtönung, die die Stimmung dem Subjekt über meist längere Perioden verleiht, ohne deren auch leibhaft mitbedingte Periodizität, kontrollier-, steuer- und bewältigbarer als die Stimmung, ist nicht weniger als die Gestimmtheit unmittelbare Einheit und Präsenz des erlebend-fühlenden Subjektes in der erlebten-erfühlten Welt. Unmittelbar erlebte Präsenz würde den Gegensatz zu den nicht erlebbaren innerorganismischen Vorgängen und zu den transparenten (innerlich durchsichtigen), aber dem Sinnlich-Konkreten entfremdeten Vorgängen der noetischen Denkprozesse beinhalten.

Das fühlende Subjekt ist zwar seinen Gefühlen u. U. ebenso ausgeliefert wie seinen Stimmungen, es erkundet, entdeckt und erschließt, sich selbst erfahrend, sich mit sich selbst auseinandersetzend, seine gefühlsbezogenen Erlebnisse; aber das Fühlen hat der Welt und dem Subjekt gegenüber als bereits relativ faßbares „Bei-der-Welt-Sein" eine deutlicher erkundend-entdeckende und erschließende Funktion als die dumpfer getönte Stimmung. *Der Stimmung kommt Hintergrundscharakter, undeutliche-diffuse Schattierungen zu,* die unbestimmt bleiben, es sei denn, daß sie ganz den Vordergrund des Wachens umgreifen und die Person in ihren Bann ziehen. *Das Gefühl ist demgegenüber „lokalisierbarer", d. h. es ist dem Wachen näher, es kann rascher „unterdrückt", „beiseite geschoben", „verdrängt" werden als die stabiler-unberührbarere Stimmung.* Das Fühlen vermag sich darüber hinaus einer vom Wollen angegebenen Richtung auf etwas hin — eine Physiognomie, die Gangart eines Tieres, die Ausführung eines Arbeitsprozesses — unterzuordnen, das Wahrgenommene faktisch zu erkunden, durch „Ein- oder Erfühlen" sich in den andern zu versetzen.

Dabei gewinnt es im Erkunden tastend-abtastenden Charakter, es eröffnet über Sympathie Umwelt, wie es über Antipathie Umwelt verschließt — die sich möglicherweise dem Subjekt als offene zeigt.

Im Erschließen und Entdecken werden die allgemein-intentionalen Tendenzen des Fühlens, die über Sympathie das Zu-Erkundende ertasten oder über Antipathie sich von ihm zurückziehen, an die Helle noetischer

Prozesse, thematisierten Erkennens herangeführt. Im Erschließen erscheint das Ahnend-Erkundete bereits in bestätigenden oder verneinenden Zusammenhängen, in die Lebenserfahrung, Ähnlichkeiten, Erinnerungen und flüchtige Eindrücke mit einzugehen: ein physiognomischer Zug, eine Geste, eine bestimmte Weise zu sprechen, führen bei dem diese Vorgänge Anteilnehmend-Erkundenden zu einem über den Gesamteindruck hinausgehenden Entdecken und Erschließen, das thematische Verbindungen sichtbar macht: die Geste, die Physiognomie, die Sprachweise wird in größere, vertraute Zusammenhänge eingeordnet, die sich wiederum auf gehabte und in der Zukunft mögliche Erfahrungen beziehen. Das Wahrnehmen eines Charakterzuges in einer Person wird zu dessen Entdecken, wird zu dem Entdecken einer Eigentümlichkeit, die sich dann auch in Kleidung, in Aussprache oder in Haartracht darstellt, und die über die *Entdeckung* erkundeter Einzelheiten hinausgehend zu einem *Erschließen* wird, wenn die genannten Züge sich zu einem thematischen Sinn-Ganzen gliedern: das ist diese bestimmte Person, deshalb spricht sie in manirierter Weise, kleidet sie sich in auffallender Art, trägt sie die Haare so und so gescheitelt. Im Erschließen wird die übergeordnete Leitthematik sichtbar, die bereits Bestandteil noetischer Erkenntnisprozesse ist: Aus diesem Grunde ist das Fühlen in unmittelbarer Nachbarschaft auch der noetischen Weltverarbeitung zu suchen.

Umgekehrt erschließt sich im Fühlen das Subjekt seiner Umwelt. Das Erschließen ist die Domäne des Fühlens. Das Subjekt stellt sich über Ausdrucksverhalten, nicht weniger als über Verstellung, über Art und Weise des Sprechens, der Gangweise, der vegetativen Symptomatik (Erröten oder Schwitzen), im Gespräch oder im Schweigen – der Umwelt in seinen Gefühlen dar; *es erschließt sich der Umwelt über das Sichtbar-Werden seines Fühlens.*

Das Liebkosen oder Streicheln, das Aufstampfen oder „Die-Zähne-zusammen-Beißen", das Gegenseitige Sich-etwas-Anvertrauen, der Händedruck oder das Lösen der Hände, der Gruß bei Begegnung oder Trennung, das Schweigen als Einverständnis oder Ablehnung: die Skala der fühlenden Kommunikation ist durch die Fülle möglicher Abschattungen zwischen Erschließen, Sich-Eröffnen oder Sich-Verschließen gekennzeichnet. Das Verschließen ist ebenfalls ein in bestimmter Weise Sich-Erschließen – eben als ein Verschlossenes.

In der Auseinandersetzung wird – über das Erschließen hinausgehend – *der Konfliktcharakter des Fühlens selbst durchsichtig;* das Hin- und Hergerissen-Werden zwischen erkundendem Eindruck und entdeckendem Tatbestand, zwischen Verunsicherung und Gewißheit, zwischen auftauchender Zuneigung und anhaltender Abneigung, zwischen Haß und Liebe, zwischen Vermutung und Gewißheit, zwischen Furcht und Hoffnung weist auf die gegensätzliche polare Struktur des Fühlens selbst hin. Diese Polarität des Gefühlsbereiches wiederum zeigt auf die Verschränkung zwischen dem existentialen Kommunikationsmodus der fühlenden Auseinandersetzung und dem Konfliktcharakter des Fühlens: der fühlende Mensch ist ein mit der Umwelt oder mit sich selbst Sich-Auseinandersetzender. So ist der „tief" fühlende Mensch im Gegensatz zum „flach-gefühllosen" dem Fühlen, damit seinem noetischen Wahrnehmungs- und Auseinandersetzungscharakter stärker ausgeliefert, als der flach-fühlende. Mangelnde Auseinandersetzung durch mangelndes Fühlen verschließt dem letzteren die Welt, wie es für ihn selbst, der zu Gefühlen nicht in der Lage ist, auch kein Verschließen mehr gibt — er ist „flach".

In der Auseinandersetzung des Fühlens, zwischen den Gegensätzen, hin- und hergerissen, zwischen Sympathie und Antipathie, ereignet sich mögliche Entscheidung zu einem Gefühl: zu Sympathie oder Furcht, zu Hoffnung oder Furcht, zu Unsicherheit oder Gewißheit, *um damit Bindung und Lösung zu ermöglichen.* Binden und Lösen entwickeln sich also in der anteilnehmenden Kommunikation des Fühlens aus „erfühlten" Entscheidungen, die wiederum auf Auseinandersetzung folgen.

Darüberhinaus werden Binden und Lösen in der sowohl für das Gestimmt-Sein wie auch für das Fühlen fundamentalen Problematik von Trennung (Lösen) und Sich-Vereinen (Binden) sichtbar. Das Subjekt, von Geburt bis zum Tode als Einzelnes existierend, obwohl gleichzeitig stets kommunikativ auf andere und Gruppen bezogen, erfährt Trennung (Lösung) von der ersten Pflegeperson — meist der Mutter — im allgemeinen als Gefährdung der eigenen Identität, d. h. der eigenen Möglichkeit zu einem Selbst zu finden (s.u. II/6), das es primär über den/die anderen entwickeln muß. Das Kleinkind ist diesem Vorgang ebenso ausgeliefert wie es später seinen Stimmungen, seinem Fühlen ausgeliefert ist — und es ist ein Grundzug menschlicher Existenz, die verlorene „primordiale Identität" oder primäre Identität mit der Mutter in anderen Personen über eine Bindung wieder herstellen zu wollen.[26]

Binden und Lösen weisen in ihrer Bezogenheit auf Sich-Finden und Sich-Trennen als fundamentale Weisen von Kommunikation, in *denen der Mensch sich vor allen kognitiv-noetischen Auseinandersetzungen bereits bindet oder löst*. Binden und Lösen wurden nicht zuletzt aus diesem Grunde zu Leitthemen menschlicher Existenz und der psychiatrisch-psychotherapeutischer Praxis.

Eignet der Stimmung der Modus, daß sie entweder in dem einen Extrem das Verhältnis zwischen Welt und Subjekt als bewältigtes zeigt, im anderen als unbewältigtes, um damit die Unmöglichkeit von Bewältigung des Verhältnisses zwischen Subjekt und Welt überhaupt zu erweisen, so ist die Rede von der „Bewältigung durch ein Gefühl" oder der Sprachausdruck „er hat das Problem gefühlsmäßig bewältigt" ein Hinweis dafür, daß Bewältigung und Fühlen in einem anderen Verhältnis zueinander stehen als

Stimmung, Gestimmt-Sein und Bewältigung. Den erwähnten, alltäglich-banalen Redeweisen liegt die Erfahrung zugrunde, daß das Fühlen in seiner intentionalen Orientierung und Nähe zu mental-noetischen Prozessen, von diesen präg- und beeinflußbar, deren Intentionalität miteinbeziht; auf die noetisch-denkende Bewältigung eines Problems durch einen Erkenntnisakt, vermag sich diesem das Gefühl unterzuordnen. Das Subjekt fühlt dasselbe, was es möglicherweise gedacht und erkannt hat.

Der umgekehrte Vorgang wird jedoch ebenfalls beobachtet, daß z. B. eine zwischenmenschliche Verbindung, die sich noetisch-kognitiv im teilnehmenden Modus (s. u.) des sich-auseinandersetzenden, konfliktbezogenen, mit Diskussionen einhergehenden Urteilens *und* Erkennens abspielt, *sich im Kreise dreht, weil die fühlende und denkende Kommunikation voneinander „abgespalten" sind*. Das Fühlen läßt sich in diesem Fall weder von dem Denken bestimmen, noch das Denken vom Fühlen und eine Veränderung der Situation, d. h. eine Entscheidung, wird erst ermöglicht, wenn das Mißverhältnis zwischen Denken und Fühlen wieder aufgehoben ist.

Weist das Fühlen einerseits in seiner, im Verhältnis zur Stimmung, relativen Klarheit auf noetisch-denkerkennende Prozesse hin, so zeigt sein anderer „Pol" auf den aperspektivischen Bereich (auf das sog. Unbewußte), über den das Fühlen sich dem Zugriff durch die Erkenntnisprozesse — bei aller Nähe zu diesen —, zu entziehen vermag. Letzteres zeigt sich auch in der engen Bezogenheit des Fühlens zum vorlogischen Denken, zu Ahnungen und Bilderschau, zu Mythen, Märchen und Legenden.

Im Unterschied zu den noetischen Prozessen wird im Fühlen die Dimension der Tiefe des Erlebens sichtbar, über die sich der Bezug zum Aperspektivischen, dem „Ab-Grund" menschlicher Existenz darstellt. Der „flach" Fühlende reicht nicht in diesen Abgrund, in dem der „tief" Fühlende hängt — die bodenlose Tiefe wird von ihm jedoch nur selten wahrgenommen.

Das Bewältigen aus der „Gefühlstiefe" ist ferner von den Entwürfen des Subjektes in die Zukunft, seinen Erwartungen und Hoffnungen, von seinen Wünschen und seiner Idealbildung abhängig: Je drängender die Wünsche unerfüllt in das Erleben mit eingehen, die Erwartungen und Hoffnungen, die Idealvorstellungen sich hochspannen (Spannungsgefälle), umso schwieriger die Bewältigung eines Erlebnisses, einer inneren oder äußeren Auseinandersetzung, die den Erwartungen nicht entsprechen. „Tief" fühlen weist sich in diesem Zusammenhang als mit dem gesamten Spannungsgefälle (seiner gegensätzlichen Polarisierung) des Subjektes in Verbindung stehend aus: mit seiner Differenziertheit, mit den Widersprüchlichkeiten der Persönlichkeit, den „Mißverhältnissen" z. B. zwischen noetischen Prozessen hier, triebhaften Vergängen dort. Die „Zerrissenheit" des Subjektes korrespondiert mit seiner Fähigkeit „tief" zu fühlen,

Erschütterungen z. B. als Erschütterungen durchzustehen, u. U. aus dieser „Tiefe" zu bewältigen, oder zu scheitern. Entscheidung und Bewältigung im Modus des Fühlens weisen wieder auf die das „Ganze des Subjektes" umschließenden Prozesse, die sich letztlich dadurch auszeichnen, daß, je heterogener und vielfältiger sie differenziert sind, umso schwerer dem Subjekt das Bewältigen fallen wird. Andererseits wird das „Bewältigte", das sich aus der Differenzierung und Heterogenität von gesellschaftlichen oder leibhaften Faktoren, von Wünschen hier, von Idealvorstellungen und Wirklichkeiten dort bestimmt, erst aus der Fülle dieser Möglichkeiten zu einem die Person ganz miteinbeziehenden „Bewältigen".

d) Zusammenfassung

In dem vorausgegangenen Abschnitt wurde *die emotionale Kommunikation als anteilnehmende bezeichnet*, ihr Grundcharakter aufgezeigt und aufgewiesen, daß die Grundmodi der Kommunikation von Aufnahme, Mitteilung und Antwort, ihre Differenzierung in Erkunden, Entdecken, Erschließen, Auseinandersetzen, Binden/Lösen, Aufzeigen/Aufweisen und endlich Bewältigen aller spezifischen emotionalen Kommunikation vorgegeben sind. Es wurde dargelegt, daß es keine ausschließlich trieb-, stimmungs- oder vom Gefühl bestimmte Kommunikation gibt, sondern daß, wenn Kommunikation emotional stattfindet, diese immer primär ein Erkunden, Erschließen, Sich-Auseinandersetzen oder Bewältigen ist; sekundär ist in diese primären Modi das „Wie" der Kommunikation mit einzubeziehen, das dann von zu differenzierenden Trieben, Stimmungen oder Gefühlen mitbestimmt wird.

5. Denken und Existieren
(Die teilnehmende Kommunikation)

a) Die Verschränkung von Denken und Handeln[27] *in der Ontogenese. Erkunden, Entdecken und Erschließen*

Der Begriff der teilnehmenden Kommunikation für die denkend-noetischen Prozesse im Unterschied zu den anteilnehmend-emotionalen, wurde deshalb gewählt, *weil das Denken zwar das Ganze eines Zusammenhanges innerhalb von logischen Urteilen oder Erkenntnissen perzipiert, dabei aber von Teil zu Teil, von Schluß zu Schluß gehend, sich darstellt*: Ob im Erkunden oder Erschließen, im Entdecken, Sich-Auseinandersetzen, Binden/Lösen oder Bewältigen das Denken mit seinem „Gegenstand" (oder sich selbst als seinem Gegenstand) beschäftigt ist, diesen zu erkundet oder bewältigt, es schreitet von Teil zu Teil zum Ganzen einer Erkenntnis: *nicht partizipierend wie im vorlogischen Auffassen, sondern die „Teile" zum „Ganzen" fügend, um über dieses dann zu verfügen.**

Der erkundende Charakter des Denkens wird im frühesten Beobachten (Aufmerken) des Kindes sichtbar, in Verbindung desselben bei dem spielerisch-experimentierenden Umgang mit dem eigenen Leib wie auch mit den Gegenständen der Umgebung (s. o.). *Das Erkunden geht dabei primär auf das „Was" der Dinge — was diese „sind" — als auch auf das „Wie" der Zusammenhänge aus.*

Erkundet wird Umwelt wie auch der eigene Leib nicht nur im Befragen des „Was" und „Wie", sondern erkundet werden auch durch wahrnehmendes Erleben z. B. die Qualitätsunterschiede, denen das Kleinkind frühzeitig ausgesetzt ist: denen von Wärme, Kälte, Trockenheit, Feuchtigkeit. Ist jedoch das Kind in seinen frühen Phasen dem Erleben dieser Qualität überwiegend passiv ausgesetzt, so vermag es, zu späterer Zeit, wenn das aufrechte Gehen oder zumindest die Bewegung durch den Raum erlernt sind, aktiv die Qualitäten zu erkunden, indem es in seiner Umwelt Konstellationen herbeiführt, die ihm die Erfahrung der Wärme, der Kälte, des Feuchten, des Trockenen, des Angezogen- oder Abgestoßen-Werdens, der Zuneigung oder Abneigung vermitteln. Die Erfahrung, in begrenztem Maße über die Umwelt zu verfügen, um aus ihrer Verfügbarkeit sich bestimmte Erlebnisse zu verschaffen, nimmt die Verfügbarkeit des begrifflichen Aktes bereits vorweg.

Im erkundenden Verfügen etwa des Erlebens von „Kälte", wenn das Kind die Türe, die in das Freie hinausgeht, öffnet oder wieder schließt, im Verfügen über die Erfahrung der „Nässe" oder „Feuchtigkeit", wenn das Kind mit dem Wasserhahn hantiert, es dann aber auch wieder unterläßt, zeigt sich ihm die Umwelt als eine durch sein Tun vermittelte und ihm damit verfügbare.

Aus der Kontinuität der Erlebnisse, in die es vom frühen Morgen bis in den späten Abend eingebettet ist, greift es ferner durch das Erkunden situative Einschränkungen — eben aus dieser Kontinuität — heraus, um mit diesen Einschränkungen nicht nur die Verfügbarkeit der Situation, sondern auch das „Greifen" des Begriffes im „Herausgreifen" konstellierter Situationen vorwegzunehmen. Eine Situation herauszugreifen, diese damit verfügbar zu machen, wäre z. B. in der Badewanne strampeln, um damit die Mutter herbeizuholen, sich der Milchflasche durch „Heranrobben" zu nähern, bis sie angefaßt werden kann usf.

---

* S. hierzu *E. Husserl*: Logische Untersuchungen, Bd. I–III. Tübingen 1975, und Erfahrung u. Urteil op. cit.

138

Weil das Subjekt in dieser Weise mit seiner frühen Umwelt erkundend umzugehen lernt, indem es hier Erlebnisse verfügbar macht, dort situative Einschränkungen „herausgreift", vermag es im Denken über Begriffe willkürlich zu verfügen und Situationen begrifflich aus der Kontinuität des Erlebens herauszunehmen, sie dann zu begreifen. (Verfügen und Be-Greifen sind Grundmerkmale des noetischen Kommunizierens, s.u.)

Das erkundende Verstehen der „Washeit" von Umwelt folgt auch hier der Konstellation von Themen durch das Subjekt und deren Provokation durch die Umwelt. Das Erlebnis der kalten Winterluft provoziert das Kind durch Öffnen der Türe, es konstelliert damit die „Washeit" einer bestimmten Luft, die im Subjekt wiederum das Erlebnis „Kälte" erweckt (konstelliert). *Das Erleben dieser Qualität ist die innersubjektive Antwort (Thema) auf die außerweltliche Kälte: die „Washeit" derselben ist die Antwort des Subjektes auf die Erfahrung „Kälte".*

Das Erkunden weist demnach sowohl einen mit Wahrnehmen und Handeln verschränkten Bezug auf (Öffnen der Tür- und Wahrnehmen der kalten Luft), wie einen anderen, der das Erleben der Qualitäten als Antwort des Subjektes auf Außenwelt wiedergibt, bzw. *das Erfahren der „Washeiten" von Qualitäten ist stets auch Selbsterfahrung.*

Die Bezogenheit zwischen den noetischen Vorgängen und dem Handeln wird in den bereits erwähnten Kreisprozessen von Wahrnehmen und Bewegen sichtbar, durch die der eigene Leib die Umwelt und das Verhältnis beider zueinander, damit zu dem erkundenden Subjekt, erfahren werden.

In der aufmerkend-erkundenden Wahrnehmung – insbesondere in der Beobachtung – des Kindes ist bereits das die Dinge und die Vorgänge der Umgebung feststellende, das dem feststellenden Begriff vorwegnehmende Denken vorgegeben anwesend. Über das verfügende Handeln, das Konstellieren von bestimmten, herausgreifbaren Situationen, über das Feststellen des aufmerkenden Beobachtens hinausgehend, *wird in der erkundenden Aufmerksamkeit*[28] *(des Kindes) die innere und äußere Distanz zu dem Beobachteten* sichtbar, zeichnet sich in dieser Distanz die Distanz auch des reflektierenden Denkaktes zu der Anschaulichkeit der Wahrnehmung ab.*

Im aufmerkenden Feststellen, Verfügen, erkundend-anpackenden Herausgreifen und in der Distanz zu den herausgegriffenen oder verfügbaren Vorgängen und Gegenständen, *wird über dem „Was" derselben das „Wie" ihrer möglichen Zusammenhänge entdeckt. D. h., im Entdecken beginnt das handelnde Kind über das Feststellen hinausgehend, Zusammenhänge zu erfassen, entdecken, die vom „Wie" zu dem „Wozu" führen. Dieses „Wie" und „Wozu" verlangen die Entwicklung auch des kausal-verstehenden Denkens, dessen existentialer Bezug darin liegt, daß der aufwachsende Mensch schrittweise im Handeln sich als Handlung verursachender, diese damit verantwortender (s. u.), wie auch Handlungen abschließender er-*

139

fährt. Weil das Kind — der Mensch — sich als Verursacher von Wirkungen maßgeblich für Veränderungen entdeckt, ist es ihm möglich, auch nicht unmittelbar auf ihn bezogene Zusammenhänge nach dem Bild eigener Verursachung von Wirkzusammenhängen nachzuvollziehen, d. h. kausale Zusammenhänge entdeckend, diese als in sich Zusammenhängendes zu erschließen.

Sich als Verursacher von Wirkzusammenhängen zu entdecken, darf jetzt als der entscheidende Schritt angesehen werden, der dem Kind ermöglicht, von dieser Entdeckung, die über das an der Oberfläche (s. o.) verbleibende Erkunden hinausgeht, zum Erschließen von Wirk-Zusammenhängen am Band des eigenen Tuns fortzuschreiten. Das den Bauklotz erkundende Kind steckt diesen möglicherweise in den Mund, spuckt ihn aus, hebt ihn wieder auf, stellt ihn auf den Boden, lehnt einen anderen Klotz an diesen oder legt einen zweiten obendrauf. Es erkundet das „Was" des Bauklotzes durch Abtasten, Hinwerfen, In-den-Mund-Stecken, rhythmisches auf den Boden Schlagen. In diesem, den Bauklotz erkundenden Vorgang, erkundet es sich selbst — in seinen Möglichkeiten mit dem Bauklotz umzugehen, mit ihm zu spielen, ihn zu benutzen. *Im Erkunden desselben werden Verfügbarkeit, Herausgreifen, Distanzierung durch das Erkunden als erste noetische Prozesse sichtbar.*

Es entdeckt sich gleichzeitig — und damit wiederum den Bauklotz und die Umwelt —, *wenn es sich als Ursache und Wirkung auslösendes erlebt,* wenn es den Bauklotz hochnimmt, hinlegt, wieder hinstellt. *In dieser Entdeckung beginnt sich das „Wie" und „Wozu" des Bauklotzes zu erschließen.* Wie es den Bauklotz hinstellt, wird er hinfallen, wie es ihn auf einen anderen legt, wird er liegen bleiben. Wie es mit ihm spielerisch umgeht, erschließt sich ferner das „Wozu" des Bauklotzes wird seine Thematik „Bauen" sichtbar. Es erschließt, daß der Bauklotz zum Bauen auffordert, daß es der Bauklotz zu Tätigkeiten provoziert (s. o.), die in der Beantwortung der Provokation zur Thematisierung des „Bauens" schrittweise führen. *Das Leitthema „Bauen" wird noetisch vernehmbar, d. h. es erschließt sich in seinen Zusammenhängen des „Wie" und „Wozu".*

Das Erkunden, Entdecken, Erschließen sind jedoch keineswegs auf das von Gegenständen und leibhaften Vorgängen beschränkt. Erkundet, entdeckt, erschlossen werden die Pflegepersonen so wie die Geschwister, der Lebensraum, die Tierwelt — wenn vorhanden — die „Welt des Kindes" in ihrer „Washeit" und dann im „Wie", ihren Zusammenhängen. Daß in diese Vorgänge auch das anteilnehmende Kommunizieren mit einbezogen ist, dürfte aus der existentialen Verankerung des Subjektes in der Welt unmittelbar evident sein.

Erkunden, Entdecken und Erschließen können in diesem Zusammenhang ontogenetisch auch nicht früh genug angesetzt werden. Erkundet wird bereits die Mutterbrust; auch hier erfährt sich das Kind, wenn es diese z. B. beißt, als Ursachen auslösend, Wirkungen konstellierend, wie es im Bild der Mutterbrust, im Akt der Stillung, diese als erste Sinnbezogenheit entdeckt und erschließt. Im Umgang des Kindes mit der Mutterbrust sind Erkunden, Entdecken und Erschließen engstens aufeinander bezogen und noch ganz in die anteilnehmende Kommunikation eingebettet.[29]

Das Erschließen von übergeordneten Themen des Wie und des Wozu im teilnehmenden Kommunizieren wird darüberhinaus vor allem durch das Verhalten der Erwachsenen dem Kind gegenüber, die Vermittlung von Themen durch diese an das Kind verdeutlicht. Die immer wieder auftauchende Frage des Kindes „Warum" wird mit dem „Um-Zu" oder „Deshalb" beantwortet. Mit dieser Antwort wird bei dem Kind der Weg zum Verstehen übergeordneter Zusammenhänge vorbereitet.

Begibt sich das zur Entdeckung bereite Kind selbständig am „Seil" des Handelns in seine Welt, um das Gefüge von Ursachen und Wirkungen thematisch zu erschließen, so war es demgegenüber im Erkunden noch dem Möglichen gegenüber aufgeschlossen, das noch nicht dem Bereich von Notwendigkeiten angehörte, in den das Kind sich durch das Handeln einläßt. *Im Erschließen der Zusammenhänge zeigen sich deren Notwendigkeiten, die im Erkunden, aber auch im Entdecken noch als Möglichkeiten perzipiert werden.* Im Entdecken: der Bauklotz kann möglicherweise hinfallen, er kann möglicherweise stehen bleiben, der Erwachsene kann möglicherweise „böse" werden, er kann lachen, er kann sich abwenden — und damit Verhaltensweisen an den Tag legen, die vom Kind noch nicht als notwendige erschlossen, bestenfalls als mögliche Antworten auf eigene Provokation entdeckt werden.

Erkunden, Entdecken, Erschließen behalten diesen Modus für das Subjekt jedoch lebenslänglich bei. So wird das Erkunden in all den Situationen des Lebensweges wieder sichtbar, in denen das Subjekt sich einem noch Unerschlossen-Verschlossenen gegenüber sieht. Ob es sich hier um das Erkunden einer unbekannten Person handelt, das Betreten einer unbekannten Landschaft, die Begegnung mit einem unbekannten Völkerstamm oder das Erkunden einer unbekannten Apparatur: im Erkunden selbst stellt sich immer wieder die Grundfrage nach der „Washeit" des Begegnenden, aus dem sich dann das „Wie" und „Wozu" ergeben. Ein Gespräch unter sich fremden Personen wird sicher so geführt, daß die sich Unbekannten sprachlich über provokatorisch-evokatorische Bemerkungen sich gegenseitig auskundschaften (erkunden) — gleichgültig, ob von beiden Seiten von Anbeginn Vertrauen dem anderen gegenüber gezeigt wird, oder die Partner sich mißtrauisch gegenüber stehen.

Wer einen unbekannten Ankergrund erkunden muß, lotet diesen nach Tiefen und Untiefen aus. Wer eine unbekannte Gegend auskundschaftet, bewegt sich, mögliche Antworten aus dem Unbekannten erprobend, in dieser oder jener Richtung. Nicht anders verhält sich (erkundet) derjenige, der eine unbekannte Maschine ausprobiert, indem er einen Hebel anhebt oder jenen Knopf drückt, bis die von den Konstrukteuren in das thematische Ganze hineingelegte, adäquate Antwort — das Funktionieren der Maschine — sich mitteilt. Im letzteren Fall hat sich die Maschine als thematisches Ganzes erschlossen; dieses Erschließen wiederum war von entdeckenden Vorgängen abhängig, in denen der Erkundend-Entdeckende provokatorisch diesen Hebel, jenen Knopf bediente, damit Wirkung auslöste, über die sich das Ganze der Maschine, ihr Thema darstellte.

Im Augenblick des Erschließens, wenn die unbekannte Person „sondiert", der Ankergrund ausgelotet, das Land in einem bekannten Teil abgegrenzt und ausgekundschaftet wurde, wenn die Symptome der Krankheit sich als Ganzes zu einem Krankheitsbild erschließen, haben sich, die mit der Entdeckung verbundenen Wirkungen und Gegenwirkungen zu dem „Schluß", d. h. zu dem thematischen, sich als Notwendiges ergebendem Ganzen zusammengeschlossen. Zu diesem thematischen Ganzen hat jetzt das Subjekt den spezifischen Schlüssel gefunden. Das zusammengeschlossene Ganze ist das Erschlossene, das sich im Erschließen zu dem Thema zusammenschloß, zu dem das Subjekt — vom Erkunden, zum Entdecken, zum Erschließen gehend — den Schlüssel gebildet hat.

In dem Maße, in dem das erkundende, entdeckende, erschließende Subjekt sich Welt eröffnet hat, erschließt es sich selbst. Jedes Erschließen von Um- und Außenwelt ist ein Selbsterschließen, ist Lernen, ist Horizonterweiterung der Innersubjektivität in dem Sinne, daß das Subjekt auch über sich selbst Aufschluß erhält. *Der über Erkunden und Entdecken gewonnene „Schlüssel" zum Erschließen von Umwelt ist das Subjekt selbst, das im Erschließen von Umwelt sich selbst als Erschlossenes zum Schlüssel macht.*

Das zum Erschließen der Außenwelt führende Erkunden wird über das provokatorische Entdecken derselben zum Entdecken der eigenen Person, die (begrenzt) eigenen Willensimpulsen gehorcht und in gewissen Grenzen manipuliert zu werden vermag — wie Gegenstände oder Personen der Umwelt. *Die Person erschließt sich damit als relativ autonome, was sich beim Kind in der zunehmenden Sphinkter-Kontrolle und in der Beherrschung der Motorik zum Ausdruck kommt, die beide Kontrolle durch den Ursache und Wirkung auslösenden Willen verlangen.* In dieser Weise sich selbst erschließend, erfährt das Subjekt sich im Ganzen auf Wirkungen antwortend: die Verletzung der Hand schmerzt, aber auch die Kränkung und Zurechtweisung durch andere Personen.

Dem Erschließen von übergeordneten Themen in der Außenwelt, das Erfahren der Zusammengehörigkeit von Zimmern, Möbeln, Bildern, Türen, Teppichen — zum Ganzen der Wohnung —, korrespondiert der Erfahrung, selbst einem Ganzen — einem Leitthema — z. B. der Familie, einer Gruppe, einem Lebensraum anzugehören, und sich selbst als Leitthema von leibhaften Prozessen, anteilnehmender Kommunikation (Emotionen), noetischen Akten zu erleben. In diesem Zusammenhang eröffnet sich die Perspektive auf das „Selbst"[30] — dem eigentlichen Thema der zur Welt sich verhaltenden, je-einmaligen Existenz des Subjektes.

b) Entdecken

Die Bedeutung des Entdeckens in der Vermittlung zwischen Erkunden und Erschließen, in der Vermittlung insbesondere von Wirkzusammenhängen, wurden eben aufgewiesen. Damit erschöpft sich aber keineswegs *der Charakter des Entdeckens*, dem über das oben Gesagte hinausgehend *der überraschende, unvorhergesehene Modus zukommt (s. oben)*.

Das Subjekt, das sich als Forscher oder Denker in die zu erschließende Welt hineinbegibt, begibt sich in den „unendlichen Dialog" (s. o. *Heisenberg*) zwischen Mensch und Natur (oder Welt), da sich Welt als nie zu Ende gedacht zeigt, im Fragen jedoch nach dem „Was", „Wie" und „Wozu" immer wieder neue Wege zu Unbekanntem eröffnet.

Dabei kommt dem Entdecken auch der Modus des scheinbar Zufälligen zu, bei dem unvorbereitet Welt sich in einem Aspekt mitteilt, der dem, der ihn wahrnimmt, zur Entdeckung wird; obwohl der „Aspekt" immer schon anwesend war: das Amerika des Kolumbus nicht weniger als der Salpeter zur Herstellung von Düngemitteln oder eine verschüttete Stadt am Euphrat. Die zufällige Entdeckung — deren Zusammenhänge mit der jeweilig kulturhistorischen Konstellation nicht in Abrede gestellt werden — bedarf des sie entdeckenden Auges, d. h. des Subjektes, das durch einen Sprung über das Erschließen hinaus Bereitschaft zeigt, sich dem noch nicht einmal Erkundeten ganz zu überlassen, seiner Bereitschaft, ein möglicherweise zu Entdeckendes wahrzunehmen.

Daß hinter dieser Bereitschaft anteilnehmende Kommunikationsmodi wie Raff- oder Habgier, Beutemachen oder auch wissenschaftlicher Ehrgeiz und Prestigegewinn häufig anzutreffen sind, wird nicht geleugnet, sie mögen den Blick für das Zu-Entdeckende in ihrer Weise „schärfen". Die maßgebliche Haltung, die die Voraussetzung ist, sich dem Zufall des Entdeckens zu überlassen, ist der „existentiale" Mut, sich dem ganz und gar Verschlossenen und Unbekannten anheim zu stellen, selbst unter möglicher Preisgabe des Lebens.

Erst unter diesem Einsatz beginnt sich das Verschlossene des Unentdeckten zu zeigen, d. h. sich in seiner Thematik zu erschließen, die von dem zu Entdeckung Bereiten „vernommen" wird. Die Bereitschaft, Themen zu vernehmen, die außer dem Entdecker noch keiner wahrgenommen hat, verlangt wiederum den Mut, das Bekannte, bereits Vertraute und

Entdeckte durch das Nicht-Entdeckte in Frage zu stellen, sich Mitteilungen auszusetzen, die das „Repertoire" möglicher Antworten nichten oder negieren. Es bedarf dazu nicht der Erinnerung an die Entdeckung Amerikas und ihr Infrage-Stellen eines geo-zentrischen Weltbildes, die Entdeckungen des *Kopernikus*, die *Newtons* oder die *Kekulés*, die Erfindung des Otto-Motors oder die Atomspaltung, denn schon die ersten Entdeckungen des Kleinkindes, das Erleben und Erfahren von Neuem, stellen Bekanntes in Frage, negieren oder nichten es.

Im Modus des Entdeckens erfährt das Subjekt nicht nur die Nichtung von Bekanntem durch die Welt, sondern es wird gezwungen, zu dem Bekannten „Nein" zu sagen und damit den Widerspruch, die Bewegung des Denkens zu vollziehen. Das Lernen des Kindes — und das bereits viel seltenere Lernen des Erwachsenen — sind die Vorgänge, in denen ständig, von den ersten Erfahrungen des Säuglings bis zur Einschulung, bis zur Aufnahme einer Lehre oder eines Studiums, Vertrautes, Gewohntes, Beherrschtes und Bekanntes durch das Neue des Entdeckten in Frage gestellt werden, damit sich der Permanenz des Widerspruches auszusetzen (s. o. „Schaukelstuhl"). M. a. W.: *Lernen heißt: die Bewegung von Gewußtem zu Nicht-Gewußtem, von Nicht-Gewußtem zu Gewußtem zu vollziehen und damit Bestätigung (Bejahung, Position) und Verneinung (Negation) zu vollziehen.*

D. h., daß über den Modus des Entdeckens in der noetischen Teilnahme das Subjekt existentiell die Erfahrung von Ja und Nein vollzieht.

Erkunden, Entdecken, Erschließen sind Vorgänge (s. o.), in denen sich das Subjekt über die Welt, die Welt sich über das Subjekt wechselseitig verstehen (s. Transzendierung). *Über die Entdeckung der Widersprüchlichkeit der Welt* die im Lernprozeß immer wieder Neues bietet, damit Altes negiert, *erfährt das Subjekt die eigene Widersprüchlichkeit,* das Vermögen Nein gegen Ja zu setzen, zu widersprechen und im Widerspruch sich zu behaupten, sich gegen zusetzen, gegenzustellen (zu antworten!), möglicherweise den, dem widersprochen wird, zu nichten.

Wurde oben die Entwicklung der teilnehmend-noetischen Kommunikation über Erkunden, Entdecken, Erschließen dargelegt, wurde ausgeführt, wie im Erkunden Herausgreifen, Verfügbar-Machen, Distanzierung des Noetischen sich vor- und abzeichnet, wie im Entdecken durch Bewirken von Veränderungen das Subjekt Ursache und Wirkung, damit die Voraussetzung für das Erfahren von Zusammenhängen schafft, wie ferner im Erschließen das „Wie" und „Wozu" der Themen sichtbar wird, *so spezifiziert sich im Entdecken selbst Denken als Bewegung und Gegenbewegung, in der Entdeckung des Neuen begründet.* Als Bestandteil alltäglicher Kommunikation nicht weniger wie im nie zum Abschluß kommenden Lernprozeß, zeigt sich die Entdeckung als der Modus der noetisch-teilnehmenden Kommunikation, der sich in Bewegung und Gegenbewegung kundgibt.

c) Erschließen

Die Voraussetzung für das schließende Urteil: „alle Menschen sind sterblich, Gajus ist ein Mensch, folglich ist er sterblich", sind das Erkunden und das Entdecken. Die Möglichkeit, einen logischen Schluß zu ziehen, impliziert *Eingrenzung, Verfügbarkeit* und *Distanzierung* im Modus der teilnehmend-noetischen Kommunikation, sie impliziert die Erfahrung von Ursache und Wirkung und die der Denkbewegung von Setzen — eine Aussage zu machen — und Gegensetzen, die im Entdecken des Neuen vollzogen wird.

Wenn der Schluß gezogen wird, daß der kalte Zugwind durch das offene Fenster bedingt ist, wenn aus den Zornesfalten auf der Stirn des Gegenübers dessen Ärger gefolgert wird, wenn aus der Kleidung eines Menschen auf dessen Herkunft oder Stand geschlossen wird, wenn eine bestimmte Handlung auf ein entsprechend „bestimmtes" Subjekt schließen läßt, wenn die alltäglichen, noetischen Prozesse der teilnehmenden Kommunikation von Urteil zu Urteil gehen, *dann kommt dem Schließen nicht nur der formal-logische Charakter des Urteilens zu, sondern im Schließen erschließt sich das Subjekt selbst in einer nur ihm zukommenden, individuellen Weise.*

Wurde oben dargelegt, daß im Schließen das Subjekt den Schlüssel zum Schließen liefert, so kann diese Aussage dahingehend bestätigt werden, daß im formalen Schluß „alle Menschen sind sterblich" nicht weniger wie in dem Schluß aus den Zornesfalten und der Rötung des Gesichtes auf einen drohenden Wutausbruch Bedeutungen als thematisch zusammenhängendes Ganzes erfaßt (erschlossen) werden. D. h., daß über das Wie eines Zusammenhanges — etwa in der Erkundung eines Büchergestelles durch das Kind — und der Erfahrung seines „Wozu", die in der unmittelbaren Anschauung sich darbietende Thematik von Zornesfalte und Wutausbruch, von Zugluft und geöffnetem Fenster, von Kleidung und entsprechendem Stand, die im vorlogischen Erfassen durch die anteilnehmende Kommunikation bereits als zusammenhängende Thematik erlebt wird, jetzt *im noetisch-teilnehmenden Kommunizieren in ihrer Bedeutung begriffen wird.*

Die Bedeutung der Zornesfalte, der Tatsache, daß alle Menschen sterblich sind, der Kleidung oder der Zugluft ist in dem Sinne aufgeschlossen, daß das stets undeutlich-diffuse Erleben der vorlogischen Kommunikation zur erschlossenen Anwesenheit der Bedeutung von Wirkzusammenhängen im Innen des Subjektes geworden ist. Dieses fügt durch seine vorausgegangene Erfahrung im Erkunden und Entdecken die Bedeutungen von „alle Menschen sind sterblich" oder Zugluft, Zornesfalte, Kleidung zu einer jetzt sinnvoll erscheinenden Thematik zusammen. Oder: Das Subjekt hat im Durchgang durch Erkunden und Entdecken, Begreifen (Verstehen) als Verfügen, Herausgreifen, Distanz gewinnen, als Ursache und Wirkung, als Bewegung und Gegenbewegung auf ein „Wie" und „Wozu" in Erkunden und Entdecken zu beziehen gelernt; *deshalb vermag es im erschließenden Schluß, im Urteil die zunehmend verfremdete und vernichtete Anschaulichkeit des Konkreten und Erlebten, des vorlogisch-anteilnehmend Erfaßten, zu Bedeutungszusammenhängen thematisieren, die sich logisch erschließen.*

In diesem Erschließen außerordentlich verschiedener Bedeutungszusammenhänge — die keineswegs immer „logisch" sind, wie etwa Stand und Kleidung oder Zorn und Zornesfalte — erschließt sich das Subjekt selbst (s. o.). Wer die Zornesfalte nicht mit dem Wutanfall, die Kleidung nicht mit dem Stand, die Zugluft nicht mit dem geöffneten Fenster zu einem thematischen Ganzen ver-fugt, so daß sich in diesem Ver-Fugen, das aus Erkunden und Entdecken sich ergibt, die jeweiligen Bedeutungen erschließen, dem verschließen sich diese Bedeutungszusammenhänge — weil er, wie auch immer begründet, sich der Welt gegenüber oder einzelnen Aspekten derselben verschließt. *Wer dagegen einen Bedeutungszusammenhang zu erschließen vermag, hat sich im Erschließen desselben selbst erschlossen.*

Erschließen und Schließen sind trotz aufgewiesener Gemeinsamkeit in ihrer Beziehung auf das Urteil, den Schluß, jedoch zu differenzieren. Im Schluß klingt bereits die Bewältigung der sich aus der Welt oder dem Innen dem Subjekt darbietenden Themen an, wohingegen im Erschließen — analog zur anteilnehmenden Kommunikation — das Hauptgewicht auf dem Vorgang des Erschließens und „Sich-Erschließens" selbst liegt. Im Erschließen kann darüber hinaus z. B. die Thematik eines gelesenen Satzes, einer Sonate, einer Physiognomie, eines Verhaltens, einer Landschaft, eines Erlebnisses unter Ausklammerung von Erkunden und Entdecken, unter Ausklammerung auch des Befragens spezifischer Wirkzusammenhänge, *spontan erfaßt werden.* Dieses *spontan erfassende Erschließen* wäre der *Intuition*[31] gleichzusetzen, an deren hervorragende Bedeutung in der Lebensphilosophie nicht weniger wie in der Phänomenologie nur erinnert sei.

Dem intuitiven Modus der teilnehmenden Kommunikation kommt die Unmittelbarkeit des bewältigenden (abschließenden) Verstehens ohne die vermittelnden Zwischenstufen insbesondere der Auseinandersetzung zu. Es wird nicht nur *nicht* erkundet oder entdeckt, es entfällt auch die bejahende und verneinende Bewegung der Auseinandersetzung. Das sich darstellende Sinnganze eines gesprochenen Satzes, eines Musikstückes, einer mathematischen Aufgabe, aber auch einer Physiognomie vermitteln sich in ihrer Unmittelbarkeit als Einheit vorlogisch-bildhaften Partizipierens an ... und noetischer Einsicht, verstehender Bewältigung.

Die Unmittelbarkeit des Erschließens wird durch „blitzartiges" Erkennen gekennzeichnet: Zusammenhänge, Perspektiven eröffnen sich, oft mit visionärem (bildhaftem!) Erleben verbunden — wie dies auch in pathologischen Grenzfällen, bei Psychosen zu beobachten ist.

Mühsam, von logischem Schluß zu logischem Schluß, von Urteil zu Urteil, endlich zu einer Erkenntnis durchdringend, werden Sinnzusammenhänge, die aus dem Erkunden und Entdecken sich entwickeln, im allgemeinen erschlossen. Diesem Erschließen, in dem sich die langwierige Arbeit des Subjektes niederschlägt, steht jenes augenblickshafte (intuitive) Erschließen gegenüber, dem komplexe Sinnzusammenhänge „plötzlich" sichtbar werden, sich zeigen, sich eröffnen, sich auftun.

Diesem Modus des Erschließens ist wiederum jener gegenüber zu stellen — ein dritter — der z. B. in der *kontemplativen Betrachtung* einer Landschaft oder eines Kunstwerkes nicht weniger wie im Anhören der Ausführungen eines Freundes oder im Anschauen einer über das Land ziehenden Wolkenkonfiguration sich abzeichnet. Die Spontaneität des bildhaftnoetischen Erkennens von Sinnzusammenhängen in der Intuition, die ebenfalls keine spezifisch denkerisch sich auseinandersetzende Tätigkeit verrät, wird hier durch einen Vorgang abgelöst, in dem das Angeschaute als dieses gelassen — losgelassen — und als ein schlicht Sich-Zeigendes belassen wird. Seine Bildhaftigkeit langsam erfühlend, schließt diese sich auf, da es — das Angeschaute — einem dem Erschließen bereites Zu-hören oder (für) Wahr-Nehmen begegnet.

Im Zwie-Gespräch der Kontemplation wird das Betrachtete aus sich heraus „sprechend", es tritt als das Da-Gelassene aus sich hervor, es entblättert sich von Hülle zu Hülle, es wird als ein ganz bestimmt sich Mitteilendes vernommen. (Hier wird die von *Heidegger* aufgewiesene Beziehung zwischen Vernunft und *Vernehmen* sichtbar[32]. S. auch Teil I, Kap. 2.). *In der Intuition — im Unterschied zur Kontemplation — wird das Sich-Mitteilende plötzlich laut, es ergreift von dem Subjekt — ohne dessen Vorbereitung — Besitz, es „überfällt" dieses. In der Kontemplation jedoch kommen Sich-Zeigendes und Aufnehmendes still-schweigend aufeinander zu, um einander begegnend sich zu verbinden* (Binden).

In jedem Erschließen erschließt sich das Subjekt selbst. Nicht weniger im plötzlichen Gewahren von Sinnzusammenhängen, als in deren langsamen Erschauen, ist die für die logisch-urteilende Denktätigkeit charakteristische, willkürliche Verfügbarkeit zugunsten eines spontanen Sich-Ereignens des Entwerfens von Sinnbezügen in der Intuition — oder ein ebenfalls nicht willkürlich verfügbares Sich-Entwerfen im kontemplativen Erschließen zu beobachten. Im Sich-Erschließen von Welt ebenso wie im Entwerfen (Konstellieren) von Themen „in diese" durch das transzendierende Subjekt ergänzen sich zwei fundamentale Modi der teilnehmenden Kommunikation als zueinander gehörende „Seiten" des *verstehenden* In-der-Welt-Seins.

d) Sich-Auseinandersetzen

Das Subjekt steht ontogenetisch schon mit seinem ersten wahrnehmend-handelnden Erkunden von Umwelt und Lebensraum mit diesen in Auseinandersetzung (s. o.). Auseinandersetzung heißt nicht nur (s. o.) Aus-einander-Setzen (Nehmen, Analysieren) und wieder Zusammen-Setzen (Synthese), um im spielerisch-manipulatorischen Erkunden der Dinge, diese auseinandernehmend in ihrem Wie, Was, Warum und Wozu zu erkunden, zu entdecken und zu erschließen. *Auseinandersetzung bedeutet vielmehr, die Kompaktheit, Dichte, das Verborgene und Verschlossene der Welt gleicherweise in Gegenständen wie in Personen und deren Verhalten als Widerstand* [33] *zu erleben, mit diesem Widerstand sich aus-einander-zu-setzen.*

Für die vorlogische Periode des Denkens würde Auseinandersetzen, interpretierend, präzisiert, heißen: „Warum gelingt es mir nicht, mich so aufzurichten, daß ich alleine aus dem Bett komme?" — „Wohin ist der Ball, den ich eben zum Fenster hinaus geworfen habe?" — „Was, wenn ich ihm nachspringe?". Aber auch: „Ich will das Brot jetzt essen, nicht später" — „Heute habe ich keine Lust in die Schule zu gehen, warum muß ich denn hingehen?" — Oder: „Wie bekomme ich das Rad an den Wagen, damit er rollt?" —

In der teilnehmend-noetischen Auseinandersetzung wird Welt nicht nur als Widerstand gegenüber dem erkundend-erschließenden Zugriff erfahren, wird sie nicht nur als Widerstand gegenüber Antrieben, Stimmungen, Gefühlen erlebt, sondern der Widerstand wird nach seinem „Warum" und „Wozu" befragt, und es werden Möglichkeiten erkundet, ihn zu überwinden.

Dem Bemühen, erkundend-entdeckend den Überstieg zur Welt zu finden, entzieht sich diese im Widerstand. Der Entzug der Welt im Widerstand nötigt das Subjekt zu erneutem und verstärktem Zugreifen, um die Welt zur Auseinandersetzung zu bewegen, sie zur Auseinandersetzung zu zwingen, um ihm eine Möglichkeit aufzuzeigen, den Widerstand zu überwinden. So späht das Subjekt nach einer „Lücke" in der sich widersetzenden Welt, durch die es den Zugang zu ihr findet, oder es übt sich, die Disposition zu erreichen, die die Überwindung des Widerstandes ermöglicht — oder es versucht durch „Trotzen" den Widerstand zu brechen; es antwortet auf Widerstand mit Widerstand.

Das trifft auch für die Auseinandersetzung mit dem Verbot: „du sollst nicht alleine über die Straße gehen" zu, für die Auseinandersetzung zwischen Wunsch, Traum und Trieb mit der konkreten Wirklichkeit des Lebensraumes, für die Auseinandersetzung mit Personen und für die mit den Gegenständen des täglichen Bedürfens. *In diesem Sinne ist auch der ent-*

deckende Lernprozeß und die sich aus ihm ergebende Bewegung des In-fragegestellt-Werdens durch den Gegenstand des Lernens, Auseinandersetzung mit dem zu Erlernenden, zugleich aber auch Auseinandersetzung mit den eigenen Fähigkeiten und Möglichkeiten, mit dem zu Erlernenden umzugehen.

In der Widerstandserfahrung mit der Welt im Versuch, diese zu erschließen, das von Anfang an vorgegebene In-der-Welt-Sein denkend sich anzueignen, wird das erkundend-entdeckend-erschließende Sich-Entwerfen des Denkens durch die Faktizität des Dingzusammenhanges in Frage gestellt. So fußt der menschliche Lernprozeß phylo- wie ontogenetisch auf dem Scheitern von Entwürfen — sei es an der leibhaft-mentalen Grenze des eigenen Könnens: das zweijährige Kind kann die Leiter noch nicht alleine ersteigen, mit Steinwerkzeugen kann Eisen nur mangelhaft bearbeitet werden — sei es an den Grenzen der Wirklichkeit selbst.

Sich-auseinandersetzend wird Welt zu der das Subjekt in Frage stellenden Gegenwelt. Sie „überwirft" das Subjekt mit Gegenthemen, die mit den Themen der seinen Lebensraum erkundenden Individuen nicht übereinstimmen müssen: Das Kind greift sich ein Buch aus dem Regal — dem wird widersprochen. Es versucht, wie die Erwachsenen zu lesen — das mißlingt. Es möchte dem Vater oder der Mutter leibhaft nahe sein — beide sind abwesend oder zu Zeiten verfügbar, wenn das Kind kein Bedürfen nach ihnen zeigt. Es versucht, auf den Tisch zu klettern — und fällt dabei vom Stuhl.

Im Widerstand der sich der Auseinandersetzung sperrenden Welt zeichnet sich nicht nur der Konflikt mit dieser ab: sondern *das Erfahren des Widerspruchs ist das des Widerstandes von Gegenthemen.*

Hier wird der wichtige Unterschied zwischen dem *Entdecken* von Umwelt, seiner selbst und der *Auseinandersetzung* mit beiden sichtbar. *In der Entdeckung wird die das entdeckende Subjekt in Frage stellende Gegenthematik durch das jeweils Neue bedingt,* das in den Horizont des Subjektes eintritt oder zu dem es sich den Zutritt verschafft. *Wird die neue Erfahrung zum Gegenstand von Auseinandersetzung, zeigt sich das Neue als widerständig, so lernt das sich auseinandersetzende Subjekt über den Widerstand sich selbst als ein durch Gegenwirkung sich setzendes zu erfahren.*

Weil in der Auseinandersetzung mit dem zu erkletternden Stuhl, der letztere sich noch nicht erklettern läßt, muß das Kind die Gegenkraft, den Widerstand entwickeln, um den Stuhl und damit sich selbst dahingehend zu zwingen, daß es den widerstehenden Gegenstand durch verstärkten eigenen Widerstand überwindet, d. h., den Stuhl zu besteigen erlernt. Die ein Verbot aussprechende oder sich abweisend verhaltende Person kann als widerstehende in ihrem Widerstand erst aufgehoben oder überwunden werden, wenn der eigene Widerstand als Gegenkraft (Gegenthema) ihr gegenüber stärker als der entgegengebrachte ist.

Erst über die Auseinandersetzung kann das Subjekt sich mit der Kraft der Negation identifizieren, daß es Kommunikation auch als Nichtung, Vernichtung erfährt — einerseits die Nichtung als Überwindung von Widerstand erlebt wird, andererseits aber auch als positive „Stärke", dem in der Auseinandersetzung erlebten Widerstand überwinden, aufheben zu können.

Wird im Entdecken des Neuen der gefaßte und vertraute Gedanke durch das Neue in Frage gestellt, möglicherweise aufgehoben, so erfährt darüberhinaus in der Auseinandersetzung das Subjekt selbst sich als ein In-Frage-Stellen-Könnendes, als eines, das nicht nur durch neue Erfahrungen selbst „genichtet" zu werden vermöchte, sondern das unabhängig von neuen oder gehabten Erfahrungen und Erkenntnissen sich auseinandersetzend auf Mitteilungen mit Gegenthemen antwortet. In dieser Möglichkeit eröffnet sich *der Widerspruch oder Widerstreit als die Bewegung des Denkens*, in der das Subjekt von Urteil zu Urteil schreitet, um im „Zusammen-Setzen" wiederum die Synthese zu bilden und in einem weiteren Schritt das Auseinander-Gesetzte kraft seines Vermögens zur Bejahung, zu einem Ganzen zu „verfugen", bzw. dann über das Ganze einer Urteilskette zu verfügen.

Dem Urteil: „der Schnee ist kalt" liegt bereits die Erfahrung der Auseinandersetzung mit diesem zugrunde, das Erschließen der Kälte als solcher. Im sich anschließenden Urteil: „Kälte tut weh, deshalb werde ich den Schnee schnell fortwerfen, wenn ich ihn anfasse", wird die über die Auseinandersetzung mit dem Schnee gewonnene Erfahrung in zwei weiteren Schlüssen (erschließen) zu einer Urteilskette verbunden, mit der das Individuum sein Verhältnis zum Schnee bestimmt.

In der Widerstandserfahrung wird die von der Auseinandersetzung, im Erkunden, Entdecken und Erschließen zwar schon bewegte, aber *zusammenhängende Welt als getrennte erlebt.* Auch die Einheit der vorlogischen Denkerfahrung wird durch die sich eröffnende Gegenthematik, insbesondere aber durch das Vermögen des Subjektes, selbst eine Gegenthematik zu setzen, aufgehoben. *Auseinandersetzung ist deshalb stets Bedrohung vorhandener Identität oder erlebter Einheit mit der Welt*, die in der Auseinandersetzung selbst verloren geht, um jedoch möglicherweise in der Synthese weiterer Urteilsbildung wiedergefundene Identität zu stiften.

Identität heißt widerspruchsfreie Erkenntnis, in der sich das Thema mitteilender Welt, und die Gegenthematik des zu Auseinandersetzung denkend sich bewegenden Subjektes in einer Urteilsbildung zusammenfinden, die Thematik und Gegenthematik sich in einem Dritten versöhnen: einem vom Subjekt in der Auseinandersetzung mit der Welt gefundenem Leitthema.

Der hier sich abzeichnende Schritt von Thesis zu Antithesis und Synthesis im Sinne *Hegels* ist bereits in zahlreichen, alltäglichen Vorkommnissen zu beobachten, in denen z. B. Dinge sachgerecht, der ihnen innewohnenden Thematik folgend, benutzt werden, das sachgerechte Benutzen über die Auseinandersetzung hinausgehend Thematik und Gegenthematik vereint. Diese Erkenntnis stellt sich im früh-kindlichen Begreifen bereits dar: wenn z. B. das Kind die Murmel nicht in den Mund steckt, sondern sie über den Boden rollen läßt; wenn das Kind über den Widerspruch hinausgehend Zusammenhänge als Ganze erfaßt und damit den Schritt von der Urteilsbildung zu übergeordneten Erkenntnissen (s. u.) macht.

Hier sperrt sich die Welt der Auseinandersetzung nicht mehr, dort aber immer noch. Sie wird entweder in der Auseinandersetzung als widerspruchsvoll, Widerstand leistend oder als widerspruchsfrei, widerstandslos erfahren, weil ein Subjekt sich mit ihr, Widerstand provozierend und Widerstand wieder aufhebend, auseinandersetzt.

Die Voraussetzung zu widerspruchsvoller, dann widerspruchsfreier Auseinandersetzung liegt letztlich in der Relation vom Individuum zu Welt und beider zur möglichen Wahrheit, — wird an die ebenfalls noch von Kant benutzte Definition der Wahrheit als adaequatio intellectu rei erinnert.[34] *Die Übereinstimmung zwischen Denken und der Sache (dem gedachten Ding) kommt als widerspruchsfreie in der Wahrheitsfindung zum Abschluß*, die Auseinandersetzung mit vorhandenen Widerständen wird in der Synthese neutralisiert, wenn Übereinstimmung zwischen Thema und Gegenthema gefunden worden ist.

Übereinstimmung muß jedoch nicht nur zwischen „Intellekt" und „Sache" widerspruchsfrei und deshalb „wahr" sein. Sondern Übereinstimmung zwischen z. B. den Anforderungen der Umgebung nach der Wahrnehmung und Erfüllung von bestimmten Verhaltensweisen, die Unterdrückung bestimmter Triebe, Gefühle, Stimmungen — deren zugelassener Äußerung hier, deren Pflege und Stilisierung anderer dort, „Sozialisierung" des Individuums in gängiger Sprachweise — erstrebt ebenfalls widerspruchsfreie Entsprechung von Mitteilung (Forderung) und Antwort. Diese Auseinandersetzung wird zur Auseinandersetzung mit dem Nicht-Verfügbaren von Trieben, Gefühlen, Stimmungen, von Auseinandersetzung mit sich selbst und der Erfahrung, daß hier widerspruchsfreies Verhalten bestenfalls nur vorübergehend möglich ist.

Im widerspruchsfreien Verhalten zwischen Individuum und seiner Umgebung, das von beiden als Einheit (Harmonie, „Identität") erlebt wird, und dem durchaus Auseinandersetzung vorausgegangen sein mag, *hat das Subjekt im Modus der anteilnehmenden Kommunikation Einheit konstituiert*. Es vermag aber diese gleichzeitig in noetisch-teilnehmenden Prozessen wieder aufzuheben: das Subjekt kann sich in einer Umgebung den deren Erwartungen und Anforderungen entsprechend verhalten („angepaßt"), gleichzeitig aber in seiner noetisch-anteilnehmenden Kommunikation sein Verhalten nicht weniger wie das der Umgebung zum Gegenstand der Auseinandersetzung machen. Damit erlebt es z. B. gleichzeitig in der anteilnehmenden Kommunikation Einheit, in der teilnehmend-noetischen Auseinandersetzung und Widerspruch.

Es wäre deshalb verkehrt, aus diesen Möglichkeiten des Verhaltens zu folgern, daß das Erleben von Widerspruch und Widerstreit in der anteilnehmenden Kommunikation (s. o.) Voraussetzung für die gleichnamige Erfahrung in der teilnehmend-noetischen sei. *Die Erfahrung von Widerspruch und Widerstreit ist zwar immer eine Erfahrung, in der sich aber das Subjekt verschieden darstellt: leibhaft-innerorganismisch, anteilnehmend-emotional und in der Urteilsbildung noetisch-teilnehmend.*

Weil das Subjekt verschieden in seiner Je-Einmaligkeit gleichzeitig unterschiedlich existiert, ist es in sich widersprüchlich (antilogisch), wird der Widerspruch in jeder Auseinandersetzung mit sich selbst und mit der Welt (s. u.) manifest. Die Identität im Sinne der übereinstimmenden Einheit zwischen Subjekt und Welt (intellectu et rei) in der Wahrheitsfindung, nach erfolgter Auseinandersetzung, erweist vorläufig nur, daß das Subjekt im Verhältnis zur „Wahrheit" diese Einheit in der noetisch-teilnehmenden Kommunikation konstituieren kann, die es in anderen Kommunikationsmodi nicht zu erleben vermag, weil es in den Kommunikationsmodi der leibhaften und anteilnehmenden Kommunikation das Problem der Wahrheitsfindung implizierenden Urteilsbildung nicht gibt.

e) Binden und Lösen

Im bindenden und lösenden Erkennen vollzieht das Subjekt den Schritt von der Urteilsbildung und Urteilsfindung zur Erkenntnis. Das Urteil geht logisch der Erkenntnis voraus, die Erkenntnis intentionalisiert übergeordnete Zusammenhänge. Das Kind urteilt: mit dem Hammer kann ich Nägel einschlagen, es erkennt die Bedeutung des Hammers zum Einschlagen von Nägeln als Werkzeug. Über das Urteil hinausgehend erkennt es eines Tages den Hammer als Werkzeug unter vielen Werkzeugen, in einem sehr viel späteren Schritt wiederum unterscheidet es menschliche Umwelt als von Werkzeugen erstellte von der „natürlichen" Umwelt. Eines Tages wird ihm die Bedeutung von Arbeit und Leistung für die menschliche Umwelt überhaupt sichtbar und es zeigt sich, wie Erkenntnisse zu Erkenntnissen schrittweise aus Urteilen erwachsen. Die gewonnene Erkenntnis: „Der Mensch erstellt sich seine Umwelt durch Leistung", kann wahr sein, aber als Erkenntnis im Widerspruch zu anderen gleichberechtigten Erkenntnissen, z. B. über den Ursprung von Arbeit und Leistung, stehen. Die

Wissenschaft strebt ein System widerspruchsfreier Erkenntnisse an. Er̲-
kenntnisse sind das Resultat von Auseinandersetzungen.

*Beginnt das Subjekt sich in der Auseinandersetzung zur Wahrheit von
Urteilen zu verhalten, z. B.* „der Hammer dient dem Einschlagen von
Nägeln", *intentionalisiert es damit* „Wahres" *oder* „Wahrheit", *die dann
im Binden oder Lösen von Urteilen zu Erkenntnissen (Hammer ist Werkzeug) verbindlichen, d, h. verpflichtenden, den Menschen bindenden oder
ihn lösenden Charakter bekommen.*

Den Erkenntnissen ist die Tendenz immanent, in verbindliche Aussagen
über metaphysische Fragen gipfeln zu wollen — eine Tendenz, die allerdings im Positivismus ganz undeutlich geworden ist.

Der Erkenntnisprozeß, als nicht ablassendes Fragen, impliziert ständige
Auseinandersetzung mit vorhandenen Erkenntnissen und setzt die Bewegung fort, die einmal in der Urteilsbildung erfahren wurde — nachdem
das Subjekt sich als immer wieder Gegenthemen konstellierendes erkannt
hat. (Die Möglichkeit des Menschen, sich in Erkenntnissen zu binden oder
sich von diesen zu lösen, wäre in der Sprache *Kant*s dem Vermögen der
Vernunft zuzuordnen, synthetische Urteile apriori zu bilden.)

Sich in Erkenntnissen binden oder lösen ist Verhalten zur erkannten
Wahrheit von Urteilen, dann von Erkenntnissen, die wiederum für die
Praxis des Handelns von Bedeutung ist. Gesetze, Traditionen, institutionalisierte moralische Verhaltensforderungen und gesellschaftliche Normen
sind u. a. *auch* aus Erkenntnissen entstanden — in ständiger Wechselwirkung mit der jeweiligen historischen Realität, in denen sich Gruppen
oder Individuen gebunden haben, sich heute noch binden — oder sich aus
diesen lösen. *Der verbindliche oder lösende Charakter von ethischen Sollensforderungen und moralischen Vorstellungen, dürfte nicht von dem bindenden oder lösenden Sich-Verhalten des Menschen zu den gewonnenen
Erkenntnissen zu trennen sein.* Daß der Mensch sich konform zu ethischen
Sollensforderungen verhält, sich in diesen bindet, ist zwar von dem Binden
oder Lösen noetischer Erkenntnisprozesse zu unterscheiden, aber als ein
Sich-Binden und Sich-Lösen, davon nicht zu trennen. Das besagt keineswegs, daß ethisch-moralische Normen oder Sollensforderungen verbindlich-einsichtig sind, wenn bindende oder lösende Erkenntnis den Anspruch
auf in ihre Gründe einsichtige Vernunft erhebt; zumal zahlreiche, den
heutigen Sollensforderungen zugrunde liegende, in vergangenen Zeiten
stattgefundene Erkenntnisprozesse, auch mythisch-religiöser Art, inzwischen unverbindlich, sogar „unvernünftig" erscheinen. Nichtdestoweniger
haben auch diese Normen und Sollensforderungen ihren verbindlichen
oder lösenden Charakter beibehalten.

Im „sich-von-einer-Erkenntnis-binden-zu-lassen" (z. B. der Entstehung
der Arten durch den Kampf ums Dasein), *wird eine Erkenntnis für die
individuelle Existenz dessen, der sich von ihr binden läßt, verbindlich.* Er

verhält sich in seinen weiteren Bezügen zur Welt, dieser ihn bindenden Erkenntnis entsprechend. Sie wird zur Überzeugung, in der sich der Mensch an eine gewonnene Erkenntnis bindet und sich ihr entsprechend verhält.

Umgekehrt gilt die Möglichkeit, sich von einer Erkenntnis zu lösen: Herr X löst sich von den Erkenntnissen des Marxismus oder Darwinismus, weil sie ihn nicht mehr binden, bzw., weil die Auseinandersetzung mit diesen zur Lösung geführt haben. Lösung hieße hier, daß ihr Wahrheitsgehalt nicht mehr als verbindlich erfahren wird. Das Subjekt bindet oder löst sich durch Erkenntnisse, die über Auseindandersetzungen gewonnen werden, wie es sich schon von den ontogenetisch frühesten Urteilsfindungen binden läßt: „dieser Stuhl ist zu hoch, ich kann ihn nicht erklettern".

Im Verhalten zu den Sollensforderungen und Normen innerhalb derer, wenn auch verschieden genug, jeder Mensch aufwächst, wird wiederum das Subjekt in seinem Verhalten gebunden, und — häufig ehe es die den Normen zugrunde liegenden Erkenntnisse nachzuvollziehen vermag — durch andere in seinem Verhalten u. U. wieder gelöst. Der Vorgang liegt jeder Erziehung zugrunde, die vermittels nicht sehr einfallsreicher Methoden den aufwachsenden Menschen in seinem sich auseinandersetzenden Verhalten mit der Umwelt, besonders mit den Personen der Umwelt und ihren Aussagen, durch Sollensforderungen bindet oder ihn durch Erlauben löst: das heißt, bestimmtes Verhalten fordert (bindet), anderes erlaubt (löst). *Die bindende und jeweils auch lösende Erziehung* — die aus verbindlichen Erkenntnissen meistens tradiert ist — *„richtet" das Individuum in bestimmter Weise „aus" oder „ein"*. Das Individuum wird dadurch zum Träger von institutionalisierten Normen und Traditionen. Das schließt nicht aus, daß es durch „Emanzipation", „Ablösung" selbständig sich hier löst, dort wiederum bindet — aber den vollständig bindungslosen, von allem „losgelösten" Menschen gibt es nicht einmal in Extremfällen der Psychopathologie.

Den moralischen Verhaltensnormen und den ihnen zugrunde liegenden Erkenntnissen ist darüber hinaus stets eine Gleichzeitigkeit von Binden und Lösen eigen. Das Gebot „Du sollst nicht töten" oder „Du sollst nicht Deines Nächsten Weib etc. begehren" oder „Du sollst keine anderen Götter neben mir anbeten", bindet vorausgegangene Auseinandersetzungen, stattgehabte Erkenntnisse in bestimmter Weise. Es bindet den Aggressionsimpuls zum Töten, aus der bestimmten Erkenntnis, daß der zu Tötende, der andere letztlich „man selbst" ist; wie diese noetisch-teilnehmende Erkenntnis in den vorlogisch-mythischen Auffassung beinhaltet, daß vergossenes Blut die Rache der Götter oder des Gottes herbeiruft.

Das Gebot, das Weib des Nachbarn nicht zu begehren, das sich gegen das sexuell-erotische Bedürfen richtet, fußt einerseits auf der zunehmenden Wahrnehmung der Frau als eigenständiger Person, aber auch als dem

Manne „zugehörig", mit diesem eine Einheit bildend, deren Verletzung den Ehemann ebenfalls trifft; andererseits werden auch in diesem Gebot mythisch-vorlogische Erkenntnisse des Zusammenhanges zwischen Eigentum, Ehre, und sexuellem Begehren zusammengefaßt, d. h. gebunden.[35]

In der Bindung durch diese Gebote werden gleichzeitig andere Möglichkeiten des Verhaltens gegenüber dem Feind, der Frau oder in der Beziehung zu den Göttern gelöst, d. h. freigesetzt. Hier wird anstatt des Impulses zu töten, der Weg aufgewiesen, verwirktes Leben zu erhalten. Anstatt der Geschlechtsbeziehung eröffnet sich die Möglichkeit anderer Verbindungen, die die Sexualität ausklammern, die „Frau des Nachbarn" in ihrer Eigenständigkeit als Person nicht durch eine sexuelle Beziehung binden. Das Verbot des Polytheismus bindet das Bedürfen, viele Götter nebeneinander zu verehren oder zu fürchten, es löst gleichzeitig die Erkenntnis, daß nur ein Gott der Ursprung allen Daseins zu sein vermag.

In der Erkenntnis, daß der Darwinismus den theologischen Erklärungen der Schöpfung überlegen ist, findet Bindung einerseits — an die naturwissenschaftliche Erkenntnis — statt, andererseits Lösung von den theologischen Vorstellungen.

In Binden und Lösen (sich bindend, sich lösend) durch Erkenntnisse verhält sich der Mensch zu möglichem Gebunden-Sein und möglichem Sich-Lösen gegenüber der von ihm jeweils als „Wahrheit" erfahrenen Erkenntnis. Er beendet damit Auseinandersetzung durch die Entscheidung, sich zu binden oder zu lösen. In der Entscheidung transzendiert er zu der für ihn jeweils situativ mitbestimmten Wahrheit.

f) Aufzeigen und Aufweisen

In *Sprache und Schrift wird aufgezeigt und aufgewiesen*, was durch Erkunden, Erschließen, Entdecken, was durch Auseinandersetzung, Binden und Lösen jeweils zum Inhalt und Gegenstand dieser Modi der noetisch-teilnehmenden Kommunikation mit der Welt geworden ist. *Aufzeigend und aufweisend teilt das Denken den „Weltstoff" mit, über den es — das Subjekt — sich aufzeigt und aufweist.*

Aufzeigen und Aufweisen haben jedoch nicht den Charakter einer ausschließlichen „Begleitmusik", wenn etwa das noch lallende Kind seinen ersten erkundenden Schritt mit Ausrufen untermalt, oder wenn der lernende Schüler seinen Text vor sich hinplappert. Das Aufzeigen und Aufweisen liegt im erkundenden Sich-Auseinandersetzen nicht weniger wie in Binden und Lösen, insofern das vorbegriffliche und begriffliche Denken durch ihre Beziehung hier zu Ausdruck und Geste, dort zum Wort thematisierte Welt sichtbar werden lassen. Jeder Modus denkerischer Auseinandersetzung mit der Welt erweckt Themen und schafft damit die Möglichkeit, mit anderen über Themen zu kommunizieren; sei es, daß diese aufgezeigt, sei es, daß diese aufgewiesen werden.

Im Aufzeigen wird ein Zusammenhang (eine Erkenntnis) als dieser festgestellt und zeigend auf ihn verwiesen. Im Aufweisen wird darüber hinaus der Zusammenhang als notwendiger über Auseinandersetzung, Binden und Lösen, hin- oder vorgestellt.

Im fragenden Zeigen des Kindes „Wozu" liegt bereits die Antwort auf das „Umzu". Ist im Aufzeigen noch die Möglichkeit zu verschiedenen Antworten gegeben, so werden im Aufweisen die Möglichkeiten auf die wenigen notwendigen beschränkt.

Der den Arzt aufsuchende Patient zeigt sich diesem in seinen Symptomen, indem er sie schildert. Der Arzt weist sie als (relativ) notwendige in einem bestimmten Zusammenhang auf. Der Vorarbeiter zeigt dem Ingenieur die nicht funktionierende Maschine. Der Ingenieur weist die Defekte als unter bestimmten Bedingungen entstandene auf. Das Kind zeigt fragend auf den Berg Baumaterialien, der Vater entwortet aufweisend: „um ein Haus zu bauen".

Im Aufzeigen erfolgt das innerliche Hin- und Vorstellen des Gezeigten (der Gegen-Stände oder Personen) *als eines Begrifflichen.* Die Philosophie der Neuzeit hat in ihrer Erkenntnistheorie (seit *Descartes*) den vom Subjekt vorgestellten Gegen-Stand als bewußtseinsimmanenten aufgezeigt. *Im Aufweisen wiederum vollzieht sich das Hinein-Stellen des Vor-Gestellten, Auf-Gezeigten in einen notwendigen, über Binden und Lösen erfaßten, jetzt aber gebundenen Zusammenhang.* Das Vor-Zeigen der Symptome, der Maschine, der Baumaterialien setzt die Verfügbarkeit des Vorgezeigten als Vorgestellt-Begriffenem voraus, das dann in den aufgewiesenen Zusammenhang „eingebunden" wird. Aufzeigen ist Vor-Stellen, wie im Handgreiflichen mit-dem-Finger-auf-etwas-Zeigen noch unmittelbar vorgezeigt, d. h. vor-gestellt wird; das Zeigen hat sowohl Aufzeige-Charakter als auch Vorstellungs-Charakter. Das Aufgezeigte wird so als in einem bestimmten Zusammenhang Notwendiges aufgewiesen.

Im Aufzeigen wird darüber hinaus Welt als Sich-Zeigende (Sich-Mitteilende) wahrgenommen, aufgezeigt und vor-gestellt, deren Physiognomie bereits vorsprachlich auf etwas hin zeigt: die schwarzen Wolken auf mögliches Gewitter, das Lächeln auf Freundlichkeit, die erste Knospe am Baum auf den sich ankündigenden Frühling, der Griff am Apparat auf dessen Bedienung, das Zeichen (Signal) an der Straßenecke auf Beachtung der Vorfahrt.

Das Aufweisen dagegen übernimmt es, speziell in sich gefügte, thematisch verbundene Wirkzusammenhänge im wissenschaftlichen oder überhaupt logisch-verbindlichen Sinne zu er- und beweisen, um damit, in Binden und Lösen, verbindliche Zusammenhänge aufzuweisen.

Im Aufweisen zeigt sich der zwingende Charakter der Logik,[36] der keinen anderen Ausweg als den logisch-einsichtigen zuläßt, dem das Subjekt, das ihn ersinnt, letztlich ebenso ausgeliefert ist, wie einer nicht verfügbaren Stimmung. (Mit dem Unterschied allerdings zur Stimmung, daß es im Zwang des lückenlosen Denkvorganges sich in seinem Verhältnis zur Welt als logisch Gebundenes versteht und entsprechend sich sprachlich darstellt, in der Auslieferung an die Stimmung dagegen das Weltverhältnis nicht durchsichtig-rational erscheint. Bindung an die Stimmung oder Lösung von dieser über das Subjekt verhängt, nicht aber von diesem verfügt wurde.)

In der aufgezeigten und aufgewiesenen Welt zeigt sich das Subjekt als Aufzeigendes und Aufweisendes vor, damit schließt es den Überstieg zur Welt nicht weniger als zu sich selbst ab. Es stellt sich die Frage, wieweit es sein Verhältnis zur Welt damit „bewältigt" hat.

g) Die Bewältigung

In der Bewältigung kommt — der Definition der Bewältigung entsprechend — *der Erkenntnisakt oder ein Erkenntnisprozeß zum (vorläufigen) Abschluß.* Ein Erkenntnisakt wäre das bereits erwähnte „alle Menschen sind sterblich" (das Urteil lautet einschränkend: Gajus ist sterblich). Ein Erkenntnisprozeß dagegen käme in dem zwischen Auseinandersetzung und Binden/Lösen anvisierten (noch nicht bewältigten) Abschluß z. B. einer mathematischen Aufgabe zur Darstellung, aus der jedoch neue Aufgaben und veränderte Erkenntnisse sich ergeben können. *Der Abschluß eines Erkenntnisaktes ist nur möglich, weil das den Erkenntnisprozeß zum Ende bringende, sich damit entscheidende, Subjekt sich — wie auch immer im einzelnen variiert — zur möglichen, von der (jeweiligen) Erkenntnis vermittelten Wahrheit verhält.* E. Straus bemerkt hierzu:

Die Geschichte der Erkenntnis ist nicht die Geschichte wechselnder, mannigfaltiger Wahrheiten, sondern die Geschichte der Verkennungen und Verhüllungen der einen Wahrheit. Jedem Volk und jeder Zeit sind Grenzen der Erkenntnis eigentümlich; nicht die Wahrheit gehört dem Einen allein, sondern gerade die Verhüllungen sind historisch gebunden. Ungeachtet aller Mißerfolge, aller Zweifel und der vollendeten Skepsis hat jede Epoche die Anstrengungen von neuem auf sich genommen; die Frage nach der Wahrheit, der einen Wahrheit ist nie verstummt.*

In der Bewältigung eines Erkenntnisaktes sammeln sich die Schritte der teilnehmend-noetischen Kommunikation, vom Erkunden und Entdecken bis zu der Entscheidung im Binden oder Lösen, um in der bewältigten

---

* Aus: *E. Straus*: Vom Sinn der Sinne. Berlin/Heidelberg 1956, op. cit.

Erkenntnis die Antwort auf die sich mitteilende Welt zu geben: Dies ist so und so ... oder ist möglicherweise so und so ...

Bewältigung von Erkenntnis ist in den durch das Subjekt vom Erkunden der Welt – und seiner selbst – bis zum Binden und Lösen zurückgelegten Stufen immer schon Antwort auf die Mitteilung der Welt gewesen, die aber in der Konstellation oder Provozierung von Welt durch das Subjekt auch primäre Mitteilung an diese ist.

In der Bewältigung von Erkenntnis gelangt die mitteilend antwortende Kommunikation mit der Welt – und mit sich selbst im Subjekt – *zum vorläufigen Abschluß*, die Relativität jeder Erkenntnis in ihrem Verhältnis zum „Wahren" berücksichtigend (s. u.).

In der Bewältigung von Erkenntnis bewältigt das Subjekt sein Verhältnis zur Welt und zu sich selbst, es verhält sich zur möglichen „Wahrheit" seines Erkennens, indem es seinen Möglichkeiten entsprechend erkennt. (Die Relativität aller Bewältigung wird weiter unten aufgezeigt.)

Es vollzieht Orientierung in der Welt und konstelliert damit z. B. ein Verhältnis zur Ordnung, die es im Bewältigen derselben im Sinne eines vorläufigen Abschließens seiner Verhaltensweisen zur Welt als vor- und zuhandene vorfindet (z. B. der Lebenswelt, seines Leibes, aber auch der gesellschaftlichen Situation, der Normen, Sollensforderungen, Traditionen, institutionalisierten Bindungen). Die Ordnung verändert es wiederum im ständigen Umgang mit ihr (Auseinandersetzung), und es entwirft in jeder bindend/lösenden Entscheidung, der Einmaligkeit seiner Subjektheit entsprechend, neue Ordnung.

Die spezifische Vermittlung von Orientierung und Ordnungsbezügen durch die teilnehmende Kommunikation der Erkenntnisprozesse sei im folgenden – auf das Bewältigen bezogen – dargestellt.

Im *Erkunden* (s. o.) orientiert sich das Subjekt über Wahrnehmen und Bewegen und konstituiert damit den Umgang mit seiner Welt – die Voraussetzung seiner begrifflichen Orientierung und Ordnungsbeziehungen. Im *Entdecken* werden bisherige Orientierungen und Ordnungsbezüge durch die Erfahrung des Neuen in Frage gestellt, das Individuum entdeckt sich als ein Sich-Veränderndes, das vorhandene Erfahrungen verläßt (sich löst), um in neuen sich zu binden.

Die im Entdecken sich entwickelnde Orientierung stellt ferner durch das Neuentdeckte bereits vorhandene Ordnungsbezüge in Frage: z. B. den gewohnten/erlernten Umgang mit einer bestimmten Person, die plötzlich sich anders zu verhalten beginnt, um ein neues Verhältnis zu der sich anders (neu) mitteilenden Person zu gewinnen, das Umorientierung und damit anderen Ordnungsbezug impliziert. Die Bewegung, die das Individuum hier erfaßt, wird jedoch – und das im entscheidenden Unterschied zur Auseinandersetzung – von Außen an dieses einerseits herangetragen, andererseits liegt das Entdecken z. B. des aufwachsenden Kindes in dessen innerer Entwicklung selbst.

Im *Erschließen* wiederum werden die thematischen Zusammenhänge, die im Entdecken als Bewegte, Einander-in-Frage-Stellende erfahren wurden, über die sich entwickelnde Urteilsbildung eine veränderte Orientierung und Ordnungsbeziehung finden. Das Kind, das den Schaukelstuhl erstmalig als neuen Gegenstand (s. u.) experimentierend-spielerisch erkundet und entdeckt, erfährt, wie dieser neue Gegenstand die Erfahrung des Umgangs mit den vertrauten, feststehenden Stühlen in Frage stellt. Jedoch wird es im Erlernen des „wie der Schaukelstuhl funktioniert" und „wozu er dient", vorhandene Orientierung an „feststehenden Stühlen" um die an „schaukelnden Stühlen" gemachte erweitern, damit das Verhältnis zu einer gehabten Ordnung dahingehend verändern, daß in diese nicht nur feststehende, sondern auch schaukelnde Stühle mit einbezogen werden. Der Schaukelstuhl wird dann in der Urteilsbildung „das ist ein Stuhl, der schaukelt; ein Schaukelstuhl", in seinem „Was", „Wozu" und „Wie" erschlossen und damit die durch das Entdecken eingeleitete Bewegung vorläufig zum Abschluß gebracht. *Die im Erschließen sich abspielende Urteilsbildung ist bereits als Vorstufe von erkennender Bewältigung anzusehen.*

Wenn das Subjekt sich dagegen z. B. mit dem Schnee auseinandersetzt, derart, daß es diesen „kalt" lassen oder durch Erwärmen schmelzen und aufzulösen vermag und damit selbst das Vermögen entwickelt, sich gegenthematisch zu dem bereits feststehenden Urteil „der Schnee ist kalt" zu verhalten; wenn es ferner bemerkt, daß „ich den Schnee schmelzen oder wieder kalt machen kann", dann erfährt es sich selbst als Gegenthematik bedingend, konstituierend. Es ist selbst in der Lage, den Schnee zu verändern oder mit dem Schaukelstuhl in bestimmter Weise zu schaukeln, daß dieser, durch seine Mitteilung „provoziert", sich in bestimmter Weise zeigt.

Im Unterschied zum Entdecken, das – zwar durch die Aktivität des Subjektes, aber auch zufällig – die Dinge „von Außen" an das Subjekt heranbringt, in diesem „Heranbringen" das Subjekt sich auch wiederum als neu mitteilend und antwortend entdeckt, bleibt das Hauptgewicht auf der von Außen zukommenden Bewegung und Gegenbewegung des Zu-Entdeckenden selbst liegen.

In der Auseinandersetzung dagegen wird das Subjekt *aktiv* zum eine Gegenthematik konstellierenden oder provozierenden, das mit dieser Gegenthematik über den Gegenstand in bestimmter Weise verfügen kann, damit aber auch gleichzeitig in seinem Denkprozeß, in seiner Urteilsbildung zu sagen vermag: „Jetzt ist der Schnee kalt und gefroren" oder „Jetzt ist der Schnee geschmolzen und warm" oder „Jetzt bewegt sich der Stuhl, weil ich ihn stoße" oder „Jetzt ruht der Stuhl, weil ich ihn festhalte". Es erfährt sich in der Auseinandersetzung als Auseinandersetzung bedingend und konstituiert in dieser Weise eine Orientierung im Sachbereich nicht weniger als im Umgang mit Personen, aus der wiederum eine bestimmte Ordnung entsteht, ein Ordnungsbezug, für den das Individuum sich selbst verantwortlich weiß (s. u. Verantwortung).

In Binden und Lösen wird dann ein weiterer Schritt zur Erkenntnis ganzer Zusammenhänge vollzogen: Der Schnee ist gefrorener Regen, Regen ist Niederschlag aus bestimmten Wolkenbildungen, der Schnee fällt nur im Winter, bei mindestens 0 Grad Temperatur in den Wolkenschichten usf. In der *Erkenntnis* wird über das Urteil — etwa des Erschließens — hinaus gehend erneute Orientierung über die generelle Bedeutung des Schnees gewonnen, damit Einblick in Ordnungsbeziehungen geoklimatisch-atmosphärischer Art. Im Erkenntnisprozeß und im Erkenntnisakt wird der Schritt in Orientierung und Ordnung zu verbindlichen, übergeordneten Bestimmungen gemacht, mit denen das Individuum sich in seiner Welt festlegt.

Im *Aufzeigen* und *Aufweisen* werden im weiteren Prozeß der Erkenntnisbildung durch Binden und Lösen verbindlich festgestellte Orientierungen und Ordnungsbezüge in ihrer stets den anderen in das Auge fassenden Mitteilung zu gemeinschaftlichen und notwendigen Aussagen hingeführt.

Dem Ganzen, jeweils zu Orientierung und einem Ordnungsbezug stufenweise drängenden Erkenntnisprozeß ist das Erkunden des möglicherweise wahren Zusammenhangs immanent, der dann in der Bewältigung, der aus dieser sich ergebenden Orientierung über etwas und in einem entsprechenden Ordnungsbezug, zu einem (letztlich stets vorläufigen) Abschluß gelangt.

Die hier noch einmal zusammengefaßten Zusammenhänge der *teilnehmend-noetischen Kommunikation* werden als abgestuftes Sichtbar-Werden möglicherweise wahrer Zusammenhänge durch die Kommunikation des Subjekts mit der Welt und sich selbst deutlich. Sie implizieren jedoch stärkste Fluktuation der Erkenntnisprozesse untereinander und Gleichzeitigkeit unterschiedlich-widersprüchlicher Erkenntnisakte.

So korrespondiert das erste Erkunden des Leibes durch das Kleinstkind bereits einer diesem vorlogischen Erkunden entsprechenden Bewältigung, aber auch einer Auseinandersetzung, einem Binden und Lösen — nicht weniger, als das Bewältigen einer astrophysikalischen Aufgabe auch Erkunden, Entdecken, Auseinandersetzung, Binden und Lösen verlangt.

Die zu Orientierung und Ordnungsbezügen führende teilnehmende Kommunikation ist in allen ihren Abstufungen stets und letztlich „eine" vom Subjekt in seiner Transzendierung auf Welt hin vollzogene, die bestenfalls verschiedene Akzentuierungen oder Gewichtungen aufweist. Teilnehmende Kommunikation ist jedem Erkenntnisakt immanent, den das Subjekt zwischen Erkunden und Bewältigen konstituiert.

Wenn im Sprachgebrauch die Rede von dem bewältigten oder unbewältigten Erlebnis, der Aufgabe, der Beziehung, der Auseinandersetzung, der Erkenntnis ist, dann sind diese — dem soeben Dargelegten zufolge — bewältigt, wenn das Subjekt sie in eine diesen und ihm gemäße Beziehung zur Wahrheit seiner anteilnehmend-teilnehmenden Kommunikation setzt, das heißt, wenn das Subjekt z. B. Orientierung und Ordnungsbezug im Gesamt seiner individuellen und gesellschaftlich-historischen Situation, seiner leibhaften Vorgegebenheiten vollzieht, im Vollzug derselben aber als kommunizierendes Subjekt einbezogen ist.

Das Erlebnis eines Verlustes vermag u. U. bewältigt zu werden, wenn das Subjekt dieses in Beziehung zu Erkenntnissen — Binden/Lösen — setzt, die es im Verlaufe seines Lebensweges entwickelt hat, zu dem tradiertem Wissensgut seiner Gruppe, zu übergeordneten (z. B. religiös-weltanschaulichen) Ordnungsbezügen. *Nicht weniger können Auseinandersetzungen, ein Erleben oder eine Aufgabe bewältigt werden, wenn diese in der möglichen Wahrheitsbeziehung des Subjektes eine Thematisierung, d. h. eine Sinnbestimmung*[37] *erfahren.* Der Verlust „hat diesen oder jenen Sinn", der möglicherweise kein Sinn ist, absurd erscheint und nicht bewältigt wird — weil es auch im Prozeß des Lebens liegt, nicht „alles" bewältigen zu können (s. o. II/4/c und u.).

Der „subjektive" oder „relative" Charakter von Bewältigung des Individuums auf mögliche Wahrheit hin impliziert immer die Richtung — Intention — auf Wahrheit als einem von Erkenntnis zu Erkenntnis sich darstellenden Unterwegs-Sein.

Binden und Lösen bilden in der Entscheidung zur Bindung oder Lösung die Voraussetzung für Bewältigung.

Ob das Subjekt, das sich in Binden oder Lösen entscheidet, mit dieser Entscheidung auch das zu Entscheidende z. B. eines Konflikts bewältigt hat, ist sehr in Frage. Zahlreiche Entscheidungen z. B. politisch-weltanschaulicher Art, in Partnerschaftsbeziehungen, in Berufswahl oder Berufswechsel, in erkenntniskritischer Hinsicht werden gefällt, ohne daß durch das in der Entscheidung in die Waagschale Geworfene etwa „bewältigt" wurde.

Die Bewältigungen, vermittels deren Auseinandersetzung durch Binden oder Lösen — stets reziprok gemeint — abgeschlossen werden, haben jedoch in der überwiegenden Zahl den Charakter von Kompensationen, die nach einem der Modi möglicher Kompensation: Absorption, Dominanz, Neutralisierung von Gegensätzen usf. erfolgen (s. u. Teil Kap. 6/d). *In der Kompensation erreicht das Subjekt das in der Bewältigung zu erstellende Verhalten zur möglichen Wahrheit seiner Erkenntnisse, Orientierung und Ordnungsbezüge nicht* — auch wenn Handlungen, Erlebnisse, Denkprozesse für das Subjekt durchaus entschieden und abgeschlossen erscheinen. Es wird jedoch in der Bewältigung stets ein neuer Gleichgewichtszustand, insbesondere bei Dekompensationen erreicht (s. u., letzter Abschnitt).

Ein bekanntes Vorkommnis für das Verfehlen der dem Subjekt „möglichen" Wahrheit sind die sog. *Rationalisierungen* (Rechtfertigung) als Kompensationen: eine Handlung — die Zurechtweisung einer Person — wird mit einem (bindenden) Erkenntnisakt verbunden, der die Zurechtweisung begründet. Vom Gesichtspunkt des zurechtweisenden Subjektes aus sind sowohl Erkenntnis, als auch Handlung abgeschlossen, in ihrer „Wahrheit" bewältigt. Bei genauerer Erforschung der Zusammenhänge, aus denen das Subjekt die Zurechtweisung erteilt hat, ergibt sich jedoch möglicherweise, daß die „vernünftigen" Gründe für die Handlung andere sind, als sie sich dem Subjekt darstellen. Das heißt, daß das Subjekt sich in seinem Verhalten möglicher Wahrheit gegenüber entzieht und verbirgt, die Zurechtweisung und der mit ihr verbundene Erkenntnisakt kompensatorischen, aber nicht bewältigenden Charakter haben.

Die kompensatorische Bedeutung der Ideologien als Nicht-Bewältigung von Auseinandersetzungen ebenso wie ihre Fundierung in einem „Miß-Verhältnis zum Wahren" ist besonders deutlich: So kompensiert z. B. die Ideologie des Marxismus in den sog. sozialistischen Staaten Funktionärshierarchien und Ausbeutungen der Arbeiter, die die Ideologie[38] als bewältigte Probleme (z. B. Aufhebung der entfremdeten Arbeit) vortäuscht. Es wird das faktische Unrecht durch Vortäuschung (falsches Bewußtsein) von Recht kompensiert und damit Un-Wahrheit konstelliert; ein Vorgang, für den es in der bürgerlich-kapitalistischen Ökonomie die — von *Marx* aufgewiesenen — Analoga gibt.

Erlebnisse werden in ihrer aktuellen oder vergangenen Bedeutung kompensiert durch zurechtlegende Interpretationen ihrer möglichen Bestimmung, auch anderer Bezüge entkleidet; sie werden zum Vorwand (Kompensation) für Nicht-Bewältigtes. Die Entdeckung des falschen Bewußtseins durch *Hegel*, der Ideologie durch *Marx*, der Rationalisierung durch *Freud*, zeigt die Möglichkeiten auf, *Auseinandersetzungen (Konflikte) kompensatorisch durch Rechtfertigungen zum Abschluß zu bringen, ohne daß diese bewältigt werden*. Obwohl der hier dargelegte Bezug des Individuums zur Wahrheit im Sinne eines kommunikativen Prozesses den drei Autoren keine gemeinsame Grundlage bildet, sind *falsches Bewußtsein, Ideologie und Rationalisierung* nicht ohne das *Sich-Verhalten-Können des Individuums zur Wahrheit* denkbar.

Während in der kompensatorischen Bewältigung Kommunikation einen nur vorläufigen Abschluß erfährt, der wiederum die Grundlage zu möglicher erneuter Dekompensation darstellt, erneuter Kompensation usf., *impliziert die Möglichkeit des Nicht-Bewältigens jedoch allgemein endgültiges Kommunikationsende, Vernichtung oder In-Frage-Stellen des Subjektes, seine Dekompensation*.

Im Vorausgegangenen wurde versucht, das Verhältnis des Subjektes zur Wahrheit im Sinne eines Unterwegs-Sein vom Erkunden zum Bewältigen darzustellen, wurde das Verhalten des Subjektes zu seiner „möglichen" Wahrheit als der Vorgang des Erkundens, Auseinandersetzens oder Bewältigens selbst aufgezeigt; mit dem Einführen der kompensatorischen Modi des Bewältigens wurde auf die mögliche Diskrepanz zwischen Erkenntnissen hier und „Handeln" dort verwiesen, auf das Mißverhältnis beider etwa in den sog. Rationalisierungen. Ihr ubiquitär-universales Vorkommen wirft die Frage auf: Zwar lernt der Mensch über noetisch-kommunikative Prozesse Wahres erkennen, er lernt es vom Falschen zu unterscheiden, warum vermag er jedoch nicht „mit und in der Wahrheit" zu leben – die er existenziell als Mögliche vom Erkunden bis zum Bewältigen „mitbekommen", „erfahren" hat? *Weil er – der Mensch – als sich einheitlich erlebendes Subjekt in den verschiedenen Kommunikationsmodi gleichzeitig widerspruchsvoll existiert.* Die leibhaften und anteilnehmenden Kommunikationen können untereinander bzw. mit der noetischen Kommunikation in Widerstreit liegen, auf Grund der dargestellten Unterschiedlichkeit dieser Kommunikationsweisen selbst. Weil darüber hinaus jede Kommunikation auch Nichtung desjenigen impliziert, mit dem kommuniziert wird, Nichtung (Widerstreit, Konflikt) Voraussetzung von Kommunikation, damit aber auch von Unwahrheit und Irrtum ist. Wenn der Mensch gleichzeitig, einheitlich und widerspruchsfrei über alle Modi und in allen Strukturen kommunizieren könnte, ohne durch Kommunikation selbst zu nichten, wenn es die „totale" Kommunikation gäbe, dann wäre er in der „Wahrheit" und würde Existenz bewältigen, dann wäre er nicht mehr in dem Mangel als Grund von Kommunikation. So jedoch gibt es nur „mögliche" Wahrheit. Da das Subjekt zwar mit seinem jeweiligen Verhältnis zur möglichen Wahrheit leben kann, vermag es sich zu dieser kompensatorisch zu verhalten. *Aber es kann nicht mit und in der Wahrheit existieren.*

„Mögliche Wahrheit" als Unterwegs-Sein im oben aufgezeigten Sinne, kann von dem Subjekt anvisiert werden, indem es die Möglichkeiten seiner Kommunikation (relativ) umfassend wahrzunehmen, darzustellen und – in den vorgegebenen Grenzen – zu bewältigen vermag. Vermöchte das Individuum lebensgeschichtlich, dispositionell und situativ in seinen faktischen Möglichkeiten leibhaft, anteilnehmend und teilnehmend sich mitzuteilen und zu antworten, so könnte es damit die Vielzahl von Aspekten der „möglichen Wahrheit" ständig vervielfältigen, differenzieren und u. U. bewältigen.

Der „Umkreis" kommunikativ der möglichen Wahrheit, als in das Auge zu fassender aber nie „zu habender", sich zu nähern, steht in einem „perspektivischen" Verhältnis zu der Kommunikation und ihrer Bewältigung: *je reicher und differenzierter die faktische Kommunikation, um so „näher" der „möglichen Wahrheit", die als mögliche aber die „unendliche Wahrheit" des Unterwegs-Seins ist.* Umgekehrt: je eingeschränkter Kommunikation und Horizont des Subjektes, um so tiefer ist es der „möglichen Wahrheit" seiner Existenz verborgen, um so dichter ist es im Irrtum — als Nichtung von Kommunikation — verstrickt.

Demnach würden Bewältigen, „Wahrheit" und Kommunizieren sich in folgendem Verhältnis zueinander bewegen: je vielfältiger die Kommunikation, um so vielfältiger die Möglichkeit der Bewältigung von Kommunikation. Damit wächst die Möglichkeit, sich bewältigend zu der „Wahrheit" der eigenen Existenz verhalten zu können. *Je mehr dagegen der Mensch den Schwerpunkt seiner Existenz auf einen bestimmten „Bezirk" (Lebensraum, Leistung, Leib z. B.) (s. u.) derselben oder in mit diesem Bezirk zusammenhängende Kommunikationsmodi verlegt, um so näher rückt die Gefahr, daß er aus dem Gesamtbezug zu seiner möglichen Kommunikationsmodi „herausfällt", „teilweise" oder ganz dekompensiert, d. h. faktisch auch leibhaft erkrankt.* Hier dürfte der Zusammenhang zwischen „Wahrheit" und Krankheit [39] liegen.

Allerdings wird das Sich-Verhalten zur möglichen Wahrheit durch die Lebensentwicklung und die zunehmend auf einschränkende Spezialisierung ausgerichtete Gesellschaft des technischen Zeitalters selbst stets in Frage gestellt. Jede Kommunikation bedeutet auch Festlegung auf etwas hin: sich in etwas hinein entwerfen, auf das Sich-Mitteilende antworten, und sich damit in dem Netz gefügter, nur zum Teil verfügbarer Wirklichkeit bewegen, die das Sich-Verhalten zur möglichen „Wahrheit" in der Komplexheit der aufgewiesenen Zusammenhänge erschwert, vielleicht unmöglich macht (s. o. „totale Kommunikation").

Der Infarkt-Kranke[40] — als Beispiel für leibhafte Dekompensation — soll, wie Untersuchungen aufzeigten, extrem leistungsbezogen sein, mit hohen Ansprüchen an sich selbst und seine Umgebung herantreten, die oft im Konflikt stehen mit ihm verborgenen Wünschen nach Abhängigkeit und Verwöhnung. Sein Scheitern — Dekompensation — im Leistungsbereich läßt im nachhinein den Schluß zu, daß er in diesem Bereich den Schwerpunkt sah — eine extreme Einschränkung seiner Beziehung zur Welt und seines Verhältnisses zu dieser, daß er aus dieser *Einengung seiner Kommunikation* scheitern mußte. Er scheitert, da er in der zunehmenden Festlegung und Verengung auf bestimmte, mit dem Leistungsbezug verbundenen Kommunikationsmodi, sich nicht mehr zu der möglichen Wahrheit, seiner auch über andere Kommunikationsmode sich darstellen-könnenden Existenz zu verhalten vermochte.

Das Verhalten zur möglichen Wahrheit impliziert, daß das Individuum sich in seinem erkundenden, entdeckenden, erschließenden, auseinandersetzenden, bindenden und lösenden, aufzeigenden und aufweisenden Verhältnis zur Welt — wie zu sich selbst — *immer wieder in Frage zu stellen wagt*. Das heißt, daß es die Faktizität der erlebten und gelebten individuellen Existenz mit der Sein-Sollenden (Orientierungs- und Ordnungsbezüge) und Sein-Könnenden seiner möglichen Existenz konfrontiert.

Werden in der sein-sollenden Existenz (im eben definierten Sinne) die maßgeblichen Bindungen und Lösungen des Subjektes sichtbar, sein Verhältnis zu Orientierung und Ordnung, in der sein-könnenden jedoch das (relative) Ausmaß an Begabungen, Fähigkeiten, Potenzen, so in der möglichen Existenz das Verhältnis beider zu dem einmaligen, individuellen Lebensweg, zu den Entwürfen (Möglichkeiten), die das Individuum seiner Existenz vorgreifend — sich selbst zugebilligt hat. Entwürfe stellen sich dar: in der Phantasie — z. B. bestimmte Berufe, Partnerwahlen oder Tätigkeiten betreffend — aber auch im Ergreifen oder Verwerfen von Möglichkeiten, die aus der Umwelt auf das Subjekt zukommen: Chancen in einer bestimmt gearteten Liebesbeziehung, die „umwerfende" Lektüre eines Buches, daraus sich ergebende neue Konstallationen der Lebensbedingungen, die Veränderung der Umweltbeziehung überhaupt durch Wechsel des Lebensraumes. *Das Individuum, das sich und sein bisheriges Bewältigen, immer wieder befragt, verhält sich damit „bewältigend" zu der möglichen Wahrheit seines individuellen Lebensweges. Befragt es sich nicht mehr, beginnt es auf die verschiedensten Kompensations-„Mechanismen" zurückzugreifen (s. u.). die die unbewältigte Existenz mitbestimmen.*

Das jedoch letztlich nicht zu bewältigende Verhältnis zwischen Existenz und „Wahrheit", das schon seinem prozeßhaften Charakter zufolge auf nicht absehbare Progression (Unterwegs-Sein) und Wandlung im Verhältnis beider zueinander verweist (Kommunikation!), dürfte jetzt aufgezeigt worden sein.

Die Diskrepanzen (das Auseinanderfallen) werden sichtbar, die etwa zwischen dem Bewältigen einer ausschließlich noetisch-teilnehmenden Aufgabe, einem Erkenntnisakt hier, einem Nichtbewältigen gleichzeitiger Vorgänge in partnerschaftlichen Beziehungen dort (in den Modi der anteilnehmenden-emotionalen Kommunikation) — oder „einfach" im Nicht-Bewältigen leibhafter Prozesse in der Krankheit liegen.

Die Einheit des Subjektes, die sich im Bemühen um ein Verhältnis zur Wahrheit schrittweise konstituiert, wird ständig durch die verschiedenen Modi zu Kommunizieren selbst wieder in Frage gestellt.

h) Die existentiale Konstituierung des Subjektes in Thema und Gegenthema

Wenn in der Bewältigung eines Konfliktes, einer Aufgabe, einer Erkenntnis das Subjekt als zu sich selbst und der Welt sich verhaltendes seine „mögliche Wahrheit" schrittweise als ein Sich-Verhalten zu seiner Kommunikation erfährt, Bewältigung nicht nur Kompensation von Unbewältigtem ist, erfolgt dieser Vorgang über die ständige Auseinandersetzung zwischen außer- und innerweltlicher Thematik und Gegenthematik.

Die innerweltliche Thematik[41] zeichnet sich durch die Gleichzeitigkeit heterogenster Kommunikationsmodi aus: Von der Stimmung der Niedergeschlagenheit befallen, ist Herr X jedoch mit der Lösung eines technischen Problems beschäftigt, vor dessen Bewältigung er steht, während er gleichzeitig sich im Konflikt befindet, ob er weiterhin im Büro verbleiben oder nach Hause gehen soll, er gleichzeitig erkundet, ob seine Sekretärin noch anwesend ist, aus dem Lichtstrahl schließt, daß sie noch auf ihn wartet ... usf.

Alltägliche Beispiele dieser Art ließen sich beliebig aneinanderreihen; sie würden aufweisen, daß in der Gleichzeitigkeit einer Zeiteinheit der Mensch hier erkundet, dort sich auseinandersetzt, hier bindet, dort löst, bewältigt und gleichzeitig von „etwas" überwältigt wird. Im Konflikt zwischen einer verbindlichen Erkenntnis, aufgrund derer das Subjekt eine Handlung ausführt, einer gleichzeitig bestehenden emotionalen Bindung, die im Gegensatz zu der verbindlichen Erkenntnis steht, erscheint der Mensch z. B. als in verschiedenen Kommunikationsmodi sich unterschiedlich bindend oder lösender z. B. eine emotionale Bindung erotischer Art an einen Partner bei verbindlicher Einsicht in die Notwendigkeit, diese Bindung aufzulösen.

Ein im Modus der emotionalen Auseinandersetzung sich ereignendes Hin- und Hergerissen-Sein zwischen zwei Antrieben (zu bleiben – wegzulaufen), zwischen einem Trieb oder einem Gefühl (zu naschen, bei gleichzeitiger Angst vor den Folgen), vermag gleichzeitig mit einem teilnehmend-noetischen Erkunden und Sich-Auseinandersetzen verschränkt sein, indem das Subjekt z. B. überlegt: wie es am besten eine andere Aufgabe zu einer bestimmten Zeit ausführen könnte, während es dabei mit einem Blick durch das Fenster erkundet, was sich auf der Straße abspielt.

Die Gleichzeitigkeit verschiedener Kommunikationsmodi mit heterogener Thematik (die stets Gegenthematik impliziert) widerspricht insofern den Regeln der Logik, dem Satz der Identität und des Widerspruchs, da die antilogischen, d. h. widersprüchlich und gegensätzlich, aber gleichzeitig ablaufenden Prozesse nicht zu den Notwendigkeit ergebenden Strukturen der Logik zählen – ohne sich dabei selbst aufzugeben. Nur so ist es zu verstehen, daß hier ein Subjekt „etwas" bewältigt (z. B. in der anteilnehmenden Kommunikation), dort gleichzeitig ein anderes Thema nicht bewältigt.

Diese Antilogik von Thematik und Gegenthematik wird durch die unterschiedliche Art der leibhaften, anteilnehmenden und teilnehmenden Kommunikation selbst verstärkt; dem nicht verfügbaren, sich entziehenden Emotionalen steht das (relativ) verfügbare Denken gegenüber: Hier fühlt sich X von Y abgestoßen, eine nicht zu überwindende Antipathie zieht ihn fort, dort heißt ihn das Denken, verbindlich mit Y weiterhin zusammenzuarbeiten. *Menschliche Existenz weist sich im Vermögen aus, gleichzeitig widersprüchlich in verschiedenen Modi und Weisen (Arten) von Kommunikation zu existieren, um damit Bewältigung ihrer selbst im Sinne des „Abschlusses" von auf transsubjektive Wahrheit bezogenen Erkenntnissen für durch und durch fragwürdig, ja für unmöglich zu halten.* Aus dieser Perspektive ist jedes Bewältigen bestenfalls ein Schritt im Unterwegs-Sein der Existenz, der notwendigerweise durch einen weiteren abgelöst werden muß, wenn die Person nicht der Erstarrung (s. o. Teil II, Kap. 3/g) und damit der Dekompensation anheimfallen soll.

i) Exkurs über das Handeln[42]

Ob im emotional-anteilnehmenden Umgang mit der Welt oder im teilnehmend-noetischen: *Im Handeln kommen alle die Modi kommunikativen In-der-Welt-Seins zum Erscheinen, die für die Lebenswelt, für die leibhaftorganismischen Vorgänge, für anteilnehmende und teilnehmende Kommunikation gelten.* So erkundet das Kind über das Handeln (Wahrnehmen, Bewegen) Umwelt, der Abenteurer entdeckt ein fündiges Ölvorkommen; durch Handeln wird Auseinandersetzung ausgetragen, werden verbindliche Verträge geschlossen oder gelöst; durch Handeln wird eine begonnene Handlung in der Bewältigung abgeschlossen.

Ein „Handeln an und für sich" jedoch gibt es nicht. Dieses steht entweder im Dienst des anteilnehmenden Erkundens, Entdeckens oder Sich-Auseinandersetzens; *es ist Ausdrucksbewegung*, wenn das Subjekt sich fragend-erkundend in die Welt hinein bewegt, es erschließt Triebe oder Stimmungen, so wie diese sich durch das Handeln erschließen; *das Handeln bindet, löst, oder bewältigt*, wenn das Ziel seines Tuns erreicht ist.

Das Handeln vermag zum Instrument der überwiegend teilnehmend--noetischen Auseinandersetzung mit der Welt und sich selbst zu werden, wenn hier das scheinbar spielerisch experimentierende, gegenstandsbezogene Kind Dinge erkundet, erschließt, sich mit diesen auseinandersetzt – oder dort der am Reißbrett arbeitende Zeichner die Entwürfe des Ingenieurs festlegt, mit denen dieser Umwelt verändern wird. Als Mitteilung an die Umwelt ist das Handeln Selbstdarstellung des Subjektes, es evoziert in seiner Mitteilung Antworten der Umwelt, die sich ebenfalls wieder über das Handeln entäußert.

Wird das Handeln und der praktisch-pragmatische Umgang mit der Welt zum dominierenden Charakterzug einer Person – „blinder Täter"[42a] – bedeutet dies nicht, daß es deshalb seinen vermittelnd-instrumentalen Charakter der Selbstdarstellung einbüßt. Es wird vielmehr ein Typus – u. U. eine Charakteropathie – gekennzeichnet, der mit nur geringer Selbstbesinnung (Reflexion) von einer Handlung zur andern sich treiben läßt. Diese sind für das betreffende Individuum erkundend-entdeckender und erschließender Art.

Über das sachgebunden-gegenstandsbezogene Handeln entwickelt sich der Wille oder das Wollen, das der Verfasser in anderem Zusammenhang als sozialisierten Antrieb explizierte[43]. Auch den Willen oder das Wollen „an und für sich" gibt es nicht, sondern nur in ihrer Bezogenheit zum Subjekt und auf etwas hin.

Dem Wollen kommt das Vermögen – die „Kraft" oder „Energie" – zu, einen intentional auf etwas sich richtenden Gedanken in eine Handlung „umzusetzen". Das heißt, um *die Intentionalität des Denkens über das Erkennen hinaus in die Außenwelt einfließen zu lassen oder in der Innersubjektivität gegen eine Stimmung, ein Triebbedürfnis anzugehen, bedarf es des Wollens*. Es weist den gleichen instrumental-vermittelnden Charakter wie das Handeln auf; es stellt sich im Handeln als seiner Verwirklichung dar, ohne daß es dem Handeln gleichgesetzt werden könnte.

Das Handeln wäre der Vollzug des Wollens, aber nicht das Wollen selbst. Dieses ist bis in die noetisch-denkenden Abläufe hinein zu verfolgen: der Urteils- oder Erkenntnisakt ist ebenfalls ein Willens- und Entscheidungsakt. Dem Wollen entziehen sich ferner – bis auf die Möglichkeit, sie in gewissen Grenzen zu beherrschen – die anteilnehmende Emotionalität und die leibhaften Prozesse, von der Motorik (willkürliche Bewegung) und der begrenzten Kontrolle der Wahrnehmung abgesehen.

Erst im Wollen, dem das Subjekt Ziel und Sinn („Um-Zu") verleiht, verfügt dieses über sich selbst als denkendes und bewußt-noetisch sich entwerfendes, macht es den Schritt zu der Bewältigung des Überstiegs in die Welt. Weil das Subjekt kraft seines Wollens innerlich über die Begriffe verfügt, indem es diese zu dem Ganzen des Urteils, dann einer Erkenntnis zusammenfügt, vermag es auch über die Außenwelt handelnd-wollend zu verfügen und diese zur menschlichen Umwelt, zur Kulturwelt zu formen. Hierbei sind ontogenetisch und phylogenetisch Phantasie, Entwicklung des Denkvermögens und Handeln in hier nicht mehr aufzuzeigender Weise miteinander verschränkt und stellen den Menschen als den über die Welt und Sich-Verfügen-Wollenden dar, der sich jedoch in diesem wollenden Verfügen der leibhaft-anteilnehmenden Kommunikation entfremdet, im Finden von Welt – sich selbst verliert.

6. Zur Phänomenologie der Kommunikation
Identität und Differenzierung
Das Selbst [44]

a) *Die Frage nach Identität und Differenzierung der Kommunikationsmodi*

Das Anliegen der vorliegenden Untersuchung — das auch in der vorausgegangenen von „Beziehung und Gestalt" zur Sprache kam — ist, *die Einmaligkeit und Einheit, die „Selbigkeit mit sich selbst" des Subjekts aufzuzeigen, das in seinen leibhaften, anteilnehmenden oder anderen Kommunikationsmodi als ein Selbiges verschieden und gleichzeitig unterschiedlich zu kommunizieren vermag.* Daß sowohl Kommunikation aber auch die kommunizierenden Subjekte antilogischen Voraussetzungen folgen, die sich in der Gleichzeitigkeit von Geben und Nehmen in der Kommunikation, in der Gleichzeitigkeit heterogenster Kommunikationsmodi, in der Gleichzeitigkeit von Sich-Ereignen und Nichten zeigen. Das eine und selbige Subjekt setzt sich in einer Infektionskrankheit mit dem Erreger, im Stoffwechsel mit Kohlehydraten, in Antipathie und Sympathie mit der Umgebung oder mit einer Aufgabe auseinander, erschließt sich einer anderen Person, bewältigt einen Konflikt — oder bewältigt eine Intoxikation.

Wären demnach Erkunden der Blutdruckverhältnisse durch einen innerarteriellen Fühler, Erkunden eines Spielzeuges durch ein Kind, Erkunden einer Landschaft das gleiche? Sind sie das gleiche, weil sie auf das „gleiche" Subjekt bezogen sind? Ober sind diese kommunikativen Vorgänge der Lebenswelt, der Organfunktionen, der anteil- oder teilnehmenden Kommunikation die gleichen, weil der Mensch sie mit identischen (gleichen) Begriffen festlegt? Weil er Vorgänge im Stoffwechsel mit gleichen Begriffen (und Worten!) belegt, wie solche der anteilnehmenden oder teilnehmenden Kommunikation, die mit der Selbigkeit des Subjektes jedoch nichts gemeinsam haben?

Das sich stellende Problem ist: Sind die genannten Geschehnisse die gleichen, weil sie gleiche Begriffe denken, sind sie die gleichen, weil nur die Sprache sie mit identischen Worten belegt, oder sind sie die gleichen, weil ein und dasselbe, d. h. „gleiche" Subjekt sie kommunikativ erfährt — oder sind sie die gleichen, weil sie „in sich" identische sind? *Liegt Wesensgleichheit der Vorgänge vor — oder nur Benennungsgleichheit?* Im Falle zufälliger Benennungsgleichheit (Wortgleichheit) bestünde keine Wesensgleichheit und die vorliegende Untersuchung hätte sich erübrigt. Wesensgleichheit (Identität) der Vorgänge etwa des Erkundens oder Sich-Auseinandersetzens in den verschiedensten Sphären des Daseins würde ihre grundlegende Verschiedenheit aufheben.

Das schnüffelnde Erkunden des Tieres, das Erkunden der Blutdruckverhältnisse, durch einen Fühler, das Erkunden des anderen in einer möglicherweise personalen Beziehung *sind jedoch nicht gleiche (identische) Vorgänge.* Im Beschnüffeln dienen Geruchsstoffe als „Signale", als Bilder, die hier weitgehend vorgegebene, anteilnehmende Verhaltensweisen provozieren; das heißt, Mitteilung und Antwort sind bereits hereditär-artlich in ihren Varianten determiniert (s. o.). Das innerorganismische Erfühlen der Blutdruckverhältnisse durch sog. Chemo- u. a. Rezeptoren ist ein der anteilnehmenden Kommunikation nicht mehr nachzuvollziehbares Geschehen, das sich durch die Angleichung komplizierter-sinnvoller Strukturen und Vorgänge aneinander in weitgehendster Bewußtseinsferne vollzieht. Das personale Erkunden erfaßt über äußere (leibhafte) Beziehungen (Physiognomie, Aussehen, Kleidung), über anteilnehmende Kommunikation (Sympathie, Antipathie) die je-einmalige Subjektivität des anderen. Es ist ein Vorgang, der in keinem Fall mit den soeben erwähnten Prozessen identisch ist. Die Vorgänge sind nicht identisch, da im ersten Beispiel das Erkunden als Bestandteil einer weitgehend festgelegten Lebewesen-Umwelt-Beziehung sich ereignet, im anderen Falle innerorganismische Vorgänge in ihrer Bewußtseinsferne ein anteilnehmendes Einfühlen nicht mehr erlauben, im dritten Fall des personalen Erkundens die Intention auf die Person des anderen von vornherein dem Erkunden eine Richtung gibt, die eben als personale den vorausgegangenen Beispielen schlechthin fehlt.

Die Identität jedoch der Begriffe des Erkundens oder Bewältigens verschleiert die grundlegende Differenz der einzelnen Kommunikationsmodi, die nicht wesensgleich sind, die jedoch in ihrer Differenz, nur in Bezug auf die identischen Begriffe erfaßt zu werden vermögen. Das heißt, *die mit sich selbst gleichen, identischen Begriffe sind die Voraussetzung, die Verschiedenheit der Kommunikationsmodi zu verstehen. Das Identische der Begriffe vollzieht sich über dem Nicht-Identischen der Kommunikationsmodi.*

Das unendlich Verschiedene der Kommunikationsarten wird als Verschiedenes erst durch den mit sich identischen Begriff sichtbar. *Die Identität des Begriffes ist die Voraussetzung, Differenz aufzuweisen.*

Es ist aber ein Selbst — Subjekt — das hier eine Infektionskrankheit bewältigt, dort eine Ehekrise, dann wiederum ein technisches Problem, *das die grundlegende Verschiedenheit dieser Vorgänge durch die jeweilige Einmaligkeit seines „Selbst" mit den mit sich identischen Begriffen vermittelt.* Das nie gleiche, nie mit dem anderen „Selbst" identische „Selbst", das als principium individuationis die unendliche Verschiedenheit darstellt, ist auch nicht etwa ein „gleiches" Mit-sich-Selbst, sondern eher als ein „selbiges Mit-sich-Selbst". Dies besagt, daß etwa in Erörterung der

Frage der Identität des Menschen mit sich selbst — wie weit diese sich durch seine Lebensgeschichte zieht, wie weit sie Brüche aufweist — *Identität nie im Sinne des begrifflich mit sich selbst Gleichen gefaßt werden darf, sondern bestenfalls als mit sich selbige „Selbstheit".*

Das mit sich selbige Selbst bewältigt in der Tat als ein Selbiges hier die Infektionskrankheit, dort die technische Aufgabe, dann wiederum eine Ehekrise. *Im Bewältigen dieser unterschiedlichen Vorgänge ist es immer ein mit sich Selbiges — aber nie ein mit sich „Identisches" oder „Gleiches". In der Bezogenheit auf ein Selbst — Subjekt — erscheinen differente Vorgänge identisch, weil das Subjekt (Selbst) die Differenz der Vorgänge — in einem ersten Versuch, diese erkundend zu verstehen — durch den Begriff als Identische zueinander vermittelt.*

In weiteren Schritten jedoch — dem Gang der phänomenologischen Erkundung, aber auch der naturwissenschaftlichen Forschung in diesem Fall analog — erfolgt dann zunehmende Differenzierung der Begriffe über die Verschiedenheit der Kommunikationsmodi und des in der Kommunikation sich unterschiedlich aufzeigenden, aufweisenden Erlebnis- und Erfahrungsgehaltes. *Es setzt der Dialog zwischen dem mit sich identischen Begriff und der unendlichen Vielfalt der Kommunikationsmodi ein,* die den Begriff als mit sich Identischen an der Vielfalt der Kommunikation ständig in Frage stellen, wie wiederum die Vielfalt der Verschiedenheit von Kommunikation den mit sich gleichen Begriff als Vielfalt verneint, in Frage stellt und aufhebt.

Es ist das Selbst, das im Denken, in der teilnehmend-noetischen Kommunikation hier, in der anteilnehmend-leibhaften Kommunikation dort, das eine Geschehen zu dem anderen mit identischen Begriffen vermittelt. *In diesem Vorgang erfährt es sich selbst als die Permanenz der Spannung zwischen dem mit sich identischen Begriff und der Vielfalt der Kommunikationsmodi. Es erfährt sich selbst im Begriff als Identisches — wie es sich, die Vielfalt der Kommunikationsmodi erkundend, gleichzeitig als unendlich Differentes erlebt. Das mit sich selbige Selbst konstituiert sich als dieses in der Vermittlung zwischen dem mit sich identischen Begriff, dessen zunehmender Aufsplitterung über der Variabilität der Kommunikation, um in dieser Vermittlung die Gleichzeitigkeit des mit sich identischen Begreifens (der Begriffe)* und der unendlichen Vielfalt von Kommunikation zu verwirklichen.

Das Selbst „ist" in Bezug auf die Vermittlung zu der Begriffswelt ebenso wie in Bezug zu der Variabilität von Kommunikation. *Es „ist" in diesem Sinne auch die Permanenz ständiger Auseinandersetzung zwischen „Begriff und Wirklichkeit", wie auch der Vermittlung beider zueinander. Es „ist" in Bezug auf das unendlich Verschiedene wie auch in Bezug auf das mit sich Identische. In seiner Transzendierung (Überstieg zur Welt) vermittelt es sich im Begriff als mit sich Identisches wie auch gleichzeitig*

— in seiner Bezogenheit auf Welt — als mit sich unendlich Verschiedenes.

Es wäre jedoch verkehrt anzunehmen, daß das Selbst gewissermaßen eine platonisch-ideale Begriffswelt an die konkrete Wirklichkeit hin vermittelt. An anderer Stelle („Beziehung und Gestalt") wurde aufgezeigt, wie das Selbst sich in komplizierten Entfremdungsprozessen der konkreten Wirklichkeit gegenüber als Denkendes konstituiert, wie Begreifen nur über Entfremdung von Wirklichkeit möglich ist, d. h. über Entfremdung den anteilnehmend-leibhaften Kommunikationsmodi gegenüber Begriffen entwickelt werden. Das Selbst wird nicht in eine dualistische Welt von Begriffen hier, Kommunikationsmodi dort, hineingeboren, sondern es begründet über Auseinandersetzung und Vermittlung sich selbst und die Begriffe.

Die Bewegung des Selbst in der noetischen Kommunikation, wird als eine ständige Oszillation zwischen Hinwendung sowohl auf das andere, unendliche Differenzierte seines Innen als auch der Außenwelt sichtbar, die mit gleichzeitiger Abwendung von dem unendlich Differenzierten, Hinwendung zu dem Begrifflichen verbunden ist. In der Hinwendung zum Begrifflichen, zum denkenden Kommunizieren, wendet es sich von der Konkretion vielfältiger Kommunikation ab, aber nicht einem vorgegebenen „Himmel" festgelegter Begriffe zu. Vielmehr tritt es aktiv in den Denkprozeß ein, über den es die mit sich identischen Begriffe begründet, jedoch stets in Bezug auf die eigene, unendliche Verschiedenheit dem mit sich identischen Begriff gegenüber.

Es wird demnach eine doppelte Dialektik im Selbst sichtbar: diese, die einerseits auf der einen Ebene die Wirklichkeit des Selbst als eines verbürgt, das in Auseinandersetzung mit der Vielfalt der Kommunikationsmodi, der Vermittlung derselben zu den mit sich identischen Begriffen ein Selbst ist; jene auf der anderen Seite wird im Denkprozeß sichtbar, da das Selbst nur zu denken vermag, wenn es sich selbst als unendlich Verschiedenes zu der Identität der Begriffe setzen kann — die es gleichzeitig konstituiert.

Wie aber kommt die Identität des Begriffes mit sich selbst zustande? Weil das Selbst als ein Selbiges, d. h. nur über den Begriff mit sich Identisches, sich zur unendlichen Differenz von Kommunikation als Gegensatz setzt, sich über das Gegensetzen entsprechend als das mit sich identische weiß (begreift): Das Selbst ist im Verhältnis zum anderen, zu der Differenz, das mit sich Selbige-Selbst. In dieser Selbigkeit begründet es das mit sich Gleiche des Begriffs. Im mit sich identischen Begriff wiederholt sich der Akt, in dem das Selbst als ein mit sich selbst identisches sich zur unendlichen Vielfalt setzt — es aber gleichzeitig zu dem Begriff das unendlich Verschiedene ist.

Die Problematik stellt sich, zusammengefaßt, wie folgt dar:

172

1. Die verschiedenen Kommunikationsmodi, sei es des Erkundens, Auseinandersetzens oder Bewältigens, sind in sich unendlich verschieden. Das Bewältigen einer Ehekrise, einer technischen Aufgabe oder einer Intoxikation sind nicht das gleiche (keine Wesensgleichheit).
2. Als differente Kommunikationsmodi sind sie jedoch auf *ein* Selbst – Subjekt – bezogen. Das mit sich selbige Selbst z. B. bewältigt als eines (aber nicht mit sich Identisches im Sinne der Identität des Begriffes) in verschiedenen Weisen.
3. Mit sich gleich ist nur der Begriff, der als mit sich identischer denkende Kommunikation ermöglicht (Verstehen von Sinnzusammenhängen).
4. Das Selbst konstituiert sich in der Auseinandersetzung mit der Kommunikation und in der Vermittlung dieser Auseinandersetzung mit den Begriffen. Identität des Begriffes mit sich selbst ist möglich, weil das Selbst sich im Verhältnis zum anderen als ein mit sich selbiges Selbst – als ein identisches im Begriff – erfährt, weil es im Verhältnis zum denkenden Begreifen als das unendlich Verschiedene sich zum mit sich identischen Begriff setzt.

b) Existenz und Kommunikationsmodi

Ob Aufnehmen, Mitteilen und Antworten, ob Erkunden, Sich-Auseinandersetzen oder Bewältigen im Mittelpunkt der Frage nach dem „Was" und „Warum" der Kommunikation stehen: um diese Begriffe zu entdecken und dann sprachlich zu fixieren, werden sie vom Subjekt als vorbegrifflich-vorsprachliche Erfahrung im Umgang mit der Welt wie mit sich selbst als in sich geschlossenes Vor-Wissen um Erkunden, Auseinandersetzen, Bewältigen usf. vollzogen.

Nicht nur, daß jeder sogenannte „durchschnittlich intelligente" Erwachsene – auch wenn dieser sich nie mit „wissenschaftlichen Problemen" befaßt hat – sofort weiß, was Bewältigen oder Sich-Auseinandersetzen bedeutet, weil er über eine vorgegebene, diesbezügliche, zwar individuell variable, aber doch eindeutige Erfahrung verfügt. *Die Existenz jedes Menschen, als im Übersteig zur Welt, sich von Anfang an zu dieser und zu sich selbst Verhaltende, „ist" nur als Erkundende, Sich-Auseinandersetzende oder Bewältigende.*

Diese existentiell erfahrene Einheit der Kommunikationsmodi vor ihrer logischen-begrifflichen Thematisierung (s. o.) umschließt wiederum für das Subjekt – als Selbst – eine weitere, noch zu differenzierende Unterschiedlichkeit seines Existierens. Das Bewältigen eines Infektes – wie soeben dargelegt – ist nicht das gleiche, wie das Bewältigen einer Auseinandersetzung (Konflikt), wenn auch beide Modi der Bewältigung sich begrifflich darstellen, weil sie als verschiedene sich auf das Leitthema (den Begriff) „Bewältigen" und das eine Subjekt beziehen.

Der Mensch bewältigt als ein Sich-Selbiger, Je-Einmaliger, Existierender, unter den Symptomen des Fiebers, der herabgesetzten Wahrnehmung, der Trübung des Wachens, der Reduzierung der Motorik etc. den Infekt so wie den Konflikt. (Oder er bewältigt sie nicht, scheitert). *Die Einheit der existentiellen Erfahrung, bewältigen zu können, zu erkunden oder sich auseinanderzusetzen, wird jedoch hier zur Erfahrung des Ausgeliefert-Seins an die organismische Leibhaftigkeit, dort zur Erfahrung des Sich-Entziehens in der anteilnehmenden (emotionalen) Kommunikation. Sie wird zur Erfahrung der — wenn auch variablen und individuell zu relativierenden — Verfügbarkeit über die erkundende, sich auseinandersetzende und bewältigende Existenz in der teilnehmend-noetischen Kommunikation.*

Die eine, je-einmalige Existenz, das Selbst, existiert in den unterschiedlichen Modi der Kommunikation: hier, im leibhaft-organismischen Bereich bin ich der Welthaftigkeit meines Leibes ausgeliefert, der mir nur (begrenzt) in Motorik und Wahrnehmung untersteht, dessen innerorganismische Vorgänge sich dem bewußten Zugriff ebenso verschließen, wie über das Erleben innerorganismischer Vorgänge nichts in Erfahrung gebracht zu werden vermag. Dort im Kommen und Gehen der anteilnehmenden Kommunikationsmodi, der Antriebe, Stimmungen und Gefühle, entziehe ich mich mir selbst in diesen. Ich fühle mich heute anders als gestern, morgen wiederum anders als heute, ich bin Zug und Entzug überlassen, ich kann über diese nur bedingt verfügen. Erst in der teilnehmend-noetischen Kommunikation, im Urteilen und Erkennen bin ich bei mir selbst, vermag ich über mich (weitgehendst) zu verfügen, denkend zu erkunden, denkend mich auseinandersetzen oder bewältigen. Im Denken über mich selbst verfügen zu können, wird wiederum erkauft durch die Entfremdung des begrifflichen Denkens gegenüber der sinnlichen Konkretion meiner Leibhaftigkeit, dem fühlenden Erleben von Stimmungen und Trieben.

So spannt sich menschliche Existenz als Eine und Je-Einmalige zwischen dem Ausgeliefert-Sein an die Welthaftigkeit des Leibes, dem Erleben von Zug und Entzug der Emotionen und Stimmungen und der (relativen) Verfügbarkeit über sich selbst im noetisch-teilnehmenden Kommunizieren. *Menschliche Existenz „ist" nicht in verschiedenen „Ebenen" von Kommunikation, sondern als ein und dieselbe erfährt sie sich leibhaft ausgeliefert, anteilnehmend-emotional gezogen und entzogen, über sich selbst verfügend, aber sich der Konkretion des Leibhaften und des Erlebens entfremdend, lediglich im Denken.*

Als ausgeliefert Existierende, als emotional-Sich-Entziehende, als denkende über sich Verfügende, vermag sie auf Grund ihrer Einmaligkeit und Einheit als „selbige" zu erkunden, sich auseinanderzusetzen, zu bewältigen.

Dieses je-einmalige Subjekt hat sich selbst jedoch nie „ganz" in seiner Existenz. In der Auslieferung an die Leibhaftigkeit einen Infekt bewältigend, ist es seiner eigenen Verfügbarkeit weitgehendst entzogen, ist es sich selbst als Denkend-Erkennendes in der Leibhaftigkeit lebendiger Vorgänge entfremdet. Wie es wiederum der lebendigen Leibhaftigkeit im denkenden Über-sich-Verfügen und Bewältigen z. B. einer noetischen Aufgabe entfremdet ist. *Was es hier lebt — leibhaftes — verliert es im noetisch-teilnehmenden Denken, was es dort (im Noetischen) gewinnt, verliert es im leibhaften Leben oder im Erleben anteilnehmender Kommunikationsmodi.*

c) Vorgegebene Einheit der Existenz und Existenz als Aufgabe

Die nicht zu vollziehende Einheit der Existenz als gleichzeitig verschiedener hat sich jedoch phylogenetisch und ontogenetisch noch undifferenziert in der frühen Kindheit einmal dargestellt.

Das in seiner Strukturierung sowohl leibhaft wie auch inner-subjektiv noch nicht ausdifferenzierte Kind erlebt sich in der Einheit von Welt und Subjekt. — Das schließt keineswegs aus, daß es bereits entscheidende Trennungserlebnisse (Nicht-Identität) erfahren hat, die es auf sich selbst, als ein Getrenntes und Sich-Trennendes zurückgeworfen haben. Das als „Ganzes" existierende Kind existiert in dieser Ganzheit jedoch primär leibhaft. In dieser Leibhaftigkeit sind noetische-teilnehmende oder anteilnehmende Kommunikationsmodi noch nicht oder nur annäherungsweise voneinander zu unterscheiden. In seiner Kommunikation mit der Umwelt oder mit sich selbst kommuniziert es jeweils als „Ganzes", es erkundet, setzt sich auseinander oder bewältigt leibhaft, es begrenzt zugleich noetisch-teilnehmend. In dieser „ganzen" Kommunikation existieren die zentralen Erfahrungen der einzelnen Kommunikationsmodi als aller logischen Begrifflichkeit vorgegebene, in eben der Einheit von Leibhaftigkeit und Emotionalität erlebender und denkend-noetischer Prozesse, die erst im Verlaufe der weiteren Entwicklung von Kompensationsformen im Umgang mit der Welt sich ausdifferenzieren.

Der Vollzug der existentialen Einheit verschiedener Kommunikationsmodi stellt sich als ganzheitlich-undifferenzierter in der Kindheit dar, was die Entwicklungspsychologie hinlänglich erwiesen hat.

Reifung[45] *im Sinne der zunehmenden Ausdifferenzierung bedeutet Verlust der leibhaft-ganzheitlich sich erlebenden und erfahrenden Existenz. Die Einheit der Existenz*, die Grundlage der Einheit der verschiedenen Kommunikationsmodi, *wird zur gelebten Erinnerung* (d. h. in der Erfahrung noch anwesenden Erinnerung), die im Bewußtsein der ursprünglich vorgegebenen ganzheitlichen Einheit des Erkundens, Sich-Auseinandersetzens und Bewältigens – die anderen Kommunikationsmodi umschließend – noch präsent ist.

Aber Existenz wird im Reifungsprozeß zu der, die sich als ausgelieferte leibhaft erfährt, als Sich-Ziehende-Entziehende in der anteilnehmenden Kommunikation, die im denkend-noetischen Kommunizieren über sich (begrenzt) zu verfügen vermag.

In dem Maß, in dem das Subjekt sich als heterogenes, dort an leibhafte Prozesse ausgeliefertes, hier eine Befindlichkeit nur relativ kontrollierendes, dort wiederum eine Erkenntnis mühsam „umsetzendes" erlebt, schwindet die Erfahrung ganzheitlicher Existenz. Diese, die einmal in der frühen Kindheit leib- und welthaft als Ganzheit, damit als Mögliches der Möglichkeiten vorgegeben war, wird jetzt zur bewältigenden (Lebens)-Aufgabe.

Die Einheit der Existenz wird aus einer ontogenetisch sich ausdifferenzierenden zu einem Postulat, das das verschieden kommunizierende sich auseinandersetzende oder bewältigende, je-weilige Selbst miteinbezieht. Die Kommunikationsmodi implizieren Verhalten zu sich selbst nicht weniger wie zu Welt (s. o.), vermittels derer der Mensch zu sich selbst als einem möglicherweise sich bewältigenden Subjekt transzendieren kann. In der Auseinandersetzung – Kommunikation – mit seinem Leib oder seinen Emotionen visiert er die Einheit seiner Existenz in der (relativen) Bewältigung des im Prinzip nie zu bewältigenden Anders-Seins der unterschiedlichen Kommunikationsmodi in ihrer Verschiedenheit an. Das im Bewältigen von Existenz sich darstellende Verhalten des Individuums zur möglichen Wahrheit intentionalisiert die Einheit der Existenz als das ihr immanente Telos, die damit den Charakter einer Lebensaufgabe erhält, zu der der Mensch aufgerufen ist.

Der Weg von der ursprünglich (in der frühesten Kindheit) erlebten Einheit der Existenz, die als erlebte die vorgegebene, grundlegende Erfahrung der Einheit überhaupt des Subjektes in der Verschiedenheit seiner Kommunikationsmodi begründet, erstreckt sich von dieser vorgegebenen „Wahrheit" als Ganzheit des Verhaltens, zu der möglichen Wahrheit des Verhaltens, die in der Bewältigung der Existenz aufleuchtet.

d) Die Immanenz von Nichtung und Sich-Ereignen
in jeder Kommunikation
(Vorläufige Zusammenfassung der Ergebnisse)

Kommunikation, so sei zusammengefaßt, ist die Gleichzeitigkeit folgender, voneinander abhängiger Vorgänge:

1. Überstieg zur Welt, in dem sich das Subjekt intentional auf Welt richtet, Welt intentionalisiert empfängt (konstelliert, provoziert), ereignet sich gleichzeitig mit dem Überstieg der Welt zum Subjekt. Letzteres wird hier zum Empfangenden, zum Nehmenden, wie es im ersten Vorgang zum Gebenden, die Welt zum Nehmenden wird. Aus diesem Grundvorgang ergibt sich, bereits thematisiert, das In-der-Welt-Sein als Aufnehmen, Mitteilen und Antworten.
2. Der Mangel von..., das Bedürfen nach... werden als letztmöglicher, denkbarer Grund von Kommunikation überhaupt angesehen.
3. Kommunikative An-Teilnahme (leibhaft-organismisch, anteilnehmend in der Emotionalität, teilnehmend in noetischen Prozessen) begründet darüber hinaus die Gleichzeitigkeit von Geben und Nehmen in jeder Kommunikation, die in dieser Gleichzeitigkeit die gegenseitige Abhängigkeit aller kommunikativen Prozesse voneinander aufweist.
4. Die Unterschiedlichkeit der Kommunikationsmodi des Erkundens, Erschließens, Entdeckens usf. wirft die Frage nach ihrer Identität und Differenz auf, die im leibhaften, anteilnehmenden und teilnehmenden Kommunizieren — nicht zuletzt auch im volitiv-pragmatischen Verhalten — als ubiquitär und universell wirkende Kommunikationsmodi zu sehen sind.

Die Einheit der Existenz, die der Erfahrung der Kommunikationsmodi zugrunde lag, ist als relativ undifferenzierte — ganzheitliche — in der frühen Kindheit präsent. (Vgl.: Die Ausdifferenzierung des unspezifischen Mangelerlebens zu den verschiedenen Kommunikationsmodi.) Sie wird im Vollzug der Reife zur Aufgabe, die Heterogenität und Antilogik der Existenz in leibhafte Auslieferung, in anteilnehmendem Entzug und Zug, in teilnehmender Verfügbarkeit zu bewältigen, um in der Bewältigung, die mögliche Einheit des Selbst in seinem Verhältnis zur „Wahrheit" zu finden. Diese Bewältigung jedoch ist stets relativ auf das Ganze der Möglichkeiten der Person zu sehen.

In diesem Zusammenhang, besonders in der Explizierung von Geben und Nehmen dürfte ein Wesenszug von Kommunikation überhaupt sichtbar geworden sein: Jede Äußerung, jede Mitteilung, jede Antwort, jedes Sichtbar-Werden, jede Darstellung von Kommunikation, aber auch jeder sich dem Denken, dem Erleben, dem Fühlen darstellende Impuls, jede

Gemütsbewegung, jede Stimmung, jedes Trieberleben, das in der Innerlichkeit des Subjektes auftaucht und wieder verschwindet, wirkt, indem es Zu- oder Vor-Handenes durch sein sich darstellendes Zu- oder Vorhandenes gleichzeitig in Frage stellt.

Die liebevoll dem Kind sich zuwendende Mutter, stellt in dieser Zuwendung die Aussagen des Kindes, die sich auf die Mutter beziehen, ihr gelten, nicht nur in Frage, sondern sie verändert im vorhinein die mögliche Aussage des Kindes selbst. Begrüßt z. B. die warmherzig sich dem Kind zuwendende Mutter dasselbe beim Eintreten in das Zimmer mit „Wie schön, daß Du wieder da bist", spontan, so macht sie mit dieser Äußerung eine Äußerung des Kindes, das die Mutter in seiner Weise zärtlich begrüßen wollte, unmöglich. Zumindest muß einer der beiden sich in der Äußerung zurücknehmen, um dem anderen die Möglichkeit zu überlassen, seine Zuwendung zu zeigen. Die u. U. gleichzeitig erfolgende Umarmung, wenn Mutter und Kind sich in die „Arme fallen", ist nicht nur gegenseitige Bestätigung der Zuneigung, sondern auch gleichzeitiges und gegenseitiges In-Frage-Stellen der jeweiligen Intensität der Zuneigung: ob die Mutter das Kind mehr an sich drückt, oder das Kind die Mutter mehr „vereinnahmt".

D. h., selbst in der sich zuneigenden, den anderen bestätigenden, sogenannten liebevollen Kommunikation, wird der, dem die Kommunikation gilt, durch diese selbst in seinen Möglichkeiten der Darstellung in Frage gestellt, eingeschränkt, „genichtet". Darüber hinaus ist bekannt, daß die selbstloseste Zuneigung oder Zuwendung, die „nicht das Ihre sucht", sondern nur den anderen wahrnehmen, ihm dienen möchte, zu gravierenden Bindungen führen kann, in denen der Gebundene das „Opfer" der sich zuneigenden Liebe geworden ist.

In der sich selbst zurücknehmenden Einfühlung in den anderen, wird der Sich-Einfühlende durch die Person, in die er sich einfühlt, in seiner „Personenhaftigkeit" begrenzt, eingeschränkt, verändert ihn derjenige, in den er sich einfühlt.

In der Wahrnehmung eines scheinbar neutralen Vorganges verändert der Vorgang die Wahrnehmung nicht weniger als der Wahrnehmende den Vorgang verändert. *In seiner ursprünglichen Intentionalität (Richtung auf...) wird der Wahrnehmende durch das Wahrgenommene ebenso verändert, wie er das Wahrgenommene wiederum durch die Wahrnehmung verändert.*

Diese Zusammenhänge treffen in noch auffälligerem Ausmaß für die anteilnehmende Kommunikation, z. B. für die sogenannten sozialen Antriebe, etwa der caritativen Fürsorge, zu. — Letztere stellt das „Objekt" ihrer caritativen Fürsorge in seinem So-Sein in Frage, um es zu einem veränderten, anderen „So-Sein" zu führen. In den sogenannten Trieben der Einkörperung und Selbstbehauptung, des Sich-zur-Schau-Stellens oder der Aggression wird das In-Frage-Stellen dessen, dem die Selbstbehauptung oder Aggression (gilt) — in seiner grundsätzlich thematischen Bezogenheit auf den anderen — möglicherweise zu seiner Vernichtung, führt es zu Kommunikationsende.

Aber auch im Fühlen (s. o. Einfühlung), in den Gestimmtheiten verändere ich die Welt, wie ich mich im Fühlen oder in der Stimmung selbst verändere. Sei es, daß ich fühlend von jemand abgestoßen werde, mich abwende und ihn damit verliere, sei es, daß ich freudig, Mitteilungen hervorsprudelnd, den anderen damit in seinem eigenen Bedürfen nach augenblicklicher Äußerung und Selbstdarstellung einschränke, d. h. mich oder den anderen im Fühlen oder im Befinden in Frage stelle.

Das richtende In-Frage-Stellen durch jede kommunikative Darstellung trifft sowohl für die Äußerung noetisch-denkender Ergebnisse, für die sogenannten sachlichen Informationen zu als auch für das im Dienst der anteil- oder teilnehmenden Kommunikation stehenden Wollen und Handeln: Urteile wie „das Wetter ist heute schlecht" oder „Ich fühle mich glänzend" — oder andere, weitgehend indifferente, sachbezogene Mitteilungen wie die des Lehrsatzes des Pythagoras oder die Erklärung einer Apparatur — stellen den, dem sie mitgeteilt werden, in seinem jeweiligen So-Sein in Frage. Indem sie zumindest eine Veränderung seiner augenblicklichen Befindlichkeit, seines Gedankenablaufs hervorrufen und damit eine Antwort provozieren.

Analog sind auch die innersubjektiven Vorgänge des Fühlens, des Erlebens von Trieben, von Gestimmtheiten, das Erschließen oder Bewältigen des Denkens, zu sehen. Es sind Vorgänge, die sich gegenseitig und untereinander ständig beeinflussen, sich damit in Frage stellen, die sich selbst nach dem Modus von Aufnahme, Mitteilung und Antwort verhalten. Ein Gefühl aufkommender Wärme für XY wird durch das Urteil über XY beeinträchtigt, verändert, aufgelöst, aufgehoben — oder es weckt das Urteil „XY ist doch ein feiner Mensch", dem wiederum — aus unbekannten Gründen — eine niedergedrückte Befindlichkeit folgt. Ein erotischer Impuls z. B. tritt in Gegensatz zu einer Stimmung, diese zu einem Denkvorgang wiederum verstärkt den erotischen Impuls, beide werden durch die Stimmung in den Hintergrund gedrängt.

Ob *Kommunikation* auf Außenwelt sich bezieht, ob sie ausschließlich innersubjektiv als inneres Aufnehmen, Sich-Mitteilen und Beantworten beobachtet wird, ob sie den entkörpernden Antrieben, der Zuneigung, Liebe und Hingabe, ob sie dem einfühlenden Mitleid entstammt, *sie ist nur — indem sie das oder den (die), mit dem sie kommuniziert, verändert, damit in Frage stellt, ihn in seinem jeweiligen, auch nur aktuellen So-Sein nichtet.*

Ob Kommunikation in Richtung auf die Mitteilung oder auf die Antwort akzentuiert wird: *in jedem Fall führt eine erfolgte Aussage zu dem In-Frage-Stellen der bereits gemachten oder noch zu machenden Äußerung. Auch die positivste Bestätigung ist ein In-Frage-Stellen dessen, der*

179

der Bestätigung überhaupt bedarf, der mit dem Bedürfen nach Bestätigung seinen „wackligen Stand" schon kundgibt, die Bestätigung Stütze und gerade deshalb Beweis für das Unvermögen ist, sich selbst Stütze zu sein.

Antworten – so wurde oben ausgeführt – heißt Stellung nehmen, Stellung beziehen, auf den Sich-Mitteilenden sich einzustellen (intentionalisieren). Antworten heißt darüber hinaus – auch im positivsten Fall der eben erwähnten Bestätigung – mögliche, latente Abwehr und Verteidigungshaltung dem Mitteilenden gegenüber einzunehmen. Denn die unverbindlichste Mitteilung (s. o.) wie „Heute ist das Wetter schön", die die bestätigende Antwort provoziert, „Ja, es ist wunderbar", bedeutet, daß sie den Zweifel impliziert, jener, dem die Mitteilung galt, könnte anderer Meinung sein. So daß der Antwortende den der Mitteilung immanenten Zweifel durch die positive Antwort „Ja, es ist schön" zu beheben versucht, um damit seinerseits den Sich-Mitteilenden in Frage zu stellen. Sucht der sich Mitteilende Bestätigung, wird ihm jetzt Bestätigung in einer Weise zuteil, die ihn mit seiner Mitteilung selbst in Frage stellend, auf sich zurückwirft.

In jedem Widerspruch ist das gegenseitige Sich-in-Frage-Stellen evident.

Mitteilen, Sich-Äußern, Sich-Darstellen, umschließen aus der Intentionalität ihrer Richtungnahme heraus stets die Möglichkeit der Veränderung des anderen, sein In-Frage-Stellen, damit *seine potentielle oder reale Nichtung.* – Gleichgültig ob sie den anderen jetzt bestätigen, verneinen, oder ob es sich scheinbar nur um „sachliche Informationen" handelt.

Antwort erfolgt aus der Veränderung, die jede Mitteilung bewirkt – auch das Schweigen, das Nicht-Reagieren, Ignorieren, die Indifferenz sind Antworten nicht weniger wie Mitteilungen.

In jeder Veränderung wird ferner der der Veränderung vorausgehende Zustand – die Mitteilung – als Provokation zu einer Stellungnahme empfunden. *Provokative Mitteilung, die Antwort evoziert, impliziert Veränderung der der Mitteilung vorausgegangenen Zuständlichkeit. Veränderung umschließt die Möglichkeit der Aufhebung oder Nichtung der der Mitteilung vorausgegangenen Situation.*

M. a. W.: *Kommunikation, die sich in jeder Mitteilung äußert, impliziert das latente oder manifeste Infrage-Stellen dessen, dem die Mitteilung gilt, der sich auf die Mitteilung hin verändern muß, „ob er will oder nicht".* Veränderung ist Antwort auf in-Frage-stellende Mitteilung – selbst im positiven Falle gegenüber Zuneigung (Bestätigung) ist gegenseitige Zuneigung gegenseitiges zur Veränderung führendes Sich-in-Frage-Stellen.

Oder: Kommunikation ist In-Frage-Stellen des anderen, mögliches Nichten desselben bis zu seiner Ver-Nichtung. *Sie ist aber gleichzeitig Bestätigung der anderen, weil sie selbst in der beabsichtigten, gezielten Vernichtung des anderen dessen Dasein erst einmal konstatieren, damit bejahen muß – ehe sie ihn hinwegrafft.*

Wer den Gegner erschlagen, durch Verleumdung oder Ignorierung treffen will, muß — im vorhinein den Gegner wahrnehmend — ihm seine Mitteilung der Vernichtung zukommen lassen, damit sein Dasein durch die Intentionalität der Mitteilung vorgegebener Weise bestätigen; *er muß ihn, im Gegensatz zum Nichten, erst als Anwesenden bejahen.*

Die Ansprache des anderen — gleichgültig ob die Mitteilung ihn jetzt bewußt treffen oder bestätigen soll — geht jeder spezifischen Mitteilung voraus. *In der Intentionalität auf den anderen wird das „Du" desselben erweckt, bestätigt, wird ihm Gegenwart und Anwesenheit verliehen — ehe die Mitteilung erfolgt. In diesem Sinne ist selbst die negative Mitteilung, die bewußte Nichtung des anderen zu allererst Bestätigung desselben.* Bzw. ist Kommunikation das zwar verschieden zu akzentuierende und zu differenzierende, aber doch stets gleichzeitig miteinander verschränkte Geben und Nehmen, Nichten und Bestätigen.

Das für die intersubjektive Kommunikation Ausgeführte gilt grundsätzlich auch für die innersubjektive Kommunikation (s. o.), in der das Selbst-Subjekt — sich zwar im gleichen Maße auf Außenwelt wie auf sich selbst bezieht, und in der grundsätzlich alle Impulse und Regungen des Innen gegensätzlich erlebt und sich entsprechend nichten, in Frage stellen können.[46] Kommunikation und Gegenkommunikation, Thema und Gegenthema, Bestätigen oder In-Frage-Stellen, Sich-Ereignen, Zulassen, Erlauben, Nichten, Unterdrücken, Verdrängen, Auslöschen bestimmen als permanente Bewegung das Innen.

D. h., daß das Selbst — in seiner Definition als Bei-sich-selbst-Sein im Bezug auf den anderen —, „nie" bei sich selbst, sondern nur über den anderen, ein Selbst zu sein vermag, daß es die nichtende In-Frage-Stellung seiner Selbst durch die Permanenz seines Überstiegs zum anderen, zur Welt, schon in sich birgt.* Damit wäre die Innersubjektivität, die Innerlichkeit des Selbst, weil es sich ereignend hier, sich nichtend dort, auf den anderen bezogen, in sich selbst gegeneinander bewegt. Der Mangel als Grund von Zuwendung ist das auf die Welt kommunikative Bezogen-Sein. Dieser Bezug aber wird durch die Welt, das andere schon wieder in Frage gestellt, eingeschränkt, genichtet.

Der Kommunikation bestimmende Widerstreit (Auseinandersetzung, Konflikt) als unausweichliche Vorgegebenheit von Kommunikation überhaupt, wird im konkreten Erleben nicht immer wahrgenommen. In der Erfahrung von Zuneigung, Liebe, Sympathie wird bei aller damit verbundenen Negierung und Nichtung des anderen (z. B. durch die sogenannte liebevoll-dominierende Mutter!) doch die Bestätigung betont. Der Schwerpunkt der Intentionalität liegt in der positiven Kommunikation — in der

---

* S. auch *G. Brand*: Die Lebenswelt. Berlin 1971. Besonders seine Ausführungen über die Dialektik von Einheit und Trennung.

positiven Mitteilung oder Antwort –, in der sich selbst zurücknehmenden, den anderen sich selbst darstellenden, ihn fördernden Art.

Das wiederum heißt, daß in der positiven, liebevollen, den anderen fördernden und bestätigenden Mitteilung der Mitteilende sich im vorhinein einschränkt oder nichtet (verzichtet), um den anderen zur Geltung zu bringen.

Der im Grunde von Kommunikation sichtbar werdende Widerstreit, daß dieser Widerstreit das In-der-Welt-Sein bestimmt, ist die Grundlage der schon wiederholt erwähnten und dargestellten Thematik und Gegenthematik. Wie jede Mitteilung aus dem Wesen von Kommunikation eine Thematik impliziert, so jede Antwort nicht weniger aus dem Wesen von Kommunikation – eine Gegenthematik. *Kommunikation ist Widerstreit – Konflikt – auf dem Wege zur Kompensation oder möglichen Bewältigung.*

Wieviel deutlicher wird der analoge Sachverhalt in latentem oder manifestem Widerspruch unter Menschen, deren Stellungnahme beziehende Antwort Gegenthematik (Thematik) und ihr Sichtbar-Werden das Wesen des Konfliktes ist. Sie bestätigt nur, daß der Widerstreit die Grundlage von Kommunikation ist, wo immer auch diese, über den Grundmangel hinausgehend, zur Darstellung kommt.

7. Selbstvergessen und Selbstverstehen[47]

a) Die alltägliche Kommunikation

Das Bedürfnis nach Nahrung, der Hunger, der Gedanke „an etwas", dieses zu besorgen oder jenes zu erledigen, die Beschäftigung mit einer Person, die einem einen bestimmten Auftrag erteilt hat, der Blick auf das Wetter, auf die Verkehrsverhältnisse, das Registrieren des problemlos anspringenden Pkw-Motors gehören zu den Themen und Gegenthemen alltäglichster Art, die das Wachen der Menschen in der industrialisierenden Welt durchziehen. Sie haben den Charakter des Selbstverständlichen, da sie nicht zum befragten Gegenstand der teilnehmend-noetischen Kommunikation werden, ihr Kommen und Gehen dem Zufall hier, der Anregung durch äußere Vorkommnisse dort oder dem „Bewußtseinsstrom", der Kontinuität der psychischen Bewegung, zuzuschreiben sind.

Selbstverständlich sind sie darüber hinaus, weil sich das Bezogen-Sein der innerlich wahrgenommenen Inhalte scheinbar reibungslos in den alltäglichen Existenzablauf fügt: das Bedürfnis nach der Zigarette ohne weiteres gestillt wird, der Gedanke an den Auftrag der Person N. N. sich damit befaßt, wie dieser am schnellsten und bequemsten durchgeführt zu werden vermag. Einen erheblichen Anteil seines Daseins verbringt der Mensch auf diese Weise (vgl. *Heideggers* „Sorge"). Nicht nur in der industrialisierten Epoche, sondern schon in der vorindustrialisierten Zeit ist das scheinbar problemlos „laufende" Ineinander-Übergehen des auf Welt sich beziehenden Innen und der auf das Innen bezogenen Welt nachweisbar, — ist sie doch ein Grundmodus menschlichen Existierens.

Die Art dieses Bezugs geht über die kurzfristig sich wiederholende Sättigung von Bedürfnissen in der leibhaft-anteilnehmenden Kommunikation nicht hinaus, über das „Wozu" und „Um-Zu" im gegenstandsbezogenen Erkunden. *Diese selbstverständlich-alltägliche Kommunikation stellt die Permanenz des Mangels in ständig wechselnden Bedürfnissen, das Erfahren der unbefriedigten Befriedigung derselben dar.*

Das selbstverständliche Kommunizieren zwischen Innen und Außen ereignet sich — so wurde wiederholt ausgeführt — in der thematischen Bezogenheit beider aufeinander, die auch die Alltäglichkeit bestimmt.

Der in dieser alltäglichen Selbstverständlichkeit (dahin-)lebende Mensch erfährt sich selbst überwiegend als Bestandteil der sich zeigenden Welt, als eines Außen, das hier anteilnehmend Bedürfnisse entwickelt und absättigt, dort Arbeit bietet, der nachgegangen werden muß, „um-zu" etwas innerhalb der Welt zu gelangen. *Er bewegt sich in den Schemata sich gleichbleibend-wiederholenden Themen innerhalb der erkannten Welt, die sich in gebrauchsfertigen Bindungen und Lösungen (Urteilen) darstellen*, in denen das Neue bestenfalls als unerwarteter Einbruch, als Krankheit, Unfall oder Katastrophe sich ereignet.[48]

Das selbstverständliche Sich-Verstehen des alltäglichen Daseins besteht ferner in der sich im „Um-Zu" erschöpfenden Kommunikation der Individuen, *in sogenannter Information und Sachaustausch. Dieses Selbstverstehen ist insofern ein Mißverstehen, da sich die Wünsche, Hoffnungen, Erwartungen der Individuen, ihre anteilnehmende Kommunikation nicht in dem „Informationsgetriebe" verausgaben möchten, nichtsdestoweniger von diesem absorbiert, einvernommen werden.*

Das Selbstverständliche dieser in der Regelmäßigkeit der Sorge sich sorglos fühlenden Existenz erscheint selbstverständlich, weil Selbstvergessenheit ihr Grund, *Selbstverständlichkeit und Selbstvergessenheit ein- und dasselbe aussagen. In der Selbstvergessenheit reproduziert sich thematisch wiederholt Erkanntes (Gewußtes) als Stereotyp:* Familie, Beruf, Freizeit, Freunde, Vereinsleben usf. *Das „Selbst"* (s. o.) *hat über der Reproduktion der Stereotypien vergessen, daß es eines sein könnte, das vielleicht zur Bewältigung der Wahrheit seiner je-einmaligen Subjektivität, d. h. der Konfrontierung mit sich und seiner selbstvergessenen Existenz aufgerufen ist.* Daß es im Sinne der bewußten Kommunikation über die Vielfalt der Kommunikationsmöglichkeiten zur Fähigkeit existieren sollte, um das Neue jeden Augeblick in der Lebensbewegung als Neues zu erfahren.

Es ist das Verdienst *W. Blankenburgs*, eine detaillierte phänomeno-

183

logisch-daseinsanalytische Studie zum Begriff des „Selbstverständlichen" geleistet zu haben.⁴⁹ Es ist der „Verlust der natürlichen Selbstverständlichkeit", der sich bei weniger auffälligen chronischen Psychosen zeigt und der aus dem Blick der Psychopathologie Blankenburg die Frage nach der Selbstverständlichkeit stellen läßt. Er findet das Selbstverständliche im Gegensatz zum Widerstand und Widerständigen, das z. B. sich bei erzwungener Erweiterung der Atemexkursionen einstellt. Das Selbstverständliche wird im Gegensatz zum Widerständlichen entwickelt, das er dreifach stuft —, was ihm zum Widerstand im „Lebensgefälle" wird. Er spricht von der „natürlichen Einstellung der gesunden Gewöhnlichkeit" — die hier dem alltäglichen Selbstvergessen entspricht. Er zeigt auf, daß für den an einer Psychose Erkrankten das Selbstverständliche in der Entfremdung der Krankheit sich durch den Verlust folgender 4 Faktoren kennzeichnet: Das Verhältnis zur Welt wird abgewandelt, das zum Sich-Zeitigen ebenfalls wie auch die „Ich-Konstitution" und der „Selbst-Stand", und nicht zuletzt das Verhältnis zum anderen sich abwandelt. Die natürliche oder „gesunde" Selbstverständlichkeit würde in einem Gleichgewicht verlangenden Auf-Einander-Bezogen-Sein dieser Faktoren beruhen.

b) Alltäglichkeit und Gleichheit

Denn daß die Alltäglichkeit das Vergessen dessen ist, was der Mensch je sein könnte, ist über das Gesagte hinausgehend darin begründet, daß der alltägliche Augenblick immer als gleicher erscheint, obwohl er es nicht ist. Er erscheint als ein- und derselbe (im Sinne des Gleichen), weil sich z. B. der Mitarbeiter in der Vielfältigkeit seiner Befindlichkeiten, seines leibhaften Ausdrucks, seiner Gedanken, seines So-Seins nicht vermittelt, sondern stereotyp als „ein und derselbe Mitarbeiter" wahrgenommen wird. Weil der Stuhl, obwohl nie am gleichen Platz stehend, als stets am gleichen Platz stehend erscheint, die Begrüßung der Sekretärin, anscheinend die gleiche jeden Tag, nie die gleiche ist. Die alltäglichsten Vorgänge sind nie „gleiche", ebenso wenig „gleiche" wie sich wandelnde Wolken am Himmel, der Gesang der Amsel, das Gespräch über den Mittagstisch nie die „gleichen" sind.

Das Gleiche ist die ausschließliche Domäne des sich selbst gleichbleibenden Begriffs (s. o. Kap. 6) für Mitarbeiter, Sekretärin, Tisch, Rede, Essen, Gesang der Amsel oder ziehende Wolken; diese erscheinen begrifflich gleich — bei unerschöpflich-faktischer Variabilität. *Nicht mehr die Personen, die Dinge, die Vorgänge werden wahrnehmend erlebt, sondern es wird nur noch in schematisierten Begriffen gelebt.*

Die Stereotypien des Alltags sind, über die Stereotypien des beruflichen

184

Handelns hinausgehend, Stereotypien der Denkschemata, d. h. der teilnehmend-noetischen Kommunikation, die überwiegend im festgelegten Binden und Lösen, in entsprechenden Urteilen sich ergehen, aber nicht mehr im anteilnehmenden Erkunden, Entdecken, Erschließen, Sich-Auseinandersetzen einer Kommunikation, die das Bewältigen noch im Auge hat.

Die Alltäglichkeit ist die technisch zunehmend perfektionierte „Wiederkehr des Gleichen" des Gleichen der teilnehmend-noetischen Kommunikation, des Urteilens und des Erkennens, sie ist deshalb der Möglichkeit vielfältiger, insbesondere anteilnehmend-leibhaftiger Kommunikation entfremdet.

Es bedarf deshalb stets einer spezifischen Anstrengung des erkundend-erschließenden Anteilnehmens, es bedarf des Mutes zur Auseinandersetzung, um wahrzunehmen, daß der Mitarbeiter nie der „Gleiche" ist, sondern ein Selbiger, der sich immer wieder von einer anderen Seite zeigt, der sich in seinen Kommunikationsmodi ähnlich ist, aber nicht der im Sinne des Begriffes mit sich Gleiche ist. Ebenso wenig ist der Stuhl der „Gleiche", noch der Gruß an die Sekretärin, noch die durch das Fenster erspähten Wolken.

Das Gleiche, das den Alltag zum scheinbar mit sich gleichen, zum stereotypen macht, ist der Begriff, der im Urteilsakt die Schemata der Logik über das von Augenblick zu Augenblick sich wandelnde, fluktuierende Mit-Einander und Gegen-Einander der anteilnehmend-leibhaften Kommunikation wirft, über die von Jetzt zu Jetzt im Zeitgeschehen sich wandelnden Mitteilungen, Aufnahmen, Antworten.

Dies zu durchschauen und den Alltag wieder zum Anlaß der täglichen Erneuerung werden zu lassen, indem das Neue jeden Augenblicks aufgenommen und wieder-entdeckt wird, *bildet die Grundlage, über das Selbstvergessen der Alltäglichkeit zum Selbstverstehen zu gelangen.* Dann werden das scheinbar banale Gespräch, der Gruß, der Händedruck bei der Begegnung oder beim Abschied, dann werden die Arbeit — soweit sie noch minimale Möglichkeiten der Selbstdarstellung impliziert — nicht weniger wie die Fahrt zur Arbeitsstelle Anlaß, das pausenlos sich verändernde, ineinander Übergehen von Situation zu Situation zu erleben, die das Subjekt hier konstelliert, die als Situation dort das Subjekt einfangen. Mitteilung, Aufnahme, Antwort in der Verschiedenheit der Kommunikationsmodi erscheinen jetzt als tragender Grund, als dahin fließender Strom des Lebens, sie sind das Leben selbst, das durch die Stereotypien der Begriffe verschlossen wird.

Alltäglichkeit als erschöpfende, weil das Individuum mit der Leere der Stereotypien immer schon gewußter Begriffe konfrontierend, kann zu einer relativ erfüllten, zur Voraussetzung für das Selbstverstehen werden, wenn das Selbstverstehen, damit die Kommunikation mit sich selbst über die Erinnerung, eingeleitet wird.

c) *Alltäglichkeit und Erschöpfung*

Selbstvergessend dagegen — in der Alltäglichkeit befangen zu verharren, die Abhängigkeit von den Begriffsschemata nicht zu durchschauen —, erfüllt und erschöpft sich menschliches Dasein in seiner über die tierhafte Existenz hinausgehenden „Weltoffenheit" zugleich. Es erfüllt sich im Erleben eben der „Pseudobewältigung" (Kompensationen), die nur kurzfristige Kompensationen des schlechthin nicht zu befriedigenden, nicht zu bewältigenden Mangelerlebens sind, in der sich aber das Wesen der alltäglichen Kommunikation, gewahrt sie nicht mehr das Neue jeden Augenblicks, erschöpft. *Die kurzfristig-kompensatorische Bewältigung innerhalb der Alltäglichkeit zeigt diese als Manifestierung des chronischen Mangels auf.*

Der nicht-durchschaute Zusammenhang zwischen der sich nicht mehr ereignenden Perzeption des Neuen, dem Verbleiben in Begriffsschemata einerseits, der Suche nach kurzfristiger Befriedigung von Bedürfnissen, Wünschen, Erwartungen andererseits, akzeleriert das Gefühl der Erschöpfung, mit dem das Subjekt realisiert, daß ihm ... alles mangelt, es diesen Mangel als Leere der Erschöpfung vernimmt und durchlebt. *In der Alltäglichkeit wird Mangel als nichtende Erschöpfung sichtbar.*

Das Subjekt erschöpft sich darüber hinaus, weil der Wechsel kurzfristig-kompensatorischer Bewältigungen die Anstrengungen erhöht, deren es bedarf, um immer wieder neu „zu bewältigen"; *diese Anstrengung führt zur Ermüdung der Fähigkeit, überhaupt noch in der Umwelt etwas thematisch zu konstellieren oder zu provozieren. Erschöpfung stellt sich dann als Aushöhlung, Ermattung, Entbergung, als Verlust bisheriger Kommunikationsmöglichkeiten überhaupt dar — als Nichtung.*

Diese Erschöpfung ist von jener zu unterscheiden, die sich nach einer gelungenen Arbeit, nach einer Begegnung, aber auch nach einer Bewältigung einstellt, und die mit dem positiven Erlebnis verbunden ist: „Ich habe es geschafft". Sie ist dem Zustand zu vergleichen, der nach einer ungewohnten körperlichen Arbeit sich des abends einstellt — vorausgesetzt, daß diese mit innerer Anteilnahme geleistet wurde und nicht ausschließlich unter Zwängen stand. Hier zeigt sich Erschöpfung in der alltäglichen Existenz als Folge von aushöhlendem Leerlauf, dort aber als leibhafte Antwort auf einen erfüllt empfundenen Tag, dessen selbst kurzfristige Erfüllungen (Bewältigungen, die nicht nur kompensatorischen Charakters sind) dem sie Erlebenden das Bewußtsein des Vollbrachten, des Geleisteten, der Fülle, der glückhaften Entspannung vermitteln. Alltäglichkeit in dieser Weise zu erfahren, setzt jedoch voraus, daß die (unheilvolle) Verschränkung zwischen begrifflicher Schematik und kurzfristig-kompensatorischer Bewältigung durchschaut wird.

d) *Selbstvergessen und Erinnerung*[50]

In der alltäglichen Selbstvergessenheit erinnert das Subjekt, von Augenblick zu Augenblick seiner problemlos Außen und Innen verbindenden Lebensweise hingegeben, (In-den-Tag-hinein-Leben) sich nicht oder nur sehr unbestimmt an das Gestern, an das vergangene Jahr, an die Ereignisse vor 10 oder 20 Jahren, geschweige denn an Jugend oder Kindheit. Das Erinnern ist kein sebstverständlicher Akt, sondern wird gegen die Last der alltäglichen Selbstvergessenheit die Nichtung durch dieselbe, gegen das in der Erschöpfung sich verlierende Selbst vollzogen.

Das Erinnern ist der teilnehmend-noetischen Kommunikation, der Reflexion, in ihren verschiedenen Modi vorgegeben. Ob es das erkundend-entdeckende, erschließende, sich auseinandersetzende, bindend-lösende oder bewältigende Verstehen ist; *sie alle setzen voraus, daß das nach der Auseinandersetzung Bewältigte das Entdeckte, Erkundete oder Erschlossene innerweltlich festgehalten, festgestellt, d. h. erinnert zu werden vermag.* Entgleitet das Festzuhaltende in dem Augenblick, indem es in der Intentionalität der teilnehmend-noetischen Kommunikation auftaucht — wie es bei organischen Erkrankungen des Zentralnervensystems oder im Alter zu beobachten ist —, ist die Kommunikation über diese Weise des Verstehens unterbrochen, abgerissen oder erloschen.

Das Subjekt, das aus der selbstverständlichen Selbstvergessenheit des alltäglichen Daseins am Ariadnefaden der Erinnerung sich zu besinnen beginnt: was habe ich gestern, vor einem Jahr, vor zehn Jahren, in meiner Kindheit dort und dann eigentlich getan, beginnt vergleichend den Innenraum vorhandener Erinnerungen abtastend, abwägend und abmessend abzuschreiten. In diesem Vorgehen verschränken sich vergleichend-messendes Sich-Orientieren, fragendes Entwerfen von Möglichkeiten und endlich erinnerndes Verfügen über Stattgefundenes.

Die Frage: War es wirklich? — Orientiert das Subjekt in dem noch diffus-unbestimmten Innenraum, der lediglich als Hintergrund bereit ist, mögliche Entwürfe des Erinnerns aufzunehmen. In der Feststellung: es könnte sein, daß dieses oder jenes sich ereignet hat, es ist dann und dort so und so gewesen — setzt bereits das Entwerfen von Bildern in den diffusen Hintergrund des Sich-Erinnerns ein, gleichzeitig beginnt das Subjekt über diese Bilder, ihre mögliche Verwirklichung in der Vergangenheit zu verfügen. Dem: Es könnte sein, folgt die Gewissheit: Es ist gewesen, der ein kritisch-abwägendes, abtastendes Vergleichen der Entwürfe möglicher, stattgefundener Begebenheiten in bildhafter Bezogenheit vorausgegangen ist. Das Vermögen des Subjektes wird sichtbar, selbst bei schwächster Erinnerung mit Zielsicherheit sagen zu können: Das war, jenes nicht. Diese Zielsicherheit letztlich eigenster Erinnerung von nicht stattgehabten, gehörten oder gelesenen Ereignissen zu unterscheiden[51], weist auf die – in einer anderen Untersuchung aufgezeigte – Lebensgestalt des Individuums hin, die aus stattgefundenen Vorgängen und aus den in der Selbstvergessenheit des Alltags sich ständig ereignenden, unreflektierten, aber anteilnehmenden Kommunikationsmodi die Identität des Subjektes „aussiebt", seine über die Zeit, über die individuelle Lebensgeschichte sich erhebende Gestalt bildet. *Die Unbestechlichkeit des Erinnerungsvermögens, mit dem das Individuum sich in den Griff bekommt, impliziert das im Vorausgegangenen dargestellte Verhalten des Subjektes zu seiner möglichen Wahrheit.* Die Faktizität des in der Erinnerung Gewußten setzt nicht nur ein Wahrheitsempfinden – ein Sich-Verhalten-Können zur Wahrheit des Stattgefundenen voraus –, sondern impliziert die Orientierung auch an einer *„transsubjektiven" Wahrheit, die die Relativität der individuellen Variationen von Wahrheit erst ermöglicht.*

Das dem Selbstvergessen entgegengestellte Sich-Erinnern bietet sich als dreifacher Vorgang dar: als Orientieren (1), Entwerfen (2) und Verfügen (3). Diese drei Modi des Erinnerns haben im Vorgang des Sich-Erinnerns den Charakter des innerlich Suchenden (erkundende, entdeckende Orientierung), dann des abtastenden Probierens (Entdecken-Erschließenden, Auseinandersetzenden, Entwerfens) und den des feststellenden Verfügens (Bindens und Lösens, Aufzeigens). Dabei kann das Feststellen oder Festhalten einer bestimmten Erinnerung durch das ebenso willkürlich-beliebige Fallen-Lassen derselben abgelöst werden. Der Vorgang ereignet sich im Prinzip in jedem Sich-Erinnern – von dem unwillkürlich-spontanen abgesehen. Auf die Modi der anteilnehmenden und teilnehmenden, aber auch der leibhaften Kommunikation bezogen, würde das Orientieren das Erkunden und Entdecken implizieren. Das Entwerfen – das noch den Zweifel beinhaltet, ob dieses oder jenes wirklich gewesen ist – käme dem Erschließen und der Auseinandersetzung gleich. Das Verfügen über das Gewußte dann dem Binden, Lösen, dem Aufzeigen, Aufweisen und endlich dem möglicherweise zu Bewältigendem.

Hat sich das Erinnern im Gegensatz zum selbstverständlichen Vergessen ereignet, hat die bindende Bewältigung, das Aufzeigen des „Es war dort und dann gewesen", stattgefunden, wurde dem Sog der alltäglichen Selbstvergessenheit Einhalt geboten, dann ist das in der Selbstvergessenheit sich entziehende „Selbst" – dem an der Angel heraufgezogenen Fisch vergleichbar – in das Wachen gerufen worden.

Aber mehr als daß zu einer bestimmten Epoche des Lebens an einem bestimmten Ort sich etwas wahrscheinlich nicht ganz Bedeutungsloses für den Sich-Erinnernden ereignet hat, ist noch nicht erfolgt. Das „Mehr" setzt erst ein, wenn der Sich-Erinnernde über das bloße Faktum des ihm Widerfahrenen hinausgehend fragt, warum ist mir das an dem Ort zu jener Zeit geschehen, oder warum habe ich dort und dann dieses getan, das ich jetzt bereue — oder dessen Früchte ich genieße? In der Beantwortung dieser Frage wird über die Orientierung und über das Verfügen des Wann und Wo ist es gewesen, nach Gründen und Zusammenhängen gefragt, die weitere Klärung verlangen.

Mit dem fragenden Verstehen-Wollen: „Warum", das durch die Intentionalität der sich mitteilenden Frage Antwort provoziert, stellt sich das Individuum selbst in Frage, sucht es sich aber in einer von vielen möglichen Antworten wiederum selbst zu behaupten. Antworten bedeuten für den, der sich fragt: Warum habe ich dann und dort dieses getan, bin ich dem Menschen begegnet, habe ich jenen Plan gehabt, dieses Buch dort geschrieben, bin ich aus der Partei XY ausgetreten, habe ich jenes Bild gekauft, ist mein Vater unversehens gestorben — sich Antwort aus den seinen Fragen zugehörenden, übergeordneten Themen zu geben. Diese Antworten lassen Themenkreise erscheinen, bevor sie auf eine spezifische Antwort festgelegt sind, die wiederum viele mögliche Antworten auf die vorausgegangenen Fragen implizieren.

D. h., der Erkundungs-, Entdeckungs- und Erschließungsprozeß, der von der Orientierung zum Entwurf im Erinnern führt, wird nach stattgefundener Verfügung von Erinnertem jetzt mit einer neuen Fragestellung — dem „Warum habe ich mich dort so und so verhalten, wie konnte mir dies dort zu einer bestimmten Zeit zustoßen,,? — zum Ausdruck einer neuen das Subjekt erfassenden, inneren Bewegung, *die einen — wie auch immer gearteten — Ordnungsbezug anvisiert, über den das Subjekt sich zu orientieren versucht.*

Sich in dieser Weise erneut befragend, begibt sich das Subjekt jetzt über Erkunden und Entdecken, über sein „Wie es zu diesem Je-Einmaligen, aber auch Allgemeinen" (d. h. stets thematisch durch Familie, Gesellschaft, Vergangenheit, Institutionen mitbestimmten) geworden ist, hinausgehend in das Innerweltlich-Mögliche seiner Existenz. Es beginnt sich mit seinen Impulsen, Antrieben, Trieben, mit seinen Befindlichkeiten, seinem Fühlen, seinen Wünschen, seinem Wollen und Denken, mit seinen Möglichkeiten,[52] diese erschließend, auseinanderzusetzen. Der Horizont seines Innen wird schrittweise in der fragenden Erkundung zur Auseinandersetzung erweitert, *das Fragen selbst ist schon sich-auseinandersetzende Erweiterung, insofern im Fragen der Fragende seine Möglichkeiten entwirft:* erträumt, phantasiert, erschaut, wünscht — oder flieht, d. h. sich mit diesen auseinandersetzt. *Sich-Erkunden und Sich-Entdecken werden jetzt zur Domäne der Phantasie, des Entwurfs in die Zukunft —* damit wiederum zum Anlaß erneuter Auseinandersetzung. Die zur Auseinandersetzung mit sich selbst werdende Erinnerung wird im erkundend-entdeckenden Befragen zum In-Frage-Stellen des Vor-Handenen der sich in einem bestimmten Zeitabschnitt zeitigenden Existenz. „Bestandsaufnahme" befragt diese, *im Befra-*

gen wird das *Vor-Handene (der „Bestand") genichtet, um das Vergessene, im Erinnern dann neu Sich-Ereignende, zu provozieren.*

Das sich selbst erkundende Erinnern erschließt dem in der Auseinandersetzung mit seiner Vergangenheit Befangenen sich selbst. Er findet im zweifelnden (nichtenden hin und her bewegenden), abwägenden, prüfenden, verwerfenden Erkunden und Entdecken möglicherweise „den Schlüssel zu sich selbst". Das Selbst-Erschließen hat im Prozeß des Selbstverstehens überwiegend den Charakter des „Aufschließens" mit dem Schlüssel, der im Erkunden und Entdecken seiner selbst „gefertigt" wird. Die eigentümliche innerliche Aktivität des „Sich-Erschließens" oder des „Sich-Aufschließens" übersteigt die Möglichkeit kontemplativer Schau, in der das Erschaute — sich dem Betrachter öffnend — sich erschließt.

Das sich mit sich selbst auseinandersetzende Subjekt wird darüberhinaus zum Schlüssel seiner selbst, indem es z. B. in bestimmten aktuellen Situationen typisches, sich wiederholendes Verhalten wahrnimmt, das, thematisch bedingt, sein damaliges Verhalten verstehend erschließt. Es vermag sich zu sagen: „Ich habe mich damals N. N. gegenüber so verhalten, weil mir dort, in XY, gesagt wurde, daß ich mich ihm gegenüber so zu verhalten habe." In diesen sich erschließenden Feststellungen öffnet es sich selbst, weil es mit seinem Verhalten wie mit einem gewonnenen Schlüssel umzugehen lernt, mit dem es die Vergangenheit öffnet. Das Verschlossene der Vergangenheit wird über diesen Vorgang zum Erschlossenen; die Vergangenheit ist nicht mehr die ganz und gar verborgene, sondern sie wird über diese Selbsterfahrung zur in Grenzen verstandenen, aufgehellten; *sie entbirgt ihren Wahrheitscharakter.*

Zu der Vielräumigkeit der eigenen Vergangenheit führt das Erschließen, das in der Sprache der Psychologie und Psychoanalyse besagt: als dieser und jener verstehe ich mein Verhalten, das, in die verschiedensten Situationen meines Lebens rückblickend, als Gewordenes aus diesen oder jenen Gründen „so" wurde. Ich verstehe mich in meinem Verhalten N. N. gegenüber, meinen Eltern, meinen Geschwistern gegenüber, in der Wahl meines Berufes, in der Partnerbeziehung usf. Mein Verhalten wird mir in seiner thematischen Verflechtung und Abhängigkeit von Wertskalen, Menschen, Besitz, Verlust, Tod oder Familiengründung durchschaubar.

Sich in verschiedenen Situationen nicht nur situationsbestimmt verhalten zu haben, nicht nur bei Verlust Trauer, in der Berufswahl Entschlossenheit, in der Partnerbeziehung Zwiespältigkeit gezeigt zu haben, sondern über die selektive Bestimmtheit dieser Vorgänge hinaus sich ähnlich oder auch unerwartet zu verhalten, liefert die Leitthemen zum Erschließen der Vergangenheit. Damit wird das Subjekt befähigt, einen wesentlichen Schritt zur Kommunikation mit sich selbst, über das Selbstvergessen hinausgehend, zu machen. So erbringt das Erschließen die Antworten, die in der selbstvergessenen Alltäglichkeit nicht gefragt werden.

Das Erschlossene wird im nächsten Schritt der Auseinandersetzung mit sich selbst erneut befragt, damit wieder genichtet „Warum habe ich mich N. N. gegenüber in entsprechender Weise verhalten und nicht, wie ich es mir eigentlich gewünscht habe? Warum bin ich aus dieser Gegend fortgezogen, habe ich diesen Beruf erwählt — von den Gründen, die ich mir jetzt gegeben habe, abgesehen? Gibt es nicht noch andere Möglichkeiten? " — Fragen, die in der psychotherapeutischen Auseinandersetzung oft mit dem Hinweis beantwortet werden: „An diesem Verhalten sind ausschließlich meine Eltern schuld." — Eine Antwort, mit der das Individuum seine Selbst-Verantwortung von vornherein ausklammert, damit sich nicht nur täuscht, sondern auch die Vergangenheit nie „bewältigen" wird.

Sich mit sich selbst auseinander zu setzen heißt, sich in fragendem Zweifel zu verneinen (zu nichten), in der Bejahung sich selbst wiederzufinden, ist Setzen und Gegensetzen. In diesem Setzen und Gegensetzen wird die mögliche Verantwortung des Individuums sich selbst, seinem erschlossenen Verhalten gegenüber erneut geprüft. Gelangt es zur Bejahung, akzeptiert es sich, findet ein bejahendes erneutes Sich-Be-Gründen, ein in Binden oder Lösen sich anbahnendes Bewältigen statt.

In der Bejahung vermag das Subjekt Kommunikation mit sich selbst zu erstellen, in der Verneinung (Nichtung) wird die Kommunikation mit sich selbst unterbrochen, abgerissen, so daß das Sich-Auseinandersetzen sowohl Wieder-Anknüpfen wie Abreißen von Kommunikation mit sich selbst ist, die oft genug von dem Subjekt quälend durchlebt wird.

In der Auseinandersetzung mit sich selbst werden häufig vorhandene Bindungen und stattgehabte Lösungen angetastet, bezweifelt. *Der Sich-Erinnernde faßt im Versuch, das Vergangene zu bewältigen, die Wahrheit dessen in das Auge, was er als Fakten sich verfügbar gemacht hat,* mit denen er sich konfrontiert, die er gegen sich, gegen das Bild, das er z. B. von sich selbst entwickelt hat, stellt. Es sind die Fakten, die dann über ihn „zu Gericht sitzen" — deshalb „Konfrontation". Sie sind die Zeugen seiner Auseinandersetzung. Nicht etwa, weil die Fakten „objektiv" wären, sondern weil sie die Einheit von Subjekt und Situation in der Erinnerung verkörpern.

Die Konfrontation mit den sog. Fakten wäre deshalb als Konfrontation mit sich selbst zu einer bestimmten, gewesenen Situation oder zu einer bestimmten, verflossenen Zeit zu bezeichnen. *Im Faktum als unauflösbarer Einheit von „Innen" und „Außen" begegnet sich das Subjekt wieder.* In der sich erinnernden Auseinandersetzung mit den Fakten der Vergangenheit, stellt das Individuum fest, daß es sich durch diese Fakten gebunden — oder gelöst hat.

Wie in der Vergangenheit aus Auseinandersetzung, Bindungen oder Lösungen entstanden, so werden diese Bindungen und Lösungen der Fakten erneut befragt. Es werden neue Bindungen und Lösungen in der Auseinandersetzung mit Vergangenem anvisiert, intentionalisiert, konstelliert und provoziert. Gebundenes oder Gelöstes wird verneint, bezweifelt, abgelehnt – oder es wird angenommen, akzeptiert, es wird zum Bestandteil der weiteren Lebensbewegung, des weiteren Lebensentwurfes.

Die in Binden und Lösen gefällte Entscheidung – gegenüber der Auseinandersetzung – führt in einem weiteren Schritt zur (stets relativen, möglichen) Bewältigung, mit der die Auseinandersetzung zu einem ersten Abschluß gelangt. Diesem Abschluß kommt jedoch nicht nur Kompensation im Sinne des Sich-Abwendens, Rationalisierens (Neutralisierung, Absorption s. u.) zu, *sondern die Arbeit des Subjektes in seiner Auseinandersetzung mit dem Vergangenen, der Versuch, diese zu „bewältigen", verläuft am „roten Faden" des Verhältnisses des Individuums zur „möglichen" Wahrheit.* (Das letztlich nicht zu Bewältigende jeder Vergangenheit aus der Struktur der Zeit wird in Abschn. III aufgewiesen.)

Dabei wird die Relativität wiederum des Bewältigens wie auch des Bewältigenden und des Zu-Bewältigenden sichtbar. Nicht nur, weil Vergangenheit immer nur partiell wieder aufgegriffen zu werden vermag, sich in ihrer Gesamtheit jedoch entzieht, sondern weil darüber hinaus die Auseinandersetzung mit der Vergangenheit, die Konfrontation mit den Fakten, die „Faktizität" des Vergangenen nur begrenzt wiederherstellbar ist, entwirft sich doch das Subjekt in seiner zum Zeitpunkt der Erinnerung jeweils vorhandenen, in keiner Weise auszuschließenden Befindlichkeit eben in die Vergangenheit. Damit stellt es sein derzeitiges Befinden vor das Vergangene, es verdeckend und verschleiernd. D. h. es *gibt letztlich keine „Faktizität" des Vergangenen.* Die Konfrontation mit dieser, das „Gericht" derselben, impliziert stets auch die jeweilige Befindlichkeit des Individuums zum Zeitpunkt der Erinnerung, von der es gegängelt, sich in die Vergangenheit herabläßt, sich mit dieser einläßt, sie erneut „entwirft", „schafft", „erzeugt".

Weil die Vergangenheit in diesem Sinne nie „bewältigt" zu werden vermag, wird sie immer wieder Anlaß zu nicht abgeschlossener Auseinandersetzung, und es dürfte hier einer der Gründe liegen, weshalb das Subjekt bis in das hohe Alter von seiner Vergangenheit träumt, das Vergangene sich immer wieder verwandelt darstellt, damit Anlaß zu erneuter Auseinandersetzung gibt.

Kommunikation mit sich selbst, setzt Kommunikation mit der eigenen Vergangenheit als letztlich auf mögliche Wahrheit hin zu bewältigende voraus. Aber Kommunikation mit sich selbst verlangt auch über das Neue jeder Situation – wie oben aufgezeigt – und über das der eigenen Existenz kommunizieren zu können. Das Neue, das sich nicht nur in Begegnungen, Berufswechseln, neuen Gesichtern, Entdeckungen, Fahrzeugen, technischen Apparaturen und Büchern darstellt, sondern das auch das Neue der Alltäglichkeit im oben geschilderten Sinne ist, – das Neue ferner, das in einer unbekannten Landschaft, in einem Tötungsimpuls aus dem Innen, in „rasender Verliebtheit", in einem durch Drogen vermittelten religiösen Erlebnis sich kundgibt. Neu ist der Beginn einer Krankheit, ein schöpferischer Impuls, ein Einfall, eine „Idee zu ...", eine Phantasie, eine Improvisation, ein Traumbild, die als Neue das Bisherige der Existenz in Frage stellend erschüttern, vielleicht aufwühlen und die Kommunikation mit sich selbst als zu Bewältigende täglich verlangen.

Neues eröffnet sich ferner dem Menschen in den leibhaft bedingten Veränderungen seines Lebens: in der Pubertät, in der Menopause, im Senium, in denen der Mensch ohne eigentlich erkundendes Erschließen sich neu, d. h. verwandelt und verändert in seiner Beziehung zu sich selbst nicht weniger wie zu der Umwelt erlebt. Neues teilt sich ihm in jeder entkräftenden, physischen Erkrankung mit die ihn in seiner Beziehung zu sich selbst wie auch zu dem anderen in den Modi kommunikativer Anteilnahme verändert, einschränkt, reduziert.

e) Selbstverstehen und Sich-Entwerfen

Als „Gegenstand" meiner Auseinandersetzung mit mir selbst entwerfe ich mich in den aufgezeigten Möglichkeiten des Neuen als immer wieder Neuer, sei es, daß diese von außen, von meinem Leib oder aus meinem Innen auf mich zukommen – ohne, daß ich dieses Neue sogleich noetisch-teilnehmend verstehe, es mir entsprechend aufzeigen, aufweisen und bewältigen könnte.

D. h. *ich bin im Entwerfen des Neuen* – sei es in einer neuen „Leidenschaft", in einem neuen Einfall, in einer Erfindung, in einem neuen Traumbild –, indem ich das Neue entwerfe, es „mache", „erzeuge", *mir in meinem bewußten Bewältigen des Neuen bereits voraus*. Das Verstehen meiner selbst erfolgt stets nach dem Ereignis des Neuen: der Einfall, das Traumbild, ein unerklärliches Gefühl sind präsent, bevor ich mich mit ihnen auseinandersetze, *bevor ich diese – interpretativ – in den Zusammenhang meiner selbst gehoben habe*.

M. a. W. im Erleben des Neuen, in Beantwortung dessen, was als Neues auf mich zukommt, oder in meiner Mitteilung als neu mich Erfahrender, entwerfe ich mich im Prozeß ständiger Veränderung und Verwandlung, der Nichtung des Vergangenen impliziert. Immer wieder als Neuer, *bin ich Entwerfender und Entwurf zugleich*. Im Versuch, das Entworfene bewußt zu bewältigen, mache ich mich selbst als „Neuer" an das Bewältigen des von mir neu Entworfenen, bin ich der, der das Neue bewältigt, wie auch der, der das Neue bereits entworfen hat.

Versuche ich das Neue zum „Gegenstand" der Auseinandersetzung, insbesondere der noetisch-teilnehmenden Kommunikation zu machen, wird über diesen Versuch in einem dritten Schritt ein wiederum Neues möglicherweise entwickelt. So gibt mir ein „neues" Traumbild z. B. bestimmte Fragen über mich selbst auf. In der Auseinandersetzung mit diesen löse ich die Frage zu einem gewissen Grad, binde mich mit der Antwort auf die Frage (Binden/Lösen). Der Erfolg der Auflösung und meiner Bindung ist eine veränderte Einstellung mir selbst gegenüber. Sie schlägt sich in einem neuen Traumbild nieder, das wiederum neue Fragen aufgibt. Diese werden Anlaß zur weiteren Auseinandersetzung. In dieser Auseinandersetzung gebe ich mir zu verstehen, daß ich mir bereits in meinem Verstehen vorausgewesen bin: als ich das neue Traumbild entwarf, das bereits Antwort auf eine vorausgegangene Auseinandersetzung war.

Es entsteht in dieser Weise ein hermeneutischer[53] Dialog mit mir selbst, indem ich mir als Partner meines Verstehens einerseits voraus bin, den ich nie einzuholen vermag, ihn wohl aber begrenzt auslegen kann. Die Kommunikation mit mir selbst als einem in die Zukunft sich entwerfenden, ist einem „Wettrennen" mit dem Teil meines „aperspektivischen Innen" (s. u., Unbewußtes) zu vergleichen, das mir immer voraus ist und dem ich stets unterlegen bin. *In meiner mir in die Zukunft vorausseienden Selbstverborgenheit kann ich mich ebenso wenig je-einholen, wie ich mich als Vergangenen aufholen kann.*

Oder: *das Selbstverstehen als Bewältigung anvisierende Kommunikation mit sich selbst ist notgedrungen immer fragmentarisch.*

Der Kreisprozeß, der sich hier in der menschlichen Existenz öffnet, ist Kreis in dem Sinne, daß ich einerseits in der Kommunikation mit mir selbst und mit meiner Vergangenheit mich auseinandersetze, diese Auseinandersetzung in der teilnehmenden Kommunikation noetisch zu bewältigen versuche, um mir jedoch in meinem anteilnehmend-emotionalen, aber auch leibhaft-aperspektivischen Entwerfen von Neuem als mich Bewältigender gleichzeitig voraus zu sein. So versuche ich — bei aller Bruchstückhaftigkeit des Unterfangens — in wacher-teilnehmender Kommunikation mich bewältigend, mich einzuholen, und schließe dabei den Kreis, der menschlichen Existenz als widersprüchlicher zugrunde liegt, der sie vorübergehend zusammenfügt („heilt"): wenn ich verstehe, was ich in der Zukunft von mir will. D. h. wenn ich ein Traumbild, einen Einfall, ein Gefühl oder eine Leidenschaft, mit denen ich mich in die Zukunft entwerfe, mit denen ich mir voraus bin, — als Mitteilung meiner selbst an mich noetisch aufzunehmen und zu erfassen (antworten!) vermag. Verstehe ich mich selbst, ist der Kreis von Selbstmitteilung und Antwort geschlossen, mit dessen „einer Hälfte" ich mir voraus bin, über dessen „andere Hälfte" ich versuche — mich selbst verstehend —, mich einzuholen.

In den Gegebenheiten menschlicher Existenz ist diese im innerweltlichen Entwerfen von Neuem (z. B. Kunstwerke, Stile von Epochen, technische Erfindungen, „Ideologische Systeme", Mythen, religiöse Visionen) nicht nur ihrem aufzeigend-aufweisenden Verstehen, sondern auch in der Verwirklichung des Entwurfs über Handeln, Plan und Material dem außerweltlich Zu-Handenen voraus.

Voraus-Sein bedeutet Werden, immer schon in der Zukunft zu weilen, bedeutet Entwicklung, Entfaltung, die sich im Studium der Phylogenese wie ein nicht abzusehender Wurf in oder auf etwas hin (den Menschen?) darstellt, und die Frage aufwirft, *ob nicht der Werdensprozeß ein Werden ist — weil der Grundmangel von Kommunikation nie aufzuheben ist.*

Im Innerweltlichen hebt in die Zukunft sich bewegende Entwicklung mit einem Bild, einem Gesicht, einem Einfall, einem Fühlen, einer unbekannten Befindlichkeit an, dem das denkend-erfragende Erkunden, Entdecken, Erschließen, das Sich-Auseinandersetzen, das Lösen, Binden, Aufzeigen, Aufweisen und Bewältigen folgen, — dem wiederum neue Bilder, Einfälle oder Empfindungen sich im entwerfenden Voraus-Sein, im Werden anschließen.

Über diese verschiedenen Modi der teilnehmenden Kommunikation ortet z. B. das bindende und lösende Verstehen das entwerfende Voraus-Sein, indem es dieses in einem Urteil festlegt, zu einer Erkenntnis formt. Das Urteil sagt dem Voraus-Sein im Nachhinein: Das Traumgesicht der letzten Nacht, das Dir unvertraute Gefühl Deinem Partner gegenüber, das Dir neue Verhalten, mit dem Du Dich kritisch bereits auseinandergesetzt hast, bedeuten im Zusammenhang Deiner Entwicklung (Voraus-Sein), diese wieder auf die Entwicklung Deines Staates, Deiner Gesellschaft, Deiner Familie bezogen, ein bestimmtes So . . . und So . . .

Die bindende/lösende Ortung des vorausgehenden Entwerfens erfaßt die überindividuellen Zusammenhänge des In-der-Welt-Seins, die Geschichtlichkeit des Individuums, seine jeweilige, mögliche Bestimmung unter wechselnden Möglichkeiten eben seiner Herkunft (Lebensraum), seiner Gesellschaft, seiner Landschaft und seiner Familie. Sie leitet zu Bewältigung über, in der sich das Individuum dann auf mögliche Wahrheit hin orientiert oder ordnet, indem es seine Faktizität in der derzeitigen situativen Bedingtheit auf die Zukunft und sich als in diese Zukunft Entwerfendes prüft.

f) Kommunikation mit sich selbst
(Als Einführung der kontinuierlichen Bewegtheit des Innen)[54]

In der Kommunikation mit sich selbst erlebt und erfährt das Subjekt sich als ein ständig innerlich Bewegtes und Gegenbewegtes. Ein zweifelnder Gedanke „ist das wirklich so gewesen? " provoziert ein Gefühl der Niedergeschlagenheit, dieses eine melancholische Verstimmung, die wiederum durch einen anderen teilnehmend-noetischen Prozeß genichtet, aufgehoben, ausgelöst wird, um einem Impuls zum Handeln zu weichen, der durch einen anderen Gedanken unterdrückt wird: „Jetzt nicht, das hat doch keinen Sinn". — Dieser Gedanke wiederum weicht anderen Befindlichkeiten, um plötzlich durch starken Hunger (Trieb) ganz in den Hintergrund gedrängt zu werden... *Das Innersubjektive ist die (vermutlich) erst im Tode oder in tiefer Bewußtlosigkeit zur Ruhe kommende innere Bewegtheit kontinuierlichen Sich-Ereignens von Modi der leibhaften, anteilnehmenden oder teilnehmenden Kommunikation.*

Dabei sind diese Vorgänge nicht nur von dem jeweiligen Inhalt der Erlebnisse bedingt, sondern ergeben sich auch aus der Gegensätzlichkeit der Kommunikationsmodi selbst. Das (relativ) verfügbare Denken widerspricht der Fluktuation und dem Ausgeliefert-Sein an die anteilnehmende Emotionalität, diese wiederum entzieht sich in leibhaften Prozessen. (s. auch Teil II, Kap. 4)

Innerpsychische Prozesse selbst implizieren Sich-Ereignen und Sich-Nichten als Voraussetzung ihrer Bewegtheit (Widerstreit, Konflikt). Damit veranlassen sie Sich-Einschränken hier, Sich-Steigern und Differenzieren dort, oder, zu dem Grundbedürfen nach Kommunikation zurückkehrend: Bewegung ist Bewegung aus Mangel. Dieser schränkt sich nicht etwa allein in seiner Bezogenheit auf Außenwelt ein, sondern das Innerpsychische ist bereits in der ersten Äußerung überhaupt eines Erlebens Bewegung und damit Gegenbewegung gegen das Grundbedürfen des Mangels nach Kommunikation. Es ist erste Einschränkung, erste (mögliche) Befriedigung, erste Kompensation. Oder: das Selbst, das in der Gleichzeitigkeit seines Bezugs auf Anderes (Innerliche nicht weniger wie Außenwelt) Mangel ist, das stets auf ein anderes, nie ausschließlich „monadisches" Selbst bezogen ist, ist die Setzung (Selbst) und gleichzeitige Gegensetzung (Anderes). Damit ist es der „letzte" Grund innerseelischer Bewegung.

Es ist perpetuierliche Auseinander-Setzung dessen, was in seiner unauflösbaren Verknüpfung von Selbst und Anderem nicht auseinander-gesetzt werden kann.

g) Zusammenfassung

Der Gang des Selbstverstehens als einer Selbst-Erfahrung im eben aufgezeigten Sinne wäre gegenüber der selbstvergessenen Alltäglichkeit jetzt eine Orientierung und Ordnungsfindung des Subjektes — Selbst-Findung — in vielfachem Sinne. Sie beginnt mit der primären Orientierung im Raum der Erinnerung, im erkundenden Entwerfen möglicher Vergangenheit. Im zunehmenden Verfügen über dieselbe, entfalten sich die verschiedenen Kommunikationsmodi vom Erkunden bis zum Bewältigen im Vorgang der Erinnerung selbst. In dem Maße, in dem ich mit mir selbst und meiner Vergangenheit kommuniziere, bewältige ich diese — das letztlich Nicht-zu-Bewältigende der Vergangenheit — im wachenden Erleben. Selbstverstehen ist aber auch Entwurf in die Zukunft, in dem ich mich einerseits als bereits Anteilnehmend-Bewältigender, mich mir vorausseiend erlebe; andererseits im Kreisprozeß von noetisch-teilnehmender Auseinandersetzung, in Aufzeigen und Aufweisen das Bewältigen dessen konstelliere, was sich bereits als anteilnehmend-emotionale Auseinandersetzung und Bewältigung abzeichnet.

Dem Selbstverstehen gegenüber zeichnet sich das selbstvergessen-alltägliche Dasein durch Kommunikationseinschränkung, Verlust und Verfall, durch den mangelnden Bezug auf das Selbst aus. In der alltäglichen Kommunikation verfällt das Subjekt zunehmend an die begrifflichen Stereotypien, die die Wahrnehmung des Neuen verhindern, das in der Alltäglichkeit von Augenblick zu Augenblick sich immer wieder präsentiert. In der selbstvergessenen Alltäglichkeit tritt ferner das Überwiegen kompensatorischer, kurzfristiger Bewältigungen in den Vordergrund, in denen sich das Mangelerleben als Bedürfen nach Kommunikation darstellt.

Dieser Existenzform ist das selbstverstehende Kommunizieren gegenüber zu stellen, das sich durch das Bemühen auszeichnet, in der Bewältigung von Kommunikation als letztlich auf mögliche Wahrheit bezogene, aus der Wahrheit „lebende", immer wieder Kommunikation zu stiften.

8. Die Personale Kommunikation

a) Die Definition der Person

Die personale Kommunikation vermag nur personal zu sein, weil die Person die *gleichzeitig*-antilogische Bezogenheit auf sich selbst wie auf den anderen ist. Bipersonalität[55] ist damit als Kommunikation mit sich selbst begründet —, über den anderen. (s. o. Definition des Selbst, S. 181) In dieser Kommunikation faßt sie die Möglichkeit in das Auge, den anderen als „Person" wahrzunehmen. Das bedeutet hier – im Unterschied zum „Selbst" – die idealen Möglichkeiten des anderen, das was er sein könnte oder hätte werden können, zu percipieren. Damit unterscheidet sich der hier dargelegte Personbegriff von den vorausgegangenen, insofern Wahrnehmen der Person immer ein bipersonaler Prozeß ist, den speziell das „ideale" des anderen – wie sogleich ausgeführt wird – zu erfassen (erschließen) sich bemüht. In Erinnerung an den Personenbegriff sei kurz die Geschichte dieses Begriffes rekapituliert:

Als das „Durchtönende" der Person sei das Perzipieren (Intuieren) der idealen Möglichkeiten des anderen bezeichnet, (seiner „totalen Kommunikation") wie auch der Möglichkeit, diese im anderen zu konstellieren, den anderen endlich in seiner Subjektheit als Je-Einmaligen und gleichzeitig auf mich Bezogenen zu erfassen.*

1. Der Begriff „Person" leitet sich vom lateinischen *persona* her, das die Theatermaske, dann auch den Schauspieler und die von ihm dargestellte Charaktergestalt bedeutete. Die Ableitung: *persona* vom griechischen προσωπον gilt als sehr unwahrscheinlich, die von *personare* = hindurchtönen (durch die Maske) als nicht mehr vertretbar. Der wahrscheinlichste etymologische Ursprung von *persona* ist das etruskische *phersu*, der Name eines Unterweltgottes.

Der Schritt von der Theaterrolle zur Rolle im *Leben* läßt sich bei Plato (*Philebos*), den Kynikern und Stoikern (Epiktet) aufzeigen. Cicero versteht *persona* bereits in diesem Sinne, eben als die Rolle, die einer im Leben spielt (zum Beispiel die des Redners). Er zählt aber noch andere Bedeutungen auf: die für die Lebensrolle nötigen Eigenschaften, das, was einer zu sein scheint, aber nicht ist, die Besonderheit und Würde.

Der juristische Sprachgebrauch faßte *persona* als Rechtsträger. Auch Sklaven waren *personae* wie die Freien. Erst später werden sie rechtlos, verlieren damit auch die Bezeichnung *persona* und werden als *res*, als Sache, als Ware, betrachtet. Man beachte den Wandel des Personenbegriffes: Person ist man nun nicht mehr als Mensch, sondern als Zugehöriger zu einer höheren sozialen Schicht.

Auf Anregung Tertullians wurde die Bezeichnung Person auf Gott angewendet: Auf dem Konzil von Alexandrien (362) einigt man sich, Vater, Sohn und Geist als die drei göttlichen „Personen" anzusprechen. Dabei wurde *persona* gleichbedeutend mit dem griechischen υποστασις (lat. *substantia*) verwendet.

Boethius (480–524), der eine wichtige Mittlerstellung zwischen Antike und Christentum einnimmt – man hat ihn den letzten Römer und den ersten Scholastiker genannt –, erhebt *persona* zum philosophischen Begriff; seine Definition lautet: *Persona est naturae rationalis individua substantia* (*De duabus naturis*). Die in dieser Bestimmung enthaltenen drei Wesensmomente von Person: Rationalität, Individualität und Substantialität, gehen in die scholastische Philosophie ein.

---

* Aus *L. Pongratz*: Problemgeschichte der Psychologie, Bern 1967. S. vor allem *W. Arnold*: Person, Charakter, Persönlichkeit, Gött. 1969.

Die Scholastik prägt, ohne damit eine Bedeutungsänderung zu vollziehen, neben *persona* noch *personalitas*. In der deutschen Übersetzung „Persönlichkeit" finden wir diese spätlateinische Version bei den deutschen Mystikern; sie bezeichnet das Göttliche, das Ewige im Menschen, das „Fünklein". Von da an zieht das Wort „Persönlichkeit" alle werthafte Besonderheit und Würde immer mehr auf sich, während das ursprüngliche Wort „Person" zur Bedeutung von jedermann und niemand — wie im Französischen — entleert wird, ja in manchen Alltagswendungen sogar zum Schimpfnamen entartet. Noch heute kennt unsere Sprache diese Extrembedeutungen: Wenn wir von jemandem sagen, er sei eine Persönlichkeit, dann ist das Ausdruck hoher Achtung; und wenn man in manchem Dialekt sagt: „So eine Person!", „Diese unverschämte Person!", so ist das Ausdruck tiefster Verachtung (Altheim 1929, 44; Koch 1960, 4 ff.; Arnold 1962, 35 ff.).

Betrachtet man diese kurze Wortgeschichte im ganzen, dann erscheint „Person" als ein Urwort mit dem charakteristischen Gegensinn, den K. Abel (1884) aufgewiesen hat. Wie weit dieser Gegensinn schon dem etruskischen *phersu* anhaftet, muß die Sprachwissenschaft entscheiden. Als *philosophischer* Terminus ist „Person" mit dieser Doppelsinnigkeit nicht belastet gewesen. Im Gegenteil: Durch Locke und Leibniz kommt die scholastische Definition wieder voll zu Ehren. In der idealistischen Philosophie wird der Personenbegriff vom Ichbegriff in den Schatten gerückt. Erst durch die Phänomenologie, durch Edmund Husserl (1859–1938) und vor allem durch Max Scheler (1874–1928) und dann durch die Existenzphilosophie wird er wieder zu einem Zentralbegriff der Philosophie erhoben. Er wird um das In-der-Welt-Sein, das Im-Leibe-Sein und die grundständige Verwiesenheit der Person auf andere Personen bereichert.

2. Etwa gleichzeitig kommt das Personendenken in der Psychologie auf. Träger dieses Gedankens waren in erster Linie die damaligen Outsiderrichtungen, die *Charakterkunde* und die *Tiefenpsychologie*. Das Verdienst aber, die Person zu einem Systembegriff in der Psychologie gemacht zu haben, gebührt William Stern (1871–1938), dem Mitbegründer der Hamburger Universität, dem Begründer des Hamburger Psychologischen Insituts (1916), dem Pionier auf den Gebieten der differentiellen Psychologie, der Intelligenzforschung, der Entwicklungspsychologie und der forensischen Psychologie. Stern hat seinen Personalismus in dem dreibändigen Werk *Person und Sache* (1906–1924) dargestellt. Auf den Grundgedanken dieses philosophischen Systems hat er dann 1935 (deutsch 1950) die *Allgemeine Psychologie* aufgebaut. Dieses sein reifstes Werk ist in den USA zu Ende geschrieben und von dort aus veröffentlicht worden. Der antisemitische Sturm hatte ihn noch wenige Jahre vor seinem Tode in die Emigration getrieben.

a) Stern geht von der Frage aus, die uns hier unmittelbar beschäftigt: „Hat das Seelische überhaupt ein *Substrat*? Also ein Etwas, woran es existiert und abläuft?" Weiter: „Ist das Substrat als substantielle Seele zu denken?" Die erste Frage wird bejaht, weil „die psychischen Erscheinungen Vorgänge und Beschaffenheiten nur da sind als zugehörig zu einem jeweiligen individuellen Ich, welches sie ‚hat'. *Nicht die Existenz des Substrats, sondern nur seine Art kann in Frage stehen.*"

Die zweite Frage wird verneint: „Die Annahme einer substantiellen Seele würde fordern: a) daß die seelischen Tatbestände eines Menschen, Erzeugnisse seiner Seele, einen in sich geschlossenen Zusammenhang bilden; b) daß der Mensch eine substantielle Zweiheit, Seele und Leib, darstelle; c) daß die Beziehungen zwischen Seelischem und Leiblichem im Individuum sekundären Charakter haben, gegenüber den primären Zusammenhängen, die innerhalb jeder der beiden Substanzen obwalten; d) daß sich alles, was am Menschen besteht und geschieht, ohne Rest in Seelisches einerseits, Körperliches andrerseits aufteilen lasse." Deshalb muß das Substrat des Seelischen etwas sein, „das jenseits oder vor der Scheidung zwischen Psychischem und Physischem liegt und daher die ursprüngliche Einheit des menschlichen Individuums gewährleistet" (1950, 96 f.).

b) Dieses Substrat ist die *Person*. Sie ist „nicht nur — metaphysisch gesehen — ein psychophysisch neutrales Wesen, sondern wird auch charakterisierbar und empirisch faßbar durch Merkmale, die jenseits der Unterscheidung von Physischem und Psychischem liegen: „Die Person ist eine individuelle, eigenartige Ganzheit, welche zielstrebig wirkt, selbstbezogen und weltoffen ist, lebt und erlebt." Die Psychologie ist „die Wissenschaft von der erlebenden und erlebensfähigen Person" (1950, 99).

3. Wir lassen die nähere Untersuchung des Sternschen Erlebnisbegriffes, die dem gegenwärtigen Stand unserer Erörterung schon vorgreifen würde, beiseite und wenden unser Augenmerk dem Personenbegriff und seinem Verhältnis zum Seelenbegriff zu.

a) Folgende Merkmale sind beiden Begriffen gemeinsam: Ganzheit, Individualität, Zielstrebigkeit und Substantialität. Dazu führt Stern aus: „Jede Person ist als Ganzes Substanz, das heißt etwas selbständig Existierendes. Sie ist als Ganzes Kausalität, das heißt etwas von innen heraus Wirkendes; sie ist als Ganzes Individualität, das heißt etwas, das nach Wesenheit und Bedeutung sich der Welt gegenüber absondert" (1918, 55). Für die Seele sind diese Wesensmerkmale am klarsten von Leibniz herausgestellt worden; Aristoteles und Thomas stehen seiner Konzeption am nächsten.

Einen Augenblick müssen wir noch bei der Substantialität verweilen. Substanz meint immer ein begründendes, beharrendes und vorgegebenes Sein im Wechsel der Erscheinungen und Tätigkeiten. Dieser Seinsgrund ist aber durch die Kennzeichnung „zielstrebig" einer statischen Auffassung entrückt; er ist kein Substanzklotz, sondern *Aktivitätszentrum*. Substanz im personalistischen Sinne ist weiterhin kein absolut einfaches Sein, was besonders gegen den Herbartschen Substanzbegriff zu betonen ist. Vielmehr ist Person eine *unitas multiplex*, eine *Vieleinheit*: „All das Viele, das in der Person enthalten ist, an Zuständen, Geschehnissen, Teilen, Phasen, Schichten, gehört zur Ganzheit, ist ihr nicht nur äußerlich angeklebt, stützt und bedingt sich gegenseitig; dies Zusammenklingen des Vielen zum personalen Ganzen, und der Person mit der Welt macht das menschliche Leben möglich." Person als Substanz transzendiert den Bereich der Erfahrung, sie verweist in die Metaphysik.

Eine Gemeinsamkeit ist noch zu erwähnen: Wie die Beseeltheit nach Aristoteles, Thomas, Leibniz, Fechner, so ist nach Stern auch das Personensein kein Vorrecht des Menschen. Auch die *tierischen* Individuen sind Personen. In dieser Auffassung hat er wenig Zustimmung gefunden. Die weitaus größte Zahl der psychologischen Forscher wendet die Begriffe Person und Persönlichkeit nur auf den Menschen an.

b) In welchen Punkten aber unterscheiden sich Seele und Person? Erstens in der Beziehung zum Leib. In der Personlehre gibt es kein Leib-Seele-Problem im tradierten Sinne, das man bald dualistisch, bald monistisch, bald kausalistisch, bald parallelistisch zu lösen suchte. Die Person ist ein das Psychische und Physische übergreifendes *Einheitsprinzip*, kein bloßes „zugleich Seelisches und Leibliches" wie die Substanz bei Spinoza.

Wenn die Person aber den Leib als Wesenskonstitutiv einbegreift, dann ist sie keine rein geistige Entität wie die immaterielle Seele; das ist der zweite Unterschied. Es gibt zwar auch einen rein geistigen Personbegriff, dann nämlich, wenn er in der christlichen Theologie auf Gott angewendet wird. Von der menschlichen Person indes kann reine Geistigkeit nicht in diesem Sinne ausgesagt werden. So ist nach *Hans-Eduard Hengstenberg* die Geistigkeit zwar ein Kennmal auch der menschlichen Person, doch kommt ihr ein Sondercharakter zu: „Der Mensch besitzt keine rein geistige Natur, sondern eine solche, die durch die Verbindung des Geistes mit der Vitalsphäre in physischer und psychischer Hinsicht bestimmt ist. Beim Menschen decken sich Geist und Personsein keineswegs. Der menschliche Geist ist nur Konstituens der Person" (1957, 346).

Drittens unterscheiden sich Person und Seele in der Beziehung zur Welt. Dies ist gegen die binnenhafte Seele bei Descartes, gegen die fensterlose Seelenmonade bei Leibniz hervorzuheben. Person und Welt stehen in einer natürlichen Wechselbeziehung, die so innig ist, „daß eine rein kausale Betrachtung nicht imstande ist, im einzelnen Fall herauszusondern, was Ursache, was Wirkung sei" (1950, 126). Stern spricht von Konvergenz und vom *Konvergenzprinzip*. Diese Termini besagen: „Im ständigen Austausch des Geschehens zwischen Person und Welt formt sich nicht nur die Person, sondern auch deren Welt." Die Person könnte keiner ihrer Dispositionen verwirklichen, ohne daß „die Umweltsituation ihnen Anstoß und Material bietet". Und die Welt ist immer personale, individuelle Umwelt; denn sie „ist stets zugleich Schicksal und Werk der Person (a. a. O. 125 f.).

Sterns *Personbegriff* ist demnach kein bloßer Ersatzbegriff für den traditionellen Seelenbegriff. Er ist vielmehr so angelegt, daß er alle Sektoren des erweiterten Forschungsfeldes der modernen Psychologie zu umfassen vermag. Er ist, wie wir eingangs sagten, die Erfüllung des Seelenbegriffes. Was an diesem zu eng und zu spekulativ war, ist im Personbegriff überwunden. Die gültigen Merkmale der Seele aber sind in ihm aufgehoben.

4. Von der Person ist die *Persönlichkeit* zu unterscheiden.

a) Nach Stern wird Person zur Persönlichkeit, indem sie sich Werte aneignet, einverleibt, „einschmilzt" oder, mit seinem Ausdruck, „introzipiert": „Die einheitliche sinnvolle Lebensgestalt, der die Introzeption zustrebt, heißt Persönlichkeit" (1950, 102). Der Persönlichkeitsbegriff ist somit enger als der Personbegriff: Person ist — in der Sternschen

Lehre — auch das Tier, Persönlichkeit einzig der Mensch. Persönlichkeit ist in dieser Fassung kein nur psychologischer Terminus; er trägt eine deutliche wertphilosophische und normative Note.

b) Eine der Sternschen verwandte Auffassung von Persönlichkeit vertritt *Wilhelm Arnold* in seinem Buch *Person, Charakter, Persönlichkeit* (²1962). Person ist die Einheit von Leib, Seele, Geist; die individuelle Ausprägung des hic et nunc sich darstellenden Personseins ist das Kriterium des Charakters, der in seiner Hochform als Persönlichkeit gilt. Das Personsein ist grundlegend und allgemein; Persönlichkeit wird man, sie ist ein hohes Ziel, wird von wenigen erreicht: „Je wertvoller der Mensch, um so mehr ist er Persönlichkeit" (a. a. O. 355; 363).

Im allgemeinen hat sich heute bei den deutschsprachigen Forschern eine wertneutrale Definition der Persönlichkeit durchgesetzt. So versteht *August Vetter* (geboren 1887) die Persönlichkeit als das Insgesamt des seelisch-charakterlichen Gefüges. Dafür aber versieht er die Person mit einem Wertakzent: Sie ist lebens- und geistbestimmt, ist das Ewige im Menschen, die Mitte seines Wesens; sie transzendiert den Naturbereich (1949, 326 f.; 1955).

Eine ähnliche Auffassung trägt *Wilhelm J. Revers* (geboren 1918) vor: Er bestimmt die Person als „das menschliche Einzelwesen, als Einheit von Geistseele und Leib in seiner unmittelbaren Einmaligkeit, das in sich selbst und über sich selbst verfügt". „Insofern sie in einem konkret historischen Lebenslauf Wirklichkeit wurde", heißt sie Persönlichkeit (1955, 141; 155).

Thomae klammert den metaphysischen Personbegriff ganz aus und legt der Persönlichkeitspsychologie einen *biographischen* Persönlichkeitsbegriff zugrunde: „Persönlichkeit ist der Inbegriff aller Ereignisse, die sich zu einer individuellen Lebensgeschichte zusammenschließen" (1955, 189).

Zwei prominente Vertreter der deutschen Charakterlogie gebrauchen den Personbegriff im *charakterologischen* Sinne: Robert Heiß und Philipp Lersch. Die Titel ihrer Arbeiten zeigen den terminologischen Wandel eindrucksvoll: *Heiss* nennt 1936 seine dynamische Persönlichkeitsauffassung *Lehre vom Charakter*, 1947 auf dem ersten Kongreß des Berufsverbandes deutscher Psychologen in München spricht er über *Person als Prozeß*. *Lersch* betitelt sein bis heute vielgelesenes Werk 1938 als *Aufbau des Charakters — Aufbau der Person* heißt es seit 1951. Sein Personbegriff ist sehr weit; er umspannt alle Zweige der Psychologie und den übergreifenden anthropologischen Aspekt: „Person charakterisiert den Menschen als Sonderwesen im Ganzen der Welt (anthropologischer Aspekt) und umgreift zugleich die aktuellen seelischen Vollzüge und Inhalte (allgemein-psychologischer Aspekt), die seelische Entwicklung (entwicklungspsychologischer Aspekt) und die individuellen Prägungsformen (charakterologischer Aspekt)" (1956, 56).

5. Man sieht daraus, daß die personalistische Terminologie noch recht uneinheitlich ist. *Allport* hat in seinem Buch *Persönlichkeit* (1937) fünfzig verschiedene Bedeutungen von Person und Persönlichkeit zusammengestellt. Sie würden erheblich vermehrt, würde man die seit der Aufnahme des Persönlichkeitsbegriffes in die amerikanische Psychologie — zu der Allport ganz entscheidend beigetragen hat — entwickelten Bestimmun-

gen noch hinzuzählen. Wie verschieden in der angelsächsischen Psychologie die Definitionen von *personality* sind, zeigen die Zusammenstellungen, die manche Autoren ihren Werken gleichen Namens voranstellen (zum Beispiel Guilford 1959, deutsch 1964; Hall und Lindzey 1957: dort findet man eine Übersicht über die bis dahin existierenden Persönlichkeitstheorien). Dies mag eine unsystematische Auswahl von Begriffsbestimmungen dartun: „Persönlichkeit ist die dynamische Ordnung derjenigen psychophysischen Systeme im Individuum, die seine einzigartigen Anpassungen an seine Umwelt bestimmen" (Allport). — „Persönlichkeit ist ein dynamischer Prozeß, die kontinuierliche Aktivität des Individuums, das um die Schaffung, die Erhaltung und Verteidigung jener privaten Welt bemüht ist, in der es lebt" (Frank). — „Die Persönlichkeit eines Individuums ist seine einzigartige Struktur von Eigenschaften (traits)" (Guilford). — „Persönlichkeit ist das organisierte Gefüge der psychologischen Prozesse und Zustände, die sich auf das Individuum beziehen" (Linton). — „Persönlichkeit ist das Steuerungsorgan des Leibes, eine Institution, die von der Geburt bis zum Tode ununterbrochen Veränderungen bewirkt" (Murray).

In Erinnerung an den Personbegriff *Max Schelers** sah sie dieser im Zusammenhang mit „Wahlmächtigkeit, Vollmündigkeit" und „Vollsinnigkeit" nicht als Seelensubstanz, sondern als „konkrete Seinseinheit von Akten", die selbst nicht gegenständlich sind. *P. Christian* definiert Person wie folgt:

... Person ist — wenn wir diesen unendlich vielfältig gebrauchten Begriff einmal wörtlich als Träger des ‚personare' gebrauchen wollen — das jeweils konkrete Aktsubjekt *dem* etwas erscheint, *das* etwas tu, *welches* handelt, fühlt oder denkt. D. h., ‚Person' vollzieht ihre Existenz im Tun ihrer Taten, im Erleben ihrer möglichen Erlebnisse, im Denken des Gedachten. Es gehört zum Wesen der Person, daß sie nur existiert und lebt im Vollzug ihrer eigenen intentionalen Akte.**

Heidegger sieht die Person als „Maske des Seins":

„Insofern der Mensch als der Vernehmende vernimmt, was ist, kann er als die persona, die Maske des Seins, gedacht werden."***

Das Wahrnehmen dieser Möglichkeiten beschränkt sich nicht nur auf die Erkundung und Entdeckung von Gaben und Begabungen, von Mängeln, Fehlern und sogenannten Charaktereigenschaften, von Fähigkeiten, auch wenn diese sich nicht verwirklichen. Es beschränkt sich ferner nicht nur

---

* *M. Scheler:* Der Formalismus in der Ethik und die materiale Wertethik. Bern 1966.
** *P. Christian:* Das Personenverständnis im modernen medizinischen Denken. Tübingen 1952.
*** *M. Heidegger:* Was heißt Denken? Tübingen 1971.

auf das ahnende Erschließen dessen, *was der andere hätte aus sich machen können*, d. h. es ist nicht nur undeutliche Wahrnehmung der Latenz des Subjektes und seiner Möglichkeiten, die ihm selber verborgen sind. *Sondern die Wahrnehmung des anderen als einer je-weiligen, durch Niemanden und Nichts zu ersetzenden Person impliziert die Möglichkeit, den anderen ideal zu sehen.*

Nicht die Gebrochenheit, das Verfallen-Sein des Menschen an seine Leidenschaften[56] oder sog. Triebe, nicht die anthropologischen Mißverhältnisse sind Gegenstand des Idealbildes, *sondern der Entwurf des Menschen auf seine totale Kommunikation, d. h. auf seine „mögliche Wahrheit" hin, wird im Ideal perzipiert.*

Die Wahrnehmung des anderen, als einer möglichen Idealgestalt, ihn damit auch jenseits der Alltäglichkeit und situativen Verstellung seiner Existenz zu schauen, *ist darüber hinaus Selbstwahrnehmung über und durch den anderen*. Sie gewinnt damit den Charakter einer Synthese, einer Versöhnung zwischen dem anderen und mir im Perzipieren der idealen Gestalt, die ihn und mich umschließt, die aber auch das Scheitern impliziert, das idealisch Wahrgenommene zu verwirklichen. *Das heißt, daß die ideale Sicht des anderen, die Vision seiner Person, immer die ideale Sicht auch meiner im anderen – und umgekehrt – ist. In der idealen Sicht der Person ist die Bipersonalität im Ideal aufgehoben,* das Ideal ist die Einheit beider – die es in der Realität nicht gibt. (Scheitern)[57]

Jemandem in seiner „Personenhaftigkeit" zu begegnen, ihn ganz schlicht als Subjekt in seinen latenten und konkreten Kommunikationsmöglichkeiten aber auch in seinem idealen Entwurf zu sehen, visiert von Anfang an die Einheit des Wahrnehmenden (meiner selbst) und Wahrgenommenen als möglichem Ideal an. Die Wahrnehmung der Person des anderen ist nicht etwa ein ausschließlich „intuitiver" Akt, der mich an anderen als platonische Idee, als „reines Bild an und für sich" perzipieren läßt. Denn was in der Begegnung überhaupt sich erschließt, ist immer ein gemeinsames.

Wenn durch die Person das „Sein" durchtönt, dann deshalb, weil Person als „durchtönende" bereits ein Gemeinsames ist. Oder: Person ist nur, weil sie gemeinsame Person ist.

Der andere wird im Prozess einer Begegnung als ein anderer schrittweise entdeckt, bis aus dieser Entdeckung sich die „ideale Sicht" abhebt. Dieser Prozess der schrittweisen Entdeckung des anderen bis zur gemeinsamen Sicht der „Person" als das Durchtönende ist Gegenstand der folgenden Abschnitte.*

---

* Es sei ausdrücklich auf die Untersuchungen *V. E. v. Gebsattels* über die „Person" verwiesen. (In: Prolegomena zu einer medizinischen Anthropologie. Berlin/Heidelberg 1956.) Ferner *E. v. Wiesenhütter*: Therapie der Person. Stuttgart 1969.

*b) Die Entfaltung der Kommunikationsmodi in der
personalen Begegnung
(Erkunden und Entdecken)*

Indem ich mein Gegenüber erkunde, es mich erkundet, nehme ich seine Art, sich der Umwelt, im besonderen mir mitzuteilen, auf: das „Wie" derselben in den Facetten seines Ausdrucks, in seinen physiognomischen Veränderungen, in seiner Sprache, in der Art und Weise seiner Bewegung, nicht weniger wie es sich kleidet, wie es in der Kleidung steht und geht — bis zu seiner Haarfarbe, den Biegungen seiner Nase, seiner Augentönung oder seinem Geruch. Alles was sich gegenseitig vermittelt, ist Anlaß anteilnehmend-einfühlendem erprobendem, abtastendem Erkunden, das aber nicht von der Gleichzeitigkeit des teilnehmend-noetischen Erkundens zu trennen ist, letzteres mir bereits mögliche Schlüsse über den Sinn des Erkundeten zuspielt.

Im Entdecken des anderen erlebe ich diesen als mir Neuen (s. o. Alltäglichkeit), d. h. ohne vorgefaßte Schemen oder Typifizierungen, ohne mich in meiner Wahrnehmung von ihm durch schon gehabte, ähnliche Erfahrungen ausschließlich leiten zu lassen, vielmehr ihn als jemanden zu entdecken, der möglicherweise bestehende Erfahrungen mit anderen Menschen durchaus in Frage stellt. Mich in Frage stellen: Im Sinne jetzt der Erfüllung von Erwartungen, die ich aufgrund negativer Erlebnisse nicht mehr gewohnt bin zu hegen, aber auch in der Chance mich getäuscht zu sehen — oder mich in meinem Erkunden geirrt zu haben. Entdecke ich den anderen in seinem Sich-Zeigen oder Sich-Verbergen, im Spektrum seiner teilnehmend-noetischen Kommunikation, in der Art, wie er sich bindet oder löst, wie er aufzeigt oder zu bewältigen sucht — entdecke ich mich selbst. Indem gelebte Erfahrungen durch die Entdeckung des Neuen negiert werden, und es sich jetzt herausstellt, ob ich in der Lage bin, auf die Provozierung des Neuen durch den anderen mit dem Erleben eines mir bis zu diesem Zeitpunkt unbekannten Gefühls, einer neuen Stimmung, einem neuen Urteil oder einer neuen Erkenntnis zu antworten.

In der graduell sich differenzierenden Wahrnehmung des anderen als einem Neuen fühle ich mich — nicht weniger als mein Gegenüber — in meinem bisherigen So-Sein in Frage gestellt, ja genichtet. Nicht nur gehabte Erfahrungen mit anderen erweisen sich als nur bedingt gültig, sondern ich muß mich selbst zu einem gewissen Grad verlassen, muß von mir selbst absehen, d. h. mich „nichten", um den anderen als neuen, als anderen, zu perzipieren. Begegnung impliziert deshalb von Anfang an gegenseitig sich auch nichtende Gegenüberstellung (Konfrontation, Auseinandersetzung, s. den nächsten Abschnitt) meiner selbst durch den anderen — und reziprok. Begegnung heißt darüberhinaus in Frage stellen meiner selbst durch mich selbst, da ich „hinter mich" treten muß, um den anderen in den Vordergrund meiner Wahrnehmung treten zu lassen. (Die aus dem Osten stammende Sitte beim gemeinsamen Betreten eines Raumes dem anderen den Vortritt zu lassen, dürfte diesem Vor-Wissen um die Notwendigkeit entspringen, sich selbst um des anderen Willen zurücknehmen.)

Das Neue des Entdeckten ist aber weder das Nicht-Mehr des Vertraut-Gewohnten, noch das „Noch-Nicht" des Neuen, das ich als dieses in seinen möglichen Bedeutungen noch nicht auszukundschaften vermochte. Sondern das Neue ist ein Zwischenbereich (s. o.), der weder vertraut, noch ganz ungewohnt ist. Es ist nicht ganz ungewohnt, denn selbst die unbekannteste, unerforschteste Landschaft, nicht weniger wie der ganz unbekannte Mensch, eine nie geschaute Physiognomie oder die noch nicht analysierte Verbindung des Chemikers, rckurrieren, um überhaupt nur die Wahrnehmung des Neuen zu ermöglichen, auf Bekanntes. So bewege ich mich in der unbekannten Landschaft in mir vertrauter Weise, auch wenn ich nicht weiß, wohin der vertraute Gang mich führt, — nicht weniger wie ich die Physiognomie einer mir Unbekannten erkundend prüfe und abwäge, ob ich nicht ähnliche Gesichter in meinem Leben wahrgenommen habe. Im Neuen einer Begegnung fußfassend, bin ich im Niemandsland des Nicht-mehr-des-Alten und Noch-nicht-des-Neuen. Im Niemandsland das aber als Land besagt: im Noch-Immer des erfahrenen Vertrauten (Land) und im Auch-Schon dessen, was in der Begegnung des Neuen nicht mehr neu (Niemands-) ist — sondern „alt-vertraut".

So entdecke ich in der Begegnung das Neue des anderen, indem ich Schritt für Schritt versuche, das Neue wie ein schon bekanntes Sich-Mitteilen oder Antworten zu verstehen, aber dann dieses Verstehen zu verwerfen, um sich dem „Zwischen" des Neuen zu überlassen. Überlasse ich mich dem „Zwischen", enthüllt es sich als Aufforderung zur Entdeckung, die mich in meiner bisherigen Erfahrung, in meinem Horizont als Nicht-Abgeschlossenen, mich als ständig noch Lernenden erfahren läßt.

Das heißt in der Entdeckung wird die mögliche Differenziertheit der Lebensbewegung, als einer werdenden — auf dem Grunde des Mangels — um einige oder eine Differenz, um die Erfahrung des Neuen erweitert. Dies bedeutet, daß ich das Neue erst als Einschränkung, Negation, Infrage-Stellen bisheriger Erfahrungen erlebte, über diese Einschränkung hinaus, die mich als bisher Be- oder noch Eingeschränkten auswies, dann den Schritt zu der Differenzierung in der Annahme eines „Etwas" vollzog, das es vorher noch nicht für mich gab.

Differenzierung durch Erleben des Neuen, das Aufgeschlossenheit für die Möglichkeit des Neuen überhaupt impliziert, heißt ferner *den Schritt über die in Frage stellenden Einschränkungen in die Erweiterung zu tun.* In diesem Sinne vermag der andere für mich Anlaß der Entdeckung und damit der Erweiterung meiner eigenen Kommunikationsmöglichkeiten zu werden, die dann im Erschließen des anderen ihren ersten thematischen, auf das Ganze seiner Person bezogenen Ausblick erleben.

Entdecken, nicht weniger wie das Erkunden und das jetzt zu erörternde Erschließen, sind in der zwischenmenschlichen Begegnung weder ausschließlich noetisch-teilnehmende, noch ausschließlich leibhaft-anteilnehmende Kommunikation. Vielmehr ereignet sich ständige und kontinuierliche Fluktuation zwischen einem teilnehmen-noetischen Erkundungs- und Entdeckungsprozeß und dem anteilnehmend-leibhaften Erkunden oder Entdecken.

Hier wird ein noetisch-teilnehmender Vergleich begrifflich gesucht, mit dem ich den anderen zu entdecken, dann zu erfassen (binden!) suche — dort tastet mein Auge erkundend über seine Kleidung hinweg, als ob mir deren Art und Weise etwas über ihren Träger zu vermitteln vermöchte.

c) *Erschließen und Sich-Auseinandersetzen in der personalen Kommunikation*

Die beschriebene Oszillation und Fluktuation des teilnehmenden und anteilnehmenden Kommunizierens trifft auch für das Erschließen zu, vermittels dessen ich den anderen als einen, aus bestimmten Situationen und Bedingungen spezifisch Gewordenen teilnehmend-noetisch erschließe, d. h. verstehe, wie er zu diesem Je-Einmaligen auch geworden ist. In diesem Erschließen seiner Lebensthematik und Gegenthematik schwinge ich zwischen der kontemplativen Schau bildhafter Themen und ihres Einflusses auf sein Lebensschicksal (Herkommen, Bezugsperson etc.) in der anteilnehmenden Kommunikation und im Urteil „Er ist jetzt ein so ... und so ..., er erscheint aus diesem Grunde so ..." hin und her. Ich vermag ihn bildhaft in verschiedenen Rollen[58] zu sehen die ich als seine Möglichkeiten entwerfe und dann in einem Urteil zusammenfassend erschließe: als Schauspieler, Lehrer, Abenteurer, Blaustrumpf, Poseur, Könner, Fachmann, „Uome universale", typische Hausfrau, emanzipierte Intellektuelle, fürsorglich-boshafte Krankenschwester; um mit diesen Substantiven nur auf die Fülle möglicher, bildhafter Themen und ihrer Verteilung in sog. Rollen zu verweisen, die in ihrem jeden geläufigen, wenn auch karikierend-verzerrenden Typifizierungen, den anderen auf der „Ebene" erschauter Bilder erschließen.

Wie ich den anderen in seinem Aussehen, Gebaren, in seinem Reden, in seinem Sich-Mitteilen und Antwort-Stehen, in seiner spontanen oder gekünstelten Äußerung erkunde, Neues dabei möglicherweise entdecke, so erschließt er sich im Verlaufe einer Begegnung in seinen Gestimmtheiten, in seinem Fühlen, in seinen Antrieben, in seiner Triebhaftigkeit als ein in bestimmter Weise so ... und so anteilnehmend Kommunizierender. Über das Erkunden und Entdecken hinausgehend, beginne ich ihn als Je-Einmaligen, Ganzen zu sehen, erschließt er sich mir in dieser Weise, weil die Leitthemen seines Verhaltens durch erste Mitteilungen über seinen Lebensweg, seine Vergangenheit laut wurden, indem er sich mir als geschichtlich Gewordener mitteilt.

Das gegenseitige Sich-Befragen im Gespräch ist ein wechselseitiges Erkunden nicht nur der herkömmlichen Lebensumstände, sondern des Lebensraumes von Kindheit und Jugend, der überlieferten oder selbstentworfenen Orientierung innerhalb derselben, der Kritikfähigkeit und Distanz zu diesen — wenn sich die Partner in ihrer Lebensgeschichte, d. h. in ihrer gewordenen Gestalt und individuellen Geschichtlichkeit, in ihrer Je-Einmaligkeit zu zeigen beginnen.

Im Erschließen wird das Sich-erschließen-Können als gemeinsamer Vorgang bereits sichtbar. Erkunden oder auch Entdecken kann ich einen Menschen aus der Distanz der Beobachtung. Ich muß mich dabei nicht einmal in ein Gespräch einlassen, um ihn zu erkunden. So kann ich den Reisenden im Warteraum beobachten und meine Gedanken über ihn bilden, nicht weniger wie ich aus der Ferne ein Paar wahrnehme, die Art und Weise ihres Gespräches mir beide in neuer Beziehung zueinander entdeckt. *Erschließen jedoch setzt gegenseitige Annäherung voraus, zunehmende Vertrautheit, um sich dem anderen in der anteilnehmenden Kommunikation zu zeigen.*

Gemeinsames Erkunden der Geschichtlichkeit in ihrer individuellen Je-Einmaligkeit, umrißhaftes Bewahren der in der Geschichtlichkeit sich abzeichnenden Lebensgestalt als Bildeindruck, Entdecken der Möglichkeiten des anderen, sich in bestimmter Weise zu verhalten, sich aber auch in die Zukunft zu entwerfen, — greifen das Thema der Auseinandersetzung, über Erkunden und Entdecken hinausgehend, auf. *Im Erkunden und Entdecken des anderen entdecke ich mich selber am anderen*, im Erschließen dann meines Gegenübers finden meine durch das Erkunden und Entdecken entwickelten Vermutungen, Ahnungen und Entwürfe erste Bestätigung im sich schließenden Urteil.

In der Auseinandersetzung stelle ich mich jedoch durch das Erschlossene in Frage (nichte ich mich, s. o.). Die Auseinandersetzung wird zu einem abwägend-prüfenden, zu einem vergleichenden Messen meiner selbst an und mit dem anderen; die Existenz meines Gegenüber wird zu dem mich möglicherweise Nichtenden, jedenfalls in Frage stellenden Gegenthema. Sein bloßes Da-Sein bedroht mich, ich muß mich bewähren, ich werde aufgerufen, mich als der zu zeigen, der ich möglicherweise bin — oder nicht bin.

In der Auseinandersetzung wird die Begegnung zur gegenseitigen Provo-

kation: *die Möglichkeiten des anderen sind u. U. meine Grenzen, meine Grenzen entsprechen seinen Möglichkeiten.* Wo er entschieden ist, bin ich wankelmütig, wo er sich orientiert hat, bin ich orientierungslos, die Fülle seiner menschlichen Beziehungen erweist meine als Armut, wo er über Grundkenntnisse verfügt, erweist sich mein Wissen als dilettantisch. Ich muß mich als der offenbaren, der ich bin, aber nicht sein möchte; er zeigt sich mir als der, der er sein möchte, aber nicht ist. Das sich gegenseitig abstimmende Verstellen und Verschließen — sei es als Anpassung an eine unterstellte Erwartung der anderen an mich, sei es als Sorge (Angst)[59] mich zu öffnen, sei es um etwas vorzuzeigen, was nicht vorhanden ist (gelten, „angeben") — weist die Auseinandersetzung als Machtkampf auf. Dieser vermag erst beendet zu werden, wenn nicht nur ich mich als der zeige, der ich nicht bin, sondern auch als der, der ich bin. — Nicht weniger wie mein Gegenüber sich in der Auseinandersetzung mit mir als der zeigt, der er ist, wenn das Scheinen und Erscheinen-Wollen in der Mitteilung einer sich stellenden Antwort weicht.

In der Auseinandersetzung reift die Entscheidung — Binden und Lösen — heran, ob die Beziehung „Auseinandersetzung" bleiben wird, oder ob über die Auseinandersetzung hinaus die Person des anderen als gemeinsame ideale Sicht, über die Gemeinsamkeit der Beziehung gewonnen, auftauchen wird. Verharrt die Beziehung dagegen im Modus der anteilnehmenden und teilnehmenden Auseinandersetzung, konstituiert sich keine Gemeinsamkeit außer der des gegenseitigen immer wieder sich in Frage stellenden Nichts.

Darüber hinaus wird sichtbar, daß bis zu der Erfahrung der Auseinandersetzung die Beziehung schon in ihren ersten Anfängen des Erkundens und Entdeckens Auseinandersetzung impliziert — wie betont wurde —, die verschiedenen Kommunikationsmodi in der Wirklichkeit des Lebensvollzuges ständig ineinander übergehen. Schon das Erkunden und Entdecken des anderen sind Auseinandersetzung, das Erschließen seiner Person ist ein Erschließen auch meiner eigenen Geschichtlichkeit, meiner Möglichkeiten, Fähigkeiten und Veranlagungen — deren Erschließen über den anderen bereits ein Vergleichen, damit ein Auseinandersetzen mit dem anderen implizieren.

Die aus dem Erschließen sich ergebende Auseinandersetzung jedoch zeichnet sich von den anderen, stets Auseinandersetzung umschließenden Modi, durch das stärkere Erleben von Ungleichgewicht aus, das sich hier in Überlegenheit, dort in Unterlegenheit dokumentiert, das Erleben des Ungleichgewichtes schmerzhaft-intensiv erfahren wird. Wohingegen erkundende oder entdeckende Auseinandersetzung in der zwischenmenschlichen Kommunikation der Oberflächenwahrnehmung durch das Tasten zu vergleichen wäre.

Erschließt sich der andere in bestimmten Eigenschaften: hier zupackend, dort nachlässig, hier zuverlässig, dort unverbindlich, dann wieder als anpassungsbereit oder schroff, ablehnend, zurückhaltend, warmherzig, aus sich herausgehend, gleichzeitig sich wiederum verbergend, — *so ist dieses Erschließen des anderen nicht ohne mein gleichzeitiges Erschließen, daß sich u. U. gegensätzlich zu dem Sich-Erschließenden verhält, denkbar.* Das Erschließen des anderen wird zu einem gegenseitigen, dessen gegenthematische Strukturierung jedoch bereits Auseinandersetzung, Thema und Gegenthema umfaßt: ich bleibe unnachgiebig, er paßt sich übermäßig an, ich verhalte mich kühl, er wird warm, „taut auf", oder ich komme ihm entgegen, er weist mich ab, ich leite das Gespräch ein, er schweigt. *Bis plötzlich aus dem sich auseinandersetzenden Erschließen Thema und Gegenthema in einem gemeinsamen Thema sich aufheben*: das Gespräch kommt über Herrn XY, über die politische Lage, über ein wissenschaftliches Problem, über die Beschreibung eines erotischen Erlebnisses zu einer gemeinsamen Thematik. In der gemeinsamen Thematik tritt die Auseinandersetzung, tritt das kontrapunktische Sich-Erschließen zugunsten der Gemeinsamkeit des Themas (Neutralisierung s. u. Teil IV) zurück.

Die ungleichgewichtige Auseinandersetzung findet ein vorübergehendes, erstes Gleichgewicht in der Gemeinsamkeit eines Themas (s. o.), um möglicherweise in erneutem Erschließen und erneutem Auseinandersetzen neues Ungleichgewicht zu setzen. In der Gemeinsamkeit eines Themas wird ferner die erste Möglichkeit einer Bindung sichtbar; bleibt diese Möglichkeit aus, wird die Begegnung sich lösen.

Der Möglichkeit jedoch, über die Auseinandersetzung hinaus zu einer verbindlichen Bindung der Beziehung zu gelangen, die sich über gemeinsame Themen konstituiert, stehen jene Möglichkeiten insbesondere der anteilnehmend-emotionalen Kommunikation, aber auch der leibhaft-erotischen gegenüber, in denen Auseinandersetzung durch Sich-Binden über sympathetisch-einfühlende, dem Verstehensprozeß keineswegs durchsichtige Vorgänge zum Abschluß kommt.

Ob die Bindung jedoch aus der Konstituierung von gemeinsamen Themen, Kommunikation über diese, sich ereignet, oder ob sie primär aus den Modi der anteilnehmenden-leibhaften Kommunikation sich entwickelt, ist letztlich für das Wesen der Bindung gleichgültig. Denn in jedem Fall bedingt Bindung Entscheidung, die Auseinandersetzung in ihrem messenden Sich-Abwägen zum Abschluß zu bringen, um damit eine Bindung — oder im negativen Vorkommnis eine Lösung — zu verwirklichen.

Wie oben dargelegt wurde, setzt Bindung Zuwendung voraus; in der personalen, zwischenmenschlichen Kommunikation wird darüberhinaus aus sich bindender Zuwendung Entscheidung. Dabei ist hier an erster Stelle an die Bindungen gedacht, die letztlich das Zu-dem-anderen-Stehen umschließen, ihn nicht im Stich zu lassen, für ihn ganz schlicht „da zu sein", ihm zu vertrauen — wie er einem Vertrauen schenkt. *In der Ent-*

scheidung für die Bindung gebe ich mich dem anderen hin, übergebe ich mich ihm, wie er sich mir gibt, wie ich ihn in der Bindung mir nehme oder er mich in seiner Bindung nimmt.

D. h. Geben und Nehmen können in der Bindung zu der Verbindlichkeit gleichgewichtigen Austausches emporgehoben werden. Dieser gleichgewichtige Austausch von Sachgütern nicht weniger wie von Selbstdarstellungen und Selbstmitteilungen strebt deshalb einem *Gleichgewicht zu, weil sich über die Unterschiedlichkeit („Ungleichgewicht") der sich bindenden Partner hinausgehend die ideale Sicht des anderen als eine gemeinsame Sicht, als ein „gemeinsames Werk" abzuzeichnen beginnt, das die Differenzen des „Ungleichgewichtes" auszugleichen vermag.*

In der Bindung beginnt die Kommunikation über Erkunden, Entdecken, Erschließen und Sich-Auseinandersetzen erneut — unter dem Thema der Bindung. Erkunden oder Entdecken von Gewohnheiten und Eigenschaften des anderen, seiner Ansichten und Meinungen erfahren in der Bindung ein anderes Gewicht im Vergleich zu der Distanz gelöster Ungebundenheit. Sie werden verbindlich, weil sie zum Bestandteil der „idealen" gegenseitigen Wahrnehmung werden, die sich über der Faktizität vorhandener Eigenschaften des anderen heranbildet.

Die aus der Entscheidung zu dem anderen gestiftete Bindung vermag wiederum die Faktizität der vielfältigen Eigenschaften des jeweiligen Partners in erster Linie im Hinblick auf die ideale Sicht desselben, anzunehmen und zu ertragen. Wie die ideale Sicht aus dem Gleichgewicht von Geben und Nehmen in der Bindung sich entwickelt, aus der Entscheidung für die Gegenseitigkeit der Bindung, so vermittelt sie die Möglichkeit, den anderen in der Bindung immer wieder anzunehmen und zu bestätigen.

Diese Bindungen sind grundsätzlich von den ausschließlich noetischteilnehmenden zu unterscheiden, in denen der andere als ein bestimmter erkannt wird, um zu etwas Bestimmtem nutzbar zu sein oder einem Zweck zu dienen: als Geselle, Vormann, Techniker, als Überbringer von bestimmten Botschaften, als Handlanger oder Mentor. Die „Um-Zu" Bindung hat ausschließlichen Nützlichkeitscharakter und ist Bestandteil der Leistungswelt des Menschen. Daß aus diesen Bindungen wiederum Bindungen sich entwickeln, die aus einer abgestuften, graduellen Entscheidung zu oder für den anderen entstanden sind, betont nur die Fluktuation von Binden und Lösen.

d) Binden/Lösen und Bewältigen

Aus dem Erkunden und Entdecken einer erotischen Beziehung vermag eine Bindung sich zu entwickeln, die eines Tages überwiegend noetisch-teilnehmender Art wird, die aber nichtsdestoweniger eine Bindung bleibt — wie umgekehrt aus einer Beziehung überwiegend der teilnehmend-noetischen Kommunikationsmodi sich eine der leibhaft-anteilnehmenden entwickelt. Aus unverbindlicher noetisch-teilnehmender Kommunikation vermag eine verbindliche erotische zu entstehen — die, eines Tages wiederum gelöst, zu der Unverbindlichkeit der teilnehmend-noetischen Kommunikation zurückkehrt.

Eine „Bedeutungshierarchie" von Bindungen gibt es nicht, da die Bindung sich nicht nach der möglichen Hierarchie von Werten richtet, sondern umgekehrt die Bindung erst eine Hierarchie von Werten bedingt. In der Entscheidung zu Jemanden — in einer erotischen Beziehung nicht weniger wie in einer der noetischen Modi — bekunde ich dessen „Wert", wie umgekehrt dieser mir meinen „Wert" zeigt, trete ich damit erst in die Bewertung von Bedeutendem und Unbedeutendem durch die Bindung, durch die Entscheidung, ein. Einmal in diese Entscheidung gezogen, werden die Partner gewahr, wie sehr die Fluktuation der Bedeutung von Werten durch die Fluktuation der Bindung selbst, deren möglicher Veränderung — bis zur möglichen erneuten und endgültigen Lösung — bedingt ist.

Wie das Erkunden des anderen in der Bindung nicht mehr das unverbindliche Erkunden vor der Bindung ist, so verläuft Auseinandersetzung in der Bindung ebenfalls anders als die Auseinandersetzung, die möglicherweise zu einer Bindung führt. Die in einer Bindung z. B. in einer Ehe stattfindende Auseinandersetzung ist in ihrem nichtend-vernichtendem Charakter durch die Bindung selbst abgeschwächt, d. h. kompensiert und nimmt häufig von der Gewohnheit bestimmte Formen — mit entsprechender Wiederholung derselben — an.

Nichtsdestoweniger impliziert Auseinandersetzung in einer Bindung die Möglichkeit der Lösung, und visiert damit den Spielraum der Freiheit[60] an, in dem beide Partner noch bereit sind, sich — trotz der Bindung — wieder „loszulassen". *Das „Wieder-Los-Lassen-Können" des anderen in der Bindung setzt die Wahrnehmung der möglichen Entscheidung voraus, die zu der Bindung geführt hat, d. h. der Freiheit, aus der möglicherweise die Entscheidung fiel.* — Das schließt keineswegs aus, daß zahlreiche Entscheidungen nicht freiwillig erfolgten, sondern in der Verhaftung an die anteilnehmend-leibhafte Kommunikation, die nichtsdestoweniger (s. o.) auch Entscheidung ist.

In der Wahrnehmung des anderen — in der gegenseitigen Wahrnehmung —, der sich aus relativer und möglicher Freiheit zur Bindung entschied, damit erste Auseinandersetzung beendete, oder der sich aus bereits vorgegebenem Gebunden-Sein innerhalb der anteilnehmenden Kommunikation sich band, zeigt sich wiederum die Möglichkeit, den Partner als idealische Gestalt zu sehen. Denn es ist die idealische Gestalt, die ihren Spielraum an

Möglichkeiten zur Entscheidung die Partner erleben läßt, die jetzt, in erneuter Auseinandersetzung, dem jeweiligen Gegenüber die Absicht zur Lösung vermitteln. Damit wird an den Spielraum ursprünglicher Freiheit erinnert.

Betrifft dies vor allem die Bindungen, in denen Bindung bereits aus relativer freier Verfügung über sich selbst im Erlebnis der Wahl zu verschiedenen Möglichkeiten vollzogen wurde d. h. im Spielraum der sogenannten Freiheit. Eine Bindung, die sich überwiegend aus den Modi der leibhaftanteilnehmenden Kommunikation ergab, kann in der Auseinandersetzung mit dem Partner plötzlich, in der Möglichkeit zur Lösung von diesem den „Spielraum an Freiheit" gewahren, den zu sehen ihr im vorhinein noch verwehrt war. In jedem Fall impliziert Auseinandersetzung innerhalb einer Bindung die Möglichkeit der Lösung und bestätigt damit, daß die Möglichkeit zur Lösung jeder Bindung immanent ist.

In der Auseinandersetzung mit dem anderen nach vollzogener Entscheidung zu einer Bindung wird darüber hinaus sichtbar, ob die Bindung „bewältigt" ist. *Sie ist für beide bewältigt, wenn die ideale Sicht des anderen als gemeinsame — wechselseitige — Sicht des einen durch den anderen die kontinuierliche, aber immer wieder zu konstellierende Kompensation der faktisch einschränkenden, nichtenden Kommunikation ist.* Dieser Modus gegenseitiger Bewältigung über das Bild des anderen bedarf jedoch der immer wieder erprobenden Auseinandersetzung, die den Spielraum möglicher Freiheit offen hält, über den sich die gemeinsame ideale Sicht zu bewähren und zu bewahren vermag.

Der in einem Erkenntnisakt der noetisch-teilnehmenden Kommunikation zu einem verbindlichen Urteil Kommende, bindet sich in diesem Akt der Transzendierung zu einer möglichen Wahrheit nicht weniger wie jener, der in einer Partnerschaftsbeziehung sich „in der idealen Sicht des anderen gemeinsam mit diesem" bindet. Beide bewältigen ihre je-einmalige Subjektivität im Sich-Verhalten zur möglichen (idealen) Wahrheit des Erkennens oder der möglichen (idealen) Wahrheit des anderen.

Lösen der personalen Bindung verlangt zunehmende Verdunklung und Umdüsterung des idealen Bildes des anderen, das plötzlich oder schrittweise in den Hintergrund tritt und damit das Gleichgewicht erstrebende Geben und Nehmen in der Verbindung nicht weniger wie die Korrektur von Auseinandersetzungen im Blick auf die ideale Sicht unterbleibt. Der andere wird in seiner sich entwickelnden, sich differenzierenden, in der Vielfalt von Kommunikation sich darbietenden Gestalt, letztlich in seiner gewordenen Lebensgestalt, nicht mehr wahrgenommen.

Die Verdunklung der Wahrnehmung der „idealen" Möglichkeiten des anderen wie seiner faktischen Kommunikationsfähigkeiten wird durch scharfes Anvisieren und sich entsprechendes Profilieren von Charakterzügen oder sog. Eigenschaften zunehmend ersetzt, die den anderen nicht mehr als „Person" zeigen, sondern als sich objektivierendes Bündel von zunehmend abgewerteten Eigenschaften. Aus dieser „Scharfsicht" — „jetzt habe ich ihn endlich einmal kennengelernt" — sich ergebende Lösung ist mit der oben aufgezeigten Verdunkelung des idealen Bildes verschränkt und meistens ein wechselseitiger Vorgang. An die Stelle der Wahrnehmung des anderen treten ferner Bilder, in denen sich zwar der eine Partner erschließt, die aber nicht mehr den andern fassen, d. h. es wird in dem anderen nicht mehr dieser, sondern nur noch das Bild eigener Möglichkeiten perzipiert (sogenannte Projektionen).

Der Kommunikationsverfall (Gestaltverfall) einer solchen Beziehung kann jedoch über lange Zeiträume durch Kommunikation z. B. über die leibhaft-anteilnehmende Modi aufgehalten werden: auch wenn der andere in seiner Personenhaftigkeit nicht mehr erscheint, so können nicht nur die Gewohnheiten gemeinsamen Lebensraumes, möglicherweise die von Orientierung und Ordnungsbezogenheit binden, sondern auch die leibhaft erotische Kommunikation, gemeinsame Genußhaftigkeit und möglicherweise Gemeinsamkeit konstellierende Themen des Leistungsbezirks, des Berufs und der Arbeit, — nicht zuletzt auch des Alltags. (S. u.) *An Stelle der Bewältigung treten die Kompensationen derselben durch andere Kommunikationsmodi*, andere Bezogenheiten auf die Grundstrukturen der Räumlichkeit, Zeitlichkeit, der Leibhaftigkeit und Leistung. (S. u.)

e) Die wechselseitige Provozierung von Selbstverstehen

Stellte sich bipersonale Beziehung und Begegnung als gleichzeitiges, „dialektisches" und wechselseitiges Geschehen dar, muß nichtsdestoweniger die Möglichkeit erwogen werden, daß dieser Prozeß einseitig ist, bzw. bei einem der Partner z. B. bereits Selbstverstehen im oben charakterisierten Sinne voraussetzt, der andere jedoch erst zu der Möglichkeit personaler Begegnung „erweckt", d. h. provo- oder evoziert wird. Dieses eigentlich therapeutische — aber auch pädagogische — Geschehnis setzt in jedem Fall sympathetische Anteilnahme voraus, sei es, daß diese spontan sich darstellt, sei es, daß sie im Verlaufe von sach- oder informatorischen oder Abhängigkeitsbeziehungen (Lehrer/Schüler, Arzt/Patient) sich entwickelt.

Aus der anfänglichen Überlegenheit des einen Partners über den anderen, der erstere dem letzteren im eigenen Selbstverständnis möglicherweise voraus ist, über sich selbstverstehend zu verfügen vermag — stellt sich — wie wiederholt nach einsetzendem Selbstverstehen bei dem vormals in alltäglicher Selbstvergessenheit Lebenden zu beobachten ist — eine Inversion (Umkehr) der Beziehung dar. Der dem Selbstverstehen entferntere Partner erkundet und entdeckt den, der sich selbst zu verstehen glaubte —

in z. B. unreflektiert-naiver (anteilnehmender) Weise; der letztere dagegen vermag sich „nicht mehr zu verstehen, er wird sich, „naiv" von dem anderen betrachtet, zunehmend fremd.

Die Evozierung des Selbstverständnisses bei dem einen kann zur Verdunklung, zur Nichtung des Selbstverstehens im anderen führen, der Möglichkeiten innerhalb dieser Beziehung sich ausgeliefert sieht – z. B. anteilnehmend-erotischer Art –, die ihm bisher, trotz seines Selbstverständnisses, verborgen waren. Nicht weniger wie der auf das Selbstverstehen sich hinentwickelnde Partner zunehmend Möglichkeiten seiner selbst entdeckt, die er nicht ahnte.

D. h. auch bei scheinbar ungleichen Voraussetzungen der Begegnung – die hier im Selbstverstehen Überlegenheit voraussetzen, dort Unterlegenheit – sind Entwicklungen in Beziehungen zu beobachten, die letztlich darauf hinweisen, daß bei allem vorausgesetzten Selbstverstehen die eigentliche, letztlich unaufhebbare (s. u.) Selbstverborgenheit zu unerwarteten Umkehrungen und Selbstentfremdungen führt. Die Umkehr von Selbstverständnis in erneute Selbstverborgenheit, von Selbstverborgenheit in Selbstverständnis im Vollzug einer personalen Beziehung, weist nicht nur auf die Relativierung von Selbstverständnis in der Lebensbewegung selbst hin, sondern vor allem darauf, daß die sich entwickelnde Gestalt der bipersonalen Beziehung zunehmend autonom erscheint, im Prozeß ihrer Autonomisierung die Partner „umfunktioniert", sie einem „Umschmelzungsprozeß" unterwirft, aus dem sich dann die Gestalt einer Beziehung entwickelt.

Die *Gestalt einer Beziehung aber ist die innersubjektive Gemeinsamkeit, die als solche nie zu objektivieren oder zu fassen ist*; sie besteht nur, wenn der eine sich über den anderen versteht, der andere über den einen. Wenn in der Gemeinsamkeit des Verstehens die ideale Sicht des jeweilig anderen durch die Perspektive des einen auftaucht – und umgekehrt.

So vermag das Entdecken und Erkunden der eigenen Person durch den anderen erst zu einer Verdunklung der selbstverstandenen Subjektivität über und durch den anderen führen wie auch die gegenläufige Bewegung möglich ist. Diese „Entwicklungsphase" einer Beziehung würde mit der oben dargelegten Auseinandersetzung korrespondieren, mit dem Unterschied allerdings, daß hier das Schwergewicht nicht auf gegenseitigem Abwägen, Prüfen und Messen liegt, sondern daß das Selbstverstehen mit der Selbstverdunklung des anderen verschwistert ist.

Die Begegnung mit dem anderen zeigt die Grenzen des Selbstverstehens, damit die „Ausdehnung" und das „Maß" der jeweiligen Selbstverborgenheit. In der Entdeckung der Verborgenheit des Selbstverstehens über das Verstehen des anderen, durch das Verstehen der Verborgenheit wiederum des anderen, wird die *zwischen-menschliche Beziehung zum nicht zu beendenden, d. h. nie zu bewältigenden Prozeß.*

f) Zuneigung und personale Beziehung

Daß ich dem Individuum XY personal zu begegnen vermag, geht über das diffuse Erkunden, das spezifischere Entdecken desselben hinaus, um über die messende Auseinandersetzung zur Entscheidung in Bindung oder Lösung, zur Bewältigung der Bindung in der Konstituierung der gemeinsamen idealen Sicht — des jeweilig anderen — zu gelangen. Damit dieser Vorgang zustande kommt, bedarf es fraglos der Zuneigung zu dem anderen — sonst entfällt der personalen Begegnung der entscheidende Beweggrund. Daß eine thematische Bindung z. B. über sachlichen Informationsaustausch innerhalb eines Berufes zu einer Bindung führt, ist möglich, wenn der sachliche Informationsaustausch sich auf dem Hintergrund gegenseitiger, sympathetischer Anziehung ereignet. Wird die Zuneigung ausgeschlossen, liegen die Bindungen vor, die sich z. B. in überwiegender Nützlichkeit und Zweckmäßigkeit erschöpfen. (s. o.)

Die gegenseitige Wahrnehmung der Partner in ihren idealen Möglichkeiten, das visionäre Bild des jeweilig anderen setzt sympathetische Zuwendung voraus, denn es ist der kontemplativ-schauende Modus sich zuneigender Zuwendung, der das Bild des anderen in idealer Weise erschließt. Das Bild des anderen könnte darüber hinaus kein ideales sein, wenn es nicht durch die Zuneigung überhaupt erst „idealisiert" wird. Die Zuneigung (Liebe) läßt den anderen als „idealen" aus seinen realen Gegebenheiten heraustreten, dem Licht vergleichbar, das die Dinge aus dem Dunkel hebt.

Idealisierung und ideale Sicht bedeuten, daß die dispositionellen und geschichtlichen Gegebenheiten, der situativen Abhängigkeiten des Individuums zugunsten des Bildes verblassen, das der andere, unter weitgehendem Abstrich dieser Bindungen, sein könnte — das der andere möglicherweise auch als ein ihm selbstverborgenes Bild von sich selbst birgt. In dem Maße, in dem aus der Zuneigung zu dem anderen jene situativen, historischen und anderen Determinanten in den Hintergrund treten, entpuppt er sich als der „Idealisch-Notwendige", der er sein müßte, wenn aus seinen Möglichkeiten sich Notwendigkeiten ergeben hätten. Er wird als sich selbst unerreichbares Ideal gesehen d. h. damit als auch Gescheiterter. Zuneigung zu dem anderen tranzendiert diesen zu dem Ideal seiner Möglichkeiten wie sie ihn gleichzeitig als Gescheiterten liebt. — Ein Vorgang, der jedoch in der Begegnung ein reziproker zu sein hätte.

Kraft meiner Zuneigung richte ich mich anteilnehmend-teilnehmend auf den anderen und erblicke die Umrisse seiner Lebensgestalt in dem Maße, in dem wir uns gegenseitig erschließen. Indem ich meinen (inneren) Blick auf die aus seiner Lebensgeschichte sich darstellende Gestalt richte, bemerke ich, daß in der Intentionalisierung auf diese Gestalt hin, in ihrer

Konstellation nicht weniger wie in ihrer Provokation, die historisch-situativ-dispositionellen Determinanten verschwinden, und eben das Ideal des anderen in meiner Betrachtung aufsteigt, das ich jetzt wiederum – in einem nächsten Schritt – ihm übermitteln kann. Ich sage ihm, wer er sein könnte, weil er mir sagt, wer ich aktuell, in meinen Bedingtheiten bin, nicht weniger *wie der, der auch ich sein könnte.*

Ich blicke – richte – meine je-einmalige Individualität auf den anderen; gleichzeitig nehme ich wahr, wie dieser mich erblickt und wie er das Bild, das er von mir hat, empfängt, indem er es konstelliert. *Ich empfange das Bild, das er von mir hat, aus seiner „Hand".*

Was in dieser zwischenmenschlich-gegenseitigen Konstellierung sich ereignet, kann in der ersten Zuwendung der Mutter zu ihrem Kind und umgekehrt beobachtet werden. Zwar nicht in der Tragweite eines personalen „Blickaustausches", da das Kleinkind nur seine Möglichkeit nach „Person", aber faktisch noch nicht diese ist – und nicht jede Mutter den Akt personaler Wahrnehmung dem Kind gegenüber zu vollziehen vermag. Dennoch ist in der spezifischen Weise dieser sich zuneigenden Anteilnahme von Mutter zu Kind und umgekehrt, *das Wahrnehmen ein gegenseitiges, in dem Subjekt auf Subjekt zuneigend sich richtet und gleichzeitig sich aus der Sicht des anderen empfängt.*

In diesem Zusammenhang läßt sich das *Wesen von personaler Kommunikation bestimmen: sie wird jeweils zur bewältigten und bewältigenden, wenn es mir gelingt, das „ideale Bild" des anderen als Inbegriff seiner Möglichkeiten darum aber auch als Grund seines Scheiterns zu erreichen, zu ihm zu transzendieren, das aber auch stets mein Bild des anderen ist.*

Kommunikation, wie sie hier im Verlauf eines langwierigen Denkaktes herausgearbeitet wurde, ist dort in der sich zuneigenden Kommunikation unmittelbar präsent. Sie ist präsent in der Gleichzeitigkeit von zuneigend („liebend") Sich-auf-den-anderen-Richten, in dieser Weise sich dem anderen mitzuteilen und in dieser Mitteilung das Bild des anderen als Antwort zu empfangen. Dabei provoziere ich jedoch in meiner Mitteilung an den anderen dessen Bild, wie er meines durch seine Antwort erweckt.

g) *Bindung und Abhängigkeit*

Die Problematik von Selbständigkeit und Abhängigkeit wurde andernorts ausführlich diskutiert[61], so daß sie hier nicht noch einmal aufgerollt sei. Bindung ohne Abhängigkeit von dem, an den die Bindung erfolgt ist, dürfte nicht nachweisbar sein. Gegenseitigkeit der Bindung impliziert ferner gegenseitige Abhängigkeit. Es ist jedoch ein Unterschied, ob es sich z. B. um eine Abhängigkeit erotisch-sexueller, materieller (ökonomischer)

Natur oder auch um eine Abhängigkeitsbeziehung der Art handelt, in der die Partner nur in der Permanenz konstanter Konflikte (Auseinandersetzungen) zu leben vermögen.

In der Abhängigkeitsbeziehung wird der Spielraum an möglicher Freiheit, der, wie oben aufgezeigt wurde, Bestandteil von Auseinandersetzung nach erfolgter Bindung sein kann, nicht mehr wahrgenommen. Damit entsteht eine gegenseitige Kommunikationseinschränkung und Unterbrechung, die jede Bindung in unmittelbare Nachbarschaft zu „Angebunden-Sein" bringt. Im „Angebunden-Sein" hat sich das Subjekt der Möglichkeiten begeben, über den Spielraum zu verfügen, der ihm mögliche Loslösung und neue Entscheidung gestattet. In der Abhängigkeit wird darüber hinaus die ideale Sicht des anderen stark überzeichnet (positiv wie negativ), so daß diese Überzeichnung nicht mehr der Bewältigung entspricht, sondern der Kompensation von nicht zu bewältigenden Eigenschaften des anderen. Weil der andere aber „ideal" gesehen wird, ist es möglich, die Abhängigkeit von diesem zu rechtfertigen.

9. Die institutionalisierte Anteilnahme[62] (Gesellschaft und Kommunikation)

a) Die Fundierung von Geben und Nehmen in der gegenseitigen Abhängigkeit und im Mangel

Ob im organismischen Stoffaustausch, ob in anteilnehmender oder teilnehmender Kommunikation, ob in Selbstverstehen oder in der personalen Begegnung, Kommunikation bedeutet in jedem Fall, daß das thematisch Sich-Mitteilende oder vom Subjekt Konstellierte, sich in der Mitteilung gibt, das Subjekt empfängt oder nimmt. (s. o. I/1)

Ob es hier um das abstrakte Thema eines Vortrages geht, das in seiner Darstellung durch den Vortragenden den Zuhörern „gibt", diese Anteilnehmen, — ob es die industrielle Erzeugung von Nahrungsmitteln und deren „Geben", deren „Nehmen" wiederum durch die Verbraucher ist, ob es die Steppengräser vertilgende Antilope ist, die sich im Vertilgen (Nehmen) dem Gras, sich diesem anpassend, „gibt" (s. o.), ob im Stoffaustausch der aufbauende Organismus nimmt, in der Ausscheidung gibt: *Kommunikation ist unauflösbar verschränktes, thematisiertes Geben und Nehmen.*

Dieses Geben und Nehmen vermag jedoch durch den jeweiligen Standpunkt des Beobachters relativiert und in sein Gegenteil verkehrt zu werden. Denn wer oder was gibt, nimmt auch gleichzeitig den Nehmenden:

das Vortragsthema gibt (vermittelt) Informationen, damit nimmt es aber auch den Aufnehmenden für diese Informationen „ein" — zumindest solange der Empfangende zuhört. Die ihr Kind stillende Mutter gibt diesem Nahrung, nimmt aber das Kind — von ihrer variablen Einstellung abhängig — im Stillakt „von sich ein", wenn sie das Kind sich „einkörpernd" wie einen Teil ihrer selbst erlebt. (Die Mutter nimmt das Kind auch „von sich ein", das Kind die Mutter „in sich ein".) (Bei der indifferenten oder ablehnenden Mutter wird das Nicht-Akzeptieren des Kindes von diesem als in Frage stellende Abweisung, d. h. auch als „Nehmen" (Nichten) seiner Erwartung akzeptiert zu werden, erlebt, im Sinne des Weg-Nehmens: wie Jemandem das Leben genommen wird; so wird das Nehmen zur Nichtung.)

Die Nahrungsmittel produzierende Industrie scheint Nahrung zu „geben", aber indem sie gibt, nimmt sie die Abhängigkeit der Konsumenten von dem Nahrungsmittel „ein". Das Steppengras oder der Busch „nimmt", einmal gefressen, zwar nicht die Antilope, dennoch ist sie abhängig von beiden und wird in dieser Abhängigkeit von dem sie Einnehmenden „genommen". Der die Antilope anspringende Löwe, der das Beutetier wiederum mit seiner Sippe teilt, wird zwar von der Antilope nicht „genommen", aber seine Abhängigkeit von dem Tier als Teil seiner Nahrung, seiner Lebenshaltung, läßt das „Nehmen" der Antilope durch den Löwen auch als ein in die Abhängigkeit des Beutetieres Genommen-Werden erscheinen.

Wie der oder das Gebende gleichzeitig stets ein Nehmendes ist, ist das Nehmende auch stets ein Gebendes. Der den Vortrag oder eine beliebige Information Auf-Nehmende, an einem Thema Anteil-Nehmende, geben sich im Auf- oder Anteil-Nehmenden dem Vortragenden oder der zur Kenntnis genommenen Information, — um sie überhaupt wahr-zu-nehmen. Das gestillte Kind gibt sich im Akt des Gestillt-Werdens (Nehmen) der Mutter, um gestillt werden zu können. Der Nahrung zu sich nehmende Organismus, muß sich bis in die kompliziertesten Ab- und Aufbauvorgänge auf die aufgenommene Nahrung einstellen (anpassen), d. h. sich ihr geben, um sie überhaupt aufzu-nehmen.

Im Auf- oder Wahrnehmen des Sich-Mit-Teilenden, Zeigenden, ist es aktiver Bestandteil jeder physiologischen Aufnahme (Ernährung) oder von Wahrnehmung überhaupt, sich auf das Auf- oder Wahrzunehmende einzustellen, sich an diesem zu orientieren, sich auf „Es" zu richten. In diesem Vorgang wird das Aufzunehmende zum Zentrum der eigenen Intentionalitäten, es wird zu diesem Zentrum konstelliert, indem das Auf- oder Wahrgenommene sich als Zu-Nehmendes dem Auf-zu-Nehmenden schon in der Konstellierung seiner als möglichem Thema — z. B. von Nahrung — „hingibt".

Umgekehrt gilt nicht weniger, *daß das Sich-Gebende sich nur als dieses mitzuteilen vermag, wenn es über die Möglichkeiten verfügt, von dem Nehmenden als ein Sich-Gebendes wahrgenommen zu werden*: wenn in der Lebenswelt eine mögliche Beute über die Merkmale verfügt, durch die sie bereits als „Sich-Zu-Gebende" bestimmt ist, von dem sie „Nehmenden" entsprechend konstelliert wird. So wird der Löwe ein im Fluß sich aufhaltendes Krokodil nicht anspringen, sondern nur die Tierarten fressen, die er als mögliche Beute wittert. Das heißt wiederum, daß in der Lebenswelt das Sich-Gebende durch bestimmte Merkmale bereits sein mögliches Genommen-Werden intentionalisiert, provoziert, — sein Konstelliert-Werden als Zu-Nehmendes in der Umwelt-Lebewesen-Beziehung vorgegeben ist.

Die Gleichzeitigkeit von Geben und Nehmen, die lediglich vom Beobachter verschieden akzentuiert wird, weist in einem Akt kommunikativer Zuwendung auf die jeder Kommunikation zugrunde liegende Struktur gegenseitiger Abhängigkeit, die Geben und Nehmen als jeweils gleichzeitige Vorgänge relativiert und in der wiederum der Mangel (das Bedürfen) als Grund von Kommunikation überhaupt sichtbar wird. Darüber hinaus zeigt sich in der Gleichzeitigkeit von Geben und Nehmen die gegenseitige kommunikative Abhängigkeit aller Lebewesen von der organischen und anorganischen Natur, selbstredend auch die des Menschen von den genannten Vorgängen. Diese — anorganische Natur, organische Naturprodukte, Lebewesen und Menschenwelt — dokumentieren sich durch Sich-Nehmen oder Sich-Geben, durch die Verschränkung beider Vorgänge in der Kommunikation, ihre Abhängigkeit voneinander.

Kommunikation — im letzten — begründendes Bedürfen nach dieser, d. h. im Erleben des Mangels, ist Abhängigkeit von Kommunikation, um den Mangel oder das Bedürfen nach Sich-Mitteilen und Antworten zu stillen (s. o.).

In der Abhängigkeit des Bedürfens nach Kommunikation von dieser selbst, gibt sich das Bedürfen kommunikativ als Bedürfen kund. Es muß in dieser „Kundgabe" (Mitteilung) nehmen, um zu kommunizieren, bzw. wird es als sich mitteilendes Bedürfen „genommen", indem sich ihm das Kommunizierende gibt.

Mangel als Grund von Kommunikation ist als dieser wiederum abhängig von Kommunikation, die in Geben und Nehmen die gegenseitige kommunikative Abhängigkeit der oben aufgezeigten verschiedenen „Daseins-Bezirke" der menschlichen Welt, der Lebenswelt und der Natur bestätigt. *Geben und Nehmen suchen den Grundmangel selbst aufzuheben, um ihn dadurch zu erzeugen.* Erzeugen: da lebendiges Dasein sich nur darstellt (erhält), wenn es im Nehmen (Aufbau) sich gibt (Abbau) und im Sich-Geben — nimmt.

Im Geben — so darf jetzt rückblickend auf die Gegensätzlichkeit des Kommunizierens und seiner Nichtung durch Gegenkommunikation gefolgert werden — *ereignet sich zuwendende Kommunikation ganz allgemein.* Diese zuwendende Kommunikation ist aber bereits — wie dargelegt — latent schon ein Nehmen, d. h. ein Nichten und Verändern (Verwandeln) dessen, mit dem kommuniziert wird. War und ist im Folgenden von „Geben" und „Nehmen" die Rede, so bedeutet diese spezifische Terminierung, daß in der kommunikativen Zuwendung die Lebewesen oder humanen Subjekte sich selbst in der Zuwendung — je nach dem Modus derselben dann zu differenzieren — als lebendig-daseiende „geben" oder das andere „nehmen". Das Schwergewicht ruht ferner auf der kontinuierlichen Veränderung, Wandlung zwischen Gebendem und Nehmendem. Wohingegen die analogen Begriffe des Nichtens und Ereignens das endgültige Kommunikationsende in der möglichen Nichtung oder den Kommunikationsbeginn (Ereignen) anvisieren. Diese Begriffe implizieren jedoch ein bereits entfremdetes Abstraktionsniveau das auch die sozialen Zusammenhänge von Geben und Nehmen einbezieht. In Mitteilen und Antworten liegt dagegen die Akzentuierung auf das jede Kommunikation — auch das Schweigen — bedingende Sichtbar-Werden derselben, das Zeigen, Erscheinen, Hervortreten, das Ent-bergen von Kommunikation überhaupt, die entweder eine Sich-Entäußernde in der Mitteilung ist, oder eine Stellung-Nehmende in der Antwort. Daß Sich-Mitteilen oder Antworten ein Sich-Ereignen, ein Geben, nicht weniger wie ein Nichten und Nehmen wiederum umschließen, wurde oben aufgeführt, — so daß an diesen Zusammenhang nur erinnert sei.

Da der folgende Abschnitt der Kommunikation humaner Sozietäten aus der Perspektive des Gebens — Mitteilens, Ereignens — und Nehmens, Antwortens, Nichtens — untersucht, sei auch nicht zuletzt aus diesem Grund von Geben und Nehmen die Rede.

b) *Allgemeine Bedeutung des Tauschprinzips in humanen Sozietäten*

Wie die bedeutendsten Ethnologen, Soziologen und Historiker feststellten, *zeichnet sich der Entwicklungsschritt vom Tier zum Menschen, von der Natur zur Kultur in erster Linie sozial durch die Handhabung des Tauschprinzips in menschlichen Gruppen aus, das in diesem humanen Sinne nicht im Tierreich praktiziert wird. Das Tauschprinzip setzt eine Wahrnehmung der Werte des zu Tauschenden voraus, um — ungefähr — Wert gegen gleichen Wert einzutauschen.* Dabei sind Bedürfnisse nicht weniger wie magische, religiöse, mythologische Vorstellungen bei der Feststellung der zu tauschenden Werte von Bedeutung.

Zum Gegenstand des Tausches kann bei den Naturvölkern oder in ethnischen Gruppen „alles" werden: Vor-Handenes nicht weniger wie Zu-Handenes. Nicht nur Sachgüter, Lebensmittel, Tiere, Waffen, werden getauscht, sondern auch Personen (Frauentausch im Zusammenhang des Inzestverbotes), Gerätschaften, Anleitung zum Zubereiten bestimmter Speisen, Jagdgebräuche, magische Praktiken, mythische Vorstellungen, Regeln zum Herstellen von Zelten oder Hütten, politische und andere Erfahrungen („Informationen"). Die sozial-humane Bedeutung des Tauschprinzips liegt — wie insbesondere die französische ethnologische Schule aufzeigte — in der Überbrückung und Verbindung heterogener Gruppen und antagonistischer Kräfte im jeweiligen Stamm selbst oder unter verschiedenen Gruppen zu einem sich ergänzenden, d. h. im Austausch stehenden Ganzen. Den Zusammenhang des Tauschprinzips mit sakralem Erleben und sakralen Vorstellungen wies *Maus* nach, den des Inzestverbotes mit dem Opferkult der Verf.[63]

Fundamentale menschheitliche Institutionen wie das Inzestverbot und der Opferkult sind nicht ohne die Konzeption des Tauschprinzips denkbar, wobei es sich nicht ermitteln läßt, welches der beiden historische Priorität hat. Die dem Inzestverbot zugrunde liegende Auffassung des Tausches besteht im Verbot des Geschlechtsverkehrs mit bestimmten Frauen (keineswegs auf Mutter und Schwester oder Vater und Bruder beschränkt) und der Erlaubnis, bzw. dem Gebot, mit Frauen vorgeschriebener Kategorien zu verkehren, mit diesen Kinder zu erzeugen. D. h. hier wird genommen: eingeschränkt, verboten, angeordnet — dort gegeben: erlaubt, vermittelt, zugeteilt.

Dies trifft auch für den Opferkult und seine Verschränkung mit dem Inzestverbot zu[64]. Im Opfer gibt sich der Geopferte oder stellvertretend der Opfernde, um ein anderes, höheres oder ewiges Leben zu empfangen. Der Opferkult geht über die Wertäquivalenz des Tauschprinzips insofern hinaus, als er die Erwartung auf ein „Besseres" impliziert, das allerdings, um es zu erhalten, das Opfer des besten Verfügbaren, u. U. des eigenen Lebens bedarf.

Im Tausch wird gegeben und genommen. Analog zu den Naturvorgängen sind auch die Tauschenden voneinander abhängig. Allerdings wird — im entscheidenden Unterschied zu den Naturvorgängen — durch die soziale Institution des Tausches eine „künstliche" Abhängigkeit unter den Tauschenden gestiftet, so daß durch diesen Vorgang jeder Tausch zu einer erneuten Verschränkung von Geben und Nehmen wird. Diese Verschränkung von Geben und Nehmen visiert von vornherein den Wert des Zu-Nehmenden und umgekehrt den des Zu-Gebenden an, und unterscheidet sich in dieser Festlegung eines Wertes von den Naturvorgängen.

Der Tausch zielt auf ein Gleichgewicht zwischen der Gabe und dem Genommenen, zwischen Geben und Nehmen ab, das nicht — ebenfalls im entscheidenden Unterschied zu den Naturvorgängen — eo ipso wieder zum Ungleichgewicht, zum Ausdruck von Mangel wird.

Austauschende Kommunikation in der Natur ist Naturgeschehnis, Tausch unter Menschen ist Ereeignis, das die Je-Einmaligkeit heterogener Subjekte zu einem dauernden Gleichgewichtszustand der zwischenmenschlichen Beziehung führen soll.

Daß das Tauschprinzip einen gesellschaftlichen Gleichgewichtszustand herbeiführen möchte, der nicht wie naturbedingte Abhängigkeiten von Geben und Nehmen in der Lebenswelt wieder zum Ausdruck von Mangel wird und damit in Ungleichgewicht umschlägt, — das Tauschprinzip nichtdestoweniger durch die Verschiedenheit der Subjekte selbst zum Ausdruck von Ungleichgewicht werden kann (Herrschaft, Unterdrückung, „Verrechnung" von Menschen), weist auf den fundamentalen Riß in der Natur des Menschen selbst hin. *Dieser sucht als gesellschaftsbezogenes Individuum einerseits über das Tauschprinzip gesellschaftliches Gleichgewicht, andererseits macht er das Tauschprinzip zum Ausdruck von Ungleichgewicht.*

Der Umschlag eines zu erstrebenden, sozialen Gleichgewichtes z. B. in ein Ungleichgewicht von Kasten, Schichten[65] oder Klassen mit verschiedenen Wertvorstellungen, — ist historisch zumindest auf das Bedürfen nach Kommunikation, auf den Mangel derselben zurückzuführen. Dieser begnügt sich mit dem Gleichgewicht von Werten materieller oder ideeller Art (Vor-Handenes, Zu-Handenes) nicht. Das Bedürfen (der Mangel) — durch Befriedigung nicht weniger wie durch Einschränkung (s. ds.) geweckt — verlangt als nie zu stillender stets nach „mehr" und überwältigt damit jeden möglichen sozialen Gleichgewichtszustand zu Gunsten von neuem. Ungleichgewicht wiederum erweckt das Bedürfen nach Gleichgewicht, das die Sozietäten durch Insitutionen herzustellen und zu erhalten versuchen, die wiederum aus der Natur des stets auch nichtenden („repressiven") Institutionellen Ungleichgewicht bedingen. Diese Zusammenhänge dürfen maßgeblich für die Entstehung wie auch für die Geschichte humaner Sozietäten — die sog. sozialistischen nicht ausgenommen — sein.

c) Die existential-ontologische Fundierung des Tauschprinzips

Das Vermögen des Menschen zur Welt zu transzendieren, bzw. das In-der-Welt-Sein als permanenter Überstieg zur Welt *ist die existential-ontologische Voraussetzung für die Kommunikation begründende Anteilnahme des Menschen an der Welt* — der Welt an ihm. Der Überstieg zur Welt wird zur Voraussetzung dafür, daß das Subjekt der Welt sich mitteilt, diese seine Mitteilung aufnimmt, ihm antwortet — das Subjekt wiederum auf

Welt antwortet. In dieser Bezogenheit des Subjektes auf Welt, der Welt auf das Subjekt geschieht nicht nur Kommunikation über den leibhaften Stoffaustausch, sondern Kommunikation ereignet sich jedesmal neu, wenn Subjekt und Welt in Beziehung zueinander treten. Neu in dem Sinne der oben aufgewiesenen, sich nie wiederholenden Einmaligkeit jeder Bezugsaufnahme: von der niemals gleichen „Wiederholbarkeit" der Lebensvorgänge, von der Unwiederholbarkeit jeder Situation bis zu dem anteilnehmend-teilnehmend von Augenblick zu Augenblick immer wieder sich veränderndem Entwerfen des Subjektes in seiner Zuwendung oder Abwendung.

Das im Überstieg des Subjektes zur Welt, Kommunikation setzende Grundverhalten von Aufnahme, Mitteilung, Antwort ist — wie ausgeführt — stets die Verschränkung von Geben und Nehmen. Das zur Welt sich verhaltende Subjekt „nimmt" (aufnimmt) dieses entweder oder gibt sich ihr in Mitteilung und Antwort; bzw. — je nach Inhalt von Antwort und Mitteilung — nimmt das Subjekt, wie die Welt sich in ihrer Mitteilung dem Subjekt „gibt", oder Welt „nimmt" das Subjekt, wie das Subjekt sich der Welt gibt.

In der Gegenseitigkeit dieses Verhältnisses zeichnet sich die Grundlegung des Tauschprinzips ab, das nicht in der ihm zukommenden, Vor- und Zu-Handenes bewertenden Weise möglich wäre, wenn nicht zuvor Welt und Subjekt in der Beziehung des kommunikativen Austausches stünden, wenn nicht das Subjekt zur Welt transzendieren könnte.

Die für die Entwicklung von „Kultur" im Gegensatz zur Natur ausschlaggebende soziologisch-historische Bedeutung des Tauschprinzips basiert in der nur dem Menschen zukommenden Möglichkeit der Transzendierung.

Dieser Zusammenhang ist universaler Bestandteil der Schöpfungsmythologeme, der Heroen und Stiftermythen und Legenden[66], des Verhältnisses zwischen Göttern, Geistern, Dämonen und Menschen, des Verhältnisses zur sog. übersinnlichen Welt überhaupt, in dem das vorlogische bild- und erlebnisbezogene Denken der sog. Primitiven (wie auch das der Kinder) *Transzendierung als übersinnliches Ereignis erfährt*[67]. Die Transzendierung verbindet stets ein Sich-Geben des Gottes oder des Heros mit einer Forderung (Nehmen) an den Menschen, einer Forderung wiederum, die nach Erfüllung von seiten des Menschen, auf Antwort hoffen darf, wenn sie sich mit einem Geben verschränkt. So findet die Forderung des Menschen an die „übersinnliche" Welt nur Hoffnung auf Antwort, wenn sie mit einem Geben (Opfer) einhergeht. Die Transzendierung zur übersinnlich erlebten Welt in der vorlogisch-mythischen Kommunikation wird dabei im Modus des Tausches wahrgenommen.

d) Der Begriff der
„institutionalisierten Anteilnahme"

Seitdem der Mensch in seinen, den jetzigen Hominiden vorausgegangenen Vorformen des Neandertalers die Bühne der Evolution betrat, hat er über Institutionen — selbst rudimentärster Art — verfügt. Ahnenkult des Neandertalers impliziert Vorstellungen über das Jenseits, d. h. Mythen; Unterkunft in Zelten oder Hütten, Bekleidungstücke und Werkzeuge verlangen thematisch geordnete Durchführung von Aufgaben, um diese lebensnotwendigen Dinge zu erstellen — damit ebenfalls ein Minimum an gemeinsamer Einrichtung (Institution). Sich unterscheidende Namen einzelner Gruppenangehöriger, Totemismus, Endo- und Exogamie, umschließen bereits komplizierte Absprachen unter Stammesangehörigen, sie sind ohne vorgängige Institutionen z. B. der des Inzestverbotes nicht denkbar. Sprache wiederum existiert nicht ohne grammatische Syntax, in ihr dokumentiert sich die Einrichtung — Institutionalisierung — einer Ebene begrifflich-objektivierter Kommunikation, die dem Tierreich nicht zugänglich ist.

In der Institution als „Ein-Richtung" (vgl. Eine-Richtung, ein-gerichtet) von dem elementaren Inzestverbot, dem Gebot des Tausches bis zu den umfassenden religiös-staatlichen Institutionen z. B. der frühen vorderorientalischen Reiche, der assyrischen Beamtenhierarchie, bis zu den Institutionen der modernen Zeit, die in wirtschaftlich-industrielle, in solche der Bildung, der Religion, der Verwaltung, des Heeres usf. zu unterteilen wären, legt sich menschliche Existenz, dem Tauschprinzip folgend, in einer bestimmten Richtung fest. In dieser Richtung sich festzulegen: heißt Beamter oder Priester in einer Hierokratie in Altägypten oder im Inkastaat zu werden, heißt als Funktionär oder Angestellter in einer kommunistischen Bürkokratie sich „eingerichtet" zu haben — oder „eingerichtet" worden zu sein —, heißt als Schaffner in der Institution einer Eisenbahn „eingerichtet" zu sein, heißt als Postrat, Feldwebel oder Angestellter in der entsprechenden Institution auf und in diese „institutionalisiert" („eingerichtet") worden zu sein. „Eingerichtet" ist nicht nur der Verwaltungsangestellte der Allianz oder der Chemiearbeiter, der Textilfabrikant. *„Eingerichtet" ist der, der innerhalb einer beruflichen, analogen Thematisierung mit übergeordneten Aufgaben, Zwecken und Verpflichtungen dem Tauschprinzip folgend von der Institution, in der er tätig ist, empfängt und der Institution gibt.* Er empfängt z. B. geregelten Lohn, eine bestimmte Altersversorgung, eine wirtschaftliche Absicherung, Aufstiegsmöglichkeiten — er gibt seine Arbeitskraft, seine Zeit, sein Leben.

Die arbeitsgeteilte Welt ist die institutionalisierte, „eingerichtete", die aber auch stets die „verwaltete" ist.

Die religiöse Orientierung schuf Institutionen, die dem Tauschprinzip folgend dem gläubigen oder aktiven Mitglied im Entgeld für die Richtigkeit seines Glaubens, seines Einsatzes für diesen, für die innerhalb der Institution geleistete Arbeit, die Werte in Aussicht stellten, die sie zu vermitteln glauben. Das gilt ebenfalls für die Entwicklung wirtschaftlicher Produktions- und Verbraucherformen in ihrer Bedeutung sowohl für den Austausch überhaupt, wie auch der Institutionalisierung desselben, die wiederum auf dem Austausch zwischen der Institutionalisierung der jeweiligen Arbeit und den Arbeitenden beruht.

Betrit der Mensch die Bühne der Evolution, betritt er diese durch die vorgegebene Möglichkeit zur Welt hin zu transzendieren, als fundamental seine Existenz auf den anderen durch das Tauschprinzip beziehend – als „Homo institutionalis".

Das Vermögen der Menschen, Werte wahrzunehmen, zu differenzieren und gegeneinander zu tauschen, das im Verlaufe der Evolution erhebliche Variationsbreiten aufzeigt, sich gleichzeitig in Institutionen „einzurichten" die grundsätzlich alle, gleichgültig welcher spezifischen Art, hier nehmen, damit Kommunikation einschränken, dort Richtung auf bestimmte Kommunikationsmöglichkeiten innerhalb der Institution und der jeweiligen Sozietät eröffnen, damit geben –, zieht sich seit den ersten fündigeren Entdeckungen altsteinzeitlicher Vorläufer des Menschen durch dessen Geschichte.

Wenn auch die vorliegende Untersuchung nicht eine Geschichte der menschlichen Kommunikation unter dem Gesichtspunkt der historischen Institutionalisierung derselben zu verfassen hat, wenn auch die Einzelheiten des Einflusses von Institutionen – sowohl positiver, Kommunikation fördernder, wie auch negativer, Kommunikation unterbindender, – nicht aufzuzeigen sind, so verlangt nichtsdestoweniger die existential-ontologische Beziehung des Menschen zum Tauschprinzip, dessen ubiquitäre Verwirklichung die Einführung eines besonderen Kommunikationsmodus, der hier mit dem der „institutionalisierten Anteilnahme" wiedergegeben sein soll.

e) Spezifizierung der institutionalisierten Anteilnahme

Die institutionaliserte Anteilnahme ermöglicht dem Menschen den Überstieg zum anderen durch den Austausch von Werten (immateriellen und materiellen). Institutionalisierte Anteilnahme ist ferner die Ausrichtung auf den anderen, auf das Du vermittels einer sozialen Einrichtung, die durch den Tausch gegenseitig verbindliche und verpflichtende Beziehungen schafft; deren Verbindlichkeit wurde früher durch den ursprünglich sakral erlebten Charakter des Tausches verbürgt. Die Verbindlichkeit des Tauschprinzips wiederum wäre nicht möglich, wenn der Mensch durch dieses sich nicht binden (nehmen) und lösen (geben) könnte, wenn das Tauschprinzip durch Binden und Lösen nicht vorausgegangene Auseinandersetzung durch die Entscheidung zum verbindlichen Tausch (Bindung) beenden würde.

Deshalb dürfte zu der Voraussetzung der Entstehung des Tauschprinzips Auseinandersetzung gehören, wie diese auch heute noch jedem praktischen Tauschvorgang vorausgeht, ist er nicht im vorhinein institutionalisert und entsprechend geregelt. *Das Tauschprinzip darf als Kommunikationsmodus in diesem Zusammenhang angesehen werden, der durch Binden und Lösen im umfassenden Sinne Auseinandersetzung beendet*, entscheidet, zum Abschluß bringt; d. h. es wirkt durch die Einrichtung des erstrebten Gleichgewichtes von Geben und Nehmen im Tausch kompensatorisch (ausgleichend) auf Auseinandersetzung.

Im Austausch gleichwertiger Güter (stets auch im immateriellen Sinne gemeint) gegen gleichwertige andere Güter stellt sich die Wahrnehmung des anderen als eines gleichberechtigten Partners dar, dessen Gleichberechtigung sich in der Anerkennung der ausgetauschten Wertgleichheit niederschlägt. Oder: weil der Mensch Werte als unterschiedliche und gleiche wahrzunehmen vermag, vermag er Partnerschaften durch Tausch gleichwertiger Güter als gleichberechtigte zu begründen. (Ein entscheidender Bestandteil bei der Formierung von Stämmen, Sippen aber auch Bünden, ist der Tausch gleichwertiger Güter, um die Gleichberechtigung der Stammes- oder Gruppenmitglieder untereinander oder im Verhältnis zu den Individuen einer anderen Gruppe zu bekräftigen und zu dokumentieren.)

Der Charakter der Institutionalisierung des Tausches wird in der Verbindlichkeit der zum Tausch führenden Handlungen sichtbar, der Verpflichtung, das Tauschprinzip nicht zu durchbrechen, in der das Subjekt wieder als sich bindendes oder sich lösendes sichtbar wird. Institutionalisiert ist dann das Tauschprinzip – in Erinnerung an das oben Ausgeführte –, wenn die mit dem Tauschprinzip verbundenen Handlungen ritualisiert, wenn sie zeremoniös bekräftigt, wenn sie darüber hinaus zu Gewohnheiten und Einstellungen (Orientierung, Ordnungsbezug) werden, in denen der ursprüngliche Sinn etwa eines Tauschritus oder eines Zeremonials häufig bereits vergessen ist.

Von den menschheitlichen Anfängen, von den Frühzivilisationen bis zur Moderne ist das Tauschprinzip grundlegender Bestandteil auch jeder Rechtsauffassung geworden, die zwar die Einzelheiten des „Rechtstausches" sehr verschieden handhabt, jedoch am Tausch festhält.

In der Rechtsauffassung liegt dem Tauschprinzip das Prinzip der Vergeltung zugrunde, das die Umkehr des Tauschprinzips darstellt, in der ein

„unrechtmäßig" gestörtes Gleichgewicht durch einen zwangsweise (gewaltsam) durchgeführten Tausch wieder hergestellt wird.

Dies ist fraglos der Sinn der Vergeltung — wie Ethnologen und Historiker erwiesen haben —, der z. B. auch dem indogermanischen Ehrbegriff und dessen Verletzungen, der Wiederherstellung dieser Verletzung durch Ausüben der Rache nicht weniger zu Grunde liegt als dem Talionprinzip nomadisierender vorderorientalischer Stämme. Das Tauschprinzip begründet die Blutrache, den Sühnegedanken — auch wenn z. B. hier der Angehörige der Weddas bei Totschlag (an einem Verwandten) sich lediglich durch die Drohgebärde eines in der Lust abgeschossenen Pfeiles „rächt", dort dagegen in Ausübung der Blutrache ganze Sippen ausgerottet werden.

Tauschprinzip und Talionprinzip bedingen sich gegenseitig: das Tauschprinzip zielt auf Herstellung von Gleichgewicht unter verschiedenen Individuen durch Bindung; das Talionprinzip soll gestörtes Gleichgewicht in zwischenmenschlichen Bindungen lösen — durch „Rück-Bindung" in der Vergeltung.

Sowohl mit dem einen wie mit dem anderen Prinzip hat der Mensch das Tierreich überstiegen, ist er Kulturwesen geworden, gab er sich die Chance, Gleichberechtigung von Individuen in materiellen und immateriellen Gütern über den Tauschweg dar- und herzustellen, damit den sog. Wert der Güter durch die Individuen nicht weniger bestätigend, wie die Individuen durch den Wert der Güter.

Teil III

Die Grundstrukturen der Kommunikation

1. Deskription und Definition von Struktur[1]

Strukturierung ist zu beobachten, wenn nach den Bedingungen der Wahrnehmung und der Korrepondenz zwischen Subjekt und Umwelt aus der Beobachtung eines undeutlichen Gegenstandes ein deutlicher sich konfiguriert. Strukturierung findet in den von der Gestaltpsychologie beschriebenen (den sog. „Drei Grundgesetzen der Wahrnehmung") Vorgängen der Gestaltbildung/Gestaltwahrnehmung statt, zu denen auch der sog. Hintergrundeffekt zählt.

Strukturierung ist in jeder Entwicklung von Undifferenziertem zu Differenziertem anzutreffen, wie sie in der Natur aber auch in der menschlichen Welt — z. B. in der Entwicklung von Stilrichtungen, Institutionen, Kunstwerken — vorkommt.

Strukturen zeichnen sich durch (relative) Homogenität (mit sich selbst gleichbleibend) aus: Holz z. B. ist sich in seiner Struktur gleich, ob es zu Bauzwecken, zur Feuerung oder für Möbel verwandt wird. Ferner zeichnen sich Strukturen durch relative Dauer ihrer Umgebung gegenüber aus, durch Betonung des Formprinzips im Vergleich zur Fluktuation; z. B. Stoffwechselprozesse gegen die Morphologie des Verdauungskanals.

In der Entwicklung des logischen Denkens aus vorbegrifflichen, bildhaften Stufen ist ebenfalls Strukturierung zu beobachten, die sich in der bereits erwähnten Verfügbarkeit der Begriffe und deren (relative) Invariabilität (bleibende Struktur, Homogenität) darstellt: einmal erlernt, bleibt der Begriff z. B. „Haus" lebenslänglich mit sich identisch.

Die Entstehung von lebensgeschichtlich bestimmender Prinzipien, Normen und Moralbegriffen, daraus sich entwickelnde Einstellungen, Haltungen, Charakterdominanten, aber auch das Werden der sog. Lebensgestalt und des Gedächtnisses[2] sind als Strukturierungen gegenüber vorausgegangenen, unstrukturierten Zuständen zu bezeichnen.

Die naturwissenschaftlichen Modellvorstellungen der physikalischen und organischen Chemie, der makro- und mikromolekularen Physik, der molekularen Biologie, der Genetik, rekurrieren durchweg auf mathematischen Strukturen, die primär vom denkenden Subjekt entworfen sind und in der Technik ihre praktische Anwendung finden.

In der menschlichen Umwelt wird Struktur ferner in allen Gebrauchsgegenständen begegnet: insbesondere in der technischen Apparatur, die die praktische Nutzanwendung mathematischer Erkenntnisse vermittelt.

Darüber hinaus werden Institutionen, Gesetzgebende Körperschaften, die Gesetze selbst, Normen, Traditionen und Überlieferungen als Strukturen bezeichnet, weil sie ebenfalls als nur relativ variable, die Dauer von Einrichtungen oder Normen verbürgen sollen.

Ökonomie und Soziologie sprechen von wirtschaftlichen Strukturen, mit denen sie übergeordnete, maßgebliche Faktorenzusammenhänge meinen: die Struktur des Geldumlaufs, die Struktur der Freien Marktwirtschaft im Unterschied zur geplanten Wirtschaft usf.

Ob es sich um die Wahrnehmung einer Gestalt, um Ausdifferenzierung von Strukturen in der Embryogenese, um den Entwurf eines mathematischen Modells, um die Einbringung eines Gesetzentwurfes handelt: *Strukturierung setzt immer die Korrespondenz zwischen Subjekt und Umwelt voraus* wie auch die Korrespondenz (Kommunikation) von Subjekten untereinander —, also das Vor-Handensein von Beziehungen.[3]

Wie in der Lebenswelt Strukturen im Zusammenhang von Beziehungen der Lebewesen untereinander (wie zu ihrer Umwelt) entstehen, so entstehen auch innerorganismische Strukturen (Embryogenese) im Gefolge von Stoffwechselvorgängen, innerhalb des Organismus und bei Aufnahme aus der Außenwelt. (Strukturen in der Lebenswelt sind alle morphologischen, aber z. B. auch sogenanntes Signal-Auslöserverhalten, sogenannte bedingte und unbedingte Reflexe, Instinktabläufe und die verschiedenen Formen — Strukturen — des innerartlichen Zusammenlebens usf.) Innerorganismisch sei an die Entwicklung der drei Keimblätter in der Embryogenese erinnert, ihre weitere Differenzierung und Strukturierung in die drei Hauptgewebe des menschlichen Leibes; es sei auch erinnert an die Regelvorgänge innerorganismischer Provenienz und ihrer unterschiedlichen Strukturierung als übergeordnetem Funktionsganzem.

Strukturierung — wie sie die sogenannte Informationsvermittlung in der Genetik darstellt — bedeutet innerorganismische Konsolidierung von Stoffwechselprozessen zu einem bestimmten Gefüge (Molekularstruktur, Organsysteme), das die Funktion dieses Gefüges und damit des Organismus über alle Veränderungen des Stoffwechels und der Umwelt erhält und darstellt. Charakterisiert den Stoffwechsel die von Sekunde zu Sekunde ablaufende Veränderung, so ermöglicht die morphologische Struktur (z. B. der Magen-Darm-Trakt) die Konstanz des Stoffwechsels, wie das Knochengerüst und die Muskulatur die Kontinuität der Fortbewegung, damit die Konstanz der Veränderungen gewährleisten. Stoffwechselvorgänge verlaufen nicht ufer- und sinnlos, wie z. B. in einem erkrankten (dekompensierten) Organismus, sondern die Veränderungen des Stoffwechsels selbst sind konstant, sie bleiben gleichgewichtig strukturiert.

Die morphologische Struktur des Kreislaufs als „Transportsystem" — bis in die Biochemie des Hämoglobins und der Blutgerinnung — bedingt und ermöglicht „Transport" und „Gasaustausch", die als ständig wechselnde Prozesse aufgrund der Struktur wiederum des Kreislaufsystems — und seiner Beziehung auch zu den anderen Organsystemen — kontinuierlich strukturiert verlaufen, d. h. nicht dekompensieren.

Bedeutet Strukturierung in diesem Sinne Konsolidierung von Prozessen — Beziehungen — zu einem Gefüge, so läßt sich diese am Organismus gewonnene Definition auf die oben erwähnten Strukturierungen ausdehnen und anwenden. *Ausdifferenzierung wäre die Sichtbarwerdung (Darstellung) eines Gefüges, das jetzt Prozesse — Austausch, Beziehungen, Kommunikation — in eine bestimmte, durch die Struktur bedingte Richtung lenkt; diese Richtung stellt Konsolidierung, „Institutionalisierung"* (Einrichtung, s. o.) *dar*. Das trifft für die Art und Weise der Strukturierungen in den Tiergemeinschaften wie auch für die Gesetzgebungen des Menschen in dessen Institutionen und wirtschaftlichen Gebilden zu. Prozesse werden durch die Strukturierung in vorbestimmte Richtungen geleitet, die diese dann — Konsolidierung — für relativ längere Zeiträume beibehalten. Struktur würde demnach Prägnanz von Gestalten implizieren, fluktuierende Prozesse konsolidieren, „lenken" und relative Konstanz gerichteter Prozesse verbürgen.

Das sog. Signal/Auslöserverhalten z. B. im Tierreich stellt eine besonders enge Form von richtungsbildender Strukturierung dar. Mit zunehmender Differenzierung der Tierarten, mit der „Weltoffenheit" des Menschen, entwickeln sich komplexe-hochkomplizierte Gefüge, die das differenziert sich darstellende Verhalten der Lebewesen zunehmend strukturieren, häufig unter Beibehaltung noch undifferenzierter Prozesse.

Folgende drei Sätze seinen in Erinnerung an I./4 wiederholt und detailliert aufgewiesen:

1. Aus *Kommunikation (Beziehung, Austausch) entsteht Struktur, die die Art der Kommunikation in bestimmter Richtung (Intention) konsolidiert festlegt.*
2. Umgekehrt gilt analog: *Aus Struktur entsteht eine vorgefügte, bestimmte Art von Kommunikation.*
3. *Strukturen entstehen aus Kommunikation und vergehen wiederum durch Kommunikation.*

Das gilt für die innerorganismischen Vorgänge, insbesondere die altersbedingten, zum Tode führenden „Umstrukturierungen" der Organsysteme aus Versagen (Dysfunktion) der Stoffwechselprozesse z. B. in der Arteriosklerose; es trifft jedoch auch für Vorgänge in der Lebenswelt und in der menschlichen Welt zu. Von Tieren erworbene Verhaltensweisen (Strukturen) unterliegen durch das Verhalten der Tierarten selbst in größeren Zeiträumen Veränderungen: Die These des „Kampfs ums Dasein" und die Selektion der Lebensfähigen bestätigt das Vergehen (Umstrukturierung) aus Gründen der Kommunikation selbst; denn Kampf ist sich auseinandersetzende Kommunikation, und damit die Veränderung von Strukturen zugunsten anderer.

Das Vergehen menschlicher Strukturen, die sich in Institutionen, Gesetzen, Sitten, in der Herstellung von Gebrauchsgütern, in Kunstwerken niederschlagen, durch historische Wandlungen, d. h. durch Kommunikation, (Auseinandersetzung) ist ein auf der Hand liegendes Vorkommnis, das weitere Aufweisung nicht bedarf.

Daß die Struktur der sog. „anthropologischen Konstanten",[*] die dem Menschen existential-ontologisch einen zwar veränderbaren aber sich als „homo sapiens" gleichbleibenden Gang bis jetzt durch die Geschichte ermöglichen, beginnt sich im Gefolge der Technik nicht nur zu trans- sondern auch zu deformieren. Damit wird zwar „die Wandelbarkeit" aller Dinge bestätigt, aber auch der Grundstrukturen, die den Menschen anthropologisch zum Menschen werden ließen. (Diese Veränderung könnte ein gewisser Anlaß zur Beunruhigung sein.)

2. Die Entwicklung der Grundstrukturen von Raum, Zeit, Leib und Leistung aus den spezifischen Kommunikationsmodi

Welt tritt dem unbefangen-unreflektiert die Welt Wahrnehmenden als Einheit raum-zeitlicher Vorgänge, als sichtbare Einheit von leibhaften Vorgängen und deren Selbstdarstellung in der Leistung entgegen. (Unsichtbar — Vor-Handenes — sind die Vorgänge der anteilnehmenden und teilnehmenden Kommunikation, die diese bedingenden *sog.* Triebe, Befindlichkeiten, Gedanken, Willensimpulse, die sich dann leibhaft oder in der Leistung darstellen.)

Wurde oben die Lebenswelt in räumliche, zeitliche, in Strukturen des Leibes und der Leistung unterschieden, so war diese Unterscheidung bereits Folge teilnehmenden Urteils und Erkennens, dem sich die Welt in diesen vier Leitthemen darstellt. An dieser Einteilung soll nicht nur aus heuristischen Gründen festgehalten, sondern es soll im folgenden der Versuch gewagt werden, diese Leitthemen des In-der-Welt-Seins aus den Kommunikationsmodi selbst zu entwickeln, wobei die Raum/Zeiteinheit allen Geschehens (im Sinne sowohl des inneren Raumes und der inneren Zeit wie der äußeren) sich als verschieden gewichtet, gelagert erweisen wird.

Dem erkundend in die Welt Sich-Hineinbegebenden — dem Kind oder auch dem planmäßig erkundenen Ingenieur — zeigt sich Welt in der (drei-

---

[*] Zur Definition der anthropologischen Konstanten siehe *D. Wyss:* Beziehung und Gestalt, Teil I/VI–VII. Göttingen 1973.

dimensionalen) Einheit räumlich-leibhafter Präsenz des Wahrgenommenen, in dessen Veränderung wie auch in der (gleichzeitigen) Präsenz des Wahrnehmend-Erkundenden selbst, durch dessen innerlich und äußerlich erkundenden Umgang mit sich selbst und der Welt.

Welt zeigt sich ferner als sichtbar-leibhafte, die in ihrer Sichtbarkeit in den Gegenständen menschlicher Umwelt spezifisch auf Leistung bezogen ist, in ihrer leibhaften Sichtbarkeit darüber hinaus stets allgemeine Darstellung des Innen von Lebewesen oder Personen ist. Dazu zählen der Nestbau als leibhafte Darstellung des Vogels nicht weniger wie soziale und andere Einrichtungen leibhafte Darstellungen und auch Leistungen der menschlichen Welt. Ein wütender Gesichtsausdruck oder ein erlahmendes Fallen-Lassen der Hände sind ebenfalls Selbstdarstellungen der Subjekte in ihrer Leibhaftigkeit.

Ontogenetisch darf der Kommunikationsmodus des Erkundens, in dem das Kleinkind mit seiner ganzen Existenz aufgeht, als der früheste des Menschen angesehen werden. Im Erkunden ist die Innerlichkeit von Phantasie, Entwurf oder Wunsch stets noch undifferenziert mit einbezogen. Dem Modus erkundender, damit beginnender Auseinandersetzung mit der Welt erscheint diese als diffus-unstrukturierte Einheit von Raum, Zeit, Leib und leistungsbezogenen Vorgängen, deren erste Differenzierung an und in räumliche Strukturen Räumlichkeit als Orientierung an etwas (z. B. im Betasten) oder auf etwas hin sichtbar wird.

Orientierung zeigt sich in diesem Stadium des Erkundens auch als Richtungnahme, diffuse Intentionalität auf und über etwas: im fragenden Zuhören, in der Aufnahme einer Anweisung, etwas zu tun. Im erkundenden Orientieren werden mögliche Richtungen in das zu Erkundende – z. B. eines unbekannten Zimmers – entworfen (vgl. den oben beschriebenen Erinnerungsvorgang); oder es werden im Betasten und Abklopfen eines Gegenstandes (Leistung!) dessen Räumlichkeiten orientierend geprüft. Über Wahrnehmen und Bewegen werden endlich die möglichen Richtungen entworfen, die erste Strukturierungen im diffusen Sich-Erkunden darstellen.

Diese Weisen von Orientierung sind zumindest gleichzeitig mit den durch Personen vermittelten, wenn diese z. B. das Kleinstkind hochheben, es umdrehen, in eine andere Ecke des Zimmers tragen – d. h. es räumlich umorientieren – und dem passiv sich verhaltenden Kind Räumlichkeit in Form von Lageveränderung zukommen lassen. Räumlichkeit und Orientierung sind demnach aufeinander bezogen: der Raum wird durch Orientierung „festgestellt"; umgekehrt konstituiert Orientierung den Raum durch ihr Sich-Entwerfen in diesen (s. o.: S. 50).

Nicht nur muß ich mich im dunklen Zimmer orientiert haben, um den Stuhl zu finden, sondern in der Orientierung selbst verhalte ich mich in bestimmter Weise; d. h., die im dunklen Raum erfolgende abtastende Ori-

235

entierung ist gleichzeitig ein inneres Sich-Orientieren in der jeweils provoziert erweckten Raum-Vorstellung. Der äußere Raum des Zimmers ist in der Orientierung gleichzeitig mein Innenraum, in den ich mich entwerfe, um mich orientierend, zurechtzufinden. *Im Erkunden zeigt sich die räumliche Struktur der Orientierung als Gleichzeitigkeit und Korrespondenz äußerer und innerer Orientierung an/über/auf etwas hin.*

Die zeitliche Struktur wird in der Bewegung des Erkundens — z. B. im Greifen, Tasten, Gehen — und *in der Wahrnehmung der Veränderung des Erkundeten durch den Erkundenden selbst sichtbar.* Im Erkunden eines Gegenstandes oder einer Person, in der Kommunikation mit dieser, kann ich diese nur erkunden, wenn ich sie verändere — sei es durch Befragen, sei es durch Provozieren, sei es durch Stillhalten. *Erkunden ist, das andere als Sich-Veränderndes, als Sich-Bewegendes, als Zeitliches zu erfahren.* Die Gleichzeitigkeit von Orientieren und Erkunden wird durch die Leibhaftigkeit des Erkundeten gewährleistet, durch seine in der Leistung des Erkundens erfolgende Selbstdarstellung.

Sind im Erkunden zeitliche und sich in den Raum entwerfende Vorgänge gleichgewichtig anzutreffen, so *überwiegt für das Entdecken die Prävalenz der zeitlichen Bewegung*: das Entdeckte springt den Entdecker „an". Der Modus des Entdeckens ist — oft nach mühseliger Kleinarbeit — das Plötzliche, Überraschende, aber auch Überwältigende einer unvorhergesehenen Veränderung (Bewegung), die durch ihr Auftreten das Vorausgegangene verwandelt. (Vgl. die Beziehung zwischen Entdecken und Dialektik, die oben aufgewiesen wurde). Aus diesem Charakter des Entdeckens und Entdeckten ist es verständlich, daß das Entdeckte „Geschichte macht", in dem Sinne, daß aus dem Entdeckten erhebliche Veränderungen verschiedenster Art sich entwickeln, die möglicherweise vorhandene Stagnation in Bewegung setzen oder zeitliche Abläufe verdeutlichen. (s. o. S. 107.)

Dem Sich-Erschließen dagegen ist das Überwiegen räumlicher Konfigurationen, innerräumlich und außerräumlich, zuzusprechen: der sich entäußernde Mensch erschließt sich in seiner Befindlichkeit, er zeigt sich; den Blick durch das Mikroskop erschließt neue Zellgewege, der durch das Teleskop Galaktien. Ein unbekanntes Zimmer erschließt dem Beobachter seine ihm innewohnende Bedeutung, eine Landschaft erschließt sich als waldreich oder taldurchfurcht. Der Leidende erschließt — legt auseinander —, was ihn bedrückt. Ob menschliche Physiognomie, ob Blick durch das Mikroskop oder Teleskop, ob Betrachten des Zimmers oder einer Landschaft: das Anwesenden erschließt sich durch Aus-Einander-Legen seiner Räumlichkeit.

Für das Erschließen wird im Augenblick des Erschließens selbst die zeitliche Veränderung des Erschlossenen nicht bemerkt. Erst wenn das einmal Erschlossene wieder, dann bereits als ein Verändertes, sich darbietet, wird es, wenn es wiedererkannt ist, als ein in bestimmter Weise Verändertes wahrgenommen (erkannt), tritt Zeitlichkeit in den Vordergrund der Erfahrung.

Der geschilderte Vorgang wird durch das innersubjektive Erschließen eines Bildes oder eines Satzes in der kontemplativen Meditation verdeutlicht, wenn der Gegenstand der Kontemplation fixiert, d. h. in den Mittelpunkt der Aufmerksamkeit gerückt wird und sich als weitgehend unveränderbarer der Betrachtung anbietet; bis er sich in seinem spezifischen Inhalt oder Sinn erschließt, als Sich-Erschließender dann in die Veränderung eintritt.

Im Erschließen bannt die Welt — das jeweils Sich-Erschließende — den Blick, wie der Blick sich bannen, sich einfangen und einnehmen läßt. In der Gegenseitigkeit von Sich-Zeigen im Sich-Zeigen den Anblick bannen einerseits, im Festhalten des Sich-Erschließenden durch das betrachtende Subjekt andererseits entsteht räumliche Struktur als Sich-Erschließende, Sich-Auseinander-Legende, als Offene hier, als Festgehaltene dort. In der Anwesenheit des Erschlossenen tritt räumliche Struktur in den Vordergrund, zeitliche dagegen weicht zurück. Dem Räumlichen eignet Prävalenz im Sinne der Anwesenheit des Sich-Öffnenden, Sich-Ausdehnenden, Sich-Auseinander-Legenden, der sich auftuenden Perspektive auf etwas hin; aber auch das Festhalten, Feststellen, das „Bannen" und Sich-einnehmen-Lassen sind für das Erschließen verbindlich.

„Setzen" hieße im manuell-pragmatischen Modus des Erkundens, ein Ding — z. B. ein Werkzeug — vor sich hin-zusetzen, vor sich hin-zu-stellen (Leistungsbezug) und damit die *Auseinandersetzung*: „Wozu dient es?" einzuleiten. Der Vorgang korrespondiert auf der sichtbar-pragmatischen „Ebene" mit der inneren Auseinandersetzung der anteilnehmenden oder teilnehmenden Kommunikation. Dem Setzen entspricht ein: „Dies ist ein so ... und so ... Gegenstand", dem das Gegensetzen (Gegenthema) folgt: „Nein, es ist ein dies und das Ding." Die zweite Lösung wird akzeptiert, in einem weiteren Schritt wieder verworfen, bejaht, dann wieder verneint; bis in der Auseinandersetzung das Binden oder Lösen sich abzeichnet, damit die mögliche Entscheidung.

In der Auseinandersetzung mit einem *sog*. Trieb, einem Gefühl, einem Hingezogen-Werden zu ..., einem Abgestoßen-Werden von ..., mit einer Erkenntnis, einer Befindlichkeit oder einem Urteil, wird die innere Bewegung der Inner-Subjektivität erfahrbar, ihre Zeitlichkeit (in der Auseinandersetzung). Hier werden Gedanken *sicht*bar, die sich gegen ein Fühlen richten, Willensimpulse, die Antriebe unterdrücken, die sich gegen ein Fühlen richten, Willensimpulse, die Antriebe unterdrücken, Erkenntnisse, die sich wiederum mit Trieben verbinden: *Innerlichkeit wird als Auseinandersetzung, als innere Bewegung zeitlich erlebt*. Bewegung und Gegenbewegung, die innerliche Wirkung von Normen und Sollensforderungen hier, von Fühlen, Stimmungen und Trieben dort, sind nur ein „Anteil" der gesamten Bewegung der *Innersubjektivität, die sich in dieser Bewegung als Zeitlichkeit der Auseinandersetzung, als Permanenz von Auseinandersetzung darstellt.*

In der Permanenz der Auseinandersetzung, damit des Konfliktes, ist jedoch das Subjekt nicht nur auf sich selbst, sondern stets auch auf Welt bezogen. Das Beziehen einer bestimmten Position innerhalb der Auseinandersetzung, das Setzen eines Themas, das Verwerfen desselben durch ein Gegenthema (Gegensetzen, Nichten), erneutes Bejahen oder Verneinen wird über die Auseinandersetzung hinausgehend zur Notwendigkeit, sich in Binden (Setzen von Themen, Sich-Entscheiden) oder Lösen (Aufheben von Entscheidung, Gegenthema) festzulegen.

Die Notwendigkeit von Binden und Lösen ist die Grundlage für die Entstehung der den Lebensweg des Subjektes bestimmenden Einstellungen: der Grundintentionalitäten, die auf Umwelt wie auch auf das Subjekt selbst bezogen sind. Diese vermögen sich u. a. in der Beziehung zur Normen und Sollensforderungen niederzuschlagen; darüberhinaus sind sie aber keineswegs nur eine Frage der sog. „moralischen Einstellung", sondern es wiederholen sich in diesen auch z. B. durch Gewohnheit bedingte Verhaltensweisen. D. h. daß das Subjekt sich in seiner Innerlichkeit einerseits als ständig in Auseinandersetzung sich Befindendes zeigt, andererseits aber auch vor der Notwendigkeit steht, Auseinandersetzung durch Binden oder Lösen abzuschließen, mit dem Abschluß Grundeinstellungen zu gewinnen.

Die Notwendigkeit von Binden und Lösen — auf ihre raum-zeitliche Struktur befragt — weist die inner-räumliche Konfiguration des Bindens und Lösens auf, in der eine Entscheidung für Setzen oder Gegensetzen innerhalb von Auseinandersetzungen im Sinne des Verbindlichen-Verfügbaren gefällt wird. Damit werden Richtung oder Richtungen bezogen, Einstellungen, u. U. klare Fronten gewonnen, und Eindeutigkeit gegenüber der Undeutlichkeit von Auseinandersetzung erstellt: d. h., es *konfiguriert (strukturiert) sich Innerräumlichkeit aus Entscheidung des Bindens und Lösens.*

Hier wird Auseinandersetzung zu einer moralisch-ethischen Frage: Über das Hin- und Hergerissen-Werden hinausgehend, kündigt sich das verbindliche Sein-Sollen eines Ge- oder Verbotes an, das im Binden oder Lösen dem Subjekt orientierende Einstellung vermittelt. *Das Subjekt* läßt *im Akt der Entscheidung Einstellung und Orientierung entstehen.*

Dort wiederum stellt sich ein Fühlen oder eine Befindlichkeit gegen eine moralische Norm und übernimmt die Führung innerhalb der sich auseinandersetzenden Themen und Gegenthemen, um das entsprechende Gefühl — z. B. für einen Menschen, — obwohl es „moralisch verurteilt wird" —, zur Grundlage einer Lebenseinstellung werden zu lassen. Auch hier findet Entscheidung für das Gefühl, d. h. Bindung einerseits, Lösung andererseits (einer moralischen Vorstellung gegenüber) statt, damit Orientierung und Einstellung.

Räumliche Strukturierung, wie sie jetzt im Gefolge von Auseinandersetzung entsteht, wird nicht — wie es mißverständlicherweise hätte erscheinen können — als „äußere", als drei-dimensionaler euklidischer Raum der Körperhaftigkeit aufgefaßt, sondern sie *erscheint als das mit dem Aus-Einander des Raumes, seiner mathematischen Teilbarkeit in unendlich viele Raumpunkte, korrespondierende, innersubjektive Setzen und Gegensetzen selbst*.

Weil ich in der Auseinandersetzung mich gegen ein äußeres Ding oder eine Person behaupte — ein Thema setze —, setze ich mich gegen das andere oder die anderen, begründe dabei in diesem Setzen Distanz zu dem anderen, d. h. Abstand, Richtung, Eindeutigkeit von Intentionalität als verbindliche, gebundene Richtungsnahme auf etwas hin, von etwas weg. Wie der euklidisch-äußere, dreidimensionale Raum dadurch ist, daß ein Punkt sich gegen den anderen behauptet, konstituiere ich in Setzen und Gegensetzen, dann in verbindlichem Binden und Lösen, in der Entscheidung, den inneren Raum meiner Einstellungen, Grundhaltungen, Überzeugungen. Ich konstelliere den Raum dann auch meiner Normen und möglichen sittlich-moralischen Auffassungen, die mein inneres Verhalten — oder den Mangel derselben — bestimmen.

Sehe ich von der Auseinandersetzung mit einem Ding oder einer Person ab, blicke ich von außen nach innen, auf mich selbst, wie ich in dieser Auseinandersetzung befangen bin, z. B. zwischen Befindlichkeiten hier, Erkenntnissen dort, erlebe ich mich in der Auseinandersetzung hin und hergerissen. Diesem Hin- und Hergerissen-Sein gegenüber finde ich mich selbst im Setzen oder Gegensetzen einer bindenden oder lösenden Entscheidung, wenn es mir gelingt, über die Auseinandersetzung hinaus zu der Notwendigkeit von Binden oder Lösen durchzudringen, in der ich dann innerräumliche Konfigurationen von Einstellungen und Orientierungen gewinne.

Mich in einer Bindung festlegend, setze ich ein Thema, beziehe ich eine Position, ereignet sich räumliche Strukturierung; wenn ich mich löse, gewinne ich Abstand, errichte ich Distanz, etwa in einer Abwendung.

So erscheint Auseinandersetzung jetzt als Auslieferung an die Bewegung und Gegenbewegung von Zeitlichkeit, an Veränderung überhaupt, als Permanenz und Präsenz der zeitlichen Dynamik. Aber in binden und lösender Auseinandersetzung zeigt sich Auseinandersetzung gleichzeitig als innerlich-räumliche Konfiguration, die sich selbst als Bewegung von Setzen und Gegensetzen, (Thema, Gegenthema) aufhebt, indem sie durch die Bindung „festgestellt", „abgeschlossen", „gelöst", oder „eingebunden (gebunden)" wird.

Im Aufzeigen und Aufweisen wiederum überwiegt die innerräumliche

Struktur als innersubjektiv das Ineinander von z. B. einer Beweisfolge, einer Selbstbeobachtung, einer Darstellung äußerer Zusammenhänge geordnet darstellende. *Die Struktur der Ordnung als jeder Räumlichkeit zugrunde liegende wird im Aufzeigen und Aufweisen sichtbar gemacht.*

Die Logik des bindend/lösenden Urteils ebenso wie die des (bewältigenden) Erkennens, die jeweils Ordnung in der Logik selbst fundieren, findet ihre außerweltliche Entsprechung in der Korrespondenz aufeinander bezogener, räumlicher Ordnungen.

In der Bewältigung endlich als existentialem Bezug (Überstieg) der individuell-biographischen Wahrheit auf die mögliche Wahrheit, werden die Orientierung des Erkundens und Entdeckens, das Erschließen, das in Auseinandersetzungen zu Entscheidungen Gebundene oder Gelöste, das in Aufweisen und Aufzeigen Geordnete in ihrer verbindlichen Intentionalität auf die mögliche Wahrheit sichtbar.

Die existentiale Bewältigung, die als Prozeß nie abzuschließen ist, da sie sich nur als ständiges, erneutes Sich-in-Frage-Stellen und Auseinandersetzen zu bewähren vermag, ist wiederum von den kompensatorischen „Bewältigungen" (s. u.) zu unterscheiden; letztere haben vor allem klinisch-praktisch eine sehr viel größere Bedeutung. In den Kompensationen kommt die relative Beziehung der Kompensation auf das zu Kompensierende – von z. B. in Auseinandersetzung stehenden Gegensätzen – zum Abschluß und Ausgleich. Ohne daß jedoch in der Kompensation das Individuum sein Verhalten mit der aktuellen und vergangenen Faktizität desselben konfrontiert, um damit sein Verhältnis zur möglichen Wahrheit zu bewältigen.

In der existentialen Bewältigung schwindet die zeitliche Struktur von Bewegung und Gegenbewegung zugunsten des Erlebens der Dauer des Vollbrachten, des Vorläufig-Endgültigen. Das Erleben möglicher „Wahrheit" wird in der Bewältigung zur Evidenz derselben. Das Subjekt macht die Erfahrung, die die introspektive Mystik früherer Zeiten beschrieb und die der Mystiker *Angelus Silesius* wie folgt zusammenfaßt:

> „Wem Zeit ist wie Ewigkeit
> und Ewigkeit wie Zeit
> der ist befreit
> von allem Streit".*

In diesen Versen bringt der Dichter Zeit und Streit (Auseinandersetzung) in einen tiefsinnigen Bezug zueinander (s. u.). E. Straus sieht den Wechsel der Kommunikation noch wie folgt:

Für den Arzt wird der Leib des Patienten zum Körper, an dem er mit tastender Hand diagnostische Feststellungen macht, Feststellungen, die

---

* Aus: Angelus Silesius: Der Cherubinische Wandersmann, Bremen, 1938.

wiederholbar und mitteilbar sind. Diese Veränderung der Kommunikation ist für das ärztliche Handeln notwendig; sie macht es auch dem Kranken erst möglich, dem Arzt seinen entblößten Leib darzubieten und zu überlassen. Wie gewaltig der Wechsel der Kommunikation ist, erläutert das chirurgische Handeln. Nicht wie ein Wütender blindlings auf den anderen einsticht, sondern in der Absicht zu helfen, mit genauer Kenntnis der anatomischen Verhältnisse führt der Chirurg den schmerzhaften Schnitt in dem lebendigen Gewebe. Im Wechsel der Kommunikationsweise verändert sich nicht allein die Struktur des Gegenstandes und die Art der Beziehung des Erlebenden zu ihm, er selbst ist anders im Empfinden als im Wahrnehmen.*

3. Außer- und inner-räumliche Strukturierungen (Lebensraum,[4] Orientierung, Ordnung)

Als Lebensraum der Individuen sei jener Raum bezeichnet, der als äußerer von den geographisch-klimatischen Faktoren bis zu den sozialen eines dörflich, klein- oder großstädtisch geprägten Umraums sich erstreckt, der die Details des Milieus (Subkultur, Hochhausbau, Reihenhäuser, Einzelhäuser, Art und Weise der Wohnungen und ihre Einrichtungen usf.) nicht weniger umfaßt als die Veränderungen, denen das Individuum bei Wechsel der Lebensräume ausgesetzt war. Unter Lebensraum sei ferner die Außerweltlichkeit des aktuellen, derzeitig von dem jeweiligen Individuum und seinen Bezugspersonen bewohnten „Milieus" verstanden.

Innerweltlich ist der Lebensraum durch die jeweiligen, unter den Be- und Anwohnern desselben sich darstellenden, überwiegenden, das Subjekt prägenden (Themen) oder vom Subjekt gegengeprägten (Gegenthemen) Kommunikationsmodi beherrscht. Das anteilnehmend-emotionale Erkunden, Entdecken, Erschließen oder Sich-Auseinandersetzen, das anteilnehmende Binden und Lösen in dem Wie von Trieb-, Stimmungs- oder Gefühlsbezogenheit, ferner das noetisch-teilnehmende Kommunizieren, das verbindliche oder unverbindliche Sich-Binden und Lösen, dessen Niederschlag in Prinzipien, Geboten, Verboten und Normen, bestimmen als das Gesamt der Kommunikationsmodi den *innerweltlichen Lebensraum*. Dieser ist *ständig auf den außerweltlichen bezogen, beide sind voneinander abhängig und beeinflussen sich gegenseitig, müssen aber keineswegs „homogen" übereinstimmen.*

Der Lebensraum als die äußere und innere Darstellung von Setzen und Gegensetzen, heterogenen oder homogenen Kommunikationsmodi, von Themen und Gegenthemen ihrer Subjekte, ist durch die Permanenz von Auseinandersetzung und Versuchen, möglicherweise diese zu bewältigen —

---

* Aus E. *Straus:* Vom Sinn der Sinne. op. cit., Göttingen/Berlin/Heidelberg 1956.

zu kompensieren — gekennzeichnet, auch wenn er nicht primär heterogen erscheint.

So kann z. B. der relativ homogen erscheinende Lebensraum des bäuerlichen Milieus oder einer kleineren ethnischen Gruppe in sich die Spannungen zwischen einer (in einem bäuerlichen Milieu) stark materiell geprägten Anspruchshaltung (als Orientierung auf etwas hin, als Einstellung) der weiblichen Inwohner reflektieren, die im Gegensatz zu einer zähen, schwerfällig-unbeweglichen, desinteressiert-„sturen" Gemütsverfassung der Männer steht (Temperament, leibhafte Disposition und ihre Auswirkung auf die anteilnehmende Kommunikation). Die weiblichen Inwohner mögen ferner unruhig-leichtlebiger, nervöser Befindlichkeit sein, damit ihre Anspruchshaltung den Männern gegenüber akzentuieren, und es werden sich auf diese Weise zahlreiche Themen und Gegenthemen, d. h. Auseinandersetzungen in einem Lebensraum entwickeln werden nur — stark vereinfacht — die Befindlichkeiten und Erwartungshaltungen der Männer und Frauen beobachtet.

Ein puritanisch geprägter Ordnungsbezug in einer Kolonistensiedlung (z. B. der USA im 18. Jahrhundert) stellt sich gleichzeitig in Gegensatz zu der derben Sinnlichkeit sowohl der weiblichen als auch der männlichen Inwohner und zu der „Geschlossenheit" eines anderen Lebensraumes, z. B. des der Indianer. Er weist damit erhebliche Möglichkeiten von Auseinandersetzungen auf.

Der sog. „kleinbürgerliche" Lebensraum z. B. setzt sich innerweltlich im Einfamilienhaus mit eigenem Garten fort, wenn die ängstlich-duckmäuserische, „buchhalterische" Einstellung des sog. Kleinbürgers, seine Dienstbeflissenheit hier, sein Anpassungsbedürfnis dort, seine Störrischkeit und Horizonteinschränkung auch im „mittel"- oder „großbürgerlichen" äußeren Lebensraum auftreten, wenn die Inwohner nicht die tolerant-großzügige, lax-indifferente Haltung, Einstellung des sog. „Großbürgertums" übernehmen. Letztere Grundhaltung wird möglicherweise von den Nachbarn und Anwohnern erwartet und damit der Grund zu Auseinandersetzungen innerhalb eines soziologisch relativ homogenen Lebensraumes gelegt.

D. h., äußerer und innerer Lebensraum sind keineswegs homogen, noch müssen sie — wenn auch aufeinander bezogen — miteinander korrespondieren; vielmehr stellen sie sich als homogene von äußerem Milieu (z. B. feudaler Grundbesitz, feudale Einstellung, Lebensgewohnheiten, Normen usf.) und innerweltlichen Kommunikationsmodi in der Entwicklung der Industrieländer nur in den seltensten Fällen dar. Jede mögliche Homogenität wird sich jedoch bei näherer Befragung und Explikation in den meisten Fällen auf Grund der Verschiedenheit und Je-Einmaligkeit der den Lebensraum bewohnenden Subjekte — selbst bei größtmöglicher Stilisierung — als inhomogen und antagonistisch aufweisen lassen.

Als Gewordener ist ferner jeder Lebensraum aus Kommunikation entstanden: von der Rodung der Wälder in der Hallstatt-Kultur bis zum „Aus-der-Erde-Stampfen" einer Neubausiedlung, ist seine sichtbare, dreidimensionale Strukturierung und Konsolidierung Folge der verschiedenen Kommunikationsmodi: mit Erkunden und Erschließen beginnend bis zum verbindlichen Binden und Bewältigen (wenn im letzten Fall das Thema der Erschließung eines Lebensraumes, etwa in einer Kolonisation, zum Abschluß gelangt).

Der Lebensraum eines menschlichen Anwesens stellt seit phylogenetisch ältesten Zeiten die erste Bewältigung (Kompensation) z. B. der klimatisch-geographischen Unbill dar (Höhlensiedlungen); er ist aber auch die erste Darstellung der institutionalisierten Anteilnahme in den größeren bäuerlichen Gemeinschaftssiedlungen der Donauländischen Kultur. In diesen und ihren Langhäusern wird gemeinsame Anteilnahme an dem Thema „Wohnen" sichtbar, das in seiner Gemeinschaft implizierenden Absicht einerseits dem Einzelnen Einschränkung (Verzicht, Nehmen) auferlegt, andererseits größeren Schutz und ein verändertes Bewußtsein der Zusammengehörigkeit mit den Stammesmitgliedern vermittelt haben dürfte. (S. auch „Institutionalisierte Anteilnahme", das Großraumhaus als Institution. Z. B. in Polynesien.)

Der bindend-lösende, aufweisen-aufzeigende, Bewältigung intentionalisierende Kommunikationsmodus, als innerlich und äußerlich räumliche Strukturen bildender, wird über die Orientierung hinausgehend in der *Ordnungsproblematik* der Subjekte sichtbar.

Die erkundende Orientierung des aufwachsenden Kindes in seinem jeweiligen Lebensraum läßt die Ordnung desselben als *Ausdehnung* eines Zimmers oder dessen *Einengung* erfahren. *Grenze wird richtungweisende Begrenzung* — eine Wand, eine Tür — *und Ausdehnung (Weite) als Möglichkeit von Entfaltung.* Dieser erkundenden Orientierung entspricht das Ordnungen vermittelnde Verhalten des Erwachsenen, der hier gewährt, toleriert, annimmt, das Kind in seinen Möglichkeiten zur Kommunikation sich entfalten läßt — dort aber auch anweist, gebietet, verbietet und damit der Kommunikation bestimmte Richtungen (Einstellungen) vermittelt. Es bezieht Orientierung des Verhaltens in Mitteilen und Antworten auf Ordnungsmomente. Das Ordnungen ermittelnde Erkunden wird über das Erschließen derselben (deren „Sinn" oder „Unsinn") und Sich-Auseinandersetzen mit dieser, zum Sich-Binden in bestimmten Verhaltensvorschriften (Ordnungsbezügen) hier, zum Sich-Lösen im Erlaubten dort. Orientierung wird zur Orientierung an moralisch-ethischen Ordnungsbezügen zum Binden und Lösen gegenüber den Normen, z. B. der jeweiligen Gruppe.

Dabei werden im Erschließen von Ordnungsbezügen des Verhaltens: „Warum soll ich das so … und nicht anders … machen?" diese auch durch Fragen des erkundenden-entdeckenden Kindes provoziert, deren betont-rationaler Charakter wiederum durch Erschließen ganzheitlicher-bildhafter Zusammenhänge, wie sie z. B. die Märchen und Mythen vermitteln, Ausgleich (Kompensation) zu finden vermag.

Sollen, Müssen, Dürfen und Können[5] stellen in diesem Zusammenhang Grundvoraussetzungen menschlicher Orientierung an Ordnungsbezügen, d. h. gegenüber moralisch-ethischen Geboten und gesellschaftlich vermittelten Normen, dar. Erstere (Gebote und Verbote) erfährt das Kind bereits durch die Vorgegebenheit seines Leibes,[6] dessen Bewegungsmöglichkeiten hier bestimmte Eingrenzungen aufweisen: es kann die Beine und Füße nur zum Gehen benutzen, nicht jedoch zum Greifen. Es muß (Gebot) sich der beschränkten Bewegungsmöglichkeit unterordnen. Es lernt damit *erste Einschränkungen als Richtungnahme auf etwas hin* (Müssen).

Es *kann* durch Bewegung des Armes, durch Greifen mit Hand und Fingern Personen oder Gegenstände berühren, diese umfassen oder umschließen; es erfaßt das *Ausführen-Können von Bewegungen als ersten Umraum möglicher Freiheit, als Dürfen. Müssen (Bewegungseinschränkung) und Dürfen (Bewegungsraum) finden sich im Sollen*, wenn das Kind erfährt, wie es den Bewegungsraum seiner Extremitäten, das Können, mit dessen Grenzen, dessen Einschränkungen verbindet. Wie es dann in der Koordination *beider* zielgerichtete Bewegungen zu einem bestimmten Gegenstand oder einer bestimmten Person hin durchzuführen vermag: wenn es in dieser Bewegung den Befehl seines Willens, jenen Gegenstand vom Boden aufzuheben, als Sollen erlebt und in die Tat umzusetzen lernt (s. auch u. „Kommunikationserweiterung").

In der Vorgegebenheit dieser Erfahrung des Müssens, Dürfens (Könnens) und Sollens wird die ursprüngliche Gleichzeitigkeit von Einstellung und leibhaftem Sich-Mitteilen oder Antworten sichtbar.

In der erkundenden Orientierung über Auseinandersetzung und Sich-Binden oder Sich-Lösen, endlich im Bewältigen, wird über das Gewahren der Grenzen des Lebensraumes und möglichen Entgrenzungen desselben in Ausdehnung, Nähe, Entfernung, Engigkeit oder Weite *eine ursprünglich vorgegebene Ordnung sichtbar*. Diese Ordnung ist die aller spezifischen Moral vorgegebene, es ist die präverbale Sprache des Menschen, die ihm ermöglicht, gesellschaftlich vermittelte Ge- und Verbote überhaupt adäquat — teilnehmend — zu verstehen, sich mit diesen auseinanderzusetzen, sie weiterzugeben.

Durch die verschiedenen Kommunikationsmodi, die ihm sein Leib vermittelt, strukturieren sich dem Kind Ordnungsbezüge, denen die Erlebnisse mit seiner Pflegeperson korrespondieren. Diese zeigen sich hier etwa als Härte, Starrsinn, Enge, Unduldsamkeit, Abweisung und Kälte, dort als Nachgiebigkeit, Weichheit, Fügsamkeit, Zuwendung, Duldsamkeit und Wärme, in eben dem widerspruchsvollen, niemals eindeutigen In-Einander der Wirklichkeit.

Es erlebt Wärme, Zuwendung, Duldsamkeit als Möglichkeit der Ausdehnung und Entfaltung, aber auch als bedrohliche Entgrenzung über die anteilnehmende Kommunikation (Verwöhnung, „zu viel Liebe"); und es erlebt nicht zuletzt sich selbst als „warm", „verwöhnend", „zuwendend" oder als „kalt", „hart", „mürrisch", „abweisend", „verletzend".

Über die erkundenden u. a. Modi der Orientierung wird Ordnung sichtbar, die in dem Maße, in dem über sie verfügt wird, in dem Maße, in dem das Kind sich selbst als „warm" oder „kalt", als sich zuwendend oder abweisend verhält, die sich als die im Lebensraum dominierende, häufig in sich widersprüchliche, *„Moral"* oder „Norm" zeigt.

Die Struktur der jeweiligen Ordnung wird durch die leibhaften Vorgegebenheiten des Müssens, Könnens, Dürfens, Sollens durch die Sichtbarkeit des Lebensraumes, seiner „Enge", „Weite", sein „Durcheinander" (Verwicklung) oder seine „pedantische Sauberkeit" und *durch Erleben zwischenmenschlicher Beziehungen, immer aber durch Kommunikation, sichtbar.* Sie wird durch das aufwachsende Individuum nicht nur „vorgefunden", sondern von diesem aktiv konstelliert und provoziert.

Diese zwischen Lebensraum und jeweiliger Orientierung erkundete, entdeckte, erschlossene usf. *Ordnung* ist engstens mit beiden verschränkt, muß aber doch als das *Leitthema* angesehen werden, *aus dessen Kenntnis erst Lebensraum und Orientierung als ein zusammenhängendes, letztlich auf Ortung, auf Standortbestimmung bezogenes Ganzes sich erweisen.*

Es sind z. B. die Ordnungsprinzipien[7] einer Ideologie, einer rein pragmatisch-ökonomischen Auffassung, einer emotional-anteilnehmenden Fluktuation aller Beteiligten – z. B. in nicht aussetzenden Machtkämpfen zwischen Eltern oder Großeltern. Es ist die Ordnung einer die Bewohner erschöpfenden Arbeit (bäuerliches Anwesen), die als diese das Zusammenleben der Inwohner bestimmt, sich aber möglicherweise auch auf hierarchische Abstufungen eines Weltbildes bezieht, die wiederum Orientierung und Lebensraum, in ständiger, wechselseitiger Verflechtung bestimmen und als diese sich erschließen lassen. Das in seinem Lebensraum sich orientierende Individuum weist im Vorgang der Orientierung selbst dessen Ordnung auf: indem es mit den Einstlllungen, die es im Verlaufe der Orientierung entwickelt, die latente, dem Lebensraum innewohnende Ordnung vor sich selbst aufzeigt, sich mit dieser auseinandersetzt, sich in ihnen bindet oder aus diesen eines Tages sich löst.

Die Entwicklung schließt darüber hinaus keineswegs aus, daß das Individuum im Verlauf seines weiteren Lebensweges Orientierungen und Ordnungsbezüge entwirft, andere in anderen Lebensräumen erfährt, die vorausgegangener Erfahrung von Ordnung widersprechen und demnach zum eigenen Ordnungsbezug werden.

Ordnung bedarf der Spezifizierung dessen, was als jeweiliges Leitthema in Sitten, Gebräuchen, Gewohnheiten, vermittelter Tradition, in moralischen Vorschriften und Sollensforderungen (Gebote, Verbote) sich entsprechend differenziert und unterschiedlich kundgibt. In Ermanglung dieser Faktoren gewinnt Ordnung das Gepräge der unverbindlichen Verwahrlosung — Gegenordnung —, die bekanntlich nicht selten ist: allerdings sich nicht allein auf Subkulturen und Slums beschränkt, sondern auch in „Villen" und „guten mittelständischen Wohnungen" beheimatet ist.

Generell weist oder zeigt in der Dominanz eines Ordnungsbezuges oder im Gegeneinander verschiedener Ordnungsbezüge (z. B. katholisch-protestantische Ehe, bäuerlich orientierte Ordnung, bei einem Subjekt von überwiegend pragmatischhem Lebensbezug usf.) Ordnung als in Bindungen geschlossene sich auf. *Weil in der Ordnung Auseinandersetzung allgemein verbindlich — in der jeweiligen Gemeinschaft — gebunden wurde, kann sie als Ordnung aufgezeigt werden.*

Diese Zusammenhänge werden in den Heiratsordnungen bestimmter Ethnien deutlich, soweit hier Eheschließungen verbindliche, mit ökonomischen und sakralen Sanktionen belegte Bindungen sind, die Lösungen, z. B. vom elterlichen (väterlichen oder mütterlichen) Wohnsitz, voraussetzen, und als Lösung dann eine neue Ordnung repräsentieren (z. B. patrilokale Ordnung gegen matrilokale).

Es folgt neue Ordnung auf Lösung von alter Ordnung auf Auseinandersetzung mit dieser.

In der Verbindlichkeit einer ausschließlich auf Zuneigung sich gründenden Bindung und der Konstituierung einer neuen Ordnung gemeinsamen Zusammenlebens wird der neue Ordnungsbezug ebenfalls sichtbar. Darüber hinaus ist Ordnung über Auseinandersetzung zwischen Subjekten in der Verbindlichkeit von Abmachungen — wie im Tauschprinzip — aufzuweisen (s. o. II/9). Das Spiel ist nur ein Spiel, sofern es — als Spiel-Ordnung — die Spieler zu einer Gemeinschaft bindet, damit aus einer anderen vorhandenen löst. Den, in einem Lebensraum dominierenden oder in Konflikt miteinander stehenden, u. U. sich ergänzenden Ordnungsprinzipien moralisch-ethischer Natur kommt — wie betont — grundsätzlich der Charakter der verbindlichen Bindung zu. Diese „bindet" die Subjekte einerseits zu Einheiten „zusammen", löst mit dieser Bindung andere Einheiten jedoch auf, und legt darüber hinaus in der Bindung schon wieder Grund zu neuer Lösung.

In den einen Lebensraum bestimmenden *Sitten* schlagen sich meist die aus der mythisch-religiösen Bilder- und (Ordnungs)welt stammenden *Handlungsabläufe* nieder, die ursprünglich auch Zeremonielle oder Rituale gewesen sein können, dann aber, im zunehmenden Verfall der religiös-mythischen Bindung, zu Sitten geworden sind, deren „Warum" meist nicht mehr angegeben zu werden vermag. Zu diesen Sitten zählen z. B. der Familienspaziergang am Sonntag nachmittag, das Tischgebet nach dem Essen, die Kränze zur Beerdigung, der Lichterkranz zum Geburtstag. Sie sind *Ordnungssymbole* geworden, die die alltägliche Kommunikation mit bedeutungsvollen Hinweisen prägen, in dieser Prägung bestimmten Situationen Akzente verleihen, deren regelmäßige Wiederholung, wenn auch in ganz veräußerlichter Weise, die diffuse Alltäglichkeit eingrenzt und markiert.

In den *Gewohnheiten* wiederum stellen sich spezifische Einstellungen dar, die besonders die Art und Weise, wie in dem jeweiligen Lebensraum gelebt – gehandelt – wird, widerspiegeln. Dieser Widerspiegelung können bestimmte Ordnungsprinzipien und Orientierungsvorgänge entnommen werden: Wer die Gewohnheit hat, den Löffel in der Teetasse stehen zu lassen, gibt damit kund, daß er aus einem kleinbürgerlichen Milieu kommt, dessen Ordnungs- und Orientierungsbezüge diesem Faktum, dem Stehenlassen des Löffels in der Tasse, keinerlei besondere Bedeutung beimessen. Die Gewohnheit wird jedoch für andere zu einem Bild, aus dem sie Herkunft und mögliche Ordnungsbezüge erschließen. Die Gewohnheit, nach dem Mittagessen zu schlafen, weist entweder auf bestimmte geographisch-klimatisch festgelegte Lebensräume südlicher Provenienz hin – oder auf einen Lebensraum, der nicht dem 8-Stunden-Tag folgt, und impliziert damit wiederum bestimmte Ordnungs- und Orientierungsbezüge.

Das Ordnungsmoment von Gewohnheiten liegt in der Strukturierung der leibhaft-anteilnehmenden Kommunikation durch diese: zu Mittag Wein zu trinken, der die Befindlichkeit beeinflußt, damit die Kommunikation; nach der Arbeit Zeitung zu lesen, d. h. „abzuschalten", indem man sich zerstreut; sich die Pantoffeln vor das Bett stellen zu lassen, um damit mütterliche Fürsorge zu provozieren. Die *anteilnehmende Kommunikation nimmt damit in den Gewohnheiten als immer wiederkehrende Gestalten des Verhaltens Räumlichkeit (Ordnungsbezug) an*, die sich besonders im Bereich der Leibhaftigkeit abzeichnet.

In der *Tradition* nimmt das z. B. in der Familie überlieferte, sowohl praktisch-pragmatische Erfahrungsgut (z. B. früher in Handwerks- oder „Hoflieferanten"-Familien verbürgt), wie auch die Einstellung moralischer Prinzipien zur Umwelt oft eine seit Generationen gepflegte Absonderung gegenüber einer minderwertig empfundenen Umgebung an, wohingegen andere Schichten als „höhere" bewundert werden; beide Faktoren werden zu einem den Lebensraum und die Orientierung über die Tradition ordnenden Anteil.

Das Ermangeln jeder Traditionsgebundenheit vermag die Entfaltung des Subjektes ebenso zu fördern, wie sie zu hindern. Tradition bindet das Subjekt und erschwert das Sich-Lösen, ermöglicht aber innerhalb der Tradition auch Entfaltung, wie es bei der Lösung des Individuums aus der Tradition dieses durch Orientierungs- und Ordnungsverlust gefährdet.

In der Tradition wird ein immer wieder zu beobachtender, anthropologisch aus der Vermittlung von Erfahrung an die nachfolgende Generation notwendigerweise entstandenes Bedürfen des Menschen sichtbar, seine zeitlich begrenzte, individuelle Existenz über diese hinaus als Gestalt – Tradition –, den Nachkommen zu vergegenwärtigen; d. h. Zeit existential durch Tradition zu „bewältigen". – Die Tradition wird damit vor allem zur Vermittlung institutionalisierter Normen, die häufig als unausgesprochene Gebote, Gesetze oder Verbote zu Grundeinstellungen führen, die dann den sog. Lebensstil (eines „Gentlemans", eines Offiziers, Pfarrers etc.) prägen. Diese Prägung ist jedoch in der industrialisierten Welt schon kaum mehr wahrzunehmen. In der vorindustrialisierten Welt ist sie auffallendes Merkmal von Berufen, Ständen, Gilden, von ganzen Bevölkerungsschichten gewesen.

In den moralisch-bestimmten Ver- und Geboten wird die das Individuum verpflichten-sollende Orientierung seines Verhaltens sowohl grundsätzlich wie auch in spezifischer Situation deutlich. (Grundsätzlich: z. B. nie zu lügen; in spezifischer Situation: einem Notleidenden helfen, einen Feind nicht erschlagen.) Die moralischen Ordnungen (Prinzipien) der sogenannten Naturvölker, ihre komplexen Vorschriften und Tabus [8], die häufig bis in die alltäglichsten Einzelheiten geregelten (vorgeschriebenen) Umgangsformen haben bereits den Charakter spezifischer, bis in das Detail der Handlung gehender Orientierung: das „Wie" der Handlung, das „Wie" des Verhaltens, damit der innerräumlichen Richtungnahme durch die Orientierung, in der der jeweilige Ordnungsbezug des Subjektes sich zeigt, wird genauestens bestimmt.

Daß diese Prinzipien wiederum aus sehr heterogenen Kommunikationsmodi entstanden sind, z. B. aus Erkunden, Entdecken und Erschließen des anderen als eines Du über die sozialen Antriebe des Beschützens oder Sich-Einfühlens, kann hier nicht in allen Einzelheiten aufgewiesen werden [9].

Sich in einem Gebot zu binden, impliziert, sich z. B. von der Möglichkeit zu lösen, den anderen schädigend zu mißbrauchen. Das grundlegende Inzestverbot verbietet – bindet – den sexuellen Kontakt zwischen Geschwistern oder zwischen Eltern und ihren Kindern; damit löst es die Möglichkeit zu einer sozialen Kommunikation, die die Grundlage für eine personale Beziehung zu werden vermag.

Für die vorliegende Untersuchung genügt es festzustellen, *daß in den sogenannten moralischen Prinzipien*, z. B. in der aus anteilnehmender Kommunikation stammenden Auseinandersetzung: soll ich helfen... oder weglaufen, soll ich lieben... oder soll ich an mich raffen, soll ich lügen... oder die Wahrheit sagen, soll ich streicheln... oder schlagen, *das Subjekt sich in einer Entscheidung für das eine oder andere bindet, bzw. löst*. Die an die sogenannte Vernunft appelierenden moralischen Verhaltensvorschriften stellen genetisch-historisch den Abschluß von stattgehabten Auseinandersetzungen der anteilnehmenden Kommunikation dar. In der ubiquitären Verbreitung sowohl des Inzestverbotes als auch der diesen vorausgegangenen, historisch zu erschließenden Auseinandersetzungen kommt das ebenso zum Ausdruck, wie in dem die institutionelle Anteilnahme (s. o.) fördernden Tauschprinzip.

Noch in der Gegenwart läßt sich jede Gesetzgebung, z. B. des bürgerlichen Rechtes, als Folge von Auseinandersetzungen beobachten, die in der Rechtsfindung ihren (stets relativen) Abschluß finden.

Institutionalisierte moralische Forderungen hier, Gebote dort, stellen den sich hier bindenden, dort lösenden Menschen dar, der Auseinandersetzung zu bewältigen versucht. Dies schließt keineswegs aus, daß die moralischen Forderungen Unbewältigtes verbergen oder daß sie Anlaß zu unbewältigtem Handeln geben, wie z. B. im unmenschlich-utrierten Pflichtbegriff.

Der Modus des Sich-Bindens und Lösens als innerräumliche Ordnung konstituierender, damit Orientierung vermittelnder, *dürfte jedoch für den Versuch, Auseinandersetzungen der leibhaft-anteilnehmenden Kommunikation zu bewältigen, entscheidend sein*. Sich in einem Gebot oder Verbot zu binden oder zu lösen, impliziert Entscheidung für oder gegen etwas. Der Modus der Entscheidung setzt das (relative) Sich-Verfügen des Subjektes zu einer bindenden oder lösenden Entscheidung[10] voraus. Diese wird in der anteilnehmend-emotionalen Kommunikation passiv, als nicht verfügbarer Zug zu etwas hin oder Entzug von etwas erlebt: hier entsteht eine Bindung, ohne daß sie gewollt war — dort mißlingt eine gewollte Lösung. In der teilnehmenden Kommunikation wird Entscheidung im Vollzug von aufweisenden Gründen aktiv vollzogen (verfügt), aber *erst in der Bewältigung zeigt sich das ganze, sich in die Entscheidung werfende Subjekt*. In der frühen Kindheit werden Sich-Binden und Lösen (Trennen) überwiegend gewaltsam erlebt. Ohne sich für jemanden „entscheiden" zu können erfährt das Kind, daß es von den Erwachsenen „verfügt" wird, wie es später möglicherweise über eigene Entscheidungen zu verfügen vermag.

Aus dem Unterschied, womöglich gar der Diskrepanz (Mißverhältnis) zwischen den anteilnehmenden Kommunikationsmodi und den teilnehmenden, entstehen ferner jene Konflikte, die hier teilnehmende Bindungen, z. B. gesellschaftlich-moralischer Natur, verlangen, ohne daß diese Bindungen von anteilnehmender Emotionalität erfüllt sind. Die aus diesen Bindungen entstehenden Auseinandersetzungen fordern u. U. neue Lösung und andere Bindung. So wird die noetisch-verfügbare Bindung, ihr Ordnungsbezug, durch die anteilnehmend-emotionale Lösung oder Bindung in Frage gestellt — und umgekehrt; darin liegt die Problematik allen Bindens und Lösens überhaupt. Aus der Notwendigkeit des Bindens versucht das Subjekt häufig zu binden, was sich nicht binden läßt — und zu lösen, was nicht zu lösen ist. Das schließt keineswegs aus, daß aus noetisch-teilnehmender Bindung auch anteilnehmend-emotionale sich entwickelt — und umgekehrt, aus anteilnehmend-emotionaler Bindung noetisch-teilnehmende.

Das den Lebensraum auszeichnende In-Einander, Mit- und Gegen-Einander von Kommunikationsmodi (In-Einander im Sinne des Inne-Seins von Kommunikation überhaupt, Mit-Einander als gemeinsame Kommunikation an einem Thema, Gegen-Einander im Sinne der Kommunikation und Gegen-Kommunikation über Thema und Gegenthema) *und der den Lebensraum bestimmenden Inwohner, findet nicht zuletzt seine sowohl innere wie äußere Verschränkung in den sogenannten Vorbildern.*

Das Vorbild konstelliert und evoziert in seiner Umgebung über leibhaftanteilnehmende Kommunikation, d. h. über vorlogische Partizipation und vermittelt damit dem Verhalten der Inwohner eines Lebensraumes sowohl Orientierung außer- und innerräumlicher Art, wie auch bestimmte Ordnungsbezüge. Die Vermittlung äußerer und innerer Orientierung wird u. a. durch Nachahmungen der Handlungen provoziert, die diejenigen vollführen, die unter der Anleitung einer vorbildhaft erlebten Person aufwachsen, und die besonders einprägsam in vorindustriellen Lebensformen zu beobachten war.

Die Orientierung am Vorbild[11] betrifft z. B. nicht nur das „Was" einer bestimmten Arbeit, die der Anleitung gemäß übernommen und ausgeführt, sondern auch „wie" diese gemacht wird — bis in die Einzelheiten der leibhaften Haltung der vorbildhaft erfahrenen Person, der Übernahme dieser Haltung durch das arbeitende Individuum. Mit dem „Wie" werden Einstellungen, Normen, Gewohnheiten, aber auch Prinzipien vermittelt, wenn diese von dem Vorbild dargelebt werden und dieses sich der Umwelt gegenüber konform zu den von ihm vertretenen Ge- und Verboten verhält. Das Vorbild eines Sippenchefs nomadisierender Beduinen, das Vorbild eines germanischen Hausvorstandes, das Vorbild eines feudale Prinzipien und Auffassungen befolgenden Adligen, das Vorbild eines evangelischen Pastors in seiner Gemeinde, eines patriarchalischen Bauern, sind „Bilder", die in vorlogischer Weise Orientierung und Ordnungsbezüge gleichzeitig vermitteln.[12]

Dem Partizipieren am Vorbild ist der äußere Lebensraum, die Erkundung oder Bewältigung desselben, durch das Vorbild, — z. B. des amerikanischen „Pioniers" — nicht weniger enthalten, wie die Prinzipien, Auffassungen und Einstellungen (Orientierungen, Ordnungsbezüge), die zu der Entdeckung und Erschließung des Lebensraumes, zu dem Festsetzen innerhalb desselben (Binden), wie auch seiner spezifischen Prägung durch die menschliche Leistung (Arbeit) geführt haben.

Der Bezug auf eine „Ordnung", die z. B. hier den „Raffgierigen", die Natur skrupellos ausbeutenden, ausschließlich ökonomisch am Gewinn orientierten Auswanderer charakterisiert, dort den Puritaner, der in der Arbeit die Verherrlichung Gottes sieht, im Gewinn derselben das Zeichen möglicher Erwähltheit wird in der Art und Weise, wie das Vorbild sich als kommunizierendes darstellt, sichtbar.[13]

Dem vorbildhaft erlebten Menschen im vorindustriellen Kulturraum ist der jeweilige Lebensraum als gelebter, als einer der Auseinandersetzung, als ein zu bewältigender, immanent: das Vorbild umschließt auch dessen Lebensraum. Das bezieht die Orientierung innerhalb des Lebensraumes, — in ständiger Wechselwirkung mit diesem —, mit ein, wie auch den gleichzeitigen Bezug auf mögliche andere Ordnungsprinzipien. Industrialisierung, zunehmende Arbeitsteilung, Normierung des Arbeitsrhythmus, Verlust der Lebensräume, die noch einen Bezug zur Natur, zu Klima oder Bodenbeschaffenheit hatten, Ersatz derselben durch stereotype Neubausiedlungen, Wohnblöcke oder Subkulturen zählen zu den Fakten, die u. a. die Anlehnung und Partizipation der Inwohner eines Lebensraumes an ein oder mehrere Vorbilder fragwürdiger und immer seltener erscheinen lassen.

Lebensraum, Orientierung und Ordnungsbezug werden daher zunehmend diskrepant. Wie in der „westlichen" Hemisphäre der Bezug auf die ökonomische, gewinnbringende Ordnung mit entsprechender Orientierung die relative Heterogenität noch verschiedener Lebensräume zunehmend stereotypisiert, so gibt sich im „Osten" eine Ordnung als diese aus, die als staatlich-manipuliertes Bezugssystem die Individualität der Lebensräume aufhebt, gleichzeitig den ideologischen Schleier einer Ordnung ausbreitet, die selbst als praktisches Bezugssystem nur mangelhaft funktioniert.

Der Zerfall des Vorbildes trifft jdeoch historisch nicht nur für die Epoche der Industrialisierung zu. Andere Übergangszeiten, wie die Auflösung des Römischen Reiches — u. a. auch aus einer Erschöpfung seiner Vorbilder —, dürften analoge Probleme erzeugt haben. Für die gegenwärtige Situation ist vor allem die Zunahme der Gegensätze zwischen Lebensraum, Orientierung und Ordnungsprinzipien deutlich (s. u.). Denn das mögliche Gegensätze vereinende Vorbild behauptet sich nicht mehr, vermag nicht mehr zu wirken als mögliche Gestalt, es „zerfällt".[14]

Hier werden beispielsweise abstrakte Moralprinzipien als Ordnung von Eltern verlangt, die dort dem Lebensraum widersprechen, in der industrialisierten Welt aber keine Orientierung mehr vermitteln und Strukturen trennen, die früher (vorindustriell) ein lebendiges Ganzes darstellten. (Z. B. Individuen mit Ordnungsbezug eines feudal-aristokratischen Hintergrundes und entsprechender Lebenseinstellung, den die Bewohner einer kleinbürgerlichen 3-Zimmer-Wohnung in einem Neubau-Block verkörpern, der wiederum überwiegend von Industriearbeitern bewohnt wird.)

So wird z. B. ein in moralischen Prinzipien (Ordnungsbezügen des Puritanismus) sich bindender Mensch gezwungen, in einem Lebensraum zu arbeiten und zu leben, der diese Prinzipien ignoriert, sie lächerlich macht; oder der in einem kleinbürgerlich-handwerklichen Lebensraum aufgewachsene Mensch, der in diesen Orientierungen sich gebunden hat, wird eines Tages mit einer Orientierung sozialistischer Natur konfrontiert, die seinen bisherigen Bezug zur Ordnung genau so in Frage stellt, wie das erstgenannte Individuum durch Lebensraum und Arbeitswelt in krisenhafter Auseinandersetzung gedrängt wird.

„Orientierungskrisen" dieser Art sind heute alltäglicher Bestandteil der psychotherapeutischen-ärztlichen Praxis; sie sind im Zusammenhang des Verlustes und der Aufsplitterung der Lebensräume, der Irrelevanz und Erschöpfung der Vorbilder zu sehen, deren vorausgegangene bindendverbindliche, erlebte Einheit und Ganzheit jetzt zu gegeneinander wirkenden innerräumlichen Strukturen zerfällt; d. h. *Lebensraum, Orientierung und Ordnung schränken sich antagonistisch einander ein und nichten sich gegenseitig.*

Die Unterscheidung von Lebensraum, Orientierung und Ordnung als verschiedenen Strukturen, die stets aus Kommunikation entstanden sind, ist Folge historischer Entwicklungen, die Gegensätzlichkeiten erscheinen lassen, die in der ursprünglich vorlogisch auf Vorbilder — auch mythischer Art — bezogenen, vorindustriellen Lebensweise nicht in dem Maße manifest waren.

Wurde oben die institutionalisierte Anteilnahme als besonderer Kommunikationsmodus herausgestellt, der im Tauschprinzip sich niederschlägt und existential auf anteilnehmendes Geben und Nehmen in der Kommunikation überhaupt zurückgeht, *so darf in dieser — allen Institutionen zu Grunde liegenden, ihnen vorausgehenden Möglichkeit überhaupt zur Institutionalisierung — das Vermögen des Menschen sichtbar geworden sein, durch Binden und Lösen (= Tauschen) sich selbst zu binden oder zu lösen*; d. h., verbindlich in einem Thema sich zu setzen oder einem Gegenthema sich gegenzusetzen, ohne den anderen in der Kommunikation potentiell oder faktisch zu nichten, sondern die Nichtung durch den Tausch zu neutralisieren. Im Geben des Tausches, das dem Nehmen — als Nichten — seine nichtende Wirkung be-nimmt, zeigt sich der Ursprung der humanen Kultur als einer erstmals sich auch ethisch-religiös verstehenden, d. h. auf Orientierung und Ordnung bezogenen. Denn der Tausch impliziert selbst Orientierung auf den anderen und den Tauschwert (Ordnungsbezug!); die daraus sich entwickelnde Ordnung ist maßgeblich für die moralisch-sittlichen Forderungen der verschiedensten Kulturformen geworden.

4. Zeitliche Strukturierungen (Verfassungen)

Von der Zeit als einer Struktur zu sprechen, die sich durch Differenzierung, Gestalt, Homogenität, Verfügbarkeit und relative Dauer auszeichnet, ist zweifellos paradox. *Nichtsdestoweniger strukturiert sich die scheinbar unmerklich mit den Subjekten dahinfließende Zeit in spezifischen "Verfassungen"* (*Heidegger*), in denen "Zeit" als in verschiedener Weise Veränderungen bewirkende sichtbar wird, und in diesem Sichtbar-Werden ihr spezifisches "Was" anzeigt. Ihrer Qualität kommt als greif- und faßbar werdende nicht Struktur im Sinne räumlicher Ausdifferenzierung zu, noch Homogenität oder relative Dauer, wohl aber eine nur für die Zeit spezifische Struktur, die hier in Anlehnung an *M. Heidegger* als "Verfassung" bezeichnet sei.

Die zeitliche Verfassung der selbstvergessenen Alltäglichkeit wurde als der tragende Grund von Kommunikation in Aufnahme, Mitteilung und Antwort charakterisiert. *Kommunikation konstituiert Zeit in der Perspektive von Veränderung, die Mitteilung, Aufnahme, Antwort ist*, als Veränderung in der Lebenswelt sich realisiert, aber nicht als zeitlicher Ablauf eines Nacheinander bemerkt wird. Letzteres ist dem Menschen vorbehalten, der im Wahrnehmen der Zeit durch die teilnehmende Kommunikation, die Reflexion, sich in einer Handlung oder in einem Denkakt als sich in einem Jetzt, in einem Thema Bindender setzt.

In dieser Bindung erscheint das Vergangene als Entschwundenes, die Zukunft als noch-nicht sich-Ereignende. Das Wahrnehmen von Zeit als einem Nacheinander von Veränderung setzt bindende und lösende Reflexion, teilnehmende Kommunikation voraus, die in ihrer Strukturierung, z. B. zu einem feststellenden Urteil, zu einer abgeschlossenen Handlung, Zeit dann als Nacheinander wahrzunehmen beginnt, indem sie diese gleichzeitig strukturiert.

Diese Zeiterfahrung wird damit zur Voraussetzung überhaupt, unterschiedliche Verfassungen von Zeit festzustellen, *deren Gemeinsamkeit das Erleben des Nach-Einanders von Veränderungen ist*. Sie ist die Voraussetzung für das Wahrnehmen der alltäglichen Kommunikation, der Kommunikation ganz allgemein als eines Nacheinanders von Aufnahme, Mitteilung und Antwort.

Wurde oben ausgeführt, daß alle Kommunikation aus einem nicht weiter rückführbaren Bedürfnis nach dieser, einem Mangel entspringt, wurde der Mangel als das Erleben eines Nicht-bei-sich-Habens, als Entbehren einer erfüllenden Ergänzung, die entweder einmal war, aber nicht mehr ist, oder als ein allgemein-leeres in die Zukunft sich richtendes Noch-Nicht beschrieben, so liegt die Schlußfolgerung nahe, *daß Zeit als wahrgenommenes Nacheinander, als ständig sich veränderndes Vergehen, und Mangel einander außerordentlich "nahe" sein müssen. – Miteinander "verwandt" sind.*

Denn es gehört zu den elementaren Beschreibungen der Zeiterfahrung – von *Augustinus* bis zu *Heidegger* –, die paradoxe Realität derselben als Permanenz eines "Nicht-Mehr" (Vergangenheit), eines "Jetzt" (Gegenwart) und eines "Noch-Nicht" (Zukunft) zu erfahren.

Der festgestellte Augenblick, das Jetzt eines gesetzten Aktes sind — wie bekannt — im Augenblick des Setzens, des Feststellens bereits entschwunden. Das schließt aber das begriffliche „Feststellen" oder „Festhalten" desselben in einer Wahrnehmung oder in einer Handlung, durch ein Urteil oder eine Erkenntnis keineswegs aus — die als diese „sind", weil sie gesetzt werden. (Sich-Mitteilen oder Antworten als Setzen und Gegensetzen im Jetzt.)

So wie die Vergangenheit nicht mehr ist, aber doch war, die Zukunft noch nicht ist, aber sein wird, das Entschwundene der Vergangenheit durch die Evozierung derselben „festgehalten" wird (s. o. Erinnerung), entzieht sich die Zukunft — im Entwurf beschworen — in der Beschwörung nicht anders als die in der Erinnerung festgehaltene Vergangenheit.

Die Zeit, die sich im „Nichts" dem zugreifenden Festhalten entwindet, ist jedoch die Verwirklichung des Noch-Nicht (z. B. der Zukunft); sie war die Verwirklichung des Nicht-Mehr (der Vergangenheit), und sie ist die Aufhebung wie auch die „gleichzeitige" Konstituierung des Jetzt.

Der Zeit sind die „Eigenschaften" zuzusprechen, die sowohl das Mangelerleben, wie Kommunikation überhaupt auszeichnen (s. o.). Im Erleben des Mangels wird die Voraussetzung geschaffen, dann reflektiert (erkannt), Zeit als Noch-Nicht-Haben (Mangel) in die Zukunft entworfene oder „Nicht-Mehr-Haben" (Mangel) in die Vergangenheit gewendete, zu erfahren. Die Erfahrung des festgestellten Mangels ist ein „Setzen", das eine Verankerung im „Jetzt" verlangt.

Kommunikation bemüht sich, über Aufnahme, Mitteilung und Antwort das fundamentale Mangelerleben zu stillen, das sie selbst ist. Aus dem Stillen des Bedürfnisses nach Kommunikation entsteht Kommunikation. Das Problem, *wie* im Mangelerleben eine Mitteilung, die ein „Noch-Nicht" (in die Zukunft gerichtetes Bedürfen) oder „Nicht-Mehr" ist (nach erfolgter Stillung des Bedürfnisses, realisierend, daß dieses zwar gestillt, die Befriedigung aber wiederholt werden sollte), *sich selbst ferner durch Kommunikation stillt, erfüllt oder temporär aufhebt, liegt in der zeitlichen Struktur von Kommunikation selbst. Diese ist nicht die „unfaßbare" Zeit, sondern sie ist die Zeit, die die Gleichzeitigkeit von Setzen, „Etwas" zu konstituieren und dieses „Etwas" im Setzen wieder aufzuheben, zu nichten, damit zu „gegensetzen", verkörpert.*

D. h., der Mangel des „Noch-Nicht" (Zukunft) oder „Nicht-Mehr" (Vergangenheit) muß sich primär im Erleben des diffusen Mangels, dann sekundär in der Feststellung (noetisch-teilnehmend) des „Noch-Nicht" oder „Nicht-Mehr" spezifizierter Bedürfnisse, im Jetzt diese feststellend, „setzen". Oder: aus dem Erleben des Mangels als einem unbestimmten Drange zu etwas hin (Antriebsunruhe) konstituiert sich graduell das „Jetzt" des deutlicher sich formierenden Mangelerlebens selbst. Dieses begründet dann in weiterer Spezifizierung das konkrete „Noch-Nicht" eines Triebes zu etwas, eines Wunsches, eines Bedürfens nach Mitteilung, eines Willensimpulses, eines Gedankens, eines Planes im aktuellen Jetzt. — Oder es wünscht das aus dem „Nicht-Mehr" eines Gehabten, Erlebten, Gedachten diese zu wiederholen.

In der Spezifizierung des erlebten Mangels an „Etwas" beginnt sein eigentliches „Jetzt", das sogleich zum „Noch-Nicht" (Zukunft) wird, wenn der Mangel gehindert wird, sich zu äußern. In gleicher Weise schlägt Gegenwart, das „Jetzt" der Spezifizierung in dieser, dann aber auch in möglicher Konkretisierung (Erfüllung, Durchführung) sogleich in das „Nicht-Mehr" um, das dann wiederum als „Noch-Nicht" erscheint.

Dabei ist die Umwelt als Bild/Thema des Mangels diesem als Möglichkeit der Stillung stets immanent: analog zum leibhaft-stoffaustauschenden Zyklus zwischen Umwelt und Organismus, der letztere im Überwiegen z. B. der Abbauvorgänge sich wieder auf die Umwelt (Bild/Thema) bezieht, — über die er den Mangel aufzuheben versucht.

Das „Noch-Nicht" der Zukunft oder „Nicht-Mehr" des Vergangenen entsprechen im Erleben des Jetzt (Gegenwart) der Gleichzeitigkeit von „Setzen" und „Aufheben" (Nichten). *Die Struktur der Zeit weist sich damit als antilogisch auf, da sie Gleichzeitigkeit von „Sein" (im Sinne von Vor- und Zuhandensein) und „Nichts" verbürgt.*

Das aber ist auch das Wesen von Kommunikation, das in der Mitteilung sich setzt, in der Antwort die Mitteilung wieder in Frage stellt, die Gleichzeitigkeit von Wirken und Gegenwirken, von Nehmen und Geben ist. Die Kontinuität des lebendigen Daseins wird durch die Permanenz der Gleichzeitigkeit von Mangel (Nicht-Haben) und Kommunikation (Haben) gewährleistet.

Oder: <u>*die das In-der-Welt-Sein begründende Kommunikation beruht auf der Permanenz der Gleichzeitigkeit von Mangel und Kommunikation, die als zeitliche Verfassung erscheint*</u>. Da die zeitliche Verfassung von Kommunikation selbst zeitliche Struktur bedingt, ist die Aufhebung des Mangels im „Jetzt" einer Sättigung oder Antwort stets vorübergehend. <u>Würde der Mangel „ganz" aufgehoben, könnte Kommunikation nicht mehr zustande kommen oder Zeit nicht mehr „sein".</u>

Aus dieser soeben gewonnenen Erkenntnis werden rückblickend die Lebensvorgänge in der Bedeutung ihrer zeitlichen Verfassung verständlich: die Gleichzeitigkeit von Abbau und Aufbau im Fließgleichgewicht ist Leben, das als Sich-Verbrennendes (Abbauendes, Nichtendes) lebt, ist Leben, weil es leibhaft die Gleichzeitigkeit von Setzen und Nichten verkörpert.

Ein erster Versuch (o. S. 59), die Struktur der Zeit aufzuklären, ergab, daß Zeit Veränderung ist, die als Nacheinander von Veränderung nur von einem menschlichen Subjekt wahrgenommen zu werden vermag. Einem Subjekt, das sich[15] im Jetzt gegenwärtig erfährt und damit das Nacheinander von Zeit als Ablauf perzipiert. Zeitliche Struktur — Verfassung von —

erschien ferner als die der alltäglichen Selbstvergessenheit in Aufnahme, Mitteilung und Antwort, die der tragende Grund der menschlichen Welt ist. Der innere Zusammenhang zwischen Mangel als dem Grund von Kommunikation und der Zeitlichkeit derselben wurden abschließend aufgezeigt. Ein Zusammenhang, der die Identität von Kommunikation und Zeit als Gleichzeitigkeit von „Setzen" und „Nichten" in der Kommunikation selbst erbrachte.

In der Zeitlichkeit der Kommunikation zeigt sich auch ihr Wesen als Auseinandersetzung (Konflikt).[16] In jeder Auseinandersetzung, im innersubjektiven Konflikt zwischen „Denken und Fühlen" wie in der Auseinandersetzung mit Dingen, Aufgaben (Handlungen) oder Personen, in der Gleichzeitigkeit des Setzens eines Themas und eines Gegenthemas, eines Widerstandes, einer Behauptung, erscheint die Wirkung von Gegensetzen, Auflösung des Widerstandes, Nichten von Gegensetzen ebenso wie Begründung derselben.

In der Auseinandersetzung erscheint Kommunikation als Kampf,[17] als Widerstreit, weil Zeit selbst Widerstreit von Setzen und Gegensetzen ist. Der sich auseinandersetzende, aber zur Auseinandersetzung sich verhaltende, von Auseinandersetzung überwältigte Mensch erlebt sich in der Auseinandersetzung gleichzeitig im „Sein" bestehend, im „Nicht-Sein" vergehend; er erlebt sich in Frage gestellt und sich selbst behauptend, er existiert „zeitlich". In einer zu einer Krise führenden, lebensgeschichtlichen Auseinandersetzung, zeigt sich in der Krise der nichtend-vernichtende Charakter nicht weniger als im Durchstehen der Krise der setzende Modus der zeitlichen Verfassung, die hier nimmt, dort gibt.[18]

In der durch Binden oder Lösen zum Abschluß kommenden Auseinandersetzung stellt sich darüberhinaus *eine weitere Struktur der Zeitlichkeit dar: die der Verantwortung*. Das aufwachsende Kind macht bereits sehr früh die Erfahrung (ab 3. bis 6. Monat), daß es durch seine Mitteilung an die Umwelt Antworten auslöst. Sei es, daß es ein Spielzeug aus dem Bettchen wirft und dieses „fort" ist, d. h. es nicht mehr antwortet — sei es, daß es einen Gegenstand in den Mund steckt, der in bestimmter Weise schmeckt (antwortet) — sei es, daß es durch seine Mitteilungen an die Person diese zu bestimmten Antworten provoziert.

Das Erleben, Antworten auszulösen, Handlungsabläufe zu beginnen und zu beenden — z. B. bei Erbauen des Turmes mit Bauklötzen oder dessen Zerstörung —, ist nicht zu trennen von dem Erleben: „Ich kann dies tun, jenes unterlassen, dieses beginnen, damit aufhören. Papa ärgern oder besänftigen, Tante Emma anlächeln, daß sie auch lächelt, oder schreien, daß sie mich in den Arm nimmt." Das Erleben, auslösen zu können, Umwelt zu provozieren, zu konstellieren, hier etwas zu beginnen, dort damit aufzuhören, erschließt sich bei genauerer Analyse *als primäre Erfahrung, et-*

was im verursachenden Sinne zu bewirken — nicht so, wie Umwelt auf einen selbst einwirkt — *und sich dabei als Mittelpunkt von Bewirken-Können und Bewirkt-Werden zu wissen* (als „Ich").

Dieses Wissen[19] dürfte dem elementaren Bewußtsein von Ver-Antwortung für etwas, Ver-Antwortlich-Sein gleichgesetzt werden, zu dem *Verantwortung*[20] auch besagt: *Jemanden oder etwas zur Antwort zu bringen.* „Du hast es getan", heißt zwar „Du hast es zu verantworten", jedoch nicht nur einer möglichen Instanz gegenüber, sondern sehr viel elementarer „Du hast es ver-antwortet", d. h. zu einer bestimmten Antwort veranlaßt.

Es heißt darüber hinaus, sich für die Antwort der Umwelt — aber auch dem eigenen Innen gegenüber, wenn z. B. ein „nicht zu verantwortender", Tötungsimpuls abgewehrt wird —, verantwortlich zu wissen. In diesem Bewußtsein (Erleben) elementarer Verantwortung, das aus der jeweiligen kommunikativen Auseinandersetzung in dem Sinne entsteht, daß das Subjekt sich für das Verursachen oder Beenden von Auseinandersetzung „verantwortlich" weiß, wird eine weitere Verfassung von Zeitlichkeit, eine andere Struktur sichtbar als die oben aufgezeigte.

Die Struktur der Auseinandersetzung (wie sie auch für die alltägliche Kommunikation zutrifft) als Gleichzeitigkeit von Setzen und Nichten *wird jetzt durch eine Zeitlichkeit erweitert, in der das Subjekt bewußt (d. h. wachend-reflektierend, teilnehmend kommunizierend) Zeit setzt (gibt, mitteilt), eine Antwort auslöst — oder Zeit beendet (nimmt). Es erfährt sich in diesem Tun als bewußt Zeitigendes, Zeit-Erzeugendes, Zeit Beendendes, als bewußt eine Auseinandersetzung Aufnehmendes oder diese Unterlassendes.*

Damit wird eine weitere Möglichkeit des Subjektes zu binden und zu lösen sichtbar: gelangt es in einer Auseinandersetzung zur Verantwortung, erfährt es sich als ein Auseinandersetzung Verantwortendes, das Auseinandersetzung *aus-löst*. Beendet es Auseinandersetzung verantwortlich, bindet es sich verbindlich.

Über die Gleichzeitigkeit von Setzen und Nichten in jeder Auseinandersetzung hinausgehend, erfährt das Kind sich bereits als Sich-Zeitigendes in der Vorgegebenheit, Verantwortung als Erlebnis, Wirkungen auszulösen oder Wirkungen einzustellen, die zeitlich vor allen moralisch-ethischen Implikationen der Verwantwortung selbst zu setzen sind.

Im Zeitigen vermag es zunehmend bewußt Auseinandersetzung beginnen oder beenden, damit sich in eine Auseinandersetzung — diese auslösend — hinein begeben, sie veranlassen, sie abschließen, im Abschluß (s. Bewältigen) sich durch diesen zu binden.

Im Modus des Bindens und Lösens kommt Auseinandersetzung durch Entscheidung zum Abschluß; oder Auseinandersetzung wird in Gang gesetzt, ausgelöst, „entbunden". Dieser Vorgang des „Zeitigens" impliziert die Erfahrung wach-erkennend hier einen Ablauf auslösen, dort beenden zu können. Der Vorgang umschließt jedoch nicht die Art von Auseinandersetzung (Konflikt), in die der Mensch durch seine Leibhaftigkeit geworfen (leibhaft-innerorganismische Konflikte) ist, noch jene, in denen er durch die anteilnehmende Kommunikation von Zug und Entzug mit seiner Emotionalität verhaftet ist. Aber der letztgenannte Modus von Auseinandersetzung durch Zeitigung, Verantwortung und Entscheidung in Binden oder Lösen erweitert die Möglichkeiten, über die sich entziehende Emotionalität zu verfügen. So ist auch das Nicht-Verfügbare der innerorganismischen Leibhaftigkeit von verfügbarer Entscheidung beeinflußbar; diese Beeinflussung ist Anliegen psychosomatischer Forschung. (Krankheit aus Entscheidungsmangel – ebenso wie aus Entscheidung.)

Zeigt sich in Binden und Lösen die Möglichkeit des Menschen, in Auseinandersetzung als Verantwortliche – als ein Binden oder Lösen Verantwortender –, sich zu zeitigen, stellt sich dieser Kommunikationsmodus, über das Verhalten des Subjektes in seinem Lebenslauf, in seiner *Geschichtlichkeit*, entsprechend dar.

Im Alltag wie auch in der Praxis des Arztes wird jenen Individuen begegnet, die in ständiger Auseinandersetzung inner- und außerweltlicher Art (Konflikte) leben, ohne diese durch ein Binden oder Lösen entscheiden zu können. Dann wiederum werden Menschen beobachtet, die sich aus allen Auseinandersetzungen lösen, bevor sie in diese geraten, die Auseinandersetzungen vermeiden, sich heraushalten und endlich jene Menschen, die einmal in einer Entscheidung (Berufs- oder Partnerwahl) sich banden, und in der Bindung weitere Auseinandersetzungen vermeiden.

Das verantwortliche Sich-Zeitigen, aus dem Binden oder Lösen vollzogen zu werden vermag, ist zwar nur eine Möglichkeit unter zahlreichen des Sich-Bindens und Lösens (z. B. aus der anteilnehmenden Kommunikation), die aber nichtsdestoweniger die Lebensentwicklung des Subjektes häufig einschneidend bestimmen. Sie bestimmen sie, weil in der Entscheidung, hier eine Auseinandersetzung auszulösen oder dort, diese durch verbindliche Entscheidungen abzuschließen, Prinzipien, Normen sichtbar werden, die dann wiederum innerräumliche Strukturierungen oder Umstrukturierung der Beteiligten im oben dargelegten Sinne bedingen: So wird z. B. eine zwischenmenschliche Beziehung zwischen einem Ranghöheren oder Rangtieferen mit Rücksicht auf die institutionalisiert vorgegebene Norm zu Ungunsten des Rangniederen beendet, „gebunden". In der Entscheidung werden möglicherweise Orientierungs- und Ordnungsbezüge bei dem einen genichtet, andere entwickeln sich; neue Bindungen und Lösungen werden bei den Beteiligten sichtbar. Eine Auseinandersetzung zwischen Ehepartnern wird um gegenseitiger Zuneigung willen beendet, in der die personale Bewältigung im Sinne der Korrektur (Neutralisierung) des Konfliktes durch die Sicht der „idealen Möglichkeiten" des anderen als eine Möglichkeit verantwortlicher Zeitigung (Entscheidung) anklingt. In der Entscheidung findet neue Bindung als Ordnungsbezug statt.

Eine innersubjektive Auseinandersetzung mit einem Aggressionsimpuls und gleichzeitiger Erinnerung an bestimmte Gebote, im Lebensraum der Kindheit durch die Eltern vermittelt, beendet den Konflikt durch Unterdrückung des Aggressionsimpulses (Bindung, Ordnungsbezug) in dem einen Fall; im anderen Fall wird dem Aggressionsimpuls nachgegeben, die Verpflichtung (Talion-Prinzip) zur Rache z. B. jedoch „bindet" das Individuum an diese, löst damit den Aggressionsimpuls „aus".

Die Beispiele, die ad libitum vermehrt werden können, sollen lediglich veranschaulichen, daß in bindender und lösender Entscheidung Prinzipien sichtbar werden, die in der Entscheidung das Individuum in innerräumlicher Weise der Orientierung und Ordnungsbezogenheit strukturieren. Strukturierung wiederum kann zur Erstarrung bei jenen Individuen werden, die ausschließlich in Prinzipien gebunden, das auf sie Zukommende ihres Lebensweges schon im Zusammenhang der Prinzipien vorentschieden haben und in dem Zu-Entscheidenden einer Auseinandersetzung entscheidungsunfähig werden (wie z. B. Zwangskranke).

Das Verantwortung zeitigende Binden und Lösen weist durch den Akt des Bindens und Lösens selbst auf die Innerräumlichkeit dieser Prinzipien, Normen, Gebote und Verbote und auf das Ethos möglicher Vorbilder hin, mit deren Art, Entscheidungen zu zeitigen (zu fällen, wie ein verbindliches Urteil gefällt wird, — aber auch das Fallbeil fällt), das Subjekt sich „identifiziert".

(Identifikation hieße hier über anteilnehmende/leibhafte Kommunikationsmodi an dem Vorbild (s. o.) teilzuhaben, an dem Lebensraum desselben, aber auch an seiner Orientierung und Ordnungsbezogenheit. In der Über-Nahme derselben werden die Orientierungsnormen und Ordnungsprinzipien zu Einstellungen habitualisiert, sie werden zu Strukturen, die im Akt selbst des Bindens und Lösens sich zeigen.)[21]

Die Prinzipien selbst wiederum können jederzeit Anlaß zu Auseinandersetzung werden oder Auseinandersetzung mit diesen veranlassen, die sich als Orientierungskrisen, Konflikte innerhalb der verschiedenen Ordnungsbezüge darstellen, in denen aber das Subjekt von Anfang an zu bewußter Zeitigung aufgerufen ist. (Im Unterschied zu der überwiegend in der emotional-anteilnehmenden Kommunikation sich ereignenden Auseinandersetzung sogenannter Triebkonflikte z. B. zwischen Hunger und Durst).

Bei Fehlen des Vorbildes (s. o.), Ersatz desselben durch Anweisungen, Vorschriften, Gesetze und Gebote, ist die Entwicklung von Einstellungen ausschließlich über letztere (nachweislich) labiler, die Fluktuation der Einstellungen ist stärker. Die Labilität wird in Unentschlossenheit, Entscheidungsfähigkeit, Kompromißneigung und den zahlreichen Versuchen, Bewältigung durch Kompensation zu ersetzen (s. u.), offenkundig.

Erst die Lebensgeschichte des Menschen, der individuelle Lebensweg, der sich ubiquitär durch zahlreiche Auseinandersetzungen als Struktur seiner zeitlichen Verfassung auszeichnet, weist in der stets retrospektiv erfolgten Erhellung das Wie der Auseinandersetzungen auf: ob in diesen eine sich gleichbleibende, mit sich identische, vorbildhaft wirkende Gestalt sichtbar wird. Ob Prinzipien, Normen, abstrakte Orientierungs- und Ordnungsbegriffe auftauchen, ob Übergänge, „Mischungen", „Kombinationsformen" zu beachten sind, ob es ein Lebenslauf ist, der sich (s. o.) in Auseinandersetzungen erschöpft, ohne zu einer Identität zu gelangen, oder ob es bei einem unverbindlichen Erkunden und Entdecken des Individuums bleibt, — um nur einige phänotypische Möglichkeiten aufzuzeigen.

Wenn — den Fortgang der Untersuchung noch einmal zusammenfassend — Mangelerleben, das in jeder Kommunikation sich zu stillen sucht, und Zeitlichkeit identisch sind, wenn in der Auseinandersetzung zeitliche Struktur als Setzen und Gegensetzen sich aufweist, die das Subjekt in Binden oder Lösen zu einer Entscheidung veranlaßt, damit Verantwortung als Zeitigung erzeugt, wenn darüber hinaus auf die Geschichtlichkeit des Individuums in seiner Lebensentwicklung verwiesen wurde, stellt sich die abschließende Frage: Was hat es mit dieser Geschichtlichkeit auf sich?

Geschichtlichkeit entsteht durch Auseinandersetzung, in der sich mögliche Identität im Sinne des Bei-sich-selbst-Seins des Individuums zeigt, das als eines, in verschiedenen Situationen seinen (Ordnungs-) Prinzipien entsprechend, sich zumindest ähnlich verhält. Geschichtlichkeit macht die Konsequenz, die innere Folgerichtigkeit des Handelns aus, die (relative) Selbstdarstellung des Subjektes in der Leistung, die die großen weltgeschichtlichen Persönlichkeiten nicht weniger wie die alltäglichen bestimmt, jene Individuen, die sich in „Freud und Leid" gleichzubleiben vermögen, die weder nach der einen Seite dekompensieren, noch nach der anderen in zwangshafte Erstarrung verfallen.

Identitätsfindung[22] *erfolgt lebensgeschichtlich über Binden und Lösen, d. h. über sich zeitigende Verantwortung, die über Binden und Lösen hinausgehend den Modus der Bewältigung anvisiert.*

Die dem Bewältigen zukommende Art, abzuschließen, was vorher in einer Auseinandersetzung noch ungeklärt, unentschieden, verworren war, hat das Bewältigen scheinbar mit Binden oder Lösen gemeinsam. Dennoch liegt der Unterschied zwischen Binden/Lösen hier, Bewältigen dort, darin, daß Binden und Lösen als Entscheidung keineswegs Bewältigung, z. B. einer Auseinandersetzung implizieren (s. o. S. 162). Zahllose gefällte Entscheidungen, im individuellen Bereich nicht weniger als im geschichtlichen, folgten Ordnungsbezügen und verbindlichen Orientierungen — und waren nicht „bewältigt".

Bewältigung, auf die Geschichtlichkeit des Menschen bezogen, hieße das Unbewältigte vergangener Auseinandersetzungen, in denen sich das Selbst

— die Identität — durch bindend/lösende Entscheidung herausbildete, ganz und gar verfügbar zu machen, es „durchzuarbeiten", in die Helle des wachen Bewußtseins zu heben. Um es dann mit der Wahrheit des Faktischen: das hat tatsächlich dort stattgefunden, damals habe ich mich so und so verhalten... (s. o., Erinnerung!) zu konfrontieren; wie auch mit der „Wahrheit", die die Orientierungs- und Ordnungsnormen des Individuums beinhalten.

Daß jedoch dieser Modus der Bewältigung von Vergangenem an der Struktur der Zeitlichkeit (d. h. stattgehabter Kommunikation) selbst scheitert, ist offensichtlich. Jede Faktizität des Erinnerten ist bereits eine Einheit von Subjekt und Umwelt (s. o.), „subjektiv" aus dem Horizont nicht mehr greifbarer Ereignisse herausgestanzt, der als solcher noch die Fülle des Unbewältigten verbirgt.

Die Struktur der Zeitlichkeit als das „Nicht-Mehr", „Jetzt" und „Noch-Nicht", nichtet das Jetzt zum Vergangenen, das das um Selbstverständnis — Bewältigung — in der Erinnerung ringende Subjekt in einem Akt des zeitigenden Bindens neu erzeugt (Strukturierung der Erinnerung, s. o.). Das bindende Erzeugen des Vergangenen in Erinnerungsbildern ist bereits ein erster Versuch, das „mit Gewalt" zu bewältigen, was die Zeitlichkeit mit ebensolcher Gewalt nichtet. Es verdeutlicht den Auseinandersetzungscharakter des Erinnerns als Kommunikation mit sich selbst ebenso wie das im Erinnern sich ereignende Binden und Lösen.

Aber diesem ersten Schritt zur Bewältigung des Vergangenen, dem noch andere folgen mögen, steht das nicht auszuschöpfende „Nicht-Mehr" lebensgeschichtlicher Ereignisse gegenüber, die sich dem bewältigen-wollenden Zugriff entziehen. Weil die Vergangenheit als letztlich nie „ganz", nicht einmal annähernd aufzuarbeitende immer unbewältigt bleibt, ist nicht nur die „unendliche Analyse" möglich, sondern erfährt sich der Mensch als geschichtliches Wesen: <u>unbewältigte Vergangenheit ist die Voraussetzung von Geschichtlichkeit damit von Erinnern</u> und der Grund seines „Scheiterns" jeder „Wahrheit" gegenüber.

Das geschichtslose Tier bewältigt sein Leben in den vorgegebenen Verhaltensweisen und deren (geringen) Variabilitäten, in denen sich das Gleichgewicht über das Ungleichgewicht in der Regel immer wieder herstellt. *Für den Menschen jedoch entsteht Geschichte in dem Augenblick,* *Geschichte* *in dem er seine Vergangenheit* — oder die seines Stammes, seiner Gruppe, seines Bundes, seines Volkes — *befragt.* D. h. indem er innerlich zurückblickt und sich zu erinnern versucht (s. o.), was er nur vermag, weil das Vergangene einerseits als „Nicht-Mehr" zwar nicht mehr ist, *andererseits <u>aber als Unbewältigtes-nicht-Mehr noch ist</u>.* Dieses veranlaßt ihn zu — vielleicht banalsten — Fragen: „*Wie war* das Wetter gestern?", „*Wann* machten wir den Kriegszug in den Y-Bergen?"

In der Paradoxie des „Nicht-Mehr" und des „Es-ist-noch" des Unbe-

wältigten, gibt dieses dem Subjekt die Möglichkeit, *das Vergangene in der Erinnerung neu und damit noch einmal zu erzeugen, es aus dem „Genichteten" des Nicht-Mehr zu erwecken; weil dieses Nicht ein Modus nicht der Aufhebung aller Existenz sondern ihrer Verbergung ist.* In der Verborgenheit oder Verbergung des Vergangenen „schlummern" die Bilder, die dann die Erinnerung erweckt, erzeugt, evoziert und strukturiert, die das Je-Einmalige der Existenz, des Selbst, seiner Lebensgestalt bedingen. Denn meine Erinnerungen sind gewiß nicht die von Herrn MN. Sie sind allein die meinen.

Das Verborgene zeichnet sich durch Nicht-Anwesenheit eines Anwesenden, Unsichtbarkeit eines in der Entbergung, Enthüllung Sichtbar-Werdenden aus.

Je mehr in der Vergangenheit geforscht, zurückgeblickt, erinnert wird, umso mehr „Unbewältigtes" kommt zutage. D. h., daß die Struktur des zeitlichen „Nicht-Mehr" der Verborgenheit plötzlich im Akt des Orientierend-ordnenden Erinnerns auf innerräumlich anwesende Bilder, auf Gestalten verweist, die sind, weil sie nicht bewältigt, weil sie aus der Struktur der Zeitlichkeit selbst nicht bewältigt werden können. Weil sie — die Zeit — als Unbewältigte Anlaß zum Fragen gibt, wird das Befragen des zuerinnernden Unbewältigten als Provokation derselben erlebt, auf die das „Nicht-Mehr" des Unbewältigten mit einem „Es-ist-noch" antwortet.

Dies gilt für jede, auch die banalste Erinnerung „Als ich noch klein war, ging ich auf dem Schulweg immer an einem Haus mit grünen Fensterläden vorbei", oder „Gestern rutschte ich auf der Treppe aus", oder: „Die selbe Aussprache hatte ich mit XY schon vor zwei Jahren".

Daß aus der unübersehbaren Vielzahl von Augenblicken, die nur einen Tag, eine Woche oder gar einen Monat bestimmen, allerdings die wenigsten erinnert werden, ist ein weiterer Hinweis darauf, daß sie als Themen des Unbewältigten das Subjekt zum fragenden Erinnern anregen, weil sie — aus was für Gründen auch immer — unbewältigte Vergangenheit sind. Man frage sich nur, warum hier diese Banalität, jene Alltäglichkeit erinnert wird und aus der Frage wird sich ein Labyrinth von möglichen Antworten ergeben; man frage sich aber ebenso, warum jenes Vorkommnis nicht mehr erinnert wird? Warum ist die Erinnerung an die einzige Ohrfeige des Vaters entschwunden, die der Bruder doch deutlich beobachtet hat? Warum wird über die erlittene Ohrfeige hinaus — im Gespräch unter verschieden sich erinnernden Geschwistern — noch eine Unzahl anderer Vorkommnisse nicht mehr erinnert? Könnten sie nicht ebenso „Anteile" im „Meer des Unbewältigten" sein?

Die Frage, warum wird das eine Ereignis nicht erinnert, dafür jedoch ein anderes, zeigt, daß der Versuch, in der Erinnerung zu bewältigen, an dem Entzug des Unbewältigten, an dem Überwiegen des „Nicht-Mehr" gegenüber dem „Es-ist-Noch" scheitert. Darüber hinaus dürfte diese Frage die

Je-Einmaligkeit des Subjektes verdeutlichen, dessen „unbewältigte Vergangenheit" nur als die der Einmaligkeit seiner Lebensgeschichte, seiner Lebensgestalt, deren Selektion wiederum seiner Umwelt und sich selbst gegenüber, zu sehen ist.

Die Frage nach der Bewältigung von Auseinandersetzung, über Binden und Lösen hinausgehend, führte — so sei zusammengefaßt — zu der Frage nach der lebensgeschichtlichen Bewältigung von Auseinandersetzung überhaupt, da der Gang jedes Individuums ein Gang durch und in Auseinandersetzungen ist. *„Bewältigung" der Vergangenheit im oben aufgezeigten Sinne ist bestenfalls nur fragmentarisch zu verwirklichen.* Sie ist im übrigen ein Ideal von kompensatorischer Bedeutung für die psychotherapeutischen Behandlungen verschiedenster Provenienz. Die Struktur der Zeitlichkeit, das „Nicht-Mehr" des Vergangenen ist auch das Verborgene, in der die Zeit die unübersehbare Zahl von Ereignissen eines Lebens genichtet hat, um andere — aus was für Gründen auch immer —, dem erinnernden Zugriff zu entbergen. Das Verbergen der Zeit ist das Unbewältigte der Vergangenheit. Diese ist die Voraussetzung der Geschichtlichkeit des Subjektes, das sich erinnernd, damit Geschichte erzeugend (zeitigend), die Vergangenheit nur befragt, weil das Unbewältigte als ständiges, nichtendes Gegensetzen Fragen bedingt, Fragen provoziert, um damit Erinnerung zu ermöglichen.

Die Verfassung der Zeitlichkeit wurde jetzt über der Erörterung des Bewältigens von Vergangenheit um die Gleichzeitigkeit von „Nicht-Mehr", „Verbergen" und „Entbergen" in der Vergangenheit selbst erweitert.

Was aber bedeutet die Struktur der Zeitlichkeit für das „Noch-Nicht" des Subjektes? Ist das „Noch-Nicht" der luftleere Raum der Möglichkeiten alles Möglichen, in das sich der Mensch entwirft? Zukunft ereignet sich einerseits als das faktisch Noch-Nicht-Vorhandene in jeder Kommunikation, die durch das Kommunizieren selbst, das Aufheben des Jetzt, in das Noch-Nicht der Zukunft springt. Jede noch nicht eingetretene Antwort auf eine Mitteilung hebt im Erfolgen der Antwort selbst als zum Jetzt werdende, das Nichten der Zukunft als „Noch-Nicht" durch die Antwort (das Jetzt) selbst wieder auf. D. h., Zukunft kommt in jeder stattgehabten Kommunikation, im Jetzt derselben zum Ende, sie wird im Jetzt zur Vergangenheit. Als das „Noch-Nicht" konstituiert sie in ihrer Zeitlichkeit Kommunikation genau so wie die Vergangenheit.

Zukunft ist aber auch in den leibhaft-konstitutionellen und situativen Gegebenheiten der menschlichen Existenz anwesend, die gewisse Voraussagen auf die Zukunft hin erlauben, weil diese — die Zukunft in der Gegenwart entwerfend — sie schon vorweggenommen haben. So antizipiert eine Disposition oder Konstitution Verhaltensweisen des Individuums, impliziert damit zukünftige Entwicklung im „Jetzt" wie auch eine zwischenmenschliche Situation. Je eindeutiger diese sich darstellen läßt, umso mehr nimmt sie in ihrer situativen Gegebenheit Zukunft vorweg.

Zeitlichkeit ist einerseits das „Noch-Nicht" der Zukunft, andererseits liegt im Ablauf der Zeit selbst der Entwurf auf die Zukunft, die als „Noch-Nicht-Anwesende" ebenso anwest, wie im Nicht-Mehr des Vergangenen das Vergangene sich verbirgt.

Entwurf in die Zukunft ist darüber hinaus nicht ohne die Geschichtlichkeit[23] *des Unbewältigten, nicht ohne Vergangenheit, möglich: „das Unbewältigte wirft den Menschen in die Zukunft".* Zukunft ist nicht ein blind, „automatisch" auf den Menschen eo ipso Zukommendes, sondern Zukunft wird stets in irgendeiner Weise geplant, bedacht, besorgt, in ihren verschiedenen Möglichkeiten vorweggenommen. Auch der selbstvergessen in den Tag hineinlebende Landstreicher (vergangener Zeiten) hat noch das Minimum an Entwurf in die Zukunft, wenn er sich möglicherweise überlegt, wo er in wenigen Stunden sein „Nachtquartier" beziehen soll.

In diesem Vorweg-Nehmen erkundet das Subjekt den morgigen Tag: was und wie wird er „es" bringen. Es setzt sich mit möglichen Ereignissen auseinander, es fällt in der Antizipierung des Kommenden Entscheidungen, es versucht Ereignisse zu bewältigen. Aber dieses, der Zukunft als einem Noch-Nicht aber dennoch Anwesenden gegenüber sich in verschiedenen Kommunikationsmodi zu entwerfen, wurzelt im Jetzt des Subjektes, seiner gegenwärtigen Situation, nicht weniger als in seiner Vergangenheit, d. h. in dem Unbewältigten seiner Geschichtlichkeit. Wie diese für das seine Vergangenheit erschließende Subjekt ausschlaggebend ist, so auch für die zu entwerfende Zukunft, die über dem „Grund" des Unbewältigt-Vergangenen sich erhebt. Der Geschichtlichkeit des Menschen dürften auch die die Zukunft prägenden und bestimmenden Ideale[24] und Idealbilder entstammen, die, soweit sie über reale Vorbilder hinausgehen, Ideale sind. Weil das Infrage-Stellen, Gegensetzen, Nichten des Subjektes durch das Unbewältigte dieses in besonderer Weise *zu dem Entwurf einer Zukunft drängt, in der — wie in der Utopie — das Unbewältigte bewältigt sein soll, das Ideal verwirklicht wird.*

5. Schuld[25], Kommunikation und Zeit

Die vorausgegangenen Ausführungen ermöglichen jetzt das Problem der Schuld in seiner Vielschichtigkeit anzugehen. Wie der Begriff „Schuld" impliziert, wird etwas geschuldet, ist eine Schuld entstanden, noch offen, unbeglichen, durch deren Vorhanden-Sein ich dem anderen, dem ich etwas schulde, einen Anspruch auf „Tilgung", Aufhebung der Schuld, auf „Wiedergutmachung", auf Ausgleich eingeräumt habe.

Im Schulderleben wird der Anspruch des anderen über mich als Gefühl des diffusen Versäumnisses sichtbar. Versäumen jedoch heißt, einer Erwartung oder einem Anspruch des anderen, der auch die Öffentlichkeit im oben geschilderten Sinne, die „Gesellschaft" vertritt, nicht genügt zu haben; <u>*Kommunikation wurde verfehlt.*</u>

Was aber bedeutet Verfehlung? Daß der Pfeil nicht sein Ziel trifft, es verfehlt, daß eine gutgemeinte Absicht „verfehlt" wird, weil sie mißverstanden wurde, daß *eine Intention nicht das ihre Richtung bestimmende Telos erreicht*, sondern abgebogen, zurückgeworfen, in ihrer Bahn beeinträchtigt wird, abweicht, sich verfehlt.

Verfehlte Kommunikation, auf den anderen bezogen, umschließt deshalb primär, daß sie überhaupt „nicht ankommt", d. h., sie hat der Erwartung an Kommunikation ganz allgemein nicht genügt. Darüberhinaus mag Kommunikation spezifischen Erwartungen nicht entgegenkommen, diese damit verfehlen: der Erwartung, z. B. einer Hilfeleistung (Handeln), einer Kommunikation über ein gemeinsames Thema in den verschiedensten Bereichen – von den Ausführungen einer Arbeit bis zur leibhaft-erotischen Beziehung.

Verfehlt wird allgemein die Intentionalität (Richtung) von Kommunikation vom einen zum anderen hin, die allgemeine Erwartung des letzteren auf Austausch, Geben und Nehmen überhaupt. Verfehlt wird darüber hinaus die spezifische Erwartung von Kommunikation in bestimmten Themen.

Wurde oben wiederholt dargelegt, daß jeder Kommunikation Nichtung dessen, mit dem kommuniziert wird, innewohnt, so liegt, abgesehen von diesem Vorkommnis, im Erleben des Kommunikationsversäumnisses die Verweigerung von Kommunikation allgemein oder die Verweigerung, über bestimmte Themen spezifisch zu kommunizieren. *In der Verweigerung von Kommunikation entsteht Schuld, die ebenfalls als Versäumnis erlebt wird, da in der Verweigerung von Kommunikation offenbar gegen das kommunikative In-der-Welt-Sein selbst verstoßen wird.*

Erleben von Versäumnis und Kommunikationsverweigerung übersteigt das Verfehlen von Kommunikation, da das Verfehlen zumindest noch den anderen mit einer Handlung oder einem Informationsaustausch anvisiert, ihn dann aber verfehlt. (Aus was für Gründen, sei dahingestellt.) Dahingegen wird in der Verweigerung Kommunikation, über die ihr immanente Nichtung hinausgehend, negiert, zerstört, unmöglich gemacht.

Verfehlen von Kommunikation und daraus entstehende Kommunikationsnichtung trifft für die zahlreichen, auch von der Psychoanalyse herausgearbeiteten Kommunikationseinschränkungen- oder -beendigungen zu, die nicht unbedingt der wachen, absichtlichen Intentionalität auf den anderen entsprechen, mit dem man „es gut meint", ihm aber dennoch Schaden zufügt, bzw. im „Gut-Meinen" das Schaden häufig schon liegt. Dazu zählen z. B. zahlreiche Erziehungsmaßnahmen, die die Förderung der Kinder beabsichtigen, diese (die Förderung) aber verfehlen, da sie mit untauglichen Mitteln durchgeführt werden. Hierzu gehören die gutgewollten Bemühungen um Aufrechterhaltung einer Ehe, die den Partnern schaden, die Kommunikation einengen und verschlechtern.

In dieser Art von Verfehlung wird zwar der Erwartung auf Kommunikation verschiedenster Modi entsprochen, aber die Anwendung falscher Mittel erreicht den anderen nicht, weil die Einstellung auf diesen schon fehlgeht. Er wird nicht als anderer (Person) gesehen, sondern als „Objekt", oder einer Schicht, Klasse, Kaste zugehörend, als Ausübender einer Rolle, eines Berufes – aber nicht als Person. Es wird versäumt, ihm zu begegnen, ihn in seinen Möglichkeiten und Fähigkeiten zu erkunden. Er wird nach einer Schablone, einem häufig sich psychologisch oder psychoanalytisch gebärdendem Klischée („oraler Typ", „Zwangscharakter", „hysterisch") „über einen Leisten geschoren" – und als Mensch verfehlt.

Verfehlungen dieser Art sind in unübersehbarer Zahl an der Tagesordnung, auf ihnen feiert die nichtende Alltäglichkeit ihre Triumphe.

Die andere Seite dieses Vorgangs wird durch die Erwartung von Kommunikation schlechthin beleuchtet, die häufig maßlose, zu Dekompensationen neigende Formen annimmt. Die sogenannte „Riesenerwartungen" der Neoanalyse charakterisieren diese, die Ausdruck für die Erwartung von all-umfassender, „totaler" Kommunikation sind (s. u.).

Riesenerwartungen sind nicht zu verwirklichen, sie sind unmittelbarer Niederschlag des Mangelerlebens und seines Bedürfens nach totaler Kommunikation. Sie führen bei zahlreichen Personen dazu, von dem anderen „umfassende" Kommunikation in den verschiedensten Bereichen zu erwarten, die dieser faktisch jedoch nicht zu leisten vermag. Damit verfehlt er immer die Kommunikationserwartung, die ihm dann entsprechend aufgezeigt wird, so daß er als „ewiger Schuldner" an den anderen und dessen Erwartungen gekettet wird.

Vorkommnisse und Beziehungen dieser Art werden ebenfalls häufig von der Psychoanalyse dargelegt, daß der Hinweis auf sie genügen muß.*

Einen Maßstab für „objektive" Verfehlung von Kommunikation dagegen gibt es nicht. Schon die beiden aufgezeigten Seiten der Verfehlung, des Versäumnisses, dürften hinlänglich erwiesen haben, wie häufig die Erwartung von Kommunikation mit der erfolgten Kommunikation nicht übereinstimmt, diese die andere verfehlen muß, bzw. das Verfehlen, den anderen personal wahrzunehmen, nur in den seltensten Fällen dem Sich-Verfehlenden angelastet werden kann. *Erwartung totaler Kommunikation, Verfehlung des personalen Bezugs, daraus sich ergebende Versäumnisse*

---

* Diese Zusammenhänge werden ausführlich dargestellt in: *D. Wyss*: Die tiefenpsychologischen Schulen. 4. Aufl. Göttingen 1972.

und Schuldig-Werden, liegen im Wesen von Kommunikation selbst. Sie stellen bereits Spezifizierungen der Nichtung dar, die jedoch nicht mit einer bewußten Absicht der Kommunikationsverweigerung verbunden werden müssen.

Die letztere *(Kommunikationsverweigerung) impliziert die mehr oder weniger verfügbare Absicht, dem anderen zu schaden, d. h. Kommunikation bewußt zu nichten.* Vom Raub (Nehmen) des Lebens, von Totschlag, Ausnutzung, Bemächtigung, Vergewaltigung, Vereinnahmung des anderen bis zu der Ablehnung von Kooperation, der „Verweigerung des Geschlechtsverkehrs", bis zu dem immer wieder sich anmeldenden Widerspruch zwecks Nichtung des anderen — das sind nur wenige von zahllosen bekannten Tatsachen und Beispielen für absichtliche Kommunikationsverweigerung. Diese Kommunikationsverweigerung provoziert in zahlreichen Fällen ebenfalls Kommunikationsverweigerung als Abwehr — und die Partner bewegen sich in der rapide sich einschnürenden Spirale gegenseitiger Vernichtung.

Aber auch hier muß berücksichtigt werden, daß in zahlreichen Fällen die absichtlich-bewußte Kommunikationsverweigerung wiederum die Folge von Kommunikationseinschränkungen ist, die, mit der Debilität beginnend, bis zu Auseinanderstezungen mit einem Lebensraum gewohnheitsbedingter Gewaltanwendung sich erstrecken kann. *D. h. auch die Verweigerung von Kommunikation als manifeste oder latente Destruktion des anderen ist Folge wiederum spezifischer Kommunikationseinschränkungen.* Dazu lieferten Psychologie, Psychoanalyse, Erbforschung und Kriminalistik zahlreiche Beispiele. Vom „Triebverbrecher" bis zum milieugeschädigten Asozialen[26] zeichnen sich hier die Verschränkungen sozialer Bedingungen mit situativen und konstitutionellen Momenten ab.

Aus dieser jetzt das viel diskutierte Problem der Verantwortlichkeit für Kommunikationsverweigerung angehenden Problematik kann im Rahmen der vorliegenden Untersuchung nur gefolgert werden: daß sowohl an der Verfehlung von Kommunikation wie auch an der Verweigerung derselben die „Geworfenheit" des Subjektes in sein jeweiliges Da-Sein (Lebensraum) und So-Sein (Leib, Konstitution) sichtbar werden; so daß es für das Wie seines Werdens (zu was es geworden ist) nur sehr begrenzt im obigen Sinne sich zeitigender Verantwortlichkeit verantwortlich ist. Ein Individuum, das — aus was für Gründen auch immer — hier auf die kriminelle Bahn gelangt, ist nicht zuletzt Opfer der Kommunikationseinschränkungen, die sich auch in der leibhaften Disposition und Konstitution abzeichnen. Er ist damit von Anfang an in seine „Situation" geworfen. Versuche, der Situation, seiner Disposition und seinem Lebensraum zu entrinnen, gelingen hier — dort beschleunigen sie den Niedergang und das Kommunikationsende.

Dabei sei — um die Problematik nicht uferlos auszuweiten — nur an die

Fluktuation auch der gesellschaftlich-historischen Beurteilung und Ermöglichung von Kommunikationsverfehlung und -verweigerung erinnert. An Sozietäten, die skrupellos sich vorwärts boxende Funktionäre oder „Geschäftsleute" prämieren — soweit es diesen gelingt, die jeweiligen Gesetze auf ihre Seite zu bringen, bzw. sich diesen scheinbar anzupassen, um sie für die eigenen Zwecke zu benutzen. Kommunikationsverweigerung und Verfehlung werden verschieden beurteilt und geahndet, um damit über die Geworfenheit des Individuums hinausgehend, seine situativen Verstrickungen dahingehend festzustellen, daß es nicht nur in sein Dasein (Lebensraum) und So-Sein (Disposition) geworfen ist; sondern auch die Maßstäbe zu der Beurteilung seines Handelns — als möglicherweise kommunikationsverweigerndes oder verfehlendes — entsprechen dieser zufälligen Geworfenheit. Hier wird der eine „Kriminelle" zum Führer seines Volkes oder zum „Sozialrevolutionär", den es nicht kümmert, ob Millionen „über die Klinge springen", dort endet er — Ungunst der Umstände — in einem Zuchthaus.

Diese Ausführungen implizieren keineswegs einen ethischen Relativismus, dem der Autor in anderen Untersuchungen[27] entgegentrat, sondern es wird lediglich ausgeführt, *daß Schuldig-Werden durch Kommunikationsverfehlung und Kommunikationsverweigerung Bestandteil von Kommunikation überhaupt sind.*

Diesen Tatbestand formulierte bereits Äschylos:*

„Kein Sterblicher wandelt durchs Leben
den Schuld und Leid nicht versehrten."

Der Faktizität des Schuldig-Werdens in jeder Kommunikation, der von Verfehlung und Verweigerung, steht wiederum die außerordentliche Relativität, Fluktuation und Variabilität des Schulderlebens gegenüber. Sie schwankt von der Skrupulanz des zwanghaft Beichtenden bis zu der Gleichgültigkeit und Indifferenz der großen Massenmörder. Diese Variabilität ist wiederum engstens mit der Einmaligkeit des Subjektes verschränkt, seinem Herkommen, seiner Entwicklung, seiner Beziehung zu Orientierungs- und Ordnungsbezügen, zu Zeitigung und Geschichtlichkeit.

Für die vorliegende Untersuchung ist jedoch das Subjektive Schulderleben, das Schuldbewußtsein ausschlaggebend; dem liegt zugrunde, bei aller Variabilität, das „Objektive" Versäumen, Verfehlen oder Verweigern von Kommunikation. Der Beichtskrupulant verspürt es in gesteigerter Weise, wie auch der Jaina-Anhänger oder Buddhist — der psychopathische Lügner erlebt es nicht, noch weniger der politische Überzeugungstäter; bzw. letzterer spürt es möglicherweise in Situationen, die weit von seinem

---

* *Aischylos*: Sämtliche Tragödien und Fragmente. Leipzig 1942.

Handeln als Überzeugungstäter entfernt sind. (Schuldgefühle beim Abbrechen einer Blume, jedoch nicht bei der Exekution von Menschen.)

Aus dieser Perspektive wird sichtbar, wie z. B. die moralisch-ethischen Normen der Frühkulturen, die analog auch in Ethnien zu beobachten sind, sich um Aufrechterhaltung von Kommunikation zwischen Menschen und mit Göttern im Sinne des Nicht-Schuldig-Werdens bemühen, das Opferritual insbesondere der Verhinderung von Schuld diente. Das Opfer sollte bei Störung der Kommunikation mit der übersinnlichen Welt die Wiederherstellung derselben verbürgen — oder die Möglichkeit verhindern, durch Verfehlen von Kommunikation schuldig zu werden.

Die zahlreichen Meidungen und Tabuierungen menschlicher Beziehungen in den Ethnien verdeutlichen, wie Kommunikationseinschränkungen der Kommunikationserhaltung dienen, um — wie angenommen wird — Verweigerungen und Verfehlungen von Kommunikation zu verhindern. In den ethischen Normen der Hochkulturen, im Gebot des Gastrechtes oder im Verbot der Feindestötung wird das Bemühen sichtbar, Kommunikationsende oder gewaltsame Kommunikationseinschränkungen zu verhindern, die als Schuld, d. h. als Kommunikationsverfehlung erlebt werden.

Auf dem Hintergrund dieser Problematik, die die Schuldfrage im Sinne eines existentialen Schuldig-Werdens gegenüber der Kommunikation sieht, zeigt sich die Orientierung des Menschen über Sich-Binden und -Lösen, sein Ordnungsbezug in den Varianten seiner jeweiligen Entstehung als Versuch, das mögliche Ausmaß an Schuldbelastung im Verfehlen von Kommunikation zu kompensieren.

Hier dienen die Orientierungs- und Ordnungsbezüge, die ethischen/moralischen Normen der Einschränkung von Schuld, dort wird durch das Tauschprinzip ein Ausgleich erstrebt, der Nehmen (Kommunikation einschränken, Schuldig-Werden) und Geben (Kommunikation stiften) in ein gleichgewichtiges Verhältnis zueinander stellt. Die lex talionis wiederum soll entstandene Schuld sühnen, indem sie dem, der „genommen" hat (Kommunikation verfehlte oder verweigerte) wieder das „Genommene" (Ehre, Gut, Leben) nimmt, um damit den erstrebten Gleichgewichtszustand wiederherzustellen.

Aus dieser Sicht zusammengefaßt — wenn auch jeweils von anderen Voraussetzungen des Weltbezuges ausgehend —, bemühen sich ethnische Meidungen, Vorschriften und Tabus, Opfer und Opferritual, ethisch/moralische Normen, Tauschprinzip und lex talionis gleichermaßen um Verhinderung von Schuld, um Ausgleich derselben oder um Sühne im Falle des Schuldig-Werdens.

6. Die Struktur der Leistung[28]

Wurde oben die Leistung der Lebewesen in dem Sinne dargestellt, daß sie mit dieser — durch die Funktion und Morphologie ihres Leibes, dessen enger Verschränkung mit der jeweiligen Umwelt — ihren Lebensraum erstellen, *so fehlt dennoch der Leistung der Tierarten*, bei aller Annäherung etwa von höheren Affen an die des Menschen, *die spezifische Errichtung einer überwiegend auf Leistung, d. h. auf Arbeit orientierten Umwelt.*[29]

Einzelleistungen, die zumindest willensähnliche Prozesse der Konzentration und Aufmerksamkeit verlangen — wie das „Angeln" von Termiten durch Schimpansen —, setzen noch keine bewußte Planung dieser Leistung voraus. Auch das gelegentliche Benutzen von „Werkzeugen" ist keine überwiegend auf Geräte abgestellte, der menschlichen Zeugwelt vergleichbare Umwelt.

Leistung sei deshalb hier als Struktur beschrieben, durch die der Mensch die Natur zur Kultur macht. Der Mensch stellt in der Arbeit (bis zu einem gewissen Grade) sich selbst dar. In seiner spezifischen Kultur-Welt begegnet der Mensch dem Spiegel seiner Möglichkeit, Kulturwesen zu sein. Als Arbeits- und Leistungswelt, als geleistete, d. h. erstellte, erschaffene, erzeugte und hergerichtete Welt, in der der Mensch sich einrichtet, hat diese Welt den Charakter des „Zeugs", wie sie *Heidegger* als „Zeugwelt" eingehend expliziert hat. In ihr entäußert (entfremdet) sich der Mensch, sofern er sich durch sie und in ihr äußert. Denn, sind das zu erstellende Ding, das Gerät, der Apparat, das Haus, die Heizung hergestellt, fertig, abgeschlossen (bewältigt), ist der Mensch in diese Welt gebannt, ist sie zu der konkreten Darstellung seiner planenden Entwürfe geworden. Er hat sich in den von ihm erstellten Dingen geäußert und gleichzeitig entäußert, da er lediglich in seinen Möglichkeiten, sich zu äußern, stets über das Erstellte hinausgeht, das Erstellte-Entäußerte Grenze, Einschränkung, Kommunikationsende ist.

Als Selbst-Darstellung hat jeder Kommunikationsmodus auch „Leistungscharakter" oder ist zumindest leistungsbezogen. Nicht nur im Erkunden ist das Erkundete auch ein Geleistetes, nicht nur ist das Entdecken, Leistung der Entdecker. Sondern auch das Erschließen ist ein Erschließen des anderen als ein möglicherweise nach bekannten Gesichtspunkten „Funktionierendes", als ein zweckmäßig Geleistetes. Wenn es sich z. B. um Gegenstände handelt, und das gegenstandsbezogene Handeln (s. o. II/5/i) ein spezifisch Leistung erkundendes und erschließendes ist.

In der Auseinandersetzung ist Auseinandersetzung selbst Anteil des Leistens: z. B. im Entwurf einer Maschine, ihrer Konstruktion und endlich ihrer Anwendung. Aber auch Kunstwerke und ihre Erstellung implizieren Auseinandersetzung mit dem Entwurf nicht weniger als mit der „Materie".

Im Binden und Lösen, im Bewältigen endlich wird Leistung abgeschlossen, vollendet, vollbracht, im Aufzeigen und Aufweisen wird sie in ihrer Entstehung zergliedert und erklärt.
 Das Schwergewicht bei der Beurteilung von Leistung, wann „etwas" überhaupt als „Leistung" zu bezeichnen ist, ob diese eine „noetisch-teilnehmende", eine „emotionale" oder eine pragmatisch-gegenstandsbezogene" ist, sollte stets die Hinwendung auf den Willen, die Absicht (Plan) das Können und das spezifische Erleben, „etwas geleistet" zu haben, umschließen. Dies ist nach Bewältigung einer Schulaufgabe zu beobachten, aber auch im Entwurf eines Kunstwerkes, bei der Beendigung einer schweren körperlichen Arbeit oder in der willensgesteuerten „Verdrängung" bei der Überwindung eines „Triebes". Als spezifisch willensgeprägtes erfährt sich das Subjekt — sich wollend in den verschiedenen Kommunikationsmodi sich darstellend — in der Leistung.
 Es sei erinnert, daß (s. o.) religiöse Institutionen, Verwaltung, Handelswesen, Verkehr und Justiz ebenso zu der Leistungswelt zählen wie die spezifisch ästhetischen Kulturgebilde, die Künste, die Wissenschaften und schließlich das Nachdenken, und seine Art, Arbeit zu leisten, in die Welt einzugreifen, „Bewußtsein" zu verändern.
 Zu der Welt der Leistung zählen darüber hinaus alle beruflich festgelegten Leistungen, die wiederum ohne Lebensraum, Orientierung und Ordnung, ohne Zeitlichkeit nicht denkbar sind; andererseits wird erst über die menschliche Leistung ein vorhandener Lebensraum zu einem menschlichen.
 Zeitigt sich das Subjekt in einer Auseinandersetzung mit dem Ding oder der Zeugwelt — bei dem Erkunden eines Spielzeuges durch das Kind, dem Erschließen eines Gerätes, um es in Gang zu setzen, in der Auseinandersetzung mit einem Entwurf zu einem Haus, einer Maschine oder einem naturwissenschaftlichen Experiment —, *gewinnt es (das Subjekt) über das die Leistung vollbringende Handeln „Identität" mit der Leistung selbst.* Das Subjekt „identifiziert" sich nicht nur mit dem Geleisteten, sondern es erfährt sich als arbeitendes, als in der Arbeit sich zur Arbeit verhaltendes, damit existierendes, verantwortlich für die Arbeit.
 Verantwortung wird in dem oben aufgezeigten, elementaren aber auch allgemeinen Sinne des um seine Möglichkeiten, einen Handlungsablauf in Bewegung zu setzen, zu verhindern oder zu beenden, damit zu verantworten wissenden Subjekts verstanden. Dieser grundlegende Modus von Verantwortung erzeugt die Identität mit der Handlung oder das Sich-Selbst-in-der-Arbeit-Gleichbleiben, sich in der Leistung „treu" bleiben, wie es die vorindustrielle und handwerkliche Welt, aber auch die der puritanisch-religiös orientierten Kauf- und Handelsleute des Frühkapitalismus noch auszeichnete. Das sich selbst in der Arbeit Gleichbleiben, kann den Boden spezifischen Pflichtbewußtseins der Arbeit gegenüber bilden, für Prinzi-

pien, in denen Verantwortung als mögliche ethische Kategorie auftaucht.

Für die Leistungs- und Arbeitswelt ist ferner charakteristisch, daß sie in ihren Produkten, im „Zeug" der menschlichen Umwelt — bei aller noch stattfindenden, technischen Entwicklung — *das Gepräge des Abgeschlossen-Bewältigten hat*, mit dem das hergestellte Zeug die weitere Umwelt beherrscht, verwandelt oder ausnutzt (Umwelt im Sinne von Natur). Die Bewältigung des Nähens mit der Nähmaschine, der Fortbewegung im Pkw oder Flugzeug, des Backens im elektrischen Backofen, des Schlachtens durch das Fließband usf., bewältigt jedoch praktischen Umgang mit der Leistungswelt nur, insofern dieser Umgang für das arbeitende Subjekt mühelos und gewinneinbringend entwickelt wurde. D. h., es wird das Material der Leistung — wie sie noch die vorindustrielle Welt bestimmte — bewältigt, indem der Arbeit der Charakter der Auseinandersetzung, des zähen Ringens mit Widerständen des zu bearbeitenden Materials durch die Technik genommen wird. (Diese beschränkt sich bekanntlich heute nicht allein auf praktische Arbeitsvorgänge, sondern auch auf das Entwerfen und Planen von Arbeitsmöglichkeiten selbst, die zunehmend und weitgehend durch elektronische Computer übernommen werden.)

Die Bewältigung der Arbeit durch die Technik führt in die bekannte Abhängigkeit den Apparaturen gegenüber, und es entschwindet der Verantwortung zeitigende Charakter der Leistung in der Arbeit selbst. Sie wird durch Ideologie versuchsweise ersetzt (für das Volk, den Staat, den Kommunismus zu arbeiten), die aber nur verbrämt, daß die Bedienung von Knopf und Hebel — wie ja der größte Teil der Arbeit in der Zukunft aussehen wird — keine Identität mit der Leistung mehr vermittelt.

Das Phänomen, daß der Mensch sich mit Hilfe der Technik in seiner fundamentalen Struktur, der verantwortenden Zeitlichkeit aufzuheben beginnt, im destruktiven Sinne der Auflösung derselben, ist *Hegel* und auch *Marx* entgangen. Denn diese „Aufhebung von Arbeit durch Arbeit selbst" überschreitet jede Entfremdung[30]. Sie läßt den Entwurf des Menschen nicht mehr zu — mit der Möglichkeit vielleicht der Entwicklung einer Gattung Hominiden, die andere Wege des Sich-Darstellens und Entwerfens beschreiten wird.

Leistung im oben gekennzeichneten Sinne der Selbstdarstellung bezieht alle Strukturen der Kommunikation im Prozeß des Leistens selbst mit ein. Nicht nur den Lebensraum — als menschlich erarbeiteter und bewerkstelligter —, sondern auch die orientierenden und ordnenden Strukturen, da jede Leistung einer Orientierung auf ihr Wozu bedarf und der Kenntnis der Ordnung von Wirkzusammenhängen (Kausalität), um sich überhaupt in der Leistung zu vollenden. (Bewältigen)

Darüber hinaus ist *zu unterscheiden zwischen dem Vorgang des Leistens selbst und der Leistung, dem Wie des Vorgangs, der von der Beziehung des Subjektes zu der Arbeit bestimmt wird*: ob noch Identität im oben aufgezeigten Sinne mit der Arbeit im Arbeiten selbst gefunden wird – oder ob die Arbeit weitgehend entfremdet (ohne persönlichen Bezug) ist. Ob sie – um nur zwei extreme Möglichkeiten zu nennen – hier noch gewissenhaft und sorgfältig ausgeführt wird, dort nachlässig und „schlampig". Im ersten Fall bindet sich das Subjekt in dem Arbeitsprozeß, um ihn abschließend zu bewältigen, sich dann von diesem zu lösen. Im zweiten Fall hat die Arbeit bestenfalls nur erkundende Bedeutung für das sich in ihr nicht mehr binden-wollende Subjekt.

Das Wie des Leistens ist von dem Was (der Art) der Leistung wiederum nicht zu trennen: das gleiche Subjekt, das hier uninteressiert, oberflächlich, nachlässig einer Arbeit nachgeht, kann eine andere engagiert und gewissenhaft durchführen. *Im Was der Arbeit wird die spezifische Leistungsbezogenheit des Menschen, seine Bevorzugung oder sein Verwerfen bestimmter Leistungen als Darstellung seiner Möglichkeiten (auch möglicher Begabungen) sichtbar.*

Die Arbeit (Leistung) vermag unter günstigsten Umständen situativ-gesellschaftlich zur (relativen) Selbstdarstellung von Individuen werden – sie ist es aber auf Grund der Arbeitsteilung faktisch in den meisten Fällen nicht. Gelingt die Selbstdarstellung in einem Beruf (Leistung), dann wird Identität mit diesem sichtbar. D. h., das Subjekt strukturiert sich über den Beruf, dann auch über die Rolle (s. u.), indem es in der Identität mit der Leistung auf andere, fluktuierende Möglichkeiten der Selbstdarstellung verzichtet.

Die Selbstdarstellung – ob gelungen oder mißglückt – wird in der heutigen Leistungsgesellschaft (in West und Ost gleichermaßen) zunehmend ein Problem der Freizeitgestaltung. Um Selbstdarstellung – oder Verwirklichung – möglicherweise festzustellen, bedarf es der Befragung einer Vielzahl von Beweggründen, die das Subjekt zu der Wahl – oder zu dem Zwang – seines Berufes, seines Verhältnisses zu diesem (z. B. bei häufigem Wechsel) mitbestimmen. Hier sind die Einflüsse und prägenden Faktoren von Lebensraum, Orientierung und Ordnung ebenso aufzuzeigen, wie das Verhältnis zur Zeitlichkeit (Verantwortung), die sich stets in den verschiedenen Kommunikationsmodi zur Geltung bringen: in Auseinandersetzungen mit Beruf und möglichen Leistungen nicht weniger als in den Möglichkeiten, sich in diesen zu binden oder zu lösen, im Versuch, z. B. durch den Beruf das Unbewältigte des Vergangenen zu bewältigen – oder zu kompensieren. Nicht zuletzt spricht die Leibhaftigkeit als Voraussetzung des Könnens, die Fähigkeit, eine bestimmte Leistung praktisch zu vollziehen – von handwerklicher Geschicklichkeit bis zu differenzierten, noetischen Prozessen –, in den Vorgängen, sich lebenslänglich für eine bestimmte Leistung (Beruf) entscheiden zu müssen, häufig ein ausschlaggebendes Wort.

7. Die Strukturierung durch den Leib

Der Leib als Ermöglichung der den Lebensraum zum Kulturraum prägenden Leistung, als Verschränkung von räumlicher Orientierung über Wahrnehmen und Handeln und ihrer primären Bezogenheit auf Ordnung im Maßerleben der leibhaften Proportionen[31], als Ermöglichung der zeitlichen Verfassungen durch die Teilhabe an der Lebensbewegung von Aufnahme, Mitteilung und Antwort, *ist die fundamentale Struktur, die dem Menschen in gleicher Weise den Entwurf über die anderen Strukturen in die Welt erlaubt wie zu sich selbst — weil der Leib „strukturneutral" ist.* (D. h., er repräsentiert die Gleichzeitigkeit und das In-Einander aller Strukturen.)

Welche Orientierung sich über das leibhafte in-der-Welt-Sein für das Individuum ergibt, in was für einem Lebensraum dieses lebt, welche Ordnung es perzipiert und wie es auf diese antwortet, wie seine zeitliche Verfassung ist, was es leistet, *ist dem Leib als universellem Medium für räumliches In-der-Welt-Sein, zeitliche Verfassung und Leistung darüber hinaus primär „gleichgültig"*, da er diese Vorgänge ermöglicht; sekundär vermag er jedoch, von ihnen betroffen zu werden.

Die Universalität und Ubiquität des Leibes als Instrument der Verschränkung von Raum, Zeit und Leistung schließt jedoch nicht aus, daß der Leib im Sinne der Konstitution bestimmte Bilder (Typen) dieser Verschränkungen entwirft und subjektive Verhaltensweisen in einem nicht genauer zu bestimmenden Maße vorprägt, die an anderer Stelle vom Verfasser eingehend diskutiert wurden[32]. *Die Modi der Kommunikation erfahren durch den Leib eine vorgegebene Einschränkung möglicher Kommunikation gegenüber*: Es werden „Typen" beobachtet, die bereits aufgrund einer ererbten Kommunikationskonstellation überwiegend teilnehmend (mental-kognitiv) sich mitteilen. Andere, bei denen die emotionale Anteilnahme im Vordergrund der Kommunikation steht, die wiederum in Modi bestimmter Antriebe/Triebe des Fühlens oder größerer Stimmungslabilität aufzuteilen wären. Jedoch muß der Hinweis auf die genannten Zusammenhänge, die vom Verfasser an anderer Stelle dargelegt wurden, an dieser Stelle genügen.

Das Vorkommen einer leiblichen Vor- und Auswahl bestimmter ausgeprägter Kommunikationsweisen schließt wiederum nicht die außerordentliche Flexibilität der leibhaften Vorprägungen aus. Sie impliziert die Möglichkeit, trotz bestimmter konstitutioneller Vorgegebenheiten die Kommunikation zu modifizieren, zu erweitern, zu begrenzen, um damit die Universalität des Leibes im oben gekennzeichneten Sinne als fundamentale Ermöglichung der Verschränkungen von Raum, Zeit und Leistung zu bestätigen.

Wie leibhaft erkundet, auseinandergesetzt und bewältigt wird, wurde bereits dargelegt. Als ein stets in seiner Existenz zum Leib sich Verhalten-Könnender, wurden im anderen Zusammenhang[33] die drei Möglichkeiten des Menschen zum Leib sich zu verhalten aufgezeigt. Sie seien noch einmal in Erinnerung gebracht als das (a) tolerante Verhalten dem Leib und seinen Bedürfnissen, seinen Stimmungen, Trieben und Gefühlen gegenüber, das sich bis zur Indifferenz und einem vom Leib und seinen Bedürfnissen immer wieder Sich-überwältigen-Lassen steigern kann. Diesem Verhalten steht das (b) ablehnend-unterdrückende gegenüber, das insbesondere in der sogenannten „Verdrängung der Sexualität" Gegenstand der Psychoanalyse wurde. Viel umfassender als es diese perzipierte, wird es in verschiedensten Kulturen angetroffen, die die Leibhaftigkeit und die ihr entspringenden Bedürfnisse generell ablehnen oder sie mißhandeln (z. B. in Askese verschiedenster Provenienz).

Zwischen diesen beiden Möglichkeiten, sich zum eigenen Leib zu verhalten, steht (c) die erzieherisch-pädagogisch-sportliche, die einerseits den Leib toleriert, pflegt, verwöhnt, ihn andererseits in den Dienst unmittelbarer Leistung stellt, insbesondere in den der (disziplinierten) Aggressionsausübung: bei den Prärieindianern ebenso wie in der antiken Paideia. Diese drei Verhaltensmöglichkeiten werden in der alltäglichen Wirklichkeit und klinischen Praxis in zahlreichen heterogenen „Mischformen" beobachtet, die hier bestimmte, leibhafte Bedürfnisse tolerieren, andere ablehnen, einige kultivieren, andere zu kontrollieren suchen; wie z. B. Bejahung des Essens, Ablehnung der Sexualität — bei gleichzeitiger Betonung des sportlichen Trainings.

8. Strukturierungen durch den Beobachter
(Die Struktur der Intersubjektivität)

Jede erkundende Orientierung über einen Lebensraum oder den Ordnungsbezug eines Subjektes, über sein Verhalten zur Struktur der Zeitlichkeit, zu Leistung und Leib, *setzt die Thematisierung schon der Frage durch den Beobachter — z. B. den explorierenden Arzt — oder einen Gesprächspartner voraus. Durch die Thematisierung der Frage* nach dem Lebensraum eines Individuums, der Orientierung innerhalb und außerhalb desselben, *strukturieren sich diese im Gespräch gemeinsamer, anteilnehmender und teilnehmender Kommunikation* über das Thema „Lebensraum" oder „Orientierung"; spezifischer: über das Verhältnis des Subjektes zur Einzelheiten des Lebensraumes, der Erziehungspersonen, der Schulzeit oder zu seinem Studium in NN.

Die Lebensgeschichte wird über das gemeinsame thematisierte und entsprechend strukturierte Erkunden und Entdecken hinausgehend zum Anliegen erschließender, konfrontierender (binden/lösender) Auseinandersetzung – für den Beobachter nicht weniger als für den Berichtenden.

Die im Fluß des Gespräches, in der Fluktuation sich darstellende Auseinandersetzung des Berichtenden ist gleichzeitig Kommunikation desselben mit sich selbst, wie Mitteilung an den anderen. Diese zeigt in Setzen und Gegensetzen, in Thema und Gegenthema ihre zeitliche Verfassung auf. Die zeitliche Struktur der Auseinandersetzung stellt sich nicht nur im Gespräch dar. Sondern durch den Vorgang des Berichtens selbst, der aus diesem sich notwendigerweise ergebenden Distanzierung über die Entäußerung des Berichteten, zeitigt sich das berichtende Individuum, indem es sich zunehmend als für sein Leben mit-verantwortlich erfährt.

In dieser Zeitigung ist aber der andere, der Zuhörer oder Frager, nicht nur als Spiegel oder Resonanzboden miteinbegriffen. Vielmehr weil der Zuhörende teilnehmend/anteilnehmend-lebendiges Subjekt ist, kann der Berichter sich in der Struktur z. B. der Verantwortung zeitigen, da Verantwortung nicht im versachlicht-neutralisierenden, objektivierenden Spiegeln oder in „Resonanzböden" erlebt zu werden vermag, sondern nur faktisch dem anderen und sich selbst gegenüber.

In der Ver-Antwortung sieht das z. B. eine Handlung vollziehende Subjekt sich selbst zu. Es erblickt sich als einen Wirkzusammenhang Auslösendes oder Beendendes; aber im Vollzug des Handelns sieht auch stets der andere zu. Sei es, daß er von der Handlung betroffen ist, sei es, daß er sie nur wahrnimmt – aber er ist in jedem Fall anwesend. In diesem Zu-Sehen, das sich auch frühzeitig in der Kindheit entwickelt – wenn z. B. ältere Geschwister oder Erziehungspersonen das Kind beobachten, sein Tun möglicherweise kommentieren – zeigt sich der andere als Je-Einmaliger, Spezifischer, aber auch als der, dem gegenüber das Handeln nicht versteckt oder verborgen werden kann. Er zeigt sich als der, dem sich der Handelnde durch die Art seiner Handlung erschließt; der andere ist die Öffentlichkeit, dem der Handelnde durch die Handlung selbst sich eröffnet hat.

Der andere als Zuhörer oder Zuschauer[34] *ist vor aller Möglichkeit, sich zu der Person des Handelnden und der Art ihrer Handlung lobend oder kritisch zu äußern, schlechthin Präsenz von Beobachtung und Wahrnehmen, die alle Möglichkeiten der Kommunikation noch offen läßt.*

Diese, dem schlichten Zu-Schauen oder Zu-Hören zukommende Immanenz aller (denkbar) möglichen Antworten auf das beobachtete Handeln, die situativ bedingte Offenheit für diese Antworten, läßt den anderen – den Beobachter – <u>als Repräsentanten eben des Öffentlichen erscheinen.</u> Nicht, weil er diese im „gesellschaftlichen Sinne" vertritt, sondern weil die Öffentlichkeit eines allgemeinen Publikums, einer Gesellschaft, einer

Gruppe, *in ihrer Offenheit für nicht voraussehbares, mögliches Verhalten eines Handelnden* so offen ist, wie der Einzelne, der einem anderen in seinem Tun zuschaut oder dessen Lebensgeschichte sich anhört.

Für *E. Straus* stellt sich dies so dar:

Die Öffentlichkeit konstituiert sich also erst durch Objektivierung, konstituiert sich erst vermittels der Reflexion. Die logischen Momente der Identität, der Allgemeinheit, der Wiederholung gewinnen eine anthropologische Bedeutung. Aus dem Bestimmten im logischen Sinn wird das Gewordene im anthropologischen. (Begriffliche Bestimmtheit, Rationalität und Vergangenheit, Fertigsein, Abgeschlossensein stehen in einer engen wechselseitigen Beziehung.) In dem Maße nun als ein Mensch mit seinem Amt verwächst oder seine öffentliche Gestalt schafft und verwirklicht, in dem Maße also, als er das ist, was er geworden ist – und dies Schicksal bleibt keinem ganz erspart –, verschließt sich ihm die Möglichkeit unmittelbaren Werdens. Der alternde Mensch lebt mehr und mehr in der Wiederholung, der Vergangenheit zugewandt.

Das öffentliche Sein ist demnach charakterisiert durch die Objektivierung (Reflexion) – Allgemeinheit – Wiederholung – das Gewordene – die beliebige einseitige Partizipation; das unmittelbare Sein dagegen ist nicht objektiviert, ist einzig, einmalig, werdend, fördert wechselseitige Teilnahme.*

Das Öffentliche ist die nicht voraussehbare Reaktion – das Mögliche aller Möglichkeiten von Antwort –, dem sich der Handelnde in seinem Tun erschließt, entdeckt, eröffnet und damit in einem tieferen Sinne Verantwortung konstituiert (strukturiert). Denn er fühlt durch das (vorläufige) Ausbleiben irgendeines Hinweises auf seine Handlung aus dem offenen Zuhören oder Zusehen des anderen sich nicht nur etwa psychologisch „verunsichert" oder „ratlos". Vielmehr kann jederzeit aus dem Offenen aller Möglichkeiten von Antworten des anderen möglicherweise gerade die Antwort fallen, die Stellungnahme, Gegensetzen, Gegenthema In-Frage-Stellen, Nichten des Handelnden (wie auch des eine Episode Berichtenden) bedeutet; eine Antwort, die ihn über das Verunsichern hinaus „existenziell" trifft, indem es ihn zur Verantwortung aufruft.

Der Handelnde oder Berichtende muß sich dann über sein Handeln hinaus rechtfertigen, er könnte genötigt werden, die Gründe seines Tuns, seines Verhaltens zu erschließen. Er muß über das Handeln hinaus sich selbst darstellen, das Warum und Wozu seines Handelns aufweisen, aufzeigen, sie müßten im Tun der ständigen Aufforderung zu Auseinandersetzung mit dem Öffentlich-Anderen gewärtig sein.

Verantwortung hieße deshalb, die Möglichkeit des anderen, sich in bestimmter Weise zu verhalten, vorwegzunehmen – auch wenn der andere leibhaft nicht anwesend ist. Der Andere ist als Offener allen aus den

---

* E. Straus: Psychologie der menschlichen Welt. Berlin/Heidelberg 1960.

Möglichkeiten des Offenen kommenden Mitteilungen gegenüber aufgeschlossen; er ist offen als Öffentlicher anwesend, der aber in dieser Offenheit auch verborgen ist, wird er doch durch den Handelnden oder Erzählenden mit konstituiert: so wie ihn der Handelnde sieht.

Diese Erfahrung des offenen Anderen liegt z. B. dem mythischen Erleben des offenen Himmels, der Allgegenwart der Götter oder Gottes, dem alles aufdeckenden Licht zugrunde, dem gegenüber die Öffentlichkeit der Gruppe ein sakrales Erleben umschloß, die öffentliche Versammlung unter dem offenen Himmel ein heiliger Akt war[35]. Aus dem offenen Himmel antwortete der Gott zum Zeugnis seiner Anwesenheit mit dem Blitz oder er sandte ein anderes Zeichen.

Das Offene des Öffentlichen konstituiert, strukturiert sich in diesen Vorgängen, das über die durch das Berichtete sich ergebenden Themen hinausgehend, keine spezifische Thematisierung aufweist.

Verantwortung wird als antizipierende, intentionalisierte Richtung-Nahme auf das Offene aller möglichen Antworten im Gegenüber, damit in der Öffentlichkeit, sichtbar. Das Thema der Verantwortung strukturiert sich deshalb bereits im Gespräch, ohne daß ein Thema außer dem der eigenen Darstellung gegeben sein muß. *In der im Gespräch sich ereignenden Strukturierung wird Struktur als immer auf Gemeinsamkeit der Kommunikation bezogenes Thema erschlossen. Oder, Struktur ist, weil Kommunikation sich nur über die Gemeinsamkeit eines Themas ereignet* (s. o. Entstehung von Strukturen aus Kommunikation).

Das trifft auch für das gemeinsame Schweigen oder das schweigende Zuhören zu. Die Strukturierungen, in denen die Intentionalität der Frage in Richtung von Räumlichkeiten, Zeitlichkeiten, Leistungen oder leibhaftem Verhalten durch das Wort (die Sprache überhaupt) artikuliert werden, bestimmen nicht allein das therapeutische Gespräch, die personale Kommunikation, den tiefschürfend gegenseitig sich erschließenden/eröffnenden Dialog zwischen Freunden — sondern auch das alltägliche Gespräch im Modus der Selbstvergessenheit. Was hier an Thematisierung der Lebensgeschichte, an Milieu und Zustandsschilderungen mitgeteilt und beantwortet wird, an Meinungen (Orientierungen), Ansichten (Ordnungsbezügen), an Rechtfertigungen (Verantwortung), an Berichten über Arbeit, Beruf, Tätigkeit in Institutionen, an Klagen über leibliches Unwohlsein, ist stets gemeinsames „Produkt" gegenseitiger — oder überwiegend einseitiger — Strukturierung.

Nicht nur, daß die Sprache selbst in der Fülle und Vielfalt ihrer Möglichkeiten die Grundstrukturen thematisch und gegenthematisch mit- und gegeneinander bewegt, um damit überhaupt Verständigung als gemeinsam thematische zu bedingen. *Vielmehr vermag das fluktuierende In- und Gegen-Einander eines Gespräches nur aus der Intersubjektivität,* aus dem *„Zwischen" der Subjekte, sich zu strukturieren.* In der Strukturierung löst es sich durch die „intersubjektiven Vorgänge" der Kommunikation auf, um sich wiederum neu zu strukturieren. *Dabei wird in der Strukturierung stets die Grundstruktur der Welt selbst sichtbar,* die hier im „Überwurf" auf das Subjekt zukommend, Strukturen bildet, dort im Überstieg des Subjektes zur Welt hin sich strukturiert.

Wird z. B. ein Gesprächspartner nach seinem leiblichen Befinden gefragt, strukturiert sich in der Antwort Leiblichkeit, die durch ein Gegenthema — Sprung in Probleme der Orientierung — wieder aufgelöst wird, während sich jetzt das neue Thema — Orientierung — strukturiert. „Wie geht es Dir heute" — „Wieder schlechter", (Leib) — „Das liegt daran, daß Du Dich nicht an Deine Diät (Orientierung, Ordnungsbezug) hältst" — „Was hältst Du denn von Diäten überhaupt" usw.

Das bedeutet für den nächstfolgenden Abschnitt, der in die Bedingungen von Krankheit und Gesundheit eindringen wird, *daß alle in einem Gespräch, in einer Exploration ermittelten Strukturen, Kommunikationsmodi, Gegensätzlichkeiten nicht nur der Fülle des Faktischen gegenüber bereits eine einschränkende Thematisierung darstellen* — von dem Möglichen und den Möglichkeiten einer sich eröffnenden Person ganz zu schweigen. Es bedeutet darüber hinaus vor allem, daß *Strukturierung* z. B. entgegengesetzter Kommunikationsmodi, das Überwiegen der einen Struktur über die andere, das Aufweisen von Kompensationen und Dekompensationen *grundsätzlich eine durch den Beobachter in ständiger Kommunikation mit dem Befragten konstituierte oder thematisierte ist. Die Struktur ist Folge von Konstellation oder Provokation, sie ist intersubjektiv bedingtes Geschehen.*

Teil IV

Die nicht-kommunikative Welt und die Kompensation des Mangels

(Zur Psychopathologie der Kommunikation)

1. Der Mangel und die totale Kommunikation[1]

Die primäre kommunikative Zuwendung zur Welt, der Mangel „an Welt", das primäre Bedürfen nach Welt überhaupt wird in der Kommunikation selbst befriedigt (s. o. I/3). *Der Mangel ist in dem Zustand des bloßen, undifferenzierten Bedürfens reine Mitteilung*: Das Geschrei des Säuglings, das Plappern des Kindes, die freudige Mitteilung eines beglückenden Erlebnisses – die, ohne mögliche Antwort anzuvisieren oder vorwegzunehmen, sich erst „einmal" mitteilen. In dieser Mitteilung an die Umwelt erfährt das Bedürfen nach Kommunikation eine erste Stillung (s. o.).

Das Bedürfen kann sich in der Mitteilung selbst (vorübergehend) erschöpfen, wenn z. B. die in der Mitteilung entstehenden Stoffwechsel-Abbauprodukte u. a. nicht der Mitteilung entsprechend schnell genug abgebaut werden: der Säugling bis zur Erschöpfung schreit.

Daß das Bedürfen nach Kommunikation in einer ersten Mitteilung jedoch nicht so befriedigt wird, daß es als Bewältigtes zum Abschluß kommt, weist darauf hin, daß die sich in undifferenziertem Mitteilen anzeigende Befriedigung des Kommunikationsbedürfnisses nicht ausreichend ist. Vielmehr verstärkt sich das Bedürfnis nach Mitteilung von Mitteilung zu Mitteilung selbst, bis wohl möglich eine Antwort aus der Umgebung kommt, die hier den Säugling hochnimmt, ihn füttert, dort Schweigen gebietet oder den Redeschwall eines Erregten durch ein Medikament unterbindet.

M. a. W., das im bloßen Mitteilen sich darbietende Kommunikationsbedürfnis, stellt zwar im Verhältnis zu dem Bedürfen selbst, das sonst nur stumm erlitten würde, eine erste Stillung des Bedürfens nach Kommunikation dar – aber eine Stillung, die durch Ausbleiben der Antwort sich selbst zunehmend als unbefriedigt, unerfüllt erfährt, und im fortschreitenden Ausmaß des eigenen Unbefriedigt-Seins immer mehr sich mitteilt (s. o. I/3).

Dieser Zustand undifferenzierten Sich-Mitteilens geht jeder möglichen Antwort voraus, die – wie oben aufgezeigt wurde – entweder „Frustrierung" der Mitteilung oder „Befriedigung", *aber stets Einschränkung bedeutet (Kompensation).*

Das alltäglich zu beobachtende Vorkommnis sich darstellender Mitteilung, die noch ohne Antwort verbleibt, weist darauf hin, daß in jeder Mitteilung bereits Themen gesetzt, in der Umwelt provoziert oder konstelliert werden, das „bloße" Ausdrücken jedoch des Bedürfnisses nach Kommunikation von dem Subjekt weiterhin als Mangel (unbefriedigt) erlebt wird — bis eine Antwort aus der Umwelt kundgibt, daß die Mitteilung aufgenommen wurde. „Unbefriedigend" hieße in diesem Zusammenhang: die Mitteilung stellt zwar gegenüber dem Mangel eine erste Befriedigung im Verhältnis zu dem Mangelerleben überhaupt dar, aber das Ausbleiben von Antwort, der Zwang deshalb zur fortgesetzten Mitteilung wird als „unbefriedigend", als „Noch-Nicht", als Ausbleiben der in der Antwort vom Subjekt konstellierten Zukunft erlebt.

Die erste Befriedigung des Sich-Mitteilen-Könnens ist dem Bedürfen nach Kommunikation gegenüber nicht nur unbefriedigend, wenn es keine Antwort provoziert, sondern weil es als Mitteilung gegenüber dem Bedürfnis nach Mitteilung auch eine erste Einschränkung darstellt, die als Einschränkung das Bedürfnis nach Kommunikation wiederum verstärkt (s. o.). Selbst die erste undifferenzierte Mitteilung des Kommunikationsbedürfnisses stellt gegenüber dem sich noch nicht spezifisch artikulierten Mangelerleben, das als Hintergrundsphänomen diffus wahrzunehmen ist, bereits eine erste Einschränkung dar.

Das Erfolgen der Mitteilung ist bereits erste Begrenzung des Bedürfnisses nach Mitteilung, erste Einschränkung gegenüber den Möglichkeiten, sich mitzuteilen. Diese Einschränkung kann zur Verstärkung des Mitteilungsbedürfnisses führen, das, wenn es keinerlei Antwort erhält, erst im Zustand der Erschöpfung zur Ruhe kommt.

Aus dem undeutlich sich darstellenden, diffusen Mangelerleben, das sich nicht oder kaum zu artikulieren vermag — Schreien, Strampeln —, strukturieren sich in der Mitteilung erste Entwürfe auf Welt hin oder spezifische Bedürfnisse im Umgang mit der Umwelt. Sie stellen sich innerpsychisch als in Bildern, Phantasien oder Wünschen, die die Mitteilung des Subjektes an die Umwelt artikulieren, dar: ich möchte das und jenes ... Diese verbürgen als spezifizierte Wünsche bereits eine weitere, zunehmend spezifische Strukturierung gegenüber dem diffus-undeutlichen Mangelerleben (vgl. o.). *Die spezifische Artikulation von Bedürfnissen in der Mitteilung ist deshalb eine weitere Einschränkung der Mitteilung als Ausdruck von Mangel:* wenn aus dem undifferenzierten Schreien sich Laute, dann Worte herausbilden. In der Mitteilung selbst, dann in der Spezifizierung der Mitteilung, setzt das sich mitteilende Subjekt erste Grenzen, Einschränkungen, einem ersten Widerstand gegenüber, dem im Hintergrund vorhandenen, diffus-undeutlichen Bedürfen nach Mitteilung überhaupt, — dem Mangelerleben.

Das undifferenziert-undeutliche Verlangen nach Kommunikation entspricht der vorgegebenen Ganzheit, in der das Kleinkind zeitweise — wenn es nicht erheblichen Entbehrungen ausgesetzt ist (vgl. o. „Trennung") — mit sich selbst und seiner Umwelt lebt; es korrespondiert auch einem

Erleben von Ganzheit, das Jugendpsychiater und -psychologen auch in den sogenannten „Allmachtsphantasien" aufgewiesen haben. In diesen verweisen das auf Totalität ausgehenden, nicht realitätsgerechten Wünsche und Bilder, aber auch die entsprechenden Erwartungshaltungen — von zahlreichen Menschen lebenslänglich beibehalten — auf eine Ganzheit, eine „Totalität" des Kommunikationsbedürfnisses angestoßen, von einem entsprechenden Mangelerleben (u. U. auch kompensatorisch für verlorengegangene Ganzheit).

Diesem undifferenziert-unstrukturierten Mangelerleben und seinem Bedürfen nach totaler Kommunikation wird z. B. in der — jetzt allerdings keineswegs nur auf die Kindheit begrenzten — Zuneigung, in der Liebe nicht weniger als im erotischen Bedürfen wieder begegnet, das auf „totale Nähe" des anderen geht, auf dessen mögliche Vereinnahme; das zeigen z. B. die sogenannten „oralen" Beiß- und Verschlingungsphantasien des Kindes, aber auch die von Liebespaaren.

Darüberhinaus weisen die Antriebe in ihrer anthropologisch bedingten Deformation beim Menschen — im Gegensatz zum Tier — auf „Maßlosigkeit",[2] damit „Totalität" der Einkörperung (z. B. Aggression) oder Entkörperung (Hörigkeit) hin.

Im anteilnehmenden Erkunden, Erschließen, Entdecken, den existentialen Leitthemen der Emotionalität, wird das z. B. auf das Ganze Gehende des Erkundens, in seiner Verbindung etwa mit impulsiver Aggressivität und motorischem Handlungsbezug — erst durch das phantasievolle Entwerfen selbst, dann von den Dingen und ihren Grenzen, dann von den Verboten der Erwachsenen und endlich durch die physische Erschöpfung — begrenzt und eingeschränkt.

Diese Begrenzung und Einschränkung stellen jedoch dem z. B. stets auf das Ganze gehenden Erkunden — als eines Kommunikationsmodus — nur die Grenzen vor, die es selbst im Vorgang des Erkundens schon „in sich" hat. *Denn jeder Akt des Erkundens*, jedes Aufmerken, jedes Abtasten, jeder Schritt in ein unbekanntes Zimmer, *repräsentieren bereits eine Einschränkung dem möglichen Erkunden gegenüber.*

Die Mitteilung des Kindes an die zu erkundende Umwelt ist bereits Einschränkung möglichen Erkundens, Einschränkung des „auf Totalität" gehenden Erkundungsprozesses. *Die im Erkunden selbst liegende Einschränkung des Bedürfens nach „totalem Erkunden" ist es, die das „Noch-Nicht" oder das „Nicht-Mehr" des Mangelerlebens zu immer erneuter Artikulation seiner selbst und erneuter Anstrengung führt.* Nicht nur, wenn seine Mitteilung unbeantwortet bleibt (s. o.), sondern und vor allem weil jede Mitteilung bereits Einschränkung, damit Widerstand, damit Anlaß zur Überwindung derselben und erneute Artikulation des Mangels bietet.

Das Mangelerleben in diesem, seinem Grundzug — sowohl in Erinnerung an das oben Ausgeführte wie auch im Bezug auf das allgemeine Mitteilungsbedürfnis überhaupt noch einmal erörtert — geht auf „mögliche Welt" ganz allgemein und diffus. Seine erste Einschränkung erfährt es durch die konkreten Möglichkeiten der Mitteilung selbst, ihre Determinanten, die sich z. B. in den Sprachwerkzeugen gebildet haben. Darüberhinaus durch die Determinanten des Individuums: Konstitution, Situation und Lebensgestalt — die wiederum in ihrem Zusammenwirken den Ausdruck des Mangelerlebens verstärken. Die weiteren Einschränkungen seines Bedürfnisses nach Kommunikation, die nicht in der bloßen Mitteilung, in der spezifischen Artikulierung derselben liegen, erfährt das Individuum dann erst durch die realen Antworten der Umwelt selbst, durch das Gegensetzen der Gegenthemen, die entweder Abweisung des Kommunikationsbedürfnisses (sogenannte „Frustration") bedeuten oder relative Erfüllung von Kommunikation, *aber* damit auch Einschränkung gegenüber dem Bedürfen nach totaler Kommunikation darstellen.

Wurde oben das Vermögen des Menschen, zur Welt zu transzendieren, über Welt eine Aussage machen zu können, als grundlegendes humanes Kommunikans aufgezeigt, indem der Mensch (Subjekt) auf Welt nur deshalb zukommen kann, weil er immer schon über einen möglichen, wenn auch ganz diffusen Weltbegriff verfügt, Welt jedoch auch zu ihm übersteigt, *so entspricht dieses Ur-Verhältnis von Mitteilung und Antwort (Kommunikation) dem diffus-möglichen Bedürfen nach möglichst umfassender, nach sogenannter „totaler" Kommunikation.*

Im Verlauf der Differenzierung des Subjektes zu seinen Möglichkeiten konkreter Kommunikation, erfolgt der graduelle Überstieg zur Welt, entwickelt das Subjekt die sein Mögliches an Kommunikation zunehmend einschränkenden Kommunikationsmodi im Lernprozeß selbst (s. u. Kap. I/3), ohne daß jedoch das Grundbedürfnis nach totaler Kommunikation das unspezifisch-diffuse Mangelerleben jemals aufgelöst wird.

Der Hunger, der durch Nahrung befriedigt wird, entspricht den konkreten Möglichkeiten, die der Hunger zu seiner Befriedigung bildhaft antizipiert: Brot, Wurst — oder Gänseleberpastete. Das Mögliche jedoch des Hungers als Kommunikationsbedürfnis und Mangelerleben erfährt — selbst in der Befriedigung — eine Einschränkung (s. o.). Deshalb muß der Mangel sich in erneutem Hunger wieder melden, nicht nur aus physiologischen Gründen der Aufzehrung der Nahrung (die nur die Leibhaftigkeit des gleichen Sich-Verhaltens dokumentieren), sondern weil Hunger als „Mangelerleben" alle Möglichkeiten der Befriedigung erwartet, *die in der konkreten Befriedigung stets Einschränkung erfahren.*

Der die Welt einfühlend Erkundende, der einer Person gegenüber anteilnehmend zwischen Sympathie und Antipathie Hin und Her-Gerissene, der sich mit diesen auseinandersetzt — sie alle kommen zwar im Erkunden oder in der Auseinandersetzung möglicherweise zu einem Ende derselben

(Bewältigung, Kompensation), aber dieses Ende ist immer nur ein vorübergehendes, denn der Grundmangel wird durch die Konkretion des „Jetzt" in seinem auf das Mögliche aller Möglichkeiten gehenden Bedürfen nur vorübergehend gesättigt — oder eingeschränkt — und damit letztlich wieder verstärkt.

Trifft dagegen das Kommunikationsbedürfnis als bereits Konkretisiertes auf eine Antwort, die möglicherweise Widerstand impliziert, auf direktes Gegensetzen, so kann — je nach der Disposition des Subjektes und der Situation — das Bedürfen sich ebenfalls verstärkt anmelden; es kann am Widerstand abklingen — oder andere Wege der Kommunikation suchen.

Aber — und das ist das Entscheidende — ob befriedigt, ob frustriert, *im Hinblick auf den grundsätzlichen Mangel und die Möglichkeiten der Erfüllung ist die „Befriedigung" nicht weniger wie die „Frustrierung" eine Einschränkung.*

Diese von bisherigen psychologischen Modellvorstellungen grundsätzlich abweichenden Perspektiven seien noch an weiteren Beispielen dargelegt: Dem Bedürfnis des Kleinkindes, einen Gegenstand oder ein Tier zu erkunden, erscheint das auch in der Phantasie sich immer neu entwerfende Erkunden unendlich reichhaltig. Nicht weniger erlebt der Erwachsene, der eine Person, sich mit dieser auseinandersetzend, erkundet, daß sowohl das Erkunden als Vorgang als auch der Erkundete in seiner von Augenblick zu Augenblick variierenden Selbstdarstellung, „unendlich" viele Möglichkeiten von Erkunden implizieren. Diese Möglichkeiten weichen jedoch im Prozeß des Erkundens zunehmend dem Entdecken oder Erschließen relativ invariabler Einstellungen, Gewohnheiten, Orientierungs- und Ordnungsbezügen (Strukturen) des anderen. Seine Art zu arbeiten, erschließt sich nicht weniger wie sein Verhältnis zum Leib: das Erkunden erfährt auf die Möglichkeit des Erkundens selbst und des zu Erkundenden bezogen, Einschränkungen, die sich hier als Erfüllung von Erkunden zeigen, dort als In-Frage-Stellen desselben, aber in jedem Fall Einschränkungen sind.

Das Erschließen anderer Personen so wie diesen gegenüber anteilnehmend-emotional sich selbst zu erschließen, visiert im Entwurf auf die anderen, in seiner Intentionalität auf diese Möglichkeiten, die stets über das Jetzt hinausgehen und in der realen Konkretisierung begrenzende Strukturen der Möglichkeiten ebenso erzeugen, konstituieren, wie sie diese vorfinden und zu überwinden versuchen oder zurückweichen.

Die Frau, die sich erotisch-zuneigend dem Mann hingibt, begibt sich in dieser Kommunikation der Möglichkeiten — zumindest gleichzeitig — andere Beziehungen mit anderen Männern und anderer Art zu haben. D. h., *daß die Identität der zeitlichen und der Struktur der Kommunikation in der Perspektive der Zukunft, in ihrem Auf-Einander-Zukommen von kommunizierenden Subjekten das „Noch-Nicht" aller Möglichkeiten birgt, die die Zukunft offen läßt, die aber im Jetzt selbst konkretisiert,* strukturiert, auf wenige faktische Modi der Kommunikation zusammenschrumpft.

Umgekehrt birgt rückblickend das „Nicht-Mehr" einer Kommunikation im Vergleich zum „Jetzt" alle die Möglichkeiten, die, könnte die Vergangenheit „Stück um Stück" rekonstruiert werden, im eingrenzenden Jetzt — damals — ebensowenig konkretisiert worden wären, wie die Zukunft nie das hält, was sie an Möglichkeiten in sich birgt.

Der Mangel — so darf zusammengefaßt werden — und das Bedürfen nach totaler Kommunikation entsprechen einander. Die totale Kommunikation geht auf Aufhebung des gegensetzenden anderen, auf Aufhebung des Gegensatzes überhaupt. Ontogenetisch als grundlegende Verfassung des Kleinkindes nachweisbar, prägt sie auch das Kommunikationsbedürfen des Erwachsenen. Sie ist darüberhinaus in jeder Kommunikation als das Moment anwesend, das bei „Erfüllung" von Kommunikation zu neuer drängt, bei Verneinung oder Gegensetzung sich als verstärktes Bedürfnis nach Kommunikation kundzugeben vermag. Im Mangel ist das Mögliche aller Kommunikation in seinem Bedürfen nach umfassender, totaler Kommunikation präsent. Dieses erfährt im ersten Äußern des Mangels — reine Mitteilung — bereits die primäre, unaufhebbare Einschränkung durch die Äußerung selbst. Aus der Konkretisierung des Mangels in spezifischen Bildern, Wünschen, Vorstellungen, entsteht weitere Einschränkung desselben durch den Artikulationsvorgang. Schließlich erwächst dem Mangel Einschränkung durch seine „Befriedigung" nicht weniger als durch sich ihm entgegensetzende Abweisung.

2. Der Mangel und seine Kompensation

Für die Lebenswelt und die innerorganismischen Prozesse wurde das Grundmodell aufgestellt, das den stets auf Umwelt bezogenen Mangel durch Erstellung eines Fließgleichgewichtes mit der Umwelt vorübergehend wieder ausgleicht.

Ausgleich bedeutet sowohl innerorganismisch als auch für das Lebewesen allgemein, Handlungen auszuführen, die als diese bereits Einschränkungen durch die intrazellulär-substantielle Selektion der organismischen Prozesse und durch die Begrenztheit der Verhaltensmöglichkeiten darstellen.

Das Mögliche und die Möglichkeiten zu kommunizieren, zu entwickeln, bedeutet, phylogenetisch die Stammesentwicklung zurückgehend, zunehmend Einschränkung und Begrenzung von Kommunikationsmöglichkeiten — zu den höheren Säugetieren und dem „weltoffenen" Menschen aufsteigend, zunehmende *Erweiterung*. Der Ausgleich des Mangels durch Kommunikation, Kommunikation im Verhältnis zu ihren Möglichkeiten als Einschränkung — läßt die Schlußfolgerung aus den Vorgängen der Lebenswelt ziehen: *daß Ausgleich (Kompensation) von Mangel gleichzeitig Kompensation durch Einschränkung ist.*

Analog trifft dies auch für die oben aufgeführten Grundzüge humaner Kommunikation zu: Jede Einschränkung bedeutet Ausgleich von Mangelerleben, dessen Kompensation, gleichgültig, ob dies wert-positiv (Erfüllung) oder negativ (Widerstand, Abweisung) erfolgt. Ob die Kompensation hier angenehm, beglückend, bestärkend, dort leidvoll, bedrückend ist — sie bleibt (meist vorübergehende) Kompensation.

Aus jeder Einschränkung der Kommunikation gegenüber entsteht (analog zum Organismus) neues Mangelerleben, neues Kommunikationsbedürfnis, neue Einschränkungen (Kompensationen). Eine Spirale wird sichtbar, die mit dem Urverhältnis des Mangels zu seiner primären Mitteilung und entsprechenden Einschränkung beginnt — bis zu der Konkretisierung der menschlichen Existenz, die sich im Längsschnitt ihres Lebenslaufes und im Querschnitt ihrer Aktualität als vielfache Kompensation von Mangel darstellt. Differenzierung, Steigerung, zunehmende gegenseitige Abhängigkeit und Mit-einander-Verschränkt-Sein der Kommunikationsmöglichkeiten liegen zur Spitze der Spirale. „Mögliches der Möglichkeiten" von Kommunikation, „totales Bedürfen nach Kommunikation", Undifferenziertheit, mangelnde Strukturierung an der Basis derselben.

3. Einschränkung, Kompensation und mögliches Kommunikationsende.
Erster Hinweis auf die Genese der Angst[3]

Da, wie oben dargelegt wurde, in jeder Kommunikation als Setzen eines Themas — oder Evozierung, Konstellierung desselben — und Gegensetzen eines Gegenthemas, als Geben und gleichzeitiges Nehmen das In-Frage-Stellen und Nichten desjenigen, mit dem kommuniziert wird, inbegriffen ist, impliziert jede Kommunikation das mögliche Kommunikationsende — durch Nichtung des Partners. Setzen und Gegensetzen, Thema und Gegenthema, Geben und Nehmen liegen als diese schon in den primären Äußerungen des Mangels selbst.

Mangel ist auf Welt als Mögliche bezogen, nicht aber auf Leere. In seiner Weltbezogenheit ist ihm Welt präsent, die bereits ein erstes Gegenthema zu dem globalen Bedürfen nach umfassender Kommunikation darstellt. Als Gegensetzen ist Einschränkung des sich darstellenden Kommunikationsbedürfnisses Kompensation, aber auch mögliche Nichtung der Kommunikation überhaupt. D. h. was hier Kommunikationsbedürfen einschränkend kompensiert, kann subjektiv (dispositionell, durch die Lebensgestalt) wie auch situativ jederzeit in Kommunikationsende umschlagen.

Dem im Spiel vor sich hinplappernden Kind wird durch den nervösen, sich im gleichen Zimmer aufhaltenden Vater Schweigen geboten. Je nach der Art, wie sich der Vater in seinem Gebot erschließt, ob zugewandt-bittend, ob erregt-zornig, wird das Kind durch das Gebot sich binden lassen: im ersten Fall verwundert aufschauen und Ruhe geben, im zweiten Fall möglicherweise angstvoll schweigen. Es bildet u. a. aus diesem alltäglich zu beobachtendem Vorkommnis eine Orientierung, die, wird das Ereignis noch in üblicher Weise wiederholt, bedeuten könnte: „In Anwesenheit des Vaters den Mund halten".

In diesem Sich-an-eine-Orientierung-Binden wird nicht nur eine Kommunikationseinschränkung sichtbar, die hier weniger eingreifend erlebt wird, dort aber bedrohlich und angsterzeugend — die aber in jedem Fall die Kommunikation zwischen Vater und Kind vorübergehend zu nichten vermag. Insbesondere wenn das Kind auch in anderen Beziehungen seiner Äußerung durch den Vater, dessen bindende Orientierung, eingeschränkt wird.

Diese bindende Orientierung gibt dem Kind Ausrichtung auf Ordnung im Sinne der ersten Ausbildung moralischer Prinzipien, die es später, wenn z. B. Erwachsene sich unterhalten, dazu anleiten, „nicht dazwischen zu reden". Über die Entwicklung von Orientierung verliert es an unmittelbarem Mitteilungsbedürfnis, es wird durch die Orientierung eingeschränkt, in der Einschränkung aber kompensiert es Angst. (Strukturierung von orientierender Kommunikation). Für diese als Einschränkung — „Frustrierung" — erlebte Einbuße an sich erschließender Mitteilung, vermag das Kind andere Möglichkeiten des Sich-Mitteilens und Antwortens entwickeln, die zunehmend Differenzierung aufweisen können. Oder: *kompensatorische Einschränkungen von Kommunikationsbedürfen im Gefolge von Angst können zu Differenzierung des Verhaltens, zu einem Lernprozeß führen.*

Von der Art und Weise des Vaters — sich etwa angsterzeugend-bedrohlich mitzuteilen — abhängig, wird das Kind — insbesondere bei Wiederholung ähnlicher Widerfahrnisse — möglicherweise in Zukunft schweigsamer („introvertierter") werden. Es wird versuchen, die latente Angst zu umgehen, indem es dem Vater „jeden Wunsch von den Lippen abliest" (sogenannte „Über-Anpassung"), um mit dieser mögliche Mitteilungen des Vaters antizipierenden Orientierung die Angst von ihm zu kompensieren, d. h. ausgleichend einzuschränken.

Einschränkung von Kommunikation, da diese durch äußeres Widerfahrnis gerichtet, in Frage gestellt, bedroht wurde, *bedeutet einen ersten Versuch, mögliches Ungleichgewicht — Dekompensation — im Gefolge von Angst auszugleichen, zu kompensieren.* Es sei jedoch ausdrücklich erinnert, daß Angst ebenso durch überwiegend inneres Kommunizieren und Gegenkommunizieren einander widersprechender, im Widerstreit liegender, gegensätzlich erlebter Bilder, Entwürfe, Gedanken und Wünsche erzeugt wird. Diese sind allerdings stets auf Außenwelt bezogen, sie verstärken, bestätigen sich als innerseelisch kommunikative Prozesse – oder sie stellen sich gegenseitig in Frage, nichten sich, schränken sich gegenseitig ein, um damit Angst zu erzeugen. Die in dieser Weise entstandenen Einschränkungen – oder gewonnenen Differenzierungen –, die als Strukturierung der Person in Orientierungsbezügen und Einstellungen imponieren, vermögen durch erneute, andere, in einem späteren Lebensabschnitt (Kindergarten, Schule) auftretende äußere Widerfahrnisse erneut in Frage gestellt, erschüttert werden – und zusätzlich Einschränkungen hervorrufen. Die Kompensationen erscheinen jetzt bei dem einen Kind in Richtung verstärkter Weltabkehr, als Introversion oder gar Autismus, bei dem anderen Kind wird in entgegengesetzter Weise kompensiert: es wird überlebhaft, motorisch-expansiv, wagemutig, geltungsbedürftig oder herrschsüchtig.

Antwortet ein Individuum auf Kommunikationseinschränkung – Nichtung – mit Angst, wird diese Angst durch Einschränkung der Kommunikation wiederum kompensiert, so dürften – wie die beiden eben aufgezeigten, gegensätzlichen „Reaktionsweisen"zeigten – je nach Disponibilität (Leibhaftigkeit), Situation und Lebensraum, die Antworten auf Kommunikationsbedrohung durch Einschränkung (Kompensation) möglicher und faktischer Kommunikation noch erheblich variieren, wie im folgenden aufgezeigt sei:

Ein Kind läßt sich z. B. auf die Auseinandersetzung mit dem Vater ein, in der es sich nicht weniger wie den Vater – und beide sich gegenseitig – provozieren: Das Kind verläßt das gemeinsame Zimmer, dem Vater letztlich unterlegen – und kompensiert seine Niederlage durch Quälen eines Tieres oder „ungezogenes Verhalten" gegenüber Spielgefährten.

Ein anderes Kind wiederum läßt sich nicht durch eine Orientierung (Verbot) binden, setzt sich selbstbehauptend gegen die kommunikationseinschränkende Orientierung durch – und entwickelt in seinem „Gegensetzen" eigene Orientierung nach dem Gegenbild dessen, was die Erwachsenen von ihm erwarten. Es wird zum „ständig" widersprechenden, alles besserwissenden Individuum. Mit diesem Verhalten kompensiert es nicht nur möglicherweise Angst, sondern die Einschränkung der Orientierung durch die Erziehungspersonen soll durch die Eigenorientierung „Ich weiß selber, was ich zu machen habe, und weiß es besser als die Erwachsenen" kompensiert werden. Die Einschränkung der Kommunikation – in der Angst erfahren – wird zur Grundlage verstärkter Selbstbehauptung, entsprechender Orientierung und veränderter Ordnungsbezüge; es differenziert sich ein Lernprozeß.

Was bei dem einen Kind angsterzeugend und überwiegend kommunikationseinschränkend zu neuen Kompensationen der Angst führen kann, später durch erneute Angsterfahrungen zusätzlich kompensatorische Einschränkungen bedingt, wird, über die kompensatorische Einschränkung hinausgehend, Grundlage eines (kompensatorischen) Lernprozesses mit zunehmender Differenzierung, — der bei dem ersten Kind weitgehend unterbleibt. Die ähnliche Situation legt bei einem dritten Kind den Grund zu einem autistisch-kommunikationsfeindlichen Verhalten. Im vierten Fall wird nicht zuletzt die Möglichkeit sichtbar, daß das vor sich hinplappernde-spielende Kind, ohne irgendeine positive oder negative Stellungnahme (Antwort) der Erwachsenen, — zunehmend Angst und entsprechende (kompensatorische) Einschränkungen entwickelt, aus dem Erleben, mit dem „Leeren" kommunizieren zu müssen. Das Ausbleiben einer Antwort (s. o.) auf das in der Mitteilung sich darstellende Kommunikationsbedürfnis, läßt das Kind die Mitteilung selbst nicht nur als Einschränkung erfahren, sondern die Selbst-Mitteilung des Plapperns wird über das Erleben der Leere — ausbleibender Antwort von seiten der Erwachsenen — als bedrohliche Entgrenzung erfahren. Diese Entgrenzung nichtet nicht durch Einschränkung, sondern läßt in der Entgrenzung das mit sich selbst beschäftigte Kind sich im Ausmaß seiner Einsamkeit erfahren. In dieser Einsamkeit wird es auf sich selbst zurückgeworfen: nicht durch (den) ein Gegenthema (z. B. verbietenden oder ermunternden anderen), sondern durch die Leere der Kommunikationslosigkeit. Es erlebt sich dann in diesem Zurückgestoßen-Werden als sich selbst Einschränkendes, als selbst gesetzte Grenze, die dann nicht weniger Angst zu erzeugen vermag, wie eine durch Gegenkommunikation (Gegenthema) erzeugte Einschränkung.

(Zusammenhänge der letztgenannten Art dürfen maßgeblich für die Entstehung der Angst — wie häufig beobachtet — bei den Kindern sein, die sich einer „toleranten", d. h. kaum Orientierungs- und Ordnungsbezogenheit vermittelnden, keiner ausgesprochenen gegenthematischen Erziehung „erfreuen".)

Dieses erste, der Alltäglichkeit von Kommunikation entnommene Beispiel soll folgende, für den Gang der weiteren Untersuchung wichtige Faktoren aufzeigen:

1. Die Grundverschränkung von kommunizierendem Subjekt — die auch stets dessen Disponibilität und Lebensgestalt implizieren — und gegenkommunizierender, möglicherweise angsterzeugender Situation (oder Subjekten), umschließt eine nur beschränkt voraussehbare Breite von möglichen Entwicklungen, die zu Einschränkung (Kompensation) und erneuter Kompensation wiederum der Einschränkung führen können. Jedoch kann auch eine nicht primär einschränkende Situation durch die Gegensätze des Innerpsychischen jederzeit einschränkend wirken und zur Notwendigkeit der Kompensation von Angst führen.

2. Die Möglichkeit eines Kommunikationsendes als einschränkende Nichtung aus Setzen und Gegen-Setzen ist stets ein zweiseitiges Geschehen.

3. Im Gefolge von Kommunikationseinschränkung vermag Angst zu entstehen, die wiederum neue Kompensationen — der Angst — und entsprechende Einschränkungen bedingt.

4. Aus Einschränkung entsteht im allgemeinen Differenzierung von Kommunikation — dem Grundvorgang von unspezifischem Mangelerleben und dessen erster Einschränkung folgend —, die u. a. als Lernprozeß sich darstellt.

5. Dies wirft die grundsätzliche Frage auf, ob Differenzierung, Entwicklung und Lernen als Einschränkung undifferenzierten Kommunikationsbedürfens und entsprechender Kommmunikation (s. Bsp. Sprache und Motorik, o. S. 41) ohne Angst möglich sind? Folgt Angst auf Nichtung durch Gegen-Kommunikation (Antwort auf Mitteilung), sind Kommunikation und Gegenkommunikation unlösbar verschränkt, so ist in der Tat Angst stets eine Antwort auf Gegenkommunikation, die meist mit Einschränkung der Kommunikation, mit Kompensation wiederum der Angst verbunden ist, jedoch auch mit möglicher Differenzierung der Modi: <u>Lernen und Sich-Differenzieren implizieren eine Unzahl von Angsterfahrungen, über die das lernende Subjekt, insbesondere auch über die Widerstandserfahrung mit den Dingen (Handeln) sich *in seinem undifferenzierten Kommunizieren einschränkt, in dieser Einschränkung Angst ausgleicht, gleichzeitig sich differenziert*</u> (s.u., Sprache S. 379ff.). Daß die Einschränkung erst der umfassend-undifferenzierten, diffusen Kommunikation, dann der zunehmend spezifisch werdenden als einem Kommunizieren und Gegenkommunizieren Angst kompensiert, schließt nicht aus, daß über diese Angst umschließende Einschränkung/Differenzierung hinausgehend Kommunikationserweiterung in der Angstüberwindung stattfindet (S. 324ff.).

4. Die Kompensationen des Trennungserlebens[4]

Namhafte Autoren* führten die Bedeutung des Vertrauens — des Grundvertrauens oder basic trust — für die Entwicklung des Kindes aus. In einer anderen Untersuchung[5] legte der Verfasser dar, daß dem Vertrauen überhaupt eine fundamental-ontologische Bedeutung zukommt, die schon dem Säugling den Überstieg zur Welt, d. h. die Konzeption einer noch so dif-

---

* Zusammenfassende Literatur wird zitiert in *D. Wyss*: Beziehung und Gestalt. Teil I/IV–V. Göttingen 1973.

fusen Auffassung von Welt ermöglicht: *um Welt wahrzunehmen, um zu ihr überzusteigen, um mit Welt zu kommunizieren, muß vertraut werden, daß Welt überhaupt vorhanden ist.*

Ontogenetisch wird die Bedeutung des Vertrauens für das Kleinkind nicht weniger wie für das aufwachsende Kind dadurch betont, daß die grundsätzliche Hilflosigkeit des Säuglings eine Abhängigkeit von der Umwelt impliziert, die sich als „grenzenloses", „totales", Vertrauen in die Umwelt aufgrund eben der Abhängigkeit äußern muß.

Diesem grundlegenden Vertrauen steht die Erfahrung immer wieder sich ereignender Trennung von den ersten Pflegepersonen, insbesondere von der Mutter, gegenüber, Trennung aber auch von Bett, Wärme, Behaglichkeit, Geborgenheit: wenn das Kind etwa aus dem Bett genommen, auf die Wickelkommode gelegt, gereinigt und neu gewindelt wird. Das auf Anwesenheit der nächsten Pflegeperson, Nähe, Geborgenheit, Wärme angelegte Vertrauen wird durch die unaufhebbare Notwendigkeit immer wieder erfolgter Trennung in Frage gestellt, belastet und erfährt entsprechende Einschränkungen.

Der Mangel, das Bedürfen nach Kommunikation, stellen sich im Vertrauen als Gewißheit auf zu erfolgende Kommunikation mit der Welt dar. *Im Vertrauen antizipiert das diffus-undeutliche Mangelerleben die Möglichkeit von erfüllender Kommunikation, damit aber auch von Kommunikationseinschränkung.* Die durch die primäre Trennung jeweils von der Erziehungsperson — insbesondere von der Mutter — erfolgte Ab- und Zurückweisung des Vertrauens auf Kommunikation bedeutet Einschränkung desselben, die von dem Kind z. B. mit Schreien oder motorischer Unruhe beantwortet werden kann. (Das Gegenthema der Abweisung des Vertrauens wird mit dem Gegenthema, dem Widerstand des Schreiens beantwortet). Vermittels des Schreiens kompensiert das Kind sein Bedürfen nach Kommunikation, wie es gleichzeitig damit um erneute Kommunikation „schreit".

Die Kompensation liegt im Ausdruck des Schreiens selbst, dessen Mitteilung die als Mitteilung gegenüber dem Bedürfen nach grenzenlosem Vertrauen bereits Einschränkung verkörpert. Aus dieser bereits einschränkenden Kompensation des Schreiens erfolgt weitere Kompensation, wenn das Schreien zu Erschöpfung, dann zu Schlaf führt, wenn über den Schlaf und das Vergessen (erstes Auftauchen unbewältigter Vergangenheit!) ein neuer Ansatz zu neuem Vertrauen, zu neuer Kommunikation ermöglicht wird. Diese erhält dann möglicherweise Bestätigung durch die Anwesenheit der Pflegeperson.

Andere Möglichkeiten jedoch, den nicht abzuwendenden Bruch des Grundvertrauens und die primäre, gravierende Kommunikationseinschränkung des Bedürfnisses nach Vertrauen zu kompensieren, sind:

1. Phantasierendes Sich-In-die-Zukunft-Entwerfen, (z. B. die sogenann-

ten Allmachtsphantasien) um über die Phantasie nicht nur Ausgleich für faktische Einsamkeit zu gewinnen, dadurch in der Einsamkeit auch latent vorhandene Angst zu kompensieren, sondern um in der Phantasie überhaupt einen neuen, spezifisch humanen Kommunikationsmodus zu entdecken.

2. Zunehmende Differenzierung von Wahrnehmung und Motorik, Koordination beider, um damit über Wahrnehmung der Umwelt, eingreifendes Verändern derselben, Kommunikation mit Gegenständen, dann auch mit Personen zu ermöglichen. Es wird die Unterbrechung des Grundvertrauens über sogenannte „Ersatzfiguren" kompensatorisch wieder hergestellt.

3. Entwicklung des Spieles — erst mit sich selbst, dem eigenen Leib, den Händen und Füßen, dann mit Gegenständen, dann mit anderen Personen oder Spiel-Dingen —, um über das Spiel ebenfalls neue Kontinuität mit der Umwelt, d. h. Kommunikation, damit Stillung des Bedürfnisses nach Vertrauen (kompensatorisch) auszugleichen.

4. In zunehmender Sozialisierung des Kindes (etwa ab 3.–5. Lebensjahr) hat es die Chance, jetzt anderen Personen sein Vertrauen zu „schenken", damit immer wieder Kontinuität des Vertrauens herzustellen und erlittenen Vertrauensverlust zu kompensieren.

Über das Beispiel der Kommunikationseinschränkung bedingenden Angst hinausgehend (3. Unterkapitel), dürfte dieser paradigmatische Zusammenhang die Bedeutung der Kompensation überhaupt für die Ontogenese des Kindes, den Bruch des primären Vertrauens im Gefolge des Trennungserlebens, die Kompensationen desselben durch entsprechend ausgleichende Kommunikation, aufgezeigt haben. In Phantasie, Leistung (Motorik, Wahrnehmung), Spiel und sozialem Bezug findet über die kompensatorische Einschränkung hinausgehend erstmalige Kommunikationserweiterung statt, die in ihrer Bedeutung weiter unten aufgezeigt werden wird. In der kompensatorischen Phantasie[6] erkundet, entdeckt und erschließt das Kind sich selbst als ein über die faktischen Weltverhältnisse sich Hinweg-Setzendes. Es erfindet schöpferisch „Welten und Weltverhältnisse", die es willkürlich zueinander ordnen, nach Themen und Gegenthemen trennen oder vereinen kann — es erfährt sich als „Weltenschöpfer". In diesem Erkunden, Entdecken und Erschließen entwickelt es darüberhinaus Orientierungs- und Ordnungsbezüge, denen jedoch der bindend/lösende Charakter der verbindlichen Entscheidung fehlt. Denn in der Phantasie zeigt sich vielmehr die Neigung des Subjektes, willkürlich über seine Bilderwelt zu verfügen.

Wahrnehmen und Motorik, in der Ablenkung von dem Trennungserleben durch zunehmende Aufmerksamkeit der Umwelt gegenüber, die Möglichkeit ferner, motorisch-wahrnehmend sich mit der Umwelt auseinanderzusetzen, vermitteln dem Kind die grundlegenden Kommunikationsmodi: vom Erkunden bis zum Bewältigen. Innerhalb derselben wird Orientierung entdeckt, werden Ordnungsbezüge erkundet, wird ein Verhältnis zu Leistung und zum Leib gewonnen (s. o.).

Diese Faktoren zusammennehmend, zeichnet sich das Spiel des Kindes durch kontinuierliches, prospektives, aber faktisch-handelndes Sich-Entwerfen in die Umwelt aus. Dem Spiel fehlt zwar — wie in der Phantasie — die Verbindlichkeit von Binden/Lösen; über das Spiel erfährt das Kind jedoch Orientierung, Ordnung, Umgang mit dem Leib wie mit der Leistung, kommunikativ — in Gewinnen und Verlieren auch die Zeitigung der Verantwortung.

Diese aufgezeigten Zusammenhänge dürfen bereits den Schluß erlauben, daß ein Kind, das in mindestens einigen der genannten Entwürfen sich kommunikativ nicht darzustellen vermag, das das primäre Trennungserleben in den genannten Entwürfen nicht kompensiert, möglicherweise dekompensiert (s. u.).

Ob das aufwachsende Individuum jedoch über diese Möglichkeiten der Kompensation verfügt, ist keineswegs ausschließlich umweltbedingt oder umweltabhängig; vielmehr liegt dies bereits in den nicht weiter auflösbaren Vorgegebenheiten seiner leibhaften Disposition (zu der auch die Modi der anteilnehmend-emotionalen Kommunikation gehören) und den Antworten seiner sich entwickelnden Lebensgestalt. Letztere vermag durchaus aus der Möglichkeit von Kommunikation selbst eine Gegenthematik zu der Umwelt zu setzen: wie auch eine zum Spiel auffordernde Umwelt, eine die Phantasie anregende Umgebung ihre Bemühungen um das „Wohl des Kindes" mit nichtender Gegenkommunikation, mit Abweisung quittiert bekommen kann.

5. Der „Schematismus" der nicht-kommunikativen Welt

Schematismus oder schematisch aufgezeigte Zusammenhänge sind — wie es der Begriff impliziert — *„Schemen" der Wirklichkeit*. Sie entstehen im Zusammenhang der Strukturierung von wahrgenommenen Vorgängen durch den Beobachter. Das Beobachten selbst ist bereits — wie erinnert sei — eine feststellende Strukturierung des Wahrgenommenen, das aus den lebendigen Vorgängen der stets ganzheitlichen Lebensprozesse durch die kritische Aufmerksamkeit des Erkundens, Erschließens, das spezifisch Beobachtete herausgreift.

Schemata oder sogenannte Modellvorstellungen sind als Konstrukte realitätsverfälschend, da in diesen der lediglich ideale Bezug der vom Subjekt verbindlich dargestellten Zusammenhänge — z. B. eines Atommodells

— sichtbar wird. Dieser Zusammenhang erfüllt den allgemein verbindlichen der sogenannten wissenschaftlichen Objektivität.

Die wissenschaftliche Objektivität vermag sich jedoch nur über die weitgehende Vernichtung der konkreten Realität errichten, um zu den idealen Strukturen vorzudringen, die sie in ihren mathematisch orientierten Methoden vorgezeichnet sieht. *Die Modelle — Schemata — der Wirklichkeit weisen jedoch nicht nur das ständige In- und Zu-Einander-vermittelt-Sein der unübersehbaren Realität mit dem Subjekt nicht auf, sie sind darüberhinaus ausschließlich „subjektiv", insofern sie die Welt nach der Weise des mathematisch zu definierenden, dem menschlichen Subjekt entstammenden Entwurf konzipieren.*

Die Praxis der Anwendung wissenschaftlicher Modelle, die die Technik und die menschliche Zeugwelt überhaupt auszeichnet, stellt den Überwurf (Ideologie) *eines sich als Objekt verstehenden Subjektes über die Welt dar.*[7]

Werden deshalb im Folgenden einige *Grundcharakteristika des Sich-nicht-zueinander-Verhaltens,* bzw. nur in der Negation Sich-zu-einander-Verhaltens des In-der-Welt-Seins als Nicht-Kommunikativa expliziert, *dann im Sinne realitätsfremder Schemata,* die lediglich den Zweck haben, strukturierende, aber verbindliche Orientierung zu vermitteln.

Nicht-kommunikative Welt und damit ständig in der Immanenz der Vernichtung, des Kommunikationsendes sich aufhaltende Welt, wird als erstes im Sich-Setzen des Subjektes deutlich, das mit dem Sich-Setzen unauflösbar auch ein Gegensetzen dem anderen gegenüber ist. Das Subjekt ist, weil es auf ein anderes bezogen ist, das sich wieder auf das sich setzende Subjekt rückbezieht. In dieser wechselseitigen Beziehung von Sich-Beziehen und Sich-Rückbeziehen, von Setzen und Gegensetzen konstituiert sich *die Einmaligkeit der Subjekte in der Gleichzeitigkeit ihrer gegenseitigen Abhängigkeit.* (s. o.)

Aber in diesem wechselseitigen Auf-Einander und damit auch Gegeneinander-Bezogen-Sein der Subjekte, zeigt sich die Latenz gegenseitiger Nichtung. Über das fundamentale Sich-Gegensetzen erscheinen z. B. in der Selbstbehauptung, im Sich-Durchsetzen, im Erleben von Macht über den anderen, in Wut und Zerstörungslust einkörpernde Antriebe der anteilnehmend-erkundenden Kommunikation. *Setzen und Gegensetzen, Nichten und Konstituieren, sind den Leitthemen der anteilnehmenden Kommunikation selbst, dem Erkunden, Entdecken, Erschließen, dem Sich-Auseinandersetzen oder Bewältigen als Themen und Gegenthemen immanent* (s. o.).

In Binden oder Lösen bindet oder löst das sich entscheidende Subjekt sich zu einer orientierenden Struktur, die es in seinem Sich-Behaupten in Gegen-Setzen zu einer Lebenseinstellung zu verfestigen vermag. („Prinzipienreiter", „Autoritäre Person"[8]).

In der primären Trennung des Subjektes wird dieses nicht nur passiv getrennt, sondern es bedarf der Trennung, um sich als Sich-Setzendes und Gegen-Setzendes, als ein Thema Konstituierendes und ein Gegenthema Nichtendes zu erfahren. Dies vermag es nur als Einzel-Existierendes, das in seiner Einzelexistenz den Gegensatz begründet, in dem es den anderen zum Möglich-Gegensetzenden macht. *Durch dieses Setzen seiner selbst hat es sich bereits des Möglichen totaler Kommunikation (s. o.) benommen*, diese schon an ihrer Wurzel eingeschränkt. Als sich setzendes Subjekt bildet es bereits den primären Gegensatz zur möglichen, „totalen" Kommunikation. Das „Selbst" (s. o. II/6) ist im Bezug auf den anderen – aber diesen auch in Frage stellend.

Möglichkeiten (im Folgenden) von Gegensätzen zwischen einzelnen Kommunikationsmodi und Strukturen festzustellen, gehen auf die Erfahrung des „Urgegensatzes" des sich-setzenden und gegen-setzenden Subjektes (selbst) zurück, das dieses Setzen und Gegensetzen in der primären Trennung erfährt und vollzieht.

Es ist das Subjekt, das mögliche Gegensätze zwischen einer Orientierung, einem Ordnungsprinzip, einem Leistungsbezug, zwischen Orientierung und Leib, zwischen anteilnehmenden und teilnehmenden Kommunikationsmodi konstituiert, das hier sich bindet, dort sich löst, weil es, in diesen Gegensätzen lebend, sie durch eigenes Setzen und Gegensetzen zu Gegensätzen „gemacht" hat.

„Gegensätze" gibt es – vor aller noetischen Erfahrung des Widerspruches –, weil das Subjekt z. B. das Verhalten des Vaters zur Mutter als gegensätzlich erlebt, das Denken gegensätzlich zum Fühlen, das Wollen gegensätzlich zum Gestimmtsein. Es erlebt z. B. einen kleinbürgerlich orientierten Lebensraum gegensätzlich zu einem großbürgerlichen, eine puritanische Auffassung gegensätzlich zu einer hedonistischen. – Wohingegen ein anderes Subjekt diese möglichen Gegensätze als Nicht-Gegensätzliches erlebt, sie als Verschiedenheiten (Unterschiede) wahrnimmt, die sich ergänzen, aber nicht ausschließen.

Diese Auffassung wird alltäglich durch die Verschiedenartigkeit jedes subjektiven Erlebens belegt: das eine Kind sieht Eltern als Ergänzungen, ein anderes als Gegensätze. Dieser sieht Orientierung oder Ordnungsbezüge als Gegensätze, jener als Einheit. Daß Umwelt, Welt, die – wie betont – stets als raumzeitliche Einheit, als Einheit von Leib und Leistung erlebt wird, sich gegensätzlich zeigen kann, ist mit dem sich selbst gegensätzlich erfahrenden Subjekt verbunden, mit seiner Erfahrung, sich selbst zu setzen und gegen zu setzen. (In der Kommunikation).

Der sogenannte naive-gutmütige Mensch gewahrt häufig keine Gegensätze, wie sie einem weniger „Naiven" offenkundig sind, weil sich ihm sein Grundverhältnis zur Welt nicht so gegensätzlich zeigte wie einem sogenannten „Intellektuellen". Er hat sich als sich selbst-setzende Einzelexistenz kritisch noch nicht erfahren, er ist in der diffus-globalen Welt scheinbar totaler Kommunikation aufgehoben.

In dem Maße, in dem das Subjekt aus dieser undifferenziert-globalen Kommunikation sich selbst setzt, das Bedürfnis nach Kommunikation damit einschränkend kompensiert, gewahrt und erlebt es in seiner jeweils einmalig-subjektiven Weise Gegensätze, die einem anderen verschlossen sind.

Strukturierung der Welt in gegensätzliche Strukturen und Kommunikationsmodi, in gegensätzliche Subjekte, setzt das Erleben seiner selbst als Grenzen setzendes Einzelindividuum voraus, das in diesem Erleben die Grundlage für das Erfahren von Gegensätzen überhaupt legt.

Über die soeben aufgezeigten Zusammenhänge zwischen Setzen/Gegensetzen hinausgehend, kann jetzt eine Strukturierung des Subjektes durch die Erfahrung eben jener Gegensätze beschrieben werden, die als die primäre Strukturierung gegenüber der sekundären des Beobachters zu bezeichnen ist. Oder: was das Subjekt als gegensätzliches erlebt, erfahren hat, ist das primäre Sich-Setzen und Gegensetzen vor aller weiteren Differenzierung. Diese wird dann durch den Beobachter „nachvollzogen"; es ist damit jener subjektiven, durch Gegensetzen der anteilnehmenden oder teilnehmenden Kommunikation bedingten Verfälschung ausgesetzt. (s. o.) Der Beobachter spricht von einem „dominierenden Vater", einer „angepaßten Mutter", und falsifiziert damit in schematischer Weise die von dem Berichtenden dargelegten, erlebten Gegensätzlichkeiten, die in ihrer Variabilität und Vielzahl sich eo ipso nicht auf die Klischees des „Dominierens" oder der „Anpassung" reduzieren lassen.

Wird im weiteren Verlauf der Untersuchung die Gegensätzlichkeit oder Heterogenität von Strukturen und Kommunikationsmodi aufgezeigt, so hat diese Aufzeigung den Charakter des „Schematismus", da ihm bereits das primäre Erleben von Gegensetzen durch das Subjekt entzogen ist.

In den gegensätzlich erlebten Kommunikationsmodi werden durch den Beobachter die Gegensätze strukturiert, die sich letztlich als raum/zeitliche Gegensätze darstellen (s. o. die Aufzeigung der unterschiedlichen Strukturierung der Kommunikationsmodi, III/2).

(Es überwiegt in Binden und Lösen gegenüber der Auseinandersetzung die räumliche Struktur des Festlegens, Feststellens, des Verbindlich-Verpflichtenden, das Lösen, Trennen von Gegensätzen, damit der Distanz nicht weniger wie der Nähe im Binden.

In der Auseinandersetzung wiederum tritt der zeitliche Charakter von Veränderung und Konflikt gegenüber dem Erkunden in den Vordergrund, der auch im Entdecken, in dessen Überraschungsmoment und in der Begründung von Bewegung und Gegenbewegung liegt. Im Erschließen wiederum werden räumliche Strukturierungen sichtbar, die auch das Aufweisen und Aufzeigen bestimmen.)

Aus den Gegensätzlichkeiten der Kommunikationsmodi, ihrer antagonistischen Heterogenität vermögen sich — bereits als kompensatorische Einschränkung, s. u. —, Einstellungen zu entwickeln, aber auch Charakterbildungen. In der Einstellung (s. o.) wird der jeweilige Orientierungs/Ordnungsbezug z. B. eines Lebensraumes und der seiner Inwohner übernommen, oder er wird in sein Gegenteil — durch die Antwort des Subjektes auf diese — verkehrt. Wohingegen im Charakter das leibhaft vorgegebene Überwiegen bestimmter Kommunikationsmodi sichtbar wird, die sich wiederum gegen eine bestehende Einstellung zu richten vermögen, oder diese verstärken. Gegen: Überwiegen des Gefühlsbetont-Erschließendes Kommunizieren im Charakter (gemütvoll, warmherzig, anteilnehmend), die *gegen* z. B. leistungsbezogene Orientierung des Lebensraums, im Sinne einer diesen dominierenden Einstellung, steht — und entsprechend gegensätzlich erlebt wird. Verstärken: Ausgeprägte, teilnehmend-noetische Kommunikation, insbesondere im Aufzeigen und Aufweisen als Anlage (Charakter) hier, wird dort durch das Überwiegen auch der teilnehmenden Kommunikation im Lebensraum — z. B. einer sogenannten „Intellektuellen-Familie" — unterstützt und gesteigert.

Wie sich die verschiedenen Kommunikationsmodi jeweils von den Subjekten vermitteln, gegeneinanderstellen können, damit Kommunikation einschränken, bedrohen oder beenden (dekompensieren), sei an einigen jetzt entsprechend „schematisierten" Beispielen dargelegt.:

Das Erkunden des die Peripherie des Daseins abtastenden Kommunikationsmodus kann sich z. B. bei einem Handwerker, Prokuristen oder Kaufmann mit einer pragmatisch-ökonomischen Orientierung darstellen, die die Umwelt primär nach ihrem „Wozu" und „Um-Zu" befragt, entsprechende Fragen der Umwelt in diesem Sinne auch beantwortet. Personen werden wie Dinge benutzt, berechnet, nach ihrem Wozu befragt und entsprechend der pragmatisch-ökonomischen Ordnung (Ordnungsbezug) „eingeordnet". Mit dieser Grundeinstellung prägt der Kaufmann wiederum seinen Lebensraum; eine Grundeinstellung, die sich mit einem aktiv-entdeckenden, expansiv-vorwärtsdrängenden Habitus verbindet, dessen Hintergrund Antriebe der Einkörperung, des Sammelns, Raffens, Besitzens bilden.[9] Erkunden und Entdecken überwiegen sowohl in der anteilnehmenden wie in der teilnehmenden Kommunikation, wohingegen die anderen Kommunikationsmodi stark eingeschränkt sind, Erkunden und Entdecken sich gegen diese wenden. Weder wird Lebenswelt und Dasein thematisch in ihrer Vielfältigkeit von Bezügen anteilnehmend erschlossen, noch ist Auseinandersetzung — es sei denn in noetischer Berechnung — von Bedeutung. Binden und Lösen sowohl teilnehmend wie auch anteilnehmend sind durch die Sachlichkeit des Kalküls festgelegt, Entscheidungen werden pragmatisch auf den materiellen Vorteil bezogen. Das Leben erscheint in diesem erkundend-entdeckenden, pragmatischen Orientierungs- und entsprechenden Ordnungsbezug bewältigt, obwohl auch hier Bewältigung Kompensation für nicht bewältigte Vielfalt möglicher Kommunikation, möglicher Auseinandersetzung ist.

Die Prägung des Lebensraumes durch diese Kommunikationsmodi erfährt jedoch sofort eine Veränderung, wenn die eine oder andere Bezugsperson der erkundend-pragmatischen Lebenszuwendung ungünstig gesonnen ist — oder zu ihr aus dispositionell-konstitutionellen Gründen keine Beziehung hat (Charakter gegen Einstellung). Hier sind es z. B. die Großeltern, die überwiegend im Modus des gefühlsbezogenen, anteilnehmenden Erschließens leben, dort vielleicht die Mutter. Erschließen und Erkunden werden von der aufwachsenden Generation mit unterschiedlich verteilten Rollen verbunden und als entsprechende Gegensätze von Kommunikation erlebt. In grober Vereinfachung hießen die Gegensätze, auf die Eltern und Großeltern bezogen, Überwiegen des praktisch-ökonomischen Erkundens beim Vater, das der anteilnehmend-erschließenden Kommunikation bei Mutter oder Großeltern. Die in dieser Weise auf Personen bezogenen, entsprechend erlebten Gegensätze werden von der nachfolgenden Generation als innere Gegensätzlichkeiten akzentuiert (verschärft) erlebt, mit der Möglichkeit zu entsprechender Konfliktbildung: zwischen z. B. noetisch-pragmatischem Erkunden hier bei gleichzeitiger Tendenz, dort sich anteilnehmend-erschließend, gefühlsbetont zu verhalten.

Verschärfen sich die Gegensätzlichkeiten der Eltern, besteht die Möglichkeit, daß auch die Kinder eine analoge Verschärfung von Einstellungen und Charakteranlagen erleben, die zu einer zunehmenden Kommunikationseinschränkung zwischen den Eltern hier, dort als Einschränkung der Kommunikation mit sich selbst bei den Kindern erfahren wird. Durch die Einschränkung der Kommunikation, bedingt im Erleben derselben als gegensätzlicher, kann situativ jederzeit Kommunikationsende, Vernichtung des anderen — nicht nur im physischen Sinne — erfolgen. Diese wiederum vermittelt den anderen Inwohnern des Lebensraumes das Erlebnis, daß bestimmte Gegensätze nicht zu vereinen sind. Das Erlebte kann Angst erzeugen, aus der sich weitere Kommunikationseinschränkungen kompensatorischer, die Angst ausgleichender Art entwickeln.

Die scheinbar kompensierte Beziehung zwischen dem praktisch erkundenden Vater und der erschließend-gefühlsbezogenen Mutter kann jederzeit in ihrer Gegensätzlichkeit aufbrechen: wenn z. B. die erotische Beziehung aufhört, wenn die Kompensation durch gemeinsame Tätigkeit im Beruf unterbrochen wird, wenn eine dritte „Person" auftaucht, die das kompensierte Verhältnis zwischen den Partnern beeinträchtigt oder stört. Aber auch leibhaft bedingte Veränderungen z. B. der Menopause oder des Alters vermögen dazu beizutragen, daß einer der Partner in seinem überwiegenden Kommunikationsmodus erstarrt, zunehmend inkommunikativ erscheint, wohingegen der andere Partner diese Veränderung als „Beleidigung", als Provokation empfindet und sich durch entsprechende Gegenmaßnahmen zu „rächen" beginnt. Selbst bei kompensierten Auseinandersetzungen zwischen den Partnern, d. h. Auseinandersetzungen, die durch Beruf oder andere Möglichkeiten kommunikativer Ergänzung wieder ausgeglichen werden, können diese Vorgänge von den Familienangehörigen destruktiv erlebt werden; destruktiv auch je nach Intensität, mit der z. B. die Kinder durch die Gegensätzlichkeit ihrer eigenen Einstellungen und Kommunikationsmodi in die Auseinandersetzungen mit hinein gezogen werden, die Auseinandersetzung der Eltern zu einer inneren Auseinandersetzung heterogener Kommunikationsmodi der Kinder wird.

Jede Veränderung des Verhaltens der Partner wirkt sich im Lebensraum aus: die Schlafzimmer werden geteilt, diese Teilung kann zu weiterer Neutralisierung der Beziehung, zu einem Versuch führen, sie durch Entscheidungen zu bewältigen. Die Trennung vermag aber auch die Lösung beschleunigen und nicht zuletzt als Ausdruck kompensierter Indifferenz (Neutralisierung, s. u.) über Jahre hinweg die Situation der Partner dokumentieren.

Der Vater erscheint immer seltener zum Mittagessen: früher war seine Anwesenheit Anlaß, sich über die Leistungen der Kinder in der Schule orientierend zu erkunden, damit einen Orientierungs- und Ordnungsbezug zu stiften, auch wenn dieser unbeliebt war. Nach Wegfall desselben verändert sich der Orientierungs- und Ordnungsbezug der Kinder, diese verlieren z. B. ihr Interesse an der Schule (Leistung) zunehmend und werden nachlässig. Angenommen, ein Junge, der das 11. bis 13. Lebensjahr erreicht hat, wächst in diesem Haushalt auf, der sich bemüht, die Funktion des Vaters zu übernehmen und jetzt ein überstarkes Orientierungs- und Ordnungsbedürfnis entwickelt, mit dem er die sich gemütvoll erschließende Mutter in ihrer Kommunikation wiederum einschränkt; damit setzt er den Konflikt der Mutter mit dem Vater in seiner Weise fort, der ein Konflikt situativ bedingter Einstellungen, Orientierungs-, Ordnungsbezüge und von sogenannten Charakteranlagen ist.

Ein anderes Individuum sei beschrieben, für das der Modus der Auseinandersetzung sowohl in der anteilnehmenden Kommunikation wie auch in der noetischen als Neigung zu beständigem Widerspruch, damit zu einer dominanten Lebenseinstellung – Haltung – geworden ist. Diese Einstellung mag im Lebensraum der Kindheit als Gegenthema z. B. zu einer besonders engen, anteilnehmend erschließenden, gefühlsbetonten Beziehung der Eltern entstanden sein, die sich „nie auseinandersetzten", so daß das aufwachsende Kind dem gegenseitigen Sich-anteilnehmend-Bestätigen der Eltern das „Nein" von Auseinandersetzung, von Thema und Gegenthema entgegenhält.

Nicht weniger kann sich die Dominanz des Modus der Auseinandersetzung im Gegensatz zu einem überwiegend noetisch-teilnehmenden Lebensraum, mit Betonung der aufweisend-aufzeigenden, weltanschaulich orientierten Zusammenhänge entwickeln, der Lebensraum sich durch starren Orientierungs- und Ordnungsbezug auszeichnen, auf den das Individuum mit dem Gegenthema von Auseinandersetzung und Widerspruch antwortete. Bei diesem Individuum würde das, was es sachlich-peripher-informatorisch erkundet (alltägliche Gespräche, Austausch aber auch von Trivialitäten), sogleich Anlaß zu einem die Nachrichten widersprüchlich hin und her bewegenden Urteilen (Auseinandersetzung) werden, ohne daß es damit zu einer Entscheidung, zu einer verbindlichen Stellungnahme gelangt. Im Umgang mit Personen kann das Individuum entschlußunfähig bleiben, da es auch hier dem Modus der anteilnehmenden Auseinandersetzung verhaftet bleibt: von Sympathie und Antipathie hin und hergerissen, ist es unfähig, in Entscheidung sich zu binden oder zu lösen. Die Widersprüchlichkeit vermag seine Orientierungen in Meinungen und Überzeugungen zu prägen: am Stammtisch ist es für Toleranz und Aufgeschlossenheit, zu Hause duldet er keinen Widerspruch. Selbst dort, wo sich kein Anlaß zu Auseinandersetzung und Widerspruch findet, entdeckt es diesen: Schriftstücke, die es als Verwaltungsangestellter einer Behörde zur Kenntnis nehmen muß, entziehen sich ihm in ihrer Sachlichkeit, da es in den Schriftstücken überwiegend Widersprüche sieht, über die es sich selbst als ein widersprüchlich-sich-erschließendes erfährt.

Das, was die herkömmliche Psychologie als „Projektion"[10] *bezeichnet, ist ein Selbst-Erschließen des Individuums über Vermutetes, Angenommenes, Unbestimmt-Gehörtes oder Gesehenes, das als Undeutlich-Wahrgenommenes dem Sich-Selbst-Erschließen Anlaß gibt.* Das flüchtig zur Kenntnis genommene Schriftstück — im Bereich des Undeutlichen bleibend — erschließt dem Subjekt die Möglichkeit, Widersprüche zu finden, mit denen es sich selbst in das Schriftstück „entwirft". In diesem Sich-Entwerfen, erschließt es sich selbst als ein Auseinandersetzung-Widersprüche-Suchendes. Das trifft aber auch für eine undeutlich wahrgenommene Physiognomie zu, die dazu anregt, im anderen einen Feind zu sehen, das *Individuum in dieser Sicht sich selbst als feindlich erschließt.* Nicht weniger wie ein unbestimmtes Gerücht Vermutungen in Gang setzt, in denen wiederum das Individuum als ein Ängstlich-Überempfindliches sich kundgibt.

Wesentlich für die vorliegende Untersuchung ist, daß auch an diesem stark vereinfacht dargestellten Erleben im Subjekt die *Gegensätzlichkeit der Kommunikationsmodi* sichtbar wird, wie diese entweder vom Individuum (und seiner Umwelt) erlebt oder dann vom Beobachter konstatiert werden:

Wie Individuen z. B. begegnet wird, für die das Sich-Binden in Orientierungs- und Ordnungsbezügen, aber auch im zeitigenden Modus von Verantwortlichkeit zur Grundeinstellung geworden ist, die in der herkömmlichen psychologischen Literatur als „rigide", „autoritär", „erstarrt", u. U. zwangshaft bezeichnet werden. Andere, für die der Modus des Sich-Lösens im Vordergrund ihrer Lebenshaltung steht: der als Bindungslosigkeit in Partnerschaft, Beruf und Orientierung sich dokumentiert.

Andererseits aber kann die Unverbindlichkeit des Sich-Lösens sowohl in menschlichen Beziehungen, wie auch übergeordneten Ordnungsbezügen gegenüber sich mit dem Modus des Erkundens und Entdeckens vereinen, der dann Subjekte veranschaulicht, die im Modus der überwiegend teilnehmenden Kommunikation neugierig erkunden und entdecken. Sie verbleiben an der Peripherie und in der Distanz des Erkundeten, anteilnehmend den Überraschungseffekt des Entdeckens genießend. Sie stoßen jedoch über das Entdecken hinaus nicht zur Gegensätzlichkeit zwischen dem Neu-Entdeckten und dem Alten durch, d. h. nicht zu dem gegenseitigen In-Frage-Stellen beider, sondern begnügen sich mit dem Erlebnis der Überraschung.

Anders wiederum das Individuum, für das das Sich-Binden lebensverbindlich geworden ist, das ideologisch eingefroren, festgelegt ist, weder sich selbst noch andere zu erschließen vermag, noch entdeckt oder erkundet, sondern in den Gleisen seiner Bindung als Gebundenes, Entscheidung mit weitgehender Verunmöglichung anderer Kommunikationsmodi verbunden hat.

Die im letzteren Fall besonders angesprochene noetisch-teilnehmende Kommunikation im Binden kann wiederum im Gegensatz zu dem anteilnehmenden Sich-Binden stehen: das Subjekt, weltanschaulich eingebunden, ist zu menschlichen Bindungen nicht mehr in der Lage. Es kompensiert die starke ideologische Bindung durch konstantes „Sich-Lösen" in allen menschlichen Beziehungen — und umgekehrt. Die Reziprozität von Sich-Binden hier, gleichzeitig kompensatorischem Lösen dort, wird sichtbar.

Der im Zusammenhang der Kompensation noch ausführlicher zu erörternde Modus von Bewältigung stellt sich — um auf diese Möglichkeit des Sich-gegen-einander-Setzens der verschiedenen Modi von Kommunikation als letztes Beispiel zu verweisen — häufig gegen das Erkunden, Entdecken, Erschließen und Auseinandersetzen bei den Individuen, die z. B. der Überzeugung sind, daß sie „ihre Existenz" „bewältigt" haben. Das gilt nicht nur für den soeben aufgezeigten Modus von sich-bindender Bewältigung durch Ideologien oder Weltanschauungen, sondern für das leistungsbezogene Subjekt, das von Handlung zu Handlung gehend, „bewältigt" hat, damit zwar kompensiert, aber nur das planende-zielstrebige Handeln, nicht jedoch seine Existenz. Es trifft ferner für die Individuen zu, die in einer beruflichen Routine erstarren — wie das z. B. bei einem praktizierenden Arzt der Fall sein kann. Weder Erkunden noch Entdecken, noch Erschließen, sondern *das Bewältigte ihres beruflichen Könnens hat derart von ihnen Besitz genommen, daß es sie über-bewältigt hat, und in dieser*

Bewältigung durch „Berufsbesessenheit" die anderen Kommunikationsmodi nicht mehr zur Entfaltung kommen.

Wird das Subjekt in seiner Darstellung nach seinem Verhältnis zu den Grundstrukturen der Räumlichkeit, Zeitlichkeit, der Leistung und des Leibes befragt, findet intersubjektive Strukturierung im oben aufgezeigten Sinne statt, so ergibt sich die Möglichkeit eines weiteren „Parameters", das Mit- und Gegeneinander von Strukturen, ihre Kommunikationseinschränkung – oder Erweiterung – wie folgt schematisierend festzustellen:

So kann ein Lebensraum – global gefaßt – gegen die Orientierung der in ihm wohnenden Individuen sich stellen; oder beide, Lebensraum und Orientierung innerhalb desselben behaupten sich gegen die von anderen Individuen eingeführte Ordnung. Für den ersteren Fall würde das schon erwähnte Beispiel eines kleinbürgerlichen Lebensraumes zutreffen, der von Individuen mit „feudal-aristokratischer" Gesinnung bewohnt wird, wie dies wiederholt im Gefolge von Revolutionen, Umsiedlungen oder Kriegen zu beobachten war. Die daraus sich ergebenden Konfliktmöglichkeiten wirken wiederum auf die Kommunikation der Individuen untereinander, diese Kommunikation vermag zu einer Veränderung des Lebensraumes führen – mit wiederum veränderter Kommunikation der Individuen. Letzteres Vorkommnis wird z. B. bei der Kolonisierung von Ethnien beobachtet, die im Zuge derselben einer ihnen fremden Ordnung, z. B. ökonomischer Art, unterworfen werden, – diese Ordnung jedoch wiederum im Gegensatz zu einer dem Lebensraum durch Mission vermittelten christlichen Orientierung steht. Hier würden z. B. naturvölkischer Lebensraum, seine noch nicht abgelegten Sitten und Gewohnheiten, gegen christliche Orientierung und eine „überlagerte" primär ökonomisch bedingte Ordnung stehen.

Analoge Beispiele ließen sich vielfach aufzählen: das Kind, das aus bäuerlich-ländlichem, überwiegend kirchlich geprägtem Lebensraum stammt, in die Großstadt gelangt, dort eine aus Arbeiterkindern sich rekrutierende Volksschule besucht und jetzt in die Konflikte zwischen lebensräumlicher Ordnung, schulischer Orientierung und der von den Arbeiterkindern vermittelten Ordnung und Orientierung gerät. Aber auch in dem scheinbar geschlossenen Lebensraum eines noch unberührten Naturvolkes werden Heterogenitäten der genannten Art sichtbar. Sie zeigen sich z. B. in der Gegensätzlichkeit zwischen einem gegenwärtigen Lebensraum, der einem zeitlich vorausgegangenen nicht mehr entspricht, aber die Sitten und Gewohnheiten des Vorausgegangenen übernommen hat: wenn aus Nomaden Ackerbauern werden. Darüber hinaus stimmt die mythische Ordnung nicht mehr mit der Orientierung alltäglicher Handlungen überein, bzw. wird die Bezugnahme von moralischen Normen, die sich in Meidungen oder Tabus niederschlagen, auf die mythische Ordnung unklar – eben weil der Lebensraum gewechselt wurde.

Werden einem Kind die seinem herkömmlichen „gut-bürgerlichen" Lebensraum *nicht* entsprechenden Tischmanieren als auch richtungsweisende Orientierung z. B. in einem feudalistisch orientiertem Internat beigebracht, steht hinter dieser Orientierung eine spezifische Ordnung (die „höfische" z. B. im Gegensatz zur bürgerlichen), so werden analoge Gegensätze sichtbar: das Kind beginnt, maniriert-preziös zu essen, verbleibt jedoch in seinen weiteren Ordnungsbezügen in seinem bürgerlich-kleinbürgerlichen Milieu. Es wird zu Hause zum Gespött der Umgebung, seine „feudale" Orientierung, die sich jedoch überwiegend und ausschließlich in Tischmanieren niederschlägt, schränkt seine Kommunikation mit der übrigen Umwelt ein.

Jedoch können veränderte Tischmanieren[11], werden sie nicht nur von einem Einzelindividuum, sondern von zahlreichen innerhalb eines Lebensraumes übernommen, die ganze bisherige (z. B. bäuerliche oder bürgerliche) Ordnung in Frage stellen, so daß diese keine Orientierung mehr vermittelt. Der Lebensraum wird dann seinen Inwohnern entfremdet, denn an der Einführung neuer Tischmanieren als Ausdruck veränderter Orientierung aus einer anderen Ordnungswelt stammen, zerbricht die bisherige Ordnung. Das Zerbrechen stellt sich in zunehmender Verunsicherung (Orientierungsverlust) der Inwohner dar, die Verunsicherung führt zu Auseinandersetzungen, in den Auseinandersetzungen wird die vorgefundene Ordnung fraglich. Werden im Verlaufe der weiteren Entwicklung nicht auch andere Orientierungsmarken und Ordnungsbezüge z. B. der höfischen Kultur übernommen, d. h. integriert, kann der zunehmend dekompensierende Lebensraum durch die Auseinandersetzungen seiner Einwohner zerfallen.

Historisch aufbrechende Gegensätzlichkeiten zwischen Lebensraum, Ordnung und Orientierung sind bei der Ablösung mythisch-vorlogischer Ordnungen durch rationale, an teilnehmend-noetische Normen orientierte Ordnungsbezüge, z. B. bei dem Übergang von dem Mittelalter zur Neuzeit, zu beobachten. Analoge Entwicklungen werden aber auch in der Kindheit vollzogen, wenn das Kind von der sogenannten infantilen Egozentrizität zu der durch die Schule (Normen!) mitbedingten Sozialisierung, — mit allen daraus sich ergebenden Kommunikationseinschränkungen — sich entwickelt.

Individuell oder historisch bedingter Verlust von Lebensräumen, Ordnungs- und Orientierungsprinzipien, muß jedoch nicht notwendigerweise zu Kommunikationseinschränkungen führen, sondern zu *Kommunikationsveränderungen*, derart, daß z. B. anstatt einer vorprädikativen Ordnung eine rationale entsteht, die zwar einerseits die Bildhaftigkeit und Partizipation der vorlogischen Ordnung entbehrt, dafür aber sachbezogen z. B. das ärztliche Handeln und Eingreifen erheblich besser zu konditionieren vermag als ein vorlogischer Ordnungsbezug.

In der herkömmlichen Sexualmoral wird ein Strukturgegensatz zwischen Orientierungs- und Ordnungsprinzipien einerseits, dem Leib, der anteilnehmenden Kommunikation und dem Stoffaustausch andererseits sichtbar. Daß aus diesem Strukturgegensatz gravierende Dekompensationen sich entwickeln vermögen, ist Thema der Psychoanalyse *Freud*s. Mit der leibfeindlichen Orientierung versucht das Individuum den Leib und seine Bedürfnisse, insbesondere die erotische Kommunikation „einzubinden", einzufangen, zu verfestigen und sie damit manipulierbar, womöglich willkürlich verfügbar zu machen — mit allen daraus sich ergebenden, hinlänglich bekannten Folgen.

Das Einbinden und Einschränken, Verfügbar-Machen bestimmter Kommunikationsmodi hier, das Lösen anderer, aus der Gegensätzlichkeit von Orientierung und Ordnung zu dem Leib und dem anteilnehmenden Kommunikationsmodi ist jedoch, das sei zur Erinnerung gesagt, *ein Grundvorkommnis aller kulturellen Bemühungen der Menschheit.* Es kommt in der häufig genug beschriebenen Tatsache zum Ausdruck, daß der Mensch Kultur-, nicht Naturwesen ist und ihm dadurch grundsätzlich andere Orientierungs- und Ordnungsmöglichkeiten vermittelt werden als dem Tier.

Hier wird bei jagenden Gruppen (Sammler und Jäger) das Erkunden für den Jäger in Verbindung mit Aggressionsschulung und Disziplinierung der Beziehung zum Leib gepflegt (z. B. Prärie-Indianer). Dort, in der Pflanzer- und Ackerbaukultur das Erschließen der astronomisch-astrologisch, geoklimatischen Zusammenhänge, deren Kenntnis für die Kultivierung von Pflanzen, dann von Getreide notwendig ist. Die Voraussetzung der Entwicklung von Fähigkeiten astronomische oder geoklimatische Zusammenhänge und Ordnungsbezüge zu erkunden und zu entdecken, sind Schulung und Aus-Richtung der noetisch-teilnehmenden Kommunikation zu Lasten der anteilnehmenden. Gleichzeitig verändern die astronomischen Erkenntnisse, (z. B. in Riten und Baukunst dargestellt), die Kommunikation der Individuen untereinander, stilisieren diese, schränken sie ein, aber erweitern sie auch durch Entwicklung noetischer Fähigkeiten (s. u.).

Die relative Eindeutigkeit der Orientierungs- und Ordnungsbezüge der Frühkulturen und Ethnien — bei aller Komplexheit wiederum der verwandtschaftlichen und zwischenmenschlichen Beziehungen der Gruppenmitglieder untereinander, wie z. B. bei australischen Ureinwohnern — schwindet zunehmend in den Hochkulturen, um endlich der Auflösung des Sich-Bindens, den Versuchen, mit Bindungen (Orientierung/Ordnungsbezüge), das Dasein in seiner Widersprüchlichkeit zu bewältigen, zu weichen. Die in der Auflösung sich darstellende Pluralisierung von Ordnungs- und Orientierungsbezügen — (z. B. bei Ende des Römischen Reiches, im ausgehenden Mittelalter, aber auch in der Neu-Zeit) — wird in ihrer konfliktreichen Problematik dann auch in den Einzelindividuen, deren Orientierungs- und Ordnungskrisen reflektiert.

Der Vieldeutigkeit des Sich-Bindens und Lösens in der Jetztzeit entspricht die zunehmende individualisierte Differenzierung und Strukturierung der einander kompensierenden oder Dekompensation einleitenden Gegensätze, die durch historische Ausdifferenzierung zu Tage treten, aber gleichzeitig zunehmend als Gegensätze von Strukturen oder Kommunikationsmodi erlebt werden.

Gegenüber z. B. den den Leib und bestimmte leibhafte Kommunikationsmodi zulassenden, pflegenden, andere Kommunikationsmodi des Leibes wiederum unterdrückenden Grundorientierungen humaner Kultur überhaupt, wird heute (1974) die „Enttabuisierung" des Leibes, insbesondere des sexuellen und erotischen Erlebens, die Spontaneität des Ausdrucks, auch von Aggression, gefordert und gefördert. Diese sogenannte „Enttabuisierung" ist häufig verbunden mit einer allgemeinen Orientierungslosigkeit, Verfall von gemeinschaftlich bezogenen Ordnungsbezügen (die z. B. früher noch durch den Staat oder die Polis repräsentiert wurden), ohne daß die sogenannte Spontaneität dazu führt, die zwischenmenschliche Kommunikation in der Vielfalt ihrer Modi zu entfalten, bzw. Kommunikationsgrenzen aufzuheben und zu erweitern.

Orientierungs- und Ordnungsbezogenheit werden ferner im Sich-Zeitigen von Verantwortung bei der Leistung sichtbar, die im Akt des verantwortlichen Sich-Zeitigens sich u. U. gegen die Bedürfnisse leibhaftanteilnehmender Kommunikation zu stellen vermag. Leistung und Verantwortung, soweit noch Identität mit der Leistung möglich ist, richten sich in ihrer jeweiligen Ausführung gegen die leibhafte Existenz, gegen die leibhaften Strukturen, *da Leistung die Unterwerfung leibhafter Bedürfnisse unter das Anliegen der Leistung selbst verlangt.* Dafür wiederum eröffnet das erkundend-entdeckend, aber auch erschließende Leisten die Vorteile und Vorzüge der menschlichen Leistungswelt: die Herstellung eines Gerichts z. B. im Kochen, bei dessen Herstellung zwar Fühlen, Befindlichkeiten nicht gefragt sind, die Herstellung diese „unterdrückt", bietet nach Abschluß dem Zubereiter (Koch) die Möglichkeit leibhaften Genusses, sich angenehm zu entspannen, sich dann dem Fühlen oder der Befindlichkeit zu überlassen.

Darüber hinaus vermittelt jedoch Leistung – soweit sie den Charakter der Selbstdarstellung, der Identifizierung mit diesen innehat – das Bewußtsein abschließender Bewältigung, sich mit der Bewältigung jedoch auch in dem Geleisteten selbst zu binden, bzw. zu lösen.

Der Handwerker, der eine Gasleitung repariert, der Wissenschaftler, der einen Aufsatz verfaßt, der Mechaniker, der eine Karosserie schweißt, die Hausfrau, die ihre „gute Stube" reinigt, binden sich in der jeweiligen Leistung an diese, denn das Geleistete weist auf den, der es leistete, damit auf dessen Verantwortlichkeit hin.

Die Struktur der Leistung gewinnt jetzt den Aspekt, leibhafte Kommu-

nikation einerseits „zu unterdrücken", andererseits jedoch über diese Unterdrückung neue Möglichkeiten von Kommunikation aufzuweisen. Diese können einerseits Bestandteil der menschlichen Leistungs- und Kulturwelt werden (Beispiel Sessel), andererseits über Bewältigung der Leistung, über Identität von Leistendem und Geleisteten die sich zeitigende Verantwortung ermöglichen.

Sich zeitigende Verantwortung ist jedoch nicht nur auf Leistung beschränkt, *sie stellt sich im Akt einer verbindlich-bindenden Entscheidung gegen die Kommunikationsmodi der Auseinandersetzung selbst.*

Wurde oben der zeitliche Charakter von Auseinandersetzung in seiner Konfliktbezogenheit aufgehellt, so übersteigt das Subjekt im Auffinden von verbindlicher Verantwortung diese Verfassung der Zeit, die sich in der Auseinandersetzung darstellt, wenn es Auseinandersetzung mit einer Entscheidung beendet. *Das in der Entscheidung sich zeitigende Verantworten stellt sich gegen Zeit selbst.* Dieser Vorgang ist in allen situativ-subjektiv alltäglich sich ereignenden Entscheidungen zu beobachten. Soll ich jetzt die Spülmaschine vollpacken oder erst eine Zigarette rauchen? (Pflicht/Orientierung, mögliche Verantwortung gegen Neigung, Leibhaftigkeit). Soll ich noch auf XY warten, – oder jetzt nach Hause gehen? (Mögliche Verbindlichkeit einer Verabredung gegen anteilnehmende Kommunikation, des Bedürfnisses, nach Hause zu gehen und sich auszuruhen). Ist diese Aufgabe bei Anlegen kritischer Maßstäbe den Anforderungen entsprechend durchgeführt worden? (Verantwortliches Sich-Zeitigen in der Leistung gegen den Modus der Auseinandersetzung, indem sich das Subjekt innerhalb der Aufgabe selbst hin und hergerissen fühlt.) Soll ich mich in meiner Überzeugung durch XY beeinflussen lassen? (Konflikt zwischen Orientierungs/Ordnungsbezügen). In meiner Beziehung zu N. N. werde ich von diesem Bedürfnis ebenso wie von jenem „besessen", welchem soll ich nachgeben? (Innersubjektiver Konflikt zwischen anteilnehmenden Modi der Befindlichkeit und des Fühlens.)

In jeder zu fällenden Entscheidung strukturiert sich Verantwortung in Binden und Lösen und wirkt damit auf die in der Auseinandersetzung sich ereignenden Modi und Strukturen kommunikationseinschränkend. *Verantwortliche Entscheidung ist stets Einschränkung einer oder mehrerer Kommunikationsmodi; erst nach vollzogener Entscheidung werden andere Möglichkeiten der Strukturierung und Kommunikation sichtbar.* D. h. aus Entscheidung entsteht jeweils neue Orientierung, damit neuer Ordnungsbezug, damit in der noetisch-teilnehmenden Kommunikation über Binden und Lösen hinausgehend, Aufzeigen, Aufweisen, der Gründe und Zusammenhänge, damit die Möglichkeit von Bewältigung.

Daß jedoch jede aus Verantwortung sich entwickelnde Entscheidung moralisch ethischen Charakters sei, wird mit diesen Ausführungen keineswegs behauptet. Die Entscheidung zu Vernichtung der Juden im Dritten

Reich, die der Bauern in der Sowjetunion (der Kulaken) sind Entscheidungen gewesen, für deren Initiatoren es genügend Rechtfertigungsgründe und Begründungen (Aufweisen; Aufzeigen) gegeben hat, — die aber, auf ein *mögliches* humanes Bewältigen der Existenz bezogen, verwerflich sind.

Ohne diesen, letztmöglichen Gesichtspunkt von Bewältigung zu sehen, der auf mögliche Wahrheit sich gründet (s. o.), *verbleibt jeder verantwortlichen Entscheidung lediglich in der bindende, damit Orientierungs- und Ordnungsbezüge stiftende Charakter*: die Vernichtung der Juden oder die der „Kulaken" ist nicht weniger das In-Gang-Setzen und Ausführen eines Ordnungsbezuges, wie wenn im Gefolge einer Partnerschaftsbeziehung die Entscheidung zur Trennung gefunden wird. Auseinandersetzungen über die Juden oder über die Bauernfrage hier, über die partnerschaftlichen Beziehungen dort, werden in jedem Fall mit einer verbindlichen Entscheidung, einer Umorientierung, beendet. Jedoch auf mögliche, sittliche Wahrheit bezogen, wird die jeweilige Entscheidung, die sich verantwortlich zu wissen wähnt, wiederum in Frage gestellt.

Für die vorliegende Untersuchung bleibt wesentlich, daß das Merkmal jeder Entscheidung in Binden und Lösen das Festlegen von Richtungen, d. h. von Intentionalitäten, Absichten auf etwas hin, bedeutet. In der Festlegung übernimmt die Entscheidung selbst und in ihrer Folge einer der Kommunikationsmodi oder eine der Strukturen die Führung, hier die noetische Orientierung, dort das Gefühl „für etwas", ein Antrieb zu etwas oder eine Einstellung gegenüber... In der sogenannten „Entscheidungsmotivation", warum diese und nicht eine andere gefällt wurde, bestreiten im Akt der Entscheidung die in der Lebensgestalt präsenten, schon Richtung weisenden, früher geleisteten Entscheidungen das sogenannte Vorfeld der Entscheidung. *Die Entscheidung* — bei aller situativen Beeinflußbarkeit derselben — *zeigt letztlich das Subjekt in seinem Vermögen zur möglichen Bewältigung von Wahrheit auf:* ob es diesen Schritt in der Entscheidung vollzieht, sich zur möglichen Bewältigung verantwortlich zeitigt, oder entscheidungsunfähig bleibt.

Auf die Struktur der Leistung, ihre „leibfeindliche" Tendenz zurückgreifend, an die Beziehung zwischen Verantwortung und Leistung erinnernd, wird folgende, weitere Diskrepanz sichtbar: Verantwortung, so wurde oben dargelegt, antizipiert im Akt der Verantwortung selbst schon immer die Anwesenheit des anderen, *jede Tat ist letztlich auf Öffentlichkeit bezogen*, obwohl das Individuum in der Tat sich als Einmaliges dokumentiert (*Diskrepanz Individuum/Öffentlichkeit*).

Die Je-Einmaligkeit der Subjekte stellt sich sowohl in ihrer jeweiligen Leistung wie auch in ihrer unterschiedlichen Beziehung zu der Art der Leistung außerordentlich verschieden dar. Das eine Individuum baut die gleiche Mauer — auf Grund dispositioneller Schwäche — langsam, nachlässig und schleppend, das andere Individuum schnell und zupackend, weil es

„seine Stärke" zur Schau stellen möchte. Die Unterschiedlichkeit der Leistung muß ferner nicht nur dispositionell oder emotional verankert sein, sie kann von wirtschaftlichen Faktoren (Lohn) nicht weniger wie von der Möglichkeit des Individuums, sich mit seiner Arbeit zu identifizieren, beeinflußt und bestimmt sein.

Wurde in vergangenen Zeiten, gegen die Möglichkeit anrückender Feinde eine Stadtmauer errichtet, stand eine gemeinschaftliche Arbeit unter entsprechendem Druck (anteilnehmender) Bedrohung, darf angenommen werden, daß die Mauer entsprechend schnell und fest gefügt wurde, anders als von Sklaven in Friedenszeiten.

Die Unterschiedlichkeit des Subjektes in seiner — wie auch immer bestimmten — Beziehung zur Leistung, stellt sich in der Art der Leistung selbst dar. Hier liegt der Grund zu aller Rivalität, die den heutigen Gesellschaftsforschern Anlaß zu mancherlei Theorieenbildungen gibt.

Ausschlaggebend ist in der Leistung die Qualität derselben. Jedes Individuum wird die festgefügte Mauer, die schnell und zügig gearbeitet wurde, der locker gefaßten, von selbst wieder zusammenfallenden, vorziehen. Das betrifft jedoch nicht nur Mauern, sondern auch die Konstruktion von Pkw's, Flugzeugen oder Möbeln. Zwar hat die mechanische Herstellung von Gebrauchsgütern — wie oben aufgezeigt wurde — die Beziehung zur Leistung selbst weitgehend unterbrochen, d. h. die Qualität von Pkw, Flugzeugen oder Möbeln ist heute in erster Linie eine Qualität der Maschinen, die sie erzeugen, — aber nicht ausschließlich. Die Maschinen werden von Ingenieuren und deren jeweiligem Leistungsbezug bestimmt, in der Ausführung selbst aber von Kolbenmotoren, Düsenaggregaten oder Polstern, läßt sich die Hand des Arbeiters nicht immer verleugnen.

Die vollzogene Leistung, die ausgeführte Arbeit, das abgeschlossene Werk entscheiden aus ihrer Qualität über den, der es hergestellt hat. Zunehmende Möglichkeit der Identifizierung mit der Arbeit — zeitigender Verantwortlichkeit — gegen Unmöglichkeit, sich mit der Leistung zu identifizieren, werden in der abgeschlossenen Leistung selbst sichtbar. Das verantwortliche Sich-Zeitigen in der Leistung impliziert durch die Leistung selbst, daß andere, die sich nicht weniger in der Leistung verantwortlich darstellen, gegenüber der besseren Leistung in Nachteil geraten.

D. h., *Verantwortung, die den anderen im Akt ihrer Realisierung immer schon im Auge hat, stellt über die Leistung selbst den anderen,* demgegenüber sie in der Leistung verantwortlich ist, als einen, der möglicherweise „schlechtere" (Qualität) leistet, *in Frage.* Die auf den anderen bezogene Verantwortung exponiert im Akt ihrer Ausführung, in einem Leistungsvollzug den anderen als möglicherweise weniger verantwortlichen, um ihn damit zur verstärkten Verantwortlichkeit der Leistung gegenüber zu provozieren. Verantwortung in möglichem Leistungsvollzug, In-Frage-Stellen des anderen durch die Leistung selbst, Provokation und Stimulierung des anderen zu verstärkter Selbstdarstellung wiederum in der Leistung, schließen den Kreis, in dem Leistung und auf den anderen bezogene Verantwortung den anderen möglicherweise erst „dekompensieren", dann durch Stimulierung zur Leistung wieder „kompensieren".

Das in sich bereits gebrochene Verhältnis zwischen Leistung und Verantwortung, das soeben in seiner Verstärkung aufgezeigt wurde, wird ergänzt, wenn leistungsbezogene Subjekte sich durch die Art ihrer Leistung gegen ihren Lebensraum, gegen ursprüngliche Ordnungsbezüge und Orientierung innerhalb desselben — wie auch innerhalb aktueller Lebensräume richten.

Vorgänge dieser Art sind nicht nur zu beobachten, wenn in Ethnien, in bäuerlichen Bezirken, in „Entwicklungshilfe" bedürftigen Ländern oder in entsprechenden Slum-Siedlungen der Großstädte sich ein betont pragmatisch-ökonomischer, ausschließlich auf den Nutzen ausgehendes Leistungsstreben eines oder mehrerer Subjekte entwickelt, das sich gegen die überlieferten Orientierungen und Ordnungsbezüge, gegen den Lebensraum selbst richtet. Sei es, daß hier ein Individuum aus seinem Clan ausbricht und mit einem Fahrzeug beginnt, Lasten hin und her zu transportieren, sich zum ersten „Unternehmer" kreiert, sei es, daß dort ein oder mehrere Individuen ihrer verwahrlosten Sub-Kultur durch Errichtung von Kfz-Reparatur-Werkstätten entgegen wirken.

Auf den engen Bezug zwischen Leistung, Orientierung und Ordnung wurde bereits verwiesen; es sei noch einmal an die protestantischen Sekten, den Puritanismus und ihre enge Verbindung zum entstehenden Kapitalismus (Leistung) erinnert[12]. Im letzteren Fall ergänzen sich Leistung, Orientierung und Ordnungsbezüge, in den zuvor erwähnten Fällen stehen sie gegeneinander. In jedem Fall beeinflußen und beeinträchtigen sie Kommunikation einerseits, entwickeln sie neue Kommunikationsmöglichkeiten andererseits.

Dabei werden in der Regel vorhandene Kommunikationsmodi eingeschränkt — das emotionale „Palaver" der Eingeborenen weicht einer nach europäischen Vorstellungen durchgeführten, geregelten Arbeitsweise, einem entsprechenden Tempo — um damit auch einen Kommunikationsmodus, einen teilnehmend-noetischen zu entwickeln, der sich der sogenannten „objektiven (Uhr-)Zeit" unterwirft.

Die historisch und sozial bedingten Umwälzungen, Umschichtungen von Lebensräumen, damit von Ordnungsbezügen und Orientierungen dieser Art sind außerordentlich zahlreich. Der Hinweis muß genügen, daß innerhalb von historischen Umwälzungen neue Leistungsmodi auftauchen, vorhandene vergessen werden, damit auch Orientierung, Ordnungsbezug und häufig das Verhältnis zum Leib sich ändern. Diese Zusammenhänge gehören darüber hinaus auch zu alltäglichen Vorkommnissen, wenn z. B. ein selbständiger Kaufmann sein Geschäft aufzugeben gezwungen ist, dafür

Angestellter in einer größeren Firma wird, das erlernte Leistungsvermögen im Gegensatz zu den Anforderungen in der Firma steht, deren Orientierung und Ordnungsbezüge ihm noch fremd sind – und er dekompensiert.

Die Kommunikationseinschränkungen, die durch den Leib bedingt werden, liegen vornehmlich schon in seiner verräumlichten Gestalt, die aus diesem Grunde den Menschen als Einzelwesen und Subjekt auf sich zurückwirft, auch wenn der Leib selbst, um leibhaft zu existieren, stets auf leibhafte Umwelt und den Austausch mit dieser angewiesen ist.

Aber der Leib weist dem Menschen die Grenzen seines Könnens bereits in der Kindheit: wohin die Arme nicht reichen, kann nicht herangeholt werden. Er begrenzt mögliche Wünsche, erhoffte Kommunikation durch die Eingrenzung und Vorselektion der Vererbung und Disposition zu bestimmten, biologisch ermittelten Typen, die bei aller Relativität – von leibhaften Einfluß wiederum auf die Lebensräume sind. Sie wählen diese mit aus, prägen, gestalten sie, und geben dem einen Subjekt in seiner Gruppe einen nachweisbaren Vorsprung, benachteiligen das andere – mit allen daraus sich ergebenden Konsequenzen für die Kommunikation.

Darüber hinaus macht der Leib die im Eros erstrebte Nähe zu und mit dem anderen möglich, aber gleichzeitig unmöglich. Die „*Eigenzeit*", in der seit dem Augenblick der Geburt der nicht abreißende Erlebnisstrom des Individuums sich darstellt, *ist* nie mit dem Erleben des anderen identisch, im besten Fall jedoch ähnlich: beide Partner glauben das Gleiche zu erleben, bei näherer Befragung ergeben sich jedoch erhebliche Unterschiede in der Artikulation nicht nur des Erlebens, sondern im Erleben selbst. Das Erleben der „Einheit", der „Identität" mit dem anderen kann nicht synchron verlaufen. Der Leib erlaubt keine „Synchronizität".

Wie der Leib hier Kommunikationsgrenze verkörpert, ist er dort gleichzeitig ständiger Kommunikationsvermittler, über und durch den jeder Kommunikationsmodus zum sichtbaren Zeichen, zu Sprache, physiognomischem Ausdruck, zum Gestus wird. Nicht weniger vermittelt der Leib Kommunikation durch seine vegetativen Funktionen, sind aktive Zuwendung oder Abwendung von der Welt fundamentale, leibhaft vorgegebene Vorgänge, die hier Kommunikation begründen, dort Kommunikation beenden[13].

Als Vermittler der leibhaften nicht weniger wie der überwiegend ästhetischen „Genüsse", durch Erblicken, Hören, Schmecken, Tasten oder Riechen, wird diese elementare Kommunikationsmöglichkeit im Sinne gemeinsamer Anteilnahme am „Genuß" vom Leib selbst häufig überwältigt (Intensität) und nur mühsam in ihre Grenzen zurückverwiesen.

Leibhaftes anteilnehmendes Erkunden, Entdecken und Erschließen, daraus sich entwickelnde Auseinandersetzung, vermag verbindliche Orientierung, den Ordnungsbezug eines Subjektes in Frage zu stellen. Der Hof und Haus getreulich seit Jahren bestellende Kleinbauer, läßt, in eine Witwe

„verliebt", seinen Lebensraum verkommen, gibt seine Mitgliedschaft als Kirchenvorstand auf (Orientierungsverlust, Veränderung von Ordnungsbezügen); aus leibhafter Anteilnahme entwickelt sich Umorientierung, entstehen veränderte Ordnungsbezüge, die nicht zuletzt häufiges Thema der sogenannten bürgerlichen Romanliteratur waren.

Nicht weniger vermag der Leib bestehendes Leistungsverhalten tiefgehend zu beeinflußen: sei es durch Krankheit, durch erlittenen Unfall, aber auch durch Auftreten stark schwankender Befindlichkeiten, die hier Arbeitsunlust erwecken, damit die Beziehung zur Leistung stören, dort, umgekehrt zu einer Überaktivität in der Arbeit führen, die sich wiederum einschränkend auf die vegetativen Funktionen auswirken, es möglicherweise zu einer Dekompensation, einem Kollaps oder einer vegetativen Dystonie kommt.

Ein anderes Beispiel wäre: Ein stets verantwortungsbewußt handelndes – „leistendes" – Individuum gerät in Lagerhaft, es erleidet längeres Hungern und scheut sich nicht, plötzlich seine Mitgefangenen zu bestehlen. D. h., daß die leibhaften Veränderungen nicht nur den Leistungsbezug des Individuums jederzeit in Frage stellen können, sondern auch die sich zeitigende Verantwortung vermag durch leibhafte Einschränkungen verändert zu werden, die sich z. B. schon in Schwankungen der Befindlichkeit abzeichnen.

Umgekehrt sind die Fälle anscheinend schrankenlosen Verantwortungsbewußtseins der für das allgemeine Wohlergehen des Staates oder der Gesellschaft Tätigen, (besonders bei Politikern) zu beobachten. Bei diesen Vertretern von Entscheidung zu Entscheidung sich zeitigender Verantwortung, verbunden mit pausenloser Leistung, Orientierungs- und Ordnungsbetonung, schränken die genannten Strukturen und ihre entsprechende Modi wiederum den Leib und sein Mitspracherecht zum Schaden desselben, nicht weniger wie des von den anderen Modi vertretenen Ganzen ein (s. o.).

Die ästhetisch-leibhafte Lebensorientierung[13a] und der ästhetische Ordnungsbezug, wie er nicht nur bei Künstlern – überwiegend der Vergangenheit angehörend – zu beobachten ist, stellt die persönliche Existenz mitunter in den fast kultisch aufgefaßten Umgang mit dem „Schönen" in Verbindung mit dessen Hervorbringung. Es ist die Existenzweise, in der das anteilnehmende Erschließen und das Bewältigen der Existenzgegensätze durch die entwerfende Phantasie, aber auch durch die kontemplative Grundeinstellung versucht wird. Unter häufiger Hintansetzung spezifisch-orientierender Prinzipien oder Normen, unter Zurücktreten auch der anderen Kommunikationsmodi, der Auseinandersetzung nicht weniger wie des Sich-Bindens oder Lösens. Hier erfolgt die Zeitigung persönlicher Verantwortung überwiegend in der Auseinandersetzung mit dem Werk und der Entwicklung einer ausgeprägten Beziehung von Verantwortung diesem gegenüber — wie sie noch bei den Künstlern des 19. und beginnenden 20. Jahrhunderts zu beobachten war.

Zusammenfassend sei über die (ersten) Schemata möglicher Kommunikationseinschränkung, aus diesen sich entwickelnder Nichtung und Dekompensation der Kommunikationsmodi und Strukturen gesagt: *Je nach Subjekt und Situation können Kommunikationsmodi und Strukturen sich gegenseitig antagonistisch einschränken.* Wobei die Einschränkung des einen Modus durch Überwiegen einer anderen Kommunikationsweise oder einer anderen Struktur sich zeigt, deren Manifestation bereits Folge der Gegensätzlichkeit der erlebten, situativ und individuell bedingten Gegensätzlichkeit ist.

In diesem Schematismus bleibend, sei erinnert, daß bei einem und demselben Subjekt die aus dem Lebensraum stammenden Gewohnheiten z. B. gegen dessen Orientierung und dessen Ordnungsbezug sich stellen, die Leistung wiederum gegen das Verantwortungsbewußtsein, diese aber auch gegen den Leib, der Leib und seine Bedürfnisse wiederum in Gegensatz zu dem Ordnungsbezug treten können.

Abschließend seien zwei Beispiele gegeben, die Struktur *und* Kommunikationsgegensätze darzulegen: Ein Vertreter, der aus einem Arbeitermilieu (Lebensraum und dessen Gewohnheiten) stammt, sich emporgearbeitet hat, einen kirchlichen Ordnungsbezug sich aneignet, ist rein ökonomisch-pragmatisch in seinem konkreten Weltbezug orientiert. Seine „mittelbürgerliche" Frau läßt wiederum bestimmte, aus dem Lebensraum des Mannes stammende Gewohnheiten nicht zu, der seinen Beruf ohne Zeitigung von Verantwortung, ohne Geschichtsbewußtsein der eigenen Entwicklung gegenüber ausübt, aber diesen so intensiv betreibt, daß er den Leib und dessen Bedürfnisse, auch die Erotik, durch Ordnungsbezug und Leistung extrem einschränkt. Er dekompensiert eines Tages leibhaft (z. B. im Infarkt) an dem Unvermögen, die Strukturgegensätze auszugleichen.

Diese Gegensätzlichkeit der Strukturen wurden hier durch gegenseitige Einschränkung, d. h. Kompensationen, ausgeglichen, in dem eine Struktur, z. B. die der pragmatischen Orientierung dominiert (Absorption, s. u.) und die andere des religiösen Ordnungsbezuges reduziert.

Die Gegensätzlichkeit der Strukturen wiederum wird stets durch gegensätzliche Kommunikationsmodi vermittelt; noetisch-teilnehmendes Binden und Lösen in einer (z. B. pragmatischen) Orientierung stehen gegen ebenfalls über teilenehmende Kommunikation entwickeltes Aufweisen und Aufzeigen, das z. B. übergenau, langsam und pedantisch erfolgt, „unpragmatisch". Sie stehen ferner gegen die Bewältigung in einem bestimmten Ordnungsbezug (Religion). Erkunden und Entdecken durch Leistung stellen sich gegen die leibhaft-anteilnehmende Kommunikation, womit das Entstehen der letzteren durch die Leistung kompensiert wird. Das Aufzeigen und Aufweisen des Subjektes zeigt sich z. B. in einem verstärkten

Bedürfen, alltäglichste Vorgänge ausführlich zu kommentieren, ihr Für und Wider mehr oder weniger lautstark zu diskutieren, zu erwägen, womit wiederum eine Unsicherheit im eigentlichen Ordnungsbezug (Religion) kompensiert wird. *Gegensätze bedingen sich gegenseitig ebenso, wie daß sie sich ausgleichen, kompensieren oder sich kompensierende Gegensätze kompensieren sich durch gegenseitige Einschränkung* (s. u. „Neutralisierung").

Die Kompensation als Ausdruck nicht weniger von beobachteter Einschränkung als auch von erlebter Reduzierung wird deutlich, wenn das zuletzt genannte Individuum z. B. seinen kirchlichen Ordnungsbezug mit pragmatisch-ökonomischer Einstellung kompensiert, d. h. mit einer Einstellung, die ausschließlich durch Gewinnstreben charakterisiert ist, weil der erstere, obwohl das Individuum „daran glaubt", ihm jedoch im Bezug auf die mögliche gegenteilige Ansicht seiner Mitmenschen Angst und Unsicherheit einflößt.

So kompensiert er diese Angst mit einer pragmatisch-ökonomischen Orientierung, die von ihm selbst möglicherweise als einschränkender Gegensatz erlebt wird. Leistung, die von großer Bedeutung für seine Existenz ist — z. B. beim sogenannten self made man kleineren Formats —, wird ausschließlich als Mittel zum Zweck, ohne Identifizierung mit dieser ausgeführt. D. h. Verantwortungsbewußtsein, mögliche Beziehung zur Vergangenheit (Geschichte) werden erkundend als „Absurditäten" kompensiert, damit genichtet, aufgehoben, oder sie sind nur als Möglichkeit in der Latenz des aperspektivischen Hintergrundes (des Unbewußten, s. u.) aufzuweisen. <u>Durch die Leistung wird mangelnde leibhafte Kommunikation, mangelnde Erotik, mangelnder Bezug zum Genuß überhaupt, kompensiert.</u> *Das Ausgleichen einer Struktur durch die andere aus dem Erleben von Kommunikationsmangel, Einschränkung, Angst, erfolgt analog in den oben genannten Kommunikationsmodi selbst*, die diese Strukturen vermitteln. Diese erfahren dann wiederum durch die Darstellung des Beobachters die schematisierte, jetzt aufgezeigte Strukturierung und damit nicht ausbleibende Falsifizierung.

Die Verschränkung von Lebensraum, Orientierungs- und Ordnungsbezug wiederum mit bestimmten Kommunikationsmodi, das Entstehen der ersteren aus der letzteren, das Erzeugen bestimmter Kommunikationsmodi dann aus den Strukturen, sei abschließend an einem ebenfalls stark vereinfachten Beispiel aufgezeigt.

Ein sogenannter autoritärer „Vater", d. h. ein Vater, der sowohl patriarchalisch seiner Familie ökonomische Sicherheit und materiellen Schutz bietet, aber von den Angehörigen weitgehende Anpassung und Unterwerfung an seine Forderungen erwartet, der eine bestimmte in Prinzipien gebundene Orientierung vertritt, die z. B. auf eine religiöse, mythologische oder ideologische Ordnung bezogen ist. Er selbst ist in einem ökonomisch heruntergekommenen, ärmlichen, an Verwahrlosung grenzenden Lebensraum, ohne nennenswerte Orientierung oder Ordnungsbezüge — außer dem ökonomischen, von der Hand in den Mund zu leben — aufgewachsen. Das Erleben des sozialen Mangels seines Lebensraumes im Vergleich mit anderen Lebensräumen, selbst wenn dieser Vergleich nur auf Grund andere Möglichkeiten von Lebensräumen entwerfenden Phantasie zustande kam, das Gewahren der Prinzipien- und Normenlosigkeit seines Milieus als Defizienz (Mangel), die Erfahrung sozialer Schutzlosigkeit in der Angst, die einen intentions- und richtungslosen Lebensraum überhaupt ausweist, ließen ihn in seiner weiteren Lebensführung das als Mangel Erlebte seiner Kindheit und Jugend kompensieren.

Leistungs- und willensbezogen, das teilnehmende-noetische Erkunden und Erschließen in den Dienst vor allem der materiellen Entfaltung stellend, entwickelte er zielbewußt die Grundlagen, die seinem Lebensraum das typisch sogenannte patriarchalische Gepräge gaben: Religion, Orientierung und Ordnungsbezüge, Identität mit der Leistung (Handwerker); sich in diesen Strukturen bindend und lösend, vermittelt er dieselben wiederum seinen Kindern, mit der entsprechenden Einschränkung ihrer Kommunikationsmodi, verstärkt auch durch dispositionelle Momente.

Hier wird das Bedürfen, Spielsachen zu verschenken verboten, dort, sich expansiv auszutoben, sich im Ausdrucksverhalten spontan zu erschließen oder über seine Befindlichkeiten, Triebe oder Gefühle, sich auszusprechen. Die Beziehung zur Erotik impliziert unter den vorliegenden Umständen die Zügelung und Unterdrückung derselben. Dagegen werden Vorwärtskommen, Leistungsstreben, Genauigkeit im handwerklichen Umgang, Ordnungs- und Verantwortungsbezug gefördert, um der nachfolgenden Generation die Normen zu vermitteln, die dem Vater zur Kompensation der Unzulänglichkeiten seines eigenen Lebensraumes dienlich waren.

Die Vermittlung jedoch der Erziehungsprinzipien, die ein Vater an sich selbst als erfolgreich verbucht hat, muß bekanntlich keineswegs zu analogen Folgen führen — auch wenn die Art der Vermittlung für den Erfolg nicht unwesentlich ist: ob z. B. diese Prinzipien großzügig-liebevoll, tolerant dargestellt, oder ob sie mit Strafe und „repressiven Maßnahmen" durchgesetzt werden. (Die zuneigend-tolerante Vermittlung der genannten Normen kann jedoch nicht weniger eine diese bejahende oder auch ablehnende Einstellung provozieren, wie die repressive Vermittlung.)

Die kaum voraussehbare Möglichkeit der individuellen Antwort wird sich bei den Mitgliedern der jüngeren Generation möglicherweise dahin auswirken, daß sie eines Tages nicht ohne Begeisterung in das Milieu zurückkehren, das ihr Vater verlassen hat, um daselbst einen trunksüchtig-verwahrlosten Großvater als geliebten Gegensatz zum Vater zu entdecken. Oder, des väterlich bestimmten Lebensraumes nur ungern gedenkend, diesen durch noch rigidere, noch planvollere und zielbewußtere Anwendung der identischen Normen zu überwinden, die schon den Vater im Gegensatz zu seinem eigenen Milieu gebracht haben. Sie werden Akademiker oder Industrielle, – die Mitglieder der jüngeren Generation „regredieren"[14] in dem einen Fall in die „unbewältige Vergangenheit" des Vaters selbst – oder sie avancieren, über dessen Existenz hianausgehend, zu den von der Gesellschaft angesehenen Mitgliedern, jetzt den „Oberen Zehntausend".

Das Beispiel dient weder zur Erhärtung noch zur Widerlegung der Theorie des sogenannten Ödipuskomplexes,[15] noch soll es die möglichen Motive des Handelns der nächstfolgenden Generation aufweisen, da es zu diesem Zweck bereits zu schematisieren ist. Es soll lediglich das Entstehen von Strukturen (Lebensraum, Orientierung, Ordnung, Leistung, Verantwortung, Leib) durch Kommunikation – Antwort auf vorausgegangenen Lebensraum – veranschaulichen, die mögliche Wirkung der vermittelten Struktur auf die Kommunikationsmodi und das Entstehen neuer Strukturierung veranschaulichen.

6. Kommunikationseinschränkung durch den aperspektivischen Hintergrund[16]

Als aperspektivischer Hintergrund des Menschen werden jene Bezirke des Innen bezeichnet, in dem a) das Faßbar-Deutliche der Gedankenbewegungen (teilnehmenden Kommunikation), b) das relativ Deutliche, aber sich Entziehende der anteilnehmenden Kommunikationsmodi und c) das Nicht-Verfügbare des leibhaften Stoffaustausches undeutlich ineinander übergehen. Der aperspektivische Hintergrund ist durch undeutliche Übergangsphänomene von z. B. leiblichen Befindlichkeiten, noetischen Urteilsprozessen, Trieberlebnissen, Gefühlen, Handlungsintentionen gekennzeichnet, die in Bildern erscheinen, die aperspektivisch sind und den diffus-undeutlichen Hintergrund der Kommunikationsmodi bilden, analog zum Hintergrundsphänomen der Gestaltpsychologie.
Es ist der Bereich des Innen, aus dem das Subjekt ontogenetisch sich im Umgang mit der Außenwelt perspektivisch ortet, d. h. durch die Reziprozität von äußeren und inneren Orientierungsprozessen sowohl leibhaft-anteilnehmender, wie auch teilnehmend-noetischer Natur *einen Standpunkt bezieht*, von dem aus es die Welt wie sich selbst als getrennte, aber doch – durch den Übersteig zu derselben – einheitliche erfährt. Es wurde aufgezeigt, wie die Psychosen sich durch den Verlust der perspektivischen Ortung in diesem leibhaft-existentiellen Sinne auszeichnen.

Der perspektivische Bezug[17] des Menschen zur Welt und umgekehrt, der Welt zu ihm, wird als ein ständiger Prozeß von Orientierung und Sich-zu-einer-Ordnung-Verhalten, die letztere durch das Verhalten selbst erzeugt (konstelliert, provoziert) (s. o.); er weicht im aperspektivischen Bereich des Innen — dessen Domäne der Traum, der Tagtraum und die Phantasie ist — dem reinen Bildzusammenhang aller nur denkbar möglichen Beziehungen und Verwandlungen der dreidimensionalen Realität. Diese wird erst durch den perspektivischen Bezug des Subjektes zu derselben als dreidimensional-perspektivische gesetzt.

Das „alle denkbar möglichen Beziehungen und Verwandlungen" ist nur ein Hinweis auf den zur Genüge bekannten Sachverhalt, daß in Traum und Phantasie alles möglich ist[18], was das perspektivische Ordnungs- und Orientierungsgefüge nicht zwischen Mensch und Welt zuläßt: von der Verwandlung der Mutter in ein Möbelstück bis zu der Gleichzeitigkeit von Wasser und Feuer im Bild eines brennenden Springbrunnens.

(Dieser bildhaften Verwandlungsmöglichkeit des aperspektivischen Innen entspricht, daß soziale Beziehungen und „Rollen" Möglichkeiten zwischenmenschlicher Situationen aufweisen, die über die Realität des alltäglichen Zusammenseins weit hinausgehen: von der Ausübung des Inzestes bis zum Brudermord.)

Die Aperspektive ist das Mögliche der Möglichkeiten im Sinne des Ermöglichungsgrundes von Wirklichkeit überhaupt, diese Möglichkeiten zu erträumen — wie sie z. B. die Psychoanalyse archiviert hat — erweist, daß dem Subjekt in seinem aperspektivischen Bereich nichts unmöglich ist.

Das Mögliche der Möglichkeiten wäre darüber hinaus nicht das Mögliche, wenn es nicht als letztmöglich zu ermittelnder Grund seines So-Seins auf die Verwandlungsmöglichkeiten seiner Bilder und in seiner Richtung auf die Außenwelt hin, der Mangel oder das Bedürfnis nach Mitteilung (Kommunikation) bewegte, das in diesem Bereich als Perpetuierung ständig sich zeigender Bilder imponiert.

Die Konkretisierung dieser Zusammenhänge findet durch die Interpretation des Traumes als Wunsch (d. h. Darstellung von Mangel) einen Beweis, ohne daß jedoch — aus anderen, hier nicht weiter aufzuzeigenden Gründen — der ausschließlichen Bestimmung des Traumes als Wunschgesehen zuzustimmen ist[19].

Im Wunsch wird jedoch das Mögliche des Mangelerlebens auf Welt hin bereits zu der Möglichkeit erster Stillung des Mangels konkretisiert. (Sogenannte Wunscherfüllung im Traum). In dieser Möglichkeit von Erfüllung zeigt sich das Aperspektivische als Ermöglichungsgrund der Möglichkeiten in der Welt zu sein, der durch Mangel sich auszeichnet (Setzen) und in seiner Bezogenheit auf Welt, in einem ständigen Gegensetzen von Bildern eine erste Einschränkung (Kompensation) des Mangels im Wunsch selbst erfährt (s. o. S. 284).

In dieser Grundbefindlichkeit des Ermangelns von ... weist das Aperspektivische auf einen weiteren Modus seiner Struktur: auf das Unbewältigte. Nicht nur, weil das „Unbewältigte" in seiner ständigen Bezogenheit auf das sogenannte Unbewußte der Psychoanalyse der Gegenstand jeder tiefenpsychologisch orientierten Therapie ist: „unbewältigte Vaterbindung, Mutterhaß, Geschwisterneid usw.", sondern weil kein Mangelerleben möglich wäre, wenn nicht im Mangel selbst das Bedürfen nach Aufhebung seines Leidenszustandes, das Unbewältigte des Mangels selbst, diesem als Mangel zugrunde läge.

Oder: *nur weil etwas sich als unbewältigt erlebt, erlebt es sich als Mangelleiden, das der Kommunikation bedarf, um den Mangel zu bewältigen.*

Darüber hinaus wurde oben bereits die zeitliche Struktur der Kommunikation, die des Mangels und des Setzens erster Einschränkungen, als Bewältigen (Einschränkung, Kompensation) des Noch-Nicht und Nicht-Mehr im Jetzt expliziert. Die Geschichtlichkeit des Menschen wurde im aus der Struktur der Zeit selbst abzuleitenden Unbewältigten des Vergangenen gesehen. Der Mensch vermag sich letztlich als geschichtlicher zu reflektieren, weil das Vergangene nicht im Sinne der (völligen) Aufhebung zu bewältigen ist. Sie ist nicht nur nicht vom Inhalt her zu bewältigen, sondern auch formal, durch den Entzug des „Nicht-Mehr", dem das Jetzt des Erinnerungsvermögens nur begrenzt Einhalt zu gebieten vermag.

Der aperspektivische Hintergrund der menschlichen Existenz ist über den Mangel hinaus der nie zu Bewältigende, Unbewältigte. Er ist der durch die Zeit des „Nicht-Mehr" sich-Entziehende, auch das zunehmend Verborgene. Aber als das „Noch-Nicht" des Mangelerlebens entwirft dieses sich — im Subjekt — gleichzeitig und stets in die Zukunft, damit die Möglichkeiten erzeugend, den Mangel aufzuheben. Deshalb ist der Mangel immer schon bei dem (in der Zukunft), was sich faktisch noch nicht ereignet hat. Hier dürfte die Gleichzeitigkeit der Zukunftsbezogenheit der Aperspektive, und die ständige „Anwesenheit" des Vergangenen in diesem sichtbar werden.

Der aperspektivische Hintergrund wird darüber hinaus einerseits durch die persönlichen Lebenserfahrungen des jeweiligen Subjektes geprägt und geformt. Er ist der tragende Grund der individuellen Lebensgestalt, aber er ist auch allgemeiner Grund (kollektiv, vgl. *C. G. Jungs* Archetypen) des unspezifischen Mangelerlebens aller Lebewesen überhaupt; er setzt in diesem Mangelerleben auch die Bilder der ersten Einschränkung des Mangels, die relativ universal und ubiquitär, als sogenannte Archetypen erscheinen.

In der konkret-faktischen Bezugnahme des aperspektivischen Hintergrundes auf Welt durch die ständige Vermittlung des Subjektes zwischen Außenwelt und Innen, erfährt das *Mögliche* des Mangelerlebens und Kommunikationsbedürfnisses die ersten Möglichkeiten bildhafter Stillung im Setzen eben dieser Bilder. Darüber hinaus durch das Gegensetzen der Außenwelt und ihrer Grundverhältnisse, die über die verschiedenen Kommunikationsmodi erschlossen werden.

Dieser Vorgang ist sowohl die Grundlage der Ontogenese des Menschen, wie auch Grundlage der Aktualität jeder von Augenblick zu Augenblick sich wandelnden Situation, in der das Subjekt aus dem Hintergrund der nicht bewältigten Verborgenheit seiner Existenz der Welt sich zuwendet, sich mitteilt, von der Welt Antwort empfängt und in dieser zyklischen Wechselwirkung sein eigenes Dasein zwischen der Welt und seiner Verborgenheit vermittelt. Die folgende graphische Darstellung möge den Sachverhalt stark schematisiert und entsprechend falsifiziert wiedergeben:

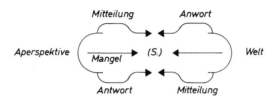

S. Subjekt

Für die vorliegende Untersuchung bedeuten die soeben dargelegten Zusammenhänge:

1. *Innersubjektiv entsprechen jedem spezifischen Kommunikationsmodus* in seiner Zu- oder Abwendung von oder zu der Welt in der Artikulation eines Erkundens, Erschließens, Binden/Lösens oder Bewältigens, *im undeutlichen Hintergrund des Subjektes andere, möglicherweise gegensätzlich erlebte Kommunikationsmöglichkeiten.* Diese gehen über die Darstellung des jeweilig spezifischen Kommunikationsmodus in einer aktuellen Kommunikation hinaus oder schränken sie durch gegensätzliche Kommunikationsmodi ein. Sie verhindern (hemmen), fragmentieren diese in ihrer Mitteilung. Im Über-sich-Hinaus der Mitteilung z. B. eines Wunsches, einer Zuneigung, oder einer im Entdecken seiner selbst sich wahrnehmende Selbstbehauptung, kann z. B. die maßlose, dem Möglichen des Mangelerlebens, korrespondierende Erwartungshaltung (vgl. die sog. „Riesenerwartungen") des zu vermittelnden „Noch-Mehr" als undeutlicher Bezugshorizont des Subjektes sichtbar werden. Dieser erleidet durch die Mitteilung der Erwartungen an die Außenwelt bereits ein Gegensetzen, daß wiederum die „Maßlosigkeit" des Bedürfens eingeschränkt wird.

D. h. die *Befriedigung eines konkreten Wunsches wird hier gleichzeitig als Einschränkung, „Repression", seines letztlich durch keine konkrete Befriedigung zu stillenden Hintergrundes, eines das Wünschen überhaupt erst ermöglichenden, es konstituierenden Mangelerlebens deutlich.* Das Setzen des Wunsches ist ein bereits als „Frustrierung" erlebtes Gegensetzen gegen das dem Wunsch zugrunde liegende Bedürfen nach „totaler Kommunikation" (s. o.).

Umgekehrt vermag die Darstellung eines Kommunikationsmodus z. B. des Sich-Erschließens im Ausdrucksverhalten oder das Erschließen des Ausdrucksverhaltens anderer Personen durch lebensgeschichtlich erfahrene Einschränkungen dieses Kommunikationsmodus reduziert sein, – ohne daß die Erfahrungen, die dieser Einschränkung zugrunde liegen, dem Subjekt noch nachvollzieh- oder erlebbar sind. Sie sind als Be- und Gewirktes Anteile der Lebensgestalt, der Gesamterfahrung des Individuums geworden und liegen z. B. der sog. Gehemmtheit oder einem faktischen Kommunikationsvermögen zugrunde. Nicht weniger kann eine ausschließlich durch die Phantasie entworfene Kommunikation – z. B. der Nähe zu einer geliebten Person – durch eben dieselbe Phantasietätigkeit befürchtet und eingeschränkt werden, damit den Kommunikationsmodus, der Nähe herbeisehnt, fragmentieren, reduzieren und vorhandene – mögliche Kommunikationsmodi verstümmeln.

D. h. ein zur Darstellung sich drängender Kommunikationsmodus wird in seinen Möglichkeiten der Mitteilung durch Erfahrungen oder das mögliche Kommunikation vorwegnehmende Entwerfen derselben (Phantasie) *eingeschränkt*; z. B. indem die faktische Erfahrung eines Kommunikationsmodus des Erkundens sozial (Lebensraum) abgewiesen wurde, nicht darstellbar war, oder bedrohlich in der Phantasie erlebt wurde und entsprechende Reduzierung erfuhr. Die Anwesenheit beider Erfahrungen – Erlebnisse – trägt zu der Entwicklung von Grundeinstellungen (Orientierungen, Ordnungsbezügen) bei *und wirkt im aperspektivischen Hintergrund als ständiges Gegen-Setzen gegenüber den Möglichkeiten von Kommunikation.*

2. In der Wechselwirkung zwischen Subjekt und Welt kann jede Mitteilung der Welt an das Individuum, Antwort der Welt auf die Mitteilung des Individuums und umgekehrt im Setzen und Gegensetzen von Themen, Antworten und Mitteilungen des aperspektivischen Hintergrundes konstellieren oder provozieren. Diese entziehen sich dem Zugriff der wachen, teilnehmenden Kommunikation. Die Antworten und Mitteilungen verhalten sich häufig in der Weise von Themen und Gegenthemen gegensätzlich zueinander: polar zu den aus der Welt auf das Individuum zukommenden Mitteilungen oder auch gegensätzlich zu Antworten der Welt auf Mitteilungen des Individuums.

Einer durch das Aussehen einer Person konstellierte Sympathie vermag eine „unbewußte" Antipathie entsprechen, einem neugierigen Erkunden ein aperspektivisches Sich-Abwenden und Verschließen, einem noetischen Akt der verbindlichen Urteilsfällung ein im aperspektivischen Hintergrund sich ereignendes, die Urteilsfällung wiederum in Frage stellendes Geschehen.

Eine „Realdialektik" zwischen wacher Zuwendung und ihrer Kommunikation und dem möglicherweise das Gegenteil vollziehenden Gegensetzen des aperspektivischen Hintergrundes zu konstellieren, wäre allerdings fehl am Platze, denn hier werden nur Möglichkeiten des möglichen Verhaltens anvisiert. Daß das mögliche Setzen und Gegensetzen auf Mitteilung und Antwort der Welt der vom Subjekt erlebten, möglichen Polarität psychischer Prozesse entsprechen kann, deren gegensätzliche Strukturierung (innersubjektiv erlebt) in der Gegenseitigkeit von Welt und Subjekt sichtbar werden, ist möglich, aber kein Anlaß, diese Reziprozität der Vermittlung dialektisch zu sehen. *Denn das Mögliche und die Möglichkeiten der Aperspektive übersteigen die Dialektik der Vermittlung schlechthin. Sie sind alogisch.* Das erweisen Traum, Tagtraum und Phantasie, die sich durch keine Dialektik einfangen lassen.

3. Die jeweils zu beobachtenden Korrespondenzen (Entsprechungen) zeigen sich zwischen Kommunikationseinschränkungen, die sich (a) aus der faktischen Kommunikation mit der Welt über Sprache, Gestus, Handeln, auch auf die Dinge der belebten und unbelebten Natur bezogen, ergeben; (b) aus den Gegensätzen der Kommunikationsmodi untereinander nicht weniger, wie (c) aus den von den verschiedenen Kommunikationsmodi in gegensätzlicher Weise vermittelten Strukturen. Ferner (d) aus den Gegensätzen selbst dieser Strukturen und den soeben (e) dargelegten innersubjektiven Kommunikationseinschränkungen. Aus dem Verhältnis darüberhinaus (f) zwischen Mangel und primärer, das Mangelbedürfen einschränkender, es bestenfalls nur kurzfristig befriedigender Wunsch- und Traumbilder. Kommunikationseinschränkungen entwickeln sich des weiteren zwischen den (g) innersubjektiv, im Verlauf des Lebens (Lebensgestalt) erfahrenen oder (h) in der Phantasie antizipierten Kommunikationseinschränkungen und den Möglichkeiten (i) des aperspektivischen Hintergrundes im Wechselverhältnis mit der Außenwelt, sich zu dieser gegensätzlich-kommunikationseinschränkend zu verhalten.

In diesen Korrespondenzen (Entsprechungen, Analogien) von Kompensation oder Kommunikationseinschränkungen *ist (existiert) menschliche Existenz gleichzeitig*, und — das ist das Entscheidende — *in verschiedenen Modi und verschiedenen Strukturen ebenso eingeschränkt wie kompensiert.*

Darüber hinaus wird jede Kommunikation durch den aperspektivischen Hintergrund des Subjektes, seine Möglichkeit zu jedem Thema Gegenthemen zu konstellieren, zu nichten, generell in Frage gestellt (s. o. S. 46). Dieses In-Frage-Stellen einer spontan-naiven Äußerung „Wie geht es heute?" oder „Ich fühle mich wohl", „X und Y sind nette Leute", besagt zwar nicht, daß der diese Mitteilung Äußernde im Grunde genommen das Gegenteil meint, — das wäre die Grundlegung einer dialektischen Paranoia —, sondern es bedeutet, *daß jede Kommunikation aus einer Dimension unbewältigter, nie zu bewältigender Vergangenheit kommt.* Sie taucht in diese wieder zurück, und das Erfaßbare von Kommunikation entzieht sich aus eben dem Grunde jedem zupackenden Feststellen. Der Entzug des eben Gesagten, Festgestellten, Begriffenen in das Nicht-Mehr des Unbewältigten, die Fragwürdigkeit des Entwerfens in das Noch-Nicht der Zukunft, verleiht menschlicher Existenz – allen planenden Weltbeglückern zum Trotz – den Modus der „Geworfenheit" und der (nicht zu berechnenden) „Unheimlichkeit".

7. Einschränken, Kompensieren, Bewältigen, Erweitern

In der Einschränkung eines Kommunikationsmodus – z. B. des Erschließens – wird der Vorgang des Erschließens in seinen Möglichkeiten, sich zu erschließen durch das faktische Erschließen selbst begrenzt durch die diesem immanenten Grenzen oder durch die gegenkommunizierende Außenwelt (s. o.). (Das zum Weinen disponierte Kind, beginnt zu weinen, es erschließt sich im Weinen, spürt aber, daß es „noch ganz anders" weinen möchte, aber nicht „so kann". Die Stillung des Hungers entspricht als faktische nie den zahllosen Möglichkeiten der Sättigung. Das Bedürfen – die kommunikative Zuwendung – schränkt sich (s. o.) in seiner Mitteilung selbst ein.) Die primäre Einschränkung (s. o.) – auch Einschränkung des Mangels – ist von der sekundären zu trennen, etwa einer gesellschaftlichen Norm, die die Möglichkeiten des Bedürfens nach erkundender Promiskuität einschränkt, bzw. diese nur unter bestimmten Umständen erlaubt. Das Inzestverbot soll das sexuell-erotische Erkunden, Entdecken und Erschließen des Kindes, damit des Menschen – lebenslänglich im sog. Oedipuskomplex (Orientierung/Ordnung) einschränken (Binden). Diese Beispiele könnten fortlaufend ergänzt werden.)

Das Wesentliche dieser sekundären Einschränkung liegt im Nicht-zum-Ende-Kommen einer Mitteilung oder Antwort, eines Ablaufes oder Vorganges, durch vorzeitige Mitteilungsunterbrechung, durch Verweigerung der Antwort. Die Möglichkeiten des sich mitteilenden Kommunikationsbedürfens werden in ihrem Sich-Darstellen, Sich-Entfalten durch Gegenkommunikation (Nichtung) unterbunden. (S. o. S. 165 ff.)

Sekundäre Einschränkung von Kommunikation als eingrenzendes In-Frage-Stellen (Nichtung) derselben impliziert die Antwort des Subjektes mit Angst; in der Angst spiegelt sich das Erleben der Nichtung, die Antizipation der Vernichtung wieder.

(Zur Erinnerung: Angst, und die sich aus ihr ergebenden Kommunikationseinschränkungen, müssen jedoch nicht auf den Umgang mit außerweltlichen Kommunikationserfahrungen begrenzt sein, die etwa einschränkend (frustrierend) wirken. In der Phantasie nicht weniger wie in allen sich entwerfenden, antizipierenden Erlebnissen des Wünschens, Hoffens, Erwartens ist Angst durch das Gegensetzen des inneren Bildes möglich, wie auch durch die Vorwegnahme möglichen Nichtens, möglicher Nicht-Erfüllung.)

Wird das Ur-Bedürfen (die Zuwendung zur Welt überhaupt) nach Kommunikation, der Mangel durch innersubjektives Gegensetzen (Gegenthemen) von Bildern, Wünschen, Entwürfen, Träumen und der Erwartung zukünftiger Möglichkeiten eingeschränkt, so stiftet diese Einschränkung eine erste Kompensation, d. h. einen ersten Ausgleich für das Mangelerleben überhaupt. *Mangelerleben ist das Ungleichgewicht des ständig nicht bei sich, sondern bei dem zu sein, was Bild oder Möglichkeit von Kommunikation ist.* Wurde oben die Subjektivität des Selbst als Gleichzeitigkeit von Bei-Sich-selbst-Sein und Bei-dem-Anderen-Sein dargelegt, so wurde das Selbst als Mangel verstanden, „Bei-sich-Selbst" ist nur über den Anderen in der Kommunikation, d. h. nur über den Mangel des anderen ein „Selbst sein zu können". Der Mangel ist in diesem ständigen Nicht-bei-sich-Sein, aber bei dem anderen sein zu müssen, das Sich-selbst-Aufzehren des Daseins selbst; es hindert sich aber an der Endgültigkeit der Aufzehrung, an seiner Vernichtung — wiederum durch Kommunikation. Das ist der Sinn von Kompensation.

Kompensiert sich das ungleichgewichtige Bedürfnis (Mangel) nach Kommunikation durch erstes Gegensetzen von bildhaften Entwürfen, damit erste Einschränkungen und Differenzierungen bildend, so kompensieren weitere Einschränkungen (s. o.) das sich graduell konkretisierende Bedürfen nach Kommunikation.

(Das Weinen[20] selbst ist die Einschränkung der zahlreichen Möglichkeiten, zu weinen: vom leisen Wimmern bis zum lauten Heulen wie auch anderen Reaktionen. Der Geschlechtsakt in bestimmter Weise durchgeführt ist die Einschränkung der zahlreichen Möglichkeiten zu verkehren, der bestimmte Wutanfall ist die Einschränkung der Möglichkeit von Aggressionsäußerungen, — sie kompensieren in der Faktizität ihrer Verwirklichung einschränkend das Bedürfen, zu weinen, zu verkehren, Wut zu äußern.) (s. o. S. 294)

In diesem Sinne wäre jede Einschränkung in der sich ontogenetisch differenzierenden Spirale (s. o.), die den Umgang zwischen Subjekt und Welt darstellt, *eine Kompensation, ein Ausgleich primären Mangels.*

Kompensiert werden aber auch die faktischen Mangelerlebnisse der Konfrontation mit der Nichtung in der Angst vor diesen. Jede Einschränkung als Bestandteil des Umgangs zwischen Subjekt und Welt im Setzen von Themen und Gegensetzen von Gegenthemen birgt die Möglichkeit der Angst.

Wird deshalb von Kompensation, d. h. Ausgleich von Angst gesprochen, wird Angst als Erleben eines faktischen oder möglichen (Angst vor ...) Ungleichgewichtes, einer Dekompensation angesehen, *so bedeutet jede Kompensation von Angst auch zunehmende Einschränkung der Kommunikationsmodi.* Dieser zunehmenden Einschränkung der Kommunikationsmodi ist die Dekompensation jederzeit immanent.

Um das Erleben der Angst zu *bewältigen,* bedient sich das Subjekt neuer Kommunikationseinschränkungen, die die Erfahrung der Angst vermeiden sollen: diese angsterzeugende Person wird gemieden, jenes Gefühl genichtet, dieser Gedanke unterdrückt, jenem möglichen Widerfahrnis aus dem Wege gegangen, bis zu den Eingrenzungen und Einschränkungen des Phobikers. Das Angsterleben zu bewältigen, grenzt sich das Subjekt durch Kommunikationsverzicht zunehmend ein; gelingt es nicht, diese Einschränkungen wiederum zu kompensieren, dürften sie zu einer Dekompensation in zunehmender Kommunikationsunfähigkeit führen.

Dieser in pathologischen Entwicklungen regelmäßig zu beobachtenden, in die zunehmende Eingrenzung — abwärts — verlaufenden Spirale der Dekompensation *ist die Spiralbewegung zunehmender Bewältigung durch gelungene Kompensation und Differenzierung in der Kommunikationserweiterung (s. u.) gegenüberzustellen.*

Zu der Entstehung der Angst zurückkehrend, erhebt sich noch einmal (s. o.) die Frage: Ist die primäre Einschränkung im Entwerfen unartikuliert-unspezifischer Kommunikation bereits angsterzeugend? Ist das Selbst, das nur ein Selbst sein kann, wenn es sich auf Anderes bezieht (s. o. II/6), in seinem Bezug und in der gleichzeitigen Einschränkung derselben, schon „geängstet"? Ja — denn wie oben aufgezeigt wurde, *entsteht bereits in der bloßen Mitteilung an die Umwelt schon Angst,* wenn keine, selbst einschränkende Antwort erfolgt, wenn Erschöpfung die einzige Antwort ist.

Wurde ferner oben ausgeführt (s. S. 42), daß auch Erfüllung von kommunikativer Zuwendung eine Einschränkung gegenüber dem Möglichen der „totalen" Kommunikation darstellt, stellt sich jetzt die Frage, ob Erfüllung, „Befriedigung", konkret Angst zu erzeugen vermag?

Die Bejahung dieser Möglichkeit wäre den gängigen Frustrations- und Angstmodellen ein erhebliches Ärgernis und es ist evident, daß nach der Erfüllung der Mitteilung eines Bedürfens bei dem einen Subjekt Angst nicht von vornherein zu beobachten ist. Wird aber bedacht, daß Kommunikation stets auch intersubjektives Geschehen ist, das den anderen betrifft und Nichtung impliziert, ist sehr wohl festzustellen, *daß die das eine Subjekt erfüllende Kommunikation, für das andere mit Angst verbunden sein kann.* Geben und Sich-Mitteilen hier, ist dort ein Nehmen und Nichten, die Sättigung des einen bedeutet das Darben des anderen, die Beglückung, die hier sich ereignet, ist dort die Enttäuschung und Leere.

D. h. die Erfüllung des Einen ist häufig die „Frustrierung" des anderen, und es ist durchaus an der These festzuhalten, daß im intersubjektiven Prozeß die Befriedigung des Einen, die Einschränkung und Angst des anderen zu sein vermag.

In der primären Stillung von Mangelerleben stellt die Einschränkung jedoch auch eine Bewältigung möglicher Angst dar, und Einschränkung, Kompensation und Bewältigung müßten als (analoge) Vorgänge angesehen werden.

Was aber würde Bewältigung in diesem Sinne bedeuten, wenn es nicht hieße, für erlebten Kommunikationsmangel (Bedrohung) neue Einschränkung kompensatorisch zu bilden? Bewältigung von Angst, die in den oben dargelegten Kommunikationseinschränkungen auftreten kann, bedeutet jedoch auf die Kompensation der Angst durch zusätzliche Kommunikationseinschränkung in Abwendung, Ausweichen, Ignorieren oder „Totstellen" zu verzichten, um (relativ) angstfrei die Auseinandersetzung wieder aufzunehmen, die durch Angst und kompensatorische Kommunikationseinschränkungen unterblieb.

Das Klischee der Angst vor dem autoritären Vater oder der dominierenden Mutter, vor dem Umgang mit Gegenständen nicht weniger wie vor gestellten Aufgaben, d. h. vor erwarteter Leistung zu versagen, die Angst vor der Begegnung mit dem anderen überhaupt, aber auch die vor der Konfrontation mit dem erschließenden Entdecken seiner selbst, die Angst vor dem Entwerfen des Noch-Nicht der Zukunft und die vor der Unwiderruflichkeit des Nicht-Mehr des Vergangenen, die Angst vor den Möglichkeiten der Phantasie, vor Befindlichkeiten, vor Gedanken — dies sind ausnahmslos Ängste, die im Gefolge des erkundenden, erschließenden, sich auseinandersetzenden Kommunikationsmodus sowohl der anteilnehmenden wie der teilnehmenden Kommunikation auftreten.

Bei Abbrechen oder Beenden von Kommunikation aus Gründen der Angst wird jetzt die Frage relevant: wurde ein kompensatorischer Kommunikationsabschluß, mit zunehmender Kommunikationseinschränkung verbunden, erreicht — oder z. B. Bewältigung durch eine sich bindend/lösende Entscheidung?

Ist es möglich, z. B. nach einer Auseinandersetzung sich zu binden oder zu lösen, sich zu einer Entscheidung durchzuringen und damit die Voraussetzung von Bewältigung zu leisten, die nur noch „geringe" (erträgliche) Angst und Kommunikationseinschränkungen implizieren? Wenn ja, von welchen Faktoren hinge diese Kommunikationsbewältigung ab?

Was hieße ferner spezifisch in der soeben erwähnten mit Angst verbundenen Auseinandersetzung, diese durch Binden und Lösen zu bewältigen und damit die Voraussetzung für das Bewältigen von Angst zu schaffen? Wer — um innerhalb des Klischees des autoritären Vaters oder der dominierenden Mutter zu verbleiben — weder in der Auseinandersetzung mit diesen noch vor Aufgaben, Konfrontation mit unangenehmen Personen, mit sich selbst, oder mit der Zukunft keine Angst mehr erlebt, wer glaubt, keine Angst vor Tod oder bedrohendem Verlust der Existenz zu verspüren, weist sich als ein Setzender, als ein Themen Bestimmender, dem Gegensetzen der Gegenthemen — Vater, Mutter, Aufgabe, Krankheit, Personen, Verlust, Konfrontation mit sich selbst — Gleichwertiger aus.

Sein Sich-Setzen wird durch das Gegensetzen der Auseinandersetzung nicht mehr in Frage gestellt und genichtet. Das die Angst bedingende mögliche Nichten erweist sich zunehmend als ein ganz bestimmtes „Etwas", als die deutliche Kontur einer Person, einer erwarteten Leistung, einer sich abzeichnenden Begegnung mit sich selbst — damit nicht mehr als „Nichtendes", sondern als konfiguriertes, spezifisches Etwas.

In dem Maße, in dem ich mich als Setzender, in der Auseinandersetzung mit dem Gegensetzenden gleichwertig und ebenbürtig fühle, konkretisiert sich das Undeutliche allen Möglichkeiten der Nichtung implizierende Gegensetzen des anderen zum Deutlichen. Es wird sichtbar, durchschaubar, „entzaubert", versachlicht, und damit auch verfügbar; es kann in seinen Möglichkeiten durch die teilnehmende Kommunikation erschlossen werden.[21]

So erscheint der Vater eines Tages als „bedauernswerter Alter", die Mutter als hektisch umhergetriebene, verunsicherte Frau, die Aufgabe als zu leistende, die gefürchtete Person in ihren Grenzen und Begrenzungen entschärft, die Konfrontation mit sich selbst wird, nach den ersten Schritten, möglicherweise „*bewältigbar*". Das Gegensetzen wird „entmächtigt". (Hier wird die Wurzel der sog. „Kastrationsängste" sichtbar, die sich nicht ausschließlich auf das Entmannen beziehen, sondern Angst vor Entmachtung [d. h. Ent-Selbstung] implizieren.)

In diesem Prozeß der Entmächtigung des mich in meiner Kommunikation Einschränkenden gewinne ich zunehmend selbst nicht nur an „Macht" (an Selbst im Sinne auch des Selbstbewußtseins). Sondern im Wahrnehmen des Gegners und seiner Thematik, in seinem Erschließen und Entdecken, in der Auseinandersetzung selbst, im Durchschauen dessen, was nicht „Macht", sondern „Mache" ist, binde ich mich in einer wahrnehmend-erkennenden, beurteilenden Orientierung und löse mich von meiner mich einschränkenden Angst. Mich aus der Auseinandersetzung bindend oder lösend, komme ich dazu, die Entscheidung zu fällen: das Angsterzeugende ist nicht Angsterzeugend. Erlebe ich mich als Gegensetzender selbst, als Nichtender des anderen, selbst als Angsterzeugender, werde ich für den oder das andere zum Angsterzeugenden, erfahre ich meine ebenbürtige Mächtigkeit als das nichtende Gegensetzen von Gegenthemen — das aufzulösen ich soeben erlernte.

Was bedeutet dieser Positionswechsel in der Auseinandersetzung? Er bedeutet Zuwachs an Ebenbürtigkeit mit dem Gegner, der potentiell jeder

Andere als Daseiender ist in der Auseinandersetzung, *er umschließt die Erfahrung selbst nichten zu können.*

Das Nichten, das ich vorhin auf mich zukommend erlebte, vermag ich jetzt selbst. Was aber ist in diesem Wechsel der Personen und Positionen des Nichtens für die Kommunikation zwischen Subjekten als möglichem Austausch von Setzen/Gegensetzen, von Geben und Nehmen gewonnen, — wenn nur ein Wechsel der angsterzeugenden Positionen stattfand?

Wird im Menschen das Wesen perzipiert, das im möglichen Bewältigen sich auf mögliches Erleben des „Wahren" hinbewegt, dann dürfte es bei diesem Modus von Binden und Lösen in der Angst-Überwindung nicht bleiben, sondern Bewältigung einer Auseinandersetzung würde sich im noch zu vollziehenden Schritt der „Aussöhnung der Gegensätze" abzeichnen. Wenn über die „Entzauberung" der „Macht" des anderen dieser darüber hinaus in seinem je-einmaligen So-Sein wahrgenommen wird, wenn er nicht mehr Gegenstand der nichtenden Angst, wenn er zu begegnende, anzunehmende Person wird.

Im Annehmen derer, die einst kommunikationseinschränkende Angst erzeugten, dann entmächtigt wurden, wird der andere — oder werden die anderen — in ihrem möglichen Bezug zu ihrer „Wahrheit" belassen. Sie werden in ihrer Einstellung, Orientierung, in ihren Gewohnheiten, in ihrem Sich-Binden und Sich-Lösen in Bezug auf — ihre — mögliche Ordnung schrittweise angenommen.

Weil ich, der jetzt Stärkere, mich in meiner Stärke und meinem Gegensetzen zurücknehme, mich als gebunden von Gegenthemen binden lasse, gebe ich mir selbst die Chance des Bewältigens. *Mich loslassend vermag ich den anderen in seinem So-Sein, seiner Je-Einmaligkeit zu „lassen",* damit er sich als der, der er in der Vielfältigkeit seiner Person möglicherweise ist, zeigt — ohne daß mich sein Zeigen ängstigt oder einschränkt.

Im Durchgang durch Auseinandersetzung, in Binden oder Lösen, im Gewinnen von Orientierung durch Entscheidung, eröffnet sich die Perspektive, den anderen nicht mehr als ausschließlich kommunikationseinschränkenden Gegner zu gewahren, sondern ihn, als den sich in bestimmter Weise Mitteilenden zu erschließen, ihn in diesem erschließenden Verstehen anzunehmen und damit die Auseinandersetzung zu bewältigen.

Zu Bewältigen — weil ich, mich zurücknehmend, mich los-lassend und lösend, dabei bin, mich selbst zu bewältigen. Der Bezug auf mögliche Wahrheit und Evidenz im Bewältigen, auf sich in diesem Vollzug ereignende Ordnung, die „Ordnung des humanen Annehmens und Versöhnens", konstelliert sich in diesem Bewältigen.

In dem zu Entscheidung führenden Binden und Lösen wird die Orientierung von Überzeugungen, Normen, Prinzipien, konkretisiert: Im Bewältigen erscheint ein Ordnungsbezug. Die Auseinandersetzung zwischen Vater und Sohn um Übernahme des Betriebs, zwischen Ehepartnern um das Fortsetzen der Gemeinschaft oder ihrer Auflösung, zwischen Vorgesetzten und Abhängigen um eine Rangerhöhung, wird durch die Entscheidung beendet: der Sohn übernimmt den Betrieb — oder der Vater führt ihn weiter, der Sohn wird ausgezahlt, trennt sich aber von dem gewohnten Lebensraum; die Ehe kann in dieser Weise nicht fortgesetzt werden; der Rangunterschied kann zwar nicht aufgehoben werden, aber es gibt Möglichkeiten, die Auseinandersetzungen zu beheben ...

In allen Entscheidungen werden orientierende Normen, aus denen entschieden wird, sichtbar. Wird aus einer Entscheidung — die noch keineswegs eine Bewältigung im existentialen Sinne ist — eine Bewältigung, dann wird in der Bewältigung ein von den sich Auseinandersetzenden, meistens nicht „bewußt" anvisierter Ordnungsbezug sichtbar.

Über diese Ordnung hinaus kann z. B. durch Ermahnung, Erziehung, Zuspruch: „versöhnt Euch doch", sofort als über eine, auf die jederzeit rekurriert werden kann, verfügt werden: „Um der Sache, um der Partei willen, versöhnt Euch doch", ohne daß dieses Verfügen die Auseinandersetzung löst. Bzw. es bleibt bei einer verbindlichen Entscheidung, die weder Aussöhnung noch einen neuen Ordnungsbezug unbedingt umschließt.

Die Ordnung, die jedoch aus einem beiderseitigen Sich-Zurücknehmen, dem anderen Sich-Zeigen, Sich-Lassen und Lösen, Annehmen desselben sich ereignet, wäre der *personale Ordnungsbezug, der als Möglichkeit menschlichem Begegnen letztlich immanent sein dürfte* letztmögliche, aber dennoch relative Bewältigung des Mangels.

Während in der bindend/lösenden Entscheidung, Orientierung auf etwas hin sichtbar wird — „um das Geschäft zu erhalten, wird die Auseinandersetzung zwischen Vater und Sohn abgeschlossen, beide verpflichten sich zu diesem und jenem..." — tritt die Auseinandersetzung zwischen Vater und Sohn als möglicherweise unbewältigte nur in den Hintergrund derselben. Die Bewältigung hat jedoch im Unterschied zu der bindend/lösenden Entscheidung in ihrer Bezugnahme auf die Person des anderen und der daraus sich ergebenden Ordnung *die Chance*, weitere Auseinandersetzungen um dieses Thema zu vermeiden.

Da aber diese Bewältigung bei der Konstanz eines richtungsgebenden Ordnungsbezugs — der immer den anderen und sein Sich-Zeigen im Blickpunkt behält — keine Ordnung im Sinne der festgefügten etwa Weltanschauung oder Ideologie ist, sondern eine, die immer wieder aus den Situationen und subjektiv gegebenen, sog. Zufällen gewonnen werden muß, ist sie erheblicher Fluktuation unterworfen. Sie vermag deshalb jederzeit als Unbewältigte neuen Auseinandersetzungen zum Opfer zu fallen. M. a. W. *Bewältigung bedarf der ständig sich wieder ereignenden Bewältigung, sonst wird sie Anlaß zum Nicht-Mehr-Bewältigten.*

Wurde im Zusammenhang der Kommunikationseinschränkung der Kompensation derselben die Frage der Kommunikationserweiterung bereits aufgeworfen (s.o.S. 324 ff.), so kann diese jetzt dahingehend beantwortet werden: *In der Kommunikationserweiterung wird das in jeder Kommunikation liegende Setzen und Gegensetzen, Nehmen und Geben, d. h. die Auseinandersetzung selbst durch Binden und Lösen, durch mögliche Bewältigung überwunden; dabei strukturieren sich in der Überwindung aus dem Konfliktcharakter von Kommunikation jeweils neue „Ebenen", Möglichkeiten von Kommunikation.*

Wenn das den Schaukelstuhl erkundende Kind die Auseinandersetzung des Erkundens im Erschließen der Bedeutung des Gegenstandes beendet, durch Begriffsbildung oder auch vorlogische Erkenntnismodi den Schaukelstuhl thematisch „gebunden" hat, hat es eine ihm neue, vorher nicht zugängliche Struktur der Leistung (Schaukelstuhl, Zeugwelt) entdeckt.

Im Beenden der Auseinandersetzung mit dem Zeug zeigt sich dieses als ein so ... auf die verschiedensten Weisen und so ... Bestimmtes, Solches und eröffnet damit einen neuen Kommunikationsmodus: über die entdeckte, erschlossene, sich jetzt zeigende Struktur selbst, den neuen Kommunikationsmodus des „Im Stuhl Schaukelns". Gleichzeitig wird Orientierung und neuer Ordnungsbezug – z. B. innerhalb des Lebensraumes selbst – gewonnen.

Dieses Beispiel vermag paradigmatisch die Bedeutung des kommunikationserweiternden Bindens und Lösens, dann des Aufzeigens und Aufweisens, endlich des Bewältigens darzustellen: *wenn es gelingt, über die Auseinandersetzung von kompensierenden Einschränkungen hinausgehend vorzudringen und das jeder Kommunikation immanente Telos der Bewältigung, über bindende und lösende Entscheidung zu erfassen, dann findet zunehmend sich differenzierende Strukturierung der Welt – in ihren raum-zeitlichen, leistungs- und leibbezogenen Grundstrukturen – durch das bindend/lösende, entscheidende, aufzeigende, aufweisende und endlich bewältigende Subjekt statt.*

Diesen Prozeß eines unendlichen Lernens beendet erst der individuelle Tod[22].

In der Kommunikationserweiterung wird Strukturierung hinzugewonnen, die in den vorausgegangenen Kommunikationsmodi – z. B. der Auseinandersetzung, des Erkundens – noch nicht zur Darstellung gelangen konnte. Dabei treten ontogenetisch frühere Kommunikationsmodi im Prozeß lernender Erweiterung in den Hintergrund; sie sind nichtsdestoweniger in den hinzugewonnenen Kommunikationsmöglichkeiten „aufgehoben" („Aufgehoben" im Sinne der inneren Anwesenheit), wie das Erlernen eines Leistungsbezuges, das Erleben und Erfassen einer neuen Person stets auf schon vorhandene Erfahrungen wieder zurückgreifen muß, s. o.).

In der Bewältigung einer Auseinandersetzung im oben dargelegten Sinne wird die „Ebene" stattgehabter Auseinandersetzung mit ihren Möglichkeiten des erkundenden Wahrnehmens, des Entdeckens und Erschließens, der Möglichkeit, den anderen als einen in diesem Prozeß sich Gegensetzenden zu erleben, zugunsten der Bewältigung verlassen. In der Bewältigung jedoch, im Modus des gegenseitigen Sich-Annehmens werden Erkunden, Erschließen, Entdecken des Anderen, auch die Auseinandersetzung mit diesem, in Binden und Lösen, im Annehmen oder Verwerfen aktualisiert. Verändert hat sich die Grundintentionalität lediglich der Beziehung (s. auch die personale Begegnung): *Der andere ist nicht mehr Gegner, sondern Angenommener-Anzunehmender.* Aus dieser Grundintentionalität wirken Erschließen oder Erkunden, Entdecken oder Sich-Auseinandersetzen nicht mehr, wie im Vorhinein gleichzeitig kommunikationseinschränkend — sondern erweitern gegenseitige Kommunikation unter der Grundintentionalität des gemeinsam-konstituierten Themas des Sich-Annehmens.

Zu dem Bild der Spirale zurückkehrend, wird diese jetzt — da die Spirale nach oben gehend sich von Spiralkreis zu Spiralkreis erweitern soll — dahingehend verständlich: *das Subjekt hat die Möglichkeit, über das kommunikationseinschränkende Setzen und Gegensetzen von Themen und Gegenthemen hinauszugelangen, dieses Setzen und Gegensetzen zu übersteigen, um im bewältigenden Überstieg immer wieder neue Strukturen zu bilden*; dieser Vorgang stellt sich dar als nicht abzusehende, sich zunehmend differenzierende, erweiternde Spiralbewegung.

Wie aber die Spiralbewegung nur als Bewegung eine ist — es einzelne, nach unten und oben offene Ringe einer Spirale nicht gibt —, *so erscheint die gesamte Bewegung nach oben zunehmend differenziert und erweitert, nach unten jedoch verengt und entdifferenziert.*

Dieses Bild auf die Zeitlichkeit der Kommunikation übertragend besagt: jede Erweiterung von Kommunikation durch Lernen und Annehmen, durch Binden und lösende Entscheidung, endlich im Überstieg (Transzendierung) von einem Kommunikationsmodus zum anderen bis zu dem der Bewältigung, kann nicht die Zeitlichkeit abschütteln. Das wiederum heißt — so sei erinnert —, daß das Binden oder Lösen, das Bewältigen und Entscheiden die „Masse" des Unbewältigten, die Vergangenheit nur „vergrößern" und — um im Bild zu bleiben — die Verengung der Spirale nach unten ihrer nach oben sich erweiternden Entwicklung entspricht.

Oder: weil Entscheiden in Sich-Binden und Lösen, weil Aufzeigen, Aufweisen und Bewältigen vorausgegangener Kommunikationsmodi, die durch diese vermittelten Strukturen zu einem Abschluß bringen, weil Binden/Lösen und Bewältigung Verzicht auf andere, vorausgegangene Kommunikationsmodi implizieren, liegt in diesen Modi das einschränkende Nichten vorausgegangener Kommunikationen (z. B. im Verzicht). Wer in einer Partnerschaftsbeziehung lebt, in der konfliktreiche Auseinandersetzungen den hauptsächlichen Kommunikationsmodus bestimmen, wird möglicherweise sich diesen, ihm „entsprechenden" Kommunikationsmodus versagen, wenn er zu einer Entscheidung gelangt. Das schließt aber nicht aus, daß dieser Modus dann zur „unbewältigten Vergangenheit" wird. Wer über Binden und Lösen hinausgehend Bewältigung anstrebt, wird auf die Verbindlichkeit und Absicherungen verzichten, die im Binden/Lösen liegen und dem Bewältigen als einem Vorgang mit ungewissem Ende sich überlassen – ohne daß er mit diesem Verhalten Vergangenheit aufhebt.

Das den Schaukelstuhl erkundende, dann erschließende Kind erfährt zwar im lernenden Umgang mit dem neuen Zeug erweiterte Kommunikationsmöglichkeiten und neue Strukturen von Orientierung und Ordnung – verzichtet aber gleichzeitig auf das gewohnte Behausen einer Welt, in der es keine Schaukelstühle gab.

Der Vater zeigt sich dem aufwachsenden Kind, von Altersstufe zu Altersstufe verändert, als „ein anderer". Sich mit ihm auseinandersetzend, sich in neuen Erfahrungen bindend, von alten lösend, – erweitert es seine Kommunikation mit ihm schrittweise, wenn die Kommunikation auch eine gegenseitige ist und die Möglichkeit der Angstüberwindung impliziert.

Die Kommunikationserweiterung impliziert in jedem Fall Einschränken und Nichten vergangener Erfahrungen im Sinne der Aufhebung, die aber „Anwesenheit" derselben umschließt (s. o.). Der Lebensablauf (Zeitlichkeit) wird damit unausweichlich zu dem von Augenblick zu Augenblick anwachsenden *Nicht-Mehr des Vergangenen, das als dieses, nicht mehr verfügbar, unerkundet, unentdeckt, zum Unbewältigten und zunehmend Aperspektivischen werden muß.*

Prozesse dieser Art werden nicht nur durch die Ontogenese, sondern durch die Geschichte vielfach dokumentiert: der Übergang z. B. eines mythisch auf Ordnung bezogenen, durch komplizierte Verwandtschaftsbeziehungen sich orientierenden Naturvolkes in die Ordnungs- und Orientierungsbezüge (s. o.) z. B. des industriellen Zeitalters, vermittelt Kommunikationserweiterung durch Lernen, vermittelt aber auch Angst durch „Entmythologisierung" und „Aufklärung", durch Einschränkung, Nichtung vorausgegangener Orientierungsbezüge.

Das Erlernen des Umgangs mit technischem Zeug, das Erwerben naturwissenschaftlich-mathematischer Kenntnisse, mit denen vorlogisch-partizipierendes Erkunden, Erschließen, aber auch Binden, Lösen und Bewältigen durch zunehmend rational-noetische Kommunikationsmodi abgelöst werden, denn die Kommunikationserweiterung besteht eben in der Überwindung vorlogischer Kommunikationsmodi durch rationale, hebt die ontogentisch früheren Kommunikationsmodi eines mythischen Bezuges im oben beschriebenen Sinne auf. Sie werden eingeschränkt, genichtet, abgewehrt, abgewertet, sie werden dadurch zum Unbewältigten. (Auch wenn das Individuum jetzt *weiß*, daß nicht der Geist des Toten den Baum schüttelt, sondern der aus einem Hochruck- in ein Tiefdruckgebiet strömende Luftzug.) Als nicht mehr zulässige Kommunikationsmodi in ihren Orientierungs- und Ordnungsbezügen, sind die vorlogisch-mythischen über das Einschränken, Verbieten und Nichten zum Nicht-Mehr des Vergangenen, des Nicht-Mehr Zu-Bewältigenden — selbst nach scheinbarer Bewältigung — geworden. Als letztlich jedoch nicht Zu-Bewältigendes, mag es jederzeit wieder zum Dasein erweckt, provoziert werden, was die Geschichte der Zivilisation zur Genüge erwies; es ist der eigentliche Grund der sog. „Wiederkehr des Verdrängten" (*Freud*).

Damit taucht — zum Anfang zurückkehrend — die Frage auf, kann, da selbst im Bewältigen das Vermeiden von Kommunikationseinschränkung und die in der Zeitlichkeit liegende „Anreicherung" von Unbewältigtem nicht zu verhindern ist, die unmittelbar zu erlebende Folge von Kommunikationseinschränkung, die Angst, letztlich aufgelöst werden? Gibt es „Angstfreiheit"?

An den oben aufgezeigten Gang der Angstüberwindung durch Entmachtung des Angsterzeugenden erinnernd, wird durch Kommunikationserweiterung Angst bewältigt. Als bewältigte Angst wird sie in ihrem aktuell einschränkenden, neue Kompensationen und Einschränkungen erforderndem Modus die *relativ* angstfreie Entfaltung eines Individuums nicht mehr behindern: Ist der Schaukelstuhl „gemeistert", steht der Bewältigung anderer Gegenstände, aber auch der von Personen (s. Bsp. „Vater") nichts mehr im Wege. Das schließt aber keineswegs aus, daß mit zunehmender Kommunikationserweiterung und dem Hinzu-Gewinnen sich differenzierender Kommunikationsmodi und sich entfaltender Grundstrukturen die Gefährdung durch erneute Kommunikationseinschränkung wächst, wie sich diese ontogenetisch später, in der Schule, während der Pubertät, in der Berufsausbildung oder -ausübung, in der Partnerwahl zeigt.

Mit zunehmender Differenzierung der Möglichkeit, Angst zu erleben, wachsen auch die Aussichten, diese, der Kommunikationserweiterung entsprechend, zu bewältigen — aber auch zu erleiden Das Bild der sich erweiternden Spirale entspräche — als Bild der Kommunikationserweiterung und -differenzierung — dem Bedürfen nach Kommunikation, (den Mangel) zu kompensieren.

Das sich verengende Ende der Spirale weist auf die durch nichts aufzuarbeitende Struktur der Zeitlichkeit hin: Der einmal „bewältigte" Schaukelstuhl, das einmal bewältigte Erlebnis werden „Anteile" der sich entziehenden Vergangenheit, damit des aperspektivischen Hintergrundes des Subjektes. Sie gleiten in den Bereich des „Möglichen" aller Möglichkeiten, in den des Unbewältigten. Die Überwältigung durch das Unbewältigte des aperspektivischen Hintergrundes im sog. „irrationalen Angsteinbruch" zählt zu den möglichen Dekompensationen des menschlichen Lebensweges. Er kann erste Ankündigung einer Psychose sein, in der das Erlernte und Bewältigte der Kommunikationserweiterung durch die nicht zu bewältigende Vergangenheit genichtet wird. Das heißt: auch die relativ angstfreie Entwicklung des Menschen impliziert durch das nicht aufzuarbeitende Unbewältigte (Nichtende) jeder Vergangenheit Angsteinbrüche.

Damit ist „Angstfreiheit" des Menschen schon aus der Struktur der Zeitlichkeit, d. h. der Kommunikation selbst, nicht möglich. (Von dem existenzialen Bezug der Angst zum „Nichts" im Sinne Heideggers ganz zu schweigen.) — *Menschliche Existenz erscheint im Spiegel des letzten Abschnittes als unauflösbare Verknüpfung von Kommunikationsbedürfen (Mangelerleben) und Einschränkung (Ausgleich, Kompensation) desselben durch Setzen von Kommunikation selbst.* Da diese Einschränkung als angsterzeugend erlebt wird, bedarf es neuer Einschränkung (Kompensation) zur Eingrenzung der Angst: d. h. Verengung, Reduzierung, Restriktion von Kommunikationsmöglichkeiten. Gleichzeitig ist jedoch eine Entwicklung auf Kommunikationserweiterung hin zu beobachten, in der durch bindende/lösende und andere Kommunikationsmodi vor allem der noetisch-teilnehmenden Kommunikation, Strukturierung, Hinzugewinnen neuer „Ebenen" von Kommunikation im Lernen sich ereignet.

Auf das Bild der Spirale zurückgreifend, entspricht die sich zunehmend verengende Spirale dem Mangel, dessen kompensatorische Einschränkung, der Angsterzeugung durch Einschränkung, und erneuter Kompensation der Einschränkungen, mit der Neigung zu Dekompensation und zunehmender Entdifferenzierung. Wohingegen die sich erweiternde Spirale der sich differenzierenden, durch Lernen gekennzeichneten Entwicklung, der möglichen Anamorphose der menschlichen Existenz entspräche.

Die Gleichzeitigkeit beider Entwicklungsrichtungen hebt das Band der Spirale auf; eine gleichzeitig sich verengende und gleichzeitig sich erweiternde Spirale ist ein antilogischer, dem Satz des Widerspruches nicht korrespondierender Sachverhalt.

Dieses aber macht das Wesen des Subjektes aus, das sich gleichzeitig über Mangel, Einschränkung desselben, Angst, Kommunikationsreduzierung eingrenzt, jedoch über Binden, Lösen und Bewältigung, über Kommunikationserweiterung sich und damit sein In-der-Welt-Sein erweitert.

Die Gleichzeitigkeit beider Spiralbewegungen wird durch die Struktur der Zeitlichkeit sichtbar und jetzt in ihrer Antilogik „sinnvoll", wenn — wie dargelegt — Kommunikationserweiterung sich auf dem Hintergrund des Unbewältigten nicht weniger vollzieht wie angsterzeugende Kommunikationseinschränkung. Beide sind im Hinblick auf ihre Zeitlichkeit und der „Ansammlung" von Unbewältigtem gleichzeitig sich ereignende Vorgänge.

In der angsterzeugenden Kommunikationseinschränkung ist der Vorgang der Kompensation von Angst durch zusätzliche Einschränkungen — die dann z. B. als habitualisierte, angstvermeidende Einstellungen aus dem aperspektivischen wirken — offenkundig. In der Kommunikationserweiterung durch Bewältigung dagegen, ist das Entstehen des Unbewältigten in der Vergangenheit nur in Kenntnis der nichtend-gegenthematisch sich auswirkenden Struktur der Zeitlichkeit gegenüber dem Zu-Bewältigenden wahrzunehmen.

Zusammenfassend ergeben sich jetzt für das kommunikationsbedürftige Subjekt folgende Kompensationen dieses Bedürfens:

a) Kompensation durch Erfüllung/Befriedigung bestimmter Kommunikationsmodi selbst, die als konkrete den Möglichkeiten der Erfüllung gegenüber stets eine Einschränkung darstellen und die in dem Wiederauftreten bestimmter Bedürfnisse die Unmöglichkeit, ein Bedürfnis in seinen Möglichkeiten zu befriedigen, erweisen. Oder: die in der „Befriedigung" einer Kommunikationsmdous selbst liegende Einschränkung des Bedrüfens, führt zu dessen erneutem Auftreten, als nie zu Befriedigendem, d. h. letztlich immer Unbewältigtem.

b) Kompensation des Kommunikationsbedürfnisses durch Einschränkung selbst — innersubjektiver oder außerweltlicher Art — kann mit Angsterleben verbunden sein, mit möglicher Entwicklung der „negativen", d. h. sich entdifferenzierenden Spirale durch zunehmende Einschränkung der Kommunikation, um die in der Einschränkung entstandene Bedrohung vor Nichtung, die Angst wiederum zu kompensieren.

c) Kompensation des Kommunikationsbedürfnisses durch Erweiterung der Kommunikationsmodi: Hinzugewinnen neuer Strukturen („Ebenen"), neuer Kommunikationsmodi bei möglicher Bewältigung von Angst.

8. Weitere Kompensationsmodi

a) Grundsätzliche Vorbemerkungen

Die jetzt zu erörternden Modi möglicher Kompensation werden, was Abwendung, Abwehr, Absorption und Neutralisierung anbetrifft, als Neben- und Unterthemen von *Abwendung,* dem eigentlichen Hauptthema, aufgefaßt. Ferner sei wiederum in Erinnerung gerufen, daß die Abwendung und ihre Varianten keineswegs auf äußere Kommunikationseinschränkung oder Verweigerung ausschließlich eingeschränkt ist; sondern Abwendung kann auf jeden inneren Impuls, jedes innere Bild, Wunsch, Trieb, Befindlichkeit, Fühlen oder Gedanken erfolgen, wenn diese in Gegensatz zu anderen Bildern, Wünschen oder Einfällen treten, die Gegensätze wiederum Auseinandersetzung bedingen, Auseinandersetzung nicht bewältigt, sondern durch eine Form kompensatorischer Abwendung (vorübergehend) ausgeglichen wird. Die gegensätzliche Strukturierung des Innen selbst[23], die z. B. zwischen noetischen Vorgängen oder solchen des

Trieberlebens und der Stimmungen liegen, kann Abwendung von dem einen, Hinwendung zu dem anderen bedingen. Die Verschiedenheit der Inhalte, wie sie eine Befindlichkeit der Freude und ein gleichzeitiges Gefühl der Antipathie jemanden gegenüber erwecken, vermag Abwendung, Neutralisierung oder Absorption erzeugen.

Die gegensätzliche Strukturierung der teilnehmenden, leibhaften und anteilnehmenden Kommunikation nicht weniger wie die Verschiedenheit der vermittelten Inhalte ist zwar von der Verschränkung mit der Umwelt, dem Außen, nicht zu trennen, da das Innen sich auf diesen bezieht wie das Außen auf ein Innen. *Aber innere Vorgänge vermögen primär, ohne direkte umweltbedingte Kommunikationseinschränkung, untereinander kompensatorische Abwendung erzeugen.*

Die Phantasie des strengen, rücksichtslosen Vaters — im Gegensatz zu seiner toleranten Anwesenheit — provoziert Abwendung von diesem, Abwehr gegen ihn, ohne daß eine solche Abwendung etwa auf den sogenannten Oedipuskomplex und aus diesem eo ipso genährte Aggressionen zurückzuführen ist. Aus der Abwehr gegen den entsprechend phantastisch erschlossenen Vater entsteht ein realer Konflikt mit diesem, der plötzlich die Abwehr rechtfertigt: der brutal provozierte und entsprechend wahrgenommene Vater verhält sich plötzlich, durch das Kind gereizt und aufgebracht, brutal und rücksichtslos. Der Anlaß zu dieser Entwicklung lag jedoch ausschließlich in der Innerlichkeit des Kindes begründet. Die Psychoanalyse orthodoxer Prägung und insbesondere auch die sicher sonst nicht unantastbaren Ansichten *Melanie Kleins*[24] haben Licht in einige Sektoren der Phantasie-Entwicklung geworfen und aufgezeigt, daß es für diese keine Grenzen gibt. Dementsprechend können zahllose Anlässe zu kompensatorischen Kommunikationseinschränkungen aus Gründen der Struktur der innerseelischen und gegensätzlich vermittelter Inhalte beobachtet werden. Sie seien im folgenden als *kompensatorische Kommunikationsmodi* beschrieben. Wird insbesondere die zwischenmenschliche Kommunikation berücksichtigt, so impliziert dieses Verfahren stets die gleichzeitige und absolut gleichberechtigte Entstehung der kompensatorischen Kommunikationseinschränkung aus innerpsychischen Anlässen nicht weniger wie aus außerpsychischen — die wiederum entsprechend das zwischenmenschliche Mit-Einander beeinflussen.

b) Die Abwendung

Abwendung als mögliche Antwort auf Kommunikation wurde in ihren fundamentalen, biologisch-physiologischen Bedeutungen im Lebensprozeß oben aufgezeigt.[25] Sie ist Anteil von innerpsychischer und zwischenmenschlicher Kommunikation, sofern diese als bedrohlich, d. h. einschränkend erlebt wird. Da aber die Möglichkeit, eine Mitteilung der Umwelt oder des eigenen Innen (oder eine Antwort auf Mitteilung) als bedrohlich zu erleben im Wesen jeder Äußerung schon liegt, kann selbst liebevollste Zuwendung („dominierende, warmherzige Mutter") angsterzeugend empfunden werden. – Wie etwa dem Gedanken an z. B. eine bevorstehende Begegnung, sich ein anderer Gedanke, diese zu meiden, entgegensetzt – aus dem Widerstreit beider, wendet das Subjekt sich von beiden Möglichkeiten ab und unternimmt ein drittes.

Abwendung begegnet ferner im alltäglichen Miteinander-Sein: von dem sich schließenden Auge, wenn ein Insekt dieses anfliegt, bis zu dem zurückzuckenden Kopf bei handgreiflicher Bedrohung, bis zur Flucht vor Angriff. Abwendung wird bei einer erschütternden Nachricht beobachtet, bei Widerspruch anstelle von sich nicht äußernder Aggression, bei Trotz im Kindesalter. Sie tritt in der Folge der verschiedenen Kommunikationsmodi, dem Erkunden, Erschließen oder Auseinandersetzen, dem Binden und Lösen, wenn diese auf Widerstand, auf Verschlossenheit, auf Abweisung stoßen, auf.

Jede Abwendung impliziert aus ihrem Geschehen selbst eine Hinwendung zu etwas anderem: der Fliehende sucht oder weiß ein Ziel, zu dem er hinfliehen möchte. Das (s. u.) aus bestimmten Gründen von seiner Umwelt (Lebensraum) sich abwendende Kind, wendet sich in seinem Innen (Phantasie) oder einer anderen Aktivität zu. *Solange aus der Abwendung hinausgehend, noch Kommunikationserweiterung möglich* (s. u.). Wird aber der Horizont dieser Möglichkeiten, wenn z. B. Hinwendung zu etwas in der Abwendung noch erfolgt, zunehmend eingeschränkt, rückt die Möglichkeit des Kommunikationsendes in der Abwendung, der Dekompensation nahe.[26]

Auf das Erleben grundsätzlich mangelnder Zuwendung durch die Umwelt kann das Individuum mit verstärkter Abwendung überhaupt antworten, die zu einer die Lebensgestalt prägenden Einstellung sich zu entwickeln vermag („Charakteropathie") oder die Anlaß zu akuten oder chronischen Dekompensationen gibt (Sogenannte Depressionen, Autismus, bestimmte Endstation der Psychosen).

Diese Abwendung vermag jedoch auch überwiegend innerpsychisch strukturiert sein: Abwendung vom Fühlen, von Emotionalität, von der Leibhaftigkeit zu überwiegend noetischer Kommunikation. Sei es, daß die anteilnehmende Emotionalität unmittelbar bedrohlich erlebt wird, sei es, daß ein sogenannter „Intellektueller" ein früh einwirkendes Vorbild ist. Charakteropathien und Autismen können sich entwickeln, wenn die noetisch-„ikonoklastische" Kommunikation[27] als einseitige scheitert.

Was aber jeweils zu Kommunikationseinschränkung führt, läßt sich generell nicht determinieren: die Einschränkung der Kommunikation in ihre mögliche, insbesondere pathologische Entwicklung wird sich stets erst im Nachhinein feststellen lassen. Diesbezügliche Voraussagen haben durchweg den Charakter des Möglichen, der Kann-Bedingungen, es sei denn, es werden extrem kommunikationseinschränkende Bedingungen ersonnen, bei denen die Wahrscheinlichkeit ähnlicher Antwort unter verschiedenen Individuen zunimmt: z. B. unbestimmt lange Einzelhaft, Trommelfeuer im Krieg, eindeutiges Überwiegen einer ablehnend-nichtenden Einstellung innerhalb der Gruppe, extrem ungünstige leibhafte Disposition und Tendenz zu entsprechend einseitigen Entwicklungen, extrem gegensätzlich erlebte innerpsychische Gegensätze der Strukturen und Kommunikationsmodi.

Jede Antwort der Umwelt auf eine Mitteilung ist ihrer Bestimmung nach schon Einschränkung an den, der sich mitteilt (s. o.) und impliziert damit mögliche Abwendung. Wem eine freudige Nachricht von einem ihm unsympathischen Menschen überbracht wird, der wird auf diese anders – u. U. mit Abwendung – antworten als auf die gleiche Mitteilung durch eine ihm angenehm-sympathische Person. Anders wird er antworten, wenn eine bedrückte Befindlichkeit ihn die Nachricht überhaupt nicht aufnehmen läßt: mit Abwendung. Wiederum anders wird er antworten, wenn er eine schlechte Nachricht erwartet, durch eine angenehme überrascht wird, diese aber von einer ihm unsympathischen Person überbracht wird. Anders antwortet er, wenn ein leibhaftes Gebrechen (z. B. Schwerhörigkeit) ihn die Nachricht mißverstehen läßt – und er sich, sie mißverstehend, abwendet.

(Dieses Beispiel, das noch weiter detailliert werden könnte, soll lediglich die nur begrenzt zu ermittelnde Vielfalt von sich abwendenden Antwortmöglichkeiten des Subjektes auf kommunikationseinschränkende Mitteilungen veranschaulichen.)

Abwendung von..., Hinwendung zu ... mit möglicher Kommunikationseinschränkung oder -erweiterung sei an folgendem Beispiel detailliert aufgezeigt:

Ein Kind wächst in einem aus 3 Zimmern bestehendem Lebensraum (Wohnblock) mittelbürgerlicher Schicht auf. In ihrer Einrichtung verbindet die Wohnung moderne Einfallslosigkeit mit Rückgriffen auf Jugendstil oder Biedermeier. Der Lebensraum wird von einer noch relativ jungen Mutter geprägt, die in ihrem Bedürfen nach Erkunden und sich auseinandersetzendem Kommunizieren nicht erfüllt ist. Ferner bewohnt ihn ein Vater, der in üblicher Weise weniger angeregt als ausgelaugt von seiner Tätigkeit als Verwaltungsangestellter nach Dienstschluß im Fernsehsessel versinkt. Das dort aufwachsende Kind wird der Konstellation des Lebensraumes und seiner Eltern entsprechend wenig in diesem zu erkunden und zu erschließen haben.

Immerhin kann der „sterile" Lebensraum das Vertraute, Bekannte und damit Bergende noch vermitteln, was weder die zu Auseinandersetzungen drängende Mutter, noch der von der Familie eher abgewandte Vater vermögen. Aber wie dem einen Kind dieser Lebensraum das Bedürfen nach der Vielfältigkeit anteilnehmenden und teilnehmenden Erkundens und Erschließens in nur sehr begrenzter Weise erfüllt, daß es sich zunehmend zurücknimmt, sich abwendet, seine Subjektivität die Indifferenz, Einfallslosigkeit und Beschränktheit (im anteilnehmenden und teilnehmenden Sinne) des Lebensraumes als Ausdruck von Abwendung (Abweisung) erlebt und mit verstärkter Hinwendung auf die eigene Subjektivität antwortet, so vermag ein anderes Kind als Antwort, kraft seiner Phantasie, in eben dem Lebensraum sehr viel mehr sehen, d. h. erkunden und erschließen, als das erste Kind.

Diesem zweiten Kind vermittelt seine Empfänglichkeit und bildhaft-eidetische Veranlagung die einschränkende Alltäglichkeit ein Reich, in das es die Geschöpfe seiner Phantasie setzt. Es wendet sich von seinem faktischen Lebensraum zwar ab, aber es erzeugt in diesem seinen eigenen. Dem zweiten Kind wird über Abwendung der Lebensraum Anlaß zum erschließenden, anteilnehmenden, sich hinwenden Kommunizieren, wie er dem ersten Kind zum Verschließen, zur graduellen Einengung seiner möglichen Kommunikationsmodi wird. Das erste Kind vermochte die Hinwendung zu sich selbst nicht mit kreativer Phantasie auszugleichen, zu kompensieren. Bei dem ersten Kind fand – in der Folge allgemeiner Abwendung – keine Kommunikationserweiterung, sondern zunehmende Kommunikationseinschränkung, möglicherweise bis zum sogenannten Autismus statt, wohingegen das zweite Kind Kommunikationserweiterung im Sich-selbst-Erschließen, trotz abweisend erlebtem Lebensraum, erfuhr.

Ein drittes Kind – im gleichen Lebensraum aufwachsend – wird diesen, über die Diskrepanz seines Kommunikationsbedürfens und der Schwäche der Antwort desselben, aktiv-gewalttätig, erkundend und erschließend entwickeln, es wird zunehmend leistungsbezogen entdecken, damit die Abweisung durch den Lebensraum, die Abwendung von diesem durch verstärkte, erkundend-entdeckende Hinwendung kompensieren.

Ein viertes Kind wiederum, den gleichen inneren Rückzug aufnehmend wie das erste Kind, wird sich eine Welt der Bindungen und Lösungen teilnehmend aufbauen: es wird zum in sich gekehrten Bastler, Experimentator, „Bücherwurm", das mit teilnehmend bindend/lösender, aufzeigend/aufweisender Kommunikation, (Hinwendung zu diesem Kommunikationsmodus) die Einschränkungen kompensiert, die es als diese erfahren hat.

Die vier Beispiele illustrieren Formen kompensatorischer Abwendung, die bei dem ersten deutlich greifbar ist, in dessen zunehmend indifferent-verschlossener Haltung sich ein mögliches Kommunikationsende abzeichnet. Die anderen Kinder beziehen jedoch Kommunikationserweiterung als Möglichkeit noch mit ein, die zu einem graduell sich differenzierenden – kompensatorischen – Umgang mit der Welt führt.

Ein anderer Lebensraum — etwa der eines kleinbäuerlichen Anwesens am Rande einer mittelgroßen Stadt — wird dem anteilnehmenden und teilnehmenden Erkunden aufwachsender Kinder mehr bieten, als die 3-Zimmer-Wohnung eines Wohnblocks. Hier sind noch Stallungen mit Vieh, Kleinvieh kann betreut werden, das Kind erschließt sich im Betreuen selbst in seinen Möglichkeiten fürsorglichen Sich-Kümmerns, wie es sich zunehmend selbst entdeckt, wenn es von dem Gerümpel auf dem Dachboden bis zu verstaubten Kisten im Keller „Welten" erkundet und erschließt.

Das hier seine Kommunikationsmöglichkeiten erweiternde, entfaltende und seinen Lebensraum entdeckende, sich mit diesem auseinandersetzende Kind, vermag denselben jedoch ebenso als bedrohlich, einengend, verwirrend, labyrinthisch zu erleben und wird dann mit entsprechender, die ganze Person zunehmend einschränkender Abwendung antworten. D. h., es kann in eine Entwicklung hinein geraten, die sich nicht von der des obengenannten, in einer 3-Zimmer-Wohnung aufwachsenden Kind, das zunehmend introvertiert-autistisch wird, unterscheidet.

Abwendung im Sinne der kompensierenden Einschränkung vermag ferner von einzelnen Kommunikationsmodi selbst, von den anteilnehmenden ebenso wie von solchen der teilnehmenden Kommunikation erfolgen; sie ist stets mit Abwendung von den durch die Kommunikationsmodi vermittelten Grundstrukturen der Räumlichkeit, Zeitlichkeit, der Beziehung zur Leistung und zum Leib verschränkt. Abwendung von einem leistungsbezogenen Erkunden, Entdecken und Erschließen kann hier durch dispositionelle Faktoren bedingt sein, z. B. angeborene Koordinationsstörungen der Bewegung. Dort stellt sie sich als Antwort auf einen leistungsbetonten Lebensraum dar oder als Antwort auf einen leistungsindifferenten und gibt damit Anlaß zu der Entwicklung eines Individuums, das sich überwiegend über den Modus des erschließenden-gefühlsbezogenen Anteilnehmens darstellt. Es wird andere Bezugspersonen entsprechend „gefühlsbezogen" erkunden, sich mit diesen emotional auseinandersetzen, unter Abwendung von den teilnehmend-noetischen Kommunikationsmodi, so daß sich ein Individuum der sogenannten naiven erschließenden Gefühlsbezogenheit entwickelt. Dieses kommuniziert dann überwiegend über emotiv-anteilnehmende Zu- und Abwendung mit der Welt. Aus der Abwendung von einzelnen Kommunikationsmodi entwickeln sich dominierende Kommunikationsweisen, die dem jeweiligen Individuum ein bestimmtes, durch den Kommunikationsmodus bedingtes, aber einseitiges Kommunizieren vermitteln.

Abwendung von der Möglichkeit, sich in Orientierungen oder Ordnungsbezügen noetisch-teilnehmend zu binden, diese (rational) aufzuzeigen und aufzuweisen, vermag sowohl Kompensation für ein Binden und Lösen, frühzeitig damit Entscheidungsvermögen fordernder Väter oder Mütter (oder anderer Erziehungspersonen der Kindheit z. B. Lehrer) zu sein; sie kann aber auch die noetische Übernahme einer Einstellung von Erziehungspersonen beinhalten, die „überliberal", scheinbar ungebunden, nach dem laissez-faire-, laissez-aller-Prinzip leben und damit ihrerseits wiederum ein Übermaß gehabter Orientierung und Ordnungsbezüge ausgleichen, die einst kommunikationseinschränkend erlebt wurden.

Abwendung von den Modi des anteilnehmenden Erkundens, spezifisch erotischen oder aggressiven — oder auch von der leistungsbezogenen — Hinwendung zu den Modi des gefühlsbetonten Erschließens, läßt das letztere als Ausgleich für die Kommunikationsmodi des Erkundens erscheinen, wenn diese als einschränkend-bedrohlich erlebt wurden: hier Erotik, Aggression, — dort Leistung.

„Schwaches" leistungsbezogenes Erkunden, das die Schwäche als sozialen Mangel, deshalb im Umgang mit anderen wiederum als bedrohlich erleben läßt, kann durch besondere Entfaltung des teilnehmend-noetischen (rationalen) Erschließens, Aufzeigens, Aufweisens, kompensiert werden, durch Abwendung von dem Leistungsbezug.

Ein anderes Individuum entwickelt wiederum das erotische Erkunden, Entdecken oder Erschließen, um damit den Mangel teilnehmender Kommunikation des Erschließens, Bindens und Lösens, Aufzeigens und Aufweisens zu kompensieren, von denen es sich abwendet. Das erotische Sich- und die anderen Erschließen wird im Verlauf der weiteren Lebensentwicklung zu einer dominierenden Einstellung, bei gleichzeitiger Abwendung von den teilnehmend-noetischen Reduzierungen der anteilnehmenden Kommunikationsmodi etwa des Fühlens und der Vielfältigkeit sozialer Antriebe.

Hier wird das in der Leistung (Beruf) Sich-Verantwortlich-Fühlen, die zeitigende Orientierung kompensatorisch für leibhaftes Versagen, angeborene Behinderungen und Einschränkungen entwickelt (*A.* Adlers „Organminderwertigkeit), dort das intellektuelle Sich-Auseinandersetzen, Binden und Lösen, Aufzeigen und Aufweisen zum Nachteil eines negativ erlebten praktisch-erkundenden Leistungsbezugs. Beide Entwicklungen implizieren Abwendung — hier vom Leib, dort von praktischer Leistung.

Diese (zum Zwecke der Verdeutlichung stark vereinfachten) Beispiele sollen Abwendung von ... und Hinwendung zu ... innerhalb der einzelnen Kommunikationsmodi und der Grundstrukturen veranschaulichen. Sie besagen, daß das Erleben des Subjektes im Zusammenhang seiner jeweiligen lebensgeschichtlichen Situation, unter Einbeziehung stets auch seiner konstitutionell-dispositionellen Veranlagung, ausschlaggebend dafür ist, was durch Abwendung von ... und Hinwendung zu ... ausgeglichen wird. Sie besagen ferner, daß, dieser Dynamik entsprechend, Abwendung als einschränkender Kommunikationsmodus kompensiert: was hier durch Abwendung in den Hintergrund tritt, tritt dort als Hinwendung zu ... in den

Vordergrund; *was hier als einseitige Lebenseinstellung, als einseitiger Kommunikationsmodus beobachtet wird, kompensiert damit jene Modi und Strukturen, von denen das Subjekt sich abwandte* (Vgl. das „Drehtürprinzip" V. v. Weizsäckers).

c) Die Abwehr

Wird in den Kommunikationsweisen eines Menschen Abwendung dominant, so zeigt sie die Tendenz, als Grundintentionalität der Lebensgestalt zunehmend andere Kommunikationsmodi krankhaft einzuschränken.

Davon sei die Abwehr als ebenfalls Kommunikation einengende, einschränkende Möglichkeit unterschieden, deren Vorgegebenheit in der Lebenswelt und in den innerorganismischen Prozessen schon aufgezeigt wurde.

In der Abwehr überwiegt — im Unterschied zur Abwendung — das aktiv sich Einlassen mit dem Gegner (äußerer oder innerweltlicher Art), der abgewehrt werden soll, weil er als Angreifer gesehen und entsprechend bedrohlich erlebt wird. Die Abwehr hat deshalb den Charakter der Auseinandersetzung, in der das Bedrohliche des Abzuwehrenden (ständig oder mit Unterbrechungen) gespürt wird, *der Angriff jedoch zugunsten der Verteidigung meistens unterbleibt.*

In der Abwehr fühlt der Abwehrende sich durch den Gegner provoziert, er muß „Farbe bekennen", er wird zu Antworten, zu Handlungen veranlaßt, die er lieber unterlassen hätte; es wird ihm ein „Gesicht" durch den Gegner aufgezwungen, das er nicht unbedingt als das seine kennt. Er verschanzt sich hinter Argumenten, „Bollwerke" der Rechtfertigung werden aufgetürmt, Mauern undurchdringlicher Verschlossenheit errichtet. Man kapselt sich in Zitadellen ab, isoliert sich, um vielleicht aus dem Hinterhalt den Gegner heimlich anzufallen. Der Kampf der Abwehr trägt subversive Züge: eine „Guerilla-Taktik", um einen derzeitig gängigen Modus der Abwehr und des latenten Angriffs zu kennzeichnen.

Von diesen unspezifischen Möglichkeiten der Abwehr abgesehen, vermag das Subjekt sich noch zahlreicher anderer Modi von Abwehr zu bedienen, deren wichtigste jedoch der Sprachausdruck, auch der Ausdruck von Physiognomie und Gestik ist, wenn durch diese abwehrend etwas verborgen wird.

Der Sprachausdruck des „der Ton macht die Musik" (s. u.) mag banalste Themen benützen, Ausrufe des Erstaunens, der scheinbaren Bereitschaft der Liebenswürdigkeit, der Unterwürfigkeit aber auch der heimlichen Drohung, — die als diese nicht gemeint ist, um damit jedoch Abwehr in ihren verschiedensten Formen dem anderen mitzuteilen. Dazu zählt auch die bewußte oder „halbbewußte" Lüge, das „Beiseite-Lassen von Fakten", das Verschieben und Entstellen derselben, das Verzerren oder Übertreiben. Das Negieren und Nicht-wahr-haben-Wollen, Ausweichen und Nachgeben, dann jedoch wieder angreifen, sind ebenfalls Abwehrmodi.

Wird ferner in der begegnenden Person oder dem abzuwehrenden Erlebnis etwas erschlossen, das dem Sich-Selbst-Erschließen (s. o. Projektion) nicht aber dem Erschließen des anderen entspricht, liegt Abwehr als Kombination von Ausweichen und Angriff vor. Das Wahrzunehmende wird nicht „entsprechend" gesehen, (Ausweichen), im Angriff wird dem anderen („Projektion') „etwas in die Schuhe geschoben" (unterstellt), das nicht annähernd adäquat ist. Zur Abwehr zählen „Tarnungs-Vorgänge", mit denen sich das Individuum seiner Umgebung unauffällig anpaßt, bis zur „Identifikation" mit dieser, wie auch das teilnehmend-erkundende, an der Peripherie der Zusammenhänge sich bewegende Taktieren, Sich-hin-und-her-Bewegen, keine Farbe bekennen, alle Farben annehmen, Tarnungscharakter hat.

Die genannten Abwehrvorgänge treffen für die Kommunikation nicht nur der zwischenmenschlichen Beziehungen, sondern auch für die mit sich selbst zu. Sie stehen zu der Bewältigung in einem Mißverhältnis, wenn das Individuum im Prozeß des Selbstverstehens als zur möglichen Wahrheit sich selbst gegenüber Aufgerufener alle jene Abwehrvorgänge „spielen" läßt, die es auch im zwischenmenschlichen Bereich anwendet.

Überwiegend innersubjektive Gründe — eine bedrohliche Bilder entwerfende Phantasie — wiederum vermögen z. B. das erkundend-leistungsbezogene Kommunizieren und Entdecken von Welt in seinen verschiedenen, motorisch-triebhaften Akzentuierungen, durch Steigerungen (Über-Kompensieren) sogenannte Aggressivität, Selbstbehauptung, Ehrgeiz, Geltungsstreben, abwehren. In dieser Abwehr findet Kompensation der bedrohlichen Phantasie durch Hinwendung zu einem oder mehreren einseitigen Kommunikationsmodi statt, z. B. der Selbstbehauptung oder Aggression, der Abwendung und Absorption vergleichbar. Es entwickelt sich ein Individuum, das in seinem leistungsbezogenen Erkunden und Entdecken wenig differenziert umgeht, dagegen plump-selbstbehauptend, kommunikationsnichtend sich durchsetzt.

Die Abwehr z. B. des Erkundens im praktisch-leistungsbezogenen Kommunikationsmodus durch betontes Aufzeigen und Aufweisen in der noetischen Kommunikation fördert das rationale Rechtfertigen, das alles besser oder schon im voraus Wissen, mit dem das mangelhaft erlebte Verhältnis zur Leistung kompensiert wird. Was z. B. im Bereich des gefühls- und befindlichkeitsbezogenen Erschließens bedrohlich erlebt und abgewehrt wird, wird durch entsprechende Schärfe der logischen Beurteilung — noetischer Auseinandersetzung und Bewältigung — abgewehrt und kompensiert.

Eine Persönlichkeit, die die anteilnehmend-emotionale Auseinandersetzung (Konfliktmöglichkeiten) abwehrt, findet kompensatorisch im teilnehmenden Erschließen ihr Schwergewicht, z. B. in der Kontemplation. Die betreffende Person hält sich in einer „Zitadelle" auf und kapselt sich dort ab. In diese „Zitadelle" vermag keiner einzudringen, aber es maßt sich auch keiner an, dort einzudringen: Weil eben diese anscheinend gemütvoll-gefühlsbezogene, sich und andere erkundend-erschließende, ruhige, bedächtige, verstehend-zurückhaltende Person das Bild von sich der Umwelt vermittelt, daß sie keineswegs abgekapselt lebe, sondern kommunikativ und selbstsicher, gemütsbezogen mit anderen umgeht. Aber ein überraschendes Wort, eine betont sarkastische Meinung, ein hingeworfenes Zitat, aus dem „Hinterhalt" abgeschossen, bestätigen, was bestenfalls vermutet wurde: daß der Modus der erschließend-gefühlsbezogenen Kommunikation ausschließliche und überwiegende Abwehr anderer Kommunikationsmodi ist, mit dem im „Tun als ob..." die Abwehr wiederum kompensiert wird. Das Individuum hat in der Kompensation die zwischenmenschliche Beziehung nicht bewältigt, sondern nur einen Modus gefunden, in der Abwehr pseudo-kommunikativ leben zu können, d. h. in der Isolierung sich so zu verhalten, als ob es ein gefühlsbezogener-warmer, anteilnehmender Mensch sei.

Die Abwehr eines Ordnungsbezugs, einer Weltanschauung, einer notwendigen Erkenntnis, die Abwehr von Orientierung innerhalb der Einzelheiten bestimmter Anordnung oder Gesetze, die Abwehr damit auch gegen das Sich-Binden und Lösen, ist bei Menschen zu beobachten, die überwiegend im Modus praktisch-pragmatischen Erkundens und Entdeckens ihr Leben führen. Sobald es um Probleme des bindend und lösenden Orientierens, des entscheidenden Ordnungsbezugs geht, wehren sie diese ab, um in der Abwehr den pragmatisch-erkundenden Lebensentwurf kompensatorisch fortzusetzen.

Die Abwehr gegen das erkundend-erschließende, erotisch/sexuelle Kommunizieren kann sich ganz in die anteilnehmende Auseinandersetzung verlagern. Es sind Personen, die z. B. von einem dramatischen Konflikt in den anderen sich stürzen, die wenige Augenblicke sich versagen, in denen sie nicht Konflikte wahrnehmen und ausleben. (z. B. der sogenannte „hysterische Typus" würde zu diesen Individuen zählen, mit allen Vorbehalten der Typifizierung gegenüber). Sie kompensieren damit ihr erotisches Unvermögen, nicht weniger wie die Angst vor demselben.

Abwehr der erschließenden Zuneigung gegenüber wird von dem einen mit aggressivem Erkunden kompensiert, von dem anderen mit teilnehmend-noetischen Modi des Erschließens, Bindens und Lösens, des Aufzeigens und Aufweisens. Die Angst wiederum vor den erschließenden, gefühlsbezogenen Kommunikationsmodi, die Abwehr derselben ist oft verbunden mit Angst (und Abwehr) vor zeitigender Verantwortung, vor der personalen Begegnung. Sie wird mit verstärkten Modi der anteilnehmenden Auseinandersetzung, mit leistungsbezogenem Erkunden und Entdecken abwehrend kompensiert, indem das Individuum in diese Kommunikationsmodi ausweicht.

Die Abwehr wiederum gegen sich bindend/lösende Orientierung, gegen die Festlegung in einem wie auch immer gefärbten weltanschaulichen Bezug, kompensiert der eine durch verstärktes erotisch-aggressives Erkunden und Entdecken, der andere durch unverbindliches Aufweisen und Aufzeigen, mit dem er nur sein Unvermögen zu einer Entscheidung verdeckt.

Abwehr überhaupt gegen leidvolle Erlebnisse und Widerfahrnisse, die Abwehr gegen die mit diesen verbundenen möglichen Auseinandersetzungen, ist ein allgemein menschliches Antwortvermögen, das häufig mit einer Abkapselung, Isolierung, einem kompensatorischen Sich-Verschanzen und Sich-Verstecken als Grundeinstellung dem Leben gegenüber verbunden wird.

Die Abwehr gegen leistendes Erkunden und Entdecken, gegen handelndes Erschließen, sobald diese den über die Routine hinausgehenden persönlichen Einsatz verlangen, ist gewiß nicht erst im technischen Zeitalter entstanden. Sie entspricht entweder ungünstigen Erfahrungen im Leistungsvollzug überhaupt, deren Wiederholung vermieden werden soll – oder einem mangelnden Können gegenüber, das leibhaft bedingt ist. Es läßt sich ferner auf eine leistungsablehnende Grundorientierung z. B. des Lebensraumes zurückführen, die wiederum in einem bestimmten Ordnungsbezug z. B. religiöser Art wurzelt – oder sie entstammt einem Lebensraum, in dem von „der Hand in den Mund" gelebt wurde, die Orientierungs- und Ordnungsbezüge nicht über den jeweiligen Tag hinaus gingen.

Diese Abneigung gegen die Bewährung (Verantwortung) in der Leistung, die Abwehr der Notwendigkeit, leistend sich mit der Welt zu verschränken, wird häufig – paradoxerweise – durch ein utriertes Verantwortungsgefühl der Leistung anderen gegenüber – mit entsprechender Kritik verbunden – angetroffen; das heißt, daß die im Prinzip leistungsfeindliche Kommunikation sich extrem leistungsbewußt darzustellen vermag.

Über diese Beispiele hinausgehend muß die Abwehr des Individuums gegen Entdecken, Sich-Erschließen, gegen Binden/Lösen, Entscheiden und Bewältigen gesehen werden, wie sie alltäglicher Bestandteil einer tiefenpsychologisch orientierten Therapie sind. In der Konfrontation mit sich selbst (s. o. II/3g) werden Entscheiden, Binden/Lösen und Bewältigen aus der Art und Weise, wie das Individuum sich jeweils aufgezeigt und aufgewiesen hat, notwendig. Die Konfrontation ist nicht zu trennen von dem Gewahr-Werden und Nachvollziehen unauflösbarer Schuldverstrickungen, des Gewahr-Werdens des Unbewältigten eigener Vergangenheit. Gegen beide Vorgänge – Konfrontation und Unmöglichkeit „totaler" Bewältigung – richtet sich die Abwehr, das Ausweichen, Sich-Verstellen, das

Sich-Isolieren, Abkapseln, Tarnen und Taktieren, nicht zuletzt schlicht und einfach das Lügen. Abwehr weist sich damit letztlich als Abwehr gegen die Möglichkeit aber auch gegen die Notwendigkeit zu bewältigen, aus.

Die Abwehr der Möglichkeit, zu bewältigen und damit sein Verhalten der eigenen Existenz gegenüber als Verhalten zur möglichen Wahrheit zu erschließen, verfügt über einen starken Verbündeten: den Ablauf der Zeit und dem aus ihrem Ablauf sich ergebenden Modus des Unbewältigten selbst, der Notwendigkeit, diesen gelten zu lassen.

Die Verdrängung endlich — heute als gängigster „Abwehrmechanismus" bereits Bestandteil von Illustrierten und Fernsehprogrammen — sollte, wie schon in anderem Zusammenhang ausgeführt[28], weder auf die allgemeine Verdrängung der „Libido" reduziert, noch als unbewußter Vorgang angenommen werden, sondern auf jene willensbetonte Akte spezifischer Abwendung von etwas — aus den verschiedensten Gründen — *gleichzeitiger Hinwendung* zu etwas beschränkt bleiben. Die Verdrängung wäre primär ein Modus *des „Sich-Abwendens", der zumindest einmal als willensbezogener, intentionaler Kommunikationsmodus vom Subjekt vollzogen worden ist.*

Aus Ekel erfolgt Abwendung von ..., jedoch keine Verdrängung. *Verdrängung wäre spezifiziert das intentional-bewußte Unterdrücken, Beiseite-Schieben, Nicht-sehen-Wollen von Themen, die „ausgeblendet" werden, indem das Individuum innerlich-intentional wegblickt und wegschiebt oder eine Gegenthematik entwickelt.* Die Gegenthematik entspräche z. B. den Rationalisierungen (s. o.) oder auch dem einfachen Verneinen, Verleugnen, Nicht-wahr-haben-Können/Wollen durch das Setzen der Gegen-Thematik „was nicht sein darf, kann *nicht* sein", und ihren dann als sogenannten Abwehrmechanismus der Psychoanalyse differenzierten Unterthemen möglicher Gegenthematik. (Die Abwehrvorstellungen der Psychoanalyse richten sich jedoch ausschließlich gegen die Libido [u. U. auch gegen Aggression] im entscheidenden Unterschied zu der hier vorgetragenen Auffassung.)

d) Die Absorption

In der Absorption — auch hier als kommunikationseinschränkender Modus in der Lebenswelt und in den organismischen Prozessen vorgegeben — wären überwiegend *kommunikationseinschränkende Modi als charakterformierende (bzw. deformierende) Grundeinstellungen* zu beschreiben. Für diese — wie für die Einstellung (s. o.) überhaupt — ist die Unterordnung der Grundstrukturen von Orientierung und Ordnungsbezogenheit, von

Sich-Zeitigen, das Verhältnis zu Leib und zu Leistung *unter eine jeweils dominierende* Tendenz (Richtung) maßgeblich. Die Einstellung wird als das die Lebensgestalt prägende Leitthema deutlich, dem sich die Strukturen und Modi anpassen; bzw. Einstellung könnte sich nicht als Leitthema zeigen, wenn sie nicht Orientierung, Ordnungsbezüge, Zeitigung, ein spezifisches Verhalten zu Leistung und Leib aufwiese.

Zu den Grundeinstellungen zählt z. B. der Modus von Abwendung, der resignativ das Leben aus der Distanz des Abschieds betrachtet, der sich weitgehend ab- und verschlossen dem Leben gegenüber verhält, hinter dem sich die abwertende Orientierung — „es hat sich nicht gelohnt" verbirgt, mit der das Individuum unerfüllt-hochgeschraubte Erwartungen kompensiert. Weltanschauliche Rechtfertigung dieser Grundeinstellung, die das Leben als „Jammertal" verdammen, kompensieren häufig im Aperspektivischen verbliebene, massive Bilder der allgemeinen Destruktion der Welt, weil diese sich in ihrer Machbarkeit dem eigenen Planen entzogen hat. Rationale, teilnehmend-aufweisende Kommunikation, Erklärungsversuche, die Welt abzuwerten, kompensieren latent-aperspektivische Destruktion.

Indifferenz und (häufig wohlwollend verbrämte) *Gleichgültigkeit* stellen nichts weniger als absorbierende Kommunikationseinschränkungen dar, die wie jeder andere, einseitig die Führung im Leben übernehmende Modus, leitthematisch-eingeschränkt, das Individuum profilieren. Z. B.: das praktische Erkunden zum Nachteil der anderen Kommunikationsmodi, das leistungsbezogene Entdecken, zum Nachteil des gefühlsbetonten, stimmungsschwankenden Erschließens, die konfliktreiche Auseinandersetzung, gegen das sich sofort oder ungerne Binden nicht weniger wie gegen das sich niemals Lösen-Können oder stets sich Lösen-Müssen.

Das noetisch-teilnehmende Kommunizieren vermag als oberflächlich-peripher umwelterkundendes oder in einem bestimmten technischen Leistungsbezug die anderen Kommunikationsmodi, insbesondere auch die der anteilnehmenden Kommunikation zu absorbieren: es entwickelt sich der sogenannte „Intellektuelle", dessen Weltbezug auf einseitige Kommunikationsmodi des teilnehmenden Kommunizierens reduziert ist.

Der „Ehrgeizling", der „Wüstling", der „Leistungsfanatiker", der „Geizige", der „Hartherzige", der „Sexualprotz", sie stellen in dieser Vereinfachung, die bestenfalls die Grundeinstellung einer extrem kompensatorischen Einschränkung anvisiert, eine volkstümliche Denkweise dar, die mit diesen Beobachtungen das undeutliche Hintergrundsphänomen einer Lebensentwicklung strukturieren.

Die einseitigen Absorptionen sind wiederum Grundlage der sogenannten Charakteropathien, wie diese auch schon in kompensatorischer Abwendung von einseitiger Hinwendung zu sich abzeichneten, obwohl Abwendung als Leitthema kompensatorischer Einschränkungen der Absorption übergeordnet ist.

348

e) Die Neutralisierung

Die Neutralisierung und Ergänzung der von dem Subjekt gegensätzlich erlebten Modi und Strukturen, die als Neutralisierung in der Lebenswelt und innerorganismisch vorgegeben ist (s. o.), *ist durch das Vermögen des Subjektes ausgezeichnet, Gegensätze und aus diesen entspringende Kommunikationseinschränkung zu einer kompensatorischen Synthese zu Kompromißbildungen, zusammenzuführen.* Das „Prinzip der Neutralisierung" sei an folgendem Beispiel aufgewiesen.

Das Kind, das als weibliches Schlüsselkind bei einer alleinlebenden, berufstätigen Mutter aufwächst, wird zwischen seinem Bedürfen, die Nähe der Mutter zu erschließen und einer gleichzeitigen Abneigung gegen diese — sei es, daß es sich ungeliebt fühlt, sei es, daß ihm die Mutter dispositionell unsympathisch ist — hin und hergerissen. Es steht in Auseinandersetzung mit der Mutter, die es darüber hinaus um ihre Leistungsorientierung beneidet, sie deswegen bewundert und sich die Mutter auch zum Vorbild nehmen möchte (Binden).

Die Gegensätze dieser anteilnehmenden Kommunikationsmodi, die durch ihre Intensität das Kind in seiner Auseinandersetzung überbeanspruchen, daß sich erste Dekompensationen, wie mangelnder Appetit, Schlafstörungen, Nachlassen der Schulleistungen bemerkbar machen, würden eine erste ausgleichende Neutralisierung erfahren, wenn es den beteiligten Personen gelänge, über ein neutrales Thema zu kommunizieren, d. h. über ein Thema, an dem sich die Gegensätze nicht in der üblichen Weise entzünden: Spiel, Wanderungen, Sport, gemeinsames Kochen, Einkaufen, Entwerfen von gemeinsamen Tätigkeiten.

In dieser Anteilnahme „an" würde sowohl das Bedürfen nach Nähe — das jedenfalls das Kind verspürt — kompensiert und dementsprechend neutralisiert, wie auch die Antipathie und das Sich-Zurückgesetzt-Fühlen durch die Gemeinsamkeit des Tuns eine Abschwächung erfahren könnte, die dem Kind die Möglichkeit vermittelt, sein antipathisches Sich-Verschließen zumindest emotional „in den Griff zu bekommen" (zu neutralisieren). Die Mutter bei gemeinsamen Tätigkeiten erlebend, wird die Vorbild-problematik nach der Seite beginnender kritischer Distanzierung lösen, (Binden/Lösen, Orientierung) oder nach der Seite der Einfühlung (anteilnehmendes Erschließen) hin vertiefen.

Neutralisierung — bei dem gleichen Beispiel verbleibend — fände nicht statt, wenn z. B. durch zunehmendes Sich-Verschließen der Tochter gegenüber der Mutter, die erstere im Erkunden derselben immer wieder auf Abweisung (Kommunikationsverweigerung, Abwendung) stieße, das Sich-Verschließen (Abwehr) zu einem ausschließlichen Kommunikationsmodus der Mutter gegenüber sich entwickelt. Die sich jetzt entwickelnde Abwendung würde das Bedürfen nach Nähe, nach anteilnehmender Kommunikation zunehmend einschränken und kompensieren, darüber hinaus die Entstehung einer einseitigen Abwehrhaltung und Abwendung (Absorption) begünstigen – mit allen daraus sich ergebenden Folgen.

Neutralisierung wäre ferner die sogenannte „Identifizierung mit dem Gegner", die *A. Freud*[29] in der Beobachtung eines Kindes beschreibt, das sich in seinem Verhalten paradoxerweise demjenigen in seinem Verhalten – durch Erkunden, Entdecken und Erschließen – angleicht, den es fürchtet. Es kompensiert Angst – durch vorübergehende Kommunikationserweiterung, indem Eigenschaften des Gegners nachgeahmt werden, über die es vorher nicht verfügte, es damit selbst zum gefürchteten Gegner wird, um den anderen zu ängstigen und zu erschrecken. Diese Möglichkeit der Neutralisierung betrifft jedoch keineswegs nur äußerlich anwesende Gefahren und Kommunikationseinschränkungen – sondern ebenso Phantasiebilder und Entwürfe des Innen, die gefährdend erlebt werden und z. B. über nachahmend-darstellendes Erschließen, über Spielen oder leistendes Erkunden, ausgeglichen werden. Im neutralisierenden Ausgleich stehen sich dann zwei „gleichberechtigte" (außer- und auch innerweltliche) Gegner gegenüber, die als solche sich auch gegenseitig „puffern" und entschärfen.

Bei Ehepartnern, die sich z. B. in zunehmender Abwehrhaltung gegeneinander befänden – da der eine glaubt, der andere zeige seinem erotischen Kommunikationsbedürfen nicht die diesem zukommende Möglichkeit der Befriedigung, der andere jedoch sich erotisch „ausgebeutet" erlebt, gleichzeitig aber ungeliebt –, wäre Neutralisierung über Einsichtnahme (teilnehmendes Aufweisen und Aufzeigen) in die Gründe der sich versteifenden Abwehrhaltungen durch die sprachliche Artikulation derselben möglich. Zu dieser würden auch teilnehmendes Erkunden und Auf-(Ent-)decken der möglichen, noch anteilnehmenden Kommunikation begründenden, gemeinsamen Leitthemen zählen. D. h., auch hier würde das Auffinden von Themen, die die Gegensätze über gemeinsames, gefühlsbezogenes Erschließen gemeinsamer Tätigkeiten entschärfen und zu neutralisierenden Kompromißbildungen in Geben und Nehmen führen – wie sie jede Partner- und Gemeinschaft anvisierende Therapie auch durchführt.

Ob die Neutralisierung sogenannter „festgefahrener" Abwehrhaltungen als dominierende (Absorption) Charakterzüge oder Einstellungen durch gemeinsame Leitthemen gelingt, ist allerdings fraglich. Zur Neutralisierung würden auch die alltäglich übergeordneten Themen des Berufes, gemeinsamer Anteilnahme an möglicherweise zu erziehenden Kindern, gemeinsamer Lebensraum usf. zählen.

Neutralisierung kann durch Binden und Lösen erfolgen, wenn diese z. B. mit Zwang verbunden werden, wenn latente Gegensätze in einer Gruppe, in einem Familienverband durch unterschiedliche Kommunikationsmodi oder heterogene Orientierungen und Verhältnisse zum Leib oder zur Leistung aufflackern, die sich bei Androhung „repressiver Maßnahmen" — mit zusätzlicher Kommunikationseinschränkung — nicht zeigen dürfen. Die Gegner verbinden sich — unter Hintanstellung ihrer diskrepanten Anschauung — gegen den Unterdrücker, die Unterschiede erfahren Neutralisierung.

Neutralisierung ist — die eingeführten Beispiele durchaus ergänzend — immer wieder auf teilnehmend-noetische Kommunikation angewiesen. Es ist das Binden und Lösen des kritischen Urteils, das Aufzeigen und Aufweisen von Erkenntnissen dann durch die sogenannte, die Gegensätze aperzipierende und ausgleichende Vernunft, die verhindert, daß das Subjekt diesen blind ausgeliefert ist. *Diese Kompromisse bildende Funktion der Vernunft wird in der institutionalisierten Anteilnahme, im Tauschprinzip und seinen Einrichtungen deutlich: da die Ordnung des Tauschprinzips nicht nur die Gegensätze von Haben-Wollen hier, Nicht-Geben dort, entschärft, sondern bei gleichzeitigem Appell an einsichtiges Urteil zu Geben und Nehmen anregt.* (In den Ethnien und Frühkulturen dürfte der Appell an die Vernunft durch das sakrale Erleben des Tauschvorgangs noch nicht in dem Maße an Bedeutung gewonnen haben wie in der Neuzeit.)

Die Geschichte der Institutionen, ihre Entwicklung aus Auseinandersetzungen — von der die Gegensätze zwischen Patriziern und Plebejern entschärfenden Funktion des Volkstribunats in der Römischen Republik bis zu den sogenannten Klassengegensätzen neutralisierenden Institutionen der parlamentarischen Demokratie — zeigt das Vermögen, durch das Tauschprinzip und die „Vernunft" Gegensätze, und die in diesen liegende Kommunikationseinschränkungen zu neutralisierenden Kompromißbildungen zusammenzuschließen. (Neutralisierende Funktion haben auch die Spiele, Zeremonielle und Riten in Ethnien und Frühkulturen, die nicht zuletzt auf der Entschärfung von Gegensätzen heterogener Gruppen unterschiedlicher Orientierungen und Kommunikationsmodi hinwirken.)

Neutralisierung als Aufforderung zu Gemeinsamkeit anregenden oder stiftenden Leitthemen findet deshalb im Tauschprinzip ihr „Urbild", das aus Gegnern über den Tausch Verbündete macht. Dabei wird (s. o.) die teilnehmend, bindend/lösende Kommunikation gegenseitigen Sich-Verpflichtens einerseits durch rational-zweckmäßige Überlegungen gefördert — andererseits schafft die Faktizität des Gleichmaßes von Geben und Nehmen den verbindlichen Ausgleich der Gegensätze.

Neutralisierung von Gegensätzen (so kann bereits zusammengefaßt werden) bedeutet: die nichtende Wirkung von Gegensätzen, die zur gegenseitigen Nichtung zu führen vermag, inauguriert im Tauschprinzip ein sinnvoll sich ergänzendes, u. U. kommunikationserweiterndes Geschehen; die kommunikative Nichtung (s. o.), die jede Kommunikation impliziert, wird zwar nicht aufgehoben, jedoch dem gebenden und nehmenden Vorgang untergeordnet.

Die Faktizität von Geben und Nehmen, die zu dem eigentlich die Gegensätze neutralisierenden Kompromiß des Tauschaktes führt, zeigt sich mit der rationalen (sogenannten vernünftigen) Einsicht und der gemeinsamen Anteilnahme an einem Thema verschränkt: Verzichtet, im Beispiel der Ehepartner, der eine − über Einsicht in seine Abwehrhaltung − auf bestimmte Arten, sich erotisch kommunikationsnichtend (ausbeutend) mitzuteilen, „*benimmt*" er sich dieser Modi (Verzicht auf diese ihre Nichtung), zeigt (*gibt*) der andere Partner, der die erotische Beziehung mit scheinbar guten Gründen ablehnt, möglicherweise die Bereitschaft zur Wiederaufnahme derselben, dann stellt die Entwicklung ein relatives Gleichmaß dar. Dieses bestimmt sich aus dem „Nehmen" (Aufheben) der Kommunikationseinschränkung als möglicher Rache für nicht ausreichende Befriedigung, damit einem sich erneut zuwendenden Geben; wie umgekehrt der seine erotische Kommunikationseinschränkung Aufhebende diese „nimmt" (aufhebt) und sich (im Eros) gibt.

Das Schlüsselkind ist im gemeinsamen Tun mit der Mutter bereit, seine Antipathien aufzu-„geben" und Zuneigung der Mutter einzu-„nehmen", nicht weniger, wie die Mutter dem Kind seine Abneigung durch ihr Sich-diesem-„Geben" „nimmt", aber sich auch wieder das Kind „nimmt", indem es sich ihm gibt. D. h., im Geben und Nehmen eröffnet sich erneut Kommunikation zueinander über Mitteilung und Antwort, die vorher durch sich zuspitzende Gegensätzlichkeit eingeschränkt war; die Gegensätze als gegenseitiges Nichten implizierten bereits Kommunikationsende (Dekompensation).

Neutralisierung trifft in der dargelegten Weise ebenfalls für die überwiegend innersubjektive Kompensation von Gegensätzen durch inneres „Geben und Nehmen" zu, von Gegensätzen, die naturgemäß stets auch auf Außenwelt bezogen sind: wenn das Subjekt z. B. einen aggressiv-erkundenden Kommunikationsmodus durch einen gegensätzlichen, ordnungsbezogenen der teilnehmenden Kommunikation, des Binden und Lösens neutralisiert; oder wenn ein sich-festlegendes Binden und Lösen in einem Ordnungsbezug durch ein gefühlsbetontes Erschließen „entschärft" wird. Ein bedrohlich erlebtes sexuell-erotisches Entdecken erfährt z. B. durch ein einfühlendes Erschließen Neutralisierung, das einfühlende Erschließen wiederum Neutralisierung durch ein aufweisend-aufzeigendes Erkennen. Neutralisierung innerpsychischer Gegensätze findet im häufigen Appell an die sogenannte Vernunft (s. o.) statt, in der Thematisierung durch innere *Kompromißbildung* in Auseinandersetzungen. Dem Hin-Gezogen-Werden hier, korrespondiert ein Gegenzug; beide werden in einen Kompromiß: wenn nicht A, wenn nicht B, dann C, neutralisiert.

M. a. W., die Fülle realer Kommunikationsmodi in ihren immer wieder neuen Abschattungen und Differenzierungen als Verbindungen, „Gemischen", ist nicht zuletzt die Folge ständiger, *auch situativ wechselnder Neutralisierung von gegensätzlich erlebten Modi.* Diese prägen über die Situation hinausgehend die Lebensgestalt — wie umgekehrt die Lebensgestalt sie in ihrer Selektion schon auswählt und begrenzt.

Die Häufigkeit neutralisierender Kompromißbildungen allein im erotisch-sexuellen Erkunden, Entdecken und Erschließen kann im folgenden nicht annähernd aufgezeigt werden, wie die Diskussion der verschiedenen Kommunikationseinschränkungen lediglich aufzeigend-aufweisenden Charakter hat, paradigmatisch (Beispiele setzend) zu verstehen ist.

Zu der typischen Kompromißbildung jedoch im erotischen Erschließen zählt die zwischen dem leistenden Erkunden und dem erotischen, in dem z. B. das Subjekt sein Verhältnis zur Leistung „erotisiert" — wie es umgekehrt der Erotik den Charakter der Leistung verleiht.

Der Asket, der sich selbst der erotischen Kommunikation durch Orientierung und Leistung benimmt, fühlt sich z. B. in seiner innersubjektivreligiösen Welt erotisiert. Beispiele dieser Art wurden von der Psychoanalyse als Kompromißbildungen von Gegensätzen („verdrängte Sexualität"/ Über-Ich) aufgezeigt.

Die Neutralisierung von gegensätzlich erlebten Modi und wiederum durch diese vermittelten Strukturen ist eine der grundlegenden Voraussetzungen für die Erweiterung der Kommunikationsfähigkeit. Die z. B. aus einer Kommunikationseinschränkung entstehende Angst bei der Konfrontation mit einer zu leistenden Aufgabe, bei einer Vorgeschichte des Versagens ähnlichen Aufgaben gegenüber durch mangelndes, offenbar schwer zu erlernendes Können, erfährt eine Neutralisierung durch Herabminderung, Abwertung (Nichtung) der Aufgabe unter Zuhilfenahme von Orientierungsstrukturen, mit denen das Subjekt sich gebunden hat. Die Aufgabe wird als lächerlich, sinnlos, dubios, als status- und prestigeunwürdig disqualifiziert, da die Orientierung dem Subjekt diese Art von Herabsetzung ermöglicht. Die einmal abgewertete Aufgabe wird über die Neutralisierung derselben, damit auch der Angst, geleistet. Die Leistung, die sich als solche nicht bestens qualifizieren muß, stellt einen Kompromiß zwischen der Orientierung des Subjektes und der Anforderung an sein Können dar. Damit ergibt sich — unter Herausbildung ähnlichen Verhaltens — die Möglichkeit der Kommunikationserweiterung. Diese wirkt sich in der Bewältigung von Widerständen, Aufgaben oder Auseinandersetzungen aus, die vorher abgewehrt wurden.

Es ist ein erheblicher Unterschied für die jeweilige Umwelt, ob der Appell an die Verantwortung oder an die Bindung in einen bestimmten Ordnungsbezug mit der gleichzeitigen Lösung aus einem anderen verbunden ist, ob dieser Appell mit einbindendem Zwang, Starrsinn, Verletzung des Taktgefühls, d. h. mit rohem Erschließen einhergeht, damit Kommunikation verweigert, bedroht, eingeschränkt, Angst erzeugt wird. Oder ob die Vermittlung von Verantwortung und Ordnungsbezügen aus dem Modus des einfühlenden Erkundens und Erschließens erfolgt. Im letzteren Fall findet Neutralisierung der möglicherweise sonst ängstlich-perzipierten Prinzipien statt; wohingegen im ersten Fall die Art der Vermittlung dem anderen die Möglichkeit der Stellungnahme, der Antwort der Gegenäußerung nimmt; Antwort erfolgt erst über Abwehr; bleiben Abwehr und Antwort aus, stellt nur Abwendung sich ein. Die neutralisierende Wirkung der sich zuneigenden, einfühlenden, an die teilnehmenden Kommunikationsmodi der Einsicht, des Aufzeigens, der Bewältigung sich wendende Vermittlung bietet sich der Kommunikationserweiterung an. Das schließt jedoch keineswegs die Möglichkeit aus, daß Subjekte solchen Erwartungen gegenüber wiederum gegensätzlich antworten und hier dem anteilnehmend-liebevollen Vermittler mangelnder Autorität, mangelndes Durchsetzungsvermögen vorwerfen.

f) Der aperspektivische Hintergrund und die Kompensation sogenannter „unbewußter Tendenzen"[30]

Das Minderwertigkeitsgefühl — dem Erwachsenen oft nicht mehr bewußt — wird durch Machtstreben kompensiert; *Adler* glaubte noch, dies erwiesen zu haben. Auch in der Konzeption *Freuds* wird Kompensation erwähnt, allerdings spielt dieser Begriff, zentral für die Untersuchungen des Verfassers, bei *Freud* nur eine ganz untergeordnete Rolle:

Gehen wir z. B. auf den so häufigen Fall einer Frau ein, die ihren Mann nicht liebt, weil sie nach den Bedingungen ihrer Eheschließung und den Erfahrungen des Ehelebens ihn zu lieben keinen Grund hat, die ihren Mann aber durchaus lieben möchte, weil dies allein dem Ideal der Ehe, zu dem sie erzogen wurde, entspricht. Sie wird dann alle Regungen in sich unterdrücken, die der Wahrheit Ausdruck geben wollen und ihrem Idealstreben widersprechen, und wird besondere Mühe aufwenden, eine liebevolle, zärtliche und sorgsame Gattin zu spielen. Neurotische Erkrankung wird die Folge dieser Selbstunterdrückung sein, und diese Neurose wird in kurzer Zeit an dem ungeliebten Manne Rache genommen haben und bei ihm genau soviel Unbefriedigung und Sorge hervorrufen, als sich nur aus dem Eingeständnisse des wahren Sachverhaltes ergeben hätte. Dieses Beispiel ist für die Leistungen der Neurose geradezu typisch. Ein ähnliches Mißlingen der Kompensation beobachtet man auch nach der Unterdrückung anderer nicht direkt sexueller, kulturfeindlicher Regungen. Wer z. B. in der gewaltsamen Unterdrückung einer konstitutionellen Neigung zur Härte und Grausamkeit ein *Überguter* geworden ist, dem wird häufig dabei soviel an Energie entzogen, daß er nicht alles ausführt, was seinen

Kompensationsregungen entspricht und im ganzen doch eher weniger an Gutem leistet, als er ohne Unterdrückung zustande gebracht hätte.*)

Die im aperspektivischen Hintergrund sich dem Wachen entziehende Existenz als das Mögliche der Möglichkeiten sich in die Welt zu entwerfen, muß in ihrer Diskrepanz zu der Faktizität der Wirklichkeit und ihrer stets die Möglichkeiten und das Mögliche einschränkenden Weise als Grund (Anlaß) zu möglicher Kompensation angesehen werden. Damit erweitert sich die Konzeption einer kompensatorischen Balance zwischen Kommunikationsmodi und Strukturen um die Perspektive, *die jede psychologische Strukturierung überhaupt in Frage stellt.* [31]

Da im sog. Unbewußten „alles möglich ist", darüber hinaus die antilogische Verfassung des Subjektes das Paradoxe humaner Verhaltensweisen bedingt, ist es möglich, die Abwehrhaltung eines Subjektes, das sich kompensatorisch selbstbehauptet, indem es z. B. anderen ständig kritischnichtende Fragen stellt, als Kompensation für Möglichkeiten der Aperspektive, die nicht mitteilbar, erfahrbar und erlebbar sind, zu deuten: als Kompensation für (mangelndes) erkundendes Machtstreben, für eingeschränkte Sexualität, für „frustrierte" Aggressivität, für „frustriertes" Geltungsstreben; für alle denkbaren eingeschränkten Kommunikationsmodi und darüber hinaus für ihre Vermittlung von entsprechenden Strukturen. Das genannte Verhalten vermag mangelnde Religiosität (Orientierung/Ordnung) nicht weniger wie mangelnden Leistungsbezug oder ein repressives Verhältnis zum Leib und seinen Kommunikationsmodi zu kompensieren.

Wenn alles möglich ist im aperspektivischen Hintergrund, ist nichts notwendig, — das Notwendige bestenfalls möglich. Wenn alles stimmen und zutreffen kann, stimmt nach den Regeln der Logik — nichts. Dieses Grundproblem, das in anderem Zusammenhang bereits erörtert wurde [32], läßt nur eine Schlußfolgerung zu: daß im Umgang mit der lebendigen Psyche, im Erkunden, Entdecken und Erschließen menschlicher Existenz der Beobachter und dessen feststellend, aussagende Strukturierungen sich durchweg im Bereich des Möglichen, d. h. auch des Wahrscheinlichen bewegen, der sowohl an die Breite der Peripherie des Subjektes wie in die Tiefe der Aperspektive gehend, sich im Prozeß des Erkundens selbst ausdehnt oder einschränkt. D. h., je mehr erkundet und erschlossen wird, umso unübersehbarer wird der Bereich der Möglichkeiten und ihrer Zusammenhänge.

In diesem Prozeß erscheint menschliche Existenz als unübersehbare Mannigfaltigkeit von sich gegenseitig ausgleichenden, kompensierenden Vorgängen, als Gleichzeitigkeit von Abwendung verschiedenster Art, Abwehr, Neutralisierung und Erweiterung, die in ihrer Kompliziertheit

---

* *S. Freud:* Gesammelte Werke, London 1950, Bd. VII, S. 166.

zunehmend mit der Dimension der Aperspektive unübersehbar-undeutlich werden. Der Zusammenhang entspricht der Kompliziertheit und der Komplexheit organismischer Vorgänge, die, je mehr sie erkundet und entdeckt werden, sich zunehmend in undeutliche, nicht mehr erfaßbare Zusammenhänge zurückziehen.

Die in der vorliegenden Untersuchung angewandte, unterscheidende Strukturierung bestimmter Kommunikationsmodi und Grundstrukturen des In-der-Welt-Seins folgte der phänomenologischen Methode im Aufzeigen von Sinnbezügen: Was der Mensch über die einzelnen Kommunikationsmodi an Welt erfährt, wie er sich ihr mitteilt. Über diese Aufschlüsselung hinausgehend, wurde der Versuch unternommen, im Menschen den „Je-Einmaligen" zu sehen, der sich in verschiedenen Weisen darstellt – von der weitgehenden Nicht-Verfügbarkeit im leibhaften Bereich bis zu der (relativen) Verfügbarkeit über sich selbst im noetisch-teilnehmenden Kommunizieren.

Wurde, in die Einzelheiten der Kommunikationsmodi und Strukturen eindringend, das Wesen der Kommunikation als Mangel und als im Mangel bereits sich setzende Stillung desselben wiederholt aufgezeigt, wurden von Schritt zu Schritt die sich differenzierenden Kommunikationsmodi aufgewiesen, so wurde jetzt die Grenze erfahren: Durch den aperspektivischen Hintergrund als Möglichem aller Möglichkeiten: Über die erlebten Kommunikationseinschränkungen und ihre Kompensation hinausgehend, ist *jede Art von Kommunikationseinschränkung und ihre Kompensation nicht nur möglich, sondern sie kommt auch faktisch vor. Erfahrbare, erlebbare Kommunikationsmodi werden durch sog. unbewußte, dem Wachen nicht zugängliche Kommunikationsmöglichkeiten kompensiert – wie umgekehrt erlebte Kommunikationsmodi unbewußte kompensieren können.*

Menschliche Subjektivität findet sich damit als die in ihrer Subjektivität alles ermöglichende wieder. Das bedeutet jedoch nicht resignativer Erkenntnisverzicht als vielmehr: daß jede Aussage im Bereich des Subjekts primär nicht der „Kategorie" des Notwendigen folgt, sondern der des Möglichen. Strukturierende Beobachtungen und entsprechende Äußerungen lassen mögliche Gestalten durch die Strukturierung psychischer Prozesse sichtbar werden und legen mit dieser Sichtbarmachung eine Möglichkeit unter Möglichkeiten von Erscheinungen frei, damit den hermeneutischen Zirkel der Selbstauslegung des Daseins durch das Subjekt aufweisend.

Was strukturiert beobachtet wird, ist immer das sich strukturierende Subjekt nach verschiedenen Bedingungen der Strukturierung befragt. Das Subjekt zeigt sich deshalb als kompliziertestes Gebilde gegenseitig sich ausgleichender, einschränkender, erweiternder, in ständiger Fluktuation begriffener Bewegungen. Die Wahrnehmung derselben, ihre Deskription ist

Strukturierung durch den Beobachter, der diese Strukturierung nur vollziehen kann, weil sie — die Strukturierung — das gleiche Verhältnis einander kompensierender Bewegungen im Modus der teilnehmenden Kommunikation, im Denken darstellt; die Auslegung der Subjektivität ist Strukturierung des Subjekts im Modus des Denkens eines anderen Subjekts oder des Subjekts, das über sich reflektiert.

g) *Die leibhaften und sogenannten typologisch bedingten Kommunikationseinschränkungen und ihre Kompensationen* [33]

Eine hereditäre Disposition zu bestimmten Kommunikationsweisen im Sinne der größeren Affinität des einen Individuums zu noetisch-teilnehmender Kommunikation, des anderen zu spezifischen Kommunikationsweisen der anteilnehmenden Kommunikation, bei einem dritten wiederum zu einem leistungsbezogenen Erkunden, wird nicht in Abrede zu stellen sein. Die Vorgegebenheit hereditärer Einschränkungen kann durch den Lebensraum und Einflüsse ausübende Erziehungspersonen unterdrückt werden, ganz in den Hintergrund treten — etwa bestimmte Begabungen — wie sie auch, gefördert, zu einer kompensatorischen Dominante sich ausbilden können.

Das Piano spielende Wunderkind kompensiert mit dieser *leibhaft vorgegebenen Begabung* die Kommunikationsmodi, die unter der exzessiven Leistungsbezogenheit seiner Entwicklung in den Hintergrund treten mußten. Leibhaft vorgegebene Begabung und Leistung bilden — zumindest vorübergehend — einen Kompromiß, über den das Klavierspiel die anderen Kommunikationsmodi gleichzeitig einschränkt und ausgleicht. Der Mangel anderer Kommunikation — wenn der Pianist möglicherweise als Einzelkind aufwuchs und um des Klavierspieles willen auf Freundschaften verzichten mußte — wird durch den Leistungsbezug kompensiert und entsprechend eingeschränkt. Damit wird das bedrohliche, angsterzeugend-kommunikationseinengende Moment der Restriktion möglicher Kommunikationsmodi durch die Erwachsenen ausgeglichen.

Schon aus der Angst heraus — auch Angst vor dem Versagen in der Leistung selbst — entwickelt, kompensiert das Wunderkind mit der Leistung selbst, was es andererseits fürchtet: den durch die Leistung bedingten Kommunikationsverlust. Dieser Zusammenhang wirft rückblickend auf die erwähnten Kommunikationsmodi und ihre Kompensation ein nicht unwichtiges Licht: Wer sich z. B. kompensatorisch von den Mitmenschen allgemein zurückzieht, sich isoliert, weil er sie fürchtet oder verurteilt, kompensiert mit der Wahl dieser Lebensform (Isolierung, Orientierung) die, die es möglicherweise fürchtet: die Isolierung. Das heißt, er kompensiert mit einer Lebensweise — die er befürchtete.

Wer mit dem erotischen Erschließen kompensiert, kompensiert vielleicht mit einem Modus, der ihn auch mit Angst erfüllt. Wer noetisch aufzeigend-aufweisend als Lehrer arbeitet, kompensiert mit diesem Modus einer Lebensform, den er möglicherweise — zumindest im Aperspektivischen — ablehnt. Wer Gefahr antizipiert, sich aber in diese stürzt, kompensiert mit der Angst vor Gefahr die Angst selbst. *Das gefürchtete Verhalten* — auf das eingangs erwähnte Beispiel des Wunderkindes zurückkommend — *wird zur Kompensation für das Gefürchtete selbst.*

Ausgleich ist mit oder über die Modi (oder Strukturen) möglich, die selbst als Anlaß von angsterzeugender Kommunikation einschränkend wirken. Dieses scheinbar paradoxe Verhalten, mit einem gefürchteten Modus selbst zu kompensieren, wird bei der von der Psychoanalyse beschriebenen Identifizierung mit dem Gegner (s. o.), aus Angst vor diesem, sichtbar. Analoge Kompensationen werden jedoch auch in organismischen Prozessen beobachtet: Regulation von Stoffwechselvorgängen durch die auszuscheidenden Produkte selbst, wie z. B. die Regulation der Atmung u. a. durch das Abbauprodukt der Atmung, das Kohlendioxyd.

Zu der Kompensation anderer Kommunikationsmodi und Strukturen durch den Leib zählen, von der einseitigen Begabung des Wunderkindes abgesehen, auch die bereits erwähnten *typologischen Dispositionen*. Ohne auf die phänotypischen Charakteropathien zurückzukommen, die ausführlich an anderer Stelle erörtert wurden,[34] sei jedoch im Rückgriff auf diese erinnert, daß eine spezifisch noetisch-teilnehmende Kommunikation zum Nachteil der anteilnehmenden Modi die letzteren kompensiert. Umgekehrt vermag eine stärkere typologische Verankerung im anteilnehmend-emotionalen Kommunizieren, bei ausgeprägter Gefühls- oder Stimmungsbezogenheit, mangelnde noetisch-teilnehmende Fähigkeiten auszugleichen. Nicht weniger wie der Sportler durch die von ihm erbrachten Siege möglicherweise den Wunsch (Mangel) kompensiert, Nichtakademiker zu sein.

Der offenkundige Schematismus derartiger Abstraktionen, die undifferenzierte Kombinatorik von Typen zu betreiben und diese wie mechanisch auswechselbare Kugeln oder Dreiecke zu handhaben, soll nichtsdestoweniger den Blick für die leibhaft-vorgegebenen Dispositionen bestimmter Kommunikationsmodi, ihre im Leben sich darstellende Bevorzugung schärfen, wie sie der älteren Psychiatrie noch eine Selbstverständlichkeit waren. (Allerdings sah diese Psychiatrie die Typologie nicht unter den hier aufgewiesenen Zusammenhängen.)

Wie der Leib durch besondere Begabung oder typologische Disposition der spontanen Entwicklung des Individuums vorgreifend, das eine Mangelnde mit dem anderen auszugleichen sucht, so werden auch Mängel und Gebrechen des Leibes durch andere Kommunikationsmodi kompensiert.

Diese seit *Adler* zur Genüge bekannten Zusammenhänge, führen dazu, daß ein teilweise verkrüppeltes oder sich als zu klein im Vergleich mit anderen erlebendes Kind, Mängel dieser Art durch Selbstüberschätzung (Orientierung), großspuriges Auftreten, Angeberei zu kompensieren sucht.

Aber auch die umgekehrte Entwicklung ist zu beobachten, Abwendung von der Umwelt, Introversion, Entwicklung produktiv-schöpferischer Kräfte: Kommunikationserweiterung durch Hinwendung auf evoziert-provozierte Möglichkeiten des aperspektivischen Hintergrundes bei gleicher Indisposition des Leibes: Verkrüppelung oder andere Schädigungen organischer Art.

Nicht weniger wären die oben aufgeführten leibhaften Dispositionen als Schematismen möglicher Kompensationen dahingehend zu *differenzieren*, daß die Kompensation z. B. einer dispositionell vorgegebenen Kommunikationseinschränkung im erotisch-anteilnehmenden Bereich – geringes Bedürfen, Gefühlskälte – durch noetische Fähigkeiten wiederum zu einer Kompensation im Gefühlsbereich selbst zu führen vermag: Das um anteilnehmende Einfühlung sich bemühende Subjekt, das unter Gefühlskälte als Mangel – im Vergleich z. B. mit einem einfühlsamen Partner – leidet, versucht über den „Verstand" (die teilnehmende Kommunikation), in besonderer Weise warmherzig-einfühlend sich zu erschließen; möglicherweise gelingt ihm diese Kompensation.

Durch Erweiterung der noetisch-teilnehmenden Kommunikationsmodi, insbesondere des Aufzeigens und Aufweisens, vermag z. B. ein konstitutionell gemütvoll-erschließendes Individuum das Überwiegen dieses Kommunikationsmodus, den es einseitig, als „sozialen Mangel" erlebt, der es möglicherweise entsprechend ängstigt, zu kompensieren, und sich zu einem extrem rational eingestellten, überkritisch-intellektuellen Individuum heranzubilden.

Der sog. „hysterisch-labil-infantile Typus", der im anteilnehmenden Sich-Auseinandersetzen Konfliktbezug seinen kompensatorischen „Schwerpunkt" für erlebtes Mangelerleben gefunden hat, vermag sich situativ zu einem verstärkt bindenden, in Ordnungsbezügen sich festlegenden Individuum zu entwickeln – als das es wiederum seine emotionale Labilität kompensiert. Es entwickelt sich möglicherweise zu einer zwanghaft genauen Person, die „eigentlich hysterisch" ist.

Die wechselseitige Wirkung und Gegenwirkung zwischen primär leibhaft-dispositionell vermittelnden Kommunikationsmodi und den übrigen, dem Subjekt jeweils verfügbaren Kommunikationsmöglichkeiten ist ferner abhängig von den einschneidenden, leibhaft bedingten Veränderungen des Lebenslaufs: der Pubertät, des Klimakteriums und des Seniums.[35] In diesen häufig krisenhaft sich zuspitzenden Phasen aperzipiert das Subjekt die Welt anders als im Vorhinein, es kommuniziert entsprechend anders und löst damit jeweils veränderte Kommunikationsmodi der Umgebung aus.

Das trifft nicht nur für den Jungen oder das Mädchen zu, die in der zunehmenden Heranreifung ihrer Sinnlichkeit sich Empfindungen und Erlebnissen ausgesetzt erleben, die ihr Sich-Mitteilen der Umwelt gegenüber beeinflussen; vielmehr löst jede dieser Phasen neue Kommunikationsmodi, neue Einschränkungen, neue Kompensationen, aber auch kompensatorische Erweiterungen aus. So stellt z. B. in der Pubertät das Erkunden und Erschließen, das zu drastischer Auseinandersetzung mit Orientierungs- und Ordnungsbezügen, mit zeitigender Verantwortung, mit Leib und Leistung führen kann, das Subjekt vor neue Kompensationsnotwendigkeiten — oder vor die Gefahr der Dekompensation.

Das in der Menopause zu beobachtende sog. depressiv-manische Mißverhältnis der Umwelt gegenüber, das sich bis zu paranoiden Psychosen zu steigern vermag, bedarf, wenn es nicht bereits dekompensiert ist, anderer und neuer Kompensations- und Kommunikationsformen, deren Verwirklichung stets mit der Antwort der Umwelt auf das Verhalten der Kranken korreliert ist.[36]

Mit diesen Ausführungen wurde ein erster Blick über die Kompensationsmöglichkeiten des leibhaft disponierten Überwiegens bestimmter Kommunikationsmodi — oder spezifischer Begabungen — durch andere Kommunikationsmodi, die wiederum erneute Kompensation provozieren, vermittelt. Sie sind von den Kompensationen leibhaft erlebter Mängel (z. B. Verkrüppelungen) durch andere Kommunikationsmodi zu unterscheiden.

h) *Die sogenannten gesellschaftlich bedingten Kommunikationseinschränkungen und Kompensationen*

aa) *Die Alltäglichkeit*

Die Alltäglichkeit ist die Lebensweise nicht nur des arbeitenden Teiles der Menschheit. Auch die, die durch besondere Umstände nicht genötigt sind einem Broterwerb nachzugehen, unterliegen der Alltäglichkeit; sie wurde oben einerseits als der tragende Grund menschlicher Existenz, andererseits aber auch im Modus der Selbst- und Seinsvergessenheit dargestellt.

Die ausgleichende Wirkung der Alltäglichkeit insbesondere als Wiederholung von gleichen oder ähnlichen Arbeitsvorgängen, als Horizonteinengung durch die Struktur der Sorge (*Heidegger*), liegt in ihrer *Kommunikationsreduzierung*.

Diese spezifische Kommunikationseinschränkung der Selbstvergessenheit läßt den Ehemann den Ehekonflikt hinter dem Stapel Briefe auf seinem Schreibtisch im Büro vergessen, den Arbeiter den Streit mit den Schwiegereltern um den Besitz der Eigentumswohnung — am Motorblock, die Hausfrau den Ärger mit den Kindern — wenn sie im Kaufhaus einkauft. Da die Alltäglichkeit im Erkunden, Erschließen, sich Auseinandersetzen und in den anderen Kommunikationsmodi zur bewohnten, vertrauten, sich selbst immer wiederholenden Gewohnheit geworden ist, kompensiert sie damit das Ungemach selbst der zu Dekompensation neigenden Kommunikationseinschränkungen — durch die Kommunikationseinschränkung der Gewöhnung und der Notwendigkeit von Arbeit.

In dieser Einengung möglicher Kommunikation gegenüber liegt ein vom Verfasser gekennzeichneter wichtiger Wesenszug jeder Gesellschaft[37], als ein — in diesem Fall durch den Alltag — „kompensiertes Mißverhältnis".

Daß diese Kommunikationseinschränkung im Industriezeitalter den Alltag in anderer Weise bestimmt als im vorindustriellen, bedarf keiner Aufzeigung. *Nichtsdestoweniger bleibt der Alltag ein Modus, in dem sich menschliches Dasein seit prähistorischen Zeiten immer wieder ereignet hat*, da ihm das Sich-Selbstvergessen zukommt, was dem Subjekt aus der Gegensätzlichkeit von Kommunikation wiederum erst das Selbstverstehen ermöglicht.

Alltäglichkeit ist nicht nur, weil der Mensch in der ihm einwohnenden Sorge um die Lebensnot dem Selbstverstehen ausweicht, dieses abwehrt. Alltäglichkeit ist in einem viel tieferen Sinne notwendig: Der sich ausschließlich dem Selbstverstehen zuwendende Mensch würde sich selbst wiederum in diesem verlieren, wenn er nicht zu der Alltäglichkeit als tragendem Grund[38] seiner leibhaftigen Existenz immer wieder zurückkehren müßte. Das Selbstverstehen vermag sich wie jede Kommunikation, nur über die Nichtung (hier durch die der Alltäglichkeit) darzubieten, d. h. im Gegensatz zu dieser. Die Alltäglichkeit nichtet wiederum das Selbstverstehen — um es damit in seiner Gegensätzlichkeit zum Alltag zu begründen. In dem Augenblick, in dem das Selbstverstehen und Sich-in-den-Griff-Bekommen einsetzt, wird die nichtende Alltäglichkeit zwar nicht aufgehoben; das Verhältnis zu diesem erfährt jedoch eine Veränderung, die dann wiederum den Alltag im Sinne der Kommunikationserweiterung zu verändern vermag.

Die Alltäglichkeit präsentiert sich einerseits als die unaufhebbare Notwendigkeit der Arbeit,[39] in der sich das Leben — sich selbst verzehrend — erhält. Andererseits wird aber die Alltäglichkeit durch den Modus der Selbstvergessenheit dokumentiert, der im Selbstverstehen überwunden, Alltäglichkeit dann zur Grundlage erweiterter Kommunikation werden läßt und damit eine Synthese — Neutralisierung — von Selbstverstehen und Selbstvergessen intentionalisiert.

In dem Maße, in dem ich mich selbst und damit den anderen „verstehe", vermag ich verändert zu kommunizieren und den Alltag, das tägliche Mit-Einander der Menschen über das latente, in jeder Kommunikation liegende Gegen-Einander zu einem Auf-einander-Zu-Kommen zu erschließen. Ich beginne – bei erweiterter Kommunikation – den Arbeitskollegen, Mitarbeiter, den Untergebenen oder Vormann anders wahrzunehmen als ich ihn im Modus der Selbstvergessenheit sah. Indem ich ihn oder sie – die anderen – im Horizont ihres Lebensraumes, ihrer Orientierungs- oder Ordnungsbezüge erlebe, sie als verantwortliche oder unverantwortliche sich zeitigende oder sich nicht zeitigende gewahre, ihr Verhältnis zur Leistung oder zum Leib bemerke, endlich in ihrem Bestimmt-Sein durch die anderen selbst – werden sie mir eben in dieser Bestimmung durch die anderen „verständlich". Wie die Alltäglichkeit einerseits in ihrem Modus der Selbstvergessenheit, in ihrer Sorgestruktur sich darstellt, damit aber – einem alle Probleme aufsaugenden Schwamm vergleichbar – kompensatorisch wirkt, so verändert sie sich für den, der im Prozeß des Selbstverstehens dem anderen sich zunehmend zuwendet, ihn als Subjekt wahrzunehmen beginnt. Die Alltäglichkeit vermag dann zur Grundlage von Kommunikationserweiterung, von personaler Begegnung zu werden.

bb) Kommunikationseinschränkungen und Kompensationen durch sogenannten Rollen

Ob es die sozialen Rollen und die diesen zugesprochenen Konflikte (Auseinandersetzungen) überhaupt gibt, sei dahingestellt, jedoch an die Ausführungen *Plessner*s in diesem Zusammenhang erinnert:

In Gesellschaft bewegt sich der Einzelne nur im Rahmen einer Rolle, die er zu spielen hat, und die Rolle läßt sich nicht in pure Selbsttätigkeit auflösen. Sie stellt Forderungen an mich, im öffentlichen Leben genau wie im privaten, weil sie zu dem funktionellen Zusammenhang des sozialen Ganzen gehört, in das ich hineingeboren und in dem ich tätig bin. An der Rolle hängt der Status des Einzelnen, sie bestimmt seinen Ort, sie bildet zugleich des Funktionselement im gesellschaftlichen Getriebe. Existenz in einer Rolle ist offenbar die Weise, in welcher Menschen überhaupt in einem dauerhaften Kontakt miteinander leben können. Was uns an ihr stört, ist das Moment des Zwangs, den sie auf mein Verhalten ausübt, ist zugleich die Gewähr für jene Ordnung, die ich brauche, um Kontakt mit anderen zu gewinnen und zu halten. Der Abstand, den die Rolle schafft, im Leben der Familie wie in dem der Berufe, der Arbeit, der Ämter, ist der den Menschen auszeichnende Umweg zum Mitmenschen, das Mittel seiner Unmittelbarkeit. Wer darin eine Selbstentfremdung sehen wollte, verkennt das menschliche Wesen und schiebt ihm eine Existenzmöglichkeit unter, wie sie auf vitalem Niveau die Tiere und auf geistigem Niveau die Engel haben. Die Engel spielen keine Rolle, aber die Tiere auch nicht. Nur der Mensch hat, weil er weder Engel noch Tier ist, die Möglichkeit, ein Wolf im Schafspelz oder ein Schaf im Wolfspelz zu sein, — nicht zu vergessen die häufigste Form: Schaf im Schafspelz. Tiere und Engel haben weder Kern noch Schale, alles sind sie mit einem Male. Nur der Mensch erscheint als Doppelgänger, nach außen in der Figur seiner Rolle und nach innen, privat, als er selbst.

Sein Doppelgängertum kann der Mensch nicht aufheben, ohne seine Menschenhaftigkeit zu negieren. Er kann in ihm keine Verdoppelung beklagen und sie gegen das Ideal ursprünglichen Einseins ausspielen, denn eins sein kann ich nur mit etwas, mit jemandem, und wäre es sogar mit mir. Am anderen wird der Mensch seiner habhaft. Diesen anderen trifft er auf dem Umweg über die Rolle, genau wie der andere ihn. Immer vermittelt das Rollenspiel als Gelenk den zwischenmenschlichen Kontakt, soweit er sozial relevant ist und dem Austausch von Leistungen dient.

Weil aber die moderne Arbeitsgesellschaft in ihrem rationalen Selbstverständnis Freiheit und Würde für jedermann sichern will, und zwar am Leitfaden der Leistung und der sozialen Rolle, hat sie mit der fortschreitenden Bekämpfung materiellen Elends und der siegreichen Durchsetzung sozialen Bürgerrechts eine neue Bedrohung des Menschen heraufbeschworen. Seine unaufhaltsame vordringende Einplanung in öffentliche Zusammenhänge engt den Raum, in dem er noch privates Dasein führt, immer mehr ein. Die institutionellen Vorkehrungen im Interesse größtmöglicher Sicherheit für alle mögen, rechtlich betrachtet, daran nicht einmal rühren, aber sie haben offenbar den beängstigenden Effekt, im einzelnen Menschen das Interesse an dieser Zone der Unberührbarkeit zu schwächen und ihn damit seiner öffentlichen Funktion ganz und gar auszuliefern.*

Wird in der „Rolle" in erster Linie ein soziales Gebaren, Verhalten, Sich-Darstellen und Antworten gesehen, das auf eine bestimmte Erwartung antwortet, so liegt die Prägung des „rollengemäßen Verhaltens" des Artzes, des Anwaltes, des Pfarrers, der Krankenschwester, eines Offiziers oder Unteroffiziers, aber auch eines Vorarbeiters in deren berufsspezifischer Orientierung, Ordnungs- und Leistungsbezogenheit innerhalb eines bestimmten gesellschaftlichen Gefüges.

Die Rolle entstünde ferner aus der Entwicklung spezifischer Berufe im Gefolge der Arbeitsteilung, dann in der Stilisierung dieser Berufe schon im vorindustriellen Zeitalter durch besondere Betonung der für Beruf spezifisch angesehenen Merkmale (z. B. Trachten, Bekleidung) und endlich in der Erwartungshaltung diesen Berufsträgern gegenüber. Die Erwartungshaltung jedoch an den anderen, daß dieser bei Krankheit helfe, dort ein Zeug wiederherstelle, dann wiederum eine Beziehung zu den Verstorbenen vermitteln soll, dürfte der Arbeitsteilung aufgrund ihrer vorlogisch-anteilnehmenden, emotionalen Haltung (Kommunikationsmodus des Erkundens, Entdeckens, Erschließens) vorausgegangen sein.

Die Erwartung an den anderen, daß er dieses oder jenes tue, was man

---

* *H. Plessner*: Das Problem der Öffentlichkeit und die Idee der Entfremdung. In *G. Brand*: Die Lebenswelt, op. cit., S. 544/545.

selbst nicht zu leisten vermag, trägt dann wiederum zu spezifischen Berufen — „Berufungen" — (und entsprechenden Rollen) bei, damit wiederum zur Arbeitsteilung, so daß sich hier eine Wechselwirkung anbahnt.

Der Priester, der Handwerker, der Medizinmann, der Jäger, werden durch die Erwartung der Gruppe zu diesen Tätigkeiten provoziert, weil sie über diese Erwartungen hinausgehend, möglicherweise bei entsprechenden Anlässen eine bereits vorhandene, jedoch noch unspezifische Erwartungshaltung der Gruppe kreieren, eine spezifische dann konstelliert haben.

Der Prozeß der sog. rollenspezifischen Arbeitsteilung und der Entwicklung geordneter Berufe, der schon in der Altsteinzeit eingeleitet worden ist, *ist ein intersubjektiver Vorgang*, der zwischen Erwartung und faktischer Berufsausübung vermittelt. In dieser Vermittlung entstehen die jeweiligen Rollen, vergehen aber auch wieder. Sie vergehen, wenn ein zu der Vermittlung von Verstorbenen provozierter „Priester" diese Vermittlung ein oder zweimal herstellt, dann aber versagt — nicht weniger wie wenn der zum Helfen provozierte Medizinmann in einigen Fällen Hilfe leistet, dann sich aber wieder als zur Hilfeleistung unfähig erweist. Sie vergehen im Wandel der historisch-gesellschaftlichen Bezüge.

Von der situativen Provokation bestimmten Rollenverhaltens, das sich hier perpetuiert, Grundlage von Berufen und Arbeitsteilung wird, dort aber stärker fluktuiert und u. U. verschwindet, *sind die leibhaften Vorgegebenheiten von sozialen Rollen zu unterscheiden*: die Mutterrolle z. B. oder die sog. Vaterrolle, die aber selbst größte Variabilität aufzeigen und keineswegs auf ein Schema „Vater" oder „Mutter" zu reduzieren sind.

Die Einschränkung möglicher Kommunikationsmodi durch die Rolle wird nur bei extremer Stilisierung derselben und Identifizierung (Sich-Binden) des Subjektes mit ihr zu beobachten sein: wenn der Pfarrer in jedem Augenblick seines Lebens ein „Pfarrer" ist, der Offizier nicht weniger, der Vorarbeiter und der Familienvater in den verschiedensten Situationen ihres Lebens „immer nur" Familienvater oder Vorarbeiter sind.

Mit der Rolle sind jedoch orientierungs- und leistungsbezogene Einschränkungen verbunden und die Rolleneinschränkung dürfte deshalb Ängste vor unspezifischer Orientierungslosigkeit (Rollenlosigkeit) kompensieren — aber auch Ängste ausgleichen, den Erwartungen des anderen in einer z. B. rollenspezifisch geprägten Gesellschaft nicht genügen zu können. So wird der Arzt beobachtet, der ein „Über-Arzt" ist, weil er befürchtet, sonst möglicherweise zu verwahrlosen oder der staatlichen Fürsorge anheimzufallen (Kompensation aperspektivischer „Verwahrlosungstendenzen"). Er ist aber auch ein „Über-Arzt", weil er befürchtet, die an ihn gestellten Rollen-Erwartungen nicht erfüllen zu können — er „überkompensiert". Der Vorarbeiter, der Tag um Tag, gleichgültig in welcher Situation, in seinen Befehlston zurückfällt, ist „immer" *Vor*arbeiter, weil er fürchtet, die Umwelt könnte ihn nur für einen Arbeiter halten.

Die betont mütterlich-überfürsorgliche Hausfrau kompensiert mit dieser „Rolle", die sie möglicherweise als aufgezwungen erlebt, ihre Abneigung gegen diese; wie der sog. „autoritäre Vater" — der mit seiner Autorität das sozial inadäquate, damit die eigene Existenz bedrohende Bedürfen kompensiert — nicht Vater, sondern lieber verantwortungsfernes Kind sein möchte. *Die Rolle, wird sie in dieser Einschränkung und Einengung beobachtet, kompensiert der Rolle durchaus entgegengesetzte Tendenzen, etwa der Orientierungs- und Rollenlosigkeit.*

Diese Zusammenhänge berücksichtigend, sei jedoch erinnert, daß das Industriezeitalter zunehmend rollenauflösend und rollenfeindlich sich entwickelt. Die kaum zu übersehenden Möglichkeiten möglicher Berufe durch die im Verlauf der Entwicklung der Leistungen selbst liegende Spezialisierung hat nicht die gleiche Anzahl von Rollen geschaffen. Heute geben sich Arzt, Vorarbeiter, Offizier, Mitarbeiter, Hausfrau, Fürsorgerin, Kranfahrer, gleichermaßen technisch sachlich. Der Arbeitskittel hat die Stilisierung der Rollen ersetzt; er kündigt die Aufhebung der Rollenspezifität und das alle Spezifität aufhebende Reich der Technik an.

cc) Die institutionalisierte Anteilnahme

In der institutionalisierten Anteilnahme wird das Gruppen und jede Gesellschaft konstituierende Verhalten der Subjekte sichtbar, die über die Kommunikation *an etwas* sich zu einem Verband finden. Der auf der einen Seite einschränkend-nehmende, auf der anderen Seite gebende Modus der institutionalisierten Anteilnahme bedingt die realen, gesellschaftlich determinierten Kommunikationseinschränkungen, die sich aus dem Mit-Einander der Individuen ergeben müssen, wie sie im Wesen von Kommunikation überhaupt liegt.

Sie verhindert, daß das im Wesen von Kommunikation liegende Nichten des anderen zu einem allgemeinen Vernichten wird, nicht weil sie (die institutionalisierte Anteilnahme) eine Art übergeordnetes Regulans oder Korrektiv wäre, sondern weil Kommunikation auch fundamentale Anteilnahme „an" ist, die gleichzeitig gibt und nimmt und die lediglich im Tauschprinzip ihre Institutionalisierung erfuhr.

Die durch zunehmende Spezialisierung der Leistung bedingte Kommunikationseinschränkung ist im Begriff, in einer zur „Rollenbildung" unfähigen Gesellschaft, mögliche Rolleneinschränkungen zu überholen (überflüssig machen). Die institutionalisierte Anteilnahme hat sie jedoch in keiner Weise aufgehoben; sie hat sie nur — im Zusammenhang der technischen Entwicklung — anonymisiert.

Die Lohntüte verbürgt geregeltes Einkommen, Wohnung, Absicherung gegen Krankheiten, die Steuerabzüge stellen den Arbeitnehmer auf die gleiche Stufe wie jeden anderen steuerpflichtigen Bürger. Das heißt, das Empfangen von Sicherheit und Absicherung gegen mögliche Zufälle des Lebens — wie z. B. den Verlust des Arbeitsplatzes in der sog. kapitalistischen Wirtschaft, die Kompensation dieser Befürchtung durch die Arbeitslosenversicherung, das Geben entsprechender „Abgaben" dort — weisen die institutionalisierte Anteilnahme als einen kollektiven Existenzmodus aus, der einmal in prähistorischen Zeiten (einem schöpferischen Akt vergleichbar) den Menschen über die Kommunikationsformen der Tierwelt hob.

Die institutionalisierte Anteilnahme ließ im vorindustriellen Zeitalter darüber hinaus noch Werte in der Vielfältigkeit ihrer Horizonte wahrnehmen, die heute herabgesunken sind zu Zahlenwerten, die über das Tauschprinzip zu berechnen sind. Die Anonymisierung und Kollektivisierung des Tauschprinzips im Gefolge von Technik und Industrialisierung der Welt, verwandelt dieses zu einem universellen Instrument der Verrechnung. *Die institutionalisierte Anteilnahme wird zur institutionalisierten Teilnahmslosigkeit.* Sie schlägt in eine ubiquitäre Indifferenz um, in der der Tausch durch den Computer, aber nicht mehr durch die anteilnehmende Kommunikation bestimmt wird.

Dieser Bedrohung, ja Aufhebung einer fundamentalen, jede Gesellschaft konstituierenden Kommunikationsweise, der Auslieferung der Menschen an eine Kommunikation, die einzig noch den „Informationsaustausch" kennt, vermag nur durch Kommunikationserweiterung im oben dargelegten Sinne, die bei dem Einzelnen zu beginnen hat, entgegengewirkt zu werden. Sie dürfte jedoch kaum durch geplante Maßnahmen zu verändern sein, die aus der Planung heraus neue Einschränkungen — bei mangelnder Kompensation derselben — erzeugen.

i) Subjekt und Situation[40]
Die zwischenmenschliche Kommunikation und ihre Kompensation

aa) *Das In-Einander von Subjekt und Welt*

Situation — so wurde oben definiert —, *bietet sich als das Gesamt der in ständiger Fluktuation von Mitteilung, Aufnahme und Antwort sich zeigenden Thematik an (Leitthemen, Gegenthemen, Unterthemen), das in ständiger Bezogenheit (Thematisierung) auf das Subjekt, wie umgekehrt des Subjekts auf die Welt sich immer wieder neu konstituiert und konstelliert.* Das Fixieren, Festlegen einer spezifischen Situation, eines Gespräches im Cafe, einer gemeinsam durchgeführten Leistung, eines Liebeserlebens, einer Lektüre, ist immer die artifizielle Feststellung derselben durch den Beobachter (nicht weniger durch die Selbstbeobachtung), der zum Feststellen einer Situation sich einschränkend von dieser *distanzieren* muß.

Über diese Feststellung hinaus erfolgen dann allgemein begriffliche Thematisierungen, wie die „Situation im Cafe mit XY" oder „die Situation am Reißbrett", „auf dem Spaziergang mit N. N." usf., die den Anschein erwecken, als ob die Situation von dem Gesamtgeschehen des In-der-Welt-Seins isoliert werden könnte. Existieren Subjekte, dann ist keine Situation einer anderen gleich, bestenfalls ähnlich; — wobei die Ähnlichkeit des verschiedenen Erlebens durch die Möglichkeit sachlicher Ausgleichung des außerweltlich-sichtbaren *„Rahmens"* von Situationen erhöht werden kann: Hotelhallen, Empfangsräume, Operationssäle, intime Zimmer, Arbeitsräume, Schlafgemächer usf. Nichtsdestoweniger wird das Subjekt selbst bei äußerster Angleichung des „Situationsrahmens" heterogen antworten — der eine wird die entsprechende Räumlichkeit „grandios" empfinden, der andere bedrückend.

Den gleichen Wald, den gleichen Berg, das gleiche Zimmer, das gleiche Flugzeug gibt es nicht für das Subjekt, da jedes — sich selbst entsprechend — Subjekt Umwelt jeweils anders thematisch konstelliert, jeweils unterschiedlich von Umwelt provoziert wird. (s. o.) Daß in dem kontinuierlichen In-Einander von Subjekt und Welt — bis zum Kommunikationsende oder zu krankhaften Kommunikationseinschränkungen — die Struktur der Räumlichkeit, Zeitlichkeit, des Verhältnisses zu Leistung und Leib durch Kommunikation ständig vermittelt wird, sich differenziert und ausbildet, wurde wiederholt aufgewiesen.

Es besagt für die Fluktuation der Situation, daß von den Subjekten entweder leibhaft-dispositionell vorgegebene Kommunikationseinschränkungen analog in jeder Situation mit eingebracht werden oder auch bestimmte Grundorientierungen, Ordnungsbezüge — die Erfahrung der zeitigenden Verantwortung, die Beziehung zu Leistung und Leib — ähnliche bleiben, soweit es sich bei diesen um die von dem Subjekt im ständigen Umgang mit seiner jeweiligen Welt habitualisierten Einstellungen, Grundintentionalitäten und Gewohnheiten handelt.

Diese, nicht weniger in der Kommunikation mit der Situation entstanden, prägen auf das Subjekt zukommende Situationen — innerhalb bestimmter Grenzen — im Vorhinein. Die geprägte Situation wirkt wiederum als eine veränderte auf das situativ sich verändernde Subjekt zurück und beeinflußt möglicherweise graduell die bereits mit in die Situation eingebrachten Einstellungen und Grundorientierungen. Auf diesem Zusammenhang beruht jede wechselseitige Beeinflussung von Subjekten untereinander.

Die nach Dienstschluß in einem Café sich wiederholt treffenden Geschäftsfreunde erörtern die Möglichkeit eines gewinnbringenden Vorhabens. Wird der eine von festen Prinzipien geleitet, die seinem Auftreten Halt und Richtung verleihen, so ist der andere der Flexiblere-Versiertere, dessen Orientierung sich in der ökonomischen Nutzanwendung pragmatischer Regeln erschöpft. Im Verlaufe des Gespräches (der Situation) läßt dieses Festhalten an Sollensforderungen des einen zugunsten einer geschmeidigeren Konzeption nach, wohingegen der andere zum ersten Mal die Existenz gewisser Prinzipien gewahrt. In der sich jetzt graduell abzeichnenden Veränderung von Grundeinstellungen werden andere Subjekte, Familienangehörige miteinbezogen, so daß der Sohn des letzteren seiner Mutter mitteilt: „Was ist denn mit dem Vater los, früher hätte er mir das doch durchgehen lassen", — die Tochter des ersteren dagegen eine flexiblere Großzügigkeit an ihrem Vater bemerkt.

An diesen alltäglich sich wiederereignenden Vorkommnissen wird die situativ bedingte Veränderung von Orientierungen, Haltungen, Grundeinstellungen sichtbar, die wiederum auf die Kommunikationsmodi einwirken, diese wiederum auf die Strukturen. Wenn etwa der orientierungs- und ordnungsbezogene Partner sich zunehmend (innerlich) löst, in der Lösung — Flexibilität — Kommunikationserweiterung sich anbahnt, vermag z. B. die Tochter, auf dieses Nachlassen einer rigiden Orientierung mit verstärkter Bindung in den Ordnungsbezügen zu reagieren, die sie vorher dem Vater vorwarf. Auf die Veränderung der Tochter, die zunehmend rigide-orientierungsbewußt wird, antwortet der Vater wiederum mit einem verstärkten Rückgriff auf frühere Ordnungsbezüge — plötzlich stehen sich wieder ähnliche Prinzipien gegenüber.

Die Gespräche zwischen den beiden Geschäftsfreunden hätten jedoch den gegenteiligen Verlauf nehmen können: die Geschäftsfreunde trennen sich in der Überzeugung, daß jeweils dem anderen „nicht zu helfen sei" und das Geschäft nicht getätigt werden kann — mit allen daraus eventuell sich ergebenden Folgen für die Angehörigen.

Was letztlich den Ausschlag für eine wechselseitige Reziprozität der Veränderung bildet, ist bei der Fülle einer die Situation bestimmenden Faktoren nicht zu entscheiden: von einer euphorisierenden Mahlzeit, die die anteilnehmend-sympathetische Kommunikation des wechselseitigen Sich-Erschließens fördert, bis zu einer unerwarteten, die Stimmung hebenden Nachricht — die schon einige Tage zurückliegt, jetzt jedoch erst wieder erinnert wird — bis zu den beginnenden, gegenseitigen Wahrnehmungen des anderen in der Vielfältigkeit seiner jeweiligen Beziehungen, bis zu einem im Café gespielten Musikstück und einer kaum von den Gesprächspartnern bemerkten Erinnerung an angenehmste vergangene „Situationen" (z. B. erotischer Art).

Es sind die das Subjekt von Veränderung zu Veränderung im zeitlichen Getragen-Werden von Aufnahme, Mitteilung und Antworten führenden, offen-unbestimmten, es aber doch beeinflussenden Situationen und das die Situationen gegenprägende Subjekt, die in der Befragung z. B. der eine Dekompensation oder pathologische Kommunikationseinschränkung bedingenden Faktoren durch den Beobachter eine thematische Strukturierung im oben wiederholt aufgezeigten Sinne erfahren. <u>Die thematische Strukturierung „Situation" ist stets artifizielle Entfremdung gegenüber dem jeweils Erlebten der in der Situation Beteiligten.</u> Würden die beiden Geschäftsfreunde gebeten, über ihr Erleben — im Falle einer gegenseitigen Beeinflussung — zu berichten, so würde das Erleben beider höchst unterschiedlich erscheinen; die etwa vom Beobachter erkundeten Veränderungen der Einstellungen wären möglicherweise keinem der Beteiligten aufgefallen. Die Veränderung wäre jedoch von anderen Beteiligten — z. B. den Familienangehörigen — bemerkt worden; sie würden, von diesen konstatiert, den Sich-Verändernden mitgeteilt. In der Antwort wiederum derjenigen, die von der Veränderung betroffen wurden, würden diese die Veränderung reflektieren und zu ihrem eigenen Erstaunen einen Strukturwandel z. B. im Orientierungs- oder Ordnungsbezug gewahren, — um ihn vielleicht sofort wieder rückgängig zu machen. In der hier aufgezeigten Weise <u>wirkt Veränderung „intersubjektiv".</u>

bb) Zwischenmenschliche Beziehungen und ihre Strukturierungen durch den Beobachter

In der grundsätzlichen Konstituierung von Kommunikation im In-der-Welt-Sein oder im In-Einander von Subjekt und Situation ist allen oben dargelegten Kommunikationsmodi gemeinsam, daß die aus den Kommunikationsmodi jeweils unterschiedlich sich darstellenden Strukturen, ihre Wirkung wiederum auf die Kommunikation, der Wirkung der veränderten Kommunikation auf die Strukturen — die Zwischenmenschlichkeit oder Intersubjektivität bestimmt (s. o. III/8). Die durch ein Subjekt erfahrene Kommunikationseinengung oder Verweigerung wird — wenn sie nicht gravierend kommunikationsbeendende Formen annimmt — von dem einen als bedrohlich oder sozial diskriminierend empfunden, von dem anderen als Anlaß zur Kommunikationserweiterung benutzt, von einem Dritten neutralisiert, von einem Vierten ignoriert (Abwendung) und nicht wahrgenommen.

Für die durch die Kommunikation stets auch gegen-einander wie auch mit-einander kommunizierenden Subjekte die hier Erkunden und Entdecken zulassen, es dort vermeiden, wiederum Orientierungsprozesse vermitteln oder sich die Möglichkeit geben, in verantwortungsvoller Leistung sich zu zeitigen, dafür Auseinandersetzung verbieten (binden), aber stets in der „Interaktion" von Kommunikationseinschränkung oder Erweiterung stehen — *sind Kompensation und Dekompensation* (Kommunikationsende) nicht ausschließlich monadisch auf das Subjekt bezogene Vorgänge, sondern *sowohl monadisch-subjektive, wie auch auf den anderen oder die anderen gleichzeitig sich beziehende Prozesse.*

Dies sei ausdrücklich in Erinnerung an das oben über das „Selbst" Ausgeführte vermerkt, das nur im Bezug auf den Anderen ist: In der Intersubjektivität wird z. B. durch Kommunikationsverweigerung der eine getroffen, so daß er dekompensiert — der andere mag im gleichen Vorgang seine Kommunikation erweitern: der Sohn, der dem Vater „die Meinung sagt", daß dieser einen Herzanfall erleidet oder der Vormann, der seine Kolonne schikaniert, „um alles herauszuholen", und dafür gesellschaftliche Anerkennung erhält; beide entwickeln sich kommunikationserweiternd zu selbstbewußten, sich durchsetzenden Individuen — allerdings auf Kosten der anderen. Diese Form der Intersubjektivität ist alltäglichstes Vorkommen und weist nicht nur auf die in jeder Kommunikation latente Nichtung hin, sondern auf Kommunikationserweiterung durch Kommunikationseinschränkung, -verweigerung anderen gegenüber. Die „kapitalistischen" nicht weniger wie die „sozialistischen" Systeme unterstützen diese Vorgänge unverhüllt, z. B. in der Förderung von leistungsbezogenen Individuen stets auf Kosten weniger leistungsorientierter Menschen. *Kommunikationserweiterung auf Kosten der anderen ist ein Leitthema der Intersubjektivität.*

Das Subjekt, das hier in der Leistung verantwortungsvoll sich mit dieser identifiziert, in seinen Orientierungs- und Ordnungsbezügen in dem allgemein Verbindlich-Unverbindlichen seiner Schicht (z. B. mittleres Bürgertum) behaust ist, in ihr sich gebunden fühlt, vermeidet dort (Abwehr) außerhalb seiner Leistungsbezüge, Erschließen, Erkunden, Auseinandersetzung. Es ist in diesen Kommunikationsmöglichkeiten eingeschränkt und kompensiert sie durch Betonung des Leistungsbezugs.

Dieses Dasein kann Antwort auf zahlreiche Entwicklungsbedingungen sein, die das Subjekt durchlaufen hat: von der Fortsetzung einer leistungsgebundenen Tradition bis zur Reaktion auch auf einen Leistung ablehnenden Lebensraum. Kompensiert, lebt es zwar durch seine Einschränkungen am Rande möglicher Dekompensation (s. u.), wird aber durch seinen Leistungsbezug aus seiner Umwelt Antworten erfahren, die diesen Leistungsbezug und damit das Individuum möglicherweise in Frage stellen, — oder es darin bestärken (Interaktion, „Intersubjektivität"). Z. B. mit einem Partner in näheren Kontakt (auch erotisch-erschließenden) tretend, gelingt es, durch sich zuneigend-sympathetisches Erschließen bei diesem leistungsbezogenem Subjekt ähnliches Erleben zu wecken. Es vermag sich eine Beziehung zu entwickeln, in der der erstere sich in seinem Leistungsanspruch zurücknimmt, der andere jedoch im anteilnehmend-leibhaften Kommunizieren zugunsten eines bisher relativ vordergründigen, leistenden

Erkundens nachläßt, letzteres vertieft. Für beide Teile findet durch Ausgleich möglicher Gegensätze (Neutralisierung) der Leistungsbezüge hier, des Leibhaft-Erotischen dort, eine gemeinsam erfahrene Kompensation (Neutralisierung) und Erweiterung von Kommunikation statt. Diese Erweiterung wiederum wirkt auf die nächste Umwelt der Beteiligten, auf die Berufs- und Familienbeziehungen beider, so daß auch diese sich verändern; die Veränderungen wirken wiederum — einengend oder erweiternd — zurück.

Das heißt, zwischenmenschliche Beziehungen partnerschaftlicher Art, in denen jedes Subjekt sich über Mitteilung und Antwort formiert, unterliegen den gleichen Prozessen — dies sei noch einmal ausdrücklich betont — möglicher Kommunikationseinengung, Erweiterung, Kompensation und Dekompensation wie die innerpsychischen Geschehnisse der „einzelnen" Subjekte.

Es ist jedoch der Beobachter (s. o. III/8), der einmal das Subjekt als gewordenes So-Sein in der Aktualität seiner verschiedenen Kommunikationsmodi in das Auge faßt und dabei die innersubjektiven Prozesse in ihrer grundsätzlichen Bezogenheit auf den anderen in den Hintergrund treten läßt — oder aber verstärkt auf diese sein Augenmerk richtet, — zum Nachteil des Subjektes. Im ersteren Fall konturiert sich das Subjekt, im zweiten dagegen verundeutlicht es sich als monadische Form, wenn seine Bezugspersonen strukturiert werden.

Wirklichkeit ist die Gleichzeitigkeit von Subjekt, intersubjektivem Prozeß und dem anderen. Strukturierung erfolgt — analog zu den Prinzipien der Gestaltpsychologie — durch das Beobachten entweder der überwiegend intersubjektiven Vorgänge bei gleichzeitigem Zurücktreten des Subjektes — oder umgekehrt: Das Subjekt wird konturiert, und die Intersubjektivität tritt zurück.

cc) Beispiele zwischenmenschlicher Kommunikation

Die Vielfältigkeit zwischenmenschlicher Beziehungen erstreckt sich von denen der Partnerschaft (Ehe), der Blutsverwandtschaft bis zu den Freunden des Kegelvereins, der Stammtischrunde, zu Arbeitskollegen, zu Vorgesetzten und Untergebenen, zu Gesinnungsgenossen oder Mitgliedern eines weltanschaulichen Bundes. *Das Geflecht dieser Beziehungen beinhaltet die Möglichkeit, daß das eine Subjekt sich in jeder Beziehung anders verhalten kann* — je nach Differenziertheit seiner Kommunikationsmöglichkeiten; deshalb sind Feststellungen z. B. der Art: Herr oder Frau XY verhalten sich in ihrer Beziehung zueinander „angepaßt", „ablehnend" oder „indifferent" grobe Verfälschungen höchst komplexer Sachverhalte.

Wer mit Freunden oder Freundinnen das freizügige Erkunden der verschiedenen Lebensbereiche oder das Sich-Auseinandersetzen bevorzugt, mag mit eigenen Kindern wiederum das orientierende Binden und Lösen betonen, der eigenen Verwandtschaft gegenüber abwehrende oder neutralisierende Kommunikationseinschränkungen praktizieren, mit Mitarbeitern dagegen ordnungsbezogenes Aufweisen und Aufzeigen, teilnehmenden „Informationsaustausch" pflegen.

In der Aktualität der Kommunikation eines Subjektes kann die Palette möglicher, sich gegenseitig ausgleichend-kompensierender Beziehungen sichtbar werden, die sich häufig in ihrer Widersprüchlichkeit und Paradoxie dann als Gegensätze neutralisieren. Was sich hier am Stammtisch als situative Kommunikationsreduzierung von Jahr um Jahr sich gleichbleibenden Themen darstellt, wird am Arbeitsplatz durch entdeckend-produktives Leisten ausgeglichen. Was in der Beziehung zum Partner als einseitig thematische Gebundenheit erscheint — etwa die gemeinsame Sorge um die Kinder, eine überwiegend berufliche Bindung oder eine erotisch betonte Beziehung, — erscheint, kann in möglichen anderen Beziehungen zu Mitarbeitern kompensiert werden.

Kommunikation als Antwort auf Mangel, drängt aus sich heraus im Setzen und Gegensetzen zu der Bewältigung des Mangels in den verschiedensten Kommunikationsmodi. *Je reichhaltiger die Kommunikationsmodi einander ausgleichen, umso mehr nähert sich der Mensch erfüllter, bewältigter Kommunikation, aber auch erneuter Gefährdung, an.*

Die thematische Reduzierung von Kommunikation ist stets Einschränkung, Beengung und damit dekompensationsgefährdet. Dem Subjekt, das auf Grund seiner es bindenden Orientierung und Ordnungsbezogenheit, seiner Identität mit diesen Strukturen, das sich in den verschiedensten Situationen zwischenmenschlicher Beziehungen im Prinzip rigide darstellt, das sich starr im Umgang mit Freunden, Verwandten, Mitarbeitern, mit den Ehepartnern, seinen Kindern oder Enkeln erlebt — diesem Subjekt droht in dieser Kommunikationseinschränkung bereits Gefahr; kompensiert es doch mit der Grundeinstellung in „allen Situationen und Beziehungen sich gleichzubleiben" zahlreiche Einschränkungen und aus diesen stammende Ängste.

Was bei dem vielfältig kommunizierenden Individuum als offenkundig einander ausgleichende Kommunikationsmodi erscheinen, wird bei dem anderen in zunehmender Einengung zu einem überwiegenden, die anderen Kommunikationsmodi kompensatorisch abwehrenden Vorgänge.

Ein anderes Individuum wiederum zeigt vielfältige Kommunikationsmodi in verschiedensten Beziehungen, erweist sich aber bei genauerer Beobachtung als über nur wenige Kommunikationsmodi verfügendes, das mit seinen zahlreichen Kommunikationsweisen Vielfältigkeit der Darstellung lediglich vortäuscht. Es ist in der Weise angepaßt, sich im vorhinein den Erwartungen der anderen zu unterwerfen. In der Anpassung erschließt sich der Angepaßte als dieser Angepaßte, aber weder erschließt er sich als ein möglicherweise anderer, Nicht-Angepaßter, noch vermag er über seine Anpassung die anderen zu erschließen. Er bleibt der Angepaßt-Verschlossene (Abwehrende) einerseits — andererseits aber (und gleichzeitig) erkundet er agressiv-provozierend; in der Anpassung — als Modus der Abwehr — entdeckt und „lauert" er provokatorisch, daß der andere sich eine Blöße gibt.

Dieser Vorgang kann auf Kompensation eines starken Bedürfens hinweisen, sich gelten-wollend zu erschließen. Weil jedoch das Gelten-Wollen — aus welchen Gründen auch immer — sich nicht zur Geltung bringt, es möglicherweise ganz dem aperspektivischen Hintergrund einverleibt ist, wird es durch sein Gegenteil, das Sich-Verschließende-Anpassen und provokatorische Erkunden der Umwelt ausgeglichen.

In dem Maße, in dem dieser Zusammenhang sichtbar wird, erscheint die angebliche Vielfältigkeit der Kommunikation als Eintönigkeit von Anpassung, der jedoch das Setzen und Gegensetzen der Kommunikation mangelt. D. h., was als Reichhaltigkeit der Kommunikation bei diesem Individuum erschien, erweist sich bei genauerem Hinblicken als Verengung und Reduzierung auf wenige Modi von Kommunikation. Das trifft für zahlreiche analoge Fälle zu, die scheinbar über eine Fülle differenzierter Kommunikationsmodi verfügen.

Werden partnerschaftliche Beziehungen in den Mittelpunkt der Beobachtung gerückt, so folgen auch diese den analogen Vorgängen lebendigen Mit- und Gegen-Einander und deren jeweiliger Kompensation.

In den kommunikationseingeschränkten, zunehmend sich im Austausch reduzierenden Beziehungen, wird der Mangel an faktischer Kommunikation durch das Überwiegen eines oder weniger — entsprechend sich strukturierender — Themen *neutralisiert*. Sich z. B. in einer Religion oder politischen Ideologie gebunden zu wissen, vereint die Partner in analoger Beeinflussung ihres Tuns und im Umgang mit der Umwelt, obwohl es das gegenseitige sich-anteilnehmende Erkunden, Erschließen, das Sich-Entdecken, selbst die Auseinandersetzung als Kommunikationsmodus verschüttet hat. Anders stellt sich eine Beziehung dar, in der erotisch-sympathisches Sich-Erkunden und Erschließen die leibhafte Auseinandersetzung die Gemeinschaft prägt, auch eine anteilnehmende Bindung enstehen ließ, jedoch bei mangelnder noetisch-teilnehmender Kommunikation, geringem (erkundendem) Leistungsbezug, mangelnder teilnehmend-bindender Orientierung; damit ist der Modus der kompensatorischen Absorption durch die Leibhaftigkeit für diese Beziehung kennzeichnend geworden. *Das Überwiegen einer Struktur in Verbindungen dieser Art, die durch ein oder zwei Leitthemen „zusammengebunden" werden, kompensiert Mängel derselben eben nach dem Modus der Absorption.*

Zahllose partnerschaftliche Verbindungen, alltäglich in einer psychiatrisch-psychotherapeutischen Praxis zu beobachten, neigen aufgrund gehabter Enttäuschungen – meistens reziproker Natur – zu Dekompensation. Die Ehefrau, die als jüngstes Kind einer größeren Familie ihre Orientierung und ihren Ordnungsbezug vor allem durch die Mutter bekam, jedoch auch zu dieser keine sich öffnende Vertrauensbeziehung entwickeln konnte, die andererseits sich von dem Vater und mehreren Brüdern mehr bedroht als geborgen fühlte, sich entsprechend verschloß und nicht mehr erschloß – entwirft in der Beziehung zu ihrem Mann mögliche unerfüllt gebliebene Ordnungsbezüge der Geborgenheit, des Sich-Erschließen-Könnens, der teilnehmend-bindend-aufzeigenden Kommunikation. Sie wird in diesem Bedürfen jedoch enttäuscht, abgewiesen und eingeschränkt. Sie kompensiert dann die Einschränkung durch das Talionprinzip (s. o.) und rächt sich an dem Mann, für das, was er ihr nicht zu geben verstand. So weist sie ihn erotisch ab, sie vernachlässigt die Küche, sie gibt ihm genügend Anlaß, nun seinerseits auf ihr zunehmendes Sich-Verschließen mit Auseinandersetzung zu antworten. Unglücklicherweise hat die Ehefrau erhebliche Schwierigkeiten, die im Umgang mit der Mutter erworbene Orientierung die sie ablehnt (Gegenthema), verbunden mit entsprechender Abhängigkeit, dem Mann gegenüber *nicht* fortzusetzen. Sie steht vor der Aufgabe – wie sie meint –, sich nicht nur innerlich von ihm unabhängiger zu machen, eigene Orientierung zu entwerfen, sondern darüber hinaus die Enttäuschung in einer Weise zu kompensieren, die nicht auf das Talionprinzip rekurriert, da eine Trennung oder Scheidung um der Kinder willen nicht zur Debatte steht. Die am Rande der Dekompensation, d. h. des Kommunikationsendes sich bewegende Beziehung wird durch Häuslichkeit und Alltäglichkeit, die Regelmäßigkeit der Mahlzeiten, des Tagesablaufs, der Sorge um die Kinder, einen alltäglichen Bekanntenkreis und endlich auch durch eine gemeinsame berufliche Kooperation, zu der die Frau sich entschließt, kompensiert. Gelingt diese Kompensation aus der Bereitschaft des einen Partners, vermag sich wiederum Kommunikationserweiterung einzustellen: Die erotischen Beziehungen werden wieder aufgenommen und damit ein Minimum an Geborgenheit und Zärtlichkeit vermittelndem Geben und Nehmen verwirklicht.

Das sichtbar Vorhandene einer Beziehung – z. B. gemeinsame Leistung, Orientierung, Sorge, Gewohnheiten – kompensiert häufig das, was den Möglichkeiten der in der Verbindung Beteiligten sich entzogen hat, das aber durch sein Entzogensein eine Kommunikationseinschränkung und Begrenzung hervorgerufen hat.

Eine wiederholt zu Dekompensation führende Entwicklung ist die bereits erwähnte gegenseitige Anwendung des Talionprinzips bei zunehmend wechselseitigem Kommunikationsverlust; meist erwächst es im Zusammenhang mit Enttäuschungen und dem Bedürfnis, sich für Enttäuschungen zu rächen. So tritt das Talionprinzip zunehmend in Anwendung, wenn in der Kommunikation sich Geben und Nehmen überhaupt (Setzen und Gegensetzen) nur noch bruchstückhaft ereignen. Dies wird von den Partnern — oder zumindest von einem der Beteiligten — als permanente Bedrohung des eigenen Kommunikationsbedürfens und der Kommunikationsmöglichkeiten erlebt: Er kann weder geben, noch nehmen, so daß das Talionsprinzip des Sich-Rächens für mangelndes Geben in Anwendung tritt. Die Rache bedient sich — wie zahlreichen Therapeuten zur Genüge bekannt — vielfacher Methoden, insbesondere der, über Auseinandersetzung den anderen in das Unrecht zu setzen, in dem er sich schon immer befindet; deshalb löst ihn auch keine Wiedergutmachung aus dem Unrecht.

Als der Schuldige, der — immer in der Sicht des sich betroffen fühlenden Partners — Kommunikation unmöglich macht, dieses Vorkommnis aber nicht artikuliert, wird seine Möglichkeit nun auch faktisch „zu versagen", damit Schuld auf sich zu laden, provoziert. Es werden Fallen gestellt, in die er auch fällt, da ihm sein Kommunikationsunvermögen zwar nicht durchsichtig, aber undeutlich gegenwärtig ist, er sein „In-die-Falle-Gehen" möglicherweise als Beweis eigener, undeutlich erlebter Kommunikationsunfähigkeit erlebt. Bis auch er sich für erlittenes Ungemach zunehmend schadlos hält, indem er noch vorhandene Kommunikationsmöglichkeiten durch Verweigerung ganz abbricht.

Die an den anderen jeweils gestellten Erwartung auf sein Sich-Erschließen, der „Traum von der totalen Kommunikation"[41], den jedes Individuum aus den Gründen seiner anthropologischen Provenienz in seinen Erwartungen birgt die nicht aufzuhebende Voraussetzung von Enttäuschungen überhaupt — führt zur Rache für das, was der andere nicht zu geben vermag. Eine durchaus lebens- weil kommunikationsfähige Beziehung wird aus dieser Haltung heraus zerstört.

Im Unterschied zu dem oben erwähnten Beispiel einer analog verlaufenden Partnerschaftsbeziehung wird hier das Hauptgewicht auf die nicht ausbleibende Enttäuschung überhaupt gelegt, die sich aus der Erwartung „nach totaler Kommunikation" aus dem undeutlich-diffusen Mangelerleben ergibt, d. h. daß jede zwischenmenschliche Beziehung durch die Erwartungshaltung „total" zu kommunizierenden Enttäuschungen zur Anwendung des Talionprinzips führen kann.[42]

Die häufige Diskrepanz zwischen dem erotischen Sich-Erschließen und der Bindung in bestimmten Ordnungsbezügen — letztere sind häufig leib- und erosfeindlich — führt bei einigen Individuen wiederum dazu, daß sie das Thema der erotischen Provokation durch das Gegenthema einer sogenannten „repressiven" Orientierung beantworten und damit auf eine zunehmend sich einschränkende Spiralbewegung der Kommunikationseinengung und möglicher Dekompensation zusteuern. Abwendung von dem anderen, Abwehr seines Kommunikationsbedürfens wird als Rechtferti-

375

gung (s. o.) des eigenen, den anderen schuldig-machenden, provozierenden Tuns erlebt. Die Ignorierung der Zusammenhänge (die Verweigerung, diese aufzuzeigen und aufzuweisen, sie zu bewältigen) führt zu zunehmender, gegenseitiger Indifferenz und resignativer Abwendung.

Die Modi insbesondere der thematisierenden Neutralisierung der Gegensätze in den gemeinsamen Themen des Berufes, der Orientierung, der Leibhaftigkeit, vermögen dann einer zunehmend sich einengenden Entwicklung nicht Einhalt zu gebieten, weil die Gegenorientierung der lex talionis (im Gegensatz zum Tauschprinzip) das destruktive Nehmen, die Einvernahme des anderen überwiegt, bis der andere sich wehrt, zurückschlägt, und wechselseitige Neutralisierung nicht mehr zu verwirklichen ist; Sich-Verschließen und Sich-Lösen treten in den Vordergrund, sie sind die Vorboten des Kommunikationsendes.

Diesen häufigen Vorkommnissen stehen die Möglichkeiten der Kommunikationserweiterung in partnerschaftlichen Beziehungen gegenüber, in denen die Partner im Prozeß des gegenseitigen Sich-Erkundens, Sich-Erschließens und Sich-mit-einander-Auseinander-Setzens das der Kommunikation immanente Ziel der Bewältigung anvisieren: durch Lernen Kommunikationseinschränkungen überwinden und dabei den anderen als, in seinem personalen So-Sein zu belassen (s. o.).

Den anderen belassen, akzeptieren, bewältigen, erfolgt meist über Neutralisierung der Gegensätze. Aber auch partielle Abwendung, Abwehr sind „Teile" eines Prozesses, der sich dann über Jahre zu erstrecken vermag. *Das Bewältigen* — bei aller Relativierung desselben — *einer zwischenmenschlichen Beziehung kann letztlich nur über das Annehmen des anderen erfahren werden. Annehmen impliziert in der idealen Sicht z. B. (s. o.) Neutralisierung von Gegensätzen; diese kompensiert die Gemeinsamkeit des personalen Ideals.* In der Bindung durch die anteilnehmende Kommunikation wird das Annehmen des anderen in seiner „Idealgestalt" sichtbar, dies dürfte zu dem „Geheimnis" der Bindung als einem spezifisch Humanen beitragen.[43]

dd) Gruppen[44], Verbände und ihre Kompensationen

Die institutionalisierte Anteilnahme und das Talionprinzip wurden in ihrer fundamentalen Bedeutung für das Entstehen von Gemeinschaft überhaupt aufgezeigt. Die Kommunikation innerhalb z. B. weltanschaulich/ideologisch gebundener Gruppen, in ethnischen Verbänden, Familien, beruflichen Aggregationen in ihrer möglichen Vielfalt von Kommunikationseinengung, Erweiterung, Kompensation aufzuzeigen — eine Geschichte der Kommunikation innerhalb menschlicher Institutionen zu verfassen, ist nicht das Anliegen dieser Untersuchung (s. auch o. „institutive Anteilnahme"). Sie muß sich darauf beschränken, aufzuzeigen, daß die genannten Gruppen und Verbände prinzipiell durch kompensatorische Unterordnung der Gruppenmitglieder unter ein oder mehrere zentrale, die Existenz der Gruppe rechtfertigende Themen sich vollzieht.

Der Verzicht auf zahlreiche Kommunikationsmöglichkeiten, den z. B. religiöse, aber auch ideologische Bünde ihren Mitgliedern aufnötigen, wird durch Sich-Binden, durch Aufweisen und Aufzeigen in bestimmten Ordnungsbezügen kompensiert, u. U. *überwiegend durch bloße Absorption der Gegensätze, nicht durch deren Neutralisierung* (entsprechend „autoritärer Führung").

Der Mangel an Auseinandersetzung — etwa Kritik an der jeweiligen Grundorientierung — wird durch das in allen Gruppen aufzuweisende Feindbild kompensiert (ebenfalls Absorption), das als Gegenorientierung oder Gegenordnung die im eigenen Kreise nicht zugelassene, sich auseinandersetzende, aber auch den anderen nicht einmal erkundend-erschließende, ihn entdeckende Kommunikation ausgleichen soll. In diesem Ausgleich kommt es jedoch selten zur Neutralisierung der Gegensätze, vielmehr ist auch hier Unterordnung unter ein Thema — Absorption — das häufigste Vorkommnis.

Der — von den sehr unterschiedlichen Gruppen entsprechend unterschiedlich perzipierte — Modus der Bewältigung im Sinne der Transzendierung der eigenen Existenz weniger auf mögliche, als vielmehr auf transsubjektive Wahrheit hin, wird hier kontemplativ-erschließend wahrgenommen, dort weltabgewandt-asketisch, dann wiederum weltzugewandt-revolutionär, hier als „Bewußtmachung des Verdrängten", dort als „Individuation".

In den am häufigsten vorkommenden, durch Arbeit (Leistung) zusammengeführten Gruppen, wird die genannte Teil-(Anteil)-Nahme an dem jeweiligen Thema sichtbar, die hier dem Modus überwiegend der *Absorption durch das jeweilige, in der Berufsausübung liegende Thema* vorgegeben ist. Bei Unterordnung unter das Thema eines technischen Entwurfes: von dem entwerfenden Team bis zu der ausführenden Produktion, werden die individuellen Gegensätze der an dem Projekt Beteiligten durch das Leitthema absorbiert. Das schließt jedoch nicht individuelle Kommunikationsmöglichkeiten in der jeweiligen Gruppe aus, den verschiedenen Kommunikationsmodi folgend — während der Arbeit, beim Essen in der Kantine, auf dem Nachhauseweg; die Absorption durch das Thema jedoch bleibt für die die Menschen zusammenfügende Leistung ausschlaggebend.

Gruppen der genannten Art, insbesondere Familienverbände — die weniger über institutionalisierte Kompensationsmöglichkeiten verfügen als die vorindustriellen oder ethnischen, bei denen schon der faktische Mangel, die materielle Not, eine absorbierend-dominierende Thematik darstellte – dekompensieren, wenn das Leitthema nicht mehr erkennbar ist, wenn die eine Gruppe bindende Orientierung zerfällt, wenn die Thematik einer Leistung nicht mehr durchgeführt wird, wenn in einem Familienverband die anteilnehmende und teilnehmende Bindung – aus welchen Motiven auch immer – sich auflöst. (Z. B. Verlust des Lebensraumes, Tod, Trennung, Auseinandergehen der Partner, Krankheiten, Epidemien, aber auch ein „überraschender Lottogewinn", der eine verarmte Familie in den Besitzrausch stürzt. *Die Konstatierung von Dekompensation in Gruppen setzt die Kenntnis dessen voraus, was die Gruppen kompensatorisch zusammenhält.*

Die Kompensation der stets inhomogen-heterogenen Subjekte und der grundsätzlich auch inkommunikativen Nichtung in jeder Kommunikation ist im Familienverband als einer Kombination von erotisch-leibhaft und ökonomisch, bindenden Orientierungen und Ordnungsbezügen, deren wechselnder Ausrichtung auf Leistung und Beruf, wesentlich schwieriger zu bestimmen als in ideologischen oder anderen geschlossenen Gruppen. Nichtsdestoweniger darf die Grundkonzeption des Kommunikationsendes auch hier als maßgeblich für das Auftreten von Dekompensation angesehen werden; findet unter den einzelnen Mitgliedern eines Familienverbandes keine oder – relativiert – kaum Kommunikation innerhalb der verschiedenen Modi statt, wird Dekompensation der Familie sichtbar – ohne daß jedoch die einzelnen Familienmitglieder dekompensieren müssen.

Die Validität der hier vorgetragenen Thesen wird darüber hinaus durch die sogenannte Gruppentherapie[45] bestätigt. Diese Gruppen zeichnen sich – als therapeutische nicht weniger wie als Selbsterfahrungsgruppen – vor anderen bereits genannten Gruppen durch mangelnde dominierende Thematik aus. Es sind weder Ordnungs-, Orientierungs- noch Leistungs- oder leibhafte Bezüge dominierende Leitthemen, die möglicherweise absorbierend und richtungsweisend die Gegensätzlichkeit der Kommunikation kompensieren. Vielmehr wird die Thematik, dem spontanen Sich-Mitteilen vergleichbar, von Subjekt zu Subjekt gesetzt, gegengesetzt und es gibt Möglichkeiten, sowohl die unterschiedlichen Kommunikationsmodi wie auch die Strukturen in ihrer Entstehung und Darstellung zu beobachten. Darüber hinaus kann auch das Setzen von Gegenthematik auf Thematik verfolgt werden, um die verschiedenen Formen gegenseitiger Kompensation – insbesondere von Abwendung, Abwehr, Absorption und Neutralisierung –, festzustellen.

In der sogenannten Gruppentherapie wird deutlich, daß jede sich anbahnende Leitthematik – eben jener Grundstrukturen –, nicht von dem sie artikulierenden Subjekt zu trennen ist. Ihre „Objektivierung" erscheint unmöglich und Thematik nicht weniger wie Gegenthematik bedingen durch die Kommunikation der Subjekte untereinander die entsprechenden Strukturen – wie sie diese auch wieder aufheben.

Der Beobachtung der einschränkenden Kommunikationsmodi von Abwehr, Absorption oder Abwendung steht jene der Neutralisierung von Gegensätzen — ebenfalls durch Subjekte artikuliert — gegenüber, mit der Möglichkeit, Kommunikationserweiterung und graduelle Differenzierung von Kommunikation innerhalb der Gruppe zu verwirklichen.

9. Sprache, Kommunikation und sprachliches Mißverstehen

Das Thema Sprache und Kommunikation auch nur annähernd erschöpfend darzustellen, bedürfe einer umfangreichen, vielbändigen Untersuchung, eingedenk der kaum zu übersehenden Mannigfaltigkeit bereits vorhandener, namhafter Veröffentlichungen zu dieser Thematik. Das Thema kann deshalb in der vorliegenden Untersuchung nur gestreift werden, um eine erste Orientierung zu gewinnen.

Sprachliches Kommunizieren entwickelt sich phylo- und ontogenetisch aus vorsprachlicher Kommunikation, deren Grundzüge in der Lebenswelt oben bereits aufgezeigt wurden. Aber auch das kindliche Erkunden, Entdecken und Erschließen ist ein vorsprachliches, und vorsprachliche Kommunikation ist auch in der Welt der Erwachsenen nicht abhanden gekommen. Sie wirkt im Atmosphärischen, sie ist besonders in der Musik zu fassen, in den Andeutungen von Gestik und Physiognomie; im sich darstellenden Zeigen jeder Erscheinung ist sie anwesend. *H. Tellenbach** weist auf diese Zusammenhänge innerhalb der Musik wie folgt:

Unser Versuch, der Musik bis in ihre Möglichkeiten kommunikativer Einstimmungen im Geistigen nachzugehen, bedürfte nun einer entschiedenen Rückwendung auf jene ganz andere Weise musikalischer Einstimmung, wie sie an den Grenzen des Vitalen erfolgt. *Kierkegaard* und *Nietzsche* haben ja gezeigt, wie das Erotische von Grund auf mit dem Musikalischen durchdrungen ist und wie die nicht-sprachliche Kommunikation in der gegenseitigen Steigerung von Eros und Musik kulminiert. „In der erotisch-sinnlichen Genialität hat die Musik ihren absoluten Gegenstand" — so *Kierkegaard* in der Interpretation von *Mozart* „Don Juan". Die Gegenseitigkeit des Erotischen und des Musikalischen stellt sich bei *Nietzsche* in der Pantomime des Dionysischen dar. Der Dionysische Schwärmer ist entheos, vom Gott durchdrungen, Enthusiastés. Dieses Enthusiastische, das alle mit dem Atem des Gottes durchdringt, wird für den frühen *Nietzsche* zum Inbegriff von Musik als eines Mediums spontaner Kommunikation. „Jetzt ... fühlt sich jeder mit seinem Nächsten nicht nur vereinigt, versöhnt, verschmolzen, sondern eins — singend und tanzend äußert sich der

---

* *H. Tellenbach*: Über vorsprachliche Kommunikation. In: Zeitwende, 1973. S. 298. S. auch *H. Tellenbach*: Geschmack und Atmosphäre, Salzburg 1968.

Mensch als Mitglied einer höheren Gemeinschaft. Er hat das Gehen und das Sprechen verlernt. Er ist auf dem Wege, tanzend in die Lüfte emporzufliegen." Aus diesem Medium lassen sich dann auch Facetten abheben, die, wie der „Takt" oder der „Rhythmus", die kommunikative Einstimmung in besonderer Weise akzentuieren. Schon immer führen ja die Instrumente, die das Rhythmische wecken, die sogenannten Schlagzeuge, die Menschen zum Tanz zusammen, in welchem die nicht-sprachliche Kommunikation eine ihrer idealtypischen Ausformungen zeigt. Im Tanz, das hat uns vor allem *E. Straus* sehen gelehrt, ist der Mensch bis in die räumlich-zeitlichen Bestimmungen seines Verhaltens hinein ein anderer. In anderer Weise als sonst ist sein Leib corps connaissant. Die Tanzende „weiß" immer schon, welche Bewegung der Tänzer machen wird, welcher „Schritt" dem jetzigen folgen wird. Wie würde sie straucheln, wenn sie sich nicht im Tanz bewegen würde!

Vorsprachliche Kommunikation erscheint darüber hinaus in jeder sprachlichen durch den „Ton, der die Musik macht". Der gleiche Satz — der an das Kind gerichtete Auftrag: „Mach doch bitte die Tür zu", die Frage: „Wie geht es Ihnen heute?" der Informationsaustausch über ein technisches Problem, das „Ich liebe Dich" — erlaubt eine nicht abzugrenzende Variabilität in der Art, wie er gesagt wird. Im „Wie" zeigt sich die leibhaft-anteilnehmende Kommunikation: von der liebevollen Bitte, dem schon drängenden Hinweis, dem schroffen Befehl, dem wütend-drohenden Flüstern des „Mach doch bitte die Türe zu" — oder von der indifferent-stereotypisierten Frage: „Wie geht es Ihnen", bis zur warmherzigen Anteilnahme.

Im Ton, im Sprachausdruck zeigt das Subjekt — obwohl es sich auch hier zu verstellen vermag — seine Befindlichkeit, seine Emotionalität, seine mögliche Gehemmtheit, seine mögliche Sachlichkeit an; es zeigt sich auch in seiner situativen Befangenheit oder Freiheit. Der Sprachausdruck wird zu einem entscheidenden Agens zwischenmenschlicher Beziehungen, da er über den Inhalt des zu Vermittelnden hinausgehend, die Person in der Fluktuation ihrer anteilnehmenden Kommunikation darstellt.

Dabei können der Inhalt und das Wie des Gesagten sich häufig widersprechen. Die vom Inhalt her anteilnehmende Frage: „Wie geht es Ihnen heute", kann in ihrem Wie bedeuten „Lassen Sie mich bloß in Ruhe"; das „Ich liebe Dich", meint im Ton das Gegenteil, ein Lob kann sich als zynische Ironie darstellen, eine Kritik versteckte Bewunderung umschließen. Im Sprachausdruck entbirgt sich das Subjekt, stellt es sich bloß, wie es sich in diesem andererseits ebenso verbergen kann; selbst der Ton läßt — ein nicht unwichtiges, anthropologisches Phänomen — eine verstellende Manipulation zu.

So weist Sprache einen Doppelcharakter auf. Einerseits ist sie der zum Sprachlaut (Wort) gewordene Begriff — ohne daß Wort oder Begriff etwa identisch wären, wie Sensualisten und Materialisten vermeinen — und damit Vehikel der logisch-noetischen, teilnehmenden Kommunikation. *Andererseits zeigt sie im Ausdruck an, was das Subjekt „eigentlich" meint.* Beide Kommunikationsmodi können sich ergänzen, verstärken — oder der eine den anderen in der Verstellung verbergen.

Durch und mit der Sprache bricht der Mensch aus seiner tierischen Ahnenreihe heraus. Durch die spezifische Entwicklung von Wirbelsäule, Hirn, Extremitäten und Sprachwerkzeugen wird die leibhafte Grundlage für das Phänomen gestiftet, daß in der Sprache der Mensch sich als vernunftbegabtes „Animal rationale" zeigt. Durch die Sprache wird die Gemeinsamkeit noetisch-thematischer Kommunikation in der Evolution als einmaliger Sprung sichtbar, der über alle ähnlichen, vorsprachlichen, aber nie grammatikalisch strukturierten Sprachansätze des Tierreiches hinausgeht.

Der noetisch-teilnehmende Aspekt der Sprache (ihr „Vernunftcharakter") stiftet durch die grammatikalische Struktur die Möglichkeit gegenseitigen sprachlichen Verstehens. Dieses Verstehen ist Wahrnehmung (Aufnahme, Hören) des Mitgeteilten; über das Hören der Sprachlaute hinausgehend, jedoch das Erschließen derselben zu einem sinnvollen — oder scheinbar sinnlosen — Ganzen. Wahrnehmen von Gesprochenem, Vernehmen und Erschließen desselben weisen hier auf den oben (S. 32) bereits erwähnten sinngemäßen Zusammenhang *von Vernehmen und Vernunft auf den Begriff der Rede (logos) bei Heidegger*[46]. Im Vernehmen der Sprache stellt sich ein Vorgang dar, der — analog zur inneren Zwiesprache des Nachdenkens über ein bestimmtes Problem — in den Bahnen innerer Auseinandersetzung, über Binden und Lösen, endlich im Bewältigen zum Abschluß kommend, sich darstellt. *Hören von Sprachlauten, Vernehmen eines Sinnganzen und Nachdenken als das Vernehmen der inneren Sprache der „Vernunft" verweisen aufeinander.*

Dem Vernehmen (Hören) stehen die durch die Atmung und die willkürliche Muskulatur bewegten Sprachwerkzeuge gegenüber. Bewegen der Sprachwerkzeuge im Sprechen, Vernehmen (Hören) von Gesprochenem, stellen sich als leibhafter Zyklus von Wahrnehmen und Bewegen (Gestaltkreis) dar, über den das Subjekt sich mitteilt und aufnimmt. Das Medium beider, das des vernehmenden Hörens wie das der bewegenden Sprache ist die Luft, die hier in der Atmung Sprache ermöglicht, dort als sogenannte Schallwelle die zu Lauten gewordene Atmung weiterträgt. Das griechische Wort „pneuma" versucht diesem Sachverhalt gerecht zu werden, daß der „Geist" sich über Luft in der Sprache und der Atmung darstellt, dann aber als Sinn (Thema) vernommen wird. Das Vernehmen wäre demnach sowohl ein Hören wie auch ein Vernehmbar-Machen, da das Gehörte, über den Sprachlaut hinausgehend, durch das Vernehmbar-Machen sich erst zu einem sinnvollen Ganzen erschließt.

Sprache ist nur möglich, weil der andere in der Sprache gemeint ist. Sie ist vorgegeben dialogisch, wohingegen das Denken z. B. im Nachdenken als einem erkundenden Erschließens auch nur mit sich selbst im Zwiegespräch befaßt zu sein vermag — unter Ausschließung oder Ausblendung eines personalen Bezugs (z. B. im Nachdenken über ein abstraktes Thema). *In der primären Intentionalität der Sprache auf den anderen wird — vom Medium der Luft von Ohr zu Ohr, von Stimme zu Stimme getragen — das Moment sowohl ihrer Öffentlichkeit wie auch ihrer (relativen) Anonymität sichtbar.* In der Hinwendung auf den anderen als ihrem Apriori muß sie ja auf gemeinsame, von allen verstandene Worte zurückgreifen, „hinter" denen wiederum Begriffe stehen, die ebenfalls „Gemeingut" sind und von jedermann verstanden werden sollten. *Der gemeinte Andere ist jedoch unspezifisch die Allgemeinheit des Öffentlichen, die Anonymität der Vielzahl, nicht der Besondere, eine, andere, den die Sprache als Sprache anvisiert. Sie ist allen verständlich, weil sie alle anzureden vermag;* dabei lassen zweifellos historisch-gesellschaftliche Differenzen auch innerhalb einer Sprachgruppe erhebliche Grenzen schon der sprachlichen Verständigung entstehen.

Als allgemein den anderen meinend, ist Sprache für jeden da, der der gleichen Sprachgruppe angehört. Sie ist für jeden da, wie ja der Mensch durch seine noetische Kommunikation an der allgemeinen Verbindlichkeit der logischen Regeln, dann der grammatikalischen partizipiert; denn er vermag mitzuteilen, ob er Gegenwart, Vergangenheit, Zukunft meint, ob er eine Frau oder einen Mann als diese bezeichnet, ein Tier oder einen Gegenstand; er kann Tätigkeiten mit Worten wiedergeben, so daß sie tatsächlich Jedermann versteht.

Das „Objektive", wenn es überhaupt ist, ist die allgemeine Verbindlichkeit der sprachlich-verstehbaren Kommunikation, in der alles seinen Ort hat — die Thematik logischer Zusammenhänge nicht weniger als die des Sprachausdrucks.[47] *In dieser Objektivität aber, die den Einzelnen als Allgemeinen anspricht, im Anonymen der Sprache, verbirgt sich das Subjekt wiederum in anderer Weise als in der möglichen Verstellung des Ausdrucks oder wenn es nicht sagt, was es denkt.**

Der zeitliche Ablauf einer Gemütsregung, einer Befindlichkeit oder eines Gedankenablaufs ist in der Struktur seiner Innerlichkeit nicht mit dem zeitlichen Ablauf einer Sprachbewegung identisch, noch sind das eine auf das andere rückführbare Vorgänge, da sie erst einmal inkommensurabel sind. Die „unmittelbare" Übersetzung einer Gedankenverbindung in Sprache ist ebenso wenig möglich wie die einer Gefühlsregung, die in ihrer spezifischen Eigenzeit der Dimension des Innen angehören[48]. Das zeitliche Nacheinander der Sprache nicht weniger wie das zeitlich gebundene Ver-

---

* Zum Thema Sprache, Grammatik und apriori der Logik siehe besonders *E. Husserl*: Logische Untersuchungen, Bd. I u. II. Tübingen 1975.

nehmen stellen bereits gegenüber dem Kommen und Gehen der Gedanken, des Fühlens, der Triebe, eine extreme Einschränkung und entsprechende Veränderung dar.

Im Inne-Sein eines Gedankenablaufs z. B. bin ich selbst in dessen Entwicklung, übersehe ich den Anfang, antizipiere vielleicht ich dessen Ende; ja in der gedanklichen Wiederholung einer alltäglichen Begebenheit bin ich in der Zeitdimension des Denkens „viel schneller" als in einer sprachlichen Äußerung.

In der Schilderung eines Gefühls wiederum entzieht es sich mir, schlägt es in ein anderes um. Ich zwinge es in das Prokrustes-Bett der Begriffe, dann der Worte, um etwas zu beschreiben, das möglicherweise längst vergangen ist. D. h. daß in der Sprache, im Aufbau ihrer zeitlichen Struktur, die wiederum an die außerräumliche der Sinneswelt, von Gehör und Sprachwerkzeugen gebunden ist, sich das Subjekt als ein innerlich Erlebendes nicht nur nicht adäquat darzustellen vermag; vielmehr ereignet sich in der Sprache die erste fundamentale Entfremdung des Innenlebens und seiner Vor-Artikulation alles Sprachlichen. Mögliche Kommunikation des Innen, Fluktuation des Emotionalen, innere Zeitlichkeit und innere Räumlichkeit in ihrem In-Einander werden über Sprache zur faktischen Kommunikation eingegrenzt und so in einer grundlegenden, nur dem Menschen eigentümlichen Weise veräußerlicht und entfremdet. *Selbstverwirklichung über die Sprache ist Verbergung des Subjektes, ist Ent-Wirklichung und Ent-Fremdung*[49].

Begründet Sprache Kommunikation als gemeinsame über sprachlich vermittelte, d. h. verstehbare Themen, weil sie im anderen, den das jeweilige Subjekt anspricht, stets allgemein-öffentlich, gemeinsames Verstehen voraussetzt, so gibt es keine Sprache, die nur dialogisch das Gegenüber meint, die nur Sprache der Zweisamkeit wäre. (Von Varianten der allgemein gültigen Sprache abgesehen, wie sie z. B. Liebes- oder Ehepaare in begrenzten Bereichen gelegentlich haben.)

Damit wird eine weitere, existentielle Einschränkung des sprachlichen Umgangs sichtbar: um sich in seiner einmaligen Subjektivität zu äußern, braucht das Individuum das oben dargelegte Medium des Allgemeinen. Im Sprach- oder Schriftteil hebt es dieses Medium zwar in den Bereich der eigenen Persönlichkeit, um nichtsdestoweniger als der Einmalige der es ist, sich letztlich nicht darstellen zu können. Sprache verbirgt auch hier das Subjekt — über die oben aufgezeigten Einschränkungen hinausgehend —, wenn dieses sich in Sprachstil und Sprachausdruck zwar ein Bild zu schaffen vermag, das gewisse Züge seiner Einstellung und seiner Art zu kommunizieren wiedergibt, das aber bei weitem nicht die spezifische Einmaligkeit seiner Existenz darstellt.

Das gegenseitige Mißverstehen, Bestandteil alltäglicher Kommunikation, in der Kinderstube nicht weniger als im Fabriksaal, in der Arztpraxis,

383

unter Partnern, Mitarbeitern oder Kollegen, ist – wird es als Mißverständnis erlebt – Folge des eben aufgezeigten, grundsätzlichen Sachverhaltes: *daß das Subjekt über Sprache sich nur begrenzt darzustellen und verständlich zu machen vermag.*

Es macht sich zwar verständlich, sofern es überhaupt sprachlich kommuniziert, es kann sich sprachlich – wie bekannt – bis in die intimsten Bereiche seines Innen eröffnen, begleitet vom Empfinden, „verstanden" worden zu sein. Es kann auch „verstanden" werden. Nichtsdestoweniger wird die einmalige Spezifität seines Erlebens, der Andersartigkeit dieses Erlebens von dem jedes anderen nur begrenzt aufgenommen, weil es sich eines unspezifisch-allgemeinen Mediums bedienen muß. Die Einmaligkeit seiner Subjektivität vermag es nur im „Ton" des Vorsprachlichen zu vermitteln.

Diese Grenzen des Verstehens, werden in den alltäglichen Mißverständnissen immer wieder deutlich, in denen das Subjekt, trotz sprachlicher Darstellung, sich in seinem Anliegen mißverstanden fühlt und auch mißverstanden wurde.

Das Mißverstehen kann Anlaß zu sekundären „verstärkten" Kommunikationsbemühungen, zu weiteren Mißverständnissen – oder zu plötzlichem Erschließen des von dem einen zum anderen kommunizierten Anliegens werden. Der Mißverstehende gibt wieder, was er mißverstanden hat, zwingt damit den sich mißverstanden Fühlenden zu erneuter, anderer Artikulation seines Anliegens – das aber möglicherweise das gemeinsame Mißverstehen noch steigert. Das Mißverstehen wird verstärkt, wenn der eine Partner mißverstehend sich bereits eine vorgefaßte Meinung gebildet hat, die weiteres Verstehen unmöglich macht. Das Mißverstehen führt zunehmende Kommunikationseinschränkung oder Kommunikationsende herbei, wenn der eine der Partner darüber hinaus das Vermögen zuzuhören verlernt hat – wenn möglicherweise beide Partner nicht zuhören, sondern sich nur selbst darstellen. Die Darstellung des zu Vermittelnden impliziert einerseits logisch artikulierte Sätze, die z. B. von einem Dritten durchaus „adäquat" aufgenommen werden, die aber von dem im Dialog Stehenden völlig anders gemeint sind. (Die eigentliche Sprachabsicht wird nicht vermittelt.) Trotz mißglückter Vermittlung der Sprachabsicht, trotz überwiegendem oder ausschließlichem Sich-selbst-Verstehen der Partner – d. h. daß die Partner zwar selbst verstehen, was sie artikulieren, der jeweils andere es jedoch nicht so aufnimmt –, können sich die Partner im besten Einvernehmen trennen, in der Meinung, daß sie einander glänzend ergänzt und verstanden haben. Dieses gegenseitige Sich-Verstehen bei völligem Miß-Verstehen fußt entweder auf sympathisch-anteilnehmender Kommunikation, jenseits des sprachlichen Miß-Verstehens – was aber bei Partnern, die nicht mehr zuhören können, unwahrscheinlich ist –, oder es hat einen ausschließlich zweckbedingten Hintergrund: Man tut so „als ob man sich bestens verstanden hat", weil im vorhinein die gegenseitige Erfüllung bestimmter Zweckabsichten festlag, was ein sprachliches Verstehen weitgehend überflüssig macht. (Alltägliche Situationen dieser Art wurden meisterhaft von *Ionesco* für die Bühne dargestellt.) Im Fall *eines kompletten Verstehens bei gleichzeitig ebenso totalem Mißverstehen zeigt sich die allgemein-unverbindliche Weise der Sprache an, logische Zusammenhänge zu explizieren, ohne daß Logik erfragt ist.* Der Außenstehende Beobachter eines solchen Dialogs, der nicht um die Gestimmtheit und die Zusammenhänge der Partner weiß, erfaßt nur die logische Verbindlichkeit der Sprache und meint, die Partner würden sich verstehen. Diese hören jedoch einander weder zu, noch gehen sie auf das Gesprochene ein, nichtsdestoweniger argumentieren sie logisch, um damit Sprache als ein Medium auszuweisen, das zwar auf Kommunikation und Öffentlichkeit ausgerichtet, bei situativer Indisponiertheit der Subjekte zu kommunizieren, jedoch weitgehend versagen kann.

Sprache vermittelt thematische Kommunikation, indem sie analoge Themen über die noetisch-teilnehmende Kommunikation konstelliert, evoziert, provoziert. Es werden — wenn ein sprachliches Verstehen erreicht wird — letztlich ähnliche Erlebnisse im allgemeinen Medium des Wortes erweckt, *in denen das Mitgeteilte* — eine Begebenheit, eine Stimmung — *des einen als Ähnliches, aber nie als Gleiches,* (s. o.) *sich im Zuhörenden darstellt.* Es erweckt in ihm bestenfalls ähnliche Erlebnisse oder Stimmungen.

Die Antwort des Zuhörenden auf das Mitgeteilte ist als verstehende Antwort darüberhinaus stets Stellungnahme im Sinne der oben aufgeführten Nichtung auch von Kommunikation. In der Stellung nehmenden Antwort wird das Mitgeteilte bereits befragt; der Antwortende berichtet daraufhin ein ähnliches Erleben oder erzählt von einer ähnlichen Gedankenfolge, um dem, der sich anfänglich mitteilte, nicht nur die Ähnlichkeit, sondern auch die Verschiedenheit von Erlebnissen oder Gedankenfolgen darzustellen. Das anfänglich Mitgeteilte wird durch die Antwort als Erleben relativiert. Die sich ereignende Mitteilung oder nichtende Antwort erfahren durch die das Erleben relativierende sprachliche Kommunikation eine für die Entstehung der humanen Kultur entscheidende Neutralisierung. Oder: *Die in jeder Kommunikation liegende Verschränkung von Sich-Ereignen und Nichten wird durch die Sprache selbst neutralisiert.* Die Bedeutung der therapeutischen „Aussprache" ruht letztlich in der ausgleichend-kompensatorischen Wirkung der sprachlichen Kommunikation selbst, in ihrer Neutralisierung von Nichten und Sich-Ereignen.

10. Faktische, mögliche und ideale Kommunikation
(Einführung in die therapeutische Exploration)

In der faktischen Kommunikation eines Subjektes stellt sich die Aktualität seiner Kommunikationsmöglichkeiten, der Umgang mit seiner jeweiligen Umwelt wie auch mit sich selbst im Querschnitt des zeitlichen Jetzt dar. Es zeigt sich, welche Kommunikationsmodi möglicherweise fehlen, über welche ausschließlich, einseitig oder überwiegend kommuniziert wird.

Darüber hinaus wird sichtbar, welche kommunikationseinschränkenden Modi der Abwendung, Abwehr, Absorption, im Vordergrund des Verhaltens stehen, welche Möglichkeiten von Kommunikationserweiterung, Ergänzung (Neutralisierung) und Kompromißbildungen, welche Möglichkeiten der Angstüberwindung sich abzeichnen. Diese Modi dürften sowohl in der Beziehung des Subjektes zu sich selbst — wenn dieses bereits ein gewisses Maß von Selbstverstehen ausdrückt —, als auch in der Umwelt-Beziehung zur Darstellung gelangen.

Aktualität des Jetzt ist ferner durch das jeweilige Verhältnis des Subjektes zu den Grundstrukturen, den in diesen sich niederschlagenden Kommunikationsmodi, bestimmt. Dies bedeutet konkretisiert: Wie z. B. das aktuelle Verhältnis des Subjektes, d. h. seine Kommunikation zu dem Raum in seiner äußeren Auffächerung in Lebensraum und innerräumlichen von Orientierung und Ordnungsbezug erscheint, wie das Verhalten des Subjektes zu der Zeit als alltäglich-tragender, zeitigend-sich-verantwortender, zur Vergangenheit (Geschichte) und Zukunft sich mitteilt. Die Beziehung zur Leistung, in der sich das Erkunden, Entdecken und Auseinandersetzen über und mit dieser kundgibt, oder das Fehlen überhaupt eines Verhältnisses zur Leistung. Nicht weniger wie die Antworten der Umwelt auf Geleistetes, Vollbrachtes, Gekonntes, oder Nicht-Geleistetes, Unvollständiges, wie auch fragmentarische Selbstdarstellung über die Leistung Inhalt der Beziehung zu dieser sind. Das Verhältnis zur Leistung, ist nicht weniger im Querschnitt des Jetzt zu ermitteln, wie die Beziehung zum Leib, die oben bereits als möglicherweise „repressiv", „indifferent", „sportlich-diszipliniert" beschrieben wurde.

Aktualität der Kommunikation und ihrer Darstellung in den genannten Grundstrukturen, *wird durch die in der Vergangenheit gelebten, aber im Lebenslauf in den Hintergrund getretenen Kommunikationsmodi ergänzt, soweit diese erinnernd verfügbar sind.*

Stattgehabte Kommunikation, die sich in ihren verschiedenen Modi im Jetzt nicht mehr zeigt, *erweist, daß das Subjekt, der jeweiligen Situation entsprechend zu diesen Kommunikationsmodi in der Lage gewesen ist* und damit der Beobachtung Rückschlüsse auf Kommunikationseinschränkungen oder im Falle des Lernens, auf anamorphotische Entwicklung, (Kommunikationserweiterung) erlaubt. Vorgänge der genannten Art implizieren Wandlungen der Beziehung zu den Grundstrukturen, die durch die Kommunikation nicht weniger als durch die Situation bedingt waren.

Die faktischen Kommunikationsmöglichkeiten implizieren die in der Vergangenheit stattgefundenen, aber nicht mehr manifesten. Ob darüber hinaus Möglichkeiten der Kommunikation in der Zukunft verwirklicht werden können, im Anschluß z. B. an ähnliche, aber der Vergangenheit angehörende Situationen, — hängt nicht nur von dem Wie des in seiner Aktualität sich erschließenden Subjektes nach Art einer „Bestandsaufnahme" ab. Vielmehr wird diese Möglichkeit mitbestimmt von dem, was der aperspektivische Hintergrund an Hoffnungen, Wünschen, Entwürfen in sich birgt.

Wird das Individuum XY die Möglichkeit wahrnehmen, sich einen Freundeskreis aufzubauen, oder wird es aufgrund innerer Abwendung von diesen Möglichkeiten, die sich auch im aperspektivischen Hintergrund anmelden, weiterhin Abstand nehmen? Wird es eine Liebesbeziehung erfahren, einen Berufs- oder Gesinnungs- (Orientierungs-)wechsel vollziehen? Ist seine Beziehung zur Ordnung so festgefügt, daß hier Wandel und damit vielleicht Kommunikationserweiterung auszuschließen sind? Diese Fragen (die nur im Rahmen des Möglichen geklärt zu werden vermögen) münden letztlich in die zentrale Frage der menschlichen Existenz ein: Wird diese Kommunikation über Kompensation und mögliche Erweiterung hinausgehend „bewältigen" können? Wird sie die Faktizität kompensatorischer Kommunikationseinschränkung unter möglicherweise unveränderlichen situativen Bedingungen — die nur durch die Veränderung des Subjektes zu verändern, zu bewältigen sind — akzeptieren? Wird dieser Mensch seine je-einmalige Existenz „bewältigen" können, indem er die nicht zu bewältigende Vergangenheit und das nie zu Bewältigende des Noch-Nicht der Zukunft annimmt, d. h. sich damit „versöhnt"?

Die Immanenz der möglichen Bewältigung des Einzelschicksals in jedem Lebensweg stellt den Gegenpol zu der Erwartung „totaler Kommunikation" dar, durch die sich der Mangel seine für ihn für immer aufhebensollende Erfüllung und Stillung vorgaukelt. *In der Bewältigung wird die Notwendigkeit sichtbar, daß das Subjekt über kompensatorische Einschränkungen, über die jeweilig situativ-gesellschaftlichen Bindungen, selbst über gewisse leibhafte Mangelerscheinungen hinaus, die Unmöglichkeit der totalen Kommunikation wahr- und annimmt.*

In diesen Grundzügen stellt sich die erste in der Praxis der Diagnose und Therapie einführende Befragung der kranken Person durch den Beobachter dar, (s. Anamnesebogen, Teil V). In der weitergehenden Strukturierung der Befragungssituation ist der Beobachter in seiner je-einmaligen Subjektivität miteinbezogen. *Das „Protokoll" einer oder mehrerer Explorationen ist der Niederschlag der Intersubjektivität.*

Die Bedeutung des Beobachters liegt jedoch vor allem darin, sich die Frage vorzulegen: Was kompensiert möglicherweise was?

Welche von den faktischen, im Jetzt aufzuzeigenden Kommunikationsmodi kompensieren welche — und über welche der Strukturen? Welche mögliche Kompensation von „Was" erscheint in der Vergangenheit vordergründig? Was läßt sich an Kompensation durch den aperspektivischen Hintergrund ermitteln — durch welche Modi oder Strukturen wird er wiederum kompensiert. Was vermag in Zukunft was zu kompensieren — um damit eine Prognose zu stellen?

Wie verhält sich die faktische Kommunikation des Jetzt, zu der möglichen des Subjektes, die als mögliche auch die leibhaften Dispositionen, die Begabungen, verschüttete und latente Tendenzen mit ins Auge faßt, insbesondere die stattgehabten, in der Vergangenheit einmal gelebten Kommunikationsmodi? Wie ist das Verhältnis zwischen faktischer und möglicher Kommunikation? Wie verhalten sich beide wiederum zur „totalen" Kommunikation? Ist es ein Mißverhältnis? Dabei werden sich die Gesprächspartner die Frage vorlegen, wie weit die „totale" Kommunikation in der Entwicklung der Lebensgestalt des Subjekts als unerreichbares Ideal (ideale Kommunikation) kommunikationseinschränkend — oder erweiternd gewirkt hat.

11. Die Dekompensation

a) Retrospektive auf „Beziehung und Gestalt"

Es ist nicht die Aufgabe der vorliegenden Untersuchung, einen neuen Krankheitsbegriff einzuführen, noch die möglichen Dekompensationen menschlicher Existenz aufzuzeigen, da dies bereits geschehen ist und lediglich zur Erinnerung darauf verwiesen sein soll. Krankheit wurde als Kommunikationsende, als hochgradige Einschränkung definiert, als partielle oder totale Dekompensation:

Der Krankheitsbegriff als Dysregulation, Gestaltverfall, Störung des Austausches, Störung der Befindlichkeit und Kommunikationsverlust erlaubt eine erste Zusammenfassung in der Dekompensation, die wie folgt definiert werden soll: Wenn das Maß (Gleichgewicht) des leibhaften und subjektiv-individuellen Verhaltens und das der zum Leib und Subjekt sich verhaltenden Welt Austausch und/oder Kommunikation zwischen beiden nicht mehr trägt, wenn es zusammenbricht, ist Dekompensation eingetreten. Diese Definition wird am Beispiel des Lastträgers deutlich, d. h. am Beispiel des im Umgang mit Lasten abgestimmten Maßes von Tragfähigkeit des Skeletts und der Muskulatur, der Fähigkeit, den Leib zu bewegen, und der, Umwelt wahrzunehmen, wodurch Tragen und Vorwärtsbewegen ermöglicht wird; ferner am Beispiel des (subjektiven) Verhältnisses des Trägers zur Last und ihren Ausmaßen. Gelingt es dem Lastträger nicht, das Zusammenspiel dieser Faktoren, ihren Austausch im Gleichgewicht zu halten, bricht er zusammen, dekompensiert er.*

Wurde in „Beziehung und Gestalt" der Begriff des anthropologischen Mißverhältnisses, dessen Manifest-Werden in der Dekompensation, seine Kompensation in „Gesundheit" dargelegt, so wurden in den „Mißverhältnissen" die durch die Evolution der Hominiden bedingten innerpsychischen Strukturgegensätze z. B. zwischen Wollen und Denken, Denken und Fühlen, zwischen Befindlichkeiten und Trieben selbst, diese z. B. wiederum in ihren Gegensätzlichkeiten zum Handeln, aufgezeigt. Ferner wurde dargelegt, daß diese Mißverhältnisse sich durch die Gegensätzlichkeit ihrer Strukturierung selbst ausgleichen, zu ihrem Ausgleich aber auch weiterer „Korrektiva" von Kommunikationsmodi und Strukturen bedürfen.

In der Dekompensation — so wurde dargelegt — *zeigt sich das anthropologische Mißverhältnis als das nicht-mehr durch die sich ausgleichenden Gegensätze selbst vermittelte Auseinander-Klaffen der Strukturen, wie es im Konflikt nicht weniger als in jeder Form von zu Dekompensationen neigenden Auseinandersetzungen zu Tage tritt.* In der Dekompensation wird Kommunikation reduziert, beendet; häufig ist nur noch ein Modus von Kommunikation zu beobachten.

Diese Grundkonzeption weiterführend, faßt der vorliegende existentialontologische Ansatz die Einheit des Subjektes in einem noch entschiedeneren Sinne ins Auge, als es die anthropologische Konzeption vermag. Der existential-ontologische Ansatz sieht die unauflösbare Widersprüchlichkeit des Menschen über die Unterschiedlichkeit spezifisch innerpsychischer Strukturen hinausgehend in dem Nicht-Verfügbaren der leibhaften Existenz, dem Sich-Entziehenden der Existenz in den Modi der anteilnehmenden Kommunikation und in der relativen Verfügbarkeit derselben in der noetisch-teilnehmenden Kommunikation, besonders dann, wenn diese das Bewältigen intentionalisiert. Ferner wird Kommunikation als Mangel angesehen, dessen Bewältigung immer nur eine relative zu sein vermag; d. h., *menschliche Existenz ist an der Wurzel selbst Mangelerleben, Dekompensation des „Noch-Nicht" und „Nicht-Mehr".* Der Überstieg zur Welt, das In-der-Welt-Sein selbst sind Kompensationsvorgänge eben auf dem Grunde des „Noch-Nicht" und „Nicht-Mehr" der Struktur der Zeitlichkeit.

---

* *D. Wyss*: Beziehung und Gestalt, S. 279.

b) Weitere Differenzierung von Dekompensation

Wurden in „Beziehung und Gestalt" für die — keineswegs stets obligat zu durchlaufende — Stufenfolge der leibhaften Erkrankungen die Begriffe der Dysregulation, der Dekompensation und des Gestaltverfalls eingeführt, so werden — der Grundkonzeption der vorliegenden Untersuchung gemäß — auch hier bei der Frage nach den Anzeichen von Dekompensation die leibhaften Prozesse als Gleichnis für innerpsychische Vorgänge gesehen, das auf die Selbigkeit der Existenz verweist. Dies im Auge behaltend (in Ergänzung und Weiterführung der Darlegung in „Beziehung und Gestalt"), *stellt sich Dekompensation stets als — das einzelne Subjekt wie auch seinen jeweiligen Lebensraum, seine Bezugspersonen betreffendes — Auseinanderfallen der Kompensationsmöglichkeiten und ihre extrem, jedoch von Fall zu Fall unterschiedlich reduzierte Kommunikation dar;* zumal Bezugspersonen, Lebensraum und die Grundstrukturen überhaupt stets in die Dekompensation miteinbezogen sind.

Dekompensation ist ferner Leid-Erleben des Einzelnen nicht weniger als seiner Gruppe (Verband, Gemeinschaft), das keineswegs „objektiviert" durch Geräte, Messungen oder Testuntersuchungen werden muß, und das sich kürzer oder langfristig darstellt. Es darf jedoch nicht übersehen werden, *daß es Dekompensation ohne Leiderleben gibt, Leiderleben ohne Dekompensation, womit der Begriff des Leidens bereits relativiert ist.*

Eine Affekthandlung ist z. B. eine *akute Dekompensation* — insbesondere bei retrograder Amnesie — *mit eindeutigem Überwiegen eines Kommunikationsmodus zugunsten aller anderen.* Eine anhaltende Bewußtseinstrübung (Trübung des Wachens) ist nicht weniger eine Dekompensation wie die Kommunikationseinschränkung eines stark gehemmten, introvertiert-autistischen Individuums, wie die Dekompensation einer Legasthenie, eines Stotterns, einer Impotenz, einer die gesamte Kommunikationsmöglichkeit einschränkenden Angstkrankheit, einen sog. „Zwangsneurose" — oder eines Beinbruchs, der das Individuum, an der Möglichkeit sich fortzubewegen, hindert.

Krankheitsbilder mit noch „kompensierter Dekompensation" wären die chronischen Verläufe, nicht weniger z. B. die der bereits erwähnten Zwangskrankheit oder einer lebenslänglich anhaltenden Hypochondrie. Aber auch die sog. „Charakteropathien" wären als Dekompensation zu bezeichnen, bei denen Kommunikationseinschränkungen, Überwiegen einseitiger Kommunikationsmodi zu beobachten ist, Kommunikation jedoch noch aufrecht erhalten wird und bestenfalls als „kompensierte Dekompensation" (kompensiertes Mißverhältnis) zu bezeichnen wäre. Die Charakteropathien sind häufig kompensiert, da in zahlreichen Fällen ein kompensatorischer Leistungsbezug zum Beruf aufrecht erhalten bleibt, oder bei mangelnden anderen Kommunikationsmöglichkeiten dennoch ein erotisch-sexueller Bezug zum anderen existiert. „Noch kompensiert" bedeutet, daß das Subjekt sich in einem oder mehreren Strukturen und Kommunikationsmodi darzustellen vermag — bei zunehmend nachweisbarer Reduzierung möglicher anderer Kommunikationsmodi.

Je mehr — dies darf allerdings nur als *Faustregel* angesehen werden — die Kommunikationsmodi reduziert sind, umso stärker neigt das Subjekt dazu, sich über Erkunden oder Erschließen, Sich-Auseinandersetzen nicht weniger als Binden und Lösen, in bestimmten Antrieben/Trieben, in gegenstandsbezogenem Handeln, Fühlen oder seinen Befindlichkeiten *einseitig* sich darzustellen.

Hierzu zählt z. B. der extrem leistungs- oder ordnungsbezogene Mensch, für den das Erkunden und Entdecken, Erschließen und Auseinandersetzen überwiegend in den Leistungsentwurf mit einbezogen sind oder jene Charakteropathen, die sich durch Ehrgeiz, Geltungsstreben, Horten, Sammeln, Hypersexualität, Überanpassung, „Selbst-Auslöschen" als Grundintentionalität ihres Lebensbezugs kundgeben. Extreme Einschränkungen werden ferner, vom Aspekt der Grundstrukturen ausgehend, sichtbar: wenn der leibbezogene Sportler überwiegend über diese Struktur (Leibhaftigkeit/Leistung) sich darstellt, der verantwortungsvolle Ideologe skrupulös alle Handlungen vermeidet, die seiner Ideologie widersprechen — oder der in seinem Ordnungsbezug fest verankerte Bauer bei Übersiedlung in die Stadt dekompensiert.

Die genannten, einschränkenden, einseitigen Kommunikationen folgen dem Modus der Absorption in ihrer Kompensation. In der sog. Depression oder den depressiven Verstimmungen überwiegt z. B. der Modus der Abwendung[50] wohingegen Abwehr und Neutralisierung als Kompensationen einschränkender Kommunikationsmodi in den sog. kompensierten oder „gesunden" Individuen zu beobachten sind.

Überwiegen eines abwendend-abwehrenden Kommunikationsmodus in der gesamten Persönlichkeit, Überwiegen überhaupt von abwehrend-absorbierenden Kommunikationsmodi spricht für extreme Einschränkung, für „kompensierte Dekompensation", die sich stets am Rande von Dekompensation bewegt.

Die Dekompensation vermag sich darüber hinaus sowohl im Verhältnis des Subjektes zu den Strukturen — durch seine Kommunikation mit oder seine Darstellung über diese —, wie in den reduzierten Kommunikationsmodi darzustellen. Der Beobachter hätte zu ermitteln, wieweit bei Dekompensation einer Grundstruktur — z. B. des Ordnungsbezugs oder des Verhältnisses zu den Verfassungen der Zeitlichkeit — diese noch durch andere Strukturen kompensiert wird oder ob sie im Begriff ist, die anderen Grundstrukturen mit in die Dekompensation „hineinzureißen".

Ob das Krankheitsbild letztlich durch den Beobachter in Richtung der

Dekompensation der Strukturen oder in der Dekompensation der Kommunikationsmodi „akzentuiert" wird, ist irrelevant, da in der Einheit des Subjektes die einen von den anderen nicht zu trennen sind. Das Wahrnehmen der dekompensierenden oder dekompensierten Strukturen erleichtert den „diagnostisch feststellenden Blick" mit allen solchen Feststellungen anhaftenden Begrenzungen.

c) Dekompensation als intersubjektives Geschehen [51]

Die jetzt das erkrankte Individuum in den Vordergrund stellenden Ausführungen, bedürfen des ergänzenden Blickwechsels des Beobachters auf die Gruppen, Verbände und Bezugspersonen, in denen das Individuum lebt, um den ständig situativen Veränderungen desselben gerecht zu werden. Wieweit liegt innerhalb der Gruppen, denen das Individuum angehört — etwa in der Familie — Dekompensation vor? Wieweit sind dort dekompensierte oder charakteropathische Subjekte anzutreffen, so daß die Dekompensation des einen mit der des anderen zusammenhängt — beide Dekompensierte möglicherweise noch eine „kompensierte Dekompensation" bilden?

Wieweit wird sich die Dekompensation des der Therapie bedürftigen Individuums auf seine Gruppe auswirken, wieweit manifestiert sich die Dekompensation der Gruppe im Individuum?

Die ständige Verknotung und Verflechtung des einen Individuums mit dem anderen und mit der Gruppe, das Wirken und Gegenwirken beider als unablässig die Situation beeinflussende Prozesse, die wiederum von dieser Situation beeinflußt werden — wie ja auch im Wandel der Situation rückwirkend Einflüsse aufzuweisen sind —, muß den Hintergrund der Vorgänge bilden, die sich dann als deutlich wahrnehmbare in der Aktualität von den undeutlichen des jeweiligen Hintergrundes abheben.

d) Der Konflikt (Widerstreit)

Das Wesen von Kommunikation ist — im Setzen und Gegensetzen aus dem Mangelerleben entstanden — der Konflikt. Wurde oben in Erinnerung an die Ausführungen in „Beziehung und Gestalt" dargelegt, daß in der Dekompensation die Gegensätzlichkeiten der Strukturen und der Kommunikation selbst sichtbar werden, so kann darüber hinaus Dekompensation als stagnierende Auseinandersetzung erscheinen, als sich im Kreis drehende konfliktbeinhaltende Situation; d. h., Auseinandersetzung, die aus sich heraus zu Bewegung und Veränderung drängt, ist in der Dekompensation statisch geworden; sie führt keine Veränderung mehr herbei, was z. B. häufig den Alkoholiker charakterisiert. Für die „stagnierende Auseinandersetzung" gälte, *daß der Konflikt zwar zu Veränderungen, Dekompensationen führt, aber selbst keine Veränderung erlebt.*

Das Konflikterleben in der stagnierenden Dekompensation wird durch die zunehmende Unfähigkeit des Individuums bestimmt, in der einen oder anderen Richtung sich zeitigend zu entscheiden, aus der Entscheidung zu einer Bindung oder Lösung zu kommen. Das schließt aber nicht aus, daß es zahlreiche, leibhafte Dekompensationen gibt, bei denen die betreffenden Subjekte scheinbar keinerlei Konflikte aufweisen; diese haben sich vielmehr in die Nichtverfügbarkeit des Leibes zurückgezogen, die Konflikte sind leibhaft — denn leibhaftes Dasein ist nicht weniger als innersubjektives konfliktbezogen (vgl. Stoffaustausch, I. Teil).

e) Dekompensation und Krankheitsgestalt

In der Dekompensation oder im Gestaltverfall eines Krankheitsprozesses wird dessen Symptomatik als gestalthaft-morphologischer Zusammenhang — außerordentlich variabel — sichtbar. Jedes Individuum hat die „Masern", eine Myocarditis oder Gastritis in seiner je-einmaligen Weise — aber doch typisch, so daß eine Diagnose gestellt zu werden vermag. *Typisch hieße, daß bei aller individuellen, der Krankheit und der Krankheitsabläufe innewohnenden Richtung und Variabilität gewisse Grundgestalten/Strukturen sich ähnlich bleiben.*

Diese Grundgestalten als ein zusammenhängendes Ganzes, bei einer organischen Krankheit nicht weniger wie bei einer Depression oder Zwangskrankheit, *sind auch im Verfall und in der Dekompensation noch „Gestalten", d. h. sichtbar sich darstellendes Geschehen, kein unsichtbares „Chaos".* Der Schrecken, die Panik, die Katastrophe, das Kommunikationsende oder der Tod, nicht weniger wie die Angst oder die floride Psychose, die sich anbahnende Depression sind sichtbare, sich in spezifischer Weise bildhaft darstellende Vorgänge des „verfallenden" Subjektes als „Ganzem", des auseinanderfallenden Menschen. Sie erscheinen damit als Un-Gestalten, sind aber dennoch thematisch ablaufende Prozesse, „Ganzheiten", in denen die Gegenthematik der Nichtung als „Ganze" durch das Subjekt sichtbar wird. Oder: *das Thema der Dekompensation ist die Vielfältigkeit des Ver- und Zerfalls, der als dieser das „Ganze" des „verfallenden" Subjektes ist.*

In der Dekompensation eines Mitralvitiums oder eines psychischen Geschehensablaufes genügen die die Gegensätze kompensierenden Vorgänge nicht mehr, diese nicht auseinanderfallen zu lassen.

Damit wird auch in der Dekompensation Gestalt sichtbar, die sich durch das unvermittelte Nebeneinander heterogenster Strukturen auszeichnet. Das trifft für die leibhafte Erkrankung ebenso zu wie für die psychische Dekompensation, wobei – in ausdrücklicher Erinnerung an „Beziehung und Gestalt" – *leibhafte und psychische Dekompensation in ständiger Wechselbeziehung sowohl zueinander stehen, als daß sie auch einander kompensieren.*

Den in der leibhaften Erkrankung von Stoffwechselprozessen nicht zueinander vermittelten Funktionen gelingt es nicht mehr, sich zu dem Funktionsganzen eines z. B. fermentativen Abbaus zusammen zu schließen. Der Blutkreislauf stellt sich seiner optimalen Möglichkeit entsprechend nicht mehr dar, sondern Schwerkraft (Peripherie, Leibeshöhlen) und Schlagvolumen treten in Gegensatz zueinander. In der psychischen Dekompensation ereignet sich analoges: der Phobiker (Angstkranke) fürchtet räumliche Veränderungen, obwohl er den schützenden (kompensierenden) Raum sucht. Der Zwangskranke versinkt in Unordnung, obwohl er Ordnung (Kompensation) herstellen will. Der Depressive klagt sich mangelnder Leistung an, obwohl er Leistung für sinnlos hält – um nur einige charakteristische Beispiele zu nennen.[52]

In allen Fällen stattgefundener Dekompensation bleibt zumindest der negative Sinnbezug auf ein übergeordnetes, vorausgegangenes „gesundes" Ganzes als Erinnerung an dasselbe z. B. in psychischen Dekompensationen erhalten. (Der Depressive, der sich an die Zeit vor seiner Dekompensation erinnert, nicht weniger als der Zwangskranke oder Phobiker.)

Der Bild- und Gestaltbezug der Krankheitszeichen bleibt als Bestandteil der sichtbar-thematischen Welt auch in der Dekompensation erhalten, so wie Tod und Auflösung bildbezogene, d. h. themenstrukturierte Prozesse sind.

In Dekompensation und Gestaltverfall werden die Gegensätze der Kommunikation als Nichten, als negatives Sich-Setzen, sichtbar. Ihre Bilder[53] *sind die der Umnachtung, Verzweiflung, Umdüsterung, der Be- und Verfangenheit, der Auslieferung an ..., der Überwältigung durch ..., das Sich-Ausgesetzt-Erleben. Es sind die Erfahrungen der monadischen Existenz in ihrer unauflöslichen Einsamkeit, die als dekompensierte den Bezug zum anderen verliert, „monadisch" wird.*

Die Thematik und Unterthematik des Nichtens wird in der Dekompensation und im Gestaltverfall sichtbar, die in dem Reichtum ihrer Thematik nicht hinter der Thematik des Setzens und Kommunizierens zurückstehen. *In Dekompensation und Gestaltverfall überwiegt das nicht mehr Kommunikation stiftende Nichten.*

f) Dekompensation und Belastung

Der Begriff der Dekompensation wurde in „Beziehung und Gestalt"[54] an dem Bild der Belastung entwickelt, *wobei das Vermögen (die Möglichkeit), Belastungen auszuhalten in der Dekompensation unter seine Möglichkeiten absinkt.*

Belastung entspricht dem Widerstand, der Bestandteil jeder Kommunikation in Setzen und Gegensetzen von Themen und Gegenthemen ist: keine Antwort (s. o.), die nicht auch Widerstand impliziert, den Mitteilenden auch belastet, keine Mitteilung, die nicht auch das Erleben von Belastung für den, an den die Mitteilung sich richtet, zu erwecken vermöchte.

In der Belastung wird der Widerstand innerhalb der Kommunikation als Last empfunden, gegen die anzugehen kaum möglich erscheint, die kaum tragbar und nicht mehr zu bewältigen ist. Der Widerstand wird in der Belastung zur möglichen Kommunikationseinschränkung, zur Bedrohung und Vernichtung. *In der Dekompensation entschwinden die Möglichkeiten, das Bedrohend-Einschränkende der Belastung, des Widerstandes noch durch das Gegengewicht des Gegensetzens auszugleichen.*

Das wird z. B. in der sog. Affekthandlung deutlich, wenn die schlechte Nachricht ein Weinen als akute Dekompensation auslöst, das betroffenbelastete Individuum sich mit der Nachricht auseinandersetzen muß, um im neu orientierenden Sich-Binden oder Lösen diese zu kompensieren, d. h. sich selbst als Gegengewicht gegen die Mitteilung zu setzen. Das Weinen, Ausdruck von Dekompensation, ist bereits der erste Schritt das Gegengewicht gegen die Nachricht zu setzen; es kann zur Kompensation führen. Gleitet aber das betroffene Individuum aus dem Weinen in Apathie, in zunehmende Verstimmung, dann zeichnet sich Dekompensation im oben beschriebenen Sinne ab.

In der Dekompensation durch das Angsterleben kann Angst als unmittelbare Antwort auf bedrohendes Kommunikationsende, auf Nichtung des Subjektes erlebt werden. So in der Dekompensation der verschiedenen Modi des Erkundens, Erschließens, Entdeckens, Auseinandersetzens usf. ebenso wie in der Dekompensation der Strukturen: Wenn das Erkunden mißlingt und keine Leistung mehr zustande kommt, wenn eine Auseinandersetzung keine Zeitigung erfährt, wenn das Erschließen als bedrohlich-nichtend erlebt wird und keine erschließende Orientierung mehr stattfindet, wenn in Binden und Lösen sich kein Ordnungsbezug mehr zeigt. Die bedrohlich (Angst) erlebte Einschränkung vermag dann nicht mehr durch Absorption, Abwendung oder Abwehr, durch Neutralisierung und Ergänzung ausgeglichen zu werden. Die in der Richtung zunehmender Kommunikationseinengung sich drehende „Spirale" mündet in Dekompensation, wenn die eingegrenzt-eingeschränkten Modi der Kommunikation der äußeren oder inneren Belastung — als Existenzbedrohung — nichts mehr entgegensetzen können. Wann Dekompensation eintritt, ist allerdings (s. o.) nur in den seltensten Fällen voraussagbar; die Zusammenhänge sind bestenfalls im Nachhinein festzustellen.

Das, was zur Dekompensation geführt haben kann, ist stets eine (Kausale) Rekonstruktion des Beobachters, der letztlich nicht in der Lage ist, das „Warum gerade jetzt und nicht gestern oder morgen?", aufzuhellen.

In kausalen Bezügen denkend, mißdeutet der Beobachter auch in der Rekonstruktion einer Dekompensation die stets nur möglichen Zusammenhänge im Sinne von notwendigen; er wird damit dem Wesen des Subjektes, seiner ständigen Bezogenheit auf den aperspektivischen Hintergrund nicht ausreichend gerecht.

Die zahllosen Interpretationen der Psychologie und Psychoanalyse, weshalb ein Mensch hier und nicht in einer anderen Situation so und nicht anders erkrankte, weshalb er überhaupt erkrankte, gehen fehl, solange diese das *Mögliche* der Dekompensation von deren *Möglichkeit* und deren *Realität* (Notwendigkeit) nicht trennen (s. „Beziehung und Gestalt").

Voraussagen läßt sich lediglich, daß zunehmend wahrnehmbare Kommunikationseinengungen durch den Modus der Absorption, durch überwiegende Abwendung von Kommunikation, endlich auch durch mangelnde Kommunikation mit sich selbst aufgrund dieser Einschränkungen, bei situativen oder anderen Belastungen der inneren Konstellation zu Dekompensation neigen können, auch dann, wann vorhandene Kompensation voraussichtlich Dekompensation nicht mehr aufzuhalten vermag.

Einbrüche des aperspektivischen Hintergrundes, des „Unbewältigten", in den Alltag durch das Auftauchen einer plötzlichen Leidenschaft zu etwas (Spiel, Gewinnsucht, Eros) oder der Einbruch des Aperspektivischen in Visionen oder Psychose-nahen Erlebnissen, aber auch im Berufswechsel, in Orientierungs- und Ordnungswandel gefährden von jeher die Personen, die in ihrer Kommunikation bereits weitgehendst eingeschränkt, unflexibel sind, und bei denen wenige Kommunikationsmodi als mögliche „Reserve" für Kompensationen vorliegen (s. o. „Bewältigung" und Kommunikationsvielfalt).

Teil V

Zur Klinik und Poliklinik von Dekompensationen

(Poliklinische Falldarstellungen)

In „Beziehung und Gestalt" hat der Verfasser eine erste Deskription verschiedener akuter und chronischer Dekompensationen (Mißverhältnisse) dargelegt, die hier nicht wiederholt werden können. Um im Rahmen einer anthropologisch orientierten Psychotherapie Diagnosen zu stellen und Therapievorschläge zu erwägen, ist es jedoch notwendig, sowohl die jeweiligen Kommunikationseinschränkungen zu erfassen, als auch die hauptsächlichen Mißverhältnisse und entsprechenden Dekompensationen zu beschreiben. Dies ist die Voraussetzung für *die Therapie als Kommunikationserweiterung*, der jedoch eine weitere, dritte, in Vorbereitung befindliche Untersuchung vorbehalten ist.[1]

Der Aufzeigung der Kommunikationseinschränkungen und Mißverhältnisse korrespondiert die Feststellung der hauptsächlichen Kompensationen, ihrer Art und Weise, um durch diese die möglichen Chancen der Kommunikationserweiterung festzustellen. Der Gang einer Untersuchung — einer Anamneseerhebung und Exploration — hätte demnach folgende Aufgaben:

1. Feststellung vorhandener Kommunikationseinschränkungen und Ausfälle (in welchen hauptsächlichen Strukturen und Modi).
2. Feststellen überwiegender (einseitiger) Kommunikationsmodi oder Strukturen (bereits als Kompensation).
3. Mißverhältnisse und Dekompensationen im Zusammenhang der
4. hauptsächlichen Konflikte aufzeigen — auch in ihrer lebensgeschichtlichen Relevanz.
5. Vorhandene Kompensationsmöglichkeiten erwägen.
6. Typologisch-dispositionelle Einschränkungen, Einseitigkeiten, wie auch mögliche Flexibilität, Plastizität und Differenziertheit erkunden.
7. Diagnose und Therapievorschlag.

Die jetzt folgenden acht Fälle aus der Poliklinik des Instituts für medizinische Psychologie und Psychotherapie der Universität Würzburg sollen dem Leser ausschließlich dazu dienen, die in dieser Untersuchung — auf den Ausführungen von „Beziehung und Gestalt" fußend — entwickelten Konzeptionen für die praktische Psychotherapie, für die psychiatrische Praxis zu verdeutlichen. Sie sind aus diesem Grunde in mehrere Teile aufgegliedert, die im Nacheinander benutzt, die Grundlagen eines detaillierten Explorationsprotokolls zu bilden vermögen, das zu den obigen sieben Fragen Stellung bezieht.

Es ist selbstverständlich, daß im Verlauf einer tiefenpsychologisch orientierten Therapie das Vordergründige einer ersten Kontaktaufnahme mit dem Patienten (informatorische Gespräch, Anamnese-Erhebung, Biographie, Exploration) in den Hintergrund tritt, umgekehrt Hintergründiges zum Vordergrund des therapeutischen Gesprächs wird, die Therapie durch ständiges Wechseln von Vordergründigem mit Hintergründigem sich auszeichnet. Das heißt in einer ersten Kontaktaufnahme sich darstellende Konflikte, Dekompensationen und Kompensationen weichen in dem vertieften Gespräch anderen Konstellationen. Akute Dekompensationen in bestimmten Strukturen oder Modi erscheinen plötzlich kompensiert, andere wieder dekompensieren. Der Patient erfährt sich in seinem Möglichen und in seinen Möglichkeiten.[2] Die tiefenpsychologische Therapie ist der sich auseinandersetzende Durchgang durch diese, mit der Entwicklung neuer Kompensationsmöglichkeiten auf der Basis eventueller Kommunikationserweiterung bei günstiger Prognose. (Selbstverständlich ist dem Verf. bewußt, daß eine ausschließlich tiefenpsychologisch orientierte Therapie dem Andrang der Patienten einer Poliklinik nicht mehr gerecht wird. Deshalb werden grundsätzlich auch kürzere Zeit in Anspruch nehmende Therapieformen – bei allen Nachteilen derselben – in Anwendung gebracht. Eine speziell meditative Therapie ist in Vorbereitung; siehe dazu D. Wyss: Der Mensch im therapeutischen Gespräch).[3]

Der Gang der Untersuchung setzt – nach einer üblichen Datenerhebung für die Karteikarte – mit der Wiedergabe eines freien Protokolls ein, das während oder nach der ca. ein- oder mehrstündigen Erstexploration (Gespräch) aufgenommen wurde. Es gibt im Wesentlichen die Beschwerden des Patienten wieder, ihre Entstehung, die Lebensgeschichte des Patienten, es versucht seinen Grundcharakter zu erfassen, sein Aussehen und Verhalten widerzuspiegeln (erkunden).

Das erste therapeutische Gespräch wird von einer schematischen Aufteilung der hauptsächlichen Kommunikationsmodi und Strukturen gefolgt, *die hier ausschließlich aus didaktischen Gründen dem Leser das Denken (Entdecken, Erschließen) in der Dynamik der Kommunikationsmodi und Strukturen beispielhaft aber extrem vereinfacht vermitteln soll.* In den folgenden Schemata geht das lebendige Subjekt in der unübersehbaren Vielfalt seiner Darstellungen und Möglichkeiten, in seinen Erlebnissen zugunsten stark reduzierter Kommunikationsmodi und Strukturen weitgehend verloren. Dies sei ausdrücklich betont. Es sei aber auch betont, daß diese schematisierte Aufteilung nicht Bestandteil etwa eines poliklinischen Fragebogens ist, *sondern lediglich dem Leser Richtungen explorativer Fragestellungen aufweisen soll.* Die Schlüsse, die aus dem Protokoll und dem Schema gezogen wurden, werden in den weiteren Ausführungen zusammenfassend dargelegt.

Dabei sei ebenfalls unterstrichen, daß in einer einstündigen oder mehrstündigen Erstuntersuchung *nur die Umrisse der Kommunikationsmodi* und der Strukturen, über die sich der Patient darstellt, in ihrer Aktualität und in ihrer ungefähren Entstehung erfaßt werden können. Das jedoch hat den Vorteil, an den Umrissen die Grundzüge der hier vorgetragenen Konzeption zu verdeutlichen und zu überprüfen.

Zunehmende Differenzierung ergibt sich — abhängig zweifellos von der jeweiligen Art des Kranken wie der des Therapeuten — mit der Häufigkeit der Gespräche. Bzw. zeigen sich die Vielfältigkeit oder die Einschränkung von Kommunikation und ihre hauptsächlichen Kompensationen bereits in einer therapeutischen Konsultation von ca. fünf bis zehn Sitzungen.

Geht es um die Bedeutung etwa des anteilnehmend-leibhaften Erkundens und Entdeckens, um die Frage noetisch-teilnehmenden oder anteilnehmenden Bindens und Lösens, um das Bewältigen, so erwarte der Leser — der Konzeption des Verfassers entsprechend — nicht etwa sog. (durchaus fiktive) „harte" Daten oder Zusammenfassungen, die einem sog. Testergebnis vergleichbar wären. *Vielmehr werden Eindrücke vermittelt*, wie sie dem Beobachter — dem Therapeuten — sich darstellen, *in denen die gesamte Subjektivität sowohl des Therapeuten wie auch des Patienten mitfluktuiert.* Pseudowissenschaftliche „Kontrollen", sog. Eliminierung von Fehlerquellen, womöglich die modisch beliebte Anwendung eines Audeovisio-Verfahrens, um eine „objektive" Exploration vorzuspiegeln, entfallen. Weshalb diese „naturwissenschaftlichen" Verfahren der Erfassung des Subjektes inadäquat sind, wurde andernorts aufgezeigt.[4]

Hinlänglich über die verschiedenen Kommunikationsmodi im Verlaufe der vorliegenden Untersuchung orientiert, über die Strukturierung des Patienten in den Grundstrukturen von Raum, Zeit, Leistung und Leib, sei, an diese nur erinnernd, zusammengefaßt: Wie erkundet z. B. der das Zimmer betretende Patient dieses über Wahrnehmen und Motorik, wie entdeckt oder erschließt er den Therapeuten?

Was ist über sein Erkunden in der Aktualität seiner Beziehung innerhalb seines Lebensraumes, zu anderen Personen zu sagen, und zwar sowohl in der leibhaft-anteilnehmenden Späre wie in der noetischen? Was ist über sein Entdecken auszuführen? Welche Antriebe und Triebe, Befindlichkeiten und Gefühlsdifferenzierungen, welche sozio-kulturellen Faktoren schwingen in seinem Erschließen mit? Wie erschließt er sich in seiner anteilnehmenden Leibhaftigkeit, wie in seiner teilnehmenden Erkenntnis? Darf von einem flach-fühlenden Sich-Erschließen (einem peripheren Erkunden) die Rede sein, oder ist das Erschließen tiefer gestaffelt, ist die Persönlichkeit z. B. von sie überwältigenden Antrieben beherrscht, die das noetische Binden und Lösen, die Bewältigung in Orientierungs- und Ordnungsbezügen unmöglich machen? Was erfahren wir über das erotisch-sinnliche Erleben des Patienten (Leib)? Wie ist sein Bezug zur Arbeit, zur Leistung, wieweit gelingt ihm Selbstdarstellung in diesen Bezirken, wieweit ist diese gescheitert? Welche Konflikte drängen in die Berufswahl, über welche Ordnungs- und Orientierungsbezüge wiederum stellen sich die vorhandenen Konflikte dar? Was läßt sich über das noetische Entdecken, Erschließen, Auseinandersetzen des Patienten, über sein Binden und Lösen in der teilnehmend-mentalen Kommunikation, über mögliches Bewältigen in dieser, aber auch in seinen zwischenmenschlichen Beziehungen aussagen? Wie ist endlich sein Verhältnis zu sich selbst, die Zeitigung in Verantwortlichkeit, sein Verhältnis zur eigenen Vergangenheit und Geschichtlichkeit?

Welche Konflikte werden ferner im leibhaft-anteilnehmenden Modus von Auseinandersetzung sichtbar, wie steht er in der teilnehmenden Auseinandersetzung zu Kritik und Selbstkritik? Stellt er nur die Umwelt in Frage oder auch sich selbst? Ist er z. B. überwiegend negativistisch-kritisch eingestellt (ikonoklastischer Intellektueller), lebt er im noetischen Bereich ganz in der Auseinandersetzung, vermag sich jedoch im Anteilnehmend-Leibhaften weder zu erschließen, noch zu binden oder zu lösen, sondern verbleibt ganz im peripheren Erkunden. (Mit diesen möglichen Fragestellungen sei an die Ausführungen von Teil II–IV erinnert.)

Der schematisierten Darstellung der hauptsächlichen Kommunikationsmodi, ihrer Einschränkungen oder Differenzierung, ist ein weiteres Blatt angefügt, das den Entwurf des Patienten in den Grundstrukturen vermittelt. Auch hier sei ausdrücklich auf den Abschnitt III verwiesen, dessen Kenntnis Voraussetzung dafür ist, wie und was der Patient in den Grundstrukturen vermittelt, dessen Kenntnis Voraussetzung dafür ist, wie und was der Patient in den Strukturierungen seiner Existenz zu vermitteln vermag, auf welche Strukturen der sich seiner annehmende Therapeut zu achten hat.

Ausdrücklich sei vermerkt, daß die Aktualität der Befindlichkeit des Patienten und die Aktualität seiner Entwürfe in den Grundstrukturen im Vordergrund steht, die Vergangenheit dagegen, in einer ersten oder selbst in einer mehrstündigen Exploration nur langsam dem erinnernden Zugriff sich zeigt. Innerhalb des Schemas werden jedoch ausdrücklich Aktualität und Vergangenheit unterschieden.

Erinnert sei nur, daß unter der Struktur „Raum" nicht nur menschliche Beziehungen im Lebensraum, dessen Atmosphäre, mögliche Spannungen und Entwicklungen zu erkunden wären, sondern daß der äußere Raum in seinem Verhältnis zu der Innerräumlichkeit von Orientierungs- und Ordnungsbezug zu erfassen ist. Wie auch die Struktur „Zeit" das Verhältnis des Patienten nicht nur zur Vergangenheit, zur Verantwortung, sondern auch zur Zukunft impliziert (Entwurf in die Zukunft). Die Struktur „Leistung" sollte das wechselnde oder konstante Verhalten des Menschen zur Arbeit und zu seinem Leistungsbereich anvisieren und mögliche Mißverhältnisse, „Überkompensierungen" wie auch ein Versagen in diesem Sektor im Auge behalten. Die Struktur „Leib" umfaßt die verschiedenen

Möglichkeiten des Patienten, sich zu seinem und zu dem Leib des anderen zu verhalten, wie sie sowohl die erotisch-sinnliche Kommunikation darstellt, aber auch der leibhafte Genuß und wieweit dieser wiederum möglich oder unmöglich ist. Auch sollte der Therapeut ein Auge auf die leibhaft-„typologische" Erscheinung des Patienten haben. Er sollte der typologischen Möglichkeiten gedenken, wie sie in „Beziehung und Gestalt" dargestellt wurden. Mögliche vergangene oder vorhandene somatische Erkrankungen wären auch der Struktur „Leib" zuzuordnen.

Das entscheidende Verhältnis des Subjektes zum Aperspektivischen dagegen läßt sich in einer ersten Exploration – auch nicht in mehreren nachfolgenden – meist noch nicht ermitteln, und es bleibt dem Therapeuten überlassen, diese Beziehung zur Aperspektive, wenn sie sich darstellt, gesondert zu vermerken.

In der Beobachtung der Kommunikationsmodi und der Strukturen, über die sich der Patient darstellt, wird der Weg geebnet, die gravierenden Mißverhältnisse zu ermitteln, Konflikte und Dekompensationen zu erhellen, noch vorhandene Kompensationsmöglichkeiten festzustellen, um abschließend eine Diagnose (Prognose) zu stellen und eine Therapie vorzuschlagen.

Die wichtigsten Mißverhältnisse[5] ergeben sich einerseits in der Beobachtung der Ausfälle ganzer Kommunikationsmodi, dem Überwiegen anderer, wird die Darstellung des Patienten seinen Kommunikationsmodi folgend, aufgenommen – oder in Mißverhältnissen des Patienten zu seiner Strukturierung. Spezifischer wären darüber hinaus Mißverhältnisse, z. B. in der Gegensätzlichkeit zwischen Antrieben/Trieben, Befindlichkeiten, Gefühlen einerseits, der noetischen Teilnahme, den Denkprozessen andererseits zu beschreiben. Nicht kompensierte Gegensätze zwischen „Denken und Handeln", zwischen „Entwurf" und „Realität", zwischen „Idealbildung" und dominierenden Antriebsrichtungen im erschließenden Anteilnehmen. Mißverhältnisse zwischen noetischem Binden und Lösen und erotisch-sinnlichem Anteilnehmen, Mißverhältnisse zwischen pragmatisch-oberflächlichem Erkunden und Entdecken, bei gleichzeitigem Entwurf auf nicht geglücktes Bewältigen von Außenwelt. Mißverhältnisse zwischen einem überwiegenden Sich-Auseinandersetzen in der anteilnehmenden Kommunikation bei mangelnder Fähigkeit, sich verbindlich zu orten und zu orientieren usf.

In der Zwangserkrankung z. B. wird das Mißverhältnis zwischen räumlichem Ordnungsbezug und Orientierung gegen leibhaft-anteilnehmendes Kommunizieren sichtbar, zwischen Erstarrung in zeitigender Verantwortlichkeit und der Unfähigkeit, sich der alltäglichen Selbstvergessenheit, dem Geschehensfluß zu überlassen. In der Angstkrankheit gewinnt Zeit räumliche Strukturierung, entschwindet der Raum in zeitlicher Ausdehnung (s. Beziehung und Gestalt II/12/13), um nur an Mißverhältnisse innerhalb der Strukturierung von Raum und Zeit zu erinnern.

Das die Kommunikationsmodi darstellende Schema ist von links nach rechts zu lesen, mit dem Erkunden beginnend und in der zweiten Spalte mit dem Bewältigen endend. Die einzelnen Modi sind von links nach rechts, aber auch von oben nach unten gehend in „aktuell" und „vergangen" unterteilt, ferner in anteilnehmend-leibhaftes z. B. Erkunden oder Auseinandersetzen und, in der nächsten Sparte nach unten gehend, in teilnehmend-handelndes.

Pat. A., weibl. (Studentin), led., 23 J.

Anlaß der Untersuchung:
Möchte nur mal mit jemandem reden wegen ihrer Kontaktstörungen und sozialen Unsicherheit, die sie besonders im Kurs Med. Psychol. feststelle. Sie sei wie blockiert, könne nichts reden, käme sich dumm vor, müsse nächtelang über einen Diskussionsbeitrag *nachgrübeln*. Ist unsicher, ob es wohl richtig sei, eine Behandlung anzustreben.

Erscheinung, Verhalten während der Untersuchung:
Unscheinbar, blaß. Wirkt etwas scheu, überangepaßt, gleichzeitig auffallende Abwehrtendenzen. Wertet eigenes Verhalten und Einstellungen starr ab, spricht flüssig. Stockt bei Schilderung mangelnder Geborgenheit durch die Familie, unterdrückt Weinen, schweigt dann trotzig. Intellektuelle Betrachtungsweise.

Lebenssituation:
Leistungsbezug: 2 Sem. Medizin. Sie habe das Studium nur aus Prestigegründen ergriffen, sei übertrieben ehrgeizig, mache sich bei geringem Versagen tagelang *Selbstvorwürfe*.
Sozial: Lebt mit PH-Studenten und dessen Freund in einer Wohnung zusammen, weil das billiger sei. Gefühl: die brauchen mich überhaupt nicht. Isolation; sie habe niemanden, würde auch allen Menschen aus dem Wege gehen, sei auch mit dem Lernen ziemlich ausgelastet. Wirke auf andere arrogant, habe Angst vor Abwertung.
Sexuell: Habe keine Lust mit Freund zu schlafen (den sie seit 4 Jahren kennt), würde das auch dann nicht tun seit etwa einem Jahr. Trotzdem Antikonzeptions-Mittel. Er würde ihr Ultimatum bis zum Sommer setzen, das sei ihr aber egal, sie habe ihn nie haben wollen.

Biographie:
Familie
Vater: Metzgermeister und Gastwirt (50). Nie gutes Verhältnis. Früher habe sie sich immer aufgespielt auf Grund ihrer intellektuellen Überlegenheit, habe sich mit ihm geschämt, jetzt würde sie ihn akzeptieren, wie er sei.
Mutter: Hatte nie Zeit für die Kinder, wegen Geschäft und ständiger Schwangerschaften. Pat. hängt jedoch sehr an der Mutter, was sie sich selbst nicht erklären könne.
Geschwister: 1 jüngere Schwester (20), 2 jüngere Brüder (17, 13).
Entwicklung: Von Großmutter, die im Haushalt lebte, zusammen mit den Geschwistern erzogen. Eigentlich hätten sie sich selbst erzogen, wobei sie die Führung über die Geschwister innehatte. Vor der Großmutter und ihren Schlägen hatten alle Angst.
Schulisch: Mit 12 J. in Internat, dort nur im Anfang soziale Schwierigkeiten. Mit 14 J. mußte sie sich selbst um Lehrstelle kümmern (Verlagskaufmann/Mainpost). Nach Ab-

schluß der Lehre auf eigene Initiative Bayernkolleg in Schweinfurt. Dort Zimmer. Lernte dort ersten Freund kennen, mit dem sie heute noch zusammen ist. Immer Klassenbeste. Keine sozialen Schwierigkeiten. Jedoch nie zugetraut, Abitur zu schaffen. Nach Abitur „vollkommen fertig", als sie nicht gleich Studienplatz für Med. bekam. 1. Sem. Pädagogik, „unheimlich viel gelesen", jedoch nur wissenschaftliche Literatur, auch wenn sie sie nicht verstand.
Erst im Studium Leiden unter Minderwertigkeitsgefühlen und Isolation.

Patientin A.

Den Zusammenfassungen des Diagramms kann entnommen werden, daß die Patientin in ihrer anteilnehmend-leibhaften Kommunikation, bis auf das periphere, aber bereits scheu und verhaltene Erkunden von Umwelt, ausnahmslos reduziert ist (Ausfall fast sämtlicher Kommunikationsmodi). Diese Einschränkung wird durch ein noch nicht auffällig reduziertes noetisches und leistungsbezogenes Kommunizieren durch absorbierend-dominierende Kompensation ausgeglichen. Die Kompensation reicht jedoch nicht mehr aus, um die Patientin nicht ihren Zustand als extreme Kommunikationseinschränkung erleben zu lassen. Der Kompensationsmodus allgemeiner Abwendung von der Umwelt, Abwehr derselben, Abwendung aber auch von sich selbst, zeigt sich darüber hinaus als zunehmende, allgemeine Kontaktstörung.
Mißverhältnisse liegen in der Diskrepanz zwischen den eingeschränkten anteilnehmend-leibhaften (wie auch sinnlich-erotischen) Kommunikationsmodi und der noetisch-leistungsbezogenen Kommunikation. Ein grundlegendes Mißverhältnis wird in der zunehmenden Abwendung (Depression) der anteilnehmend-leibhaften Kommunikation der Umwelt gegenüber sichtbar. Mißverhältnisse zeigen sich ferner in der Diskrepanz zwischen Selbstvorwürfen (Zeitigung) und faktischer Leistung. Ein Mißverhältnis wird sichtbar in der Diskrepanz zwischen der Selbstabwertung und der faktischen Leistung, beide an einem diffusen, noch nicht faßbaren, aber überspitzt perfektionierten Selbstbild gemessen. (Entwurf in die Zukunft, „wie man sein möchte") Mißverhältnisse werden außerdem in der Bindungsproblematik der Patientin sichtbar, der Bindung an die Mutter, bei gleichzeitiger Abwertung derselben, in ihrer Zwiespältigkeit zum Vater, in der Bindung an den Freund, bei gleichzeitig mangelnder leibhaft-anteilnehmender Kommunikation. Diskrepanzen zeigen sich darüber hinaus in der beginnenden Auseinandersetzung mit dem heimatlichen Lebensraum, dessen Orientierungs- und Ordnungsbezügen bei gleichzeitigem Unvermögen, Orientierung und Ordnung selbständig in die Zukunft zu entwerfen. Mißverhältnisse dürften ferner in den Antrieben und in der Triebproblematik vorliegen, zwischen einseitigem, ehrgeizigem Prestigestreben zu ungunsten der Antriebe sozialen Mitfühlens und Einfühlens (Entkörpe-

	Erkunden		Entdecken		Erschließen	
A)	aktuell	vergangen	aktuell	vergangen	aktuell	vergangen
anteiln.-leibh.	scheu, ängstl., zaghaft. flache Bez. i. Aufnahme, Abwehr überwiegt, erot.-sinnl. indifferent.	eher lebhaft, differenziert-wach. Bez. Aufnahme agil-motorisch; erot.-sinnl. wenig ausgeprägt.	kein expansives Entdecken in zwischenmenschl. Beziehungen. Ansätze von Selbstentdecken.	aktiveres Entdecken, Milieuwechsel selbständig vollzogen, in personal. Bez. wie aktuell: zurückhaltend. Nicht „captativ".	Abwehr überwiegt. Erschließt sich als bedrückt, reizbar, unzufrieden, ängstlich, wenig Einfühlung. Antipathie überwiegt. latent feindselig. Eher flach-erkundend im Gefühlsbereich.	zupackender, Einkörperung überwog; Geltungsbedürfen, Ehrgeiz. Dabei launisch-stimmungslabil.
teiln.-handeln	wenig aktiv; eher passiv-rezeptiv. Im Handeln überwiegt Leistungsbezug aus Prestige.	lebhaft-aktiver, Neugier, zielstrebiges Erkunden (Schule, Berufswahl).	eher gebremst/gehemmt. Rückzug, keine Freunde an noet. Entdecken. Wenig von Interessen bestimmt. Wenig pragmat. Entdecken. Nicht ausgeprägt „praktisch".	leistungs/prestigemotiviertes Entdecken ausgeprägter.	zu noet. Erschließen befähigt, sieht sich in größeren Zusammenhängen, auch Umwelt. Ansätze zu krit. Menschenkenntnis aber affektiv bestimmt (z. B. Eltern).	wie aktuell.
	Auseinandersetzen		Binden/Lösen		Bewältigen	
anteiln.-leibh.	meidet Konflikt, weicht aus (Abwehr) durchgesetzt. Sich Noch keine Auseinandersetzung mit sich selbst außer Selbstabwertung, „Minderwertigkeitsgefühle. Auch erot.-sinnl. keine Auseinandersetzg.	früher stärker fliktbezogen. Sich aus (Abwehr) durchgesetzt. (Berufswahl), aber auch Geschwistern gegenüber.	an Mutter gebunden übernahm der Rolle früh. An Freund passiv-abhängig gebunden.	Früher aktivere Lösungsversuche (dem Lebensraum gegenüber), „emanzipator." Tendenzen.	Zu anteiln.-leibh. Bewältigung nicht gelangt. Im Abwehrverhalten befangen. Kein Durchbruch zur personalen Bez. Bleibt bei Nichtbew. „Selbstabwertung".	Bewältigte Verantwortung früh, (*mußte*), den jüngeren Geschwistern gegenüber.
teiln.-handeln	im Rahmen des Lernstoffes zu Auseinandersetzungen in der Lage.	geht in Auseinandersetzungen nicht über Gefordertes hinaus, in Wissen und Lernen.	nicht in übergeordnete Bezüge gebunden. Weltanschaulichideolog. indifferent	nicht ermittelt.	Bewältigt ans Studium und Lernen gestellte Aufgb. Jedoch noch kein Bezug zu Bewältigung im sich ortenden Sinne. Nur negativ als Abwertung	bewältigte selbständigen Schritt zu Bayernkolleg durch Leistungsbezug und Prestigestreben.

Raum

(inner/außeräuml. Orientierung)
Mittelbürgerl.-ländl. Lebensraum. Stark ökonom.-pragmat. geprägtes Erkunden. Rigide Normen. Strenger Vater, nachgiebige Mutter. Früh zu Verantwortung genötigt. Keine Entfaltungsdifferenz. Gefühlsbezüge. Einschränkung durch „Schaffen", „Sparen" etc. Ohne Vorbild (verachtet Vater), aber Bindung an Mutter. In den Ordnungsbezügen u. Normen des Lebensraumes noch gebunden, nach versuchter Ablösung und Selbständigkeit.
Rollenunsicherheit, weibl. Rolle durch „schwache" Mutter problematisch, männl. durch abgelehnten Vater, eher antipathisch überspitztes Selbstbild entwickelt, das aber diffus ist. Wertet sich an diesem ab.
Im Lebensraum fand keine differenzierte Auseinandersetzung statt. Es überwog pragmat.-ökon. Erkunden, Bewältigung über traditionelle Ordnungsbezüge der mittelbürgerl.-aufstrebenden Schicht.

Zeit

Zeitigt sich sehr früh in Überverantwortung als Älteste jüngeren Geschwistern gegenüber.
Starke Zeitigung im Leistungsbezug.
Noch kein distanziert-reflektiertes Verhältnis zur Vergangenheit, zur Geschichtlichkeit. Kein Entwurf in die Zukunft. Selbstvorwürfe.

Leistung

Starker Leistungsbezug im Erkunden, von sog. Prestige mitbestimmt, über den insbes. Aufgaben des Bildungsweges bewältigt werden, bei mangelnder Auseinandersetzung (kritischer) mit diesen. Kein Überwiegen des praktischen Leistungsbezugs.

Leib

Leibfeindl. Atmosphäre im Lebensraum. Eher brutal-bäuerl., rigide. Trotz (angebl.) unproblemat. erot./sinnl. Bez. z. Freund (von zunehmender Interesselosigkeit abgesehen) leibhaft noch unerschlossen.

rung), wie gleichzeitig das differenzierte Fühlen noch (eigentlich) unerschlossen im Hintergrund bleibt, durch den generellen Modus von Abwehr und Abwendung überschattet ist.

Bewältigen hat sich im anteilnehmend-leibhaften wie auch im noetisch-personalen Sinne noch nicht eigentlich ereignet. Auch die leibhafte Sphäre (das erotisch-sinnliche Erleben) ist überwiegend im Bereich des peripheren Erkundens und Entdeckens befangen. Diskrepanzen werden ferner in der sozialen Rollenunsicherheit sichtbar, die vermutlich eine tiefere Zwiespältigkeit der sog. weiblichen Rolle gegenüber, auch evtl. Anorgasmie verbergen.

Werden diese Mißverhältnisse einerseits durch den Modus zunehmender Abwehr der Umwelt gegenüber, Abwendung von dieser kompensiert – die jederzeit wiederum Anlaß zu Dekompensation geben können –, so wirken ferner das Leistungsverhalten der Patientin im Studium im Sinne eines absorbierenden-dominierenden Strebens kompensatorisch.

Neutralisierend kompensatorisch wirken die geringen, reduzierten menschlichen Beziehungen der Patientin, insbesondere zu ihrem Freund, aber auch die selbstvergessene Alltäglichkeit. Kompensatorisch – durch Absorption/Dominanz – wirken noch die Orientierungs- und Ordnungsbezüge, die allerdings bereits in Frage gestellt werden.

Als abschließende Diagnose kann hier eine beginnende krankhafte Abwendung von der Welt (gleichzeitige Abwehr der Umwelt) bei extremem Kommunikationsverlust in den Modi der anteilnehmend-leibhaften Kommunikation gestellt werden. Bei aller Vorsicht darf die Prognose unter Berücksichtigung der für die Prognosestellung wichtigen Faktoren[6] nicht als ungünstig angesehen werden, da die Patientin, dem Eindruck des Therapeuten gemäß, noch über eine größere Variabilität möglicher Kommunikationsformen verfügt – die noch unerschlossen sind.

Pat. B., männl. (Chemiker), led., 30 J.

Erscheinung und Auftreten:
Sehr groß, breit, dunkel, maskuliner Typ. Augen etwas wie nach Alkoholismus. Sehr gewandt und sicher auftretend. Berichtet flüssig und offen. Gute Rapportfähigkeit. Sehr geschliffene Sprache. Hat seine Situation analysiert und reflektierten Abstand dazu.
Familiäre Bindungen als Ursache erkannt.

Anlaß der Untersuchung:
Empfindet sich als sexuell abnorm veranlagt (Homoerotik, ohne daß es je zu irgendeiner Form von Annäherung gekommen wäre). Würde völlig zusammenbrechen, wenn er jemanden kennenlernen würde, mit dem er personalen Kontakt haben möchte, was er aber nicht verwirklichen könne. Es gehe ihm nicht um das Sexuelle einer Beziehung,

er würde jedoch maskuline Typen bevorzugen, das Charakterliche und Geistige stehe aber im Vordergrund. Er würde sich sagen „wenn ich den anderen so sehr liebe, dann darf ich ihm nicht schaden durch meine Zuneigung". In drei Fällen von derartigen Schwärmereien Suicidversuche (August 72, April 73, Nov. 73. Seitdem bei Dr. M.).
Er glaube nicht, daß man ihm helfen könnte, obwohl er es sehr schön fände, wenn er einer Frau die gleichen Gefühle wie den Bekannten entgegenbringen könnte. Er sei kein Frauenhasser, zwei Krankenschwestern, die ihm aber während seiner Famulus- und Assistenzzeit nachgelaufen seien, hätten ihn angewidert.
Die Homosexualität sei nicht das Hauptproblem, er wolle nur lernen, mit solchen Begegnungen fertig zu werden, seine Kontaktscheu zu überwinden und seine Depression in den Griff zu bekommen.
Die Depressivität sei seit acht Jahren reaktiv auf solche Erlebnisse, nach denen er völlig zusammenbreche. Es würde jedesmal schlimmer. Zwischendurch ginge es ihm wieder mal besser, ohne daß das depressive Grundgefühl aufgehoben würde; mit Ausnahme von wenigen exstatischen Momenten beim Hören von Musik oder Betrachten von Kunstwerken, er sei ein Ästhet. Immer Schlafstörungen, trotz Limbatril. Solange er unterwegs ist, keine Verstimmungen; nur wenn er allein arbeiten wolle, würde es ihn wie eine Lawine überrollen.

Lebenssituation:
Wohnt in Verbindungshaus. Hat dort guten Kontakt zu allen. Seine Störungen wissen jedoch nur zwei Verbindungsbrüder, einer davon selbst homosexuell.
Arbeitet an Promotion seit einem halben Jahr. Käme damit auch ganz gut voran. Habe jedoch zunehmend Angst vor dem Beruf, daß z. B. seine Störung offenbar würde und er ihn nicht ausüben könne. Aus demselben Grunde wage er sich kaum auf die Straße.

Biographie:
Eltern seien einfache Leute, er sei der einzige in der Familie, der eine höhere Schulbildung habe. Eltern seien bei der Geburt 45 (Mu.) und 47 (Va.) Jahre alt gewesen. Er sei der Jüngste von 3 Geschwistern, die 22, 19 und 12 Jahre älter sind als er.
Er sei als Nesthäkchen bis heute der besondere Liebling der Mutter, deren „Affenliebe" ihn immer eingeengt habe, was er heute noch empfinde, wenn sie verlange, er solle ihr wöchentlich eine Karte schreiben.
Der Vater sei immer ein Tyrann gewesen und habe übertriebene Leistungsforderungen an ihn gestellt, die er jedoch habe erfüllen können. Er sei immer ein guter Schüler gewesen und habe trotz 2 Sem. Französisch mit 25 J. Staatsexamen (Chemie) gemacht. Nach 2. Suicidversuch im April 73 als vorübergehend untauglich entlassen. Vorübergehend auf eigenen Wunsch, er käme sich sonst so lebensuntauglich vor. Nach 6 Wochen psychiatr. Behandlung in Marburg nach Würzburg, um zu promovieren.

Patient B

Im Fall B liegt das Mißverhältnis zwischen gleichgeschlechtlicher Zuneigung schwärmerischer Art im anteilnehmend-leibhaften Modus von Kommunikation und den gleichzeitigen Orientierungs- und Ordnungsbezügen des Patienten auf der Hand. Die leibhaft-anteilnehmende Kommunikation ist weitgehend auf diesen Modus gleichgeschlechtlicher Annäherung eingeschränkt; zu gegengeschlechtlichen, möglichen Partnern ist das Ver-

	Erkunden		Entdecken		Erschließen	
B)	aktuell	vergangen	aktuell	vergangen	aktuell	vergangen
antelnl.-leibh. differenziert	sensibel-sinnl. ästhet. Frauen bez. peripher nur erkundend.	wie aktuell	eher verhalten, scheu, sinnlich/erot. getrieben schwärmerisch in erot. Bez.	durch Mutter eingeengt introvertiertes Kind. Wenig ausgeprägte „Aussen" aktivitäten verspielt-verträumt.	Einfühlend-sympathet. Gefühlsdifferenziert, tief. Stimmung schwankend, abwendend (depressiv), Entkörperung, Anpassung überwiegt. Auch Ehrgeiz. stärkere sinnl. Komponente.	Gefühlsbezogenheit überwog.
teiln.-handeln	weitgespanntes Aufnahmevermögen, vielfältig interessiert.	wie aktuell	im Leisungsbereich pragmat.-naturwiss. betont.	durch Vater gefördert.	erschließt selbstkritisch größere Sinnzusammenhänge.	durch Vater starken Leistungsbezug im noet. Erschließen, Zweckbetont.

	Auseinandersetzen		Binden/Lösen		Bewältigen	
leibh.-antelnl.	Stark konfliktbezogene zwischenmenschliche Bez. Orientierung gegen Zuneigung (homoerot.) Sucht Auseinandersetzung, flieht sie nach Eintreten. Frauen bez. ohne Auseinandersetzung.	Konflikt gemieden, erst mit Studienbeginn. Auseinandersetzung mit Vater im Beginn.	An gleichgeschl. Bild gebunden. Überwiegt in zwischenmenschlichen Bez., kann sich nicht aus Orientierungs- und Ordnungsbezügen lösen. Bindung an Mutter. Keine Bindung an Freunde oder Frauen.	Bindung an Mutter, aber auch an Vater. Noch keine Ablösung.	Diskrepanz zwischen Orientierung im leibhaften Bereich durch gleichgeschl. Bild und Orientierung durch Lebensraum, Eltern nicht bewältigt. Heterosex. nicht bewältigt.	Im Rahmen der häusl. Normen (Lebensraum) ohne Problem.
teiln.-handeln	Sich selbständig in noet. Arbeitsbereich auseinandergesetzt.	unauffällig	Kann sich in Erkenntnissen zu übergeordneten Bezügen – z. B. Weltanschauung, Ideologie – binden, aber gleichzeitig unverbindlich distanziert.		Keine personale Beziehung im noet. Bereich.	Im Rahmen des institut. Lernens ohne Problem.

Raum

Ländl.-kleinbürgerl. Lebensraum. Noch in dessen Orientierung und Ordnungsbezügen verwurzelt. Lebensraum durch forderndleistungsbezogenen Vater geprägt. Durch weich-passive Mutter Gegengewicht. Leistungsbezogenes Erkunden, Entdecken gegen gemütvolles Erschließen. Aber keine konfliktbetonten Auseinandersetzungen. Orientierungskonflikt zwischen Bindung an Mutter, Bindung (versuchte Lösung) an Vater. Rollenunsicherheit sozial und leibhaft (Homophilie).

Zeit

Keine übertriebene Verantwortung in zwischenmenschl. und Arbeitsbez., aber mit Leistung/Arbeit (Beruf) identifiziert. Beginnende reflektierte Auseinandersetzung mit Vergangenheit, noch kein Zukunftsentwurf. Überverantwortung dem erot./sinnl. Verhalten gegenüber mit extremem Schulderleben als Ausdruck für Kommunikationsverfehlung.

Leistung

Vielfältig, differenziert im Arbeitsbereich, doch beeinträchtigt durch Konfliktsituation. Noet.-pragmat. Bezug (Erkunden, Entdecken) überwiegt.

Leib

Unvermögen, den Zugang zum anderen Geschlecht zu finden. Dabei leibhaft differenziert, sinnlich, sensibel (erkundend, entdeckend, erschließend). Genußfähig, trotz tabuierter Sinnlichkeit in Lebensraum. Sportl. Bez. z. Leib. Athlet.-maskulin, vital anmutender Typ.

hältnis indifferent, latent feindselig oder kameradschaftlich. Es fehlt der Modus der Auseinandersetzung und Bewältigung mit dem gegengeschlechtlichen Geschlecht – nicht weniger als mit dem eigenen.

Dieses Mißverhältnis – und der ihm zugrunde liegende Konflikt – wird durch weitere ergänzt, in denen die Bindungsproblematik sichtbar wird: die Bindung an die Mutter über die leibhaft-anteilnehmende Kommunikation, die als Vorbild und orientierungsvermittelnder Mensch im Gegensatz zu dem leistungsfördernden Vater und dessen (kleinbürgerlichen) Ordnungsbezügen und Normen stand, bzw. vom Patienten in dieser Weise erlebt wurde. Die Unfähigkeit, sich an einen (gegengeschlechtlichen aber auch gleichgeschlechtlichen) Partner zu binden, da er weder von der Mutter sich gelöst, noch von den Ordnungs- und Orientierungsbezügen seines Lebensraumes sich zu distanzieren vermochte, fällt als weiteres Mißverhältnis auf. Bewältigung als personal-noetischer Vorgang kann noch nicht vollzogen werden.

Aus diesen Mißverhältnissen erwachsen die der Rollenunsicherheit und der Konfliktbeziehungen zwischen männlich und weiblich, auf dem Hintergrund ebenfalls einer nicht vollzogenen Identität (Bewältigung) mit sich selbst (nur diffus, rudimentär entwickeltes Selbstbildnis) bei gleichzeitig mangelndem Entwurf in die Zukunft.

In der anteilnehmend-leibhaften Kommunikation muß die Möglichkeit eines leibhaft-phasischen Verlaufs auch von Abwendung (Depression) als mitschwingende Komponente in der Befindlichkeit des Patienten berücksichtigt werden, die als Ausdruck von Dekompensation die anderen Modi des Fehlens, aber auch die der Arbeits- und Leistungsbezogenheit überschattet. Im Fühlen dürften die Modi der erschließend-sympathetisch, einfühlend, anteilnehmenden Kommunikation dominieren, in den Antrieben die der Entkörperung und Hingabe (z. B. Schwärmerei).

Die erwähnten Mißverhältnisse bewirken krisenhafte Abwendung (Depression) bis zur Selbstvernichtung, bei sonst erhaltenem und kompensatorischem (Neutralisierung) Ausgleich durch die teilnehmend-noetische Kommunikation, die durch die genannten Mißverhältnisse jedoch zeitweise in Mitleidenschaft gezogen wird, aber nicht eigentlich ausfällt.

Kompensatorisch neutralisierend dürfte das ausgeprägte pragmatisch-praktische Erkunden und Entdecken des Patienten im Arbeits- und Leistungsbereich wirken, das zumindest zweitweise die konfliktbezogenen Auseinandersetzungen in der leibhaft-anteilnehmenden Kommunikation des Patienten ausgleicht; letztere Kommunikation überwiegt in den verschiedenen Modi zu ungunsten der anderen Kommunikationsmodi. Kompensatorisch-neutralisierend zeigen sich auch die selbstvergessene Alltäglichkeit, die institutionalisierten Formen des Studiums und Berufes und auch zwischenmenschliche, allerdings peripher-erkundende Kontakte mit den Korpsbrüdern.

Die Diagnose geht auf ein gravierendes Mißverhältnis zwischen der leibhaft-anteilnehmenden Kommunikation mit dem gleichen Geschlecht zu ungunsten des anderen Geschlechtes auf mangelnde Bewältigung des eigenen Geschlechtes in der Auseinandersetzung mit diesem. Konflikthafte Auseinandersetzungen mit dem gleichen Geschlecht auf Grund von Diskrepanzen zwischen Orientierungs- und Ordnungsbezug, gleichzeitig das Angezogen-Werden durch das gleiche Geschlecht stehen im Vordergrund.

Die Prognose dürfte — bei aller erwähnten Vorsicht — nicht ungünstig sein, verfügt doch der Patient über ein breites Band möglicher Kommunikationen, die durch die aufgezeigten Mißverhältnisse noch in der Latenz verblieben sind, jedoch sich vielfältig differenzieren könnten.

Pat. C., weibl. (Hausfrau) verh., 30 J.

Erscheinungsbild:
Sehr klein und sehr schmal. (Sie nehme ab, wenn es ihr besonders schlecht ginge, jedoch keine größeren Gewichtsverluste).
Obwohl hübsch, unscheinbar wirkend. Kleidung, Frisur sind konventionell. Auffallende Rötung der Gesichtshaut.
Spricht mit brüchiger zitternder Stimme, hat zeitweise Tränen in den Augen. Sprechstil ist flüssig, jedoch etwas gedrechselt, es wird ständig das Wort „meistern" benutzt. Hängt sich mit dem Blick an einem auf. Offenheit in der Darstellung.

Anlaß der Untersuchung:
Kommt auf Initiative ihres Bruders, der Medizin studiert. Wegen Depression mit Verstimmungszuständen, morgendlichem Tief und Herzrasen, Schlaflosigkeit, Unzufriedenheit mit ihrer Existenzform. Seit 3 J. zunehmend depressiver, dazwischen keine wesentlichen Aufhellungen. Dr. M. habe ihr gesagt, daß es sich um eine Stoffwechselstörung handele, die unter Medikamentation besser würde (Praxiten forte, auf das sie jedoch überhaupt nicht anspreche).
Ihr Hauptproblem sei, daß sie im Hausfrauendasein befangen sei, alles um sie herum würde sich entwickeln, nur sie bleibe immer stehen. Habe gedacht, wenn die Kinder erstmal in der Schule seien, könne sie machen, was sie wolle (nichts Konkretes), sie habe auch schon einen Anlauf genommen, in einem Telekurs sozialpäd. Ausbildung zu absolvieren, das wäre aber zu schwer gewesen, und den Zeitaufwand habe sie ihrer Familie nicht zumuten können, auch habe ihr Mann es nicht gewollt („wie willst Du das meistern").

Lebenssituation: Seit 11 J. verheiratet mit Studienrat (37) (Latein, Griechisch, Deutsch, Ethik). 2 Töchter 9 u. 7 Jahre.
2 Schwägerinnen (Medizinerinnen) und Schwiegereltern wohnen in der Nähe. Sie hätten sie von Anfang an, weil sie katholisch sei (Fam. d. Mannes ev., Kinder kath.), abgelehnt und würden sie heruntersehen, weil sie nur Hausfrau sei und keinen Beruf habe, ebenso alle anderen Frauen ihres Bekanntenkreises, von denen sie sich nach Möglichkeit zurückziehe. Guten Kontakt habe sie nur zu ihrer Nachbarin.
Ihr Mann habe sehr viel Verständnis für sie, er sei für sie der beste Therapeut, früher habe sie ihm alle ihre Sorgen erzählt, heute würde sie glauben, sie müsse alles allein

C)		Erkunden		Entdecken		Erschließen	
	aktuell	aktuell	vergangen	aktuell	vergangen	aktuell	vergangen
anteiln.-leibh.	Verhangenes Erkunden zögernd. Durch Befindlichkeit reduziert, wenig den anderen wahrnehmend, selbstbezogen.	lebhaft-aktiv an Personen und Umwelt, Tiere, Natur anteilnehmend, aber eher flach; sinnl.-erot. unauffällig.	reduziert durch Abwendung; im sinnl. Bereich wenig differenziert.	lebhaft-expansiv kindhaft.	Unzufriedenheit überwiegt in allen Modi. Relativ flach im Fühlen. In Antrieb überwiegt soziales Entkörpern, Fürsorge, Anhänglichkeit, Abhängigkeitsstreben, Suche nach Geborgenheit. Sinnl.-erot. wenig ausgeprägt.	im Mittelpunkt stehend, Geltung und Ehrgeiz ausgeprägt. Emotionale „Pseudoselbständigkeit", Einkörpern überwog.
teiln.-handeln	bemüht um neue Gebiete des Erkundens, insbesondere Lernens. „Tele-Kurs". Leistungsbezug unauffällig, praktisch begabt.	positiv-neugierig-interessiert, differenziert, leistungsbezogen.		Interessenverlust. Kein eigentl. Entdecken mehr seit Eheschließung. Versuch des Ausgleichs durch forciertes Lernen, aber kein Entdecken.	im Lernprozeß aktiv-leistungsbezogen, unproblematisch.	Zur Erfassung übergeordneter Sinnbezüge in der Lage, die sie gleichzeitig abwehrt (z. B. Bindung an Mann).	Lernfähig-aufgewecktes Kind, unauffällig.

	Auseinandersetzen		Binden/Lösen		Bewältigen	
anteiln.-leibh.	*Meidet* Auseinandersetzung, obwohl zu dieser von Außen angestoßen	Lebhafte Auseinandersetzung und Sich-Behaupten mit Geschwistern und Eltern, Freunden und Bek. Spielerisch.	Starke Bindung an Ehemann und Mutter, auch Vater. Geborgenheits-, Abhängigkeitssuche.	Starke Bindung an Eltern und Lebensraum, insbes. Mutter.	„Meistern" als unerfülltes „Soll", hinter dem sie zurück bleibt. Versuch, zu bewältigen wird Anlaß zu Selbstabwertung, insbes. in menschl. Beziehungen.	im Rahmen von Lebensraum u. Schule unauffällig.
teiln.-handeln	Bemüht um krit. Selbstauseinandersetzung, aber „kein Durchbruch" zu dieser.	vermutlich aktiv sich noet. auseinandersetzt.	Sucht sich noet. zu lösen, durch Einsicht zu emanzipieren, sucht selbständige Orientierung.		„Meistern" als Leistungs-Soll ebenfalls unerreichbar. Diskrepanz zwischen Einsicht, Sollen und Können.	leistungsbezogenes Bewältigen (Schule) positiv erlebt.

Raum

Gut bürgerl. Lebensraum, konservativ. Mutter sehr religiös, aber gemütvoll. An Mutter als Vorbild gebunden, aber auch vom Vater Orientierungsbezüge empfangen, im Familienkreis lebhafte zwischenmenschl. Auseinandersetzungen, die aber nicht zu Brüchen führten, harmonisiert wurden. Eltern vermittelten Geborgenheit, Wärme. Vater nicht übertrieben leistungsbezogen fordernd. Ehemann wird nicht idealisiert (vorbildhaft erlebt), Fortsetzung der kindhaften Anlehnung an diesen, ohne sich über Gelten und Ehrgeiz zu erschließen. Rollen zunehmend in Frage gestellt. Von Außen induzierte Orientierungskrise, Krise der Ordnungsbezüge.

Zeit

An überspitztem Vorbild (Ideal) des Mannes extremes Verantwortungsbew. als „Sollen" (Meistern). Entsprechende Selbstabwertung. Noch keine Auseinandersetzung mit Vergangenheit, kein produktiver Zukunftentwurf.

Leistung

Leistungsbereich bei gutem prakt. u. noet. Vermögen unausgefüllt, „Leere". Sucht Ersatzlösungen, die aber durch „Sollensforderungen" („Meistern") wieder in Frage gestellt werden.

Leib

Sinnlich-erot. unauffällig, aber relativ indifferent. Im Lebensraum war Sinnlichkeit tabuiert, aber andere Genußmöglichkeiten (Essen) zugelassen. Lax-indifferente Einstellung zum Leib, noch unerschlossen.
Zartgliedriger asthenischer Typ.

meistern, der Ehemann würde auch alles meistern, er sei sowohl beruflich wie auch sozial sehr erfolgreich, überall beliebt.
Sexuell sei die Ehe auch harmonisch, wenn sie auch zur Zeit keine Bedürfnisse habe und nicht zu „ihrem Höhepunkt" komme, ihr Mann würde alles verstehen.

Biographie:
Familie: Vater praktischer Arzt (62), Mutter (53). Pat. ist die dritte von 4 Geschwistern, 1 älterer Bruder, 2 jüngere. Sie sei immer Mittelpunkt der Familie gewesen, ein lebhaftes und fröhliches Kind. Aufbau der Praxis (Vater Spätheimkehrer) sie seien finanziell nicht sehr gut gestellt gewesen. Alle Kinder würden sehr an zu Hause hängen, seien von der „Mutti" her alle sensibel, keines habe aus der Familie herausgedrängt. (Kath. relig. Milieu von Seiten der Mutter).
In der Schule gute Leistungen. Klassensprecherin. Sie sei durch ihre Schlagfertigkeit ihrem Lateinlehrer aufgefallen, der sich mit ihr angefreundet habe und ihr nahegelegt hätte, die Schule nach der mittleren Reife zu verlassen und sich auf die Ehe mit ihm vorzubereiten, was sie in 3 Jahren bei den Eltern auch tat, obwohl sie eigentlich gerne Abitur gemacht hätte (aber das ging nicht, daß man mit einem Lehrer befreundet war).

Patientin C

Bei dieser Patientin überwiegt — ähnlich wie im Fall A, jedoch ausgeprägter — die sich leidvoll erlebende Abwendung der Umwelt gegenüber, bei entsprechender Reduzierung aller anteilnehmend-leibhaften Kommunikationsmodi, die durch Abwehr wiederum von Umwelt absorbiert sind. Die überwiegend auf Abwehr auch von Sinneseindrücken, die überempfindlich aufgenommen werden, eingestellte Patientin bewegt mit diesem einseitigen Modus von Kompensation, (Abwehr) sich bereits am Rande der Dekompensation. Neutralisierend wirken noch die noetisch-leistungsbezogenen Modi des Erkundens und Bindens/Lösens; neutralisierend wirkt auch die Alltäglichkeit und die Bindung an den Ehemann, obwohl auch bei der letzteren Kompensation der Umschlag jederzeit in Dekompensation erfolgen kann.

Die generell als Unzufriedenheit sich auslebende Abwehr imponiert als das zentrale Mißverhältnis, das auf dem Konflikt zwischen einer von Außen induzierten Suche (Streben) nach Selbständigkeit und Unabhängigkeit gegen ein anteilnehmend-leibhaftes, sich als Kind zu erschließen, beruht. (Induziert von Außen: durch Bruder, Schwägerinnen, Vergleich mit diesen usf.) Ein diffuses Streben nach Emanzipation stellt sich gegen das Bedürfen (Trieb) verwöhnend im Mittelpunkt zu stehen, wie die Patientin es in ihrer Kindheit gewohnt war. Das Mißverhältnis dürfte auf ein tieferes Unvermögen verweisen, sich den Kindern anteilnehmend-liebevoll zu erschließen, da die Patientin selbst Kind sein möchte — bei dem Ehemann —, werden die Kinder zu Rivalen. Ferner umschließt das Mißverhältnis auch sich anbahnenden Orientierungswandel, Wandel der Ordnungsbezüge, die zwar noch nicht befragt werden, die aber die diffuse Suche nach Selbständigkeit anvisiert. Die Patientin ist in diesen Bezügen noch ganz auf die überlieferten häuslichen Normen eingestellt, die jedoch in der religiösen Sphäre (Patientin ist katholisch, Mann ist evangelisch) nicht zu Brüchen der Beziehung geführt haben. Ein „als nahtlos" imponierender Übergang zwischen den Normen und Ordnungsbezügen des elterlich-vergangenen Lebensraumes und dem des Ehemannes scheint vollzogen worden zu sein.

Der Leistungsanspruch wird als postuliertes „Meistern" überwiegend negativ erlebt, obwohl die Patientin durch den Telekurs Versuche in der Richtung eines selbständigen Leistungsbezugs unternommen hat.

In den Antrieben/Trieben dürften Mißverhältnisse zwischen unterschwellig/latenter Aggressivität und Opposition gegen den Ehemann, bei gleichzeitigem Geltungsbedürfen (beides Triebe der Einkörperung) und den Geborgenheits- und Abhängigkeitswünschen (Entkörperung) der Patientin vorliegen. Der relativ differenzierte Gefühlsbereich ist durch Unzufriedenheit, Abwehr und antipathische Tönung der Umwelt gegenüber überschattet, die gleiche „lustlose" Befindlichkeit und Unzufriedenheit beeinflußt auch die Abwendung von der Umwelt in der allgemeinen Stimmung von Abwehr und Abwendung.

Die aktuell reduzierte noetische Kommunikation einerseits im aktiven Erkunden und Entdecken, das kritische Erfassen andererseits, (Erschließen, Auseinandersetzung, Binden/Lösen) der eigenen Situation, die zu einem gewissen Grade in Frage gestellt wird, verstärken in ihrer Diskrepanz ebenfalls die dekompensatorischen Tendenzen.

Kompensation wird z. Z. noch durch den Modus der Abwehr und Abwendung geleistet, ferner durch die dominierend-absorbierenden Orientierungs- und Ordnungsbezüge des vergangenen wie auch des aktuellen Lebensraumes, auch durch die Alltäglichkeit des Hausfrauendaseins, durch Bindung (Auslieferung) an den Mann im Nachwirken der häuslichen Orientierungs- und Ordnungsbezüge. Zu einem gewissen Grad darf auch noch ein Verantwortungsempfinden den Kindern gegenüber angenommen werden, das ebenfalls neutralisierend-kompensatorisch wirkt. Kompensatorisch dürfte die auch noch nicht nachhaltig gestörte Erotik in der Beziehung zu dem Ehemann sich darstellen.

Wie bei den vorausgegangenen Patienten ist zu beobachten, daß einseitig überwiegende Kommunikationsmodi kompensatorischer Art, — Abwehr und Abwendung in diesem Fall — jederzeit die Dekompensation beschleunigen können.

Bewältigung im anteilnehmend-teilnehmend-personalen Sinne ist bei der Patientin nur in Ansätzen zu beobachten.

Die Diagnose würde auf eine mittelschwere Abwendung (Depression) von der Umwelt gehen, deren Hintergrund durch die erwähnten Mißverhältnisse, insbesondere das von Selbständigkeit und Abhängigkeit gebildet wird. Die Prognose dürfte, im Hinblick auf latente und relativ differenzierte Kommunikationsmodi und entsprechende Kompensationsmöglichkeiten nicht ungünstig sein.

Pat. D., weibl. (Studentin) led., 26 J.

Pat. kommt aus eigenem Antrieb.

Beschwerden: Seit Jahren immer wieder in unregelmäßigen Abständen von mindestens 2–3 Wochen Zustände, die 2–3 Tage andauern, in denen sie sich völlig passiv verhält, zu nichts sich aufraffen kann, ungeheure Mengen an Nahrungsmitteln vertilgt, dauernd das Gefühl hat, weinen zu müssen, ohne weinen zu können. Dabei starkes Schlafbedürfnis, schläft auch mehr als sonst, innere Leere, das Leben erscheint ihr sinnlos, alle Dinge verlieren ihre sonstige Bedeutung, sie hat Schmerzen im Hals und in der Brust. Diese Verstimmungen seien in allem das genaue Gegenteil ihres eigentlichen Wesens und ihrer sonstigen Art zu leben. Sie führe nämlich seit jeher ein außerordentlich aktives, ruheloses Leben. Jede Sekunde des Tages müsse mit einer ihr sinnvoll erscheinenden Tätigkeit ausgefüllt werden. Alles, was sie anpacke, tue sie mit ihrer ganzen Person, sie hasse Kompromisse und halbe Lösungen, gebe immer erst dann auf, wenn sich ein Problem tatsächlich als unlösbar herausstelle, habe aber dann das Gefühl, eine Niederlage erlitten zu haben. Seit Jahren arbeite sie an der Aufgabe, echte emotionale Beziehungen zu andern Menschen aufzubauen (was die Pat. aber nicht emotional, sondern rein intellektuell versucht) und erlebe dabei eine Enttäuschung nach der anderen. Alle Freundschaften oder das, was sie dafür halte, gingen immer schon nach relativ kurzer Zeit in die Brüche, wobei die Abstände im Laufe der Zeit immer kürzer geworden seien. Sie wisse, woran das liege. Die Männer würden sich nämlich durch ihre aktive, zupackende Art bedrängt fühlen, und es sei auch wirklich so, daß sie im Grunde alle Partner nach ihren Vorstellungen formen und prägen wolle. Daß das nicht gehe, fange sie allmählich an zu begreifen, halte ihr Ziel aber nach wie vor für richtig. Sexualität sei zweitrangig. Seit 11. Lj. Onanie. Beim hetero-sexuellen Verkehr nur dann Orgasmus, wenn sie quasi onaniere. Zieht Onanie häufig vor, da sie sich dann nicht über den Partner ärgern müsse.

Die extreme männliche Identifizierung der Pat. ist zurückzuführen auf eine Ablehnung der Mutter, von der die Patientin praktisch nur Negatives in verächtlichem Tonfall zu berichten weiß, weil sie ihr vor allem ihre mangelhafte Bildung und intellektuelle Unterlegenheit gegenüber dem Vater vorwirft. Der Vater dagegen wird von der Patientin kritiklos idealisiert. Alles, was sie in ihrem bisherigen Leben getan habe, sei mehr oder weniger unter dem Gesichtspunkt erfolgt, ob es auch der Vater gutheißen würde. Tatsächlich hat die Pat. ihren Vater seit 13 J. nicht mehr gesehen, und er hat bisher auch sein Versprechen, das er beim Abschied gab, sich nämlich weiter um sie zu kümmern, nicht gehalten, vielmehr bis heute nichts von sich hören lassen. Mit Stolz berichtet sie, daß der Vater schon sehr früh sie zu seiner eigentlichen Lebenspartnerin und zur Verbündeten gegen die Mutter gemacht habe. 1960 fuhr der Vater der Pat. heimlich mit ihr und ihren beiden Geschwistern in die DDR, traf sich dort mit seiner Freundin, die ihre Kinder ebenfalls mitgebracht hatte, und bat um Asyl. Auf Initiative der Mutter wurde jedoch der Vater mit seinen 3 Kindern wieder in die Bundesrepublik abgeschoben, versteckte sich bei einem Freund in der Gegend von Heilbronn, die

Polizei entdeckte ihn schließlich und übergab die drei Kinder der Mutter. Aus der Art, wie die Pat. diese Vorfälle berichtet, geht deutlich ihre Unfähigkeit, sich in die Motive der Handlungsweise der Mutter hineinzuversetzen, hervor, und statt dessen fällt ein Zynismus und beißender Spott auf, sobald sie von der Mutter spricht.

Bei der ersten Begegnung mit dem Referenten platzte die Pat. einfach in das Zimmer herein, befand sich in einem Erregungszustand, konnte nur mühsam erklären, was sie eigentlich hierherführe, sprach sehr schnell und ohne abzusetzen, machte einen gequälten Eindruck, war den Tränen nahe. Bei einer zweiten Exploration gab sie an, daß es sich dabei um einen der geschilderten Verstimmungszustände gehandelt habe. Sie war wie umgewandelt, beherrscht, konzentriert, es fiel eine sehr geschliffene Redeweise auf, Zeichen einer depressiven Verstimmung waren nicht mehr festzustellen. Die Problematik der Pat. läßt sich dahingehend zusammenfassen, daß sie bisher vorwiegend intellektuell und stark leistungsorientiert gelebt hat bei gleichzeitiger Vernachlässigung des emotionalen Bereiches. Durchaus passive Tendenzen werden nicht zugelassen, wobei die Abwehr jedoch von Zeit zu Zeit zusammenbricht, und die Pat. auf ein oral-passives Verhalten regrediert. Wie stark derartige Tendenzen in ihr selbst sein müssen, kann man auch der Heftigkeit entnehmen, mit der sie auf Menschen reagiert, die sich derartigen Tendenzen mehr oder wenig überlassen, sich mehr rezeptiv verhalten und in den Tag hinein leben. Die Pat. steht derartigen Phänomenen völlig fassungslos gegenüber, wird offenbar stark beunruhigt und übt schneidende, vernichtende Kritik. Eine Lockerung der Willenskontrolle läßt sie nicht einmal im Alkoholrausch zu. Es fehlt ihr augenblicklich noch sehr an Einsicht in das Pathologische ihrer Verhaltensweisen, die sie im Grunde nach wie vor für richtig hält. Die bisherigen Mißerfolge beim Aufbau echter emotional getragener zwischenmenschlicher Beziehungen führt sie auf mehr technische Fehler in ihrem Verhalten zurück, glaubt, daß sich alles entscheidend ändern werde, wenn sie erst einmal dahinter komme, wie sie die Menschen, an denen ihr etwas gelegen sei, davon überzeugen könne, daß sie es gut meine und ihre Vorstellungen die richtigen seien. Den Vorschlag einer Gruppentherapie nahm sie nicht sehr begeistert auf, da sie schon über eine Reihe negativer Erfahrungen verfügt: „in Studentengruppen werde ich ständig angegriffen". Dennoch erscheint Gruppentherapie augenblicklich am sinnvollsten und am meisten erfolgversprechend: *Studentengruppe*.

(Die Pat. befindet sich inzwischen in Einzelanalyse, da sie Gruppentherapie ablehnte.)

Patientin D

Bei dieser Patientin liegen die zentralen Mißverhältnisse im einseitigen Überwiegen der anteilnehmend-leibhaften Modi von Auseinandersetzung, insbesondere des Bindens/Lösens, bei gleichzeitig noch unerschlossener, mangelnder, leibhaft-sinnlicher Kommunikation. Die Dekompensation wird in kurzfristigen Verstimmungen sichtbar (Abwendung), die in ihrer Phasenhaftigkeit auf leibhafte Komponenten der Störung hinweisen.

Binden und Lösen als zwischenmenschliche Bewegungen der anteilnehmend-leibhaften Kommunikation sind bei der Patientin dahingehend dekompensiert, als sie weitgehend unfähig ist, Bindungen zu stiften, vielmehr aus der Bindung in die Lösung, aus dieser wieder in die Bindung

D)	Erkunden		Entdecken		Erschließen	
	aktuell	vergangen	aktuell	vergangen	aktuell	vergangen
anteiln.-leibh.	lebhaftes aufgeschlossenes Erkunden, aber stimmungsbeeinflußt, fluktuierend. Sensibel perzipierend, aber sehr selbstbezogen.	wie aktuell	zupackendes Entdecken, „besitzergreifend", rasch-zielstrebig; sinnl.-erot. wenig aktiv, eher ansprechbar durch Partner.	wie aktuell, aber wahrscheinlich labiler, unsicherer gehemmter.	differenziert-tief gestaffelt, aber hektisch umgetrieben, launisch/labil. Antipathisch in starkem Gegensatz zu sympathisch. Einkörpern überwiegt, Geltenwollen/„captatives" Leibhafte Stimmungskunkungen der Stimmung; Abwendung.	keine Möglichkeit, in Kindheit sich geborgen und angenommen gefühlt zu haben.
teiln.-handeln	aktiv-Umwelt neugierig, „captativ" erkundend, Leistungsbezug ohne Konstanz aber praktisch begabt.	wie aktuell	kurzfristiges Aufflackern von Interesse und Neugier, ohne Konstanz, läßt Entdecktes wieder fallen oder sich wegnehmen.	wie aktuell unproblematisch im institut. Lernen.	Geborgenheitswünsche unerschlossen, sinnl.-erot. eher indifferent. Im Selbstbezug und anderen Menschen zu Einsicht in der Lage, sieht größere Zusammenhänge.	früh zu extremer Selbständigkeit im Noet. gezwungen. Dadurch überfordert. Keine Möglichkeit, Durchhalten zu entwickeln.
	Auseinandersetzen		Binden/Lösen		Bewältigen	
anteiln.-leibh.	ständig in zwischenmenschlichen Konflikten. Will „formen", scheitert an mangelnder Wahrnehmung des anderen, will „wiedergutmachen", oder abrupte Trennungen.	Früh Hin- und Hergerissen in permanenter Verunsicherung.	Sucht Bindung, Angst vor dieser wegen Trennungserleben mit Vater. Löst Bindung aus Angst vor Trennung vorzeitig, – sucht Lösung, Bindungsunfähigkeit.	Stark idealisiertes Vaterbild und Bindung an dieses als Maßstab. Ablehnung der Mutter.	„Alles, was sie anpackt mit ganzer Person", dabei ohne eigentliche Orientierung, triebhaft-unstet.	Kein Vorbild, Bewältigen zu erlernen.
teiln.-handeln	Ausgeprägte Selbstkritik, dadurch selbstabwertend und verunsichert im Leistungsbereich fluktuierend.	Nicht bekannt. Unauffällig im institut. Lernprozeß, trotz Fluktuation.	Zu übergeordneten Erkenntnissen verbindl. Art in der Lage, aber ohne Konsequenz für Handeln.	Unauffällig im Lernprozeß.	Willensstark bei gleichzeitiger Planlosigkeit. Keine personale Bewältigung.	Kein Schulversagen als mangelnde noet. Bewältigung.

Raum

Klein-mittelbürgerl. Lebensraum, ökonom.-pragmat. bestimmt. Häufiger Wechsel des Lebensraumes, Auseinandersetzung und Diskrepanzen der Personen, ihrer Orientierung und Ordnungsbezüge überwog. Kein Vorbild, keine Maßstäbe vermittelt. Diffuses Selbstbild, extrem idealisiertes Vaterbild als lebensfremder Versuch der Orientierung. Keine differenzierte Entwicklung der anteiln. Kommunikationsmodi. Rollenunsicherheit. Keine konstante Bezugsperson.

Zeit

Nur kurzfristige Identifikation in der Arbeit. Nicht überverantwortlich. Beginnt Auseinandersetzung mit eigener Vergangenheit bei gutem Vermögen zur Selbstreflektion. Noch kein Entwurf in die Zukunft.

Leistung

Aktiv-leistungsbezogen. Auch zwischenmenschl. Beziehungen haben „Leistungscharakter". Doch kein Durchhaltevermögen, Fluktuation im Leistungsverhalten. Abhängigkeit von Stimmungslabilität.

Leib

Eher leibindifferent, als nebensächlich abgewertet. Bei (anscheinend) erhaltenem Orgasm. Vermögen, keine Frigidität. Keine sportl. Bez. „tolerant-indifferent". Keine Selbstverwöhnung. Sinnlichkeit nicht ausgeprägt tabuiert.

421

getrieben wird. Die Trennungsproblematik ihrer Lebensgeschichte (Vater) dürfte sich hier in dem Sinne auswirken, daß Angst vor Bindung — Abwehr gegen diese, da sie zu erneuter Abwendung und Abweisung führen kann — die Patientin in die Lösung drängt. Lösung wird aber ebenfalls als ängstigend, unerträglich erlebt, und gibt Anlaß zu neuen Bindungen. Die Kompensation der Angst vor Lösung (Abweisung) durch Abwehr von Bindung, die Kompensation wiederum der Bindung, der Angst vor dieser, durch erneute Lösung wird deutlich. Die Kompensation beider Gegensätze durch diese selbst wird von der Patientin zunehmend als bedrohliche Dekompensation erlebt.

Dieses Mißverhältnis wird dann in dem Überwiegen des Modus der Auseinandersetzung in der anteilnehmend-leibhaften Kommunikation sichtbar, als Permanenz der Konfliktbereitschaft, die die Lebensgeschichte der Patientin, ihre Kommunikation, maßgeblich mitbestimmt. Das Überwiegen dieses Modus ist auf dem Hintergrund der Permanenz der Auseinandersetzung der Eltern der Patientin zu sehen. Das Überwiegen des genannten Modus schränkt die anderen erheblich ein, obwohl diese in differenzierter Vielfältigkeit latent vorhanden sind. Aber weder vermag die Patientin sich in den Mögichkeiten ihres Gefühlslebens zu erschließen, noch kann sie für sich selbst befriedigend erkunden oder entdecken, noch vermag sie personal-noetisch zu bewältigen. Das Bewältigen erscheint vielmehr als „Anpacken", es ist ausgesprochen leistungsbezogen und stört — als Mißverhältnis — die anteilnehmende Emotionalität. Die Orientierung der Patientin überwiegend in ihrer starken Bindung an den Vater, die gleichzeitige Ablehnung der Mutter, enthüllt tiefere Mißverhältnisse in der Orientierung selbst. Sie zeigt zu einem gewissen Grade Orientierungslosigkeit, da der Vater diffus-idealisiert und verklärt wird, dabei als reale Bezugsperson nicht mehr existiert. So bleibt auch das Selbstbild der Patientin unbestimmt, ihre Entwürfe in die Zukunft sind schwankend und problematisch. Die sinnlich-erotische Kommunikation scheint eingeschränkt zu sein; sie wird von der Pat. als „sekundär" abgetan. Die Beziehung zur Leistung in der Arbeitswelt, die Zeitigung in dieser durch Verantwortung, ist kurzfristig aufflackernd; „schubweise" sich bemerkbar machende Interessen werden sichtbar.

Durch die neutralisierende Wirkung der noetischen Kommunikationsmodi, die differenziert und zu einem gewissen Grade auch noch verfügbar sind, kompensiert die Patientin ihre Mißverhältnisse. Sie ist darüber hinaus in der Lage, zu synthetisch-übergeordneten Erkenntnissen über sich selbst wie auch im Verhältnis zu ihrer Umwelt zu gelangen. Die Dominanz (Absorption) der Modi der Auseinandersetzung und des Bindens und Lösens über die anderen Modi zeigt die Nähe einseitiger Kompensation zur Dekompensation.

Ferner darf eine Rollenunsicherheit bei der Patientin angenommen werden, die das Mißverhältnis der Eltern zueinander spiegelt, die eine mangelnde Identitätsfindung und tiefere Orientierungsloskigkeit der Patientin zum Hintergrund hat.

Im Antrieb/Trieberleben ist ein Überwiegen einkörpernder, „zupackender" Komponenten des Haben-Wollens, des Besitz-Ergreifens zu beobachten sein, die möglicherweise im gewissen Gegensatz gegen Entkörperung stehen. Die sozialen Antriebe dürften jedoch zumindest in der Latenz als differenziert angenommen werden. Im Gefühls- und Befindlichkeitsbereich erscheint die Patientin vielfältig und tief gestaffelt. Es überwiegen einfühlend-sympathetische Gefühle bei hoher, latenter Kontaktbereitschaft, die jedoch z. Z. der therapeutischen Kontaktaufnahme im Gegensatz zu Befindlichkeiten der Unruhe, des Getrieben-Seins, der Hektik und latenten Verzweiflung stehen, von letzteren überschattet werden.

Die Diagnose dürfte abschließend lauten: flukturierende, kurzfristige Abwendungen (Depressionen) bei latent differenziert-ausgeprägter Kommunikationsmöglichkeit, die jedoch durch Überwiegen der Modi des Bindens und Lösens, der Auseinandersetzung, einseitig eingeschränkt sind und zu Dekompensation führen können. (Dekompensation z. B. im Auftreten und Überwiegen eines suicidalen Impulses.) Im Hinblick auf die vital sich darstellende und latent über eine Vielfalt möglicher Kommunikationsmodi verfügende Patientin, scheint die Prognose der weiteren Entwicklung, im Falle einer adäquaten Therapie, nicht ungünstig zu sein.

Pat. E., männl., (Busfahrer) led., 23 J.

Auftreten und Erscheinung:
Groß, dunkel, älter aussehend. Lebhafte, undifferenzierte Mimik (Grinsen), Überangepaßt in der Zuwendung während der Untersuchung. Gewandte Ausdrucksweise.

Anlaß der Untersuchung: Kommt auf Anraten von Frau Dr. K., die ihm anläßlich der Erstellung eines Gutachtens, das er brauchte, um einer strafrechtlichen Verfolgung zu entgehen, sagte, er habe eine schwere Neurose, die behandelt werden müsse. Diese Diagnose trägt Herr H. vor sich her, ohne sich damit auseinandersetzen zu können, möchte jedoch auch selbst gerne seine (äußere) Situation verändern.

Lebenssituation: Hatte sich auf acht Jahre bei der Bundeswehr verpflichtet und es dort wegen der, nach seinen Aussagen, guten Anpassungsleistungen bis zum Unteroffizier gebracht (Prüfungen gut bestanden). Nach 3 Jahren paßten ihm die ständigen Manöver-Übungen nicht mehr, bei denen er versagte, und er überzog den Urlaub um vier Wochen (So. 73), um mit dem Erlös des ihm und seiner Verlobten gehörenden Wagens nach Amerika zu „jet-setten". Danach stellte er sich jedoch auf den Rat eines Freundes der Bundeswehr und wurde nach Degradierung und Verurteilung zu 2 Mon. mit Bewährung entlassen (Nov. 73).

Seitdem arbeitet er als Busfahrer bei der US-Army und lebt mit seiner Verlobten (Fernmeldeassistentin), die er seit 5 Jahren kennt in Bad Kissingen zusammen. Die Verbindung sei harmonisch, auch sexuell. Nur für sein Ausbrechen habe seine Freundin keinerlei Verständnis — aber sonst auch niemand.

Familie:
Die Eltern sind beide Architekten und leben in M. *Vater* (53) sei ein „komischer Typ". Hatte sich in der DDR nach Volksschulabschluß und Schreinerlehre als führendes SED-Mitglied (Duzfreund von Willi Stoph) zum Architekten und Studentenratsvorsitzenden hochgearbeitet, später zum Bauleiter der Stalin Allee. Nach dem Streik vom 17. Juni 1952 hatte er sich mit der Familie in die Bundesrepublik abgesetzt. Sollte dort Abitur nachmachen, schaffte es nicht, war zunächst lange arbeitslos. Habe „gesoffen" und Freundschaft mit Bardame begonnen, worauf ihn die Mutter aus dem Haus geworfen habe und sich scheiden ließ. Der Vater ging daraufhin wieder zurück in die Ostzone (1960), kam jedoch nach einigen Jahren wieder zurück, worauf die Eltern abermals heirateten.
Mutter (50) stammt aus sehr begüterten Verhältnissen (Gut in Ostpreußen). Nach dem Zusammenbruch 45 gründete sie zusammen mit ihrer Mutter, einer sehr dominanten Frau, in Ostberlin eine kleine Fabrik für Kunstgewerbe, machte Abitur, studierte Malerei und Architektur. Lernte Vater bei Urlaubsgesuch, das dieser zu bewilligen hatte, kennen.

Geschwister:
ein *Bruder*, um ein Jahr älter, machte mit 18 als bester Abitur, studierte Theologie, heiratete mit 21 Theologiestudentin, die unmittelbar danach ein Kind von ihm bekam. 1 Jahr danach setzte er sich mit Freundin nach Schweden ab und lebt dort von der Herstellung von Lederarmbändern und Guitarrespielen.
Schwester: 1956 geboren, geht noch auf das Gymnasium, würde dort in letzter Zeit immer schlechter. Sähe aus wie eine 12jährige und wirke wie eine 30jährige. Sei depressiv, man könne sich mit ihr überhaupt nicht unterhalten, sie würde in allem die Mutter imitieren und nur zu Hause herumsitzen.

Entwicklung
Herr H. sei im Gegensatz zu Bruder und Schwester ein unerwünschtes Kind gewesen und habe nach Aussagen eines Lehrers (zur Mutter) die „Stellung hinter dem Hund" innegehabt. Er sei in der Zeit aufgewachsen, in der die Familie mit 5 Mann (einschließlich Großmutter) in Kassel in einer 12 m^2 großen Wohnung gehaust hätte und nicht wußte wovon sie leben sollte. Die Mutter arbeitete als Werbedame, der Vater vertrank das Geld, bis er in der DDR verschwand.
Er sei ständig hinter seinen Bruder, der der Liebling von Mutter und Großmutter gewesen sei, bis die Schwester geboren wurde, zurückgesetzt gewesen, habe seit der Geburt der Schwester bis zum 11. Lebensjahr eingenäßt, habe Spielkameraden bestohlen und später mit denen zusammen Raubzüge unternommen und Zigaretten erbeutet. Er sei immer das „Schwarze Schaf" gewesen, auch in der Schule. Er habe dieselben Leistungen wie der Bruder gehabt, trotzdem habe ihn seine Mutter statt auf das Gymnasium, auf die Realschule geschickt, was er als arge Zurücksetzung empfunden habe. Nachdem er mit anderen Realschülern Raubzüge organisierte, habe ihn die Mutter paradoxerweise aus der Realschule herausgenommen und auf das Gymnasium geschickt. Dort sei er natürlich nicht mitgekommen, weil er nicht gewöhnt war, Hausaufgaben zu machen und die Anforderungen anders waren. Nach einmaligem Sitzenbleiben habe ihn die Mutter sofort wieder herausgenommen und in die Volksschule geschickt, wo er Klassenbester war (13.).

Mit 12, als ihm seine Mutter einmal gedroht hatte, eine Unart dem Vater zwecks Bestrafung zu melden, sei er mit dem Fahrrad „Abgehauen" und erst spät abends von der Polizei aufgegriffen und nach Hause zurückgebracht worden.
1 Jahr später, als ihm Mutter mit Entzug des Guitarrenunterrichts gedroht habe, sei er ohne Fahrkarte nach Bremen zu einer Tante gefahren.
Ein drittes Mal (13), als er der Mutter Geld gestohlen hatte und nicht wußte, wie er es zurückzahlen sollte, fuhr er, wiederum ohne Fahrkarte, fast bis nach London. Als er in Dover zurückgeschickt wurde, ging er zunächst nach Brüssel und von dort aus nach Paris, wo er sich wochenlang herumtrieb, bis er aufgegriffen und zurückgeschickt wurde.
Das vierte Mal, mit 15, nahm er das väterliche Auto mit und kam 70 km weit.
Beim fünften Mal (16) nahm er die Kasse seines Jugendklubs mit und flog nach London, wo er wieder aufgegriffen wurde.
Die Eltern steckten ihn daraufhin in ein Erziehungsheim in der Pfalz (1968), wo er sich zunächst gut anpaßte und eine Lehre als Bauzeichner begann, es nach einigen Monaten nicht mehr aushielt und zum Vater nach Kissingen flüchtete, der ihn auch aus dem Heim herausnahm und in dem Betrieb, in dem er es zu einer leitenden Position gebracht hatte, unterbrachte.
Ein viertel Jahr vor Beendigung der Lehre unterschlug er 6 000 Mark und wollte damit nach Amerika. Als letzte Chance rieten ihm die Eltern zur Bundeswehr (s. o.).
Die Ausbrechversuche seien immer im Zusammenhang mit irgendeinem Anlaß gestanden, an die Anlässe erinnert sich Herr H. jedoch nur in seltensten Fällen. Insgesamt sei er 12–13 Mal in seinem Leben „abgehauen". Immer dann wenn er ganz down gewesen sei und geglaubt habe, es ginge nicht mehr so weiter. Er habe teilweise gewußt, daß er wieder zurückkommen würde und daß dann alles besser gehen würde, was sich auch immer bestätigt habe. – Die Eltern seien z. B. immer besonders nett zu ihm gewesen, wenn er endlich irgendwo gefunden worden sei.

Patient E

Bei diesem Patienten liegt das zentrale Mißverhältnis im Unvermögen, sich im Lebensraum, in Arbeit und in menschlichen Beziehungen zu verankern, letztlich zu binden. Er dokumentiert damit eine fundamentale anthropologische Notwendigkeit — eine sog. anthropologische Konstante —, daß menschliches Dasein von seinen Uranfängen an sich nur darstellen und behaupten kann, wenn es sich in Lebensräumen, in Arbeit und in menschlichen Beziehungen zu binden vermag. Der Patient wäre mit seinen Mißverhältnissen zu allen Zeiten, in allen Gesellschaftsformen, aufgefallen, bei nomadischen Stämmen, deren Bindungen er sich durch Ausbrechen und Flucht nicht weniger entzogen hätte, wie als Mitglied einer seßhaften Pflanzerkultur. Dieses zentrale Unvermögen imponiert als generelle Diskrepanz zwischen anteilnehmender und teilnehmender Kommunikation, zwischen „triebhaften Verhalten" und „noetischer Steuerung" — in den herkömmlichen Kategorien denkend, die jedoch das eigentliche Mißverhältnis

	Erkunden aktuell	Erkunden vergangen	Entdecken aktuell	Entdecken vergangen	Erschließen aktuell	Erschließen vergangen
anteiln.-leibh.	zugewandt offen, aber peripher Erkunden des anderen, leibh.-erot. unauffällig.	bei period. Ausbrüchen (Flucht) ist das Erkunden dem „Wittern" des fliehenden, einen Schlupfwinkel suchenden Tieres vergleichbar.	Nur nutzbringend-selbstbezogen. Kein Entdecken des „Neuen" in zwischenmenschlichen Beziehungen. leibh.-erot. unauffällig, eher promiskuös tendierend.	bei den Ausbrüchen geht es um Davon"Laufen", nicht aber um Entdecken.	Flaches, aber relativ differenziertes Fühlen. Sehr selbstbezogen, kein Erschließen des anderen. Euphor. Gestimmtheit, triebhaft hin- und hergerissen, unstet, schwankt zwischen Überanpassung (ohne Einfühlung) u. Opposition/Flucht. Starkes Gelten, zur Schau-Stellen, kein Ehrgeiz.	weitgehend wie aktuell, doch zeitweise überängstlich gestimmt (Flucht).
teiln.-handeln	rasche Auffassung, neugierig interessiert, „huscht" von einem zum anderen. Leistungsbezug praktisch ohne Plan und Ziel.	Wird bei „Ausbrüchen" extrem pragmat. orientiert. „Dach über dem Kopf".	„pfiffig", „gewitzt", aber nicht im Sinne der krit. Befragung.	trotz häufigen Ortswechsels kein Entdecken mit Horizonterweiterung.	Übergeordnete Zusammenhänge werden gesehen – z. B. moral. Art – aber nicht in Handlung umgesetzt.	Erschließen im Lernprozeß der Institution nachvollzogen, keine Selbständigkeit.

	Auseinandersetzen aktuell	Auseinandersetzen vergangen	Binden/Lösen aktuell	Binden/Lösen vergangen	Bewältigen aktuell	Bewältigen vergangen
anteiln.-leibh.	Kein Konfliktlerleiden, Abwehr gegen Konflikte, gegen Auseinandersetzung oder Stellungnahme.	„Opfer" der Auseinandersetzung der chaot. Familienverhältnisse.	Keine Fähigkeit z. Bindung und festlegender Entscheidung. Bez. z. Verlobten flach, gleichzeitig promiskuöse Tendenzen stark. Lebt im „Lösen".	Möglicherweise Bindung an Mutter? Keine Bindung an Geschwister, Freunde od. Lehrer. Keinerlei Vorbild (Lebensraum).	Keine anteiln. Bewältigen, da ständig „auf der Flucht".	Ständige Konfrontation mit nichtbewältigenden Eltern, insbes. Vater.
teiln.-handeln	Intellekt. Auseinandersetzung wird begrenzt pragmatisch ausgenutzt. Aber keine Problemstellung.	Durch Störung des Lernprozesses unterbleibt Möglichkeit sachbezogener Auseinandersetzung.	Nicht zu verbindlichen Einsichten befähigt.	Im Lernprozeß unterbleibt verbindliches Anknüpfen von Zusammenhängen insbes. der moralischen Normen.	Keine Bewältigung im Sinne der Verpflichtung.	

Raum

Lebensraum aufsteigender Schicht (Vater, eher kleinbürgerlich) und großbürgerl. Prägung (Mutter). Orientierungs- und Ordnungsbezüge chaotisch. Vater unstet-haltlos in Jugend des Pat. Mutter ordnungsbezogen-konservativ, aber unzufrieden-reizbar. Häufiger Wechsel des Lebensraumes durch plan- und ziellose Flucht, ohne Fuß zu fassen und Orientierungen zu entwerfen.

Leistung

Nur zu kurzfristigen pragmatisch-praktischen Leistungen befähigt. Keine länger anhaltende Planung, Improvisieren überwiegt, bei praktischer Begabung.

Zeit

Kein Verhältnis zur eigenen Geschichte als einer mit ihm zusammenhängenden. Sieht sich nur als Opfer, sucht „Schuld" außen. Kann sich nicht in Verantwortung, sich selbst und Umwelt gegenüber, zeitigen. Bleibt alltägl. Selbstvergessenheit ausgeliefert. Kein Zukunftsentwurf.

Leib

Bez. zum sinnl.-erot. Erleben unproblematisch erlebt, aber flach und unverbindlich. Tolerantes Verhalten. Athlet.-musk. Typ.

nicht adäquat beschreiben. Die fundamental-existentiale Notwendigkeit des Menschen, sich zu binden, bei gleichzeitigem Unvermögen dieses Patienten, Bindung zu vollziehen, ist nicht durch sekundäre Diskrepanzen zwischen noetischer und anteilnehmender Kommunikation zu erklären. Diese fundamentale Diskrepanz wird bei dem Patienten nur durch vorübergehende Bindungsbezüge kompensiert.

Daß diese Bindungsunfähigkeit in allen entscheidenden Kommunikationsmodi auf eine mangelnde Orientierung an Vorbildern, mangelnde Ordnungsbezüge in der Kindheit und Jugend zurückverweist (Verwahrlosung) ist offenkundig, ohne daß aus diesen Zusammenhängen allgemein verbindliche Schlüsse gezogen werden dürfen. (Ein anderer Mensch hätte auf dieses Milieu durch verstärkte Orientierungs- und Ordnungsbezüge, durch Konsolidierung seiner selbst in Arbeit und möglicherweise überspitzter Leistung geantwortet.) So ist der Patient – als weiteres Mißverhältnis – nicht in der Lage, sich über Leistung verantwortlich zu zeitigen, die Identifikation mit dem Leistungsbezug ist nicht vorhanden; und es fehlt die kritische Beziehung zur eigenen Vergangenheit.

Kompensatorisch neutralisierend scheint sich die sehr lockere Beziehung zu der Verlobten auszuwirken (deren Auto er praktisch stahl), besonders die Leibhaftigkeit der Verbindung. Neutralisierend wirkt die Alltäglichkeit und der vorübergehende Bezug zu beruflich festgelegten Rollen: Unteroffizier, Chauffeur usf. Kompensatorisch wirkt außerdem die teilnehmende Kommunikation im Sinne einer überwiegend zweckorientierten-pragmatischen Erkundung der Umwelt. Auf dieser Ebene erfolgt dann Bewältigung von praktischen Anforderungen, die sich auf dem Hintergrund eines relativ hohen Intelligenzquotienten abzeichnen (IQ von 108/104).

Vermittels dieser relativ hohen Intelligenz (sowohl im praktischen wie im intellektuellen Bereich) erkundet der Patient bei seinem fluchtartigen Ortswechsel Umwelt rasch, nutzt ökonomische Möglichkeiten aus, um sich entsprechend „über Wasser zu halten".

Diagnose:
Bei dem Patienten dürfte eine fundamentale Bindungsunfähigkeit auf dem Hintergrund eines tiefgehenden Identitätsmangels (mangelndes Selbstbild), auf dem Hintergrund auch von Ordnungs- und Orientierungslosigkeit gesehen werden, die die gesamte Prognose nicht übermäßig günstig erscheinen lassen. (Die herkömmliche Psychiatrie würde von einer Psychopathie sprechen.*

---

* Vgl. D. Wyss: Beziehung und Gestalt, Teil II/XI, Stichwort Psychopathie.

Pat. F., männl. (Volkswirt), 22 J.

I. Verhaltensbeobachtung
Der hochgewachsene, rotblonde, weitsichtige, sehr asthenisch wirkende Patient von gepflegtem Äußeren berichtet anfangs nur stockend und recht zusammenhanglos. Auffällig sind Augenzwinkern, ein läppisch anmutendes Lächeln und häufige Hyperventilation sowie Bartstreichen.

II. Gegenwärtige Symptomatik
Herr B. berichtet, er sei in letzter Zeit nicht in der Uni gewesen (Student der BWL) habe sich im Zimmer eingeschlossen, total eingekapselt, dabei tue er meist nichts. Bei dem Versuch, einen Brief zu beantworten, habe er in drei Stunden nur drei Sätze geschrieben. Er habe letztes Jahr sehr viele Gegenstände verloren (Schlüssel etc.), nötige Bafög-Bescheide nicht abgegeben, bei einer Arbeitsgemeinschaft zugesagt, aber nicht mitgearbeitet. Obwohl ihm klar sei, was er tun müsse, geschähe nichts.
Er sei auf Anraten eines Psychologen hier, er habe es bisher nicht geschafft, seine Konflikte auszutragen. Anfangs habe er noch versucht seine Gedanken aufzuschreiben; das sei ihm ebenso wenig möglich gewesen, wie jetzt etwas zu sagen. Er gehöre wohl zu den Menschen, die ihre Kräfte, anstatt auf die Lebensbewältigung, auf die Theorie richten, nicht denken, sondern nur Wissen anhäufen. Er möchte aus seinem Schneckenhaus heraus; im Gespräch mit den Menschen, denen er Probleme mitgeteilt habe, habe er nur Teilaspekte berührt und nur gute Ratschläge gehört. Er habe versucht, den Ort seiner Probleme zu finden. Seit 1 Jahr ca. sei er Angehöriger der Baha'i; da er sich über seine wirkliche Auffassung nicht klar sei, habe er dort den Sekretärsposten aufgegeben. In seiner Religion beruhten alle Handlungen auf Freiwilligkeit.
Was ihn beunruhige, sei, daß ihn z. Z. nichts echt berühre; was er auch anstelle, nichts freue ihn. Alles, was er tue, falle ihm so schwer, als sei es das Schlimmste auf der Welt. Vor einem Jahr habe er sich erwachsener gefühlt als heute. Sein Verhalten habe auch Auswirkungen auf seine Familie (bes. die jüngere Schwester).
Nach einer intermittierenden nervenärztlichen Behandlung mit Benpon berichtet der Patient, er mache sich bereits ein wenig Hoffnungen, er gehe tanzen und benehme sich wie ein normaler Mensch. Es mache ihm aber zu schaffen, seit ca. 3 Wochen zu wissen, daß er Mitglied der Baha'i-Religion und der kath. Kirche sei. Sein Vater habe das Versprechen, ihn von der Kirche abzumelden, nicht gehalten. Er lebe nun in einem Konflikt zwischen den beiden Konfessionen. Er sei seit 20 Jahren in einer kath. Familie aufgewachsen, habe im Abitur in Religion eine 1 gehabt und empfinde keine Abneigung gegen Priester. Er könne manche Darstellungen in der Baha'i Religion nicht akzeptieren.
Seine Hauptschwierigkeiten seien: Er sei weder Baha'i noch Katholik, eher überhaupt nichts. Ein glatter Austritt aus der kath. Kirche wäre besser als Heuchelei. Er habe keinen Standpunkt, lasse sich treiben und werde getrieben. Er möchte Leute durch seine Gespräche mit ihnen nicht schädigen. Jeder könne mit ihm auskommen; auf diese Weise käme man aber nicht an den Kernpunkt der Fragen heran. Seinem Vater habe er allerdings in einer Auseinandersetzung mit den Eltern über seinen Baha'i-Beitritt klar gemacht, daß die Sache in Ordnung kommen müsse.
Er habe das ganze vorige Jahr vergebens einen Standpunkt gesucht, könne vieles auswendig zitieren, habe Vorträge besucht und möchte jetzt abwarten und sich nicht mehr mit diesen Dingen befassen. Er habe manchmal gedacht, sein Kopf platze, sein Herz habe dann gestochen und er habe Angst gehabt, in den Spiegel zu schauen, weil er so eine Fratze sehe. Man habe ihm gesagt, daß er neurotisch sei und die Freiheit habe sich zu entscheiden. Er sei gefordert, solle an sich arbeiten, er müsse es selbst schaffen.

Je mehr er das Positive versucht habe, desto tiefer sei er in das Gegensätzliche geraten. Eine Flucht vor den Fragen der Religion sei nicht möglich gewesen.

III. Persönliche Entwicklung und Bildungsgang
Der Patient berichtet, er habe nach der Volksschule eine höhere Handelsschule und auf den Rat eines Lehrers ein Wirtschaftsgymnasium besucht. Nachdem er zu einer wirtschaftswissenschaftlichen Ausbildung bei Siemens nicht genommen worden sei und man ihm dort nach einer Aufnahmeprüfung abgeraten hatte BWL zu studieren, habe er doch dieses Fach gewählt. Seitdem habe er sich keine wesentlichen Gedanken mehr zu seiner Berufsausbildung gemacht, durch seine Vorbildung habe er drei Fächer eingespart, die zum 4. Semester nötigen Scheine habe er bereits nach dem 3. gehabt. Er stehe jetzt im 5. Studienhalbjahr. Im vorigen habe er keinerlei Zertifikate bekommen. Am Arbeitsamt habe man ihm geraten, gegenwärtig keine ganz wichtige Entscheidung zu treffen. Er denke nicht an Studienabbruch, aber vielleicht an ein Urlaubsemester, um andere Kontakte zu knüpfen und seinen Standpunkt zu klären.

Nach Angaben seiner Mutter sei er schon als Kleinkind etwas auffällig gewesen, habe immer quer gestanden und etwas anderes gewollt. Anscheinend sei dies so geblieben. Er habe zuerst nicht zum Gymnasium gehen wollen, nachdem aber sein jüngerer Bruder dort versagt habe, der sowieso immer vorgezogen worden sei, auch bzgl. landwirtschaftlicher Arbeit, habe er plötzlich gehen sollen, wegen seiner Augen und da er nach Meinung der Mutter unpraktisch sei.

In der 13. Klasse habe ihm einmal beim Vorlesen die Stimme versagt, die Mitschüler hätten das wohl nicht gemerkt, der Lehrer habe ihn dann aber nicht mehr aufgerufen. Zur Zeit des Abiturs habe er Theater gespielt und vor ca. 300 Zuhörern Monologe etc. vorgetragen. Silvester 1972, bei einer Gesellschaftsveranstaltung und im April d. J. hätte sich wieder Stimmversagen eingestellt. Jetzt träte es besonders auf, wenn er Gebete oder andere Schriftstücke vorlesen solle.

IV. Zur familiären Situation
Seine Mutter (50 J., Hausfrau) und sein Vater (51 J., Bürgermeister), die 25 Jahre verheiratet seien, seien beide in der Landwirtschaft tätig. Der Vater (einziges Kind, Erbe eines Hofes) philosophiere, aber er handle nicht. Die Mutter stünde ständig hinter ihm. Er habe den Vater in der Kindheit wohl sehr verehrt. Daß der Vater einmal einen Ochsen blind geschlagen habe, habe ihn sehr enttäuscht (Alter d. Pat. 15 J.). Nach Aussage der Mutter sei er der Lieblingssohn des Vaters gewesen. Er könne mit ihm gut auskommen, wenn er wolle und habe nicht wie die anderen Geschwister Ärger mit ihm, eher mit der Mutter. Was sie mit ihren Eltern trieben, sie z. B. vernachlässigten, belaste ihn sehr.

Auf die Mutter angesprochen schweigt Herr B. zunächst, dann schildert er sie als lebhaft und praktisch. Er habe keine so gute Einstellung wie er gerne möchte. Er habe ihr immer die Schuld daran angelastet, daß er nicht habe Landwirt werden können, sei aber später froh darüber gewesen.

Geschwister d. Pat.:	
	25j. Bruder, im 5. Semester Elektrotechnik
	23j. Bruder, Student der Agrarökonomie mit Examensschwierigkeiten.
	21j. Bruder, der zur Zeit bei der Bundeswehr ist.
	15j. Bruder, Schüler in der Realschule.
	18j. Schwester, Realschülerin.
	6,5j. Schwester, Volksschülerin.

V. Soziale Anamnese
Herr B. pflegt z. Z. Kontakt mit 2 Medizin- und einem Graphikstudenten. Er berichtet

von 3 bisherigen Beziehungen zu Frauen. Vor dem Abitur habe er sich ganz groß verliebt, die Beziehung aber nach einem Urlaub der Partnerin abgebrochen. Er habe sie in letzter Zeit 3 Mal getroffen, wobei sie darauf hingewiesen habe, daß sie wohl die Ursache der Trennung gewesen sei. Er habe bei dieser Begegnung keinerlei Probleme gehabt, zu erstem sexuellem Kontakt sei es im Auto gekommen. Seine Hose sei mit Blut befleckt gewesen, seine Mutter habe das gesehen und einmal bei einer Auseinandersetzung gesagt, daß sie es sich nicht erklären könne, wie sehr er sich seit dieser Zeit verändert habe.
Ca. während des 1. Semesters sei in einer sozialen Jusoarbeitsgruppe ein Mädchen gewesen, das sich wohl in ihn verliebt habe. Er habe dies anfänglich anscheinend nicht gemerkt. Später sei bei ihm Angstschweiß und Stottern aufgetreten, wenn er sie gesehen habe. In der Folgezeit habe er immer wieder Kontakt aufgenommen und das Mädchen getroffen. Jetzt bestünde keine Kommunikation mehr.
Seit dem 3. Semester sei er mit einer Dipl. Dolmetscherin, die wieder studiere, von ihrem Mann getrennt lebe und einen Sohn habe, bekannt. Es habe ihn interessiert, was diese junge *Dame* für ein Typ sei und er sei ein paar Mal mit ihr weggewesen. Im letzten Jahr hätten sie versucht, von einander Abstand zu gewinnen.

Patient F

Das zentrale Mißverhältnis des Patienten manifestiert sich in einer weltanschaulich-religiösen Orientierungskrise auf dem Hintergrund eines noch nicht zum Tragen gekommenen Konfliktes (Auseinandersetzung) mit dem vorbildhaft erlebten Vater und dessen Welt. Der Konflikt Selbständigkeit (Lösen) gegen Abhängigkeit wird sichtbar. Das Mißverhältnis ist z. Z. noch durch das Überwiegen (Dominieren, Absorption) der anteilnehmenden Kommunikationsmodi von Abwendung und Abwehr kompensiert, durch das Überwiegen der dem Lebensraum entstammenden Ordnungen und Orientierungsbezüge, obwohl diese Kompensationen schon Anlaß zu Dekompensation geben. Expansiv erkundende, entdeckende, anteilnehmende, wie auch teilnehmende Kommunikationsmodi sind abgewehrt; abgewehrt wird auch die Auseinandersetzung. Die genannten Modi erscheinen durch ein zwangshaftes Grübeln der teilnehmenden Kommunikation kompensiert, die Kompensation ist jedoch bereits im Begriff, in Dekompensation (Zwang) umzuschlagen.

In der Befindlichkeit überwiegt (Mißverhältnis) aktuell die depressiv sich abwendende Stimmung gegen sonst stärkere Schwankungen der Befindlichkeit überhaupt. Im Vordergrund der anteilnehmenden Kommunikation stand in der Vergangenheit das gemütvoll, relativ tief gestaffelte, anteilnehmende Fühlen und Sich-Einfühlen, das überwiegend sympathetisch getönt war, das in der Aktualität durch die Kompensation von Abwendung und Abwehr überschattet ist. Im Antriebserleben stehen die Antriebe der Entkörperung, des sozial-karitativen Handelns im Vordergrund, die sich in Fürsorge und Hilfsbereitschaft darstellen, in Entgegenkommen

F)	Erkunden aktuell	Erkunden vergangen	Entdecken aktuell	Entdecken vergangen	Erschließen aktuell	Erschließen vergangen
anteiln.-leibh.	„halb" zugewandt. In sich forschend. Viel Unterbrechung im Redefluß, zögernd-gehemmt (depressiv-abgewandt).	eher verträumtes Kind, sensibel.	nach innen gewandt. „tastend", wenig expansiv, im Kontakt scheu.	wie aktuell	gemütvoll, differenziertes Fühlen, Tiefe, Überwiegen der abwendenden Stimmung, fürsorglich caritativ. Entkörperung nicht aggressiv, kein Ehrgeiz, eher antriebsschwach. (leibhaft?)	„gefühlvolles" Kind und Junge, einfühl. „schwernehmend" labil.
teiln.-handeln	grüblerisch-nachdenkend.	ohne Angaben	Nicht pragmatisch-praktisch, kein „neugieriges intellektuelles" Verhalten – vorsichtiges Abwägen, kein radikales In-Frage-Stellen, Negieren oder Bejahen.	wie aktuell	starke Neigung zu schlüssigen Ausfühlrungen über „Sinn des Lebens".	ohne Angaben

	Auseinandersetzen aktuell	Auseinandersetzen vergangen	Binden/Lösen aktuell	Binden/Lösen vergangen	Bewältigen aktuell	Bewältigen vergangen
anteiln.-leibh.	meidet Auseinandersetzung. „Schneckenhauserlebnis", obwohl in einer Orientierungskrise (Auseinandersetzung) stehend.	Ausweichend, Abwehr gegen Auseinandersetzung überwiegt.	starke Bindung an Lebensraum, insbes. Vater, mit befinnendem Versuch, sich zu lösen (Konflikt Selbständigkeit/Abhängigkeit bahnt sich an).	starke Bindungen, auch an Geschwister, mögliche Ambivalenzen.	noch ganz im elterlichen „Bewältigen" nach vorgegebenen Maßstäben befangen. Noch keine personale Beziehung.	wie aktuell
teiln.-handeln	grübl. Auseinandersetzung mit weltanschaulichen Problemen überwiegt.	ohne Angaben	weltanschaul. Differenzen dienen zur Lösung vom Vater. Grübelzwänge (zwanghaftes Binden/Lösen).	seit Pubertät Grübelzwang.	Versucht Existenz über weltanschaul. Problematik zu bewältigen.	

Raum

Bäuerl.-ländl. (kleinbürgerl.) Lebensraum, relativ strenge Normen (kath.), leistungsbezogen, stark an Vater (Vorbild) orientiert. Bez. zur Mutter problematisch. Pragmat. Erkunden überwog. Keine Auseinandersetzungen. Bewältigen durch religiösen Bezug (Ordnung, Orientierung). Noch weitgehend im ursprünglichen Lebensraum verwurzelt und gebunden. Dabei Halt suchend, Orientierungsverlust. Keine Rollenproblematik.

Zeit

Hohe Selbstverantwortung (Zwangsgrübeln). Angst, sich religiös zu verfehlen. Schuldlerleben gegenüber Bahai-Sekte. Reflektiert Vergangenheit. Entwurf in Zukunft unbestimmt.

Leistung

Wenig leistungsbestimmt. Durchschnittl. Schüler. Keinen pragmat. Bezug, eher „unpraktisch". Selbstdarstellung nicht über Leisten. Volitiv-gegenstandsbezogenes Handeln nicht ausgeprägt.

Leib

Psychasthenisch. Erot.-sinnl. sei unproblematisch; Genießen: unauffällig, nicht überbetont. In Kindheit sex-erot. Bez. eher tabuiert, aber durch ländl. Umwelt kompensiert.

und „überstarker" Anpassung; vermittels derer Anpassung wird möglicherweise ein einkörpernd-aggressives Sich-zur-Geltung-Bringen dominierend abgewehrt. Der pragmatische Leistungsbezug ist mangelhaft ausgeprägt und steht im Gegensatz zu dem hohen Verantwortungsanspruch, den der Patient an seine Lebensführung, an den Umgang mit anderen setzt (absorbierende Kompensation), bei gleichzeitiger Unfähigkeit wiederum, zur personalen Blickwendung auf den anderen und entsprechender Bewältigung.

Die Leibhaftigkeit scheint weitgehend kompensiert zu sein; sie gleicht damit (neutralisierend) die Diskrepanzen der Ablösungs- und Orientierungskrise aus.

Die Diagnose darf lauten: Orientierungs- und Krise der Ordnungsbezüge auf dem Hintergrund von Bindung und Lösung dem Lebensraum gegenüber, bei einseitigem Überwiegen der abwehrend-abwendenden kompensatorischen Kommunikation. Ohne die Möglichkeit eines dauernden Verlustes der Perspektive zu gering zu schätzen (Entwicklung einer hebephrenen Psychose?), darf — aufgrund der bisherigen Exploration — die Prognose, insbesondere wenn sie die noch latenten, aber vielfältig zu differenzierenden Kommunikationsmöglichkeiten der anteilnehmenden Modi berücksichtigt, nicht zu ungünstig gesehen werden.

Pat. G., männl. (Musiker) verh., 29 J.

Der sehr blaß aussehende, unruhig wirkende Patient berichtet, er sei vor Weihnachten 1973 ca. 4 Wochen erkrankt gewesen. Er sei Musiker, habe bei einem Auftritt an einem Samstag plötzlich starke Herzschmerzen verspürt, rote Flecken seien überall an seinem Körper aufgetreten. Er habe sich zu Bett begeben müssen, sein Hausarzt habe ihn am folgenden Dienstag Hydracillin gespritzt, am Mittwoch habe er inhaliert, und dann sei es wiederum zu Kreislaufbeschwerden gekommen, er habe schweißige Hände gehabt und einen Druck auf dem Darmtrakt verspürt. Dazu seien Druckgefühle in der Herzgegend gekommen. Er habe keinen Besuch empfangen können und auch seine eigene kleine Tochter nicht mehr um sich haben können. Auf Veranlassung seines Hausarztes sei er zu dem Facharzt Dr. B. gegangen. Dieser habe ihm Limbatril (3x 1/2 pro Tag) verschrieben. Er habe keinen organischen Befund erheben können. Er sei auch zu der Nervenärztin Dr. A. gegangen. Diese habe ihn so behandelt, als ob er fehl am Platze sei. Sie habe von einem kleinen Nervenzusammenbruch und einer labilen Hypertonie gesprochen, die sich auf Grund von Streß und Überforderung entwickelt habe. Er sei früher nie ernstlich krank gewesen, auch seien bis vor ein paar Jahren vergleichbare Symptome nicht aufgetreten. Seine gegenwärtigen Hauptsorgen bereitete ihm die Tatsache, daß irgendwelche alltägliche Ereignisse, die das Nervensystem tangierten, von ihm wie durch eine Lupe vergrößert wahrgenommen würden. Er meine, sein vegetatives Nervensystem sei gestört. Auch kontrolliere er ständig seinen Puls und glaube häufig, daß er sterben müsse. Er frage sich dann, ob er einen Herzinfarkt bekomme, weil die Symptome so stark seien. Die Nervenärztin habe ihm empfohlen, nicht so sehr auf seinen Puls zu hören; sie habe wohl recht. Frau Dr. S., bei der er z. Z. in Behandlung sei, und die ihn auch hierhergeschickt habe, befürchte, daß er „in eine Neurose abkippe". Sie habe ihm geraten, nicht so sehr an sein Herz zu denken. Wenn er so einen anfallsartigen Schmerz verspüre, solle er versuchen sich nicht darum zu kümmern.

Zu Frau Dr. S. sei er aus folgendem Grund gekommen: Er habe montags um 16.30 Uhr immer eine Arbeitsgemeinschaft. Vor ca. 14 Tagen habe er wiederum an einer solchen teilgenommen, nachdem er zuvor bei seinem Anwalt Dr. B., bei dem er in Ausbildung sei, sich vorgestellt habe. Er habe versucht, den Ausführungen des Leiters der Arbeitsgemeinschaft zu folgen. Dabei habe er sich sehr angestrengt. Der Sauerstoff in der Luft sei knapp gewesen, er habe plötzlich Hitzegefühle verspürt und wiederum Herzbeklemmungen. Er sei aufgestanden, um etwas auf- und abzugehen, verließ den Raum und wollte zur Straße. Die Tür sei aber abgeschlossen gewesen, er habe unbedingt hinausgewollt, die Fenster seien zu hoch gewesen, ein weiterer Zugang zur Straße habe sich als zugemauert erwiesen, auch das Toilettenfenster sei nicht zu öffnen gewesen. Da habe er plötzlich so etwas wie Platzangst verspürt, habe zum Ausbildungsleiter zurückgehen müssen, dieser habe ihn dann nach Hause geschickt. Frau Dr. S. habe ihm daraufhin Nobrium verschrieben, daraufhin habe er sich etwas besser gefühlt, er meine aber, daß die Wirkung jetzt nachlasse. Er habe ihm abgeraten, Limbatril weiterzunehmen, da das müde mache. Er ermüde sowieso rasch, allerdings komme er in seinen Studienvorbereitungen voran. Er grüble sehr viel und mache sich Gedanken, wie er es schaffen könnte, die Wiederholung seines Staatsexamens unbedingt zu schaffen. Er sei im ersten Anlauf deswegen daran gescheitert: er habe zu viel Musik gemacht, da er einen Plattenvertrag gehabt habe und habe mit der Note 5,58 das Ziel knapp verfehlt. Er habe aber eigentlich nicht Jurist werden wollen; als er 1965 von der Bundeswehr kam, bei der er die Offizierslaufbahn beschritten habe, habe sein Vater gewollt, daß er Jurist werde. Er selbst habe wegen 7jähriger Kriegszeit und -gefangenschaft das Ziel, Jurist zu werden, nicht erreicht. Der Pat. meint, er sei eher musisch geartet, er schreibe gern, mache gern Musik, habe nie eine große Neigung zum Jura-Studium gehabt. Das erste Examen habe er zwar irgendwie geschafft; während der Referendarzeit habe er sich immer etwas vor der Materie gefürchtet. Jetzt stehe das Examen wie ein Berg vor ihm, er müsse es unbedingt schaffen, fürchte, wenn er da versage, werde er sich dies nicht verzeihen. Er treibe seine Musik schon seit über 10 Jahren; auch in der Bundeswehr, als Gefreiter, habe er dadurch viel Sonderurlaub bekommen können. Allderdings glaube er, daß er insbesondere von juristischen Kollegen nicht ernstgenommen werde, er meint, sie hielten das für nichts, aber er komponiere gerne, schreibe Titel und versuche, in Liedern festzuhalten, was er denke. Juristen seien eigentlich diametral zu ihm angelegt. Er meint, erkannt zu haben, daß es vielleicht nicht mehr möglich sei, das zweite Examen zu schaffen. Es handle sich dabei um 12 Prüfungen, die innerhalb von 3 Wochen abgelegt werden müssen. Das bayerische Staatsexamen sei das schwierigste. Der für ihn nächste Termin sei im Frühjahr, der letztmögliche finde im September 1974 statt, habe bereits 4 Referendarjahre hinter sich. Er versuche zu arbeiten, habe vor 1 Woche wieder einmal eine Klausur geschrieben, die er auch durchgestanden habe. Der Pat. kommt immer wieder in dem Gespräch auf seine musikalische Betätigung zurück. Er berichtet, er habe 1965 eine eigene Gruppe gegründet. Sie habe bis 1968 bestanden. In dieser Zeit habe er sich körperlich verausgabt. Der Krach, der Lärm, das Abbauen sowie die durchwachten Nächte hätten ihm aber subjektiv nichts ausgemacht. Sein Alkohol- und Nikotinkonsum sei hoch gewesen, aber jeweils am nächsten Tag habe er ohne Schwierigkeiten weitermachen können. 1968/69 habe er sich der Examensvorbereitung gewidmet. 1969 im Herbst fand das erste Examen statt. Noch im Mai dieses Jahres nahm er ein Angebot einer Musikergruppe in Würzburg an. Es handelte sich um die beste Gruppe in Würzburg. Nachdem er das erste Examen bestanden habe, habe er bis 1972 im Fasching gespielt. Auf die Frage, wann seine Beschwerden das erste Mal aufgetreten seien, erinnert er sich, daß Ende 1971 / Anfang 1972 er das erste Mal Luftknappheit beim Singen verspürt habe und den Drang nach frischer Luft. Damals sei auch das z. Z. wieder aktuelle Ohrenrauschen aufgetreten, er habe diesem allem aber zu wenig Bedeutung beigemessen. Belastung durch das Studium und die Gruppe sei sehr groß gewesen, insbesondere da man in der Referendarzeit ständigen Termindruck habe, es habe auch Auseinandersetzungen in der Gruppe gegeben, er sei verantwortlich für den musikalischen Teil gewesen. Dies habe weiteren Streß zur körperlichen Belastung hinzugefügt. 1972 habe er zu spielen aufgehört. Er habe einen Plattenvertrag gemacht und Schallplatten aufgenommen. Mit seinem Manager sei er in ganz Deutschland und in Luxemburg zu Interviews herumgereist, sei jeden Tag woanders gewesen. Dies sei eine hektische Zeit gewesen, so wie er es haben wollte. Er habe einen Alfa Romeo fahren können und sich recht gut gefühlt. 1973 versuchte er das erste Mal, das 2. Examen am Oberlandesgericht Bamberg zu machen. In der letzten Woche dieses Termins habe er wieder Herzstiche verspürt. Am letzten Tag, als seine Frau ihn abholte, sei die Welt, die bis dahin ein wenig kaputt gewesen sei, wieder in Ordnung gewesen, er hätte dann Bäume ausreißen können und habe sich gefreut, wieder komponieren zu können. Habe Sport getrieben und eine neue Gruppe gegründet, obwohl sich herausstellte, daß er am ... (das wurde ihm am 18. Juli 1973 mitgeteilt) das Examen nicht bestanden habe. Er habe daraufhin zwar versucht, die Gruppe zu halten; erst hätten sie zu dritt gespielt, zum Schluß sei er nur 1 Stunde jeweils aufgetreten, aber an Weihnachten sei es einfach nicht mehr gegangen. Der Krach und die Proben hätten ihn genervt; ihm sei klar geworden, wenn er jetzt nicht antrete, bräuchte er gar nicht mehr die Prüfung zu machen. Ein weiteres Problem stelle sich dadurch, daß er versucht habe, seiner Frau in Würzburg eine Stelle als Friseur-Meisterin zu verschaffen. Dies sei ihm zwar gelungen, aber dort habe seine Frau nur untergeordnete Tätigkeit machen müssen, so daß er ihr empfahl aufzuhören. Möchte sie aber in Würzburg haben. Sie hätten eine Zweitwohnung in Lengfeld neben ihrer Wohnung in Bad Neustadt a. d. Saale. Ihrem kleinen 4jährigen Töchterchen schiene allerdings die Trennung von ihren Eltern nicht zu bekommen. Sie sage zwar nichts und gebe außer Bettnässen keinerlei Zeichen. Es ginge ihr bei den beiden Großeltern-Paaren zwar gut, aber trotzdem beunruhige ihn die Situation. Er brauche aber die Nähe seiner Frau, er habe schon früher, während der Studienzeit, unter dem Alleinsein gelitten; er habe es zu Hause nicht ausgehalten. Sein Schwager dagegen, der z. Z. schon promoviere, könne überall arbeiten, er selbst brauche gewisse Voraussetzungen, sonst fehle ihm die Schaffenskraft.

Eine gewisse Schwierigkeit scheinen dem Pat. auch die finanziellen Sorgen zu bereiten. Er berichtet, daß er insgesamt 600,— DM Miete zu bezahlen habe. Bislang sei dies durch seine Nebenfinanzierungen möglich gewesen. Er habe mit dem Geld nie richtig umgehen können, er habe sich Sportwagen gekauft und nichts zurückgelegt. Seine Schwiegereltern stünden jetzt mit ihrem Kapital hinter ihm, auch seinen Eltern gehe es nicht schlecht.

Bei dem weiteren Verlauf des Gespräches kommt der Pat. ein zweites Mal auf seinen Vater zu sprechen. Er berichtet, dieser sei im gehobenen Dienst der Finanzverwaltung, habe es zum Obersteuerrat gebracht, obwohl er nicht studiert habe. Er sei 50 Jahre alt und trete ihm sehr fordernd gegenüber. Er sei nicht gerade über sein Durchfallen erfreut gewesen und habe lapidar gefordert, daß er das nächste Mal eine 3,5 machen solle. Er gebe ihm Unterricht, was er früher nie getan habe. Zuvor habe er sich nie um seinen Sohn gekümmert, er habe ihn einfach in die Schule gesteckt und später dann das

Abiturzeugnis verlangt. Schwierig sei wohl auch, daß er keine Geschwister habe. Seine Mutter habe zu dem Versagen nichts gesagt, sie habe sich wohl beruhigt. Sein Vater aber habe, wenn er von seinen Mitarbeitern gefragt wurde, immer erzählt, wie weit sein Sohn sei. Es habe ihm schon einen Knacks gegeben, daß er das Examen nicht bestanden habe. Er möchte nicht, daß sein Sohn aufhört, er selbst wolle dies ja auch nicht. Er habe auch nie geglaubt, daß er in eine solche Situation komme.

Patient G

Bei diesem Patienten steht die leibhaft-schmerzhafte Dekompensation innerhalb der Herzgegend — ohne entsprechenden organischen Befund — im Vordergrund. Sie ist verbunden mit ängstlich-hypochondrischer Selbstbeobachtung (Mißverhältnis). Der Zusammenhang der Dekompensation dürfte auf dem Hintergrund eines wachsenden Mißverhältnisses zwischen dem Überwiegen der expansiv-peripher-erkundenden Kommunikation mit hohem Leistungsanspruch, bei gleichzeitiger Reduzierung der anderen Kommunikationsmodi, insbesondere des Erschließens, Auseinandersetzens und Bewältigens zu sehen sein. Der erkundend-expansive Kommunikationsmodus dominiert und absorbiert die anderen Modi, er kompensiert diese durch Einschränkung, gleichzeitig Anlaß zu Dekompensation gebend. Dieses Mißverhältnis in der Kommunikation wird ergänzt durch eine noch nicht bewältigte Bindungsproblematik (Vater, Mutter, Ehefrau), einem aktuellen Konflikt mit dem Vater, um die endgültige berufliche Festlegung des Patienten, es wird ergänzt durch mangelhafte Orientierung (Entwurf in die Zukunft ist z. B. ganz diffus) und mangelnde verbindliche Ordnungsbezüge (haltlos). Ferner dürfen Mißverhältnisse in den Antrieben/Trieben zwischen Gelten-Wollen und sich in Geborgenheit Fallen-zu-Lassen (Regression) angenommen werden. In den Befindlichkeit kompensiert die vor der Erkrankung im Vordergrund stehende Euphorie eine zu vermutende, stärkere resignative Tendenz zur Abwendung. Das sympathetisch sich erschließende Fühlen dürfte für intensive Antipathien Ausgleich erstellen, die jedoch dem Patienten nicht bewußt sind. Das fühlende Sich-Erschließen erscheint jedoch nur relativ differenziert und ziemlich flach. Kompensatorisch neutralisierend wirken die noch nicht betroffenen noetischen Kommunikationsmodi, insbesondere soweit sie dem Leistungsbezug dienen. Bewältigen im Sinne des noetisch-personalen Welt- und Selbstbezugs darf ebenso ausgeschlossen werden, wie der Patient sich als noch nicht fähig erweist, sich selbstkritisch auseinander zu setzen, zu verbindlichen Bindungen und Lösungen zu kommen, bzw. er noch überwiegend in den Normen des elterlichen Lebensraumes befangen ist. Die kritische Reflexion der eigenen Vergangenheit und Geschichtlichkeit gegenüber ist nur in Ansätzen vorhanden, jedoch zeigt sich der Patient verant-

G)	Erkunden aktuell	Erkunden vergangen	Entdecken aktuell	Entdecken vergangen	Erschließen aktuell	Erschließen vergangen
leibh.-anteiln.	lebhaft.- offen neugierig-aktiv, durch Hypochondrie eingeschränkt peripheres Erkunden, auch sinnl.	wie aktuell, keine Hypochondrischen Befürchtungen.	hypochondr. auf Leib fixiert. Kein „neues" Entdecken z. Zt.	Früher aktiv, weltzugewandtes Kind. Lebhaftes motor.-expansives Entdecken.	Differenziert, aber flach im Fühlen. Selbstempfindlich. Jetzt verunsichert, depressiv. Stärker sympathet.-einfühlend bestimmt. Gelten, Ehrgeiz überwiegt, erfolgsbezogen gegen Abhängigkeitstendenzen.	Früher eher euphorisch. „Heiteres Kind" – unbeschwert.
teiln.-handeln	Gewandt. flexibel. Geschäftes Aufnahmevermögen, aber peripher. Jetzt konzentrationsgestört.	wie aktuell, „intelligentes" Kind. Schule unproblematisch.	Durch Berufskonflikt begrenzt. Aber im Bereich „Musik", „am Ball". Improvisiert leistungsbezogen spezifisch in Musik. (Jazz, Schlager)	Entdecken von Problemen und Gegensätzen rasch abgewehrt. „Huschen". Unproblemat. in Schule, aber ablenkbar.	Wenig Neigung zu schlüssigen Erkenntnissen, „über sich und Umwelt", schließen bleibt berufsbezogen, praktisch orientiert.	wie aktuell

	Auseinandersetzen aktuell	Auseinandersetzen vergangen	Binden/Lösen aktuell	Binden/Lösen vergangen	Bewältigen aktuell	Bewältigen vergangen
leibh.-anteiln.	in Konflikten befangen, bei gleichz. Tendenz auszuweichen und abzuwehren.	Ausweichen und Meiden überwiegt. Keine manifesten Auseinandersetzungen im Elternhaus.	Noch in elterl. Bindungen verblieben. Bindung an Frau stark von Gewohnheit geprägt. Weder flach noch tief. „indolent".	Mehr zu Bindungen tendiert. Über andere Bindungen zu Freunden nichts bekannt.	Durch Abwehr und Ausweichen kein personales Bewältigen. Manipuliert berufl. andere als „pragmat. Bewältigen" (Pseudo-)von menschl. Bez. (Bandleader)	Durch vorgefundene häusl. Normen angepaßt, „bewältigt".
teiln.-handeln	auf berufl. Problematik eingeschränkt. Aber dort nicht zielgerichtet.	wahrscheinl. wie aktuell.	Keine über die Alltäglichkeit hinausgehenden verpflichtenden Erkenntnisse.	nichts bekannt	Bewältigt selbstgestellte Aufgaben im Beruf (Musik) Ausdauer im Lernen.	insbes. Schule problemlos durch Anpassung an Institutionen bewältigt.

Raum

Mittelbürgerl. relativ rigide Orientierung und Ordnung. Vater eigene Ziele nicht erreicht, sie auf Sohn übertragen. Mutter wird nicht geschildert. (Bindung? Zwiespalt?) Pat. schwankt in der Orientierung, keine festen Ordnungsbezüge. Ökonom. Orientierung betonter Maßstab, keine nennenswerte Rollenproblematik. Kein Selbstbild, im Lebensraum überwog Leistungsbezug. Wenig manifeste Auseinandersetzung. Bewältigen nach vorgefundenen, traditionellen Normen.

Zeit

Kein Verhältnis zu Verantwortung in zwischenmenschl. Beziehungen (Frau/Kind z. B.). Wenig über Vergangenheit reflektiert. „Aufgesetzte Verantwortung" durch Beruf und Konflikt mit Vater. Kein Entwurf in die Zukunft, aktuell erfolgsbezogen.

Leistung

Im Test Handlungsteil schmaler als Verbalteil. Unrealist. Planung. Entwirft mehr als er durchführen kann. Tendenz „von Hand in Mund leben". (S. auch Pseudoverantwortung) Starke Leistungsansprüche an sich selbst. Ausdauer über Lernen.

Leib

Erot.-sinnl. Bez. z. Frau unauffällig. In Kindheit eher rigide tabuiert. An Frau stärker gebunden, nichts über Promiskuität bekannt. Andere Bereiche des Genießens unauffällig. Asthen. Konstitution. Jetzt hypochondr. Entwicklung.

wortungsvoll im Leistungsbezug, um damit die tiefere Halt- und Orientierungslosigkeit (absorbierend) zu kompensieren. Auch die unproblematisch erscheinende sinnlich-erotische Kommunikation mit der Frau dürfte neutralisierend wirken. Der Patient ist jedoch auf dem Wege, noch vorhandene Kompensationen sowohl der noetischen Kommunikation, des Leistungsbezugs, als auch Kompensationen durch Antriebe der Einkörperung im Gelten-Wollen (sich als Bandleader zu behaupten), im Gefolge zunehmender hypochondrischer Abwendung und Abwehr in den Hintergrund zu drängen.

Diagnose:
Schmerzhaft erlebte Dekompensation in der Herzgegend ohne organischen Befund, verbunden mit zunehmend hypochondrisch-ängstlicher Selbstbeobachtung. Sich abzeichnende Abwehr gegen und Abwendung von der Welt, bei gleichzeitigem, einseitigem Überwiegen peripheren Erkundens und extremer Leistungsbezogenheit über die anderen Kommunikationsmodi kennzeichnen das vorliegende Krankheitsbild. Es ist u. a. auf dem Hintergrund einer Bindungs-/Lösungsproblematik mit dem Vater, einer latenten Auseinandersetzung mit ihm zu sehen.

Die Prognose erscheint sowohl hinsichtlich der Möglichkeit, die an der Oberfläche sich abzeichnenden Konflikte zu lösen, nicht ungünstig, wie auch latente relativ differenzierte Kommunikationsmodi Kommunikationserweiterung in Aussicht stellen.

Pat. H., weibl. (Verkäuferin) verh., 26 J.

Vater 1899 geboren. In Rumänien Landwirt, nach der Flucht in Würzburg als Kesselmeister in Gaswerk gearbeitet.
Mutter 1912 geboren, stammt aus Sudetenland, war vor Heirat Schneiderin, später immer zu Hause.
Pat. weiß vom früheren Leben der Eltern nur anzugeben, daß der Vater in Rumänien schon verheiratet war und daß, da diese Ehe lange nicht geschieden wurde, sie und ihre beiden älteren Schwestern zunächst uneheliche Kinder waren, bis die Eltern heiraten konnten und sie adoptieren. Nur das 4. Mädchen wurde ehelich geboren. Die Unkenntnis der Pat. bezüglich der Eltern ist recht auffällig — auch die eigene Vorgeschichte fällt merkwürdig dürftig und nüchtern aus.
Sehr abgeschlossene „stille" Kindheit, die Dienstwohnung lag im Gebäude des Gaswerkes, abgeschieden von der übrigen Stadt, es gab als Spielgenossen nur die Schwestern. Diese sind 1946, 48, 49 (Pat.) und 1951 geboren. Nur die jüngste Schwester sei heute noch unverheiratet und lebe bei den Eltern, die jetzt Rentner seien.
Vater pedantisch, fleißig, streng, sparsam, trotzdem habe Pat. ihn mehr geliebt als die „etwas schlampige" Mutter, deren Vernachlässigung an sich selbst die Pat. mit Sexual-Abwehr in Zusammenhang bringt. Die Mutter habe hie und da entsprechende abfällige Bemerkungen über die männlichen Sexualbedürfnisse fallen lassen und die Eltern

haben jahrelang kein gemeinsames Schlafzimmer mehr gehabt. Zeitweise haben die Eltern nur via Töchter überhaupt noch miteinander gesprochen. Vater verwaltete das Geld, hielt die Mutter stets sehr kurz. Beispiele seiner Sparsamkeit seien: Bratfett mußte mehrmals verwendet werden. Seife durfte nur zum Gesichtswaschen verwendet werden, für die Hände mußte man Kernseife nehmen. Als Klopapier diente die zerschnittene Main-Post. Allerdings habe wohl auch tatsächlich große Armut geherrscht, da beide Eltern Flüchtlinge waren.

Vom 7. Lebensjahr ab 8 Jahre lang Volksschule, mittlere Schülerin. Wenig Erinnerungen an Kindheit und Schulzeit, mit Schwestern immer gutes, ruhiges Verhältnis. Probe-Vierteljahr in Handelsschule nicht bestanden, deshalb nach Volksschule 3 Jahre lang Lehre als Verkäuferin im Kaufhof, Gehilfenprüfung, 1 Jahr lang dort noch als Verkäuferin tätig, dann Abendkurse in Steno und Schreibmaschine („Jetzt hatte ich am Lernen Interesse und heute hätte ich gerne meine Mittlere Reife"!) Seit 4 Jahren als Sparkassen-Angestellte tätig, wo auch die älteste Schwester und deren Mann beschäftigt seien.

Sexualität zuhause immer tabu — außer den abfälligen Bemerkungen der Mutter hörte man nichts davon. Keine sexuellen Spiele mit den Schwestern. Weibliche Onanie ist der Pat. auch als Phänomen unbekannt. Ihre eigenen Genitalien hat sie nie betrachtet, fand diese Körperregion abstoßend und laufe bis heute zu Hause stets mit einem Höschen bekleidet herum. Ihr übriger Körper sei zu mager und zu groß — aber sie empfinde ihn dennoch als angenehm, am liebsten habe sie aber ihr Gesicht. (Pat. hat in der Tat ein sehr ebenmäßiges Gesicht mit angenehmen Farbkontrasten.) Eine Neigung zu narzißtischer Selbstbetrachtung ist nicht zu übersehen, sie bezieht sich aber nur auf das Äußere, wie die Pat. überhaupt oft erschreckend „äußerlich" wirkt.

Heiraten war für sie gesellschaftlicher Usus, so wie man eben erst in die Schule, dann in die Lehre geht.

Lernte ihren Mann (von Beruf Kraftfahrer) mit 16 Jahren kennen, seine Beständigkeit schlug andere Bewerber aus dem Feld. „Ich hatte mich an ihn gewöhnt — kann man sich nicht überhaupt fast an jeden gewöhnen?" Liebe ist für die Pat. Gewöhnung.

Sexuelle Beziehungen lehnte die Pat. vor der Ehe ab aus Furcht vor unehelichem Kind und Bestrafung durch Vater (obwohl der Vater 3 uneheliche Kinder hatte!). Nach der Hochzeit äußerte sie so starke Ängste vor Verletzung durch das ihrer Meinung nach für ihre Scheide viel zu große Glied, so daß ihr Mann — seinerseits ängstlich und unerfahren — Beischlaf zwar versuchte, aber nie vollziehen konnte. Nach außen hin wurde der Schein einer intakten Ehe gewahrt, erst eine Untreue des Mannes, der zum ersten Mal in seinem Leben (mit 25 Jahren!) eine sexuelle Beziehung zu einem jungen Mädchen hatte, und sein Scheidungsbegehren brachte die Pat. zu einer inneren und äußeren Stellungnahme zu sexuellen Problemen. Sie suchte einen Gynäkologen auf, von dem sie sich aber auch wieder wegen Verletzungsangst nicht untersuchen lassen konnte, in panischer Angst stieg sie vom Untersuchungsstuhl herunter. Der Frauenarzt überwies die Pat. nach kurzer Aussprache zu uns.

Die Pat. macht ihre Angaben sehr trocken und nüchtern, ist mit allem Erzählen schnell fertig. Trotz einer gewissen Dürftigkeit kann die Pat. aber nicht ungeschickt argumentieren, sie spricht dabei immer pro domo, mit Zähigkeit und Eigensinn verteidigt sie auch schier unhaltbare Positionen. Dabei wird ein Mangel an Einfühlungsvermögen, Wärme, Güte recht deutlich; Verstand, Nutzen, Zweckmäßigkeit, Vorteil — das sind die Aspekte, die das Reden und Handeln der Pat. bestimmen. Eine gewisse Schalkhaftigkeit und verblüffende Offenheit versöhnen einen dann aber auch wieder mit ihr, wenn man zuvor vergeblich nach ein paar Anzeichen von Gefühl und Zuneigung gesucht hat. Selbst ein Kind, das sie sich wünscht — „aber nur eins" — scheint für die Pat. mehr ein Status-Symbol zu sein.

J)	Erkunden aktuell	Erkunden vergangen	Entdecken aktuell	Entdecken vergangen	Erschließen aktuell	Erschließen vergangen
leibh.-anteiln.	zugewandt, aber tastend, wie befremdet. Erot.-sinnl.: noch nicht einmal peripher erkundend, im Kontakt: oberflächlich scheu. "angepaßt"	wie aktuell, scheinlich gehemmter, noch unerschlossener	auf "Statussymbole" beschränkt. Dort Neugier, auch in menschlichen Beziehungen. Eigene Genitalien noch nie betrachtet.	wie aktuell Eher gehemmt und zurückhaltend. Erot.-sinnlich kein Entdecken erinnerbar.	Gefühle unterdrückt. Zeigt keine Emotionen. Weniger flach als "hartherzig". Sehr selbstbezogen, nicht einfühlend. Keine größeren Stimmungsschwankungen. Emotional unerschlossen. Abwehr, Abwendung, Herrschen, Einkörpern, Gelten überwiegt.	wie aktuell
teiln.-handeln	intelligent, betont rational, aber flach, Pragmatisch-praktisches Erkunden überwiegt.	wie aktuell	Rational-handelndes Entdecken stark von ökonom. Gesichtspunkten geprägt. Plant und handelt zweckgebunden. Kein Entdecken, was nicht vorher abgesichert.	wie aktuell. aber gehemmter. In Schule leistungsbezogenes Entdecken, im Lernen unproblematisch.	Rationaler Bezug im Erschließen folgt ökonomischen Gesichtspunkten. Glaubt, Entscheidung zwischen zwei Männern rational zu fällen.	wie aktuell

	Auseinandersetzen aktuell	Auseinandersetzen vergangen	Binden/Lösen aktuell	Binden/Lösen vergangen	Bewältigen aktuell	Bewältigen vergangen
leibh.-anteiln.	Kein Konfliktleben. Erst rational gewecktes Unbehagen an Ehe führt zur Überprüfung der Situation. Untreue des Mannes — Schock, aber keine Auseinandersetzung.	wie aktuell weitgehendes Vergessen der gesamten Kindheit und Jugend, möglicher Konflikt, obwohl die Eltern viele Auseinandersetzungen hatten.	keine personale Bindung, keine gefühlsbestimmte Bindung, Heiraten — wie Schule oder Lehrer. Bindung an Vater? Sucht "echte" Bindung, aber noch nicht bewußt.	Abgekapselte Kindheit. Bindung an Schwestern. Keine Freunde oder Freundinnen. Bindungsmöglichkeit unerschlossen. Noch "jenseits" von Binden und Lösen.	Zuverlässig, korrekt mit Kolleginnen. Aber alles Wollen ist "Geltenwollen". Pseudo-Bewältigen. Kein personales Bewältigen. Bewältigt werden tägl. Anforderungen, Arbeit "spielend". Schock der Untreue rationalisiert.	wie aktuell
teiln.-handeln	Rechnerin, die ihren Vorteil wahrt. Meidet Konflikt. Keine Auseinandersetzung mit sich selbst.	wie aktuell	Enge rationale Denkweise. Sieht sich nicht in übergeordneten Bezügen. Aber zu spitzfindigen Argumentationen in der Lage, die der Rechtfertigung dienen	in Schule und Lehre durchschnittl. an institut. Lernprozesse sich gebunden.	Kein selbstreflektiertes Bewältigen, kein Bewältigen übergeordneter Probleme. Diese werden nicht wahrgenommen.	Wenig bekannt.

Raum

Stark abgeschlossen — abgekapselter, steril-sparsamer, kleinbürgerlich-bäuerlicher Lebensraum. Wenige Kenntnisse über Lebensverhältnisse der Eltern, außer daß diese viel stritten. Vater gewissenhaftes, pflichtbewußtes, kühl-sachliches Vorbild, Auseinandersetzungen der Eltern wurden durch alltägl. Pflichten „bewältigt". Mutter „Gegenbild". Schlampig, emotional stark ordnungs- und normenbezogen, moralisch betont. Moral —, keine Ethik. Nicht religiös. Ökonom.-pragmat. Denken überwog. Kein Erkunden, Entdecken oder Bewältigen. Normierte Bindung überwog. Rollenproblematik nicht manifest, obwohl weibl. Rolle als Geschlechtsrolle nicht existiert.

Zeit

Verantwortung und Zeitigung in dieser wird als selbstverständliche Pflicht in der Arbeit getan. Sonst ganz in der alltägl. Selbstvergessenheit behaust. Kein kritisches Verhältnis zur eigenen Vergangenheit noch zur biographischen oder allgem. Geschichtlichkeit. Kein Entwurf in Zukunft, außer dem durch Arbeit und Broterwerb vorgegebenen.

Leistung

Sehr leistungsbezogen. Fleißig, ordentlich, pünktlich, zuverlässig. Prestige und Ehrgeiz gehen in Leistung ein. Praktisch-pragmatisch begabt.

Leib

Ganz unerkundet, unentdeckt, unerschlossen, nie „Gegenstand" von Auseinandersetzung gewesen. Erot.-sinnl. im Lebensraum tabuiert, insbes. durch Mutter. Kein Verhältnis zum eigenen Geschlecht. Asthenisch-leptosomer Typ, „narzißtisch" gepflegt.

Ihre Stimme ist ruhig und angenehm, ihre äußere Erscheinung gepflegt, die Kleidung modisch, die Haltung etwas steif, auf Etikette und gute Manieren abgestellt. Auch die Mimik bleibt ziemlich unbewegt, so daß die Pat. die ganze Stunde über in gepflegter Schönheit dasitzt, trotz ihrer schweren Probleme kann sie diese Haltung die ganze Zeit über aufrecht erhalten. Es hat den Anschein, als sei sie letztlich von alledem nicht so stark berührt, wie es der Natur der Dinge eigentlich entsprechen müßte.

Patientin H

Das auffallendste Mißverhältnis der 25jährigen Patientin ist durch vollständige Frigidität, Anorgasmie und Berührungsangst in der Genitalgegend gekennzeichnet (gravierende erotisch-sinnliche Kommunikationseinschränkung). Hinter diesem Mißverhältnis wird ein noch weitgehend unerschlossenes Verhältnis zum Leib überhaupt sichtbar, der noch unerkundet und unentdeckt, noch nicht Anlaß zu Auseinandersetzung wurde und von dem die Patientin sich weitgehend abgewandt hat. Dieses Mißverhältnis wird verstärkt durch eine weitgehend erstarrte Abwehr der Gefühle und Entkörperung, der Emotionen überhaupt, Absorption ferner der anteilnehmenden Kommunikation durch Herrschsucht und Gelten-Wollen, durch erhebliche Selbstbezogenheit. Erkunden und Entdecken sind peripheroberflächlich auf zwischenmenschlichen Kontakt bezogen und kompensieren damit das mangelnde personale Erschließen, mangelnde Auseinandersetzung, mangelndes Binden und Lösen und mangelnde auch zwischenmenschlich-personale Bewältigung. Kompensatorisch wirken die noetischen Modi, soweit diese im Rahmen institutionalisierten Lernens, ohne weitere Auseinandersetzung oder Selbstkritik, sich bewegen und rationalökonomisch Rechtfertigung anbieten. Kompensatorisch wirkt ebenfalls der betonte Leistungsbezug der Patientin, ihr Pflichtbewußtsein, ihre Verantwortlichkeit der Arbeit gegenüber.

Die weibliche Rolle als leibhaft noch ungelebte wird durch einen gewissen „Narzißmus" kompensiert, der ebenfalls peripher-erkundenden Charakter hat.

Die Diagnose würde über ein Mißverhältnis in der sinnlich-erotischen Kommunikation hinausgehend, die Störung im Verhältnis zum eigenen Leib in das Auge fassen. Dieser ist im tieferen Sinne für die Patientin „noch nicht da". Die eingeschränkte leibhafte Kommunikation wird verstärkt, durch ein analoges Mißverhältnis in der anteilnehmenden Kommunikation, in der nur wenige Antriebsbereiche absorbierend dominieren. Trotz der auffallenden Erstarrung einerseits in kompensatorischem Leistungsverhalten, apersonaler Verantwortung und relativ rigidem Pflichtbewußtsein, trotz des andererseits oberflächlichen Erkundens und Entdeckens als überwiegendem Kommunikationsmodus, scheint die Prognose nicht ungünstig. Jugendliches Alter der Patientin, ihre gute Intelligenz und „sozialer Druck" (Scheidungsdrohung des Ehemannes) dürfen als zwar nicht ideale, aber doch eine tiefenpsychologische Therapie rechtfertigende Beweggründe angesehen werden. Diese wurde aufgenommen. Schon nach kurzer Zeit — die Ehegatten hatten sich bereits getrennt — lernte jedoch die nicht unattraktive Frau einen anderen Mann kennen. Sie „entschloß" sich zur Aufnahme intimer Beziehungen, die schon bei den ersten Kontakten zu erstmaligen, stärkeren Empfindungen in der ganzen Leibhaftigkeit der Patientin, speziell in der Genitalgegend, führten. Der neue Freund war ein wesentlich handfesterer, aber unsensiblerer „Typ" als der Ehemann; dem Freund war es gelungen, die Kommunikationsgrenzen zu durchbrechen und das sinnliche Erleben der Patientin zu wecken.

Anmerkungen

Einleitung

[1] *Husserl, E.*: Die Krisis der europäischen Wissenschaften und die transzendentale Phänomenologie, Haag 1962. — *Scheler, M.*: Die Wissensformen und die Gesellschaft, Bern 1960. — *Brand, G.*: Die Lebenswelt. Eine Philosophie des konkreten Apriori, Berlin 1971. — *Kunz, H.*: Grundfragen der psychoanalytischen Anthropologie, Göttingen 1974. — *Ricoeur, P.*: Philosophie de la volonté. Le volontaire et l'involontaire, Paris 1967. — *Ders.*: Le conflit des interprétations, Paris 1969. — *Habermas, J.*: Technik und Wissenschaft als ‚Ideologie', Frankfurt/Main 1970.
[2] *Horkheimer M. u. Th. W. Adorno*: Dialektik der Aufklräung, Frankfurt/Main 1969.
[3] *Kisker, K. P.*: Medizin in der Kritik. Abgründe einer Krisenwissenschaft, Stuttgart 1971.
[4] *Straus, E.*: Psychologie der menschlichen Welt, Berlin 1960.
[5] *Steinbuch, K.*: Automat und Mensch. Kybernetische Tatsachen und Hypothesen, Berlin 1965.
[6] *Rohracher, H.*: Die Vorgänge im Gehirn und das geistige Leben, München 1953.
[7] *Boss, M.*: Grundriß der Medizin, Bern 1971.
[8] *Rohracher, H.*: Die Vorgänge im Gehirn und das geistige Leben, op. cit.
[9] *Mitscherlich, A. und F. Mielke*: Das Diktat der Menschenverachtung. Eine Dokumentation gegen 23 SS-Ärzte und deutsche Wissenschaftler, Heidelberg 1947.
[10] *Hensel, H.*: Lehrbuch der Physiologie. Allgem. Sinnesphysiologie, Hautsinne, Geschmack, Geruch, Berlin/Heidelberg/New York 1966.
[11] *Keidel, W. D.*: Kybernetisches Denken in der Medizin. In: Die Kapsel. Zschr. der R. P. Scherrer GmbH, Eberbuch/Baden Nr. 22, Nov. 1967, S. 759.
[12] *Straus, E.*: Vom Sinn der Sinne, Göttingen 1956.

Teil I

[1] Zu Kommunikation s. *Argyle, M.*: Social Interaction, London 1969. — *Berne, E.*: Games People Play, London 1968. — *Durand, L./Dassier, J.*: Structure et psychologie de la relation, Paris 1969. — *Guntrip, H.*: Personality Structure and Human Interactions, London 1968. — *Hörmann, H.*: Psychologie der Sprache, Berlin 1970. — *Leroi, A.-G.*: Le geste et la parole — technique et language, Paris 1965. — *Lindesmith u. Strauss*: Readings in Social Psychology, New York 1969. — *Macnab, P.*: Estrangement and Relationship, London 1965. — *Meyer–Eppler, W.*: Grundlagen und Anwendung der Informationstheorie, Berlin 1969. — *Munz, H.*: Relationship and Solitude, London 1964. — *Stewart, D. K.*: The Psychology of Communication, New York 1969.

Anmerkungen zu Seite 23—28

— *Strauss, A. S.*: Spiegel und Masken, Frankfurt/Main 1968. — *Sullivan, H. S.*: The Interpersonal Theory of Psychiatry, New York 1953. — *Watzlawick, P.* et al.: Menschliche Kommunikation, Bern/Stuttgart 1969.

[2] Zu Gemeinschaft s. *Edelson, M.*: Sociotherapy and Psychotherapy, London 1970. — *Jersusalem, F. W.*: Der Begriff der Gemeinschaft und seine Stellung im Ganzen der Soziologie, Studium Generale 3, 1950. — *Pitcairn, E.*: Neubau der Ethik — Ein Beitrag zur Überwindung der geistigen Krise, München/Basel 1962. — *Plessner, H.*: Grenzen der Gemeinschaft, Bonn 1924. — *Ploeger, A.*: Die therapeutische Gemeinschaft in Psychotherapie und Sozialpsychiatrie, Stuttgart 1972. — *Whitehead, T. N.*: Führung in der freien Gesellschaft, Köln/Opladen 1955. — *Wyss, D.*: Strukturen der Moral, Göttingen 1968.

[3] *Heidegger, M.*: Sein und Zeit, Tübingen 1953.

[4] Zu Wahrnehmung s. *Bertalanffy, L. v.*: Allgemeine Systemetheorie, Dt. Univ. Zt. 12 (1957). — *Blake, R. R.* und *G. Ramsey*: Perception, New York 1951. — *Bollnow, O. F.*: Philosophie der Erkenntnis, Stuttgart 1970. — *Brentano, F.*: Vom sinnlichen und noetischen Bewußtsein, (psychologie vom empirischen Standpunkt, Bd. III), Hamburg 1968. — *Bruner, J. S.*: Personality Dynamics and the Process of Perceiving in: *Blake, R. R.* u. *G. V. Ramsey*: An Approach to Personality, New York 1951. — *Bruner, J. S.* und *C. C. Goodman*: Value and Need as Organizing Factors in Perception, Journ. Abnorm. Soc. Psych. 42, 33—44 (1974). — *Graumann, C. F.*: Die Motivation der Wahrnehmung in neueren amerikanischen Untersuchungen, Zs. exp. angew. Psychol. 3 (1956). — *Hartmann, N.*: Ästhetik, Berlin 1966. — *Hauss, K.*: Emotionalität und Wahrnehmung, Göttingen 1970. — *Holzkamp, K.*: Sinnliche Erkenntnis, Frankfurt/Main 1974. — *Gibson, J. J.*: Die Sinne und der Prozeß der Wahrnehmung, Bern 1973. — *Klix, F.*: Kybernetische Analysen geistiger Prozesse, München 1968. — *Merleau — Ponty, M.*: Phänomenologie der Wahrnehmung, Berlin 1966. — *Piaget, J.*: The Mechanism of Perception, London 1969. — *Postman, L.* et al.: Personal Values as Selective Factors in Perception, Journ. Abnorm. Soc. Psychol. 43, 142—144 (1948). — *Rothschuh, K. E.*: Theorie des Organismus, Berlin 1959. — *Scheler, M.*: Die Wissensformen und die Gesellschaft, Bern 1960. — *Segall, M.* et al.: The Influence of Culture on Visual Perception, New York 1966.

[5] Zum Begriff der Intentionalität s. *Calon, P. J. A.* und *I. I. G. Prick*: Psychologische Grundbegriffe, Salzburg 1969.

[6] Zu soziale Wahrnehmung (s. auch Wahrnehmung) s. *Lyons, J.*: Psychology and the Measure of Man A Phenomenological Approach, London 1963. — *Graumann, C. F.*: Social Perception, Zs. exp. angew. Psychol. 3, 605—661 (1955).

[7] Siehe auch *Gurwitsch A.*: Théorie du champs de la conscience. Bruges / Paris 1957, u. *ders.*: Phänomenologie der Thematik und des reinen Ich, in: Psychol. Forschung 12 (1929).

[8] Zu Bedeutung s. *Ach, N.*: Über die Begriffsbildung, Bamberg 1921. — *Jaspers, K.*: Allgemeine Psychopathologie, Berlin 1965. — *Uexküll, J. v.*: Bedeutungslehre, Leipzig 1940.

[9] *Wyss D.*: Beziehung und Gestalt, Entwurf einer anthropologischen Psychologie und Psychopathologie. Göttingen 1973, S. 40 ff.

[10] *Bruner, J. S.* et al.: Studien zur kognitiven Entwicklung, Stuttgart 1971. — *Cassirer, E.*: Substanzbegriff und Funktionsbegriff, Darmstadt 1969. — *Foppa, K.*: Lernen, Gedächtnis, Verhalten, Köln 1965. — *Graumann, C. F.*: Denken, Köln 1969. — *Lunzer, E. A., J. F. Morris*: Das menschliche Lernen und seine Entwicklung, Stuttgart 1971. — *Pfänder, A.*: Logik, Tübingen 1963.

Anmerkungen zu Seite 29—33

[11] *Lorenz, K.*: Über den Begriff der Instinkthandlung, Folia Biotheor. (1937). — *Tinbergen, N.*: Instinktlehre, Berlin / Hamburg 1952.
[12] Zu Urteilsbildung s. *Oerter, R.*: Moderne Entwicklungspsychologie, Donauwörth 1973. — *Piaget, J.*: Das moralische Urteil beim Kinde, Zürich 1954.
[13] *Hernig, J.*: Bemerkungen über das Wesen, die Wesenheit und die Idee, Darmstadt 1968. — *Metzger, W.*: Beobachtungen über phänomenale Identität, Psych. Forsch. 19 (1934).
[14] Zum Begriff der phänomenologischen Reduktion s. *Boehm, R.*: Vom Gesichtspunkt der Phänomenologie, Husserl Studien, Den Haag 1968. — *Husserl, E.*: Husserliana Bd. I—XI, Den Haag 1950. — *Landgrebe, L.*: Der Weg der Phänomenologie, Gütersloh 1967. — *Thines, G.*: La problématique de la psychologie, Le Haye 1968.
[15] *Broadbent, D. E.*: A mechanical model for human attention and immediate memory, Psychol. Rev. (1957). — *Düker, H.*: Untersuchungen über die sog. Aufmerksamkeit, Ber. 20. Kongr. D. G. f. Ps., Berlin 1955. — *Dürr, E.*: Die Lehre von der Aufmerksamkeit, Leipzig 1907. — *Henning, H.*: Die Untersuchung der Aufmerksamkeit in: *E. Abderhalden*: Hdb. der biol. Arbeitsmethoden, Abt. VI Tl. B, S. 593—802, Berlin / Wien 1925, — *Jerison, H. J.*: Attention. Int. Encycl. Soc. Sci., New York (1968). — *Linschotten, J.*: Auf dem Wege zu einer phänomenologischen Psychologie, Berlin 1961. — *Moray, N.*: Attention: Selective Processes in Vision and Hearing, London 1969. — *Mostofsky, D. I.*: Attention: Contemporary Theory and Analysis, New York 1970. — *Norman, D.*: Memory and Attention, New York 1969. — *Pribram, K. H.*: Brain and Behavior, Harmondworth 1969. — *Rohracher, H.*: Einführung in die Psychologie, Wien 1963. — *Sewets, I. A.*, *A. B. Kristofferson*: Attention. Ann. Rev. of Psychology 21 (1970). — *Vernon, M. D.*: Human Motivation, Cambridge 1969.
[16] *Wyss, D.*: Strukturen der Moral, Göttingen 1968.
[17] *Ehrenfels, C. v.*: Über die Gestaltqualitäten, Vierteljahresschr. wiss. Philos., 14 (1890). — *Katz, D.*: Gestaltpsychologie, Basel 1969. — *Klix, F.* u. *B. Krause*: Zur Definition des Begriffes „Struktur", seiner Eigenschaften und Darstellungsmöglichkeiten in der Experimentalpsychologie, Z. Psychol. 176 (1969). — *Köhler, W.*: Über unbemerkte Empfindungen und Urteilstäuschungen Z. Psychol. 66 (1913). — *Ders.*: Gestaltprobleme und Anfänge einer Gestalttheorie, Jber. ges. Psychol. exp. Pharmokol. f. 1922, 3/1 (1925). — *Ders.*: Die physischen Gestalten in Ruhe und im stationären Zustand, Erlangen 1924. — *Kopfermann, H.*: Psychologische Untersuchungen über die Wirkung zweidimensionaler Darstellung körperlicher Gebilde, Psychol. Forsch. 13 (1930). — *Krüger, F.*: Der Strukturbegriff in der Psychologie, Ber. VIII. Kongr. exp. Psychol., Leipzig—Jena 1924. — *Ders.*: Zur Philosophie und Psychologie der Ganzheit, Berlin 1953. — *Metzger, W.*: Tiefenerscheinungen in optischen Bewegungsfeldern, Psychol. Forsch. 20 (1935). — *Pongratz, L. J.*: Problemgeschichte der Psychologie, Bern 1967. — *Rausch, E.*: Über Summativität und Nichtsummativität, Psychol. Forsch. 21 (1937). — *Sander, F.* u. *H. Volkelt*: Ganzheitspsychologie, München 1962. — *Weinhandl, F.*: Gestalthaftes Sehen, Ergebnisse und Aufgaben der Morphologie, Darmstadt 1967. — *Wellek, A.*: Das Problem des seelischen Seins, Leipzig 1941. — *Werner, H.*: Einführung in die Entwicklungspsychologie, München 1953. — *Wertheimer, M.*: Experimentelle Studien über das Sehen von Bewegung, Z. Psychol., 61 (1912). — *Ders.*: Untersuchungen zur Lehre von der Gestalt, I. Psychol. Forsch. 1 (1922); II. Psychol. Forsch. 4 (1923). — *Ders.*: Drei Abhandlungen zur Gestalttheorie, Erlangen 1925. — *Ders.*: Zum Problem der Unterscheidung von Einzelinhalt und Teil, Z. Psychol. 129 (1933). — *Witte, W.*: Zur Geschichte des psychol. Ganzheits- und Gestaltbegriffes, Stud. Gen. (1952).

Anmerkungen zu Seite 33—41

[18] *Wyss, D.*: Beziehung und Gestalt, Göttingen 1973, Kap. I/1.
[19] Zu Regulationsvorgängen s. *Cube, F. v.*: Was ist Kybernetik, München 1971. — *Frank, H.*: Kausalität und Information als Problemkomplex einer Philosophie der Kybernetik, Grundlagenstudien zur kybernetischen Geisteswissenschaft 1962. — *Haseloff, O. W.*: Grundfragen der Kybernetik, Berlin 1967. — *Hassenstein, B.*: Kybernetik — Brücke zwischen den Wissenschaften, Frankfurt/Main 1962. — *Hassenstein, B.*: Biologische Kybernetik, Heidelberg 1967. — *Keidel, W.* (Hrsg.): Kurzes Lehrbuch der Physiologie, Stuttgart 1973. — *Klaus, G.*: Wörterbuch der Kybernetik, Frankfurt 1971. — *Klix, F.*: Kybernetische Analysen geistiger Prozesse, Leipzig 1968. — *Mittenecker, E.*: Kybernetische Modelle in der modernen Psychologie, Bericht über den 23. Kongr. d. D. G. P., Göttingen 1964. — *Rohracher, H.*: Regelprozesse im psychischen Geschehen, Forsch. Fortschr. 37 (1963). — *Steinbuch, K.*: Automat und Mensch, Berlin 1965. — *Tembrock, G.*: Grundriß der Verhaltenswissenschaft, Stuttgart 1968.
[20] Zum Begriff der Antilogik s. *Christian, P.*: Das Personenverständnis im modernen medizinischen Denken, Tübingen 1952. — *Weizäcker, V. v.*: Der Gestaltkreis, Stuttgart 1973. — *Wyss, D.*: Beziehung und Gestalt, Göttingen 1973, Kap. V.
[21] *Dollard, I.*: Frustration und Aggression, Weinheim 1970. — *Gray, J.*: Angst und Stress, München 1971. — *Hill, W. F.*: An attempted clarification of frustration theory, Psychol. Rev. 75, 173—175 (1968). — *Meierhofer, M.* u. *W. Keller*: Frustration im frühen Kindesalter, Bern 1967. — *Rosenzweig, S.*: An outline of frustration theory. In: *J. Hunt* (Ed.) Personality and the Behavior Disorders, New York 1944. — *Selg, H.*: Zur Aggression verdammt? Stuttgart 1971. — *Yates, A. I.*: Frustration and Conflict, New York 1962.
[22] *Bandura, A.* u. *H. W. Walters*: Social Learning and Personality Development, New York 1967. — *Bernstein, B.*: Soziale Struktur, Sozialisation und Sprachverhalten, Amsterdam 1970. — *Bion, W. K.*: Learning from Experience, London 1962. — *Blöschl, L.*: Belohnung und Bestrafung im Lernexperiment, Weinheim 1969. — *Ebinghaus, H.*: Über das Gedächtnis, Leipzig 1885. — *Eibl-Eibesfeld, I.*: Grundriß der vergleichenden Verhaltensforschung, München 1967. — *Feigenbaum, E. A.*: The simulation of verbal learning behavior. In: *E. A. Feigenbaum* u. *J. Feldman* (Eds.), Computers and Thought, New York 1963, S. 297—309. — *Foppa, K.*: Lernen, Gedächtnis, Verhalten, Köln 1965. — *Ders.*: Das Dilemma der Lerntheorien, Ver. 25. Kongr. D. G. f. Psychol., 1967, 178—193. — *Guthrie, E. R.*: The Psychology of Learning, New York 1952. — *Hilgard, E. R.* u. *G. H. Bower*: Theorien des Lernens I, Stuttgart 1972. — *Hull, C. L.*: Principles of Behavior, New York 1943. — *Ders.*: A Behavior System, New Haven, 1952. — *Koffka, K.*: Die Grundlagen der psychischen Entwicklung, Darmstadt 1966. — *Leontjew, A. N.*: Learning as a problem in psychology. In: *N. O'Connor* (Ed.), Recent Soviet Psychology, Oxford 1961. — *Lorenz, K.* u. *P. Leyhausen*: Antriebe tierischen und menschlichen Verhaltens, München 1969. — *Postman, L.*: The history and present status of the law of effect, Psychol. Bull. 44, 489—563 (1947). — *Talland, G. A.*: Disorders of Memory and Learning, Harmondworth 1968. — *Thorndike, E. L.*: The Fundamentals of Learning, New York 1932. — *Watson, J. B.*: Behavior. An Introduction to Comparative Psychology, New York 1914.
[23] *Bellugi, U.* u. *R. Brown*: The acquisition of language, Monogr. Soc. Res. Child Devel. 29 (1964). — *Bierwisch, M.*: Strukturalismus, Kursbuch 5 (1966). — *Bittner, G.*: Sprache und affektive Entwicklung, Stuttgart 1969. — *Boas, F.*: General Antropology, New York 1965. — *Calame-Griaule, G.*: Ethnologie et Language, Paris 1965. — *Cassirer, E.*: Philosophie der symbolischen Formen, Darmstadt 1964. — *Chastaing, M.*: L'Existence d'Autrui, Paris 1951. — *Chomsky, N.*: Sprache und Geist, Frankfurt 1970.

Anmerkungen zu Seite 41—44

— *Clauser, G.*: Die vorgeburtliche Entstehung der Sprache als anthropologisches Problem, Stuttgart 1971. — *Derrida, J.*: L'Ecriture et la Différence, Paris 1967. — *Ders.*: De la Grammatologie, Paris 1967. — *Dixon, Th.* u. *D. L. Horton*: Verbal Behavior and General Behavior Theory, Englewood Cliffs, New Jersey 1968. — *Elking, D.* u. *I. A. Flavell*: Studies in Cognitive Development, Oxford 1969. — *Ellingworth, H. W.* u. *T. Clevenger*: Speech and Social Action, Englewood Cliffs, New Jersey 1967. — *Ervin-Tripp, S. M.*: Sociolinguistics. In: *L. Berkowitz* (Ed.), Advances in Experimental Social Psychology 4, New York 1969. — *Hermann, T.* u. *K. H. Stäcker*: Sprachpsychologische Beiträge zur Sozialpsychologie in: *C. F. Graumann* (Hrsg.), Hdb. d. Psychol., Bd. 7, Göttingen 1969. — *Hermann, Th.*: Sprache, in: *C. F. Graumann* (Hrsg.), Einführung in die Psychologie Bd. 5, Bern / Stuttgart 1972. — *Hörmann, H.*: Psychologie der Sprache, Berlin 1970. — *Howelis, I. G.*: Modern Perspectives in International Child Psychiatry, Edinburgh 1969. — *Hurlock, E. B.*: Die Entwicklung des Kindes, Weinheim 1970. — *Hymes, D.*: Language in Culture and Society, New York 1964. — *Jacobson, R.*: Kindersprache, Aphasie und allgemeine Lautgesetze Frankfurt/Main 1969. — *Merleau-Ponty, M.*: Phénoménologie de la Perception, op. cit. — *Miller, G. A.* u. *D. McNeill*: Psycholinguistics. In: *G. Lindsey* u. *E. Aronson* (Eds.), Handbook of Social Psychol. Reading, Mass. 1969. — *Mohanty, I. N.*: E. Husserl's Theory of Meaning, Den Haag 1969. — *Mosovici, S.*: Communication processes and the properties of language. In: *L. Berkowitz* (Ed.), Advances in Experimental Social Psychology, 3, New York 1967. — *Mounier, E.*: Traité du Carractère, Paris 1947. — *Munz, H.*: Relationship and Solitude, London 1964. — *de Reuck, A. V. S.* u. *M. O'Connor*: Disorders of Language, London 1964. — *Révész, G.*: Ursprung und Vorgeschichte der Sprache, Bern 1964. — *Rothacker, E.*: Zur Genealogie des menschlichen Bewußtseins, Bonn 1966. — *Sebeok, T.*: Animal Communication, Bloomington 1968. — *Sebeok, T. A.*, *A. S. Hayes* u. *M. C. Bateson*: Approaches to Semiotics, The Hague 1964. — *Smith, F.* u. *G. A. Miller*: The Genesis of Language, Cambridge, Mass. 1966. — *Whorf, B. L.*: Sprache, Denken, Wirklichkeit, Reinbeck 1963. — *Wiener, M.* u. *A. Mehrabian*: Language within Language, New York 1968. — *Wygotski, L. S.*: Denken und Sprechen, Frankfurt/Main 1969.

[24] Zum Begriff Handlung s. *Wyss, D.*: Beziehung und Gestalt, Göttingen 1973 Teil I/1.

[25] *Wyss, D.*: op. cit., ibid.

[26] *Baerends, G. P.*: Aufbau des tierischen Verhaltens. In: *W. Kükenthal* (Hrsg.) Hdb. der Zoologie, 8, 10 (3) Berlin 1956, 1—32. — *Bertalanffy, L. v.*: Aber vom Menschen wissen wir nichts, Düsseldorf / Wien 1970. — *Eibl-Eibelfeldt, I.*: Grundriß der vergleichenden Verhaltensforschung, München 1967. — *Hinde, R. A.*: Animal Behavior, New York/London 1966. — *Holst, E. v.*: Verhaltensphysiologie bei Tieren und Menschen, München 1969. — *Leyhausen, P.*: Antriebe tierischen und menschlichen Verhaltens, München 1968. — *Lorenz, K.*: Methoden der Verhaltensforschung. In: *W. Kükenthal* (Hrsg.), Hdb. der Zoologie, 8, 10 (1), Berlin 1957, 1—22. — *Ders.*: Über tierisches und menschliches Verhalten, Bd. 1 und 2, München 1965. — *Marler, P.* u. *W. J. Hamilton*: Mechanisms of Animal Behavior, New York / London 1966. — *Mittelstaedt, H.*: Die Regelungstheorie als methodisches Werkzeug der Verhaltensanalyse, Der Naturw., 48, 246—254 (1961). — *Rensch, B.*: Gedächtnis, Abstraktion und Generalisation bei Tieren, Köln / Opladen 1962. — *Roeder, K. R.*: Neutrale Grundlagen des Verhaltens, Bern / Stuttgart 1968. — *Schleidt, W.*: Wirkungen äußerer Faktoren auf das Verhalten, Fortschr. Zool. 16, 469—499 (1964). — *Tembrock, G.*: Grundlagen der Tierpsychologie, Berlin 1971. — *Thorpe, W. H.*: Learning and Instinct in Animals, London 1956. — *Thorpe, W. H.* u. *O. L. Zangwill*: Current Problems in Animal Behavior, Cambridge

Anmerkungen zu Seite 44—60

1961. — *Tinbergen, N.*: Instinktlehre, Berlin / Hamburg 1966. — *Wickler, W.*: Vergleichende Verhaltensforschung und Phylogenetik. In: *G. Heverer* (Hrsg.), Die Evolution der Organismen. I. Stuttgart 1967, S. 420—508.

[27] Zum Thema Raum s. *Bachelard, G.*: La Poétique de L'Espace, Paris 1964. — *Bang, V.*: L'Epistémologie de l'Espace, Paris 1964. — *Charon, E. J.*: Du Temps de L'Espace et des Hommes, Paris 1962. — *Francastel, P.*: La Figure et le Lieu, Paris 1967. — *Kaufmann, P.*: L'Experience Emotionelle de l'Espace, Paris 1969.

[28] Zum Thema Zeit s. *Eliade, M.*: Kosmos und Geschichte, Reinbeck 1966. — *Fraisse, P.*: Zeitwahrnehmung und Zeitschätzung. In: *W. Metzger* (Hrsg.), Hdb. der Psych. Bd. I., 1. Halbband, Göttingen 1966, S. 656—690. — *Gebsattel, V. E. v.*: Prolegomena, op. cit. — *Gent, W.*: Das Problem der Zeit, Hildesheim 1965. — *Ders.*: Die Philosophie des Raumes und der Zeit, Hildesheim / New York 1971. — *Hartmann, N.*: Philosophie der Natur, Berlin 1950. — *Held, K.*: Lebendige Gegenwart, Den Haag 1966. — *Minkowsky, E.*: Le Temps Vécu, Neuchatel 1968. — *Orme, I. E.*: Time, Experience and Behaviour, London 1969. — *Palagyi, M.*: Neue Theorie des Raumes und der Zeit, Darmstadt 1901. — *Uslar, D. v.*: Die Wirklichkeit des Psychischen, Pfullingen 1969. — *Wyss, D.*: Strukturen der Moral, Göttingen 1968.

[29] *Rüssel, A.*: Arbeitspsychologie, Bern / Stuttgart 1961. — *Schott, R.*: Die Spannweite menschlicher Arbeitsleistungen, Arbeit und Leistung 25, 45—52 (1971). — *Stegemann, I.*: Leistungsphysiologie, Stuttgart 1971. — *Thomae, H.*: Das Individuum und seine Welt, Göttingen 1968.

[30] Zum Begriff des leibhaften Daseins s. *Christian, P.*: Phänomenologie des leiblichen Daseins, Salzburg 1958. — *Maier, W.*: Zum Problem der Leiblichkeit bei J. P. Sartre und Merleau-Ponty, Tübingen 1964. — *Peursen, C. A. van*: Leib-Seele—Geist, Gütersloh 1959. — *Podlech, A.*: Der Leib als Weise des In-der-Welt-Seins, Bonn 1956. — *Zutt, J.*: Auf dem Wege, op. cit.

[31] *Maihofer, W.*: Vom Sinn menschlicher Ordnung, Frankfurt 1950. — *Straus, E.*: Vom Sinn der Sinne, Göttingen 1956.

[32] *Kretschmer, W.*: Zur Entwicklung des Situationsbegriffes in der Psychiatrie, Med. Welt 3 (1969).

[33] *Cannon, W. B.*: Bodily Changes in Pain, Hunger, Fear and Rage, New York 1929. — *Dunbar, F.*: Emotions and Bodily Changes, New York 1938. — *Engel, G.*: Psychological Development in Health and Disease, Philadelphia 1962. — *Grinker, R. u. J. P. Spiegel*: Men und Stress, New York 1945. — *Janis, I. L.*: Psychological Stress, New York 1958. — *Lacerus, R. S.*: Psychological Stress and the Coping Process, New York 1966/67. — *Langner, Th. S.*: Life, Stress and Mental Health, London 1963. — *Levi, L.*: Psychological and Physiological Reaction and Stress, Stockholm 1967. — *McGrath, J. M.*: Social and Psychological Factors in Stress, New York 1970. — *Rutt, G. E.*: Psychological and Psychophysiological Indices of Stress. In: *N. Burns* et al.: Unusual Environments and Human Behavior, New York 1963. — *Selye, H.*: The Physiology and Pathology of Exposure in Stress, Montreal 1950. — *Ders.*: The Stress of Life, New York 1956. — *Wolff, H. G.*: Life-Stress and Bodily Disease, New York 1960. — *Wyss, D.*: Beziehung und Gestalt, Göttingen 1973, Teil I, Kap. IV.

[34] *Bollnow, O. F.*: Das Wesen der Stimmungen, Frankfurt 1956. — *Lorenz, K. u. P. Leyhausen*: Antriebe tierischen und menschlichen Verhaltens, München 1969. — *Pribram, K. H.*: Brain und Behavior, Mood, States and Mind, Harmondworth 1969.

³⁵ *Gebsattel, V. E. v.*: Prolegomena einer medizinischen Anthropologie, Berlin 1954.
³⁶ Zu Konstitution s. *Christian, P.*: Das Personenverständnis im modernen medizinischen Denken, Tübingen 1952. — *Koch, G.*: Probleme der Erb- und Konstitutionsforschung seelischer Störung. In: *H. H. Meyer* (Hrsg.), Seelische Störungen, Frankfurt/ Main 1969. — *Pfaundler, M. v.*: Biologische Allgemeinprobleme der Medizin, Heidelberg 1947. — *Saller, K.*: Allgemeine Konstitutionslehre, Stuttgart 1950. — *Thoday, J. M.*, et al.: Genetic and Environmental Influences on Behaviour, Edinburgh 1968. — *Zeller, W.*: Konstitution und Entwicklung, Göttingen 1952.
³⁷ *Wyss D.*: Beziehung und Gestalt, Göttingen 1973, Kap. II/IIb.
³⁸ *Bühl, W. L.*: (Hrsg.) Konflikt und Konfliktstrategie. Ansätze zu einer soziologischen Konflikttheorie, München 1972. — *Bennis, Schein, Steele* u. *Berlew*: Interpersonal Dynamics, Homewood, Illinois 1968. — *Cimbal, W.*: Die Neurosen des Lebenskampfes, Berlin 1931. — *Cloudsley-Thompson*: Animal Conflict and Adaptation, London 1965. — *Coser, L. A.*: Theorie sozialer Konflikte, Neuwied / Berlin 1972. — *De Reuck/Knight*: Conflict in Society, London 1966. — *Eibl-Eibesfeldt, I.*: Grundriß der vergleichenden Verhaltensforschung, 2. Aufl., München 1969. — *Hollmann, W.*: Krankheit, Lebenskrise und soziales Schicksal, Leipzig 1940. — *Horney, K.*: Our Inner Conflicts, London 1968. — *Kellner, W.*: Der moderne soziale Konflikt, Stuttgart 1961. — *Landmann, M.*: Pluralität und Antinomie. Kulturelle Grundlagen seelischer Konflikte, München / Basel 1963. — *Lehr, Th.*: Konflikt, seelische Belastung und Lebensalter, Köln 1965. — *Lückert, R.*: Der Mensch das konflikt-trächtige Wesen, München 1964. — *Mitscherlich, A.*: Krankheit als Konflikt, Frankfurt 1966. — *Neumann, J.*: Leben ohne Angst, Stuttgart 1938. — *Pongratz, L. J.*: Psychologie menschlicher Konflikte, Göttingen 1961. — *Seiss, R.*: Verhaltensforschung und Konfliktgeschehen, München / Basel 1969. — *Swingle, P.* (Ed.): The Structure of Conflict, New York / London, 1970. — *Wyss, D.*: Beziehung und Gestalt, Göttingen 1973, Teil I u. II.
³⁹ Vergleiche hierzu *Keidel, W.*: (Hrsg.), Kurzgefaßtes Lehrbuch der Physiologie, Stuttgart 1973.
⁴⁰ Das Modell des Regelkreises hat sich als Modell für das Verständnis innerorganismischer Vorgänge bereits als simplizistisch erwiesen. Das schließt jedoch nicht aus, daß es Mitteilung, Aufnahme, Antwort als Grundvorgänge der Lebenswelt zutreffend veranschaulicht.

Teil II

¹ *Ach, N.*: Über den Willensakt und das Temperament, Leipzig 1910. — *Ders.*: Analyse des Willens, Berlin 1935. — *Allport, G. W.*: Persönlichkeit: Struktur, Entwicklung und Erfassung der menschlichen Eigenart, Stuttgart 1949. — *Arnold, W.*: Person, Charakter, Persönlichkeit, Göttingen 1969. — *Cattell, R. B.*: Personality and Motivation Structure and Measurement, New York 1957. — *Hull, C. L.*: Principles of Behavior, New York 1943. — *Kirchhoff, R.*: Zur Phänomenologie des Wollens, 21. Kongress der Deutschen Gesellschaft für Psychiatrie, Göttingen 1958. — *Klages, L.*: Der Geist als Widersacher der Seele, Leipzig 1933. — *Kunz, H.*: Phantasie, op. cit. — *Lewin, K.*: Vorsatz, Willen und Bedürfnis, Psychol. Forschung, 7, 330–385 (1920). — *Lindworski, J.*: Der Wille. Leipzig 1923. — *Ders.*: Der Wille. Seine Erscheinung und seine Beherrschung, Leipzig 1923. — *Meumann, E.*: Intelligenz und Wille, Leipzig 1908. — *Mierke, K.*: Wille und Leistung, Göttingen 1955. — *Pfänder, A.*: op. cit. — *Ricoeur, P.*: op. cit. — *Wundt, W.*: Grundriß der Psychologie, Leipzig 1922.

Anmerkungen zu Seite 97—98

² *Wyss D.*: Strukturen der Moral. Untersuchungen zur Anthropologie und Genealogie moralischer Verhaltensweisen, Göttingen 1968.
³ *Freud, S.*: Totem und Tabu, Frankfurt/Main 1964. — *Kentler, H.*: Sexualerziehung, Reinbek 1970. — *Maisch, H.*: Inzest, RoRoRo-Sexologie, Reinbek 1968. — *Parsons, T.*: Das Inzesttabu in seiner Beziehung zur Sozialstruktur und zur Sozialisierung des Kindes. In: *R. Parsons* (Ed.), Beiträge zur soziologischen Theorie, Neuwied / Berlin 1964. — *Ders.*: Beiträge zu einer soziologischen Theorie, Neuwied / Berlin 1968. — *Wyss, D.*: Strukturen der Moral, Göttingen 1969.
⁴ *Foucault, M.*: Die Ordnung der Dinge, Frankfurt/Main 1971. — *Lévi-Strauss, C.*: Les Structures Élémentaires de la Parenté, Paris 1949. — *Mauss, M. u. R. Hubert*: Le Don. In: *M. Mauss*: Oeuvres, 3 Bde. Paris 1968—70.
⁵ Zum Begriff des Kulturwesen und zur Kultur s. *Aronoff, J.*: Psychological Needs and Cultural Systems, Toronto 1967. — *Benedict, R.*: Urformen der Kultur, Hamburg 1955. — *Fischer, H.*: Theorie der Kultur, Stuttgart 1965. — *Greverus, I. M.*: Kulturbegriffe und ihre Implikationen, Kölner Zs. f. Soziol. u. Soz. Psychol. 23 (1971). — *Kluckholm, C.*: Culture and Behavior, New York 1963. — *Kroeber, A. L. u. T. Parsons*: The concept of culture and the social system, Am. Soc. Rev. 23 (1958). — *Kroeber, A. L. u. C. Kluckholm*: Culture, New York 1963. — *Linton, R.*: The Study of Man, New York 1936. — *Ders.*: The Cultural Backround of Personality, London 1952. — *Malinowski, B.*: Eine wissenschaftliche Theorie der Kultur, Zürich 1949. — *Ders.*: The Dynamics of Culture Change, New Haven / London 1961. — *Marcuse, H.*: Kultur und Gesellschaft, Frankfurt/Main 1965. — *Martindale, D.*: Social Life and Cultural Change, Princeton 1962. — *Mead, M.*: Anthropology, Toronto 1964. — *Montagu, M. F. A.*: Culture and the Evolution of Man, New York 1962. — *Mühlmann, W. E. u. E. W. Müller*: Kulturanthropologie, Köln / Berlin 1966. — *Murdock, G. P.*: Culture and Society, Pittsburgh 1965. — *Ogburn, W. F.*: On Culture and Social Change, Chicago 1964. — *Pannwitz, R.*: Das Werk des Menschen, Stuttgart 1968. — *Simmel, G.*: Philosophie des Geldes, Berlin 1968. — *Sorokin, P. A.*: Society, Culture and Personality, New York 1947. — *Spengler, O.*: Der Untergang des Abendlandes, München 1923. — *Foucault, M.*: Psychologie und Geisteskrankheit, Frankfurt/Main 1968. — *Wissler, C.*: Man and Culture, New York 1923. — *Plessner, H.*: Philosophische Anthropologie, Frankfurt 1970.
⁶ Zu Transzendenz beachte auch: *Boehm, R.*: Vom Gesichtspunkt der Phaenomenologie. In: Husserl-Studien 1968. — *Held, K.*: Lebendige Gegenwart, Den Haag 1966. — *Levinas, E.*: Totalité et Infini, Le Haye 1971. — *Pannwitz, R.*: Das Werk des Menschen, Stuttgart 1968. — *Rosales, A.*: Transzendenz und Differenz (Heidegger), Den Haag 1970.
⁷ *Adorno, Th.*, et al.: Der Positivismus-Streit in der deutschen Soziologie, Neuwied / Berlin 1969. — *Bavink, B.*: Ergebnisse und Probleme der Naturwissenschaft, Leipzig 1944. — *Bröcker, W.*: Dialektik, Positivismus, Mythologie, Frankfurt/Main 1968. — *Comte, A.*: Rede über den Geist des Positivismus, Hamburg 1966. — *Dingler, H.*: Geschichte der Naturphilosophie, Darmstadt 1967. — *Habermas, J.*: Erkenntnis und Interesse, Frankfurt/Main 1970. — *Hartnack, J.*: Wittgenstein und die moderne Philosophie, Stuttgart 1962. — *Jodl, T.*: Geschichte der Ethik als philosophische Wissenschaft, 1965. — *Kilian, H.*: Das enteignete Bewußtsein, Neuwied 1971. — *Sinha, D.*: Studies in Phenomenology, The Hague 1969. — *Strasser, S.*: Phänomenologie und Erfahrungswissenschaft vom Menschen, Berlin 1964. — *Wellmer, A.*: Kritische Gesellschaftstheorie und Positivismus, Frankfurt/Main 1971. — *Zimmer, E.*: Umsturz im Weltbild der Physik, München 1968.

Anmerkungen zu Seite 98—114

[8] *Holland, I.* u. *B. F. Skinner*: Analyse des Verhaltens, München, Berlin, Wien 1971. — *Lewis, R.*: Psychotherapy and the Behavioral Sciences, New York 1966. — *Mead, G. H.*: Geist, Identität und Gesellschaft, Frankfurt/Main 1968. — *Merleau-Ponty, M.*: La Structure du Comportement, Paris 1953. — *Schultz, D.*: A History of Modern Psychology, New York / London 1969. — *Straus, E.*: Vom Sinn der Sinne, op. cit. — *Watson, J.*: Behaviorismus, Köln / Berlin 1968.

[9] Vgl. hierzu *D. Wyss*: Lieben als Lernprozess, Göttingen 1975. Dort wird aufgezeigt, daß Sexualität ein wissenschaftliches Artefakt ist, es dagegen Sinnlichkeit gibt.

[10] Zum Begriff der Schichttheorie vgl. *Mathey, F. J.*: Zur Schichttheorie der Persönlichkeit. In: Handbuch der Psychologie Bd. IV: Persönlichkeitsforschung und Persönlichkeitstheorie, Göttingen 1960, S. 437—475.

[11] *Buytendijk, F. J. J.*: Allgemeine Theorie der menschlichen Haltung und Bewegung, Berlin 1956. — *Weizsäcker, V. v.*: Der Gestaltkreis, Frankfurt 1950.

[12] *Bergler, R.*: Kinder aus gestörten und unvollständigen Familien, Weinheim 1955. — *Biermann, G.*: Handbuch der Kinderpsychotherapie, Bd. 2, München 1969, Kap. 12/13. — *Bühler, Ch.*: Kindheit und Jugend, Leipzig 1931. — *Bühler, K.*: Abriß der geistigen Entwicklung des Kindes, Leipzig 1935. — *Descoeudres, A.*: Le Developpement de l'Enfant de Deux à Sept Ans, Neuchâtel 1957. — *Destunis, G.*: Die Schwererziehbarkeit und die Neurosen des Kindesalters, Stuttgart 1961. — *Dührssen, A.*: Psychogene Erkrankungen bei Kindern und Jugendlichen, Göttingen 1965. — *Freud, A.*: Psychoanalytic Treatment of Children, London 1946. — *Gesell, A.*: L'Embryologie du Comportement, Paris 1953. — *Ders.*: Jugend, das Alter von 10—16, Bad Nauheim 1958. — *Glover, E.*: On the Early Development of Mind, New York (I. U. P.). — *Hebron, M. E.*: Motivated Learning, London 1966. — *Hellman, J.* u. *O. Friedman* et al.: Silmultaneous Analysis of Mother and Child, ebd. 15, 1960. — *Hellman, J.*: Sudden Separation and its Effect, ebd. 17, 1963. — *Kaiser, J.*: Jugendliche Delinquenten in rollentheoretischer Sicht, Stuttgart 1970. — *Koffka, K.*: The Growth of Mind, London 1952. — *Kris, E.*: Data in Psa. Perception on the Mother-Child Relation, ebd. 17, 1962. — *Mahler, M. S.*: Thoughts about Development and Individuation, ebd. 18, 1963, S. 30. — *Munn, N.*: Learning in Children. In: *L. Carmichael* op. cit. — *Piaget, J.*: La Construction du Réel chez l'Enfant, Neuchâtel 1963. — *Pine, F.* u. *M. Furer*: Studies of the Separation-Individuation-Phase, ebd. 18, 1963. — *Remplein, H.*: Die seelische Entwicklung des Menschen im Kindes- und Jugendalter, München 1958. — *Richter, H. E.*: Eltern, Kind und Neurose, Stuttgart 1963. — *Rubinfine, D.*: Maternal Stimulation etc., ebd. 17, 1962. — *Sandler, A.*, et al.: Inconsistency in the mother as a factor in character development, The Study Psa. of the Child 12 (1957). — *Saul, L. J.*: Emotional Maturity, Montreal 1960. — *Schottländer, F.*: Die Mutter als Schicksal, Stuttgart 1961. — *Spitz, R. A.*: Die Entstehung der ersten Objektbeziehungen, Stuttgart 1957. — *Ders.*: Vom Säugling zum Kleinkind, Stuttgart 1967. — *Spranger, E.*: Psychologie des Jugendalters, 28. Aufl., Heidelberg 1966. — *Stein, L. M.*: Influence on Parent Behavior, London 1967. — *Steuer, W.*: Reife, Umwelt und Leistung der Jugend, Stuttgart 1965. — *Walcher, E.* u. *D. Peters*: Early Childhood, the Development of Self-Regulatory Mechanisms, London 1971. — *White, S. E.*: The Learning Theory Tradition and Child Psychology. In: Manual of Child Psychology, New York 1970. — *Winnicott, D. W.*: The Maturational Processes and the Facilitating Environment, London 1965. — *Züblin, W.*: Das schwierige Kind, Stuttgart 1967. — Siehe darüber hinaus: *Wyss, D.*, Beziehung und Gestalt, Göttingen 1973, Kap. II.

[13] Zum Begriff der Identität s. *Bruner, J. S.*, et al.: Studien zur kognitiven Entwicklung, Stuttgart 1971. — *Dicke, G.*: Der Identitätsgedanke bei Feuerbach und Marx,

Anmerkungen zu Seite 114—124

Köln / Opladen 1960. — *Erikson, E. H.*: Identität und Lebenszyklus, Frankfurt 1968. — *Ders.*: Jugend und Krise, Stuttgart 1970. — *Goffman, E.*: Stigma — Über die Techniken der Bewältigung beschädigter Identität, Frankfurt/Main 1970. — *Hesnard, A.*: Psychoanalyse du Lieu Interhumain, Paris 1957. — *Jacobson, E.*: The Self and the Object World, New York 1964. — *Jessor, R.*: Cognition, Personality and Clinical Psychology, San Francisco 1967. — *Klein, M.*: Der Zerstückelte Gott, München / Basel 1967. — *Mead, G. H.*: Geist, Identität und Gesellschaft, Frankfurt/Main 1968. — *Modell, A. H.*: Object Love and Reality, New York 1968. — *Piaget, J.*, et al.: Epistemologie et Psychologie de l'Identité, Paris 1968. — *Stein, M. R.*, et al.: Identity and Anxiety, New York / London 1967. — *Wheelis, A.*: Wer wir sind und was uns bleibt, München 1965.

[14] *Arnold, W.*: Person, Charakter, Persönlichkeit, Göttingen 1969. — *Bally, G.*: Der normale Mensch, Zürich 1952. — *Boss, M.*: Grundriß der Medizin, op. cit. — *Buytendijk, F. J. J.*: Prolegomena einer anthropologischen Physiologie, Salzburg 1967. — *Clinard, M. B.*: Sociology of Deviant Behavior, New York 1968. — *Deusinger, I. M.*: Untersuchungen zum Problem der Normvorstellung, Frankfurt/Main 1969. — *Eysenck, H. J.*: Wege und Abwege der Psychologie, Hamburg 1969. — *Hofstätter, P. R.*: Psychologie, Frankfurt/Main 1969. — *Jaspers, K.*: Allgemeine Psychopathologie, Berlin / Heidelberg / New York 1965. — *Kunz, H.*: Zur Frage nach dem Wesen der Norm, Psyche 8 (1954/55). — *Lautmann, R.*: Wert und Norm, Köln / Opladen 1969. — *Mitscherlich, A.*, et al.: Individuelle und soziale Psychopathologie und ihre Wechselwirkungen. Ein Symposium. In: *K. Dränger* et al.: Jahrbuch der Psychoanalyse, Bd. 5, Bern / Stuttgart 1968. — *Mowrer, O. H.*: What is normal behavior? In: *L. A. Pennington* u. *I. A. Berg* (Eds.), An Introduction to Clinical Psychology, New York 1948. — *Müller-Suur, H.*: Abgrenzung neurotischer Erkrankungen gegenüber der Norm. In: *V. E. Frankl* et al.: Handbuch der Neurosenlehre und Psychotherapie, München / Berlin 1959. — *Parsons, T.*: Sozialstruktur und Persönlichkeit, Frankfurt/Main 1968. — *Ullmann, L. P.* u. *L. Krasner*: A Psychological Approach to Abnormal Behavior, Englewood Cliffs (N. J.) 1969. — *Wallner, E. M.*: Soziologie, Heidelberg 1970. — *Wyss, D.*: Beziehung und Gestalt, Göttingen 1973, Teil II, Kap. I.

[15] Zum Begriff der Lebensgestalt s. *Wyss, D.*: Beziehung und Gestalt, Göttingen 1973, Teil I.

[16] S. *Wyss, D.*: Beziehung und Gestalt, Göttingen 1973, Teil I, Kap. IV.

[17] Zu Antriebe, Triebe, Motivation s. *Foppa, K.*: Lernen, Gedächtnis, Verhalten, Köln 1965. — *Graumann, C.F.*: Motivation. In: *H. Graumann* (Hrsg.), Einführung in die Psychologie, Bd. I, Bern / Stuttgart 1969. — *Hokanson, I.*: The Physiological Base of Motivation, New York 1969. — *Keller, W.*: Psychologie und Philosophie des Wollens, München / Basel 1968. — *Mischel, Th.*: Human Action, New York, London 1969. — *Pfänder, A.*: Phänomenologie des Wollens, München 1963. — *Pribram, K. H.*: Brain and Behavior and Adaption, Harmondworth 1969. — *Thomae, H.*: Die Motivationen menschlichen Handelns, Köln / Berlin 1969. — *Toman, W.*: Dynamik der Motive, Darmstadt 1970. — *Vernon, M. D.*: Human Motivation, Cambridge 1969.

[18] Mit dem Person-Begriff haben sich auseinandergesetzt: *Arnold, W.*: Person, Charakter, Persönlichkeit, Göttingen 1969. — *Binder, A.*: Die menschliche Person, Bern 1974. — *Christian, P.*: Das Personverständnis im modernen medizinischen Denken, Tübingen 1952. — *Husserl, E.*: Person, Sache, Verhalten, Frankfurt/Main 1969. — *Lersch, Ph.*: Der Mensch als Schnittpunkt, München 1969. — *Lersch, Ph.* u. *H. Thomae*: Persönlichkeitsforschung und Persönlichkeitstheorie, Göttingen 1960. — *Scheler, M.*: Der Formalismus in der Ethik und die materielle Wertethik, Bern 1966. — *Stern,*

Anmerkungen zu Seite 124—132

W.: Person und Sache, Leipzig 1923. — *Wiesenhütter, E.*: Therapie der Person, Stuttgart 1969.

[19] *Aulagnier-Spairani, C.*, et al.: Le Désir et la Perversion, Paris 1967. — *Bataille, G.*: L'Érotisme, Paris 1957. — *Boss, M.*: Vom Sinn und Gehalt sexueller Perversionen, Bern 1954. — *Bouroure, L.*: L'Instinct Sexuel, Paris 1956. — *Burchard, J. M.*: Struktur und Soziologie des Transvestitismus und Transsexualismus, Stuttgart 1961. — *Bürger-Prinz, H.* u. *H. Giese*: Zur Phänomenologie des Transvestitismus bei Männern, Stuttgart 1966. — *Crawley, E.*: The Mystic Rose, op. cit. — *Evola, J.*: Metaphysik des Sexus, Stuttgart 1962. — *Ford, C. S.* u. *F. A. Beach*: Formen der Sexualität, Reinbek 1969. — *Gebsattel, V. v.*: Prolegnomena, op. cit. — *Giese, H.*: Die sexuelle Perversion, Frankfurt/Main 1967. — *Kinsey, A. C.*: Das sexuelle Verhalten des Mannes, Berlin 1955. — *Ders.*: Das sexuelle Verhalten der Frau, Berlin 1956. — *Klages, L.*: Vom kosmogonischen Eros, op. cit. — *Malinowski, B.*: The Sexual Life, op. cit. — *Ders.*: Sex and Repression in Savage Society, London 1953. — *Masters, W.* u. *V. Johnson*: Die sexuelle Reaktion, Reinbek 1960. — *Merleau-Ponty, M.*: Le Corps Sexué. In: Phénoménologie de la Perception, op. cit. — *Plessner, H.*: Trieb und Leidenschaft, Merkur 25 (1971). — *Reich, W.*: Die Funktion des Orgasmus, Köln 1969. — *Schelsky, H.*: Soziologie der Sexualität, Reinbek 1955. — *Schultz, I. H.*: Organstörungen und Perversionen im Liebesleben, München 1966. — *Simon, W.*, et al.: Sexuelle Außenseiter, Reinbek 1970. — *Straus, E.*: Psychologie der menschlichen Welt, op. cit.

[20] *Adams, J. A.*: Motor skills, Ann. Rev. of Psychol. 15, 181—202 (1964). — *Andreas, B. G.*: Experimental Psychology, New York 1960. — *Bahrick, H. P.* u. *M. E. Noble*: Motor behavior. In: *J. B. Sidowski*: Experimental Methods and Instrumentation in Psychology, New York 1966, S. 645—675. — *Bilodeau, E. A.*: Acquisition of Skill, New York 1966. — *Ders.*: Principles of Skill Acquisition, New York 1969. — *Deese, J.* u. *S. H. Hulse*: The Psychology of Learning, New York 1967. — *Fitts, P. M.*: Engineering psychology. In: *S. Koch*: Psychology: A Study of Science, New York 1963, S. 908—933. — *Hall, J.*: The Psychology of Learning, Philadelphia 1966. — *Marx, M. H.*: Learning Processes, London 1969. — *Melton, A. W.* u. *G. E. Briggs*: Engineering psychology, Ann. Rev. of Psychol. 11, 71—98 (1960). — *Noble, C. E.*: The learning of psychomotor skills, Ann. Rev. of Psychol. 19, 203—250 (1968). — *Poulton, E. C.*: Engineering psychology, Ann. Rev. of Psychol. 17, 177—200 (1966).

[21] Zu Machtstreben siehe besonders *Adler, A.*: Praxis und Theorie der Individualpsychologie, München 1920.

[22] Vgl. *Masters, W.* und *V. Johnson*: Die sexuelle Reaktion, Reinbek 1970.

[23] Siehe hierzu: *Wyss, D.*: Strukturen der Moral, Göttingen 1970; und *ders.*: Beziehung und Gestalt, Göttingen 1973.

[24] Siehe besonders hierzu: *Wyss, D.*, Beziehung und Gestalt, Göttingen 1973, Teil I IV—V und *Bollnow, O. F.*: Das Wesen der Stimmungen, Frankfurt/Main 1965.

[25] *Binswanger, L.*: Melancholie und Manie, Pfullingen 1960. — *Bürger-Prinz, H.*: Psychopathologische Bemerkungen zu den Zyklischen Psychosen, Nervenarzt 21 (1950). — *Dörner, K.* und *F. J. Winzenried*: Die Wahninhalte phasischer Psychosen, Stuttgart 1964. — *Gebsattel, V. E. v.*: Zur Frage der Depersonalisation. In: Prolegomena, op. cit. — *Ders.*: Die Störungen des Werdens und des Zeiterlebens im Rahmen psychiatrischer Erkrankungen. In: Prolegomena, op. cit. — *Häfner, H.*: Die existentielle Depression, Arch. Psychiatrie und Zs. Neurol. 191. — *Hippius, H.* und *H. Selbach*: Das depressive Syndrom, Berlin / Wien 1969. — *Janzarik, W.*: Dynamische Grundkonstellationen in endogenen Psychosen, Berlin / Göttingen / Heidelberg 1959. — *Kütemeyer, W.*: Körpergeschehen und Psychose, Stuttgart 1953. — *Labhardt, F.*: Die schizophre-

Anmerkungen zu Seite 132–162

nieähnlichen Emotionspsychosen, Heidelberg 1963. — *Schneider, K.*: Klinische Psychopathologie, Stuttgart 1959. — *Tellenbach, H.*: Melancholie, Heidelberg 1974. — *Thiemann, E.*: Die affektiven Psychosen, Stuttgart 1960. — *Winokur, G.*, *P. J. Clayton* und *Th. Reich*: Manic Depressive Illness, Saint Louis 1969.

[26] *Wyss, D.*: Beziehung und Gestalt, Göttingen 1973, Teil II, Identitätsproblematik.

[27] *Wyss, D.*: Beziehung und Gestalt, Göttingen 1973, Teil I, II, II. — Beachte besonders: *Buytendijk, F. J. J.*: Allgemeine Theorie der menschlichen Haltung und Bewegung, Heidelberg 1956 und *Straus, E.*: Vom Sinn der Sinne, Göttingen 1956.

[28] Zur Frage der Aufmerksamkeit siehe insbesondere des Verfassers „Strukturen der Moral", Kap. I. und II und „Beziehung und Gestalt", Teil I.

[29] Vgl. *Spitz, R.*: Vom Säugling zum Kleinkind, Stuttgart 1967. — *Ders.*: Die Entstehung der ersten Objektbeziehungen, Stuttgart 1957.

[30] *Allport, G. W.*: Das Werden der Persönlichkeit, Bern 1958. — *Byrne, D.* Englewood Cliffs, (N. Y.) 1966. — *Glaeser, F.*: Existentielle Erziehung, München / Basel 1962. — *Hilgard, E. R.*: Human motives and the concept of the self, Amer. Psychol. 4, 374–382 (1949). — *Laing, R.*: The Divided Self, Middlesex 1970. — *Lersch, Ph.*: Aufbau der Persönlichkeit, München 1962. — *Löwe, C. M.*: The self concept: fact or artifact, Psychol. Bull. 58, 325–336 (1961). — *Pongratz, L. J.*: Problemgeschichte der Psychologie, Bern 1967. — *Rogers, C. R.*: Client-Centered Therapy, Boston 1950. — *Wylie, R. C.*: The Self Concept, The University of Nebraska Press, 1961.

[31] Über die Liebe und die Intuition. In: *E. Wiesenhütter* (Hrsg.), Werden und Handeln, Festschrift f. V. E. Frh. v. Gebsattel, Stuttgart 1963. — *Petrilowitsch, N.*: Charakterstudien, Basel / New York 1969.

[32] Vgl. *Heidegger, M.*: Was heißt Denken? Tübingen 1961.

[33] Zur Problematik Widerstand s. *Glover, E.*: The Technique of Psychoanalysis, New York 1968. — *Greenson, R. R.*: The Technique and Practice of Psychoanalysis, London 1967. — *Laplanche, J.* u. *J. B. Pontalis*: Das Vokabular der Psychoanalyse, Frankfurt/Main 1972.

[34] Der Hinweis muß genügen, daß *Heidegger* diesen traditionellen Wahrheitsbegriff überwunden hat. Siehe dazu „Vom Wesen der Wahrheit". In: Wegmarken, Frankfurt/Main 1967.

[35] Siehe auch *Wyss, D.*: Strukturen der Moral, op. cit.

[36] *Aristoteles*: Lehrschriften, Paderborn 1953. — *Carnap, R.*: Der logische Aufbau der Welt, Hamburg 1961. — *Dingler, H.*: Die Grundlage der Naturwissenschaften, Darmstadt 1967. — *Eley, L.*: Metakritik der formalen Logik, Den Haag 1969. — *Höffding, H.*: Der Begriff der Analogie, Darmstadt 1924. — *Lipps, H.*: Untersuchungen zu einer hermeneutischen Logik, Frankfurt/Main 1968. — *Lorenzen, P.* u. *D. Kamlah*: Logische Propädeutik, Mannheim 1967. — *Lorenzen, P.*: Methodisches Denken, Frankfurt/Main 1969. — *Pfänder, A.*: Logik, Tübingen 1963. — *Whitehead, A. N.*: Process and Reality, Toronto 1957.

[37] *Bitter, W.*: Lebenskrisen: Ursachen und Beratung, Stuttgart 1971. — *Gollwitzer, H.*: Krummes Holz — Aufrechter Gang, München 1970. — *Landmann, M.*: Das Ende des Individuums, Anthropologische Skizzen, Stuttgart 1971. — *Portmann, A.*: Sinnvolle Lebensführung, Zürich. — *Ders.*: Aufbruch der Lebensforschung, Zürich 1965.

[38] *Apter, D.*: Ideology and Discontent, New York 1964. — *Geiger, Th.*: Ideologie und Wahrheit, Neuwied 1968. — *Habermas, J.*: Erkenntnis und Interesse, Frankfurt/Main 1968. — *Horkheimer, M.* u. *Th. W. Adorno*: Die Dialektik der Aufklärung, Amsterdam 1947. — *Mannheim, K.*: Ideologie und Utopie, Frankfurt/Main 1969. — *Marcuse, H.*: Der eindimensionale Mensch, Neuwied / Berlin 1967.

[39] *L'Abate, L.*: Principles of Clinical Psychology, 1964. — *Bodamer, J.*: Gesundheit und technische Welt, Stuttgart 1955. — *Engel, G.*: Psychisches Verhalten in Gesundheit und Krankheit, Bern 1970. — *Ferber, Ch. v.*: Sozialpolitik in der Wohlstandsgesellschaft, Hamburg 1967. — *Finzen, A.*: Arzt, Patient und Gesellschaft, Stuttgart 1969. — *Jacob, W.*: Anthropologische Grundlagen der Soziologie. Mitteilungen aus der staatswiss. Fak. München 1968/69. — *Ders.*: Der kranke Mensch in der technischen Welt. Vortrag. Meran 7. 6. 71. — *Ders.*: Die Hiob Frage in der Medizin. Festschr. f. Klopstock Stift. 25. 4. 74. — *Jores, A.*: Um eine Medizin von Morgen, Bern 1969. — *Leriche, R.*: Philosophie der Chirurgen, Zürich 1954. — *Mitscherlich, A.*: Krankheit als Konflikt, Frankfurt/Main 1969. — *Siebeck, A.*: Medizin in Bewegung, Stuttgart 1953. — *Tischner, J.*: Krankheit und Gesellschaft, Reinbek 1969. — *Foucault, M.*: Psychologie und Geisteskrankheit, Frankfurt/Main 1968. — *Troschke, J. v.*: Medizinsoziologische Überlegungen zur Definition von Krankheit und Gesundheit, Der Praktische Arzt 6, 918—928 (1971). — *Wyss, D.*: Beziehung und Gestalt, Göttingen 1973, Teil II, Kap. I.

[40] *Hahn, P.*: Der Herzinfarkt in Psychosomatischer Sicht, Göttingen 1971.

[41] Siehe dazu *Wyss, D.*: Beziehung und Gestalt, Göttingen 1973, Teil I (Bewegungen des Innen).

[42] Siehe „Beziehung und Gestalt", Teil II (Typologie).

[43] Siehe „Strukturen der Moral", Kap. II.

[44] Siehe hierzu die Darstellung der Entfremdung in „Beziehung u. Gestalt", Teil I.

[45] *Kretschmer, W.*: Die Neurose als Reifungsproblem, Stuttgart 1952. — *Remplein, H.*: Die seelische Entwicklung des Menschen im Kindes- und Jugendalter, München 1965. — *Versluys, J.*: Hirngröße und hormonales Geschehen bei der Menschwerdung, Wien 1939.

[46] *Wyss, D.*: Beziehung und Gestalt, Göttingen 1973, Teil I/6 („die Bewegungen des Innen").

[47] In den Abschnitten 7 und 8 wird der Leser die Grundzüge einer existentialontologischen Psychotherapie erkennen, die in der nächsten Untersuchung des Autors „Der Mensch im therapeutischen Gespräch" ausführlich dargestellt werden soll.

[48] *Wyss, D.*: Beziehung und Gestalt, I/1 („Das Mögliche").

[49] *Blankenburg, W.*, Der Verlust der natürlichen Selbstverständlichkeit, Enke, Stuttgart 1971.

[50] In existentieller Tiefe hat bereits *Augustinus* das Problem der Erinnerung gesehen. Siehe Augustinus, Conf. X/8, München 1871.

[51] *Wyss, D.*: Beziehung und Gestalt, Teil I.

[52] *Wyss, D.*: Beziehung und Gestalt, Göttingen 1973, Teil II, (Psychotherapie als Konfrontierung mit den eigenen *Möglichkeiten*).

[53] *Gadamer, H. G.*: Wahrheit und Methode, Tübingen 1965. — *Ricoeur, P.*: Le Conflit des Interprétations, Paris 1969. — *Ders.*: Die Interpretation, Frankfurt/Main 1969.

[54] *Wyss, D.*: „Beziehung und Gestalt", Teil I, Kap. 6.

[55] *Christian P.* u. *R. Haas*: Wesen und Formen der Bipersonalität, Stuttgart 1949. — *Wiesenhütter, E.*: Therapie der Person. Stuttgart 1969. — *Gebsattel, V. E. von*: Prolegomena einer medizinischen Anthropologie, Heidelberg 1964.

[56] *Plessner, H.*: Trieb und Leidenschaft, Merkur 25 (1971).

[57] Vgl. *Jaspers, K.*: Philosophie Bd. I, II und III. Berlin, Heidelberg, New York 4. Aufl. 1973.

[58] Zum Rollenbegriff siehe *Banton, M.*: Roles: An Introduction to the Study of

Anmerkungen zu Seite 207—223

Social Relations, London 1965. — *Ders.*: The Relevance of Models for Social Anthropology London 1968. — *Biddle, B. J.*: Role Theory: Concepts and Research, New York 1966. — *Brown, R.*: Social Psychology, New York 1968. — *Dahrendorf, R.*: Homo sociologicus: Ein Versuch zur Geschichte Bedeutung und Kritik der Kategorie der sozialen Rolle, Opladen 1974. — *Gross, N., Mason, W. S. u. A. W. McEachern*: Explorations in Role Analysis, New York 1958. — *Linton, R.*: The Cultural Background of Personality, New York 1945. — *Mead, G. H.*: Mind, Self, and Society, Chicago 1934. — *Moreno, J. L.*: Who Shall Survive? A new approach to the problem of human interrelations, Washington 1934. — *Newcomb, T. M.*: Social Psychology, New York 1950. — *Rocheblave-Splenlé, A. M.*: La Notion de Rôle en Psychologie Sociale, Paris 1962. — *Sader, M.*: Rollentheorie, in: *C. F. Graumann*: Handbuch der Psychologie Bd. 7, Göttingen 1969, S. 204—231. — *Sarbin, T. R.*: Role Theory, in: *G. Lindzey* (Ed.), Handbook of Social Psychology, New York 1954, S. 223—266. — *Shaw, M. E. u. Ph. R. Costanzo*: Theories of Social Psychology, New York 1970.

[59] *Balint, M.*: Thrills and Repressions, London 1959. — *Battegay, R.*: Angst und Sein, Stuttgart 1970. — *Bollnow, O. F.*: Existenzphilosophie, Stuttgart 1969. — *Catell, R. B. u. I. H. Scheier*: The Meaning and Measurement of Neuroticism and Anxiety, New York 1961. — *Gray, J. A.*: Angst und Streß, München 1971. — *Hess, W. R.*: Psychologie in biologischer Sicht, Stuttgart 1968. — *Kierkegaard, S.*: Die Krankheit zum Tode, 2. Aufl., Köln 1958. — *Levitt, E.*: The Psychology of Anxiety, New York 1968. — *Riemann, F.*: Grundformen der Angst, München / Basel 1972. — *Stein, M. R., A. J. Vidich u. D. M. White*: Identity and Anxiety, London 1967. — *Walther, W.*: Die Angst im menschlichen Dasein, München 1967.

[60] Zur Freiheitsproblematik siehe *Adorno, Th. W.*: Negative Dialektik, Frankfurt/Main 1970. — *Bidney, D.*: The Concept of Freedom in Anthropology, The Hague 1963. — *Holst, E. v.*: Verhaltensphysiologie bei Tieren und Menschen, Bd. I, München 1969. — *Keller, W.*: Psychologie und Philosophie des Wollens, München / Basel 1968. — *Landshut, S.*: Kritik der Soziologie, Neuwied / Berlin 1969. — *Lorenz, K. und P. Leyhausen*: Antriebe tierischen und menschlichen Verhaltens, München 1969. — *Mannheim, K.*: Freiheit und geplante Demokratie, Köln / Opladen 1972. — *Mill, J. St.*: Die Freiheit, Darmstadt 1970. — *Scheler, M.*: Schriften aus dem Nachlaß, Bern 1957. — *Schelling, F. W. J.*: Schriften von 1806—1813, Darmstadt 1968. — *Strasser, S. T.*: Phänomenologie und Erfahrungswissenschaft vom Menschen, Berlin 1964. — *Whitehead, A. N.*: Abenteuer der Ideen, Frankfurt 1971.

[61] Siehe hierzu *D. Wyss*: Lieben als Lernprozeß, Göttingen 1975 u. ders.: Beziehung und Gestalt, Göttingen 1973, Teil II.

[62] Zu diesem Abschnitt sei vermerkt: Sämtliche ethnologischen, soziologischen und historischen Quellen sind in „Beziehung und Gestalt" sowie „Strukturen der Moral" aufgeführt. Siehe ferner: *Godelier, P.*: Anthropologie der Kommunikation, Frankfurt 1974.

[63] *Wyss, D.*, Strukturen der Moral op. cit.

[64] *Wyss, D.*, Strukturen der Moral, Kap. IV und V.

[65] *Abendroth, W.*: Antagonistische Gesellschaft und politische Demokratie, Neuwied / Berlin 1967. — *Barber, B.*: Social Stratification, New York 1957. — *Bendix, R. u. S. M. Lipset*: Class, Status and Power, Glencoe 1953. — *Bolte, K. M.*, et al.: Soziale Schichtung, Opladen 1966. — *Bottomore, T. B.*: Die sozialen Klassen in der modernen Gesellschaft, München 1967. — *Bücher, K.*: Arbeitsteilung und soziale Klassenbildung, Frankfurt/Main 1946. — *Centers, R.*: The Psychology of Social Class, Princeton 1949. — *Cole, G. D. H.*: Studies in Class Structure, London 1964. — *Dahrendorf, R.*: Soziale

Klassen und Klassenkonflikt, Saarbrücken 1957. − *Galbraith, J. K.*: Die moderne Industriegesellschaft, Frankfurt/Main / Wien / Zürich 1969. − *Geiger, Th.*: Die soziale Schichtung des deutschen Volkes, Stuttgart 1932. − *Ders.*: Die Klassengesellschaft im Schmelztiegel, Köln / Hagen 1949. − *Glass, D. W.* u. *R. König*: Soziale Schichtung und soziale Mobilität, Kölner Zs. f. Soziol. u. Soz-Psychol., Sonderheft 5 (1965). − *Halbwachs, M.*: The Psychology of Social Class, London 1958. − *Herrnstadt, R.*: Die Entdeckung der Klassen, Berlin 1965. − *Herzog, D.*: Klassengesellschaft ohne Klassenkonflikt, Berlin 1965. − *Holz, H. H.*: Herr und Knecht bei Leibniz und Hegel. Zur Interpretation der Klassengesellschaft, Neuwied / Berlin 1968. − *Janowitz, M.*: Soziale Schicht und Mobilität in Westdeutschland, Kölner Zs. f. Soz. und Soz.-Psychol. 10 (1958). − *Lawton, D.*: Soziale Klasse, Sprach und Erziehung, Düsseldorf 1970. − *Lukács, G.*: Geschichte und Klassenbewußtsein, Neuwied / Berlin 1968. − *Mallet, S.*: Die neue Arbeiterklasse, Neuwied / Berlin 1972. − *Marcuse, H.*: Der eindimensionale Mensch, Neuwied / Berlin 1969. − *Marx, K.*: Das Kapital, 3 Bde., 1867−94; Berlin 1962, 1963, 1964. − *Marx, K.* u. *F. Engels*: Manifest der kommunistischen Partei, 1848; Berlin 1960. − *Mattick, P.*: Kritik an Marcuse. Der eindimensionale Mensch in der Klassengesellschaft, Frankfurt/Main 1969. − *Mauke, M.*: Die Klassentheorie von Marx und Engels, Frankfurt/Main 1970. − *Mayntz, R.*: Soziale Schichtung und sozialer Wandel in einer Industriegemeinde, Stuttgart 1958. − *Moore, H.* u. *G. Kleining*: Das soziale Selbstbild der Gesellschaftsschichten in Deutschland, Kölner Zs. f. Soziol. und Soz.-Psychol. 12 (1960). − *Ossowski, St.*: Die Klassenstruktur im sozialen Bewußtsein, Neuwied / Berlin 1962. − *Reich, W.*: Was ist Klassenbewußtsein, Amsterdam 1968. − *Reiche, R.*: Sexualität und Klassenkampf, Frankfurt/Main 1968. − *Reissmann, L.*: Class in American Society, Glencoe, Ill. 1959. − *Röder, H.*: Abschied vom Klassenbegriff, Opladen 1972. − *Schelsky, H.*: Auf der Suche nach Wirklichkeit, Düsseldorf / Köln 1972. − *Schumpeter, J.*: Imperialism and Social Classes, New York 1955. − *Seidel, N.* u. *S. Jenkner*: Klassenbildung und Sozialschichtung, Darmstadt 1968. − *Steiner, H.*: Soziale Strukturveränderungen im modernen Kapitalismus, Berlin 1967. − *Tumin, M. M.*: Schichtung und Mobilität, München 1968. − *Warner, W. L.*: Social Class in America, New York 1960. − *Weber, M.*: Wirtschaft und Gesellschaft, Tübingen 1972. − *Wiehn, E.*: Theorien der sozialen Schichtung, München 1968.

[66] *Wyss, D.*: Strukturen der Moral, Kap. IV und V.

[67] *Boas, F.*, et al.: General Anthropology, Boston 1965. − *Bröcker, W.*: Dialektik, Positivismus, Mythologie, Frankfurt/Main 1968. − *Cassirer, E.*: Philosophie der symbolischen Formen, Teil II: Das mythische Denken, Darmstadt 1953. − *Eliade, M.*: Die Religionen und das Heilige, Salzburg 1954. − *Fromm, E.*: The Forgotten Language, New York 1951. − *Kerenyi, K.*: Die Eröffnung des Zugangs zum Mythos, Darmstadt 1967. − *Littleton, S. C.*: The New Comparative Mythology, London 1966. − *Otto, W. F.*: Die Gestalt und das Sein, Darmstadt 1959. − *Schelling, F. W. J.*: Philosophie der Mythologie, Darmstadt 1966.

Teil III

[1] Zur Geschichte des Strukturbegriffes in der Psychologie siehe *L. J. Pongratz*: Problemgeschichte der Psychologie, Bern / München 1967, S. 42 ff. sowie *Rombach, H.*: Substanz, System, Struktur, Freiburg 1966.

[2] *Wyss, D.*: Beziehung und Gestalt, Teil I/6.

Anmerkungen zu Seite 232—264

[3] *Wyss, D.*: Beziehung und Gestalt, Teil I/2.
[4] Zum Begriff Lebensraum siehe: *Bollnow, O. F.*: Mensch und Raum, Stuttgart, 1963 sowie *Zutt, J.*: Auf dem Wege zu einer anthropologischen Psychiatrie, Berlin / Göttingen / Heidelberg 1963, S. 160 ff. und *Binswanger, L.*: Grundformen und Erkenntnis menschlichen Daseins, 2. Aufl., Zürich 1953.
[5] Siehe dazu *V. v. Weizsäcker*: Pathosophie, Göttingen 1956 und ders.: Der Gestaltkreis, Stuttgart 1950.
[6] Siehe *Wyss, D.*: Beziehung und Gestalt, op. cit. (Die Entwicklung des „Maßes").
[7] Zur Entstehung von Ordnung siehe auch *Wyss, D.*: Strukturen der Moral und Lehrbuch der Medizinischen Psychologie etc. op. cit.
[8] *Douglas, M.*: Purity and Danger, London 1969. — *Freud, S.*: Totem und Tabu, Frankfurt/Main 1964. — *Gehlen, A.*: Urmensch und Spätkultur, Bonn 1956. — *Hofstätter, P. R.*: Einführung in die Sozialpsychologie, Berlin 1966. — *Speicher, G.*: Die großen Tabus, Düsseldorf / Wien 1969. — *Trazer, J. G.*: The Golden Bough, Bd. 1—9, New York 1966.
[9] Siehe auch *Wyss, D.*: Beziehung und Gestalt I/5 und Strukturen der Moral op. cit.
[10] *Brasio, S.*: Entscheidung als Prozeß, Bern 1969.
[11] *Bandura, A.*: Social Learning Theory of Identificatory Processes, in: *D. A. Goslin* (Ed.), Handbook of Socialisation Theory and Research, Chicago 1968. — *Flanders, J. P.*: A review of research on imitative behavior, Psychol. Bull. 69, 316—337 (1968). — *Shaw, M. E.* u. *Ph. R. Constanzo*: Theories of Social Psychology, New York 1970. — *Ernie, W.*: Das Vaterbild der Tochter, Zürich 1965. — *Scheler, M.*: Schriften aus dem Nachlaß, Bern 1960. — *Wyss, D.*: Strukturen der Moral, Göttingen 1968.
[12] *Wyss, D.*: Beziehung und Gestalt, op. cit., I/4—5, u. Strukturen der Moral, op. cit., Kap. V u. VI.
[13] *Weber, M.*: Wirtschaft und Gesellschaft, 2. Aufl., Tübingen 1925.
[14] Zum Gestaltzerfall s. *Wyss, D.*: Beziehung und Gestalt, Teil II 1/10/12.
[15] Zum Subjekt-Begriff s. *Atlas, S.*: From Critical to Speculative Idealism, Den Haag 1960. — *Roth, A.*: Edmund Husserls ethische Untersuchungen, Den Haag 1960. — *Weizsäcker, V. v.*: Der Gestaltkreis, Frankfurt/Main 1973. — *Whitehead, A. N.*: Abenteuer der Ideen, Frankfurt/Main 1971.
[16] Siehe *Wyss, D.*: Beziehung und Gestalt, op. cit., Teil I/III (Wirklichkeit).
[17] Siehe *Jaspers, K.*: Philosophie II Existenzerhellung, Berlin / Heidelberg / New York 1974, S. 50 ff.
[18] Siehe *Heidegger, M.*: Zeit und Sein (Vortrag), Tübingen 1969.
[19] s. a. d. *Verf.*: Strukturen der Moral, Kap. I u. II, Beziehung und Gestalt, I/4—5.
[20] Zu Verantwortung beachte auch: *Arnold, W.*: Person, Charakter, Persönlichkeit, Göttingen 1969. — *Preuss, H. G.*: Illusion und Wirklichkeit, Stuttgart 1971. — *Wiesmann, D. D.*: The Existential Core of Psychoanalysis, Boston 1965. — *Wyss, D.*: Strukturen der Moral, Göttingen 1968.
[21] Siehe *Wyss, D.*: Beziehung und Gestalt Teil II.
[22] Vergleiche *Erikson, E. H.*: Identität und Lebenszyklus, Frankfurt/Main 1971.
[23] *Bollnow, O. F.*: Existenzphilosophie, Stuttgart 1969. — *Eley, D.*: Die Krise des Apriori, Den Haag 1962.
[24] *Freud, S.*: Vorlesungen zur Einführung in die Psychoanalyse, 1916/17, ges. Werke Bd. 11, London 1940.
[25] *Drakeford, J. W.*: Integrity Therapy, Nashville 1967. — *Frey, E. R.*: Schuld, Verantwortung, Strafe, Zürich 1964. — *Kaufmann, A.*: Schuld und Strafe, Köln 1966.

— *Klein, M.,* u. *J. Riviere*: Love, Hate and Reparation, London 1967. — *Lampl- de Groot, J.*: The Development of the Mind, London 1966. — *Mead, M.*: Anthropology, Toronto 1964. — *Stokvis, B.*: Kulturpsychologie und Psychohygiene, Stuttgart 1965. — *Thomae, H.*: Der Mensch in der Entscheidung, München 1960. — *Tournier, P.*: Echtes und falsches Schuldgefühl, Freiburg 1969.

[26] *Albert, R., Brigante, T.* u. *M. Chase*: The psychopathic personality: a content analysis of the concept, J. Gen. Psychol. 60, 17—28 (1959). — *Bräutigam, W.*: Reaktionen, Neurosen, Psychopathien, Stuttgart 1968. — *Buss, A.*: Psychopathology, New York 1966. — *Cleckley, H.*: The Mask of Sanity, St. Louis (Mo.) 1964. — *Craft, M.*: Ten Studies into Psychopathic Personality, Bristol 1965. — *Eysenck, H. J.* u. *S. Rachmann*: Neurosen — Ursachen und Heilmethoden, Berlin / Heidelberg 1965. — *Gough, H.*: A sociological theory of psychopathics, Amer. J. Sociol. 53, 359—366 (1948). — *Hare, R.*: A conflict and learning theory analysis of psychopathic behavior, J. Res. Crime Delinq. 2, 12—19 (1965). — *Hare, R.* u. *A. Hare*: Psychopathic Behavior: A Bibliography, Excerpta Criminlogica 7, 365—386 (1967). — *Jaspers, K.*: Allgemeine Psychopathologie, Berlin / Heidelberg 1965. — *Jung, R.* u. *W. Mayer-Groß*: Psychiatrie der Gegenwart, Bd. I—III, Berlin / Heidelberg 1960. — *Karpman, B.*: The Structure of Neurosis: with speciel differentials between neurosis, psychosis, homosexuality alcoholism, psychopathy and criminality, Arch. Crim. Psychodyn. 4, 599—646 (1961). — *Lykken, D.*: A study of anxiety in the sociopathic personality J. abn. soc. Psychol. 55, 6—10 (1957). — *McCord, W.* u. *J. McCord*: The Psychopath: An Essay on the Criminal Mind, Princeton, N.Y., 1964. — *Petrilowitsch, N.*: Charakterstudien, Basel / New York 1969. — *Robins, L.*: Deviant Children Grown Up, Baltimore 1966. — *Schneider, K.*: Klinische Psychopathologie, Stuttgart 1950. — *Skrypek, G.*: The effects of perceptual isolation and arousal on anxiety, complexity preference and novelty preference in psychopaths and neurotic criminals, J. Abn. Psychol. 74, 321—329 (1969). — *Tölle, R.*: Katamnestische Untersuchungen zur Biographie abnormer Persönlichkeiten, Heidelberg 1966. — *Wiggens, J.*: Inconsistent socialization, Psychol. Reports 23, 303—336 (1968). — *Weitbrecht, H. J.*: Psychiatrie im Grundriß, Berlin / Heidelberg 1968.

[27] *Wyss, D.*: „Strukturen der Moral" op. cit.

[28] *Christian, P.* u. *A. Derwort*: Vom Wertbewußtsein im Tun sowie *Buytendijk, F. J. J.*: Allgemeine Theorie der menschlichen Haltung und Bewegung, Heidelberg 1956.

[29] *Gehlen, A.*: Der Mensch. Seine Natur und Stellung in der Welt sowie *Rubinstein, S. L.*: Sein und Bewußtsein, Berlin 1973.

[30] Zum Begriff der Entfremdung s. *Baczko, B.*: Weltanschauung, Methaphysik, Entfremdung, Frankfurt/Main 1969. — *Calvez, S. J.*: Karl Marx — Darstellung und Kritik seines Denkens, Olten 1964. — *Gabel, J.*: Ideologie und Schizophrenie, Formen der Entfremdung, Frankfurt 1967. — *Israel, J.*: Der Begriff der Entfremdung, Reinbek 1972. — *Lukács, G.*: Geschichte und Klassenbewußtsein, Neuwied / Berlin 1968. — *Marcuse, H.*: Der eindimensionale Mensch, Neuwied / Berlin 1967. — *Popitz, H.*: Kritische Studien zur Philosophie, Der entfremdete Mensch, Stuttgart 1962. — *Riesman, D.*: Die einsame Masse, Hamburg 1956. — *Tomberg, F.*: Der Begriff der Entfremdung in den „Grundrissen von K. Marx" in: Das Argument 52 (1969). — *Wyss, D.*: Beziehung und Gestalt, Teil I/IV—VI (Literaturangaben).

[31] *Wyss, D.*: Beziehung und Gestalt, Teil I (Maßerleben) sowie die Arbeiten von W. *Blankenburg* über den Leib und die Proportionen in der Zeitschrift für Psychoth. u. klin. Psychologie (1974).

[32] *Wyss, D.*: Beziehung und Gestalt, Teil II.

[33] *Wyss, D.*: Beziehung und Gestalt, Teil II (Leib).
[34] *Gebsattel, V. E. v.*: Prolegomena einer medizinischen Anthropologie, Heidelberg 1956.
[35] Siehe hierzu auch vom Verf.: „Strukturen der Moral".

Teil IV

[1] Das Thema des Mangels und der Einschränkung desselben durch die Kommunikation wird hier von I/3 wieder aufgegriffen und, auf die humane Kommunikation bezogen, differenziert. Literatur siehe ebenda!
[2] *Wyss, D.*: Strukturen der Moral, Kap. II.
[3] *Wyss, D.*: Beziehung und Gestalt, Kap. XVI.
[4] Siehe hierzu auch die Identitätsproblematik, dargestellt in: Beziehung und Gestalt, Teil II.
[5] *Wyss, D.*: Strukturen der Moral, Kap. 1.
[6] *Kunz, H.*: Die anthropologische Bedeutung der Phantasie, Bd. I u. II, Basel 1946. — Ders.: Grundfragen der psychoanalytischen Anthropologie, Göttingen 1975.
[7] *Habermas, J.*: Technik und Wissenschaft als Ideologie, Frankfurt 1970. — Ders.: Erkenntnis und Interesse, Frankfurt 1970.
[8] *Adorno, Th. W.* et al.: The Authoritarian Personality, New York 1950. — *Christie, R.* u. *M. Jahoda*: Studies in the Scope and Method of the „Authoritarian Personality", New York 1954.
[9] Siehe dazu auch *Fromm, E.*: Psychoanalyse und Ethik, Stuttgart/Konstanz 1954.
[10] *Freud, A.*: Das Ich und die Abwehrmechanismen, Wien 1936. — *Freud, S.*: Vorlesungen zur Einführung in die Psychoanalyse (1916/17), Ges. Werke, Bd. 11, London 1952. — *Laing, R. D.* et al.: Interpersonelle Wahrnehmung, Frankfurt/Main 1971. — *Miller, N.* u. *J. Dollard*: Personality and Psychotherapy, New York 1950. — *Toman, W.*: Motivation, Persönlichkeit, Umwelt, Göttingen 1968. — Ders.: Psychoanalytic Theory of Motivation, London / New York 1960.
[11] Nachzulesen in: Grimmelshausens „Simplicius Simplicissimus".
[12] *Weber, M.*: Wirtschaft und Gesellschaft. 2. Aufl., Tübingen 1925.
[13] Siehe hierzu auch vom Verf., Beziehung und Gestalt, op. cit., Teil I/4/5/6.
[13a] S. auch *Zutt, J.*: Untersuchungen über den ästhetischen Erlebnisbereich in: Auf dem Wege zu einer anthropologischen Psychiatrie, Heidelberg/Berlin 1963.
[14] *Freud, A.*: Das Ich und die Abwehrmechanismen, Wien 1936. — *Freud, S.*: Vorlesungen zur Einführungen in die Psychoanalyse (1916/17), Ges. Werke Bd. 11, London 1948. — *Kris, E.*: Psychoanalytic Explorations in Art, New York 1952. — *Wyss, D.*: Beziehung und Gestalt, Göttingen 1973, Kap. X.
[15] Zum Ödipuskomplex siehe auch *Adler, A.*: Praxis und Theorie der Individualpsychologie, München 1920. — *Toman, W.*: Familienkonstellationen, München 1965.
[16] *Wyss, D.*: Beziehung und Gestalt, op. cit., I/Kap. 4—6.
[17] *Wyss, D.*: Beziehung und Gestalt, op. cit., I/Kap. 5—6, u. *Graumann, C. F.*: Grundlagen einer Phänomenologie und Psychologie der Perspektivität. Berlin 1960.
[18] *Wyss, D.*: Beziehung und Gestalt, Teil I/1.
[19] *Uslar, D. v.*: Der Traum als Welt. Untersuchungen zur Ontologie und Phänomenologie des Traumes. 2. Aufl., Pfullingen 1969; *Boss, M.*: Der Traum und seine Auslegung, Bern 1953. — *Wyss, D.*: Beziehung und Gestalt, Teil I/1.

[20] *Frijda, N. H.*: Mimik und Pantomimik. In: *R. Kirchoff* (Hrsg.), Hdb. der Psychol., Bd. 5, Göttingen 1965. — *Krukenberg, H.*: Der Gesichtsausdruck des Menschen, Stuttgart 1923. —*Lersch, Ph.*: Gesicht und Seele, München / Basel 1961, — *Plessner, H.*: Lachen und Weinen, Bern / München 1961. — *Strehle, H.*: Mienen, Gesten und Gebärden, München / Basel 1960. — *Zutt, J.*: Über das Lachen, das Weinen und das Gähnen, Allg. Z. Psychiat. 110 (1939).

[21] Die sog. „Bewußtmachung" der Psychoanalyse Freuds, die „Desensibilisierung" der Verhaltenstherapie, die „Entzauberung" C. G. Jungs visieren aus anderen Blickwinkeln diesen Sachverhalt an.

[22] *Burrow, T.*: Preconscious ‚Foundations' of Human Experience, New York 1964. — *Caruso, I.*: Die Trennung der Liebenden. Eine Phänomenologie des Todes, Bern / Stuttgart 1968. — *Frazer, J. G.*: Man, God, Immortality, London 1968. — *Fuchs, W.*: Todesbilder in der modernen Gesellschaft, Frankfurt 1969. — *Rheingold, J. C.*: The Mother, Anxiety and Death, London 1967.

[23] Vgl. hierzu vom Verf.: Beziehung und Gestalt Teil I.

[24] Vgl. vom Verf.: Beziehung und Gestalt, op. cit., Teil II.

[25] *Wyss, D.*: Die tiefenpsychologischen Schulen von den Anfängen bis zur Gegenwart. 4. Aufl. Göttingen 1972.

[26] Vgl.: Beziehung und Gestalt, op. cit., Teil II, den Abschnitt über Abwendung und Depression.

[27] Siehe *Wyss, D.*: Beziehung und Gestalt, Teil II.

[28] Siehe *Wyss, D.*: Beziehung und Gestalt, Göttingen 1975 sowie *ders.*: Die tiefenpsychologischen Schulen op. cit.

[29] *Freud, A.*: Das Ich und die Abwehrmechanismen, London 1950.

[30] Vgl. in diesem Zusammenhang das von *Plessner, H.* beschriebene Prinzip der Unergründlichkeit des Menschen.

[31] Vgl. *Wyss, D.*: Die tiefenpsychologischen Schulen op. cit.

[32] *Wyss, D.*: Beziehung und Gestalt. Op. cit., Teil I/1—3.

[33] Siehe hierzu *Wyss, D.*: Beziehung und Gestalt Teil II (Typologien).

[34] Vgl. *Wyss, D.*: Beziehung und Gestalt, II/11.

[35] Vgl. *Wyss, D.*: Beziehung und Gestalt, Teil II (Pubertät, Senium).

[36] Vgl. in diesem Zusammenhang *Wyss, D.*: Beziehung und Gestalt, Teil II, Kap. 12 u. 13.

[37] *Wyss, D.*: Beziehung und Gestalt, II/13.

[38] Siehe hierzu besonders *Zutt, J.* über den „tragenden Grund der Leibhaftigkeit in: *ders.*: Auf dem Wege zu einer anthropologischen Psychiatrie, Heidelberg 1963.

[39] *Wyss, D.*: Marx und Freud. Ihr Verhältnis zur modernen Anthropologie, Göttingen 1969: Marx spricht von der unaufhebbaren („ewigen") Notwendigkeit der Arbeit — auch in dem utopischen Kommunismus.

[40] Ausführliche Literaturangaben zum Begriff „Situation" finden sich in *Wyss, D.*: Beziehung und Gestalt, Teil I. Beachte vor allem die Arbeit von *W. Kretschmer*.

[41] Zum Problem der totalen Kommunikation siehe auch *Wyss, D.*: Lieben als Lernprozeß, Göttingen 1975. —

[42] Vgl. *Wyss, D.*: Lieben als Lernprozeß, Göttingen 1975. —

[43] In diesem letzten Kapitel s. insbes.: *Wyss, D.*: Lieben als Lernprozeß, Göttingen 1975.

[44] Zu Gruppe siehe auch *Bales, R.*: Interaction Process Analysis, Cambridge 1950. — *Battegay, R.*: Der Mensch in der Gruppe, Bd. 1—3, Bern 1970, 1971, 1972. — *Battegay, R.*, et al.: Gruppenpsychotherapie und Gruppendynamik, Göttingen 1968. —

Anmerkungen zu Seite 376–395

Brocher, T.: Gruppendynamik und Erwachsenenbildung, Braunschweig 1967. — *Cartwright, D.* u. *A. Zander*: Group Dynamics, 2. Aufl., New York 1960. — *Friedemann, A.*: Die Begegnung mit dem kranken Menschen, Bern 1967. — *Gibb, C. A.*: Leadership, in: *G. Lindzey* (Ed.), Handbook of Social Psychology, Vol. II., Reading (Mass) 1954. — *Hare, A. P.*: Handbook of Small Group Research, New York 1962. — *Heigl-Evers, A.*: Konzepte der analytischen Gruppenpsychotherapie, Göttingen 1972. — *Homans, G. C.*: The Human Group, New York 1950. — *Kadis, A. L.*: A Practicum in Group Psychotherapy, New York 1963. — *Krech, D., R. S. Crutchfield* u. *E. L. Ballachey*: Individual in Society, New York 1962. — *Lewin, K.*: A Dynamic Theory of Personality, New York 1935. — *Ders.*: Grundzüge der topologischen Psychologie, Bern/Stuttgart 1969. — *McGrath, J. E.* u. *I. Altmann*: Small Group Research, New York 1966. — *Mills, T.*: Soziologie der Gruppe, München 1969. — *Newcomb, T. M.*: The predication of interpersonal attraction, Amer. Psychologist 11, 575–586 (1956). — *Preuss, H. G.*: Analytische Gruppenpsychotherapie, München 1966. — *Rogers, C. R.*: Client Centered Therapy, Boston 1965. — *Slater, P. E.*: Mikrokosmos: Eine Studie über Gruppendynamik, Frankfurt 1970. — *de Schill, S.*: Psychoanalysische Therapie in Gruppen, Stuttgart 1971. — *Secord, P.* u. *C. Backman*: Social Psychology, New York 1964. — *Sherif, M.* et al.: Intergroup Conflict and Cooperation, Norman 1961. — *Stogdill, R.*: Leadership, membership and organization, Psychol. Bull. 47, 1–14 (1950). — *Ders.*: Personal factors associated with leadership. A survey of the literature, J. of Psychol. 25, 25–71 (1948). — *Thibaut, J. W.* u. *H. H. Kelley*: The Social Psychology of Groups, New York 1959. — *Toneks, S. H.* und *E. J. Anthony*: Group Psychotherapy, Baltimore 1967. — *Wiegmann, H.*: Der Neurotiker in der Klinik, Göttingen 1968.

[45] *Sager, C. J.* u. *H. Singer Kaplan*: Progress in Group and Family Therapy, New York 1972. — *Schill, Stefan de*: Psychoanalytische Therapie in Gruppen, Stuttgart. — *Yalom, I. D.*: Gruppenpsychotherapie. Grundlagen und Methoden. Ein Handbuch. München 1974.

[46] *Heidegger, M.*: Sein und Zeit, 7. Aufl., Tübingen 1953.

[47] Vgl. hier die Untersuchungen von *Lorenzer, A.*: Über den Gegenstand der Psychoanalyse, Frankfurt 1973 und *ders.*: Sprache und Interaktion, Frankfurt 1973. 1973.

[48] Siehe hierzu *Wyss, D.*: Beziehung und Gestalt, Teil I/5.

[49] Vgl. *Kisker, K. P.*: Dialogik der Verrücktheit. Ein Versuch an den Grenzen der Anthropologie, Den Haag 1970, besonders auch seine Darstellung der Entfremdung nach außen (Ideologie, aber auch sprachliche Artikulation) und nach innen.

[50] Vgl. *Wyss, D.*: Beziehung und Gestalt, Göttingen 1973.

[51] Vgl. in diesem Zusammenhang die sozialpsychiatrischen Arbeiten von *Häfner, Kisker, Strotzka* und *Richter*.

[52] Vgl. *Wyss, D.*: Beziehung und Gestalt Teil II/7–12; sowie *Janzarik, W.*: Dynamische Grundkonstellationen in endogenen Psychosen, Heidelberg 1959 und *Tellenbach, H.*: Melancholie. Problemgeschichte — Endogenität — Typologie — Pathogenese — Klinik, 2. Aufl., Berlin / Heidelberg / New York 1974.

[53] *Kisker, K. P.*: Dialogik der Verrücktheit. Ein Versuch an den Grenzen der Anthropologie, Den Haag 1970.

[54] *Wyss, D.*: Beziehung und Gestalt, Göttingen 1973, S. 279.

Anmerkungen zu Seite 399—403

Teil V

[1] *Wyss, D.*: Der Mensch im therapeutischen Gespräch (in Vorb.).
[2] Vgl. in diesem Zusammenhang *Wyss, D.*: Beziehung und Gestalt, Teil II, Kap. 13 (Therapie).
[3] Siehe auch *Malan, D.*: Psychoanalytische Kurztherapie. Eine kritische Untersuchung, Stuttgart 1963. — *Bellak, L.* und *L. Small*: Kurztherapie und Notfallpsychotherapie, Frankfurt 1972. — *Rechenberger, H. G.*: Kurztherapie in der ärztlichen Praxis, München 1974.
[4] *Wyss, D.*: Beziehung und Gestalt, Teil I.
[5] Zum Thema Mißverhältnisse siehe auch *Wyss, D.*: Beziehung u. Gestalt, Teil II.
[6] Zur Prognosestellung siehe *Wyss, D.*: Lehrbuch der Medizinischen Psychologie und Psychotherapie, Göttingen 1971, Teil II.

Stichwortverzeichnis

Abbau- und Ausscheidungsprozesse 63, 87
Abhängigkeit 217 ff.
—, konstituionelle, leibhafte 72 ff.
Absorption 118, 347 ff., 373
— (Dominanz eines Themas) 86 ff.
—, einseitige 348
Abwehr 87, 343 ff.
— gegen Leid 346
Abwehrmechanismus 347
Abwendung 86 ff., 118, 337 ff.
— als Hauptthema 336
— und Hinwendung 339 ff.
—, kompensatorische 337
Affekthandlung (akute Dekompensation) 390, 395
Aggression und Sexualität 104
Allmachtsphantasie 285
Alltäglichkeit 184 ff., 360 ff.
— und Erschöpfung 186 ff.
Anamorphose des Menschen 45
Angst 290 ff., 324, 326 ff., 395 ff.
Angsteinbruch, irrationaler 334
Angstfreiheit 334 ff.
Annehmen des anderen 376
Anpassung 373
Anteilnahme 123 ff.
—, institutionalisierte 225 ff., 365 ff.
—, kommunikative 177
An-Teil-Nehmen 24
Antilogik von Thematik und Gegenthematik 166
Antriebe und Emotionalität 122
—, einkörpernde (Leitthemen) 128
—, entkörpernde 128
—, soziale 128
Antwort 45 ff., 104 ff., 180 ff.
—, abweisende 47
—, stellungnehmende 385
Aperspektive 319, 356
Aperspektivisches 136
Arbeit 272 ff.

— und Notwendigkeit 361
— und Technik 272
Arbeitsteilung 24 ff.
—, rollenspezifische 364
Arbeitswelt 272
Archetyp (C. G. *Jung*) 320
Artabhängigkeit 70 ff.
Asket 353
Aufmerksamkeit, erkundende des Kindes 139
Aufnahme 45 ff., 104 ff.
Aufweisen 116 ff., 155 ff.
— und Erkenntnisbildung 160
Aufzeigen 116 ff., 155 ff.
— und Erkenntnisbildung 160
Ausdifferenzierung 53, 233
Auseinandersetzen und Abwehr 343
— und Bewältigen 84
Auseinandersetzung 79 ff., 111 ff., 148 ff., 237—241, 257
— und Fühlen 134
— und personale Kommunikation 208 ff.
—, innerorganismische 80 ff.
—, umweltbezogene 79 f.
—, stagnierende (Dekompensation) 392 ff.
—, teilnehmend-noetische 148
—, ungleichgewichtige 210
Aussprache, therapeutische 385
Autismus 338

Bedürfen und Befriedigung 35 ff.
— und Mangel 35—38
Befindlichkeit und Existenz 129 ff.
Befriedigung 44
— und Einschränkung 43, 287
Begegnung, personale 205 ff.
Begreifen, herausgreifendes 32
— und Entfremdung der Wirklichkeit 172
Begriff 30, 170 ff., 184 ff.
— und Stereotypie 185
—, identischer 171

Begriffsbildung, logische (Ontogenese) 115
Begriffsfindung 108
Behaviorismus 99
Belastung und Dekompensation 395 ff.
Beobachten 32, 371
Beobachter 275 ff., 369 ff., 388
Beobachtung lebendigen Daseins 67
Bewältigen 83 ff., 118 ff., 167, 211 ff.
— als Abschließen 260
Bewältigung 157—262, 330
— und Angst 327
— der Existenz 176
— durch das Kind 119 ff.
— durch Thematisierung (Sinnbestimmung) 161
— durch Tradition 248
— der Vergangenheit 263
— zwischenmenschlicher Beziehungen 376
—, erkennende 159
—, existentiale 240 ff.
—, innere 119
—, kompensatorische 162, 186, 240
Begegnung, innerseelische 196
Bewußtsein, falsches (*Hegel*) 162
Beziehung 215
—, erotisch-sexuelle 126
—, personale 216 ff.
—, zwischenmenschliche 215, 369 ff.
Bezug, perspektivischer 318
Bild-Thema-Beziehung 31 ff.
— und Vermittlung von Ordnung 57
„Bild" von der Welt des Kleinkindes 99
Bildablauf 32
Bildbezogenheit 55
Bildgeschehen 32
Bildhaftigkeit 32
Binden 249
Binden-Lösen-Bewältigen 161
Binden und Lösen 113 ff., 152 ff., 211 ff., 238 ff.
Binden und Lösen im Gefühlsbereich 135
Binden und Lösen (= Tauschen) 252
Bindung 114 ff., 211, 217 ff., 126
— und Kommunikation 211 ff.
—, personale 213
Bipersonalität 197

Charakteropathie 338, 348, 390 ff.

Dasein, alltägliches 197
—, leibhaftes 49, 63 ff.

Dekompensation 92 ff., 326, 389 ff., 396
— und Belastung 395 ff.
— auf Grund von Enttäuschung 374
— des Fließgleichgewichtes 93
— im Gefolge von Angst 290
— als intersubjektives Geschehen 392 ff.
— und Krankheitsgestalt 393 ff.
—, kompensierte 390
—, leibhafte 164
—, psychische 394
Denkakt 33
Denken 137 ff., 174
— und Fühlen 256
— und Handeln 137 ff.
— (Ontogenese) 115
—, logisches 231
—, vorlogisches 224
Denkbewegung 150
Denkprozeß 172 ff.
Depression 391
Dialektik 116
Dialog, unendlicher (*Heisenberg*) 110, 143
—, hermeneutischer 194
Disposition, typologische 358
Drehtürprinzip (*V. v. Weizsäcker*) 343
Dürfen 294

Eigenthematik 111
Eigenzeit 313
Einschränkung 283 ff.
— und Kompensation 325
— in der Mitteilung 284
—, kompensatorische 290
—, sekundäre 324 ff.
Emotionalität 122 ff.
Entdecken 50, 103—109, 143 ff.
— im Denken 137 ff.
Entdeckung und Auseinandersetzung 158, 205 ff.
Entfremdung und Krankheit 184
Entfremdungsprozeß des Denkvorgangs 30, 174 ff.
Entscheidung 309 ff.
—, bindende-lösende 116, 249
—, verantwortliche 309
Enttabuisierung des Leibes 308
Erforschung lebendigen Daseins 67
Erinnern 187 ff.
—, erkundendes 190

Erinnerung 187 ff., 262
— und Selbstvergessen 187 ff.
—, gelebte (Einheit der Existenz) 175
Erinnerungsvermögen 188
Erkennen, bindendes und lösendes 152
—, ärztliches 65
Erkenntnis 152 ff.
— und Bewältigung 158
Erkenntnisakt 31, 153, 157, 213
Erkenntnistheorie 156
Erkunden 50, 75 ff., 105 ff.
— im Denken 137
— als Mitteilung 106
— (Leitthema des Weltbezugs) 103
— in der Ontogenese 235
— in der personalen Begegnung 205 ff.
— in der Tierwelt 76
—, erotisches 125
—, innerorganismisches 77
—, orientierendes 52, 56, 158
Erkundungsprozeß 54
Erlebnisbezogenheit 55
Erlebnismöglichkeiten, innere 108
Erotik 353
Eros 126
Ersatzhandlung, kompensatorische 84
Erschließen 109 ff., 141, 145 ff., 237
— im Denken 137 ff.
— (Domäne des Fühlens) 134
— als Leitthema des Weltbezugs 103
— in der personalen Kommunikation 207 ff.
— und Urteilsbildung 159
—, spontan erfassendes (Intuition) 146
Erschlossenes 51
Erschöpfung und Alltäglichkeit 186 ff.
Erziehung, bindend-lösende 154
Ethnien 307
Euphorie 132
Existenz 100, 122 ff., 173, 176 ff.
— als Aufgabe 175 ff.
— und Bewältigung 176
— und Kommunikationsmodi 173 ff.
—, ganzheitliche 175 ff.
—, je-einmalige 174
—, menschliche 25, 174 ff., 323, 335, 355, 387, 389
—, pathische 132
—, sein-sollende 165
— und Wahrheit 165

Feindbild 377

Fließgleichgewicht 36, 83 f.
Freiheit in der Bindung 212
Frühkulturen (Orientierungs- u. Ordnungsbezüge) 307
Frustration 286
Frustrationsmodelle 44
Frustrierung (Einschränkung) 287
Fühlen 133 ff.
— und Existenz 129

Ganzheit 285 ff.
Gattungsabhängigkeit 70 ff.
Geben 24 40
— und Nehmen 40, 177, 218 ff.
Gebot 248
—, moralisch-ethisches 244
Gefühl 122
Gefühlsbereich 134
Gefühlsregung 383
Gegeneinander der Lebewesen 58
Gegensätze 298 ff., 316, 351
Gegenthematik 111 ff., 166 ff.
Gegenthema 46 ff.
Gegenthema und Auseinandersetzung 80
Gegenwart 255
Gegenwelt 149
Gemeinsamkeit 23 ff.
—, innersubjektive 215
Gemeinschaft 23 ff., 376
Geschichte (Entstehung der Geschichte für den Menschen) 261
Geschichtlichkeit 260 ff.
— des Subjekts 258
Gesellschaft 361
Gesetzgebung als Folge von Auseinandersetzungen 249 ff.
Gespräch 278 ff.
—, therapeutisches 400
Gestalt des Lebewesens 52
Gestaltkreis 106
Gestaltverfall 394
Gestell (*Heidegger*) 65
Gestimmtheit 133
Gesundheit 389
Gewohnheit 247
Geworfenheit 324
Gleichgewicht (Ausgleich) 34, 83 f.
Gleichgewichtszustand als Übergang 36
Gleichgültigkeit 348
Gleichheit 184 ff.
Gleichzeitigkeit 166 ff.

— von Geben und Nehmen 219 ff.
— von Mangel und Kommunikation 255
Grundeinstellung in der Absorption 348
Grundgestalten der Krankheit 393
Grundintentionalität 238
Grundmangel 220
Grundstrukturen 49 ff., 65
Grundvertrauen 294 ff.
Gruppe 376 ff.
Gruppentherapie 378 ff.

Handeln 167 ff.
—, pragmatisches 167
Hauptthema 29
Hintergrund, aperspektivischer 318—324, 354 ff.
Hintergrundseffekt 231
Hinwendung und Abwendung 338
Hochkulturen (Orientierungs- und Ordnungsbezüge) 307

Ich 257
Ideal, personales 376
Idealbild 264
Idealisierung 216
Idee (Bildcharakter) 32 ff.
Identifikation 259
Identifizierung mit dem Gegner (*Freud, A.*) 350
Identität 150, 171
—, primordiale 135
Identitätsfindung 260
— smangel 114
Ideologie, kompensatorische 162
In-der-Welt-Sein 25, 99, 177 ff.
—, verstehendes 147
Indifferenz 348 ff.
Individuum und Geworfenheit 267 ff.
—, gleicher Art 72
—, vielfältig kommunizierendes 372
Innen 196 ff.
— (Struktur) 336
— (Subjekt) 57
Innerlichkeit als Auseinandersetzung 237
Innersubjektives 196
Instinkt 61
— und Situation 75
Instinktabläufe 86
—, hierarchische 69
Instinkthandlung 73
Institution 223, 225, 351

Institutionalisierung 252
Integrierung als Neutralisierung 88
— von Gegensätzen 86 ff.
Intellektueller 348
Intersubjektivität (Struktur) 275 ff.
— (Leitthema) 370
Intuition 146—149
Inzestverbot 97, 222 ff., 248, 324
Isolierung 345

Jetzt und Aktualität 386
— (Konstituierung) 254

Kampf ums Dasein 53, 233
Kapitalismus (Leistung) 312
Kastrationsangst 328
Kategorie des Möglichen 356
Kind (erkundende Orientierung) 107, 243, 257
— (Einheitserleben) 175
— (Kommunikationsmöglichkeiten) 339
— (Sozialisierung) 295
Kindheit 175, 177, 249
Kleinkind (vorgegebene Ganzheit) 284
Klimakterium 359
Können 244
Kommunikation 23 ff., 35 ff., 46, 48 ff., 67 ff., 177, 182, 283, 373, 386
— und Aktualität 386
— und Austausch 46, 223
— und Einschränkung 164, 274, 289
— und Grund 64 ff., 70
— (Grundmangel) 195
— als In-Frage-Stellen 180 ff.
— (Konfliktcharakter) 182
— als Leistung 270
— und Mangelerleben 37, 254, 283, 372
— und Nichtung 150, 164, 178 f.
— und Schuldigwerden 265, 268
— und Struktur 66 f.
— über ein Thema 39
— (Urbedürfen) 325
— (Verfehlen) 265
— mit der Vergangenheit 192
— und Zeitlichkeit 258, 256, 332
—, alltägliche 182 ff., 197
—, anteilnehmende 34, 124, 137, 178
—, denkende 173
—, einseitige 391 f.
—, emotionale 128, 137
—, faktische 386 ff.

470

—, fühlende und denkende 136
—, innersubjektive 181
—, intersubjektive 181
—, liebevolle 178
—, noetische 116
—, noetisch-teilnehmende 160
—, personale 197, 217
—, selbstbezogene 191 ff., 196 ff.
—, teilnehmende 137 ff., 160
—, totale 204, 266, 285—288, 298, 375, 387
—, vorsprachliche 379 ff.
—, zuwendende 221
—, zwischenartliche 71 ff.
—, zwischenmenschliche 95 ff., 371 ff.
Kommunikationsbedürfnis, (Kompensation) 41, 336
Kommunikationseinschränkung 338 ff.
— und Abwehr 343
— (Absorption) 347
—, angsterzeugende 290 f.
— durch aperspektivischen Hintergrund 318 ff.
—, gegenseitige 218
—, gesellschaftlich bedingte 360 ff.
—, innersubjektive 323
— als Kompensation von Angst 291
—, durch den Leib bedingte 313 ff.
—, leibhafte, typologisch bedingte 357 ff.
— durch Rollen 362 ff.
Kommunikationsende 38, 289 ff.
Kommunikationserweiterung 86, 90 ff., 118, 295, 331 ff., 339 ff.
— auf Kosten der anderen 370
— (Therapie) 399
— in partnerschaftlichen Beziehungen 375
Kommunikationsfähigkeit, Erweiterung der 353
Kommunikationsmangel 53
Kommunikationsmodi 49, 102 ff., 121 ff., 341 ff.
— Differenz 170, 173
— und Einschränkung 324 ff.
— (Identität und Differenzierung) 169
— (Ontogenese) 105 ff.
—, anteilnehmende 122 ff.
—, gegensätzliche 300, 303, 315
—, kompensatorische 337
—, vorlogische und rationale 333
Kommunikationsmöglichkeiten 321
—, faktische 387

—, unbewußte 356
Kommunikationsreduzierung (Dekompensation) 360, 390
Kommunikationsveränderung 306
Kommunikationsverfall 214
Kommunikationsverweigerung als Destruktion des anderen 267 ff.
Kommunizieren 23 ff.
—, noetisches 139
—, noetisch-reilnehmendes 145, 348
—, selbstverständliches zwischen Innen und Außen 183
—, selbstverstehendes 197
—, sprachliches 379 ff.
Kompensation 85 ff., 92 ff., 316, 354 ff.
— von Angst 326
— und nicht erreichte Bewältigung 161
— durch Gruppenbildung 378
— von Kommunikationsbedürfnissen 325
— des Mangels 289
— und paradoxes Verhalten 358
— durch Rollen 362 ff.
— von Trennung 294 ff.
—, innersubjektive 352
Kompensationsmodi 336 ff.
Kompensationsmechanismen 165
Kompensations-Notwendigkeiten (Umwelt) 120
Kompromißbildung 86, 349
—, innere 352
—, neutralisierende 353 ff.
Konflikt 79 ff., 392 ff.
— und Auseinandersetzung 79
— als Modus von Kommunikation 112
Konfrontation mit sich selbst 346
Konkretes (Vernichtung) 30
Konstante, anthropologische 234
Konstellierung, zwischenmenschlich-gegenseitige 217
Konstituierung, existentiale 165
Konstitution 73
Kontemplation 147
Krankheit und Entfremdung 184
— aus Entscheidungsmangel 258
— (Grundgestalten) 393
— als Kommunikationsende 388
— und Wahrheit 164
Krankheitsbegriff 388
Krankheitsbild 391
Krankheitsgestalt und Dekompensation 393 ff.

471

Krise 256
Kultur (Entwicklung) 224
— durch Leistung 270

Lebensablauf (Zeitlichkeit) 276, 333
Lebensaufgabe 176
Lebenseinstellung 297
Lebenserfahrung, individuelle 73 ff.
Lebensgestalt, je-einmalige 121
Lebensorientierung, ästhetisch-leibhafte 314 ff.
Lebensprozeß als Kommunikationsprozeß 36
Lebensraum 50, 52, 241, 252
—, äußerer-innerer (Inhomogenität) 242
— und Orientierung 53
Lebenswelt 27, 34, 37
Lebewesen (Differenzierung) 43 ff.
Leib 70, 244, 274 ff.
— (Enttabuisierung) 308
— (Kommunikation) 66
— und Leistungsverhalten 314
— (Selbstdarstellung) 73 ff.
— (Struktur) 63 ff.
Leiderleben (Dekompensation) 390
Leistung 49, 61 ff., 66 ff., 70, 270, 308 ff., 311
— (leibfeindliche Tendenz) 308 ff.
— (Selbstdarstellung) 62
— und Kompensation 357
Leistungsbezogenheit des Menschen 65, 273, 370
Leistungswelt 65, 271
Leitthema 29 ff., 98
— und Bewältigung 84
— und Ordnung 245
Leitthemen des Verhaltens 104
Lernen 144
— (neuer Kommunikationsebenen) 335
—, unendliches 331
Lernprozeß 43, 90 ff., 144, 149, 291 ff.
—, innerorganismischer 91
Libido 347
Liebe 216
Logik 157

Machtstreben 354
Mangel 35 ff., 39 f., 186, 283 ff.
— und Differenzierung 53
— und Kommunikation 49, 220
— (Kompensation) 41, 288 ff.

Mangelerleben 44, 260
—, diffuses 42, 284
Manie 132
Melancholie 132
Mensch als Kulturwesen 97, 307
— (Differenzierung) 45
— (Identität mit sich selbst) 171
Mensch-Sein 98
Minderwertigkeitsgefühl (*Adler*) 354
Mißverhältnis 403
—, anthropologisches 45, 389
—, kompensiertes 390
—, vorgegebenes 97 ff.
Mißverstehen, gegenseitiges 383 ff.
—, sprachliches 379 ff.
Miteinander der Lebewesen 58
Mitteilung 38 ff., 104 ff.
— und Antwort, antithetisch 48
— und Antwort in der Zeit 59 ff.
Mitteilung-Aufnahme-Antwort 48, 104 ff.
— an die Umwelt 47
—, provokative 180
Mögliches 319
Modellvorstellungen, realitätsverfälschende 296
Müssen 244
Musik (vorsprachliche Kommunikation) 379 ff.
Mutationsvorgänge 54
Mutter/Kind-Zuwendung 217

Nehmen 24, 40
Neues 107 ff.
Neugier und Entdecken 193 ff.
Neurose 354
Neutralisierung 86, 88 ff., 118, 349—351
— im innerorganismischen Bereich 89
Nichten (Dekompensation und Gestaltverfall) 394
Nichtung als Voraussetzung von Kommunikation 163
Norm, moralische 154

Objektives 382
Objektivität, wissenschaftliche 297
Ödipuskomplex 318, 337
Öffentlichkeit 277
Ontogenese des Menschen 320
Opfer 269
Opferkult 222 ff.

Ordnung 56 ff., 158, 240, 245 ff., 252
— des humanen Annehmens und Versöhnens 329
— als Leitthema 245
—, (Verfall) 58
—, mythische vorlogische 306
—, ursprünglich vorgegebene 244
Ordnungsbezug 160
—, ästhetischer 314 ff.
—, personaler 330
Ordnungssymbol 247
Organismus 94
Organminderwertigkeit (*Adler*) 342
Orgasmus 127
Orientierung 52 ff., 158, 160, 235 ff., 252
— (Abwehr) 345
— in der Verhaltensforschung 54 ff.
— am Vorbild 250
—, erkundende 243
—, leibfeindliche 307
—, religiöse 225 ff.
Ordnungsbezug, pragmatischer 300
Ordnungskrise 252

Person (Definition) 197 ff.
Persönlichkeit 201 ff.
Phantasie 319, 322, 344
— als Kommunikationsmodus 295 ff.
Phantasieentwicklung 337
Philosophie, idealistische 29
—, materialistische 29
Pneuma (Sprache) 381
Positivismus 99
Prinzipien, bindende 259
Projektion 303, 344
Protokolle (Explorationen) 387
Provokation und Antwort 47
— des Subjektes durch Umwelt(vorgänge) 25 ff.
Psychoanalyse, Frustrationsmodell 44, 307
Psychologie (Frustrationsmodell) 44
Pubertät 359

Qualität 311

Rache 375
Rationalisierung als Kompensation 162
Raum 49, 70, 236 ff.
Raum-Zeit-Einheit 59

Raum-Zeit-Trennung 59
Räumliches (Struktur) 50 ff.
Räumlichkeit und Orientierung 235
Räumlichkeit (Struktur) 71
Realität (Vernichtung) 297
Rede (Logos) (*Heidegger*) 381
Reduktion, phänomenologische 30 ff.
Reflexion 115 ff.
Regelkreis 89
Regelvorgang 78, 83
Regulationsvorgang 77
Reifung 175
Reiz 29 ff.
— -Auslöser-Schema 52
— -Auslöserverhalten 29, 47
Riesenerwartung 266 ff.
Rolle 207, 362 ff.
Rolle, soziale 364
Rollenerwartung 364

Satzung, kollektive (Bindung und Lösung) 114 ff.
Schematismus der nicht-kommunikativen Welt 296 ff.
Schuld 264 ff.
Schulderleben 268
Schuldig-Werden (Kommunikationsverweigerung) 268
Selbst 171 f., 181
Selbstdarstellung 100, 185, 260, 270, 273
Selbsterfahrung 139
Selbsterschließen 142, 190
Selbstfindung 197
Selbstverborgenheit 194, 215
Selbstvergessen 182 ff., 187 ff.
— vergessenheit, alltägliche 183
Selbstverständliches 184
Selbstverstehen 182 ff., 193 ff., 214 ff., 344, 361 ff.
Selbstverwirklichung über die Sprache 383
Selbstwahrnehmung 204
Senium 359
Sexualität 104
Sich-Auseinandersetzen 78 ff., 111 ff., 148 ff.
— in der personalen Kommunikation 207 ff.
Sich-Binden 126, 249
Sich-Differenzieren 293
Sich-Einordnen 57

Sich-Entdecken 189
Sich-Entwerfen 193 ff.
Sich-Erinnern 188
Sich-Erkunden 189
Sich-Erschließen 109, 146, 236
Sich-Mitteilen 46
Sich-Mitteilen, undifferenziertes 283
Sich-Zeitigen, verantwortliches 258 ff.
Signal 47
— Auslöserverhalten 233
Sinnesorgane (Entstehung) 80 ff.
Sitten und Lebensraum 246 ff.
Situation 55, 74 ff., 366 ff.
Situationsveränderung, thematische 74
Sollen 244
Sollensforderung, ethische 153
Sorge (*Heidegger*) 183, 360
Sozietät, humane 223
Spiel (Entwicklung) 295
— (Funktion) 118
Spiralbewegung (Dekompensation-Kompensation) 326
— (Gleichzeitigkeit) 335
Spirale des Mangelerlebens 289
—, sich einschnürende 334 ff., 375
—, sich erweiternde 332, 334 ff.
Sprachausdruck 343, 380 ff.
Sprache 278, 379 ff.
— (Differenzierung) 41 ff.
— (Doppelcharakter) 380
— und primäre Intentionalität 382
Standortbestimmung der Lebewesen 55
Stereotyp 183
Stereotypie des Alltags 183
Stimmung 129 ff.
— und Emotionalität 122
— (Hintergrundcharakter) 133
Stoffaustausch, inner-außerorganismischer 63
Struktur(en) 231 ff.
— (Gegensätzlichkeit) 315
— der Intersubjektivität 275 ff.
— und Kommunikation 67 ff., 278
—, noetische 64
Strukturierung 231 ff., 274 ff., 278
—, räumliche 239
—, zeitliche (Verfassung) 252 ff.
Subjekt 99, 142, 165, 169 ff., 175 ff., 260, 263, 310 ff., 335, 342, 356 ff., 389
— (antilogische Verfassung) 355

— und Aperspektivität 403
— (Geworfenheit) 267 ff.
— und Stimmung 129 ff.
— (Strukturierung) 299
— und Welt 366 ff.
— und Widersprüchlichkeit 144, 152
—, bewältigendes 331
—, fühlendes 133
—, kommunikationsbedürftiges 336
—, leistungsbezogenes 271, 370
—, sich als Objekt verstehendes 297
Subjekt-Objekt-Trennung 99
Subjektivität 99, 356
— (Therapeut-Patient) 401

Tabu 248
Talionprinzip 129
— (Dekompensation) 374 ff.
— und Tauschprinzip 228
Tanz 380
Tausch 222 ff., 252
— (Institutionalisierung) 227
Tauschakt und Kompromiß 352
Tauschprinzip 97, 221 ff., 227 ff., 351 ff.
Technik 272
Teilen 24
Teilnahmslosigkeit, institutionalisierte 366
Teilnehmen 24
Territorium (Revier) 50
Thema 23 ff., 26 ff., 67 ff., 210
— und Bild 31 ff.
— und Gegenthema 34 ff.
Thematik der Lebenswelt 34
—, innerweltliche 166
—, situative 75
Thematisierung 31 ff.
—, begriffliche 28, 33 ff.
—, noetische 32
Therapie als Kommunikationserweiterung 399
—, tiefenpsychologisch orientierte 400
Tier, geschichtsloses 261
Ton (Sprachausdruck) 380 ff.
Totalität 285 ff.
Tradition 247 ff.
Traditionsgebundenheit 247
Transzendenz 97 ff.
— zur Welt 98, 112
Transzendierung des menschlichen Subjekts 35, 223
— als übersinnliches Ereignis 224

Traum 319
Trennung, primäre 294
Trennungserleben 294 ff.
Trieb und Emotionalität 122
— und Existenz 124 ff.
— (Überwältigung) 127
Triebtheorien, psychologische 102 ff.

Übersprungshandlung 79
Umwelt und Auseinandersetzung 79
— (Erkunden durch das Kind) 106
—, sich mitteilende 25
Umweltveränderung 74
Unbewältigtes im Aperspektivischen 319, 334
Unbewußtes 136, 355
— (Psychoanalyse) 320
Ungleichgewicht 44
— und Gleichgewicht 83
—, soziales 223
Unterthema 29 ff.
Unverbindlichkeit des Sich-Lösens 304
Ur-Doxa (*Husserl*) 110
Urteil 30, 146
Urteilsbildung 30 ff., 150, 152

Verantwortung 257 ff., 271, 277 ff.
—, sich zeitigende 309
— und Struktur der Zeitlichkeit 256
Verb (Kommunikativum) 68 ff.
Verband 376 ff.
Verbot 244
—, moralisches 248
Verdrängung 103, 347 ff.
Verfassung, zeitl. (*Heidegger*) 59, 253 ff.
Verfehlung 265 ff.
Vergangenes und Zukunft 253
Vergangenheit 190 ff., 254 ff.
— (Bewältigung) 192, 261 ff., 324
Verhalten (Definition) 45 ff.
— zum Leib 275
— (Leitthemen) 104
Verhaltensforschung 54 ff.
Verhaltenstheorien, psychologische 102 ff.
Vernehmen (*Heidegger*) 147
Vernunft (*Heidegger*) 147, 381
— (kompromissbildende Funktion) 351
Verstehen 101
Verstehen, bewältigendes 146
—, sprachliches 381
Verstehen-Wollen, fragendes 189

Vertrauen 293 ff.
Voraus-Sein 195
Vorbild 250 ff. 259
Vorgegebenheit der Kommunikationsmodi vor psychologischer Konstruktion 102 ff.
Vorhandenes 24 ff.
Vorsprachliches 384
Vorstellung, moralische 153

Wahrheit 151, 158, 163 ff., 240
— und Krankheit 164
—, transsubjektive 188
Wahrheitsfindung 151 ff.
Wahrnehmung 25 ff., 178
—, aktiv-erkundende 76
— (einfache Lebewesen) 75
Welt 110, 168, 223
Welt und Subjekt 35
—, arbeitsgeteilte (institutionalisierte) 225
—, nicht-kommunikative 297
—, thematisch vorgegeben 34
—, übersinnliche 224
Welt-Entzug 148
Welt-Haben 98
Weltbezug des Menschen 34 ff.
Weltverstehen (Transzendierung) 100
Widerstand 111 ff., 395 ff.
— (Auseinandersetzung) 148 ff.
Widerstandserfahrung 150
Widerspruch 149, 152
Wille 168
Wirklichkeit 371
Wollen 168 ff.
Wunsch 319 ff.

Zeit 49, 61 ff., 66, 70, 252 ff.
— (antilogische Struktur) 255
— (Wahrnehmen) 59, 236, 253
Zeiterfahrung 253
Zeiterleben 61
Zeug 65, 270, 272 ff.
Zeugwelt 270
Zu-Handenes 24 ff.
Zuhörer 276
Zukunft 253 ff., 263 ff.
Zuneigung 216 ff.
Zu-ordnung von Lebensraum 56
Zuschauer 276
Zuwendung, mangelnde 338
—, suchende 25 ff.
Zwangskranker 259

Namensverzeichnis

Abel, K. 199
Abel, R. 72
Abendroth, W. 223
Ach, N. 27, 97
Adams, J. A. 125
Adler, A. 126, 318
Adorno, Th. W. 14, 98, 162, 212, 297
Aischylos 268
Albert, R. 267
Allport, G. W. 97, 143, 202
Altmann, I. 376
Andreas, B. G. 125
Anthony, E. J. 376
Apter, D. 162
Argyle, M. 23
Aristoteles 157, 200
Arnold, W. 97, 114, 124, 198 f., 202, 257
Aronoff, J. 97
Atlas, S. 255
Augustinus 187, 253
Aulagnier-Spairani, C. 124

Bachelard, G. 49
Backman, C. 376
Baczko, B. 272
Baerends, G. P. 44, 51
Bahrick, H. P. 125
Bales, R. 376
Balint, M. 209
Ballachay, E. L. 376
Bally, G. 114
Bandura, A. 41, 250
Bang, V. 49
Banton, M. 207
Barber, B. 223
Bataille, G. 124
Bateson, M. C. 41
Battegay, R. 209, 376
Bavink, B. 98
Beach, F. A. 124
Bellak, L. 400

Bellugi, U. 41
Bendix R. 223
Benedickt, R. 97
Bennis, W. 79
Bergler, R. 107
Berlew, D. 79
Berne, E. 23
Bernstein, B. 41
Bertalanffy, L. v. 25, 36, 44
Biddle, B. J. 207
Bidney, D. 212
Biermann, G. 107
Bierwisch, M. 41
Bilodeau, E. A. 125
Bilz, R. 36
Binder, A. 124
Binswanger, L. 132, 241
Bion, W. K. 41
Bitter, W. 161
Bittner, G. 41
Blake, R. R., 25
Blankenburg, W. 184, 274
Blöschl, L. 41
Boas, F. 41, 224
Bodamer, J. 164
Boehm, R. 30, 98
Boethius 198
Bollnow, O. F. 25, 60, 129, 209, 241, 264
Bolte, K. M. 223
Boss, M. 16, 114, 124, 319
Bottomore, T. B. 223
Bouroure, L. 124
Bower, G. H. 41
Bräutigam, W. 267
Brand, G. 14, 39, 99, 181, 363
Brasio, S. 249
Brentano, F. 25
Brigante, T. 267
Briggs, G. E. 125
Broadbent, D. E. 32
Brocher, T. 376

Bröcker, W. 98, 224
Brown, R. 41, 207
Bruner, J. S. 25, 28, 114
Bücher, K. 223
Bühl, W. L. 79
Bühler, Ch. 107
Bühler, K. 107
Bürger-Prinz, H. 124, 132
Burchard, J. M. 124
Burrow, T. 331
Buss, A. 267
Buytendijk, F. J. J. 36, 106, 114, 137, 270
Byrne, D. 143

Cabanis, J. P. 17
Calame-Griaule, G. 41
Calon, P. J. A. 25
Calvez, S. J. 272
Cannon, W. B. 58
Carnap, R. 157
Cartwright, D. 376
Caruso, I. 331
Cassirer, E. 28, 41, 224
Cattell, R. B. 97, 209
Centers, R. 223
Charon, E. J. 49
Chase, M. 267
Chastaing, M. 41
Chomsky, N. 41
Christian, P. 39, 50, 70, 124, 197, 203, 270
Christie, R. 297
Cicero 198
Cimbal, W. 79
Clauser, G. 41
Clayton, P. J. 132
Cleckley, H. 267
Clevenger, T. 41
Clinard, M. B. 114
Cloudsley-Thompson, J. 79
Cole, G. D. H. 223
Comte, A. 98
Coser, L. A. 79
Costanzo, Ph. R. 207, 250
Craft, M. 267
Crawley, E. 124
Crutchfield, R. S. 376
Cube, F. v. 34

Dahrendorf, R. 207, 223

Deese, J. 125
Derrida, J. 41
Derwort, A. 270
Descartes, R. 16, 156
Descoeudres, A. 107
Destunis, G. 107
Deusinger, I. M. 114
Dicke, G. 114
Dingler, H. 98, 157
Dixon, Th. 41
Döhl, J. 91
Dörner, K. 132
Dollard, I. 41, 303
Douglas, M. 248
Drakeford, J. W. 264
DuBois-Reymond, H. 17
Dührssen, A. 107
Düker, H. 32
Dürr, E. 32
Dunbar, F. 58
Durand-Dassier, J. 23

Ebbinghaus, H. 41
Edelson, M. 23
Ehrenfels, C. v. 33
Eibl-Eibesfeld, I. 28, 41, 44, 51, 55, 58, 71 f., 79, 89, 91
Eley, L. 157, 264
Eliade, M. 49, 224
Elking, D. 41
Ellingworth, H. W. 41
Engel, G. 58, 164
Engels, F. 223
Epiktet 198
Erikson, E. H. 114, 260
Ernie, W. 250
Ervin-Tripp, S. M. 41
Evola, J. 124
Eysenck, H. J. 114, 267

Fechner, G. Th. 200
Feigenbaum, E. A. 41
Ferber, Ch. v. 164
Finzen, A. 164
Fischer, H. 97
Fitts, P. M. 125
Flanders, J. P. 250
Flavell, J. A. 41
Foppa, K. 28, 41, 122
Ford, C. S. 124
Foucault, M. 97, 164

Fraisse, P. 49
Francastel, P. 49
Frank, H. 34
Frankenberg, G. v. 62
Frazer, J. G. 331
Freud, A. 107, 303, 318, 350
Freud, S. 14, 97, 162, 248, 264, 303, 307, 318, 334, 355
Frey, E. R. 264
Friedemann, A. 376
Friedman, O. 107
Frijda, N. H. 325
Fromm, E. 224, 300
Fuchs, W. 331
Furer, M. 107

Gabel, J. 272
Gadamer, H. G. 13, 194
Galbraith, J. K. 223
Gebsattel, V. E. v. 49, 65, 124, 132, 197, 204, 276
Gehlen, A. 248, 270
Geiger, Th. 162, 223
Gent, W. 49
Gesell, A. 107
Gibb, C. A. 376
Gibson, J. J. 25
Giese, H. 124
Glaeser, F. 143
Glaas, D. W. 223
Glover, E. 107, 148
Godelier, P. 218
Goffman, E. 114
Goodman, C. C. 25
Gollwitzer, H. 161
Gough, H. 267
Graumann, C. F. 25 f., 28, 122, 318
Gray, J. A. 41, 209
Greenson, R. R. 148
Greverus, I. M. 97
Grimmelshausen 306
Grinker, R. 58
Gross, N. 207
Guilford, I. R. 203
Guntrip, H. 23
Gurwitsch, A. 26
Guthrie, E. R. 41

Haas, R. 197
Habermas, J. 14, 98, 162, 297
Häfner, H. 132, 392

Hahn, P. 164
Halbwachs, M. 223
Hall, J. 125
Hamilton, W. J. 44
Hare, A. P. 267, 376
Hare, R. 267
Hartmann, N. 25, 49
Hattnack, J. 98
Haseloff, O. W. 34
Hasenstein, B. 34
Hauss, K. 25
Hayes, A. S. 41
Hebb, D. D. 17
Hebron, M. E. 107
Hegel, G. W. F. 151, 162
Heidegger, M. 11, 13, 16, 18, 23, 65, 99 f., 147, 151, 182, 203, 253, 256, 270, 381
Heigl-Evers, A. 376
Heisenberg, W. 110
Heiss, R. 202
Held, K. 49, 98
Hellman, J. 107
Hengstenberg, H. E. 201
Henning, H. 32
Hensel, H. 16
Herbart, I. F. 200
Hermann, Th. 41
Hernig, J. 30
Herrnstadt, R. 223
Herzog, D. 223
Hesnard, A. 114
Hess, W. R. 209
Hilgard, E. R. 41, 143
Hill, W. F. 41
Hinde, R. A. 44
Hippius, H. 132
Höffding, H. 157
Hörmann, H. 23, 41
Hofstätter, P. R. 114, 248
Hokanson, I. 122
Holland, I. 98
Hollmann, W. 79
Holst, E. v. 44, 212
Holz, H. H. 223
Holzkamp, K. 25
Homans, G. C. 376
Horkheimer, M. 14, 162
Horney, K. 79
Horton, D. L. 41
Howelis, I. G. 41

Hubert, R. 97
Hull, C. L. 41, 97
Hulse, S. H. 125
Huppmann, G. 19
Hurlock, E. B. 41
Husserl, E. 14, 30, 99, 110, 138, 199, 382
Husserl, G. 124
Hymes, D. 41

Israel, J. 272

Jacob, W. 164
Jacobson, E. 114
Jacobson, R. 41
Jahoda, M. 297
Janis, I. L. 58
Janowitz, M. 223
Janzarik, W., 132, 394
Jaspers, K. 27, 114, 204, 256, 267
Jenkner, S. 223
Jerison, H. J. 32
Jerusalem, F. W. 23
Jessor, R. 114
Jodl, T. 98
Johnson, V. 124, 126
Jordan, P. 14
Jores, A. 164
Jung, C. G. 320
Jung, R. 267

Kadis, A. L. 376
Kafka, F. 29
Kaiser, J. 107
Kamlah, D. 157
Kant, I. 151, 153
Karlson, P. 36
Karpman, B. 267
Katz, D. 33
Kaufmann, A. 264
Kaufmann, P. 49
Keidel, W. 16, 34, 77 f., 81 f., 88 ff.
Kekulé 144
Keller, W. 41, 122, 212
Kelley, H. H. 376
Kellner, W. 79
Kentler, H. 97
Kerenyi, K. 224
Kierkegaard, S. 209
Kilian, H. 98
Kinsey, A. C. 124

Kirchhoff, R. 97
Kisker, K. P. 14, 383, 392, 394
Klages, L. 97, 124
Klaus, G. 34
Klausewitz, W. 27
Klein, M. 114, 264
Kleining, G. 223
Klix, F. 25, 33 f.
Kluckholm, C. 97
Knight, J. 79
Koch, G. 70
Köhler, W. 33, 90
König, R. 223
Koffka, K. 41, 107
Kopernikus 144
Kopfermann, H. 33
Krasner, L. 114
Krause, B. 33
Krech, D. 376
Kretschmer, W. 55, 175, 366
Kris, E. 107, 318
Kristofferson, A. B. 32
Kroeber, A. L. 97
Krüger, F. 33
Krukenberg, H. 325
Kütemeyer, W. 132
Kunz, H. 14, 97, 114, 122, 295

L'Abate, L. 164
Labhardt, F. 132
Lacerus, R. S. 58
Laing, R. 143, 303
Lampl-deGroot, J. 264
Landgrebe, L. 30
Landmann, M. 79, 161
Landshut, S. 212
Langner, Th. S. 58
Laplanche, J. 148
Laue, B. 19
Lautmann, R. 114
Lawton, D. 223
Lehr, Th. 79
Leibnitz, G. W. 199
Leontjew, A. N. 41
Leriche, R. 164
Leroi, A.-G. 23
Lersch, Ph. 124, 143, 202, 325
Levi, L. 58
Lévi,-Strauss, C. 97
Levinas, E. 98
Levitt, E. 209

Lewin, K. 97, 376
Lewis, R. 98
Leyhausen, P. 41, 44, 60, 212
Liebig, I. 13
Limbaugh, C. 72
Lindesmith, A. 23
Lindworski, J. 97
Linschotten, J. 32
Linton, R. 97, 203, 207
Lipps, H. 157
Lipset, S. M. 223
Littleton, S. C. 224
Locke, I. 199
Löwe, C. M. 143
Lorenz, K. 27, 29, 41, 44, 60, 71, 212
Lorenzen, P. 157
Lorenzer, A. 382
Lückert, R. 79
Lukács, G. 223, 272
Lunzer, E. A. 28
Luther, W. 72
Lykken, D. 267
Lyons, J. 26

Macnab, P. 23
Mahler, M. S. 107
Maier, W. 50
Maihofer, W. 50
Maisch, H. 97
Malan, D. 400
Mallet, S. 223
Malinowski, B. 97, 124
Mannheim, K. 162, 212
Marcuse, H. 97, 162, 223, 272
Marler, P. 44
Martindale, D. 97
Marx, K. 162, 223
Marx, M. H. 125
Mason, W. S. 207
Masters, W. 122, 124, 126
Mathey, F. J. 104
Mattick, P. 223
Mauke, M. 223
Mauss, M. 97, 222
Meyer-Gross, W. 267
Mayntz, R. 223
McCord, J. 267
McCord, W. 267
McEachern, A. W. 207
McGrath, J. M. 58, 376
McNeill, D. 41

Mead, G. H. 98, 114, 207
Mead, M. 97, 264
Mehrabian, A. 41
Meierhofer, M. 41
Melton, A. W. 125
Merleau-Ponty, M. 25, 41, 98, 124
Metzger, W. 30, 33
Meumann, E. 97
Meyer-Eppler, W. 23
Mielke, F. 16
Mierke, K. 97
Mill, J. S. 212
Miller, G. A. 41
Miller, N. 303
Mills, T. 376
Minkowsky, E. 49
Mischel, Th. 122
Mitscherlich, A. 16, 79, 114, 164
Mittelstaedt, H. 44
Mittenecker, E. 34
Modell, A. H. 114
Mohanty, I. N. 41
Montagu, M. F. A. 97
Moore, H. 223
Moray, N. 32
Moreno, J. L. 207
Morris, J. F. 28
Mosovici, S. 41
Mostofsky, D. I. 32
Mounier, E. 41
Mowrer, O. H. 114
Mühlmann, W. E. 97
Müller, E. W. 97
Müller-Suur, H. 114
Munn, N. 107
Munz, H. 23, 41
Murdock, G. P. 97
Murray, H. H. 203

Neumann, J. 79
Newcomb, T. M. 207, 376
Newton, I. 144
Noble, C. E. 125
Noble, M. E. 125
Norman, D. 32

O'Connor, M. 41
Oerter, R. 30
Ogburn, W. F. 97
Orme, I. E. 49
Ossowski, St. 223

Otto, W. F. 224

Palagyi, M. 49
Pannwitz, R. 97 f.
Parsons, T. 97, 114
Peters, D. 107
Petrilowitsch, N. 146, 267
Peursen, C. A. van 50
Pfänder, A. 28, 97, 122, 157
Pfaundler, M. v. 70
Piaget, J. 25, 30, 107, 114
Pine, F. 107
Pitcairn, E. 23
Plank, M. 14
Plato 198
Plessner, H. 23, 124, 204, 325, 354, 362
Ploeger, A. 23
Podlech, A. 50
Pongratz, L. J. 33, 79, 143, 198 ff., 231
Pontalis, J. B. 148
Popitz, H. 272
Portmann, A. 161
Postman, L. 25, 41
Poulton, E. C. 125
Preuss, H. G. 257, 376
Pribram, K. H. 32, 60, 122
Prick, I. I. G. 25

Rachmann, S. 267
Ramsey, G. 25
Randall, I. E. 72
Rausch, E. 33
Rechenberger, H. G. 400
Reich, Th. 132
Reich, W. 124, 223
Reiche, R. 223
Reissmann, L. 223
Remplein, H. 107, 175
Rensch, B. 44, 91
de Reuck, A. V. S. 41, 79
Revers, W. J. 202
Révész, G. 41
Rheingold, J. C. 331
Richter, H. E. 107, 392
Ricoeur, P. 14, 97, 194
Riemann, F. 209
Riesman, D. 272
Rilke, R. M. 5
Riviere, J. 264
Robins, L. 267
Rocheblave-Splenlé, A. M. 207

Röder, H. 223
Roeder, K. R. 44
Rogers, C. R. 143, 376
Rohracher, H. 16, 32, 34
Rombach, H. 231
Rosales, A. 98
Rosenzweig, S. 41
Roth, A. 255
Rothacker, E. 41
Rothschuh, K. E. 25
Rubinfine, D. 107
Rubinstein, S. L. 270
Rüssel, A. 49
Rutt, G. E. 58

Sader, M. 207
Sager, C. J. 378
Saller, K. 70
Sander, F. 33
Sandler, A. 107
Sarbin, T. R. 207
Saul, L. J. 107
Saunders, J. W. 64
Scheier, I. H. 209
Schein, E. 79
Scheler, M. 14, 25, 124, 199, 203, 212, 250
Schelling, F. W. J. 212, 224
Schelsky, H. 124, 223
Schill, S. de 376, 378
Schleidt, W. 44
Schneider, K. 132, 267
Schott, R. 49
Schottländer, F. 107
Schultz, D. 98
Schultz, I. H. 124
Schumpeter, J. 223
Sebeok, T. A. 41
Secord, P. 376
Segall, M. 25
Seidel, N. 223
Seiss, R. 79
Selbach, H. 132
Selg, H. 41
Selye, H. 58
Sewets, I. A. 32
Shaw, M. E. 207, 250
Sherif, M. 376
Siebeck, A. 164
Siegenthaler, W. 93
Silesius, A. 240

Simmel, G. 97
Simon, W. 124
Singer Kaplan, H. 378
Sinha, D. 98
Skinner, B. F. 17, 98
Skrypek, G. 267
Slater, P. E. 376
Small, L. 400
Smith, F. 41
Sorokin, P. A. 97
Speicher, G. 248
Spengler, O. 97
Spiegel, J. P. 58
Spitz, R. A. 107, 141
Spranger, E. 107
Stäcker, K. H. 41
Steele, F. 79
Stegemann, J. 49
Stein, L. M. 107
Stein, M. R. 114, 209
Steinbuch, K. 16, 34
Steiner, H. 223
Stern, W. 124, 199
Steuer, W. 107
Stewart, D.-K. 23
Stogdill, R. 376
Stokvis, B. 264
Strasser, S. T. 98, 212
Strauss, A. S. 23
Straus, E. 15, 17, 23, 50, 98, 124, 137, 157, 240, 277
Strehle, H. 325
Strotzka, H. 392
Sullivan, H. S. 23
Swingle, P. 79

Talland, G. A. 41
Tellenbach, H. 132, 379 ff., 394
Tembrock, G. 34, 44
Tertullian 198
Thibaut, J. W. 376
Thiemann, E. 132
Thines, G. 30
Thoday, J. M. 70
Thomae, H. 49, 122, 124, 202, 264
Thomas von Aquin 200
Thorndike, E. L. 41
Thorpe, W. H. 44
Tinbergen, N. 29, 44, 69, 71
Tischner, J. 164
Tölle, R. 267

Toman, W. 122, 303, 318
Tomberg, F. 272
Toneks, S. H. 376
Tournier, P. 264
Trazer, J. G. 248
Troschke, J. V. 164
Tumin, M. M. 223

Uexküll, J. v. 27, 50
Ullmann, L. P. 114
Uslar, D. v. 49, 319

Vernon, M. D. 32, 122
Versluys, J. 175
Vetter, A. 202
Vidich, A. J. 209
Volkelt, H. 33

Walcher, E. 107
Wallner, E. M. 114
Walters, H. W. 41
Walther, W. 209
Warner, W. L. 223
Watson, J. B. 41, 98
Watzlawick, P. 23
Weber, M. 223, 251, 312
Weinhandl, F. 33
Weitbrecht, H. J. 267
Weizsäcker, C. F. v. 14
Weizsäcker, V. v. 39, 106, 244, 255
Wellek, A. 33
Wellmer, A. 98
Werner, H. 33
Wertheimer, M. 33
Wheelis, A. 114
White, D. M. 209
White, S. E. 107
Whitehead, A. N. 157, 212, 255
Whitehead, T. N. 23
Whorf, B. L. 41
Wickler, W. 44, 88
Wiegmann, H. 376
Wiehn, E. 223
Wiener, M. 41
Wiener, N. 16, 17
Wiesenhütter, E. 124, 146, 197, 204
Wiesmann, D. D. 257
Wiggens, J. 267
Winnicott, D. W. 107
Winokur, G. 132
Winzenried, F. J. 132

Wissler, C. 97
Witte, W. 33
Wolff, H. G. 58
Wundt, W. 97
Wygotski, L. S. 41
Wylie, R. C. 143
Wyss, D. 19, 23, 27, 32 f., 39, 42, 44 f., 49, 58, 73, 75, 79, 97, 107, 114, 121 f., 128 f., 135, 137, 139, 155, 164, 166–169, 181 ff., 188 f., 196, 217 f., 222, 224, 231 f., 234, 244 f., 248, 250 f., 256 f., 259, 266, 268, 274 f., 278, 285, 289, 293, 313, 318 f., 336 ff., 347, 355, 357 ff., 360 f., 366, 375 f., 382, 389, 391, 394 f., 399–403, 408, 428

Yalom, I. D. 378
Yates, A. I. 41

Zander, A. 376
Zangwill, O. L. 44
Zeller, W. 70
Zimmer, E. 98
Züblin, W. 107
Zutt, J. 50, 122, 241, 314, 325, 361

Dieter Wyss

Beziehung und Gestalt
Entwurf einer anthropologischen Psychologie und Psychopathologie
1973. 530 Seiten, Leinen und kartoniert

Das hier vorgelegte Werk entwirft mit entwicklungspsychologischen, soziologischen und ethnologischen Belegen und phänomenologisch-anthropologischer Methodik die Konzeption einer allgemeinen Psychologie und Psychopathologie, die an Differenziertheit, Konsequenz und Originalität ihresgleichen sucht.

Zentralblatt für die gesamte Neurologie und Psychiatrie

Die tiefenpsychologischen Schulen von den Anfängen bis zur Gegenwart
Entwicklung – Probleme – Krisen
4. durchges. und erweiterte Auflage 1972. XXXII, 471 Seiten, kartoniert und Leinen

Strukturen und Moral
Zur Anthropologie und Genealogie moralischer Verhaltensweisen
2. Auflage 1970. 238 Seiten, Paperback. (Sammlung Vandenhoeck)

Lieben als Lernprozeß
1975. 160 Seiten, kartoniert. (Kleine Vandenhoeck-Reihe 1400)

Marx und Freud
Ihr Verhältnis zur modernen Anthropologie
1969. 114 Seiten, broschiert. (Kleine Vandenhoeck-Reihe 309/311)

Lehrbuch der Medizinischen Psychologie und Psychotherapie für Studierende
1971. 175 Seiten, kartoniert

Viktor von Weizsäcker / Dieter Wyss
Zwischen Medizin und Philosophie
Mit einer Gedächtnisrede von Wilhelm Kütemeyer
1957. 290 Seiten, engl. broschiert

Vandenhoeck & Ruprecht